BEYOND UNCERTAINTY
HEISENBERG, QUANTUM PHYSICS, AND THE BOMB

维尔纳·海森伯传

超 越 不 确 定 性

〔美〕大卫·卡西迪 / 著　方在庆 / 主译　方在庆 何钧 黄佳 / 译　方在庆 / 校

湖南科学技术出版社

中文版序

《维尔纳·海森伯传》[1]一书能出版中译本，让我备感荣耀和荣幸。衷心感谢位于北京的中国科学院自然科学史研究所的方在庆教授及其合作者黄佳女士、何钧先生等人对这一译本长达数月的辛苦翻译和仔细准备。为了解决一些有歧义的句子，方教授近一年来无数次与我电邮往来。经过对照德文版，方教授甚至指出了本书的几处不确之处，让我更加相信这个译本的质量。对于出版中译本的湖南科学技术出版社，我也深表谢意。

让我深为感激的最重要原因之一，正如我在本书前言中所述，是该译本帮助我实现了我写这本书的目标之一：尽可能地将维尔纳·海森伯的故事——他的一生、他的科学和他的时代——带给范围尽可能广的读者。"我的目的"，我在本书前言中写道："是要超越那些接受过专门学科训练的读者，面向更普遍的读者，尤其是对量子力学极少接触甚至是完全没有接触的读者。"我试图表明，科学并不只是一个由一小部分科学精英发明和操纵的抽象的数学概念，而是人类文明和经验的鲜活的组成部分，是人类为了了解我们的世界和我们自身永无止境的探索过程中的产物，是活生生的一群具有自身缺点却带着非凡意志和创造力的人们的一场探险，正是这场探险引领我们到如今所处的世界，并继续带

---

[1] 原书名 *Beyond Uncertainty：Heisenberg，Quantum Physics，and the Bomb*。——译者

领我们走向未来。

　　此外，海森伯不仅仅是一名天才科学家，也是一位工业发达和文化先进的国家的公民和备受尊敬的文化人物。不幸的是，正是这个国家，深深地卷入了虽然发端于 20 世纪上半叶却定义了 20 世纪后半叶的两次标志性事件：种族大屠杀和核时代的开启。作为一名受过教育的德国文化精英，海森伯像许多其他人那样，不得不面对这些事件并做出许多非常困难的决定。

　　因此，我的目的以及希望在于，我们能从既作为一名科学家又作为一名文化人物的维尔纳·海森伯的故事中吸取教训，帮助我们避免将来的类似情况。希望本书有助于促成所有国家的人民间一种更大的相互谅解。

大卫·卡西迪

2016 年 10 月 23 日

前　言

《维尔纳·海森伯传》(*Beyond Uncertainty*：*Heisenberg*，*Quantum Physics*，*and the Bomb*)中的内容大都来自于目前已不再发行的前版——《不确定性：维尔纳·海森伯的科学和生活》(*Uncertainty*：*The Life and Science of Werner Heisenberg*)[1]，但在许多方面超越了前版。

《不确定性：维尔纳·海森伯的科学和生活》(简称《不确定性》)首次出版于1991年。它是在我的博士论文，以及我在德国和其他国家长达 6 年的研究基础上形成的。我先在斯图加特任亚历山大·冯·洪堡基金会访问学者，后来担任德国雷根斯堡大学的助理教授。接下来我又在美国进行了许多年的研究和写作。

我当初写《不确定性》一书的目标，是想写一本当时最全面的海森伯传，主要适于受过高等教育，甚至是从事学术研究的，同时对科学和历史感兴趣的读者阅读。我的榜样不是科学史著作，而是那些著名的文学传记，如利昂·埃德尔(Leon Edel)所写的《亨利·詹姆斯传》(*Henry James*)、理查德·艾尔曼(Richard Ellmann)所写的《詹姆斯·乔伊斯传》(*James Joyce*)、约瑟夫·弗兰克(Joseph Frank)所写的《费奥多尔·陀思妥耶夫斯基传》(*Fyodor Dostoevsky*)。它们不仅仅详细记述这些名家的个人经历、工作及其时代，而且还将他们的生活

---

[1]　中译本为《海森伯传》(上下册)，戈革译，商务印书馆，2002 年版。——译者

和工作紧密地融合在一起，认为两者都是特定文化和特定时代的表达，同时也受到其成长和个性中的一些偶然方面的影响。借此，所探讨的问题既属于一个具有高度创造性的个体，又属于特定时间特定地点的共同体中的一员。

我当时希望《不确定性》一书能够让20世纪晚期的读者对发生在这个世纪的两大最重要事件有一个基础性的理解。第一个重大事件是一项相当引人注目的非凡成就，20世纪最主要的科学突破之一，即量子力学的创立，以及随之在原子、原子核、粒子和固体科学方面在当代的进一步发展。量子力学以及它所引发的这些科学已经给我们提供了关于自然和宇宙机制的非同寻常的全新理解，并通过激光、医学成像以及作为计算机和如今数字革命的基础——晶体管等技术，给我们日常生活带来了深刻的改变。20世纪20年代的这场量子革命的助力者是一小群年轻人以及他们的导师，同样也是他们这群人在随后的数十年里将量子力学继续往前推进，海森伯便是其中的一员。与许多其他的科学进展不同，它是一个共同体努力的结果，远远不是某个个人所为。这场革命最开始集中在德国，但逐渐扩大遍及整个欧洲大陆，直至欧洲以外的国家和地区。那么，海森伯以及他的同事们在这场革命中实际上做了什么？他们是如何做的？是什么更为强大的力量使这场革命成为可能？它带来的影响是什么？量子之旅又是如何行之至今的？

20世纪发生的第二个重大事件是世界首次遭遇先进的工业化极权主义的、种族灭绝式的独裁专政，尤其是纳粹独裁政府。对德意志这样一个当时主要的文化和工业民族，这一切是如何在全国各地发生的？作为一位非纳粹的、德国社会高级学术圈中的一员，作为德国最好的文化和教育的产物，海森伯本人以及许多像他一样最初与新政权冲突并最终适应新政权统治的人，可以为此问题提供一些有价值的洞见。这引发了许多更深的问题。他们过去的何种经历导致了他们对新政权的最初反应，为何他们反对纳粹的努力以失败告终？海森伯是如何能够继续留在德国，作为当时留下的最著名的科学家之一，以自己的声望为那个社会背书？他是如何作为德国的代表而被派到被德国占领的国家的？他是如何在战争期间为那样一个政权从事核裂变，甚至可能从事原子弹研究的？正如我们从其他人在类似经历中所知道的那样，答案并不是它们可能显现的那样一目了然。

第三帝国灭亡之后，又出现了其他一些问题，许多问题与冷战恐怖、新型战争武器、恐怖主义的威胁以及全球化引发的混乱有关。由于这个极权主义的、实施种族灭绝政策的独裁专政是从民主制中取得政权，并通过控制其国民的思想进而巩固政权，所以我过去和现在都希望，历史经验教训将能够使我们在面临相似趋势甚至是相似政权时，提高警惕，增强决心。

自《不确定性》第一次面世后，又发生了很多事情。冷战刚刚结束，有关纳粹时期的一些新观点得以提出，之前许多保密的或被扣压的文献得以再现。其中包括一些存放在苏联档案馆里的被截获的德国战争文献。有人认为这些文件暗示了德国在战争后期引爆了某种初级的核装置。此外，许多与纳粹的科学政策和反科学宣传有关的新文献在东德和其他国家被发现。另外，海森伯的家人决定公开一些他自 1946 年以来写给家人的私人信件，这些信件整理成两本书分别于 2003 年和 2011 年出版，并放在互联网上。[1]正是这些信件让一部综合全面的传记成为可能。我当年在德国为《不确定性》进行研究期间，只是很简略地看到了这些新材料里的很少一部分。

除此之外，为了响应广受欢迎并引起广泛讨论的英国剧作家迈克尔·弗莱恩(Michael Frayn)的戏剧《哥本哈根》(Copenhagen)，位于哥本哈根的尼尔斯·玻尔档案馆(Niels Bohr Achieve)在 2002 年公开了一系列先前未公开的，玻尔从 1957 年开始写给海森伯的未曾寄出的信件草稿。这些信件草稿记录了玻尔对海森伯 1941 年访问当时已被德军占领的哥本哈根之行最不客气的回忆。这次见面期间，他们在某种程度上讨论了德国研制原子弹的前景。

最后，30 多年来，人们一直致力于获得农庄馆(Farm Hall)的文字记录稿，随着英国和美国的档案馆于 1992 年 2 月解密并公开了这个文稿，这项长达 30 年的努力达到了高潮。这些解密文件是对(包括海森伯在内)10 个被捕的德国核科

---

[1]　即 2003 年出版的《亲爱的父母！》(Werner Heisenberg, *Liebe Eltern! Briefe aus kritischer Zeit* 1918 bis 1945. Anna Maria Hirsch-Heisenberg, ed. Munich: Langen Müller, 2003)和 2011 年出版的《我亲爱的丽！》(Elisabeth Heisenberg, Werner Heisenberg, *Meine liebe Li! Der Briefwechsel* 1937—1946 *von Elisabeth Heisenberg, Werner Heisenberg*, Verlag Residenz, 2011)相关内容可从网址 http://werner-heisenberg. unh. edu/找到。本书出版于 2009 年，第二本书当时还未出版。以上内容据译者与作者 2015 年 11 月 12 日的邮件进行了更新。——译者

学家的谈话的秘密记录，谈话是在盟军的英国领地里用来囚禁战犯的农庄馆中进行的。这些谈话记录让我们对这些科学家从事的核裂变工作、他们从事这些工作的理由、在战后为此找出的借口以及在战后重建德国科学的计划有了新的重要的深刻理解。

和《不确定性》出版之后几乎每一批公开的新文件一样，农庄馆记录在学术圈内引发了新一轮的讨论。论题集中以下几个方面：海森伯真的在为希特勒研制原子弹吗？如果是这样，为什么德国在原子弹计划上的进展微乎其微？如果不是，不是的理由又是什么？难道海森伯真的在致力于研发原子弹，但作为一个核科学家以及核计划的领导者未免有些不称职，还是当时的战势阻碍了核计划进程，再或者是海森伯出于道德上的顾虑而秘密地破坏了其计划的进展？对于海森伯生平的整体认识，能否揭示他在战争时期的所作所为？这些问题引发了积极甚至是激烈的讨论，目前已经出版的一些著作实际上涉及了这些论题的方方面面。

最后，像许多其他人一样，从 1991 年以来，我也越来越关心美国以及其他国家的科学教育现状。科学并不只是一个由一小部分科学精英发明和操纵的抽象的数学概念，而是人类文化和经验的鲜活的组成部分，是人类为了了解我们周围的世界和我们自身永无止境的探索过程中的产物，是活生生的一群具有自身缺点却带着非凡的意志和创造力的人们的一场探险，正是这场探险使我们达到今天的认知，并继续带领我们走向未来。我对于这种探索及其结果，尽管只具备有限的鉴赏力，但通过大学、小学（通过我妻子获知），从学术界以及普通公众那里获得了一手的经验。我迫切地想要把其中精彩的故事告诉大学生，告诉那些非理科学者以及普通大众。这也是我向非理科专业的学生教授物理学的动机之一。这个想法也表现在我近年来与杰拉尔德·霍尔顿（Gerald Holton）和詹姆斯·卢瑟福（James Rutherford）合著的，为这类学生提供的教科书里。无论在课堂上还是教科书中，我们都力图将科学看成人类探索世界的历史产物，一个精心提出的有关我们物质世界运作机制的知识体。

所有这些进展都促使我努力"超越不确定性"：利用《不确定性》中许多仍旧有效的素材，同时通过吸取新材料、新观点和近期争论中的教训，以及新世纪新问题为我们提供的新视角，尽可能地超越前书。

更为重要的是，我如今的目标已经不像从前那样"主要是受过高等教育，甚至是从事学术研究的，同时对科学和历史感兴趣的读者"。这类读者可以查看原始著作以及近期许多可利用的专业二手文献和资料。我在注释中提到了其中的一部分。而如今我的目标是要超越这些接受过专门学科训练的读者，面向更普遍的读者，尤其是对量子力学极少接触甚至是完全没有接触的读者。尽管我也将会讨论到一些物理学的具体细节，但其目的是为了让读者对海森伯和他同事们曾试图要解决的科学问题，以及他们是如何去解决这些问题，有一个大致的理解。即便是这些杰出的科学家，也需要殚精竭虑，也会屡受挫折。时至今日，科学家们仍在一如既往地奋斗着。

出于同样的原因，我在这里也试图超越德国历史和原子弹计划的研究者圈子，吸引更普遍的读者；他们并不熟悉这段历史细节，很少思考纳粹政权和极权主义本质。我的目的同样是希望让今天的读者理解，一个"纯粹的科学家"是 10 如何艰难地应对一个自己和集体都完全没有预备的体制。

如今，纳粹政权灭亡已有六十多年，苏联解体已有二十多年，我们不仅有条件获得对那个时代的新的观点，而且对它的发生机制也可以有新的理解，所以，希望以后无论何时何地重现一些相似的主张和思维方式，我们都能做好准备。在科学、政治历史、个人道德和伦理行为中，既作为一个单独的个体，又作为一个共同体和文化中的一分子，我们现在可以站在新世纪新挑战的制高点上，开始去超越海森伯故事中的"不确定性"。

目录

第一章　早年岁月

1901 年 11 月 11 日，一位中学古典语言教师奥古斯特·海森伯（August Heisenberg）对维尔茨堡大学的教职员工发表了一篇正式演讲——这是取得大学教师资格的最后一个步骤。3 个星期以后，他的妻子安妮（Annie）生下了他们的第二个孩子，一个男孩。和他出生在慕尼黑的哥哥埃尔温（Erwin）一样，这个婴儿降生在海森伯家中；当时他家住在维尔茨堡（Würzburg）优美市郊桑德劳区（Sanderau）的海丁斯费尔德大街（Heidings felder strasse）10 号。他的出生证上不但登记了他的姓名和出生日期，而且还记载了确切的出生时间：维尔纳·卡尔·海森伯（Werner Karl Heisenberg），生于 1901 年 12 月 5 日星期四下午 4 点45 分。那个月还没有过完，巴伐利亚内政部就给那位自豪的父亲又添了一件喜事：批准了他在大学担任教师的任命，这是他在中学任课以外的一种兼职。

维尔纳的诞生和他父亲的任命，两者在时间上的巧合，暗示了孩子的未来发展中的 3 个基本要素：在重要事件方面能掌握时机，出生于具有很高的学术和文化水准的家庭，以及那个家庭在维尔纳出生时已经具备的那种迅速向上的社会地位势头和学术势头。奥古斯特·海森伯出身于一个中产阶级的手艺人家庭。在维尔纳出生后的 10 年之内，他将爬到自己社会等级和学术阶梯的顶点，成为德国关于中古及现代希腊研究的唯一一个正教授。

海森伯家族的社会流动性，可以从保存在维尔纳·海森伯的私人文件中的一张细心绘制的家谱上清楚地看出。这张打印出来的充满了各种出生证和受洗证的家谱，起源是纳粹当局想查找这位科学家的祖上有无犹太血统。它把海森伯的家世追溯到了五代以前，那时有一位姓海森伯（Heissenberg）的人住在威斯特伐利亚北部的一个名为海登奥尔登多夫（Heidenoldendorf）的村子里。这位 18 世纪先祖的后继者，依次是一位白兰地制造商、一位制桶师傅和一个锁匠。这位锁匠威廉·奥古斯特·海森伯（Wilhelm August Heisenberg，1831—1913）在他的姓氏拼法中省略了一个 S，并且迁到了当时属汉诺威王国的奥斯纳布吕克，在那里养育了 3 个女儿和 2 个儿子，其中一个儿子就是维尔纳的父亲。

维尔纳的祖父在学会了锁匠手艺以后，就出门去跑了一年码头，这在当时是习以为常的事。他的生意显然很好，回来以后就买了他师父的店铺、仓库和住宅。有了生意、财产和名分（锁匠师傅），他很快就上升到了奥斯纳布吕克的正式市民的地位，成为该市中产阶级的一个有选举权的成员。1858 年，他通过与当地一位富裕农场主的女儿结婚而强化了自己的地位。夫妇二人配合得很好。人们记得威廉·海森伯（Wilhelm Heisenberg）是一个安静可敬的人，一张保存下来的照片证实了这种印象。据回忆，他的妻子安妮·玛丽（Anne Marie）意志坚强，头脑敏锐。

维尔纳的中间名字是他叔叔卡尔的名字，卡尔是家庭中的浪子。他是五个孩子中最小的一个，成为一个一无是处的捣乱鬼（*Tunichtgut*）。他永远有麻烦，有一次偷了他姐姐的一笔钱，于是他父亲就另外给了他 200 马克，并送他上了去美洲的船——在当时，美洲就是天涯海角。那个机灵的年轻人很快就实现了他的美国梦：他在纽约的法拉盛（Flushing）开了一家制服纽扣工厂，很快就成了海森伯家最富有的人。在第一次世界大战以后的通货膨胀时期，当年被赶出家门的浪子寄来的美元，对他的德国亲戚来说成了无价之宝，而他在美国的关系在第二次世界大战以后也对维尔纳大有帮助。

维尔纳的父亲卡斯珀尔·恩斯特·奥古斯特·海森伯（Kaspar Ernst August Heisenberg）于 1869 年生于奥斯纳布吕克，当时距离威廉一世皇帝统一德国已经不到两年。此时作为普鲁士领土的汉诺威已经处于威廉皇帝的统治之下，而威廉的首相俾斯麦正劝诱顽强的南部各邦加入统一的德国。在整个帝国中开始了一个工业、商业和技术的巨大扩张的时期，与此相配的是在中产阶级和上层中日益上升的民族主义以及以皇帝和首相为中心的一种社会的和政治的等级制度的日益巩固。和他那一代的许多人一样，奥古斯特（这是他使用的名字）在俾斯麦王朝下长大成人，而且也像许多别的德国学者一样，他把俾斯麦和帝国当成了崇拜的偶像。有证据证明，奥古斯特和其他一些学者们一起都很忠于"民族自由党"（National Liberal Party），俾斯麦在统一帝国时曾经大力依靠该党。自由党人相信，民事改革（civil reform）以及和他们自己的社会地位提升的最佳途径就在于普鲁士领导下的国家统一、世俗化的新教的主导地位以及迅速的商业扩张——这是奥古斯特后来不厌其烦地传给他的儿女们的一些理想。

奥古斯特回忆了在奥斯纳布吕克时在"许多兄弟姐妹"之间的幸福童年。[1]10岁时，他进了当地9年制的文法中学（Gymnasium），这是德国教育体系中走向大学教育和学术生涯或职业生涯的第一步。一个文法中学的毕业生，约相当于现代美国高校进入三年级的学生；只有这样的毕业生，才能接受高等教育，并由此走向专业道路。奥古斯特进了文法中学，而没有当学徒去成为一个手艺人，这是一个重大的家庭决定，因为这是第一次脱离中产阶级手艺人的家庭传统。在全家的极力支持下，奥古斯特将通过前途未卜的学者生涯爬到更高的一个社会阶层。当威廉·海森伯在1913年逝世时，刚刚被任命为教授的奥古斯特写到了他和父亲同享的那种"最真诚和最信任的关系"，"从我的童年开始一直持续到他的生命的最后一刻……在我一生成就的所有事情，他都全力支持，献计献策；而且不论我做什么事情得到了成功，都会因为他感到高兴而欣慰"。[2]

和现代美国的大学教授相比，威廉皇帝时代的德国教授在俾斯麦德国的等级社会中享有高得多的威望和权力。拿破仑对德国的征服于1815年结束，在那以后的几十年中，德国当局力图通过促进作为民族力量支柱之一的德国文化来重建民族声望。当局人士和学者们把学术看成了文化支柱的一个基本组成部分，新人文主义者对（作为英雄的新德国的典范的）希腊英雄时代著作的研究成了这种学术的巅峰成就。正因如此，一位德国大学教授，特别是希腊古典语文学（philology，文化与语言研究）教授，就在社会地位上与非地产阶级的俾斯麦政府的"法官、军官、工业家、高级官员们"一起成为中上阶级的精英。在他们的上面，紧接着就是贵族和有地产的上层阶级；在下面，就是由手艺人、农庄主、下级公务员和中学教师构成的中产阶级。在社会最底层，则是没有技艺的产业

13

工人。

　　奥古斯特的才能和德国的经济鼓励通过学术成就来提高社会地位的家庭决策。到了 1879 年，德国的工业革命已在全速开展。手艺师傅们发现越来越难与机械化的工业及其无穷无尽的廉价劳动力资源相竞争了。尽管奥古斯特·海森伯选择在学术界而不是在经济界去进行竞争的风险很大，因为只有最好的大学生才能当上大学教授，但是海森伯家的这种做法也绝非反常。工业和帝国的扩张，要求有许多管理者、法官和教授，而这又不是能够通过简单复制得到的，越来越多的中等阶级家庭和下层阶级家庭的子弟得到起用。（当时这种职位是不考虑由妇女担任的。）据某一研究，在奥古斯特求学期间，学习希腊语文学的普鲁士大学生中，足足有 2/3 来自中产阶级家庭。³ 这类学生中的 1/4 来自手艺人、小商人和小旅店老板的家庭——这种家庭出得起长期求学的费用。当更多的中产阶级人士得到了他们所渴求的"教授博士先生"（*Herr Professor Doktor*）的头衔时，他们就——为了保护特权——更有意识地把自己看成了一个单独的群体，一个从事学术研究的阶层[1]；这是一个不由封号或家世，而是由教育和文化来确定和建立的一个阶层。⁴

　　中学毕业两年后，奥古斯特被巴伐利亚首府慕尼黑的瓦格纳音乐和它对古希腊光荣的热诚吸引，动身向南去了巴伐利亚。更有吸引力的是，巴伐利亚官员努力通过慷慨资助教育并引进号称"北方之光"（northern lights）的著名普鲁士学者们来提高这一农业邦的文化水平。奥古斯特就被慕尼黑大学的"灯塔"（beacons）[2]之一——一位名叫卡尔·克鲁姆巴赫尔（Karl Krumbacher）的讲师所吸引。克鲁姆巴赫尔随后建立了德国唯一的拜占廷研究（中古和现代希腊语文学）的教授职位。奥古斯特·海森伯确信这个很有希望而又几乎无人触及的领域在这个具有田园风光的南方邦中会有光明的前途；他立即转入了这一领域。

14　　1893 年，奥古斯特·海森伯在克鲁姆巴赫尔的指导下完成了博士学业，通过了困难的教师资格考试，很快就成了有名的慕尼黑马克西米利安文法中学的培训教师，领导是博学而权威的校长尼古劳斯·韦克莱因（Nikolaus Wecklein）。⁵

---

　　[1]　在《海森伯传》中，此处用的是 *Bildungsbürgertum*。——译者
　　[2]　无论是"北方之光"，还是"灯塔"，都是用来比喻"著名学者"的。——译者

文法中学的教师一般应当具有博士学位，并且要开展达到发表水平的研究。两年以后，奥古斯特突然离开学校去接受了一年必需的军训；他没有在慕尼黑受训，而是回到奥斯纳布吕克的家中，在一个受普鲁士指挥的步兵团中受训。这次突然变动的原因，显然是和韦克莱因的两个女儿中的长女安妮的恋爱。她那尊贵的家庭断然拒绝了这位还没有功成名就的追求者。[6]

奥古斯特作为一位预备役军官回到了慕尼黑，仍然醉心于国家的统一和普鲁士的领导，并且很快就在一个必修的教学研讨班中受到了韦克莱因的考查。韦克莱因的怀疑显然被打消了，因为奥古斯特和他女儿的恋情又复燃。海森伯只在慕尼黑待了6个月，然后就去了巴伐利亚内地，这一次是去了康斯坦茨湖畔的林道市的一所拉丁语学校。但是在他前往就职的3天以前，他打电报向他父亲报告了喜讯：他和安妮订婚了。[7]

关于维尔纳的母亲安妮，人们知之甚少。她和她的妹妹都没有受过大学教育。一般说来，直到1895年，德国大学才对妇女开启大门，而慕尼黑更是直到1903年才招收女大学生。在那些内容很丰富的政府登记文件中也找不到她们：德国的行政职位只许男人担任。韦克莱因家的两个女儿肯定都上过只收女生的中学；这种学校教给学生们基础知识（算术、历史和文学），并把她们训练成贤淑的妻子和能教育儿子的有文化的母亲。

像韦克莱因一样，奥古斯特的父亲威廉也祝福了这一结合。但当那位未婚夫获得了中学教师的规定资格，得到了相应的薪金并返回慕尼黑时，婚期却拖后了两年多。在这两年中，奥古斯特得到了州政府的一份研究奖学金，以便在婚后进入学术界高升。当奥古斯特在希腊和意大利埋头钻研古文物时，韦克莱因校长安排他升职并调动到慕尼黑的卢伊特波尔德文法中学[该校最著名的学生阿尔伯特·爱因斯坦（Albert Einstein）刚刚离开]，而安妮则从罗马天主教改信了奥古斯特的路德教派（Lutheran），以免遭到当时巴伐利亚最具影响力的天主教会的反对。1899年1月，当时在罗马的奥古斯特向内政部递交了正式的结婚申请书。内政部长在确信了新郎的道德清白后亲自批准了申请（一位政府雇员不能给他的雇主造成不良名誉的影响）。[8]万事齐备，奥古斯特就在1899年5月中旬回了慕尼黑。而在一星期之内，幸福的夫妇就在慕尼黑昂贵的市郊施瓦宾区

(Schwabing)[1]的救世主教堂(Erlöserkirche)结了婚。

尼古拉斯·韦克莱因通过学术成就上升到更高的社会阶层，也是和这一阶层中的女子结了婚。韦克莱因的祖上许多代都是住在巴伐利亚北部中弗兰肯(Mittelfranken)的农庄主；这位农场主的儿子于1870年娶了玛格达莱妮(玛格达)·蔡辛[Magdalene(Magda)Zeising]，她的祖先全有封号，在位于哈雷和马格德堡之间的哈尔茨山中的贝恩堡公爵(Duke of Bernberg)的宫廷中服务。在1848年自由主义革命失败以后，玛格达的父亲，教育家和诗人阿道夫·蔡辛(Adolph Zeising)博士就去慕尼黑研究巴伐利亚国王所收藏的希腊雕像的美学。他在玛格达和韦克莱因结婚后不久患了病，于1872年在慕尼黑痛苦地逝世了。⁹

韦克莱因能够从卑微的家世上升到巴伐利亚学校系统的顶点，主要是因为他精通古典希腊文，以及在当学生时给一些权势人物留下了深刻印象，得到贵人相助。到了晚年，他那长长的白胡子和严肃的态度使自己看起来像一位长老；而当戴上自己的鸭舌帽时，他就有点像一位老船长。在他的大女儿安妮结婚(他的二女儿终身未婚)并生了两个儿子以后，韦克莱因就常常以家长的身份负责督促他的女婿和外孙们的学业进步。两个外孙都进了马克斯文法中学(Max-Gymnasium)，当时韦克莱因还在担任校长。在这一大家子经常的星期天出游的照片中，显现了当时常见的金字塔式的排列。在其中一张照片上，家长高坐在陡峭的山头上，其他人则按照辈分和年龄排布在下面。

韦克莱因很早就想获得一个希腊语言学的教席(教授职位)。他写了一篇关于希腊诡辩论者的博士学位论文，用一篇关于希腊语法的著作取得了大学教师资格，并且成了希腊悲剧方面的一位头等权威。¹⁰但是他结婚的那年却标志着他的进步的终结和一种深刻失望的开始：他没能取得大学教授的职位。慕尼黑大

---

[1]　施瓦宾(Schwabing)位于德国巴伐利亚州首府慕尼黑的北部区域，曾经是慕尼黑著名的波希米亚主义区域，至今仍然拥有许多酒吧、夜总会和餐馆。在摄政王卢伊特波德统治时期，它变得非常有名。众多艺术家，如海因里希·曼(Heinrich Mann)、托马斯·曼(Thomas Mann)、奥斯卡·帕尼扎(Oskar Panizza)、莱纳·玛利亚·里尔克(Rainer Maria Rilke)在此居住或工作。列宁和精神分析学家奥托·格罗斯(Otto Gross)都曾居住在施瓦宾数年之久。——译者

一家三代人按年龄排列，韦克莱因坐在最上面，维尔纳在右下面，中间是他的

外婆和母亲

学当局判定他关于埃斯库罗斯(Aeschylus)[1]的报告不出色，然后拒绝任命他填补空缺。但这位不出色的讲师却走进了教育等级体系的一条快车道；当时巴伐利亚的宗教和教育部受到韦克莱因的教授们的鼓励，又考虑到他的自由党背景，就任命他当了文法中学行政管理人员。韦克莱因最后升到了在巴伐利亚中学董事会和科学院中很有影响的地位，同时出任著名的马克斯文法中学的校长。

不过，没有一个大学教席的威望和地位，韦克莱因永远觉得他的一生不完满。[11]当他在 1913 年以 70 岁的高龄带着各式各样的头衔和奖章从中学体系的最高位置上退休时，他的家庭勉强做到了使他不再仅仅是一个低微的"私人讲师"(Privatdozen)。一个私人讲师是一个在形式上具有成为教授的资格的人，通过上课收取听课费，直到政府在大学推荐下任命他当上教授为止。在他的晚年，

[1] 埃斯库罗斯(公元前 525～前 456 年)，古希腊悲剧诗人，与索福克勒斯(Sophocles)和欧里庇得斯(Euripides)一起被称为古希腊最伟大的悲剧作家，有"悲剧之父"的美誉。代表作有《被缚的普罗米修斯》《波斯人》《阿伽门农》等。——译者

韦克莱因得知女婿已经得到了大学教授的高位，他的两个外孙也已成为博士，而维尔纳也已经得到大学授课资格，并且不久以前甚至在格丁根为一位物理学教授[马克斯·玻恩(Max Born)]代课，想必会感到欣慰。在1926年最后探望了维尔纳后，韦克莱因逝世了，没能看到维尔纳不到一年后在莱比锡就任教授。

尽管没有大学教席，韦克莱因在世纪之交时，也还足以在家庭的社会爬升策略中扮演决定性角色。当克鲁姆巴赫尔没能使韦克莱因的新晋女婿在慕尼黑获得授课资格时，韦克莱因的社会关系却解决了问题。1900年3月间，奥古斯特·海森伯的第一个儿子埃尔温出生；为了完成大学授课资格论文（博士论文之外，另外要求的一篇论文）他又返回一次意大利。之后就通过韦克莱因得知，后者的母校维尔茨堡大学将会考虑任用他。在把论文交到维尔茨堡不久之后，奥古斯特又通过韦克莱因了解到维尔茨堡的老文法中学(Altes Gymnasium)有一个教师空缺。如果授课资格顺利到手，他可以在文法中学中教书（领取足够的薪金）的同时在大学中开课。几乎所有的文法中学教师都有博士学位，而且很多都被鼓励从事原创性研究。调动工作的申请立即得到了韦克莱因的学校董事会批准，而海森伯在1901年夏天受完了每年6周的军训后和全家搬到了慕尼黑以北约400千米的维尔茨堡。奥古斯特在9月间开始上课，而他的太太则准备生他们的第2个儿子了。[12]

和慕尼黑及其他德国城市相反，维尔茨堡在20世纪初仍然是一个非常幽静的传统田园小镇。海森伯的家靠近美因河，河岸上丘陵地带的葡萄园和附近的田野及树林，对于海森伯家两个成长着的男孩来说再理想不过了。尽管有农村家庭迁入了维尔茨堡，并且中学生人数在海森伯博士开始教课的那一年突然大增，维尔茨堡的社会结构和经济结构却还是原封不动。[13]行政官员们、商人们、有土地的贵族们，特别是大学教授们，仍然控制着政治等级制度。[14]这位熟练匠人的儿子在中学教书的基本年薪从2820马克开始，这已是维尔茨堡熟练技术工人工资的两倍，到了1906年，差不多是一个技术工人年薪的3倍。家庭社会地位提升策略获得丰厚回报。

按照他的家人、上级和学生们的回忆，奥古斯特·海森伯是一个相当死板的、严格自律的、权威式的人物。一位从前的学生回忆说，这位中学老师要求"不折不扣地完成任务、绝对的自我克制和一丝不苟的准确"。[15]他在林道

(Lindau)时的校长提到，"他很礼貌地对待学生们，但不能容忍班上出现懒惰的孩子"。[16]奥古斯特想必也用相同的标准来教育他自己的两个男孩，他们成长于世纪之交的典型的市民家庭中：父亲主宰一切，作风专制，等级森严。在威廉皇帝德国那种男性主导的君主政体社会中，许多家庭按相同模式组成，或者男人们认为有责任保持这样一种组织，都不足为奇。

同样，当时的任何德国妇女，不论她的兴趣和天资如何，都认为当一个驯服的妻子和一个牺牲自我的母亲是自己的天职。[17]作为一位中学校长的女儿，安妮在嫁给奥古斯特时就知道，她的自我实现和被他人认可，都只能通过确保丈夫的成功和孩子们生活安适来达到。她做得格外出色。事实上，她使得丈夫能够在维尔茨堡期间以极高水平完成了自己所承担的几乎是难以置信的工作任务。尽管当时妇女们被排除于高等教育系统之外，她却显然追求并接受了高等教育（也许是从她父亲那里），因为给丈夫的学生家庭作业评分的便是她。她甚至学习俄文，以便翻译学术论文以供丈夫使用——所有这一切，当然是在照看两个正在长大的男孩子之外的任务，而且还没有别人帮忙；两个孩子肯定需要很好地哄着，使他们不要去扰乱忙碌的父亲。

作为一位中学教师，海森伯博士起初每周要给大班（35 个至 40 个学生一班）9 岁和 10 岁的 1 年级和 2 年级的男孩子们上 14 个小时的拉丁文、德文和地理课。在晋升中学教授以后，他负责要求更高的 14 岁孩子们的 6 年级。[18]在整个这一时期内，他还在大学中每周上 3 节课，每节课 2 小时，讲授与拜占廷语言学有关的话题。他深度卷入了当地文法中学教师协会（Gymnasium Teachers Association)的政治事务中，并以多产的速度撰写了一些学术著作。他的著译目录中含有在维尔茨堡出版的 56 篇书目，这实在让人惊讶。[19]其中包括 1908 年的两卷本的关于他自己在君士坦丁堡的考古工作的论述——这是他在两年以后被任命为大学教授的基础。[20]

海森伯博士的教学和研究本领也震惊了维尔茨堡文法中学的校长，他一直对作为教师和学者的前者给予最高评价。在 1902 年的评语中，他认为海森伯博士有"一种无休止的扩充和深化自己比较狭窄的业务知识的动力"。不过海森伯博士的教学并没受到影响："课程完成得仔细而又充分；班上的需要得到细致的照顾；他用心关注学生们的兴趣，积极鼓励他们。正因为如此，他对学生们的

18

思想和操行的教育产生一种令人兴奋和经久不衰的影响。"[21]

不过，奥古斯特的学术生活也使他和家庭付出了沉重代价。在他的工作、他的无休止的驱动力以及他作为家庭供养者的严格角色的惊人压力下，这位教授给人们留下性情暴躁和喜怒无常的记忆就不足为奇了。他的妻子，一位同样有权威或许也同样有坏脾气的学校老师的女儿，已经学会了用一种满不在乎的孩子气心情和一种安静愉快的好性子方式来对待他这种行为。海森伯家的一位来客回忆说，她是"一位小巧可爱的女子，小心谨慎，对人和善，但并不引人注目"。与此相反，她的丈夫，不论在不在场都是被关注的焦点，在一切家庭事务方面都是绝对的权威。[22]

孩子们处于海森伯家等级的最低级。当维尔纳渐渐长大时，他从这个地位上看到的和感受到的东西想必曾经使他越来越沮丧。与世纪交替时期的任何其他市民家庭一样，海森伯家的人珍视上流社会的体面、社交礼仪，忠于那些属于德国民族主义的外在标识。对于德国学界人士及其家庭来说尤其如此；他们的公开表现和职业举止，应当反映他们的高级社会地位和受基督教主导的君主政体的品德。一位历史学家写道，"体面（廉洁、尽职和克制情绪）在战前阶段后期规定并保持了上层资产阶级的不稳定位置。[23]"因此，巴伐利亚的中学校长们，未来上层阶级的教育者们，就需要汇报他们的下属的德行表现。奥古斯特·海森伯的校长永远写的是"无可指责"，而且通常会接着写上"他的家庭情况是再好不过了"。[24]

维尔纳事实上把这种上流社会的体面看成了一种装饰。孩子们和青年们很容易感受到长辈身上的虚伪性并对之产生反感，在宗教问题上尤其如此。随着俾斯麦政府事务中宗教的角色不断加强，政教分离没有像在别的国家那样清晰。海森伯家的两个男孩都按照常规在德国路德教派教堂中受洗并行了坚信礼，而且全家都严格遵守指定的宗教仪式和基督教的伦理要求。社会、宗教和文化品德的这种结合，在君主政体的环境中产生了普鲁士品德的楷模，即正直的威廉皇帝时期的教授、正派而忠于职守的国家公务员。在慕尼黑受教育的柏林物理学家马克斯·普朗克（Max Planck）就是一个例子。按照作者的说法普朗克传记，"尊重法律、信任已建立的制度、忠于职守和绝对的诚实（有时确实过于谨小慎微），这些就是普朗克的品格特征"。[25]显然奥古斯特·海森伯的性格也是用相同的模子铸成的。

但是，这种一丝不苟的正直的宗教基础到底有多么牢固呢？海森伯的父母
都对儿子们承认自己没有什么私人宗教信仰，这在知识分子中也许是少见的。
在那种年代，欧洲文化沾满了资产阶级的伪善和言行不一。[26]海森伯博士和夫人
很明智地让儿子们自行处理信仰问题——只要不违反公众准则即可。若干年后，
海森伯在给他父母的信中说，在他看来，基督教对他们来说只是用来装饰自己
的"一个空的形式"。[27]他告诉一位采访者说："如果涉及的是教义，我父母和基督
教是相去甚远的，但是他们永远遵循基督教的伦理。他们会接受行为和生活的
规则，并且说我们可以从基督教那里采用这些规则，但是我们不能从字面上相
信所有那些古老的故事。"[28]

维尔纳童年时期的这种资产阶级的矛盾心理，可能影响了他成年后对包括
科学在内的每一种思想和信仰体系的全面性结论的矛盾心理。在他的中年时期，
而后又在他的晚年时期，维尔纳宣称科学和宗教是实在的两个"互补的"方面，
各自有自己的语言和符号体系，而且各自有其有限的适用范围。按照不同的宗
教或直觉来领会的真理，应该被看成同一真理的不同侧面，而理性的科学（这是
他自己的专业）则应该看成仅仅是认识实在的各种方式中的一种。[29]

维尔纳沉浸在关于终极实在的矛盾心理中，而他的哥哥埃尔温却变成了一
个宗教-哲学体系，即人智学（anthroposophy）[1]的忠实信徒，这种体系在 20 世
纪的最初几十年中的德国颇为流行。维尔纳有一次回忆了他和他哥哥之间的一
次热烈辩论；在辩论中，埃尔温声称他知道他的灵魂是存在的，但是对他的肉
体以及物质的存在却不那么肯定；这是人智学的一个基本主张。十几岁时的维
尔纳确信他的肉体是存在的，但是对他的灵魂的存在却不那么肯定。[30]"假如有人
说我不曾是一个基督徒，他就是错的；但是假如有人说我曾经是一个基督徒，
那又说得太过了。"海森伯在逝世前不久对他长期的同事和知己卡尔·弗里德里

————————————

[1] 人智学（Anthroposophy）是由奥地利哲学家、改革家、建筑师、教育家和华德福
教育（Waldorf education）的创始人鲁道夫·施泰纳（Rudolf Steiner，1861~1925）所创立的
一派哲学。认为人智学是一种灵性科学，希望扭转这个世界过度朝向唯物主义的发展；基
于人智学的理念已经发展出许多实际的应用，包括体制外教育的华德福教育、人智学医
学、有机农业当中的生机互动农业以及艺术当中的优律思美和人智学建筑。——译者

希·冯·魏茨泽克(Carl Friedrich von Weizsäcker)如是说。[31]

尽管矛盾心理和伪善的问题在海森伯的青年时期和成年早期变得特别尖锐，他在童年时期却已经享有他的家庭刚刚得到的文化地位，并被灌输了他父亲获得学术承认和成功的强烈欲望。这种潜移默化是在四口之家的环境中进行的。[32]据回忆，埃尔温得到父亲的偏爱，而羞怯和不善社交的"小维尔纳"(Wernerle)[1]则是母亲的宠儿。维尔纳的过敏症可能加重了母亲对他的宠爱。在5岁时，他几乎因肺炎而死去，这一定大大增强了母亲对他的爱护。在维尔纳的整整一生中，影响他活动的过敏症和其他疾病时常出现，而在母亲的爱护下养成的安静和平和的性情，就变成了他的性格的一个永久特征。[33]

家庭外出游玩时拍摄

20   在维尔纳青年时期拍摄的快照上，他总是显得容光焕发、信心十足、聪明敏锐和心情愉快。但是在孩提时期拍的照片上，那个瘦小的孩子，头上是剪得很短的金发，脸上长着雀斑，穿着典型的巴伐利亚式皮裤(Lederhose)，永远是

---

[1] 在德国南部，尤其是在巴伐利亚，人们在名字后面"le"表示昵称。——译者

不舒服的姿态和表情，甚至给人痛苦和退缩的感觉。在同一张照片上，他的哥哥眼睛里却总是有一种淘气的神色。两个男孩一直在竞争。

起初的竞争集中在吸引忙碌的父亲的注意。而要做到这一点，儿子们在学业上和文化技能上必须超过别人。这种技能之一就是演奏乐器，这是有文化的德国人的另一种不可或缺的活动。正如无懈可击的举止一样，对有文化的阶层来说，欣赏和演奏古典音乐，是一种可识别的共同文化表现。因此每一个有教养的儿童都要学会一种乐器，并能用它演奏伟大的古典作品。在海森伯的一生中，音乐是一种重要的、有时是决定性的社交工具。

据说奥古斯特·海森伯和他的儿子们每天都练习演奏，而孩子们的母亲并不参加；她为了避免和男人们竞争，宣称自己完全没有音乐天赋。[34]父亲有一副好嗓子，埃尔温用小提琴而维尔纳则用大提琴给他伴奏。后来维尔纳改为演奏钢琴。很容易想象，兴致勃勃的父亲的歌声充满了家宅，伴奏的是初生音乐家那种犹犹豫豫的曲调，而贤妻良母则退到一边批改丈夫的学生作业。

靠着以身作则激发孩子们雄心的奥古斯特，又大力鼓励两个儿子之间的竞赛，特别是在学业上和学业中的数学方面。多年以后，海森伯回忆道："我们的父亲和我们进行各种比赛……他是一位很好的教师，发现比赛可以用来教育孩子们。因此，当我哥哥在他的学校作业中遇到一些数学问题时……父亲就用这些问题当作一种比赛，来看看谁能很快地做出，等等。不知怎么，我发现我做这些数学相当快，因此从那时起对数学就有了一种特殊的兴趣。"[35]

由奥古斯特精心煽起的早期的强烈的竞赛心理，与奥古斯特的"无休止的驱动力"及家庭的上升势头配合起来，想必就养成了维尔纳自己在所做的每一件事情（数学、音乐乃至乒乓球）中都要出人头地的强烈的终生动力。慕尼黑的马克斯文法中学中的老师常常在他的成绩报告中写道："该生自信心特强，并且永远希望出人头地。"[36]但是这种对手心理想必也酿成了维尔纳和他哥哥之间的一种与日俱增的不谐调乃至终于成为不和。作为孩子，他们两个常常猛烈地互相打斗。当他们渐渐长大时，甚至打斗得更加频繁和激烈。最后，在一次用上木头椅子的特别凶狠的打架以后，他们协议休战，然后各自走了各自的路。从那以后，他们几乎互不来往，除了偶尔一些作为成年人的家庭访问以外。

无论如何，在1916年以后，埃尔温很少在家；起初是离家去服兵役，后来

21

又去了柏林，在那里求学、结婚并定居了下来。在此期间，维尔纳也越来越多地外出，因为他卷入了青年运动的活动之中。维尔纳从来没有向他的青年运动同志们提到过自己的哥哥，而他们也不记得曾经见过他。埃尔温成了一位化学家，他在海森伯的多数公开回忆中显然是不存在的。甚至在第二次世界大战以后，他们的关系仍然很冷淡，特别是在已经成了人智学运动的官员的埃尔温再次徒劳无功地试图让维尔纳接受人智学之后。埃尔温于 1965 年逝世，葬于瑞士巴塞尔的人智学运动总部所在地。

对海森伯来说，家庭以外的竞赛成功似乎更多地起了一种个人挑战的作用，而不是作为一种给别人留下印象或压倒别人的手段。虽然他曾是一个可怜的失败者，但却常常满足于对手们的接受和承认。海森伯不断向自己提出的个人挑战以及应付这些挑战所需要的艰苦工作，曾由海森伯后来的青年运动同志们清楚地指出过。其中一人回忆道，他是一个 *Willensmensch*，即一个意志坚强的人。这在青年运动所喜欢的体育活动中表现得特别明显。[37] 海森伯没有滑雪天分，但是通过训练，他滑得很出色，并能滑过难滑的地段。他跑步也不是很好，但是从前的一个同志记得他在学校里自己跑圈子，手里拿着秒表来提高自己的速度。每当有长跑比赛（这是对决心的最大挑战）时，具有难以置信的耐力的海森伯永远属于最早跑完的几个人之列。后来他获得了一个奖励突出体育成绩的政府体育奖章（*Sportabzeichen*），并自豪地加以保存。后来，这位进取的青年以自己的丰富才能挑战古典钢琴曲的美，而在 1920 年以后，又去征服似乎无法解决的量子物理学之谜。

22　　对于孩童时期的海森伯来说，他的家庭世界简单、有秩序、可以预料而又充满了出人头地的动力。家庭的角色以及规矩是明确的，尽管资产阶级价值的基础并非如此。尽管控制权是在他的男性长辈手中，而且他父亲脾气暴躁，海森伯却因为自己的才能得到注意。他从来不曾失去一种公平感。在和他哥哥为引起父亲的注意而进行竞争时，他确信这些规则，而且确信竞争会得到公平的裁判。而当他失败时，他永远可以在母亲的怀抱中得到安慰——这种情况一定在很早的时候就导致了他不寻常的不安全感和对信任的重视。

当海森伯五六岁在维尔茨堡入小学时，他的一位教师错误地为某种不良行为而指责了他（至少孩子认为那种指责是不成立的），并且用一根教鞭重重地打了他的手。他觉得感情的伤害比肉体的伤害更难忍受，于是立刻把自己孤立起来，再也不和那位教师交流，而且在那一年内再也没有理他。[38]这种情形时常重复，直到他生命的终结。每当海森伯感到他轻易（乃至单纯）付出的信赖被辜负时，他不是去和那个得罪了他的人争辩，而是不可挽回地断绝关系。他从来没有不可挽回地拒绝他的父母（尽管后来他抛弃了他们的社会观点），但是显然与哥哥割断了联系，直到离世。

每当维尔纳觉得受到了中伤或背叛时，他就退到他那有秩序的、安全的内心思想和梦想的世界中去。这种内心世界从来不是很有想象力的，它变得越来越抽象、逻辑化和数学化。几个小时的独自钢琴练习、沉浸在一个秩序与和谐的世界中，想必对这一内在世界的形成起了作用。他的中学老师注意到了这一特征："该生更多地向着理性的方面而不是幻想和想象发展"；"该生似乎……主要是偏向理解的方面发展；对形象的感受和想象的能力似乎发展得较差，这或许和他外出的次数不够多有关"。[39]海森伯在童年时期所喜欢的故事，包括一本关于克劳斯·施托尔特贝克（Klaus Störtebeker）的故事集；施托尔特贝克是15世纪时汉萨同盟公会的海盗和民众英雄，其历险记比较写实而缺乏幻想。[40]

由于他们的亲人们散在各地，维尔纳和埃尔温在年幼时就习惯了长途火车旅行，甚至是独自旅行。他们常常到奥斯纳布吕克去探望他父亲的家庭。奥古斯特的姐妹们特别喜欢这两个侄子，而维尔纳尤其受到他小姑姑格雷特（Grete）的喜爱。他回忆说："她用无形的纽绳带着我们转。"[41]海森伯在奥斯纳布吕克那些亲密的、温和的、主要是女性亲人中间总是觉得无拘无束，而且他总是喜欢和他的祖父，那位慈爱而鼓舞人的威廉·海森伯在一起。多年以后，海森伯还记得他，记得他那纤细白皙的手，以及教给他钉一个箱子盖之类的手工制作，自己家中肯定没人教他。[42]也许正是由于祖父威廉的关系，海森伯家的两个男孩从十来岁时就喜欢制造些机械玩意儿。他们的杰作是一艘长1.5米的电动战舰，上面装有遥控转向装置，还可以用电动发炮；这艘战舰在海森伯家被很自豪地摆了很多年。当时电灯照明在巴伐利亚还只有20年的历史，所以这艘战舰绝不是小玩意儿。

在韦克莱因这个学术之家，家庭间的交往就完全不同。慕尼黑和维尔茨堡隔着两个半小时的火车路程，但这并没有妨碍两家时常在周日一起散步。外祖父韦克莱因是一位热心的徒步旅行家——这在当时是一种常见的活动。他每到星期天都出去远足，而在假期中他就会到巴伐利亚、奥地利和瑞士等地去远行。他常常和一小群自称为 *Alte Herren-Riege*（老先生体操队）的中学同学出去漫游。其中一个队员是兰茨胡特（Landshut）文法中学的一位副校长格布哈德·希姆莱（Gebhard Himmler），他就是那位臭名昭著的海因里希·希姆勒（Heinrich Himmler）的父亲——这一关系后来对海森伯起到帮助。[43]

在和他的维尔茨堡的亲人们一起周日步行时，韦克莱因想必会教给小海森伯体验祖国土地的浪漫之美。当和家中的中学老师们一起走路时，海森伯也了解了他家的学术地位和社会地位——也许还顺便练习一些拉丁文动词。在他们出去旅行时，也常常讨论学校政策方面的问题，因为当时海森伯的父亲和外祖父都深度参与保持中学教师的社会既得利益和继续攀登社会阶梯的努力中。[44]虽然海森伯还只是个孩子，但他后来说自己并没有把这些讨论当耳旁风："因此，那一时期中学中的问题，我从年轻时就很清楚。"[45]

当海森伯的父亲受邀去慕尼黑接替老师卡尔·克鲁姆巴赫尔时，维尔茨堡生活的压力和闲适性，以及他的早期童年，就突然结束了。克鲁姆巴赫尔因为糖尿病和工作过度而影响了健康，在 1909 年 12 月间去上课的途中突然晕倒去世；当时只有 54 岁。[46]寻求继任者的工作立即开始了。关于中古和现代希腊语研究的整个计划是由一人单独承担，这很常见。寻找继任人的工作并没有花多少时间。在克鲁姆巴赫尔逝世的 9 天内，哲学学院的院长就通知学术委员会说，本院不是像通常那样提出 3 个候选人，而是已经选定了一个人，那就是奥古斯特·海森伯。[47]

院长曾注意到了老海森伯非凡的教学和学术才能。就任全职大学教席后，一定能够取得更大的成就。对他更加有利的是，老海森伯实际上是德国唯一有资格在大学教授中古和现代希腊语的教师。[48]校长接受了学院的建议，并呈报给内政部长。1909 年 12 月 30 日，内政部长无疑是为了堵住一位在中学人事方面能言善辩的发言人的嘴，下令立即批准了候选人的任命，年薪定为 6000 马克，外加研讨班费。候选人欣然同意，于是在 1910 年 1 月，海森伯教授大人作为全德国唯一的拜占廷语言学教授在慕尼黑开始了授课。[49]家庭中的其他成员留在了维尔茨堡，以完成整个学年。

第二章　战火中的世界

　　1910 年，海森伯一家搬到了位于时尚的慕尼黑市郊施瓦宾区霍亨索伦大街 (Hohenzollern strasse)110 号的 1 栋 3 层楼房顶层的一套大公寓中。[1] 这栋建于世纪之交的楼房，靠近霍亨索伦大街和伊萨贝尔大街(Isabella)及法尔默赖厄大街 (Fallmerayer)的交叉处，几乎正对着约塞夫·克拉尔大街(Joseph Klar)——这些街道现在都还在。海森伯和埃尔温在这种有着传统家具、光线幽暗的公寓后面合用一个卧室，用一个煤炉取暖。越过一个小小的后院，他们的窗子往北对着法尔默赖厄大街上的楼房，远离繁忙的霍亨索伦大街上的喧嚣。他们的电动战舰不航行时就停泊在他们房间中的一个梳妆台上。可能还有一位住家保姆住在海森伯家的 3 楼房间里。对一个有两个正成长的男孩的教授家庭来说，仆人们既能提供实际帮助，也是社会地位的需要。

　　男孩子们想必很不愿意从宽敞的维尔茨堡住宅搬进一套慕尼黑公寓，但是他们也找不到更安全和更有文化气息的地方。当时慕尼黑有 50 多万人口，其中 75％信奉罗马天主教。该市是巴伐利亚的行政中心和宗教中心，而市郊的施瓦宾区则是文化区。这座城市的中心建筑是巴伐利亚国王官邸，飘扬着自豪的巴伐利亚的蓝白格子旗；雄伟的政府各部楼群；还有中世纪式的市政大厅，都从市中心北边向外扩展，市中心的玛丽广场以其著名的双塔圣母教堂著称。这些建筑物，沿着施瓦宾区边上的华丽的石质的 *Siegestor*（凯旋门），全都在视觉上表现出这所位于伊萨尔河畔的"宫廷和官邸的城市"的行政权力。不过，慕尼黑也是上巴伐利亚这一农业省份的首府，向南延伸直到奥地利边境附近的阿尔卑斯山脚。每天运到玛丽广场附近的"谷物市场"（victuals market）上的农产品，居民穿着传统的服装，十月啤酒节（Oktoberfest）上的流动的啤酒，沿着伊萨尔河谷从阿尔卑斯吹来的热风（Föhn），都不断地提醒人们这个城市的乡土根源。[2]

施瓦宾区展示了城市的一个完全不同的侧面。施瓦宾位于慕尼黑的北郊，正好在大学的北侧，当时正在趋近它作为艺术、音乐和文学的中心的荣誉顶点。它也已变成了社会精英所喜爱的社区。贵族、军官、国家公务员和学者与艺术家、作家和为他们服务的许许多多商店、酒馆和咖啡馆的店主们比邻而居。

海森伯教授在大学中担任教席，韦克莱因博士既是巴伐利亚中学体系的领导又是马克斯文法中学的校长，海森伯一家就很容易进入了他们新社区和城市的上流社会阶层。那些阶层早就在权势和地位方面让巴伐利亚王家黯然失色。由于巴伐利亚国王常常发疯，慕尼黑的各部官员、商人们和作为教授的公务员们就形成了一种"行政寡头集团"，以亲普鲁士的新教自由党人为主，尽管人口中以排外的天主教徒为多。直到战争于1914年爆发以后，这种寡头集团以及海森伯家在其中的牢固地位，还原封不动地保持着。

但是变化和变化的威胁已经很明显了。作为南方主要商业和文化中心的慕尼黑，对于外地的乡下人和精英阶层同样具有吸引力。整个城市在那些年中经历了一次全面的扩张，而相比于慕尼黑的任何其他郊区，施瓦宾发展最大。为了给未来的房屋清出地面，这一地区的许多树木被砍掉了，然后开始了大建土木。1911年出版的一张城市地图表明，海森伯家的房子位于这一正在发展中地区的边沿地带，是位于霍亨索伦大街北侧最边上的楼房之一。在街的另一侧根本没有房子了。[3]荒地、田野和土堆想必曾经是对附近孩子们很有诱惑力的游戏场所。

维尔纳所在的新社区的最突出特色是一个新的有轨电车，它轰隆轰隆地沿着霍亨索伦大街向西行驶，在向南拐入选帝侯广场（Kurfürstenplatz）前经过海森伯家。[4]街上几乎没有其他机动车辆。一位叫麦勒（Mailer）的工程师有一辆汽车，这是本地区少数几辆汽车之一。这是一辆红色消防车，只有使劲转动曲柄，才不情愿地启动，让孩子们觉得很可笑。[5] 除了电车和偶尔见到的汽车以外，几乎一切东西都靠运货马车和四轮马车运送：邮件、冰、啤酒、牛奶——以及街道清扫工。海森伯一家也可以听到许多走街串巷的音乐家的乐声，看着人们把煤气路灯点亮，并向在他家附近的街角处站岗的警察招手。

但是社区生活的高潮是巴伐利亚士兵去街西端的欧伯维森菲尔德（Oberwiesenfeld）的军营上下操：他们按时列队或骑马走过霍亨索伦大街，军乐队和鼓给他们打着拍子。每个人都会打开门窗来看他们的队列，而男孩子们则跑着跟在他们后边叫好。在夏天，孩子们常常跟着士兵做操。

依据海森伯用功的天性，可以明显看出他在多大程度上参与了这些社区的乐事儿。他不是一个多么合群的孩子，而且在学校上课期间也不会把太多的时间用在轻浮的游戏上。即便轻松完成了学校中的正常作业，他也会进行课外学习。此外，他的父母还给他报了名，让他跟着慕尼黑著名的钢琴家彼得·多尔芬格（Peter Dorfinger）学琴，此人要求学生进行长达数小时的强化练习。当海森伯十几岁时，已经能够演奏名家的钢琴曲了，而且还参加室内演奏并常在学校的各种仪式上演奏音乐插曲。没有找到童年玩伴的证据。

1910 年秋季，海森伯在离他家几个街区之遥的伊丽莎白小学（Elisabethenschule）注册读小学 4 年级，即最后一年级。[6] 而埃尔温已经读完了小学，参加了他外祖父的中学的入学考试；他在每个年级的 B 班中读完了 9 年中学。第 2 年，海森伯跟在埃尔温之后进了中学，而且一直在通常为聪明的学生开设的 A 班上课。他们的年龄相差将近两岁，而在学校里则只差一年级；这种情况一定大大助长了两个孩子之间的强烈竞争。

在等候重修和扩建时，马克斯文法中学临时占用了海森伯家南边靠近大学的路德维希大街（Ludwigstrasse）上的女子学校（Damenstift）。当海森伯刚上中学时，学校还在那里。每天上学时，海森伯将和早晨也去上课的父亲及哥哥一起出行，然后进入各自的教室。直到海森伯上二年级时，学校才回到从海森伯家往北几个街区的莫拉维兹大街（Morawitzkystrasse）和卡尔·特奥多尔大街（Karl-Theodor-Strasse）交叉路口处的现在的校址。

当 9 岁的海森伯于 1911 年 9 月进入这所 9 年制的大学预备学校时，马克斯文法中学已经在韦克莱因的领导下出了名，成了一所学术和社会精英机构，一位负责人称它为"富豪的文法中学"。[7] 韦克莱因校长保证师资水平的努力使他的学校对富家子弟的吸引力与日俱增。在它的优秀学生中包括了海森伯最著名的前任，也在本校短暂教过物理课的马克斯·普朗克(Max Planck)。既然学校不是免费的，而且学生也没有指派给附近的学校，精英们自然就为他们的孩子选择最好的学校。施瓦宾有教养的阶级的到来，加强了这所文法中学的社会构成。虽然为有需要的学生设立了一种低额的助学金，但是申请的人却很少。在海森伯一年级的班上读完了 1911~1912 学年的 37 个学生中，他们的父亲有 19 个人在头衔的前面冠有 *Königlicher*(王家的)字样。一位学生的父亲是法官或政府官员，8 位父亲是教授，5 位父亲是军官，其余的 13 位父亲也具有令人尊敬的地位：商人、手艺人、工厂主、艺术家。马克斯文法中学共有 576 个注册学生(全是男生)，教职员 44 人，它的规模仅次于兄弟学校——爱因斯坦早先曾就读过的卢伊特波尔德文法中学(Luitpold-Gymnasium)。[8]

主管宗教和学校事务的内政部规定了整个巴伐利亚学校体系的每一门课程。在海森伯上中学前的几十年中，德国的中学教育经历了相当的争论和改革。作为主要的教育思想体系的新人文主义，已经孕育了一种想法，认为只有古典学科才能作为任何要求高等教育的职业的基础。到了世纪交替时期，商业、工业和技术的更实用的要求使得人文主义不再是通往高等教育的唯一途径。有海森伯身为古典主义者的外祖父担任校董，巴伐利亚仍然是古典人文主义的最后堡垒之一。即使在 1914 年宣布改革以后，中学教育的宗旨、目的也还没变：依次为以基督教伦理学为基础的道德教育、"祖国精神的教育"以及从事独立学术研究的准备。[9] 文法中学的课程表仍然强调古典。在 9 年的 263 个学分的课程中，拉丁文占 63 个学分，希腊文占 36 个学分，数学和德文共占 31 个学分。其余的 133 个学分依次分配给历史、宗教、体育、法文、地理以及自然研究。物理学最不受重视，次于图画，整个 3 年中只有 6 个学分。

在文法中学的前 3 年中，海森伯的主课是拉丁文和数学，每周分别上 8 学时和 4 学时的课。他从第 4 年开始，每周学习 6 学时的书面和口语的古典希腊语。3 年后，他开始每周 2 小时的物理学。最后一年，海森伯读拉丁文的贺拉斯

(Horace)[1]和塔西佗(Tacitus)[2]，读希腊文的荷马(Homer)[3]、索福克勒斯(Sophocles)[4]和柏拉图(Plato)，通过一本单独的物理教材学习了初等经典力学。人们可以想象穿着校服的小海森伯站立在他的课桌旁边背诵着某段拉丁文或希腊文课文，而教师则拿着一根教鞭严厉管教着他班上的男孩们。10

与教育部官方对科学和技术的忽视相反的是，学生们对这些学科很感兴趣。诸如X射线和放射性的发现，电气和化学工业的迅速发展，以及皇帝本人对促进和资助科学和技术研究的个人兴趣等引人注意的事件，激发了学生的想象力，并带来了很多新的事业机会。在海森伯第一年末的那个毕业班上的41个学生中，有20个学生打算选择科学、技术和医学方面的职业。其余的选择反映了当时正在进步中的另一些领域：7个学生希望进银行业，5个学生希望进军队。只有一个勇敢的学生选了一个古典科目：考古学。11

如同海森伯父亲一样，学校中的几乎所有老师们拥有博士学位，对学术研究有兴趣。刚翻修一新的马克斯文法中学是慕尼黑最摩登的中学，有着该市规模最大的物理学教学设施，在一个本来是偏人文的环境中，意外地可以进行高级科学研究。既然中学教师至少能教两门课，数学教师也就教物理课；而且通常是从1年级教到9年级。因此，一个年岁较小的早熟学生便能不断受到科学教师的高年级教学资料的激励，而教师也因为学校具有良好设施，会在低年级课堂上经常提到科学。这两点，在海森伯和他所喜欢的最有影响的老师克里斯托夫·沃尔夫(Christoph Wolff)先生身上都能得到体现。

---

[1] Quintus Horatius Flaccus(公元前65～公元前8年)，罗马帝国奥古斯都统治时期的著名诗人、批评家、翻译家，代表作有《诗艺》等，古罗马文学"黄金时代"的代表人之一。——译者

[2] Gaius Cornelius Tacitus(55？～117年?)，罗马帝国执政官、雄辩家、元老院元老，著名的历史学家与文体家，最主要的著作有《历史》和《编年史》等。——译者

[3] Homer(公元前9世纪～公元前8世纪)，相传为古希腊的游吟诗人，生于小亚细亚，失明，创作了史诗《伊利亚特》和《奥德赛》，两者统称《荷马史诗》。目前没有确切证据证明荷马的存在，也有人认为他是传说中被构造出来的人物。大多数学者认为《荷马史诗》是当时经过几个世纪口头流传的诗作的结晶。——译者

[4] Sophicles(公元前496年/公元前497年～公元前405年/公元前406年)，古希腊剧作家，古希腊悲剧的代表人物之一。一生共写过123个剧本，如今只有7部完整流传下来，其中以《俄狄浦斯王》最为出名。——译者

关于沃尔夫先生，人们所知甚少，他的个人记载在第二次世界大战中遗失了。显然，沃尔夫在20世纪早年的资格考试中成绩很好，因为总是把最好的教师留给自己的校董韦克莱因，在考试后立即把这位青年分配到了自己的学校。虽然沃尔夫先生从来没有获得博士学位（当时这对一位科学教师来说，并非必要），但是他很快便在1910年攀到了他职业的顶峰，当上了带有"王室教育顾问"（*Königlicher Studienrat*）头衔的文法中学教授[1]。沃尔夫在海森伯的最初三学年中教他的数学课，在他的最后三学年中教他的数学课和物理课。12

28　　海森伯学习指定课程以外的知识的需求，在课程表中表现得很明显。对于一个喜欢数学而又习惯于解决他哥哥的数学问题的学生来说，课程作业相当简单。直到4年级，海森伯学的只是简单的算术。从3年级到7年级，他学的是一本单独的初等教科书上的平面几何。直到7年级和8年级，他才遇到了平面三角和立体三角。13到了4年级，他就安静不下来了。在渴望得到承认的促使下，他那很快完成作业的能力使他所向无敌。他一年级时的教师在他的年级报告上写道："涉及动脑(thought operation)的问题，即语法问题和算术问题，是很快地完成的，而且在多数情况下没有错误。自发的勤奋，将课程彻底学好的兴趣，和雄心壮志。"第2学年结束时，他的教师写道："他像闹着玩似的取得了他的优秀成绩，根本没有费劲之处。"到了4年级，教师抱怨说："然而，由于很容易领会，[他在]完成家庭作业时不够细心。"14海森伯经常只用一会儿就把家庭作业写完了，然后就去干更有挑战性的（和更有兴趣的）事情，例如音乐——这是一种贯穿于他终生的方式。

另一种影响不久也起作用了。海森伯的第4学年恰好和德国的第一个战争年相重合，而当时还是一名后备军官的他父亲因为服役长期离家在外。现在海森伯在家中和在学校中没有挑战，他就通过自学数学来挑战自己。到了学年结束时，他的勤奋得到了成果；他上升到了班上的第一名，而且后来一直保持。

虽然不爱交际，海森伯在学校中却得到承认和受人喜爱；这不仅是由于他令人愉快的举止、他的数学天才和音乐才能，而且也因为他是校长的两个外孙

---

[1] 在德国南部和奥地利曾用过的对高级文法中学老师的尊称，20世纪70年代以来已不再使用。——译者

之一。这些东西结合在一起，可能让一个安静的孩子生活悲惨。但是他的同班同学们对权势和成就的尊重显然防止了严重的忌妒。

1913 年 3 月，当巴伐利亚王子摄政王路德维希（Prince Regent Ludwig）前来为学校的新楼房揭幕时，海森伯的家庭关系给他带来了一个特殊的光荣。海森伯的母亲，作为文人的后代，为这一典礼写了一首诗，而她的爱子，11 岁的海森伯就在仪式上朗诵了那首诗。仪式是在热烈歌唱《摄政王颂》（*Regents Hymn*）中结束的。[15] 高兴的王子送给这位自豪的孩子一份官方证书和一对上面刻有 L 字母[1]的袖扣作为恰当的感谢；那些东西后来一直成为海森伯最珍爱的藏品之一。

海森伯和王子的见面对他来说是一个时期的顶点。这个时期很快就走向衰落。1913 年 9 月 1 日，将近 71 岁，眼看着外孙们已经稳步走上求学轨道的外祖父韦克莱因，终于退休了。当时他已经得到了 *Königlicher Geheimer Hofrat*（王室宫廷枢密官）的光荣称号。两个月以后，巴伐利亚的维特尔斯巴赫王朝（Wittelsbach）自身经历了一次变动。精神错乱的国王路德维希二世（Ludwig Ⅱ）于 1886 年可疑地去世后，他的叔叔卢伊特波尔德亲王（Prince Luitpold）作为摄政王，辅佐路德维希二世的合法继承人，发了疯的弟弟奥托（Otto）。卢伊特波尔德在王室影响日见衰败的期间当政，直到他自己在 1912 年逝世，由他的儿子路德维希接替摄政之位。一年后，摄政王路德维希废黜了奥托的王位，自立为国王路德维希三世（Ludwig Ⅲ），这就立刻得罪了他那些思想守旧的臣民们，5 年以后他们使得路德维希成了维特尔斯巴赫最后一位统治巴伐利亚的人。韦克莱因的退休和路德维希的加冕，在文法中学、德国历史和海森伯的生活中，都标志着一个转变。

海森伯在摄政王面前朗读的一年之后，世界大战爆发。虽然交战各方在后来会遇到痛苦的幻灭，但是他们起初却几乎以欢欣鼓舞的心情迎接了战争的爆发。原因与其说是国际张力的突然中断，不如说是民族主义狂热、社会团结和战争浪漫主义。慕尼黑爆发了爱国狂热。位于欧洲中部而夹在东西双方的潜在敌人之间的德国，曾经决定用即刻总动员和闪电进攻来作为对付被包围的危险

29

---

[1] 表示 Ludwig（"路德维希"）。——译者

和看来没有希望的两线作战的秘密武器。这种战略在 1914 年 8 月战争初期时立刻使慕尼黑和全国其他各地活跃了起来。当地一份报纸在战争爆发的第一天报道说："在帕兴(Pasing)火车站上，出现了许多激动人心的场面。几乎每一分钟都来一列火车，车上载着的后备役人员从车窗向外招手，人们挥动手帕并呼喊'乌拉'向他们致意……在街道上，人群围在各处的布告牌前；人们包围军官并向他们大声喝彩……在统帅堂(Feldherrnhalle)[1]前，当换岗时，人群对军队发出了暴风雨般的热情而又经久的欢呼。"[16]在靠近海森伯家的选帝侯广场上，在头几个星期内人们每天都聚集在那里来用歌声庆祝许多次早期的德国胜利，并为他们的男孩子们打气，人们相信他们在圣诞节时肯定会回家了。[17]

海森伯家面临着两难选择。这个家庭是像他们的同胞们一样赞赏战争的，但是他们必须面对一件事实：海森伯教授有可能不得不去作战。维尔纳的父母在最初的日子里对这件事的沉闷反应和全市的欢快形成了尖锐的对照，而这种矛盾让他感到困惑。[18]事实上，海森伯教授不久就受到了入伍的征调。妻子和儿子们在 8 月底陪着他去了自己在奥斯纳布吕克的团队。在临别时拍的一张照片上，维尔纳和埃尔温站在父亲的两侧，父亲留着短髭，戎装佩剑，戴着传统的尖顶军盔；照片上 3 个人的面孔都同时显示了自豪和担心。12 岁的维尔纳穿着并不适合这个场合的衣服，用他那常见的自卫姿势站着，交叉着双臂，板着脸。

这家人和他们的亲戚们一起待到 10 月份，那时奥古斯特的团队开到了德国占领的比利时。在奥斯纳布吕克，维尔纳的父亲升任了上尉，并指挥了当地的一个步兵连。他的主要任务是派一个人带着机关枪在奥斯纳布吕克最高的建筑物上站岗，以免城市受到敌人飞机的侵犯。维尔纳时常到岗位上去看那些士兵，这对那些显然无事可做的士兵或许是一种很受欢迎的放松。当时飞机还很少用于战争，而且只用于侦察。轰炸机和战斗机是后来才发明的。

在奥斯纳布吕克的几个月中，维尔纳想必也曾讨论和思索过他父亲所常表示的那种政治观点以及由此引起的在战前的许多活动。海森伯教授的观点在他

30

---

[1] 德国慕尼黑的一个凉廊，位于路德维希大街南端的音乐厅广场。1923 年 11 月 9 日上午，在统帅堂发生了巴伐利亚警察与希特勒的追随者之间的对抗。这是纳粹试图接管巴伐利亚努力的一部分，通称"啤酒馆暴动"。——译者

第一次世界大战爆发时，埃尔温和维尔纳（右）与刚动员参军的父亲一起在慕尼黑大学前

那一代以及阶层具有典型性。尽管维尔纳后来反抗过这些观点，但它们对他仍有影响。研究表明，在1871年帝国统一以后，社会地位崇高的德国教授们在公众问题上变得在表面上"不问政治"（"apolitical"）了。这样既为把他们自己和较低的工人阶级的群众政治隔绝开来——下层阶级选举出来的官员没资格来管理他们的职业，也为确立他们作为德国文化保持者的地位。虽然他们仍然参与政治，但是他们却认为自己的行动是在党派制度之外的和为德国文化服务的（特别是在他们自己看来，他们就是"文化的承载者"），因此他们就能够相信自己是不带政治色彩的。[19]许多学术界人士参加自身利益团体，例如中学教师协会；这些团体在国际舞台上促进德国文化利益。他们受到了其他职业团体——银行家、工业家、军人——的鼓舞，那些人也正在通过发挥自己的"非政治"的影响为国家服务。

到了1910年，统一的帝国已经建立了强大的经济和军事力量，但是它的外交还是很弱的。在对强权和市场的国际竞争中，德国是一个后来者，既没能和它的任何竞争者达成一种有意义的联盟，也没能为它扩张的工业建立一个广大殖民地市场和原料来源。德国人民及其政治领袖们觉得自己在国际上越来越孤立和受到敌对力量的包围。东南方的巴尔干半岛,"欧洲的火药桶",提供了一条出路和通往德国盟国土耳其的一个可能楔子。德国的古典学者,包括执掌慕尼黑拜占庭研究教席的人[1]在内,准备了和巴尔干半岛南端的希腊的一种联系——一种文化的联系。

1910 年在慕尼黑接任教席时,维尔纳的父亲立刻接过了他的前任克鲁姆巴赫尔已经煽起的非政治的文化攻势,并把它对准了巴尔干,特别是希腊。虽然海森伯在几乎每一学术问题上都追随了克鲁姆巴赫尔的典范,但是针对当时关于大众希腊文(vulgar Greek)的激烈争论,他作为教授发表的第一篇论文却反对了他同事的立场。20海森伯和其他德国学者们极力游说反对废除古典希腊文作为希腊官方语言,企图通过德国对古典希腊语言和文化的保存来把希腊和德国更紧密地联系起来。

战争的爆发强化了所有各方学者们的政治努力。没有任何一个国家认为自己是侵略者;每一个国家都相信自己完全是为了保卫家园和文化而和将要摧毁它们的敌人作战。在德国看来,闪电进攻的自卫目的就是入侵中立的比利时的理由。这一行动,再加上对比利时艺术作品的不幸破坏,就在其他国家的意识中证实了德国是一个侵略者和文化破坏者。相反,德国人自己却相信,军事、民族和文化之间是相互依存的。对于许多人来说,这三者基本上是等同的,所以就很容易相信,军事是保卫德国文化所不可缺少的手段。

这种贴在如此凶恶的民族主义情绪外面的理性面孔充斥于德国专业团体中,包括具有人文主义传统的文法中学,甚至也感染了那些据称保持客观的学者。此事在那臭名昭著的德国学者宣言——《致文明世界书》(*To the civilized world*)中表现得最为明显,那篇宣言公开支持了德国的主张。超过了 4000 位"不问政治的"教授——几乎包括了所有的德国教授——最终在这份宣言上签名[2](后来他

---

[1] 此处指维尔纳的父亲,老海森伯教授。——译者

[2] 作者这里混淆了两个宣言。在《致文明世界书》上签名的有包括普朗克在内的德奥最著名的 93 位科学家和艺术家,后者为《德意志帝国大学教师宣言》(*Erklärung der Hochschullehrer des Deutschen Reiches*),签名者达三千多人。详见译者之一的文章:《普朗克缘何为军国主义背书?》(http://www.infzm.com/content/111128)——译者

们后悔这样做）。[21]据悉只有爱因斯坦和另外两人拒绝了。[1]当然，在干这种傻事方面，德国学术界并不孤单。整个战争期间，几乎在每一片土地上都曾经撰写了并发表了无数同样毫无学者风度、民族主义的宣言和反宣言。[22]

海森伯教授的军事义务使他没能参加他那些志同道合的同事们的宣言战，但这并不妨碍他热心参加宣传战。早在1912年，当巴尔干的紧张局势引发战争时，海森伯就和他那些爱好希腊文化的慕尼黑同事们组织了表面上是学术性的"德语-希腊语协会"（German-Greek Society）。[23]该学会展开了明显的宣传攻势来劝说希腊在即将到来的战争中保持亲德，或至少保持中立。[24]不幸的是，巴伐利亚的疯国王奥托曾经统治过希腊，并没有给希腊人留下多少对德国的好感。

德语-希腊语协会在1917年英国和协约国侵入希腊时就结束了。国王康士坦丁（Constantine）被废黜，新的议会政府受邀参加了对德作战。海森伯教授至少可以用一种想法来聊以自慰："通过我们学术界的活动，希腊知识界的领袖是亲德的。"[25]当1914年维尔纳第一次碰到了希腊文，他父亲也将自己言论付诸行动时，这男孩对他父亲工作的钦佩必定极大增加了。

和其他更年长的学者有所不同，海森伯的父亲并不满足于仅仅进行一种文化战。虽然已到退役年龄，这位45岁的教授却通过为德国拿起武器来证明了他对国家的承诺。当他那个步兵营于1914年10月间奉命进入被占领的比利时南部时，海森伯上尉身先士卒地越过了边界。他的团长命令他那一连守卫蒙斯附近的马纳日（Manage près Mons）一段26千米长的铁路，海森伯上尉每天都亲自骑马沿着铁路巡逻。他唯一的其他任务就是从一个比利时人家中向当地民众发放通行证，那个人家（不论愿意与否）向他提供了住处。[26]但这位热心的战士很快就厌倦了这种枯燥乏味的任务，在1914年圣诞节前夕转入了第56战时后备步兵团（Landwehr Infantry Regiment）开往前线去了。

为了准备作战，人到中年的海森伯上尉在比利时接受了1个月的步兵战前训练。他指挥一个连前往法国塞尔旺（Servon）附近的阿尔贡森林（Argonne Forest）的战壕。在动身前，他用铅笔在明信片上给家人、朋友和同事们写下了他的遗言。只过了2个星期，在1915年1月间，他的精疲力竭的连队就撤退下

---

[1] 此处有误。应该是另外3人，其中有一人也签署了《致世界文明书》。——译者

来进行 9 天的休整。已经清醒许多的上尉给他的一位慕尼黑同事写信说:"如果有任何人对你谈到战壕作战的诗意,千万不要相信他,因为抵御一次手榴弹进攻只有痛苦、悲惨和受罪而已。"[27]

到了 4 月间,上尉已经受够了。信念的勇气已经在战火下化为乌有。4 月 24 日,他又给同事写信——这一次是从奥斯纳布吕克:"尽管我有好战的倾向,但渴望安定活动的心情又变得活跃;因此,经过一次艰苦卓绝的战斗以后,我的勇气所剩无几,我请求离开前线,转到慕尼黑的第一地区司令部,以便再次在慕尼黑担任驻防任务。"[28]由于他年事已高,他的请求很快就被批准了,从而不到一个月,以前的勇士就回到慕尼黑,在一个有 4 名学生的研讨班上教授希腊文了。他所珍视的那个连队——其中许多士兵与他的学生大致同龄——一直待在前线,面对着战争的惊骇。维尔纳后来回忆说他父亲是因为受伤而离开前线的;[29]当时他一定突然想用另一种眼光来看待他的父亲了:不是看成一个事业终于失败的悲剧英雄,就是看成一个受伤的人。不论是哪一种看法,都是后来彻底幻灭的开始。

海森伯的学校立即感受到了战争的影响。战争爆发后的短短几天内,巴伐利亚陆军司令部就征用了学校只用了一年的新楼,用来安置新近动员起来的部队。虽然这种驻守本来打算只持续到部队在几星期后开往前线时为止,但是楼房却一直被占用到海森伯 1920 年毕业前不久。在巴伐利亚部队驻扎学校期间,市中心区玛丽广场附近的路德维希文法中学容纳了它的兄弟学校,每个学校轮流半天上课。选修课音乐、美术和语言课都停止了;而对海森伯来说很不幸的是,新的物理实验室也关闭了。1917 年初的煤炭短缺迫使学校几乎完全停止了活动。有一个月之久,学生们只不过到学校去领取和上交他们的家庭作业。[30]

巴伐利亚陆军在战争末期离开了马克斯文法中学,为的是给一个伤兵医院腾地方。而当医院离开后,当时掌权的巴伐利亚政府就又把地方部队的一个支队安置到校舍中来。派驻慕尼黑的帝国部队以及两个自由军团连队,在 1919 年秋季代替了巴伐利亚部队。经过非常必要的消毒,楼房终于可供用作教室了,但由于缺煤,迫使学生们只能上半天课,直到 1920 年 3 月为止。海森伯在 4 个月以后就毕业了。尽管有这些间断,或者很可能正是因为有这些间断,他通过独立学习而远远超越了学校指定给他的那些作业。

战争也影响了学校的教工和学生。教师中的 6 位预备役陆军军官，包括克里斯托夫·沃尔夫中尉在内，在最初几个月内就被征召。他们全都平安回到学校，包括升为上尉的沃尔夫在内；沃尔夫也像海森伯的父亲一样，在尝到了前线堑壕战的现实以后马上就回了家。但是被他们派到战壕中的许多青年人情况就糟得多。中学、大学和教育官员们奉命征召 17 岁以上的学生，热情的学生们响应了入伍的爱国号召。[31] 在 452 个于 1914 年秋天在马克斯文法中学注册的学生中，包括整个毕业班在内的 74 名学生在年底以前参了军。其中 11 人永远没有回来。一块刻着他们的姓名以及在战争中牺牲的另外 22 名学生和一位教师的姓名的纪念牌匾现在还在学校中挂着。

为了在学生中培养对军事的文化认同，并向他们灌输"对祖国的爱"，马克斯文法中学在整个战争期间向学生们大力进行爱国主义和军事教育。庆祝战斗的胜利，以及庆祝著名的保罗·冯·兴登堡（Paul von Hindenburg）元帅的生日，庆祝国王路德维希的加冕纪念日，都为在学校中举行爱国集会提供了机会。以前的学生们从前线来的信，经过仔细编辑后刊登在学校的年报上，用作教育资料。海森伯的 1916 年的课堂作文就有一个题目是"我为了德国的国际声望而参战"。

至少有两年之久，从 1916 年到 1918 年，海森伯都属于马克斯文法中学的预备军训组织"军事防备协会"（*Wehrkraftverein*），该组织负责学生们的军事教育。因为他是会员，必须参加许多战后课外活动。协会是由一群慕尼黑军官于 1910 年组织的，目的是要向文法中学的学生们（未来的军官们）提供早期训练。一年以后，卢伊特波尔德亲王正式批准了协会，不久就在巴伐利亚的每一个文法中学中增设了军事防备部（Military Preparedness Department）。起初，协会只在放学以后训练孩子们。但随着战争的爆发，它就提供了更高强度的训练和思想教育。在马克斯文法中学，军事防备部的头头恩斯特·克默尔（Ernst Kemmer）博士建立了一个"青年突击团"（young storm-regiment），海森伯就是后来的成员之一。他参加这个青年突击团也许是为了好玩，或是因为预料他在 1918 年 12 月满 17 岁时会被征召入伍。对海森伯来说很幸运的是，战争在他生日前就结束了。

在整个战争期间，曾于 1913 年至 1914 年间当过海森伯 3 年级班主任的克默尔博士每年都在学校的年报里汇报他的青年训练工作。战争爆发以后，克默尔的训练增加为每周两次，在星期六和星期天下午进行，而且每月还有一次全天

34

训练。为了和巴伐利亚战争部的精神相符，克默尔的训练重点不是武器而是身体和精神上的战斗准备。这包括体质适应和熟悉军事纪律；对行军读图和侦查的介绍；以及后来的一些青年运动活动，例如搭帐篷，户外做饭，以及"徒步旅行，对自然和家乡的爱"。[32]

在战争的第一年中，90个学生进入了克默尔的支队。许多孩子都希望参加，以致克默尔只好把年龄的限制降低到了13岁。不过，当战争拖延下去时，对准军事训练的兴趣就渐渐衰退了。家长们抱怨说他们那累坏了的孩子几乎没有做学校作业的精力了，而且学校自身正在很快变成一所为一场越来越让人讨厌的战争服务的"新兵预备学校"。克默尔认为，当每一个毕业班开上战场时，他的项目就派上用场。他写道，"学校不能放弃它的道德责任。战争让[学校]对德国文化的未来负有责任！"[33]

当德国军队在西线陷入困境时，伤亡增加了，而且食物和煤开始短缺了；这时人们对那种好战思想的幻想也很快破灭。仅仅在慕尼黑，就有13000名居民在战争中死去。在早期阶段，供应专家们的报告曾经鼓舞了不适当的乐观主义。一家慕尼黑报纸冒失地宣称："据专家们说，在大城市中不会消减食物供应。"[34]专家们显然不曾提及或是不愿告诉公众，有遭到英国海军几乎全面封锁的可能性。即使在德国发动了引起美国参战的无限制的潜艇战后，也未能打破这种封锁。

1915年，迅速上涨的食物价格在慕尼黑导致了游行示威和面包配给。当时巴伐利亚的重工业实际上只有克虏伯(Krupp)兵工厂，厂中的工人们也像在别的地方一样变得越来越焦躁了。1916年，东线获胜的将领兴登堡和鲁登道夫(Ludendorff)接管了整个德国的经济和军事指挥权，这疏远了已经反普鲁士的巴伐利亚人。为了尽量对付物资短缺，指挥者们引入了食物定量配给和针对一切食物的生产及分配的中央控制制度。在巴伐利亚，牛奶、肉类和糖的配给通过由中学生分发的每周配给卡来控制。但是即使有了配给卡，人们还要认识一位友好的农场主或者黑市的人才能得到所有的必需品。1916年年底，一次早霜破坏了大部分土豆收成，而土豆是巴伐利亚的主要食物。后来煤的短缺使得1916～1917年的冬天成了战时最糟糕的"芜菁之冬"（萝卜成了主要食品）。食物和煤在慕尼黑断了供应，"汤厨房"出现了，而十几岁的孩子们也不再在霍亨索伦大街上玩耍了。他们中的一个孩子写道："我们男孩子们大多在挨饿。"当韦克莱因的一位同事问他情况如何时，这位老战士噘着嘴说："我们正在挨饿和受冻，但是我们能够忍受。"[35]

面对着坏收成、严冬和工人短缺，兴登堡和鲁登道夫在1917年初下令所有从17岁到60岁的没有参军的男人都登记去做农业和工业方面的战争服务帮工(*Hilfsdienst*)。既然巴伐利亚没有什么工业，几乎所有的巴伐利亚帮工都去了农场。当权者要求17岁以下的学生们在春天和夏天的几个月中自愿参加，并且在他们动身前于4月间提前进行了期终考试。那一年，马克斯文法中学的32名学生参加了农业服务，其中包括维尔纳的哥哥和他自己班的8名同学。

没有任何任务的学生们在假期中被派到菜园去工作。维尔纳的班级在军训老师克默尔博士的领导下在一个小工厂的园圃工作，同时在路德维希国王位于洛伊斯特顿(Leustetten)的住处干活。克默尔写道："孩子们干活很勤快，而且大部分都很愉快。"[36]助农活动却不那么成功。据报道说，组织得很差的学生们把他们的早期乡村经历看成"一次愉快的暑假"，而农场主们对一群在他们的田地里横冲直撞的城里野孩子很没有耐心。

当海森伯参加下次农业服务时——他哥哥已经参了军，助农项目和学生们准备得更好，并受到了更严格的控制。长久的艰苦生活使得孩子们更加协作。虽然巴伐利亚的农业官员在其招募志愿者的报告中只显示中等的成功，但当时16岁、身为克默尔博士支队成员的海森伯却不需要鼓励。[37]食物短缺已经对成长中的男孩子造成了影响，父母还没有找到自己另外的食物来源。他很快就饿得非常衰弱，以致有一次从自行车上掉到了水沟里。他和他的家庭决定，那年夏天他应该去农场。

吸收了过去的经验，这一计划的军事监管人把将近4000名学生——称为"青年男人团"(*Jungmannen*)——分成许多小队，每队10人到30人，由一个军训官或军官严格领导，而这些人则归地方陆军司令领导。为了鼓励好好工作，军队发给每一个孩子一双新的军靴。从海森伯青年小组的照片看来，这双靴子后来在他的外出旅行中得到了很好的利用。孩子们也被警告，一份评估将放在他们的学年成绩单中。在学校中一直品行很好的维尔纳，得到的报告听起来像是属于标准的良好行为："作为'青年男人团'成员，他通过他的良好行为和工作成绩得到了队长的好评。"不久以后，克默尔就把他提升为班长，在文法中学的军事支队中负责小队。[38]

1918 年海森伯(右 4)及其在巴伐利亚奶牛场工作的同志

　　负责国内战线的指挥官们把海森伯的农场工作小队派到了慕尼黑南部上巴伐利亚阿尔卑斯山麓密斯巴赫(Miesbach)附近的一所很大的奶牛学校中。除偶尔离开外，他在那里从 1918 年的 5 月初工作到 9 月 5 日，然后回到学校待了 10天，就又回去帮助收土豆。那个夏天是海森伯第一次较长时期的离家，也是他和父母的频繁通信的开始，这种通信一直持续到他母亲于 1945 年逝世时为止。(他父亲于 1930 年逝世)在那年夏天他几乎每一封家信都提到了全家主要关心的事情，那就是食物。奶牛农场中的饭食虽然奇特，却能使这位辛苦工作的十几岁孩子吃饱。午餐通常是薄煎饼和酸菜，晚饭是土豆、黄油、奶酪和牛奶。5：30吃早饭，而且工作中还休息两次，吃面包喝牛奶。然而面包要用配给卡。肉类干脆就没有。

　　从海森伯和他的农场同伴们的照片，可能会让人觉得他们像前一批孩子们一样，在那年夏天度过了一段闲适的乡村生活。事实上生活非常不易，其艰苦程度和他那轻松的学校生活形成了鲜明对比。他后来告诉他的孩子们说："我在那里学会了工作。总体来看，考虑到我的教育，我认为那是我最重要的阶段之一，因为在农场里你能够学会工作。你们知道，那和在学校里不同；在学校里，你觉得工作不是那么重要。"[39]

男孩们从早晨6点工作到太阳下山（甚至晚到晚上10点）。在恢复体力以后，海森伯在第一个月每天都把时间用在伐树和锯木头上。那是很重的体力劳动，但是他唯一的抱怨是，"工作对我来说实在太枯燥"。[40] 6月和7月，他和他的同伴们被派到了草料场上；在多雨的8月，他们在牛栏中帮忙。

海森伯在晚上的空闲时间就下棋，他总是赢棋。他带了一些数学教科书和 37康德的［三大］《批判》（*Critiques*）中的一本，但是他写信回家说："关于学校作业和读书之类的事，我们在多数情况下太累了，也就是说，我们完全没有兴趣。"[41]他也带了一些乐谱，打算练习李斯特（Liszt）的一曲作品，以便在回家时演奏。农场学校的主楼中有一架钢琴，但是钢琴练习一直拖到7月底牧草收割以后。

这位雄心勃勃的学生的精神活动只有下棋，这反映了体力劳动的强度。在这里，他比在奥斯纳布吕克更多地接触了劳动人民及其生活。完成以及认识艰苦的体力劳动，可能培养了他后来的脑力工作中的一种类似的集中和坚持不懈。多年以后，他曾经相当浪漫地回忆了他的农场之夏对他的战后生活的影响："别人，也包括我自己，两年以前曾经在巴伐利亚高原上的农场中帮工。因此我们对于刺骨的寒风不再陌生；我们敢于在最困难的问题上形成自己的意见。"[42]

在劳动学生海森伯回到慕尼黑学习的两个月以后，战争迎来它期待已久的，但对多数德国人来说却是出人意料的结局。在东线和布尔什维克的俄国达成了一种有利的和解之后，兴登堡和鲁登道夫于1918年春天在西线发动了全面出击。一开始看上去要成功；但是7月间得到新来的美国步兵增援的一次优势兵力的反攻却使德国人被迫撤退。一直很自信的指挥官们不敢相信自己正在走向失败。只有到了9月间，他们才向皇帝承认了自己的绝望处境。到了11月间，协约国方面逼迫德方投降并接受威尔逊总统（President Wilson）的条件。对战败毫无准备的公众被吓坏了。甚至连慕尼黑文化界格调高雅的《慕尼黑最新消息报》（*Münchner Neuerte Nachrichten*）都没能准确地理解和报道这种局势。[43]

1918年11月11日的议和发生在全体德国陆军仍远离莱茵河之外，并且当时国内的劳工骚乱又正在兴起之时。这就引发了臭名昭著的所谓"背后捅刀子"（stab in the back）的传说，在后来的年月中被狂热的民族主义分子们到处传播。

1918 年 11 月 8 日，当皇帝还在柏林紧紧握住他的王座不放时，巴伐利亚独立社会党的领袖库尔特·艾斯纳(Kurt Eisner)在慕尼黑宣布了巴伐利亚王朝的终结和一个社会主义共和国的建立。第 2 天，被击败的威廉皇帝在柏林退了位，一个著名的社会民主党在柏林宣告成立共和国——这对狂热分子们来说是又一次"背后捅刀子"，帝制时代永远结束了。

第三章　文法中学时期

海森伯于 1920 年夏天在慕尼黑的马克斯文法中学毕业，秋天进了慕尼黑大学。在前两年的大学学习中，他发表了 4 篇物理学研究论文，其中第一篇是在他中学毕业 18 个月以后交稿的。[1] 这些论文有 3 篇探讨原子光谱学，一篇涉及流体力学。这些论文的发表，将 20 岁的海森伯推到了量子原子物理学的研究前沿。这种非凡成就无疑大部分要归功于他从其大学导师——物理学教授阿诺尔德·索末菲(Arnold Sommerfeld)——那里受到的非凡训练。但如果海森伯没有在中学就远远超越课程要求，他也不可能这么快地吸收这么多知识。战时的纷乱只不过提高他的独立学习能力并加快他的教育。

海森伯从一开始就给他的中学老师们留下了深刻印象。在他的各年级成绩通知单上，他们总是不仅指出他那永远带来"值得称赞的成就"的自发驱动性，而且也发现他那绝对的聪明；他的 5 年级主任写道："该生具有极高天赋"；他的 8 年级主任写道："他是一个天赋很高的、有能力的人"；一位不知名的评论者认为，"(他)是班上最好的学生之一"。[2] 老师指出他在 1918～1919 年的 8 年级的成绩尤其惊人，因为慕尼黑的军训活动让他错过了期末考试之前的关键性几周。

海森伯的按学时数来加权的平均期末成绩(从 4 年级开始)证实了老师们的评价。在从 1(优)到 4(不及格)的评分标准下，得到的平均分数是 1.22。他学得最好的、永远得 1 分的课程是数学、物理学和宗教(政教没有分离)。在希腊文和拉丁文这两门主课上，他只得过一次 2 分，其余都是 1 分。他的成绩最差的科目是德文和体育。体育是他得过 3 分（两次）的唯一课程；这两门课程使他在最后的 3 学年中未能获得全优。尽管出身于一个有文化教养的家庭，但他的 4 年级老师仍评道："在论文方面，叙述清晰却干巴巴。"

在中学毕业考试（Abitur）中，海森伯的德文得分最低，唯一的 2 分。作文题目是"什么使悲剧成为诗歌艺术的重要形式？"可能引发他的作为希腊悲剧权威的外祖父的兴趣。那位文雅的主考官是他外祖父韦克莱因的亲密朋友和同事。他对海森伯答卷的评价是："一篇全面的、文笔流畅的作品，但是在论证方面并非无懈可击。"[3] 另一方面，在数学和物理学中，这位学生实在"杰出"。惊讶的政府主考官报告说："通过在数学-物理学领域中的独立工作，他已经远远超过了学校的要求。"[4] 3 个月以后，在 1920 年 10 月，这位青年就来到了索末菲的研究所。

虽然海森伯和他的同班同学们学了一肚子古典研究和德国文学，这位年轻人，正如他那个时代的年轻人一样，对科学和技术的兴趣越来越大。在 1914 年至 1915 年学年（他的第 4 学年）中，这位 13 岁孩子的偏爱就被老师清楚地觉察到了。他写道："他的兴趣以一种决定的和引人注意的方式转向了物理-技术问题。"也许正是在那几年中，海森伯兄弟制造了他们的电动战舰。

要描绘海森伯在文法中学期间在技术事务以外的智力成长，需要相当多的智慧。现存的学校报告和课表，和他到了晚年才写下来的零散回忆并不完全一致。但是两者结合起来，却能给人很多启发。

当回忆他对科学事物的兴趣的萌芽时，作为起点，海森伯常常提到他对机械玩具的早期兴趣，那是受到他的懂机械的祖父的鼓励。[5] 他声称，这种兴趣引导他沿着物体几何学的道路走进了理论物理学领域，特别是物体和数据的数学分析领域。但是这位在社会上肤浅的"实在"世界中感到不安的羞怯孩子却越来越爱上了数学本身——特别是抽象的数论那种和谐而又有秩序的美。他在空闲时间内学习了对物理学必不可少的微积分。除了这些独立学习以外，他后来声称当时还在古希腊哲学的范围内遇到了有关数学、实验数据和原子科学之间关系的经典哲学问题。通过这些兴趣和刺激，他很快便远远超越了中学的科学课程和数学课程的浅显要求。

海森伯受到的数学启发甚至比回忆中提起的机械玩具的刺激还要早。我们在前文中已经指出，他父亲在他们很小时就曾让他和他哥哥在算术方面进行竞赛，而这种竞赛的效果在他开始上中学时就已经很明显了。他的老师沃尔夫先生注意到了这个孩子在"计算问题"上的技巧。海森伯在中学的最初三年中和沃尔夫先生的幸运相遇进一步鼓励了刚刚萌发的天才。

"他试图引起我的兴趣并给我一些特殊的问题。他对我说：'试着解解这个和这个。'"但是当课程从算术转向几何学时，海森伯却宣称自己失去了兴趣。"我觉得这是很枯燥的东西；三角形和长方形并不像花朵和诗篇那样能够点燃人的想象。"[6]

在其他方面没有想象力的海森伯回忆道，只有当沃尔夫先生解释说可以从几何学得出普遍成立的命题，而这些命题和物理现象的瞬变的"实在"世界相对应时，他才对几何学突然产生了兴趣火花。他写道，"数学和物理世界之间的对应关系突然使我感到极其奇特和刺激"。他记得当时把数学应用到了他那些自制的新玩意儿上，因为想到数学可以被用在这样的目的上而心醉神驰。"由于这一切，我在学校生活的大部分时间内一直对数学比对科学和仪器感兴趣得多。"[7]

正如伽利略（Galileo）说过的那样，"大自然这本书是用数学符号写成的。"这一发现，对于任何一个有空想主义倾向的醉心于超验的和谐（transcendent harmonies）的孩子都显得像是一次上天的启示。但是它何时（如果有的话）发生在海森伯身上却不易确定。虽然海森伯记得曾于3年级时在沃尔夫先生教导下学过几何学，但是学校的记录却完全没有提到沃尔夫先生那时教过这门课。几何学是4年级的课程，而那一年沃尔夫中尉在前线上。一种可能是沃尔夫在3年级结束以前就向他的高材生班介绍了几何学。下一年的学校课程表（1914年）表明了这种可能。另一种可能是，海森伯所记得的独立学习数学并把它应用到了他的小机械装置的时间，可能正值他父亲和沃尔夫先生都在前线。正是在那一年，即他上中学的第4年（1914～1915年），海森伯的成绩通知单上指出了对"物理-技术问题"的不寻常的兴趣。

几何学可以和物理实在相对应，而又超越物理实在；最能使海森伯确信这一点的很可能既不是他的小装置也不是沃尔夫先生，而是爱因斯坦。像当时许多别的想从事科学的青年人一样，海森伯曾经听说过爱因斯坦的相对论及其著名的困难："那自然使我特别着迷"。因此海森伯弄到了一本爱因斯坦专门为中

40

学生写的关于相对论——既包括狭义相对论也包括广义相对论——的说明。[8] 书中开头的一节直接谈到了"几何命题的物理内涵"。

从他的几何学教科书上，海森伯已经学到了"正如它的名称所表示的那样，几何学起源于实际需要"（正如爱因斯坦所说的），特别是古代测量员的需要。爱因斯坦假设纯几何学只处理概念之间的逻辑关系，而逻辑上成立的命题则由这些关系得出。然而要确定这些概念和命题的"真实性"，就需要和"实在的"物体及仪器相对比，而在这一点上，"几何学就应该被看成物理学的一个分支"。这里的用意就是，几何公理和命题的"真实性"一旦通过和物理学相参照而被确定，由此导出的任何命题也就很可能是"真实的"。"自由构思出来的"数学和物理规律受到经验条件和逻辑条件的限制。如果沃尔夫先生后来按照部里规定教物理学，他就会更多地把物理学建筑在"实在的"数据上，按照规定，物理教学"应以经验的观察和事实为出发点，而不应以数学的考虑为出发点"。[9]

海森伯后来回忆说，掌握爱因斯坦那本书中的数学对他来说并不困难——这并不奇怪，因为书中的数学只是洛伦兹变换，然而奇怪的是，他在理解爱因斯坦的物理学方面确实遇到了困难："用我的方式来理解这个问题是异常困难的。"[10] 就这样，他并没有像同时代的许多其他人，特别是沃尔夫冈·泡利（Wolfgang Pauli）一样，因为爱因斯坦的理论而转向物理学。但不久之后，海森伯却通过赫尔曼·外尔（Hermann Weyl）的更高深的《空间-时间-物质》（*Raum-Zeit-Materie*）一书想通了相对论。

在其出版于 1918 年的第 3 版文集中，爱因斯坦向寻求相对论的更高深研究的人们推荐了外尔那本刚刚问世的专著。然而，海森伯却直到 1920 年离开文法中学后才读了外尔的书。他说："这再次引发了我的浓厚兴趣，于是我就力图理解爱因斯坦关系式和洛伦兹变换等。不过我还没有想到［学］物理。"相反，在这年的夏天，他打听了学习纯数学的可能。[11]

在以上引用过的他的回忆录中，海森伯回忆说他在第一次世界大战的第一年中曾学过微积分，为的是理解他那自造玩具背后的高级物理学。如果这是真的，这对一个对物理学并无明显兴趣的 13 岁孩子来说，就是了不起的一步。但是他的另一篇回忆录却表明，他直到 1918 年后半年才熟悉微积分，那时他的父母要他帮助他家的一位朋友，化学博士生葆拉·弗里斯（Paula Fries），准备她在化学方面的博士资格口试的数学部分。(妇女们从 1903 年开始可以不受阻碍地进入慕尼黑大学。)有 3 个月之久，16 岁的中学生辅导了 24 岁的大学生学习微积分。"当时我不知道她是否学会了，但是我却肯定学会了。"[12]

弗里斯小姐所学到的知识足以让她通过考试，而她的辅导老师则把他所学到的微积分应用到了初等物理学原理上。那时他正在学第 2 年的文法中学物理课，并且对这门课程略感兴趣。虽然他的物理课本只要求代数知识，但是在他的学习快结束时，海森伯却能够用微积分来推导和求解书中所给出的方程了。

在他的期末口试中，海森伯自动演示了他刚刚学到的技巧。他用微积分解了牛顿运动方程，使主考者大为惊讶。"海森伯轻易地解决了提给他的问题。除此之外，他又自愿处理了把空气阻力考虑在内的自由下落和竖直上抛的问题，借此应用了微分学，超越并高出那一问题，证实了他已远远超过了中学数学教学的目标。"[13]

海森伯的父亲在 1915 年从前线返回，但是后来又离开了一年多。1916 年 8 月，这位精通希腊语的教授离开学校去充当了普鲁士陆军部和拘留在柏林南面 42

外祖父韦克莱因，当海森伯在上中学一年级时任马克斯文法中学校长

戈立兹(Görlitz)地方的一个被俘希腊军团的联络官，他在那里工作到 1918 年 5 月份。[14] 6 个月后战争结束了。奥古斯特在慕尼黑休息的这段时间，大大加速了他儿子的独立学习。海森伯渴望给他父亲留下好印象，这就有助于他很好度过随后几年的艰苦岁月和受到扰乱的学校教育。他的教师注意到了他父亲在场对孩子的表现有明显效果："关注和鼓励性的家庭教育，伴之以良好的关系，起到了明显的效果。"[15]

海森伯教授自然最关心他儿子的希腊文和拉丁文的进步。他注意到了孩子热爱数学，并从他开展研究工作的州图书馆借数学书，于是就找了一些用拉丁文写的数学著作。既然海森伯教授曾经亲自给州图书馆的古典手稿编目，他在查找拉丁文数学著作方面并无困难，而拉丁文在德国一直到 19 世纪晚期都是数学的正式语言。他对数学毫无所知，因此就把他所能找到的、以那种语言书写的一切东西都带回了家。

海森伯教授在那一年拿给他儿子看的珍本中，有一份利奥波德·克罗内克尔(Leopold Kronecker)的 1845 年的博士论文"*De unitatibus complexis*（论复单位元）"。克罗内克尔（因其 δ 函数而为当今物理学家所知）在文中试图应用割圆理论（cyclotomy，即代数环的理论）中的复数单位来证明数论中著名的费马(Fermat)"最后定理"，不过没有成功。[16] 海森伯对费马最后定理和克罗内克尔的失败证明很入迷，在那篇论文上花了不少时间。正如大多数初露头角的数学家一样，海森伯也尝试自己证明这一貌似简单的最后定理，但也像克罗内克尔一样失败了。直到最近，人们才找到一个证明。

在碰上克罗内克尔的工作之后不久，海森伯就遇到了数论中的所谓"佩尔(Pell)方程"，这个方程确实有解。他的文法中学数学教师偶然发现了一些近期研究的论文抽印本。其中一篇论文讨论了佩尔方程的解。这个方程起源于整数的平方表示。对于其中一组参数，方程有无限个解，其中一组解就是所谓的椭圆函数。克罗内克尔以曾写过关于佩尔方程及椭圆函数性质的长篇论著而闻名。[17] 熟悉克罗内克尔著作的海森伯肯定知道如何运用椭圆函数。从他解沃尔夫先生所指定的一道家庭作业题就可以看出这一点，那道题是关于光在一个充水容器中的衍射的。海森伯对衍射方程进行了很长的推导，这种推导把他引入了椭圆函数的领域。对海森伯来说，可惜沃尔夫先生说不清这种推导是对还是错！

对技术事物的兴趣既已减退，在 1916 年，海森伯就把他的所有精力都用到了音乐和数论上，这两个领域并非完全互不相干。他后来回忆说："我对数论着了迷。研究它们的性质使我愉快——了解它们是不是质数，或是试图看出它们能否用数的平方和来表示，或是最后证明存在无限多质数。"[18] 他喜欢数论远胜于喜欢微积分，"因为很清楚，一切皆如此，所以你能够彻底了解它。"海森伯显然彻底理解了那篇关于佩尔方程的论文，因为他将解法应用到了其他情况中，写了一篇关于这一课题的短文，还尝试在一份数学刊物上发表该文。该刊物没有接受这篇论文，但是也没有使作者灰心。在他仅存的笔记本上，大约从 1917 年的纷乱迫使学生们只能在家中自学时开始，可以看到一些典型的中学习题（上面有教师的修改笔迹），例如按弧度画的三角函数的曲线，或是二次方程根的作图求法。但是在笔记本的第一页上，也可以看到手绘的一个佩尔方程例子的曲线图。[19]

无论是海森伯所回忆的那篇研究论文，还是关于佩尔方程的抽印资料，都没有找到。但他最初可能用以学习数论的著作确实保存下来了。它们是保罗·巴赫曼（Paul Bechmann）写的多卷本的数论教科书，标题为 *Zahlentheorie*（《数论》）。[20] 弄皱了的前两卷副本存于海森伯的藏书中。第 1 卷 *Die Elemente der Zahlentheorie*（《数论概要》），以海森伯特别感兴趣的数系和算术开篇。接着就是关于二次型的很长的一节，特别关注了佩尔方程。在第 2 卷 *Die Analytische Zahlentheorie*（《分析数论》）中，巴赫曼指出了佩尔方程解引向椭圆函数理论的应用，但他没有详细论述，而是让读者参阅克罗内克尔的著作以了解细节。按照现存的一份对马克斯文法中学图书馆的购书清单，它当时的藏书中包括一本巴赫曼著作的第 1 卷。[21]

在他上 7 年级时，即 1917～1918 学年，海森伯学了三角学基础和正式的物理学导论。一本针对 3 学年（1917～1920 年）的物理课的唯一教材虽然基础，却惊人的好。[22] 它涵盖了初等力学、电学、磁学、热学、气体分子运动论、光学和能量守恒等内容，没有微积分。除了数学，它大约相当于现代美国大学中的 2 年级物理教材。对于这本教材的作者来说，现代物理学——相对论和量子论——是不存在的。但是注意到教育部的要求，作者却提供了关于其他物理科学的材料，例如气象学、天文学和地理学的材料，并且给出了诸如蒸汽机、水

44

泵、望远镜和电报之类的技术装置的说明。大约 700 幅仔细绘制的写实性的插图挤进了这本 500 页的书中。不过尽管海森伯被认为着迷于技术仪器，他却坚持说，直到从 1918 年开始的文法中学的最后两年，他一直对物理学不太感兴趣。而且他还坚持说，即使到了最后两年，他的好奇心是由关于原子问题的哲学思考所引起的，而不是因为想学习物理学。

海森伯在晚年多次声称，他的思索来源于在那个时候两次与原子的相遇。一次是在他的物理学教科书上看到的一张多原子气体分子图，图中的一些原子是用一些"钩和孔"连结成分子的。看惯了书中其他地方的技术装置的写实风格图，以对他来说如此肤浅和实用方式找出分子性质，这位不轻易满足的青少年感到了困扰。"照我想来，钩和孔是一些相当随意的结构，它们的形状可以随意改变以适应不同的技术任务，而原子及其结合成的分子则受到严格的自然规律的控制。我觉得这里不可能有钩和孔这类人类发明。"[23]

指定给海森伯的那一物理学教科书确实用一种颇为肤浅的方式对待原子。作者受到了 1916 年去世的反原子论者恩斯特·马赫（Ernst Mach）的影响以及教育当局要求经验论的影响，他认为原子结合成化合物的想法可以帮助描述气体的性质方面，但没有更进一步追索这种想法。尽管如此，查遍海森伯所用的物理学教科书，却没有发现带着钩和孔的原子。和他的描述最为接近的图是加在第 7 版（1916 年）中的一幅新插图，它似乎是通过牙签链接乒乓球来表示了水分子的结构。不是海森伯在自学中用了其他物理书，就是他记错了这幅插图。海森伯记得插图是在接近书的尾处，但是他使用的那种规定课本的末尾部分却是天文学。无论如何，乒乓球式的原子也会同样扫他的兴。

海森伯记忆中第 2 次遇到原子，是在 1919 年 5 月份和 6 月份，当时他因为军训任务而没去学校，就自己阅读了柏拉图的《蒂迈欧篇》（Timaeus）。其中有一段话，是虚构蒂迈欧向苏格拉底说明，观察到的 4 种元素（土、空气、火和水）的性质可以归结为理想几何"原子"的超验性质。对于 4 种元素中的每一种元素，柏拉图都指定了所谓正多面体（Platonic）中的某一种。柏拉图，或者他的一个追随者之一曾经证明了自然界中只存在 5 种由等边的二维几何形状构成的正多面体。蒂迈欧将其中的 4 种正多面体[正六面体、正四面体（金字塔体）、正八面体和正二十面]赋予其中的几种元素。

45

我们把四面体赋予土，因为它在 4 种元素中最稳定，而且形状最有保持性，这些性质当然应当属于拥有最稳定表面的物体……在其余的图形中，把最小的立体给火，最大的给水，中间的给气；……我们必须注意到所有这 4 种元素的任何单元都很小，以至于我们都无法看到它们。只有大量集合为一群时才可以看见。[24][1]

对于这段话，纯粹主义者海森伯相当震惊和失望，正如他对教科书插图的反应那样。圣人似的柏拉图怎么能够相信原子是正六面体和金字塔形的呢？"整个问题看起来是疯狂的想象，考虑到希腊人缺乏必要的经验知识，或许情有可原。"[25]不能如此粗浅地将原子看成纯粹假想或肤浅实用的对象。可以肯定的是，柏拉图的原子和现代科学毫无关系。还是他们有关系？

在他 1969 年的回忆录《部分与整体》[*Der Teil und das Ganze*，英译名为 *Physics and Beyond*（《物理学及其他》）]中，海森伯回忆了就此专门去找了他在文法中学军事训练营中的两个密友库尔特·普夫吕格尔（Kurt Pflügel）和罗伯特·洪塞尔（Robert Honsell）。正如他在回忆录中所说，他们 3 个青年在海森伯读到上述那段令人迷惑的文字以后很快就对柏拉图的《蒂迈欧篇》进行了一种伽利略式的（或柏拉图式的）讨论。在海森伯描述的对话中，作为未来工程师的库尔特是一位粗鲁的实用主义者，海森伯成为一位困惑的寻求启蒙的求教者，而深思熟虑的罗伯特则承担了柏拉图主义者的角色。在柏拉图主义者看来，原子不是实物而是心智的构想，是数学的理想或形式，它们和数学本身一样是超验的但又受到实在制约。海森伯的两个朋友为了他们的立场，像下棋一样争论起来，直到罗伯特最后获胜。而这就使海森伯确信了柏拉图主义的正确性并帮助他领会了柏拉图的几何原子。

海森伯在 1949 年为马克斯文法中学的古典研究进行辩护时，也提到过他和柏拉图原子的斗争。他竟然说他［对柏拉图著作］的阅读启发他得到了原子物理学的基本思路，而且从那以后"我就越来越相信没有希腊自然哲学知识就几乎不能在现代原子物理学中有所进步了"。他觉得，给他的物理教科书绘制插图的人

---

[1]　参照谢文郁译：《蒂迈欧篇》，上海人民出版社，2005 年版，第 39 页的译文，有较大改动。——译者

"如果仔细研究柏拉图的话，本可以画得更好"。[26]

到了晚年，当他写了许多上述回忆录时，海森伯相信他在现代基本粒子物理学和柏拉图观念论之间发现了一些突出的相似点——事实上是如此突出，以致他相信柏拉图主义为现代物理学提供了真实线索。然而，不论是在现存资料还是在作为他的最亲密学生和同事之一的卡尔·弗里德里希·冯·魏茨泽克的证词中，都看不出他是像回忆录中自我标榜的那种终生柏拉图主义者。事实上，研究海森伯的著作和他自己在那一时期中的论述就会发现，海森伯当时极其缺乏任何系统的和物理学相联系的个人哲学。只有他的同事们的刺激以及自己理论的需要，才引发了对哲学问题较深的关心。当在 1925 年回答他的亲密的同事沃尔夫冈·泡利的一封"哲学来信"时，当时因其实用主义物理学而闻名的海森伯谈道："不幸的是，我对自己的个人哲学远不是那么清楚，相反，在一大堆乱糟糟的道德和美学计算规则中，我常常找不到我自己的路。"[27]

海森伯对源于科学研究的哲学问题持有一般的、中等的兴趣。他在 1918 年去参加农场劳动时所带的康德的《批判》，以及后来他在青年运动中的那些辩论，都证实了他的兴趣。但是海森伯在 1926 年第一次遇到的同事魏茨泽克却说，在哲学中使海森伯最感兴趣的东西，除了他在专业上的需要以及捍卫自己专业的需要以外，并不是各哲学体系的实质而是它们的美或文学诗意，也就是他在音乐中，以及在数学和物理学中发现到的同一样的美和诗意。[28]海森伯在科学和音乐中倾向于观念论（idealism）[1]，但并非在系统的意义上。这种倾向在战后事件的环境中以及早年和库尔特及罗伯特在青年运动中变得更明显。

魏茨泽克称，海森伯认为康德和马赫在上述意义上都不美，只有柏拉图的某些段落才配得上美这个标签。事实证明，这些段落就是他在中学里学到的那些标准段落，它们进入课堂的原因正是作为教育手段的诗意美：《斐多篇》（*Phaedo*）的前半部分、《申辩篇》（*Apology*）以及《会饮篇》（*Symposium*）中的宴会场面。在海森伯的同事中，既是哲学家又是物理学家的魏茨泽克也许最理解他的关于哲学中缺乏诗意美的感受。而且魏茨泽克推测，正因为如此，海森伯从来

---

[1] 通译唯心论者。考虑到中文语境中，"唯心论"常被赋予不应有的意识形态色彩，这里采用较为中性的"观念论"。——译者

没有真正读过康德、马赫乃至《蒂迈欧篇》的任何细节，而且也没有在任何深度上钻研过柏拉图思想中的那些难懂之处。然而，他确实曾使自己浸润在物理学和音乐的优美和谐之中，而在哲学刺激方面则求助于他的朋友们和同事们。

海森伯于 1920 年通过分成两部分的毕业考试而完成了他的中学学业，优异的成绩使他有资格进入德国任何一所大学。6 月底，为文法中学 9 年级的 31 个学生举行了笔试。参加考试的还有附近一所女子学校的两个女生。[29] 所有的学生都通过了考试。海森伯在笔试中考得很好，以至获准免于参加随后的口试。但是，尽管有权免试，他还是作为申请著名的马克西米利安基金会（Maximilianeum Foundation）资助的候选人而参加了口试。

马克斯文法中学每年都派它最优秀的毕业生参加一次全巴伐利亚的竞赛；这是由国王马克西米利安二世（Maximilian Ⅱ）在 1852 年设立的基金会资助的。巴伐利亚的 26 个最好的学生将在基金会优美的慕尼黑会所中得到住宿、膳食和文化娱乐款待。最初这种荣誉只适用于那些准备经过法律职业进入政府工作的人们。后来，准备学科学和其他学科的学生也被允许参加竞赛，但是人数不能超过总人数的 1/6。很自然，按照基金会的章程，与试者必须"具有杰出的智力天赋和无懈可击的道德行为"。作为未来的国家公务员，他们只能由完美的基督教男教徒来担当。女人、犹太人和残疾人不能申请。[30]

1920 年，即海森伯毕业的那一年，基金会有 11 个名额。马克斯文法中学派了两名最好的毕业生——维尔纳·海森伯及其准备学习语言学的同学安东·舍雷尔（Anton Scherer）——参加竞赛。考取的人将给他的母校和他本人都带来荣誉。

巴伐利亚内务部任命约翰内斯·梅尔伯（Johannes Melber）——指定的马克斯文法中学毕业考试委员会官方主考人，也是韦克莱因博士的一位亲密同事——提交一份关于两位提名者资格和合适性的综合报告。很不幸，关于 1920 年基金会候选人的官方记录在第二次世界大战期间被焚毁了。另一份肯定很有价值的沃尔夫先生关于海森伯在数学和物理学的一份特别说明报告也被毁了。梅尔伯关于马克斯文法中学两位候选人的报告，却在基金会档案中存留了一份副本。

包括梅尔伯在内的考试委员会对海森伯进行了一次为时 2 小时 15 分钟的口

试，于 7 月 7 日上午 8：00 在文法中学研讨室中开始。在他的报告中，梅尔伯盛赞了候选人展现出的科学能力，其热情劲儿，远远超过作为候选人的外祖父的一位崇拜者的期待："在数学和物理学的考试证明了该生在这一领域中非凡和稀有的才能，实以作为光耀夺目的榜样。"[31] 但是梅尔伯对海森伯的德文论文（论文题目是他外祖父的专长，即作为诗歌艺术的悲剧）的印象却要差得多，特别是当他把海森伯的文章和未来语言学家舍雷尔的文章互相对比时。尽管如此，梅尔伯还是确信，在科学中，无论如何"他有一天……将干出一流的事情来"。梅尔伯"热诚地"推荐马克西米利安斯基金会接受被提名人，但是他仍然明显地把海森伯排在了"他的同样天资出众的同学舍雷尔的后面"。俩人都被选中了。在基金会的 1920 年成功入选人名单上，舍雷尔排第 6 名，海森伯得了第 11 名，即最后 1 名。[32]

海森伯谢绝了基金会的免费住房和膳食。他回忆说他更愿意和父母生活在一起。在马克斯文法中学的记录中，提到了他"在 1920 年获得资助资格，但因经济条件较好而未被资助"。[33] 在一个处于疯狂的通货膨胀中的国家中，其他人比海森伯更需要帮助。无论如何，虽然海森伯确实有时到基金会去参加客套的茶会和音乐晚会，但那时他已经更喜欢和他战后青年运动的同志们在一起，而不是政府或家庭的上层社会环境。[34]

第四章　慕尼黑之战

　　海森伯完成文法中学学业之时，正值现代德国历史最动荡的时期。世界大战中的失败、君主政体的覆灭和席卷整个帝国的革命，冲垮了资产阶级礼节和爱国主义的脆弱外表，似乎把整个国家带入了动乱之中。慕尼黑和巴伐利亚经历了最糟糕的动荡。大失所望的 17 岁青年在事件变换中经历了自身的动荡。先前的年岁对他成年政治指向起到决定性的影响。他的反应和导向，反映了发生在帝国全境和他自己家庭内的政治转向。

　　动乱的种子在战前就已经发芽了。随着俾斯麦 1890 年被迫下台后的合法化，劳动阶级的政治代表社会民主党(SPD)的影响力经历了一次持续的增长，直到它在 1912 年战前最后一次大选中在帝国议会(*Reichstag*)中得到了 1/3 以上的席位，变成了国会中最大的党。天主教支持的中央党，显示了同样的戏剧性上升。巴伐利亚州议会(*Landtag*)选举得到类似的结果。在这两个事例中，特别是在 75％的人口都是天主教徒的巴伐利亚，这种增长主要以海森伯家支持的基督教民主自由党(Protestant National Liberal Party)的失势为代价。作为中上层阶级职业界人士的政党，自由党人强烈支持普鲁士领导下的国家统一，因其有助于商业扩张。帝国宰相俾斯麦很容易得到自由党人的好感：例如，奥古斯特·海森伯在访问慕尼黑期间就歌颂了"德国的创立者"。[1]

　　巴伐利亚可能是民主自由党影响力最大的地方，这是在 1848 年自由革命期间唯一强迫自己国王退位的邦[1]。自由党的压力，包括一度是该党副手的尼古拉斯·韦克莱因的压力，曾经帮助诱使具有强烈独立倾向的巴伐利亚人加入俾斯麦的帝国。当巴伐利亚国王精神失常之际，自由党人就攫取了巴伐利亚邦的行政控制权，实行寡头统治。²

到了1912年，处于上升地位的中央党占据了曾由自由党人主导巴伐利亚的位置。尽管社会党人和自由党人都盼望获得或重新获得政府的控制权并促使宪法改革，但是像海森伯家那样的自由派职业者们却担心，假如一旦发生了社会党人的"无产阶级化"，他们新近到手的社会地位会受到影响。

当德国在1914年参加战争后，这些紧张和分歧都被放在一边了。但是随着战事迁延而工人阶级士兵的阵亡人数与日俱增时，德国的社会党人就开始相信他们上了帝国主义者-资本主义者的当。帝国议会年度会议上对战争财政的投票引起了左翼的一次分裂。一个激进的少数党，德国独立社会民主党（USPD）反对继续为战争信贷，并在1917年和社会民主党决裂了。两党的领袖仍然忠于宪法，但是德国独立社会民主党却掩藏了一个革命组织，即由罗莎·卢森堡（Rose Lux-emburg）和卡尔·李卜克内西（Karl Liebknecht）领导的斯巴达克同盟（Spartacus League）。受到俄国同事的惊人成功的鼓励，斯巴达克主义者们煽动了一次德国式的布尔什维克革命：建立一个工人和士兵的委员会——俄文为苏维埃（sovi-et）——来执行革命的工人阶级的要求。他们在慕尼黑获得了最大的成功。

在巴伐利亚，食物和燃料危机的恶化，再加上兴登堡元帅和鲁登道夫元帅的极权统治影响了巴伐利亚人生活的几乎所有方面，唤醒了反战和反普鲁士的情绪。到了1917～1918年的可怕冬天，巴伐利亚的社会主义者就可以指望自由党人的支持了；这其中也包括海森伯家的支持，他家的两个儿子正在或准备参

[1] 1848年在欧洲发生了一场范围广泛的革命。德意志革命，又称三月革命，是席卷欧洲许多国家的1848年革命的一部分。在包括奥地利帝国在内的德意志邦联的各邦之中，引发一系列松散的抗议与反叛运动。巴伐利亚国王路德维希一世（Ludwig I）之所以下台，是因为天主教保守派不能接受国王与他宠爱的情妇、舞蹈家和演员罗拉·蒙特兹（Lola Montez）之间的关系而引起的。他们上街游行的目的很简单，就是希望国王摆脱情妇，但自由派的学生利用了这个机会，要求政治改革。路德维希一世试图制定一些小的改革，但不足以平息抗议的风暴。1848年3月16日，路德维希一世被迫退位，将王位传给自己的长子马克西米利安二世。——译者

与一场当时不受欢迎的战争。

巴伐利亚社会主义党在 1917 年也经历了一次分裂，然而那是在人事上而非政治上的分裂。巴伐利亚独立社会民主党的创立者是一位非常不具有巴伐利亚特点的普鲁士人库尔特·艾斯纳，他是一位有犹太血统的作家和知识分子，从柏林自我放逐来到了巴伐利亚。艾斯纳的独立社会民主党很快就得到了厌战的普通人的支持。在 1918 年春天争取食物与和平的全国范围的大示威中，数以千计的工人在艾斯纳领导下在慕尼黑进行了示威，这是自从 1848 年以来在巴伐利亚发生的首次此类政治抗议。示威招致了巴伐利亚军队的野蛮镇压，并且导致艾斯纳被监禁到 1918 年 10 月。

10 月是混乱的。德国军队正在无可救药地败退，鲁登道夫失去了他的控制，奥地利垮台了，3 个协约国——法国、俄国和英国威胁着向北进入巴伐利亚。奥古斯特·海森伯的边防连急忙开往南部去迎敌。

巴伐利亚州议会终于在 1918 年 11 月 2 日宣布民主改组，然而突然发生了许多意料不到的事。那天夜里，当一艘战舰奉命去参加一场与协约国舰队的没有希望的海战时，水手们在德国北方海港基尔起义，夺取了城市，建立了水手和士兵的委员会，点燃了遍布德国的革命。

在慕尼黑，各派社会主义党人号召 11 月 7 日在特蕾西娅草坪（Theresienwiese）——"十月啤酒节"的举办地——举行要求和平的示威。在 5 万名所有阶级和地位的公民参加的大会上，艾斯纳占据主席台，宣告成立一个社会主义共和国，要求君主退位并成立一个工人和士兵的委员会。第 2 天，武装的士兵和市民占据了军营、车站、报馆和州议会大楼。正在王室花园散步的国王路德维希三世获悉了自己被推翻的消息。他默默把家人召集在一起，让他们登上他的新梅塞德斯汽车，驶向乡下，永远离开了维特尔斯巴赫王位。

11 月 9 日，在柏林国会大楼前的一次要求和平的类似示威中，社会民主党人菲利普·沙伊德曼（Philipp Scheidemann）宣告建立一个共和国，时间刚好在他认为斯巴达克党人计划在稍晚作出同样宣告前。为了安抚中产阶级和工业界的不安，他宣称多数旧官员都将留任，而任何更激进的社会主义者获得政治控制的企图都将受到一切必要手段的镇压。德国的社会民主将既不是革命的也不是社会主义的，而是议会的、资产阶级的和自由主义的。它将寻求军队和上中层阶级的支持，而非革命工人委员会或他们的代表的支持。

艾斯纳也为巴伐利亚议会共和政体作出了相同承诺。这个共和政体起初得到了民众的广泛支持，包括社会民主党人、前自由党党员和新近很有影响的巴伐利亚农民党的支持。艾斯纳没有改变巴伐利亚的社会结构和政治结构，他也没有制定无产阶级统治或试图使工业社会化。根据一份记述，除了在战前和战时已考虑过的引入宪法改革外，艾斯纳几乎没什么追求了。[3] 但是新体制表现出不堪其任，完全不可能控制它所释放出来的势力。该党用施瓦宾咖啡馆中的激进分子来补充了它的下级官员，他们长于理论而短于实践。随着经济衰退，艾斯纳及其体制失去了其支持者的好感。左右两方的激进分子都准备夺权了。

一些新党派跳出来取代旧的帝制机构。像海森伯家那样的巴伐利亚自由党人倾向于社会民主党或新的德国民主党（DDP），该党和社会民主党在全国及地区范围内达成联盟。现在，巴伐利亚中央党的党员们，加入了更保守、得到教会支持的巴伐利亚人民党（BVP），后者表面上像是因为反对艾斯纳而更加公然反犹。在 1919 年 1 月举行的第一次战后选举中，普遍选举权在巴伐利亚成了现实，妇女第一次参加了选举。选举结果令艾斯纳党派难以置信。独立社会民主党只获得了 2.5% 的选票。巴伐利亚人民党获得了相对多数选票，社会民主党和德国民主党紧随其后。[4]

作为巴伐利亚的总理，艾斯纳曾主持了一个依赖巴伐利亚军队支持的社会主义政府。厌倦了战争的军队，在和平时期独立于帝国之外，在早期参加了艾斯纳的革命。但是当艾斯纳由于胜利的协约国强加的限制和他自己的反军国主义的情绪禁止了组成和平时期的军队时，这一支持迅速消失了。1918 年 12 月，一次失败的柏林斯巴达克党人暴动和另一次失败的左翼慕尼黑政变，使得右翼极端分子们确信需要建立一支反革命民兵。图勒会（Thule Society）[1] 之类的原始法西斯主义秘密会社组织了私家军队来反布尔什维克主义以自保。1921 年 2 月 21 日，一个贵族图勒会分子安东·冯·阿尔科-瓦莱伯爵（Anton Graf von Arco -Valley），显然急于向他的同志显示他的反犹狂热（因其有祖上为犹太人），在大街上枪杀了犹太血统的艾斯纳。有讽刺意味的是，他的受害人当时正在去

---

[1]　1918 年在慕尼黑成立的德国极端民族主义团体。——译者

州议会的路上，为在选举中失败并失去了中产阶级支持而去向议会递交辞职书。

慕尼黑一片混乱。州议会中发生了枪战，杀死了两名议员。整个城市都有巷战，现在蔑视艾斯纳的维尔纳以及其他自由主义大学生们听到他死去的消息后爆发了狂欢庆祝。社会民主党在德国民主党、农民和独立社会民主党的支持下很快取得了政府的控制权并于 3 月 18 日上台。政府由约翰内斯·霍夫曼(Johannes Hoffmann)领导，他是艾斯纳时期的文化教育部部长。霍夫曼上任后的三把火之一就是废除了贵族及其特权，这就得罪了文法中学的学生们和中上层阶级的大多数人。一位著名的改革教育家古斯塔夫·维内肯(Gustav Wyneken)像一位校长似的斥责那些精英式学生及其教师在文化上的市侩和对社会变革的反对。他写道，"他们利用了他们新的意见自由，以莽撞、唾弃和藐视的方式反对革命及其领导者们……并形成一种像'沉默的阴谋'似的东西来反对事物的新秩序"。[5] 维内肯的斥骂在学生中只引起更深的不满。

当事物变得更混乱时，"沉默的阴谋"的呼声越来越大了。当没有俾斯麦式外交才能的霍夫曼企图把已变成激进联盟主义者的巴伐利亚纳入到由社会民主党控制、已取代德意志帝国的魏玛共和国中时，右翼极端分子就得到了天主教各阶层及其政党——巴伐利亚人民党——的支持。与此同时，共产党在匈牙利和奥地利的成功，进一步使巴伐利亚的左派变得激进起来，在右派中引起了更大的恐惧和不满。

和艾斯纳一样，霍夫曼也未能胜任他的任务。4 月 7 日，一个由激进的独立社会民主党党员组成的、自封的"革命中央委员会"夺取了对慕尼黑的控制权并宣布成立了一个新的苏维埃共和国来统治巴伐利亚。这个由表现主义诗人恩斯特·托勒(Ernst Toller)领导的"咖啡馆无政府主义者"政府试图将巴伐利亚的出版界和教育制度社会化，但没有成功。

4 月 12 日，一份致文法中学学生的政府报纸公告，把他们直接驱入越来越激烈的反对派手中："学生们！你们已经经历了德国的政治和经济崩溃；现在你们将经历最后和最大的崩溃，她的文化的崩溃。"长期以来，高雅的"文化"("Kultur")被上层阶级用来隔离他们自己和未受教育的群众。中央委员会宣称，"我们文化的崩溃现在已成了历史的必然"。[6] 第 2 天，全城都起来反抗。

按照来自柏林的命令，霍夫曼和他的官员们逃到了友好的北巴伐利亚的班贝格。4月13日，在复活节前的星期天（Palm Sunday），他的慕尼黑追随者们发动了一次武装政变，推翻了托勒政权。但是在慕尼黑火车总站一带的一场流血巷战和慕尼黑卫成队为期一天的统治以后，布尔什维克力量占了上风，宣布了托勒的"伪苏维埃共和国"的结束，并成立了真正的俄国式的苏维埃共和国。列宁从莫斯科发来了贺电。奥古斯特·海森伯及其家庭现在转向了社会民主党，把它看成了抵抗布尔什维克的保障和保持国家统一的唯一希望。

像它的直接前身一样，巴伐利亚的布尔什维克政体面临着一个下滑的经济状态，一群充满敌意的群众，以及由于一次强烈寒潮而激化的严重煤炭短缺。4月1日，地上积了半米深的雪。苏维埃政权得以苟延残喘，主要是由于从托勒继承来的"红军"的存在和一种虚假的谣传，即来自匈牙利和奥地利的苏维埃红军正沿着多瑙河开过来。没有军装但用遣散的巴伐利亚军队得来的武器装备得很好的慕尼黑武装（The Munich forces），收入很好，拿着德国最高的薪金，而且预付。慕尼黑没费什么事就招募了1万到2万的下等人组成的部队，其中多数是失业工人、从前线下来的老兵和从前的俄国战俘。

支撑这样一支费用昂贵的军队被证实是不可能的。4月14至22日复活节期间，在一次由慕尼黑大部分居民举行的几乎全面大罢工以后，慕尼黑摇摇欲坠的经济崩溃了，陷入了一片混乱之中。包括霍亨索伦大街上的海森伯家在内的人们的处境越来越绝望了：霍夫曼的军队将全市完全封锁起来。他们在这方面得到了巴伐利亚农民的合作；虽然他们的政党一度和独立社会党联盟，但是农民们却强烈反对苏维埃叛乱。农民阻止食物和燃料进城。由于拒绝承认政府发行的纸币，他们不向政府出售他们的产品。

海森伯家发现自己又有麻烦了。战时德国封锁曾在早先剥夺了他家的食物，新封锁又带来了饥饿的威胁。但是这一次安妮·海森伯却设法在慕尼黑北边约15千米处伊萨尔河畔的加兴（Garching）[1]找到了一个有同情心的农场主。那个人同意向海森伯家供应主食，但是只能由海森伯家穿过封锁线自己到农场去取。

---

[1] 德国巴伐利亚州慕尼黑北部的一座小城，位于伊萨尔河畔，以教育和研究机构闻名。马普学会的众多研究所，欧洲南方天文台总部，慕尼黑工业大学数学系、机械工程系、计算机科学系、物理系和化学系，慕尼黑大学物理系以及通用电器全球研究中心等都在此。——译者

多年以后，60 岁的海森伯还跟他从前的青年运动同志们回忆他、他哥哥和一个工程师朋友库尔特·普夫吕格尔(Kurt Pflügel)是怎样在夜里出去收集他们的黑市食物的。[7] 这位昵称为"库尔太"(Kurtei)的朋友，就是前面提到的参与辩论柏拉图原子中的一位，他在马克斯文法中学中比海森伯晚两年，而且也参加了同一个军事防备协会小组。他和海森伯因为库尔特的父亲——他是巴伐利亚军队中的一位退役少校，肯定也认识奥古斯特·海森伯上尉——请求海森伯辅导库尔特而相识。

第一次世界大战结束后的海森伯一家

他们为了抵御严寒穿得暖乎乎的，但是不穿制服以免引起怀疑。3 个青年冒着生命危险，在严寒的整夜旅行中将他们受到的军训派上了好用途。当时慕尼黑是被大批的"白军"包围着的；那些"白军"从柏林派到巴伐利亚来，准备进攻慕尼黑。选取通往加兴的最直路线，十几岁的孩子们在红军战线的最严密点之一的地方偷偷越过防守线；那地方是在弗莱曼(Freimann)[1]的克虏伯兵工厂那儿，靠近英国花园(English Garden)和结冰的伊萨尔河。因为许多大学生也从这儿离开城市去参加白军，红军守卫者就对这个方向的动静特别注意。不知用什么办法，3个孩子安全地通过了双方的警戒线而到达了农场。然而当他们试图返回时，白军却拘留了他们，因为怕他们被捉住时会泄露白军的位置。

多亏了他们对那一带的地形十分熟悉，海森伯和他的同伴们设法逃出了。经过克虏伯工厂，他们走过了奥麦斯特尔(Aumeister)[2]，一个夏天的啤酒花园，并越过了城北公墓附近的广阔、多风和积雪的田野而进入了施瓦宾。他们平安地回到了家中，背包中装满了面粉、黄油、鹿肉，而据海森伯说，还有没打破的鸡蛋。多年以后，部分地为了纪念这次冒险，时任马克斯·普朗克物理学和天体物理学研究所所长的海森伯在奥麦斯特尔(仍然是一个啤酒花园)附近，当年他们穿越军队封锁线的地方为他的研究所建了一座新的楼房。

在此期间，慕尼黑的那个政权已经使得自己被人口的大多数(特别是受过教育的上层阶级)所彻底厌恨和惧怕了。大学和报社被关闭，食物和武器被没收，以及军事独裁的施行，进一步使人民精神受伤。[8]正如后来海森伯所说的那样，"我自己有一次曾亲历过的抢劫和掠夺，使得'Räterepublik'一词成了无法无天状态的同义语"。[9]

当白军越来越逼近时，红色恐怖达到了顶点。赤卫队(red guards)搜捕政治上被怀疑的人，从重要的资产阶级家庭和贵族家庭中拘捕了人质。那时生活在慕尼黑的阿道夫·希特勒(Adolf Hiltler)，在《我的奋斗》(Mein Kampf)一书中宣称他当时即将被捕，只能用一支卡宾枪来自卫。海森伯的父亲，也像许多其他有可能成为人质的人一样躲了起来。

在此期间，社会民主党人霍夫曼在慕尼黑正北达豪的一次小规模战斗中被托勒指挥的红军打败了。霍夫曼垂头丧气地撤退到班贝格，他向柏林求援，并呼吁他在慕尼黑的最坚强支持者，即那些右翼秘密会社进行游击战，为一次大

54

---

[1] 原为独立的市镇，后并入慕尼黑。与它东面的施瓦宾一起，构成慕尼黑第12区。——译者

[2] 位于慕尼黑施瓦宾地区，英国花园北边，是慕尼黑有名的啤酒花园，能同时容纳2500位客人。——译者

的起义做准备。

那些秘密会社则召集同情他们的中学生参加斗争；许多中学生已经通过军事防备协会组织成了一种准军事式的单位。学校已经在复活节放假时关闭了，而且一直关闭到1919年5月初；但学生们却一传十、十传百地把消息传了开去。库尔特的父亲，普夫吕格尔少校登记了马克斯文法中学的预备连，并把它组织成了一个助战队，由他自己指挥。助战单位要给入侵的白军当向导，并且在入侵中及入侵后参加协助工作。被普夫吕格尔招到学生支队中去的包括他儿子库尔特、维尔纳·海森伯、他们的同学维尔纳·马韦德（Werner Marwede），或许也包括海森伯的哥哥埃尔温。除了埃尔温以外，所有这些人都参加了海森伯的青年运动小组。

柏林的战争部长，社会党人古斯塔夫·诺斯克（Gustav Noske）受命扑灭激进分子，他向巴伐利亚派了一支很大的正规军以及自由军团。诺斯克利用德国工业界的财政支持而组织了这种部队来完成他的使命，而不用依靠那些不可靠的和受到严格限制的正规军。由于战后的混乱，诺斯克的自由军团主要是那些大胆的、通常也是残酷无情、唯利是图的雇佣兵——前军官（通常有封号）、胆大妄为的前线老兵和一些渴望行动但因为年轻而没有战争经验的学生。这种部队变成了培育右翼极端分子的温床。许多臭名昭著的纳粹分子都是从这种部队中开始的。[10]

1919年4月23日，诺斯克就下令对巴伐利亚的进攻在两天后开始，由中将维尔弗雷德·冯·奥芬（Wilfred von Oven）指挥。[11]在准备这次进攻时，海森伯小组被指派去协助第11骑兵步枪军团，该队有1500人，是上校德特延（Deetjen）领导下的德特延军团的一个部分。在他的进攻计划中，诺斯克命令德特延及其部队从北面进入巴伐利亚，并保证慕尼黑包围圈的东北部分。在耶拿，德特延集合了骑兵队，这是曾在前线作战过的一个正规军部队——这一做法在耶拿引起了骚乱和亲苏维埃群众的总罢工。

一旦集合起来，骑兵队就于4月28日乘火车经由雷根斯堡（Regensburg）和弗赖辛（Freising）穿过了巴伐利亚，沿途打退了遇到的小抵抗，最后在奥麦斯特尔啤酒花园一带扎营，准备最后的进攻。海森伯和他的同伴们曾经在他们去加兴农场的午夜探险中第一次遇到他们现在要支持的这些人。

到了4月30日，慕尼黑包围圈的北边和西边的部分已经完成，红色恐怖的最后阶段就骤然降临了。当进攻军在那一天拿下了达豪的主要红军基地时，更嗜血的慕尼黑红军的反应是在卢伊特波尔德文法中学他们的苏维埃司令部中杀死了 10 个人质。被害者有 8 个图勒会的贵族社员和两个附属于德特延兵团的胡萨尔第 8 团（Hussar Regiment 8）的战俘。最后的攻击本来打算在 5 月 3 日进行，但是在杀人事件以后，事件的进展就无法控制了。

大学生和中学生们偷偷越过红军战线来向德特延军团中第二海军旅（Second Naval Brigade）旅长赫尔曼·埃尔哈特（Hermann Ehrhardt）上尉［他也是一年以后右翼的卡普政变（Kapp putsch）[1]中的领导者之一］报告那种无意义的杀人事件。5 月 1 日一大早，天上飘着小雪，慕尼黑的地下力量自发攻击了前国王官邸（former king's residence）和统帅堂，从军营中夺取了武器，并且占领了大学和卢伊特波尔德文法中学。

听到了这种骚乱的消息，军队也约束不住了，开始向目标挺进。在愤怒的胡萨尔团的带领下，德特延军团进攻了克虏伯钢铁厂，在那里遇到并克服了严重抵抗，然后越过雪地通过奥麦斯特尔而奔向了城北公墓。他们沿着大街一所房子一所房子地前进，在马克斯文法中学和霍亨索伦大街上的海森伯家附近打散了赤卫队部队，在大学附近越过了凯旋门（Siegestor），到了傍晚，他们已经到达了离市中心玛丽广场正北的音乐厅广场（Odeonsplatz）[2]不远的统帅堂。大学生支队（Student units）和秘密团体（secret societies）引导军队穿过他们所不熟悉的街道，但是第 11 骑兵步枪军团却作为后卫留在了施莱斯海姆（Schleissheim）一带，这一带刚好在城市边界以外。当天黑下来时，德特延军团的先头部队就撤退到了施瓦宾北边，并在马克斯文法中学安营过夜。[12]

冯·奥芬将军决定不再等待整个城市南侧被包围，下令在次日开始总攻。5 月 2 日凌晨，德特延军团从施瓦宾向前国王官邸及市中心攻了过去。当地的市

---

　　[1]　卡普政变发生在 1920 年 3 月 13 日的柏林，是由沃尔夫冈·卡普（Wolfgang Kapp，1858～1922）领导的保皇党未遂政变。叛军占领了一些政府大厦，迫使政府撤到斯图加特。德国工人被激怒了，立即号召举行总罢工。面对这一局面，叛军毫无办法，只得逃亡。政变只持续了几天就遭到失败。——译者

　　[2]　慕尼黑市中心的一个大型广场。广场上有国王路德维希一世的骑马雕像（1862年）。——译者

民们自发地参加了进攻部队，在战争部、卢伊特波尔德文法中学和车站等地进行了激烈巷战。库尔特·普夫吕格尔给他父亲送弹药：他父亲整整一天都在维特尔斯巴赫喷泉附近用一挺机枪作战。到了5月2日晚上，冯·奥芬将军在市内建立了司令部并宣布了红色恐怖已经结束。但是白色恐怖却刚刚开始。

白色恐怖在5月3日爆发了。遵照奥芬的命令，加上杀害人质事件的刺激，凶狠的白色部队在一度被遭人痛恨的赤卫队占领过的城市中横冲直撞数日，当场枪杀任何携带武器的人。[13]在暴乱期间，每一户人家都被系统搜查武器、红军分子和他们的同情者。当住户保卫他们的家时，就会发生一些零星战斗。任何人一旦被当作红军捉起来，一般就会在军事法庭的简单过堂后被枪决。包括海森伯小组在内的中学生队伍，负责看守等候审判和处决的犯人们。

狂乱持续不衰，直到5月7日的惨案惊醒了精神受到伤害的民众为止。5月 56 7日，21名信仰天主教的技师被醉酒的自由军团士兵杀害了；他们的聚会被错当成了红色的阴谋，他们有的被枪杀，有的被用刺刀刺死，有的被活活打死。正如一位作者所描写的那样，"在市政公墓中，死去的白军士兵躺在墓碑旁边，墓碑上装饰着花圈和白蓝色（巴伐利亚州旗颜色）的花环，而被屠杀的信奉天主教的技师的遗体则胡乱扔在工人尸体堆中，扔在倾斜棚屋那污秽的地上，用帐篷布裹着。哭泣的女人们在血淋淋的锯木屑上挪动着，尽量根据绑在尸体四肢上的编号木牌来辨认她们的丈夫"。[14]

到了5月8日，已经有一千多人在白色恐怖中被杀了，其中包括除托勒外的所有红色领袖。男扮女装躲在一位贵妇闺房中而被拘禁的托勒，只是因为他向拘禁者提供的娱乐才免于被就地正法。相较而言，按照白军自己的计算，他们在夺取慕尼黑的战役中只死了68个人。[15]

海森伯和他的小组被派到格里高里学院（Gregoranium）的骑兵司令部中，那是路德维希大街上正对着大学的一所天主教神学院。孩子们身穿绿色军装，足登长筒靴，在站岗时荷枪实弹。在来自于当局的压力下，海森伯和他的小组停留了几星期，甚至到马克斯文法中学于1919年5月9日复课后。他记得有一天早晨在神学院屋顶上休息时读过柏拉图的《蒂迈欧篇》，那里"天气晴朗而温暖"。[16]天气记录表明，直到那月底为止都寒冷而多雪，气温并没有变化。[17]

柏林军队在慕尼黑停留到7月1日，以重建"安定和秩序"——也说是要镇压霍夫曼重新成立的社会民主党政府中的每一种社会民主趋向。那个一度温和的政权的合法性，现在建筑在反民主的右派上了，这就使得建立一支忠实的巴伐利亚军队成了最重要的当务之急。社会党人的战争部长诺斯克指派了其自由军中的更残酷的部队作为新军核心，由弗朗茨·冯·埃普(Franz Ritter von Epp)骑士上校领导。盼望着让"普鲁士人"回到北方去，并且相信巴伐利亚的麻烦就在于缺少一支反对布尔什维克主义的保护兵力，巴伐利亚官员们大力进行了听起来并不可怕的"步枪军团"(*Schützenkorps*)的招募运动。许多自由军团大学生们——大部分来自普鲁士——热忱地参加了巴伐利亚的召唤，而当地的中学生队伍则一直服役到夏天。

中学和大学中的官员们积极招募慕尼黑的大学生，他们是最同情新的反左民兵的学生。新学期的第 2 天，大学副校长告诉他的学生们说，他们的学习必须被看成次于保卫巴伐利亚和反对布尔什维克主义的事情。[18] 为了减缓对新军队的任何怀疑，副校长向学生保证，"在埃普的自由军团中，民主精神在实际意义上占主导地位"。在埃普幕僚中的"民主"斗士里，就有后来成为希特勒副手的鲁道夫·赫斯(Rudolf Hess)和不久就指挥了希特勒帝国冲锋队的恩斯特·勒姆(Ernst Röhm)。埃普本人在 1933 年当上了巴伐利亚的帝国特首(Reichsstaathalter)。反犹主义现在在德国政治的作用更加公开。[19]

已经成了老兵的埃尔温·海森伯在学校复课以前就报名参了军；他在 4 月份参加了提前毕业考试，并且正式加入了埃普的步枪军团。按道理，新近达到服役年龄而且也受到他上级的压力的维尔纳也应该和他哥哥一同参军的，但是，尽管副校长那么说，他一如既往地把自己的学习看得更重。当柏林在一年后需要再次征兵以镇压另一次苏维埃起义(这次在鲁尔地区)时，埃尔温又参加了，而海森伯又一次留了下来读他的书。在海森伯 9 年级的 33 个同学中，有 14 个学生报名临时参了军并且在 1920 年 4 月被派去了鲁尔地区。但是对维尔纳·海森伯来说，和即将到来的毕业考试的刺激相比，军事冒险已经逊色了。

维尔纳·海森伯总是觉得这个暴乱的政治动荡时期是一个谜。他写道："所有这一切为什么会发生，我已经不是很清楚了。"而每当他描述自己在 1919 年的红色恐怖和白色恐怖中的那些活动时，它们似乎跟年轻时玩那些快乐有趣的游戏没什么两样，其他时候则非常单调乏味："喏，你知道，那时我是一个 17 岁的男孩子，从而我把它看成一种探险，那就像玩[警察捉匪徒]一样，等等。我只需要为一位军官写些东西，有时我不得不带着枪去某个地方；这根本不是什么大事。"像许多十几岁的孩子一样，他和他的好友们尽量利用了机会："正如以前的许多次那样，学校里没我们什么事儿了，于是我们就想要用我们的自由来从不同方面了解世界。"[20]

但是现实世界却远远不像海森伯所描述的那样轻松。他未来的妻子后来用他曾经对她重述过的两个更严重的情节补充了她丈夫的回忆。[21]在海森伯服兵役期间，他的一个军训小组的同志在擦枪时误伤了自己，在痛苦喊叫中死去了。另一次，他的长官命令海森伯整夜看守一个犯人；那是一个将在次日被审判和处决的"赤色分子"。面对面地和一个敌人在一起（或许是第一次），这个十几岁的孩子就问了那个人的生平情况，发现他跟大多数红军士兵的生平没什么两样。多数人都是为了军队的高薪，而非信仰任何政治意识形态而入伍的。到了第2天早晨，海森伯已经确信那个人是无罪的，设法使他得到了释放。显然，在一个17岁的孩子看来，死亡比无价值的冒险要严肃得多。

人们也不应该轻易地认为海森伯没有充分意识到问题的严重性。那一时期的政治动乱，带来的不仅是政权的变动。阶级问题、社会立场和文化认同，对每一个人来说都至关重要，而这些也是海森伯首要关注的。政治党派过多，而每一个政党都代表着一群有着特定经济或宗教利益的人，这就意味着阶级利益和政治追求是极为密切一致的。政治联盟——甚至在诸如农民和教授之类的如此不同群体——的变动和经济形势及政治形势相应合，也证实了两者关系。

海森伯家是这些变动形式的一部分。在战前，在天主教占统治地位的巴伐利亚，信仰基督教的自由派的职业者，自然是支持一个统一的帝国，并且乐见新中产阶级的权利扩张，以及在面对大批产业工人不断上升的影响时，他们自己的地位能得以保障。旧秩序的崩溃以及担心当地无产阶级终有一天会上台掌权，必然会破坏精心构建的资产阶级学者地位的文化基础，并最终把资产阶级自由派的家庭推向了支持下层工人阶级的政党，即社会民主党。这一幕似乎很滑稽。但这种社会民主党人追求的实际上在很大程度上是自由主义的目标以及面对严重的工人阶级挑战时自由主义的防卫手段。

继承了威廉帝国（Wilhelmine empire）[1]的魏玛共和国比社会党人更偏向民主。它现在屈从于民众党派政治，听命于有多数选票的下层阶级的一时兴起的文化和经济政策。而魏玛学术界继续保持更老一辈的那种不问政治的态度——甚至表现出对政治变动十分不关心——的假象。客观的学者和科学家们不能受到主观的、自私的阴谋事务的污染——即便他们参与了这类事务。那一时期多数已经成名的物理学家——阿诺尔德·索末菲、马克斯·玻恩、马克斯·普朗克、马克斯·冯·劳厄（Max von Laue）——都采取这种态度。最明显的例外当然是阿尔伯特·爱因斯坦，他对魏玛民主主义的坦率拥护使他招致同行非议。

在战争中期，年轻的海森伯已经认同他一家的社会和阶级归属了。直到生命的终点，他一直都强烈反对巴伐利亚和德国其他一些州的联邦倾向，而赞成一个中央集权的德国。到1919年，他也已经致力于家庭的目标，即通过学术成就来获得和保持社会地位；而且也立即认同自己为魏玛时期上中阶级的学术精英之一员。他也采取了一种不问政治的态度，但却是因为另一些原因。他的长辈出身于威廉社会的上中层阶级；当威廉帝制在德国惨遭军事失败、经历野蛮的国内暴乱和政治派别的纷争中垮掉时，长辈们的意识形态和情绪归属已经对他没有多大吸引力。他参加军事冒险的荒唐行径与其说是一种青春期健忘性的表现，不如说是对家庭和学校中强烈压力的一种解脱。

面对着战败和革命，海森伯和许多青年人有一种被出卖和利用了的痛苦感觉。他们所接受的关于德国战争目的的大力灌输以及资产阶级高雅性的空洞外表，现在和慕尼黑街道上的武装革命及反革命摆在一起，使他们变得愤怒和不信任别人。他后来写道："我们因此掌握了自己观察这个世界有价值和无价值的东西的权力，而不是去向我们的父母及师长请教。"22

作为物理学家的海森伯将进入中上层阶级学术界的不问政治、资产阶级的世界，而作为普通人的海森伯，却将从一些方面来观察他自己所处的地位，而这些方面则是来自于他和他的朋友当时称之为青年运动的那种组织所信奉的感情和意识形态承诺。

---

[1] 指从俾斯麦下台到一战结束（1890～1918年）时期的德国，这段时间正好是威廉二世统治时期。——译者

第五章　觅路

"那肯定是 1920 年的春天。第一次世界大战的结束将德国的青年们扔进了大混乱中。权力的缰绳已经从幻想大大破灭的老一代手中落下，而更年轻的一代则形成了大大小小的团体来试图开辟新的道路，或至少发现一颗新星来导航。"[1]

以这样的开场白，海森伯为其 1969 年回忆录《物理学及其他》(*Physics and Beyond*，德文标题：*Der Teil und das Ganze*《部分与整体》)固定了场景。他的叙述不是从儿童或青年时期开始，而是从对作为科学家和公民的他都最具深远影响的一个时期开始的，那就是紧接着第一次世界大战之后的混乱年月。而且他的叙述焦点既非家庭也非正式教育，而是他战后参加的德国青年运动，这种经历最直接地影响了他的价值观。

《物理学及其他》的第一章提到了海森伯在那些战后早期年月中的各种经历，通常是困难重重、使人困惑。在关于原子性质的新苏格拉底式对话之间，海森伯讨论了自己协助镇压巴伐利亚苏维埃共和国的事情。他记起阅读柏拉图的著作以及学习教科书上的原子。他也回忆了与同志们辩论战争的失败和社会秩序的意义，辩论他们自己对生活中秩序的求索，以及他们正在发展的自然和祖国观念。在这些常常让人困惑的叙述中，有一个主题很明显：渴望恢复一切思想和生活方面的秩序。海森伯和他的朋友们盼望重新得到一种有秩序的目的和归属感——而他们在参加青年运动时相互感受到了它。

对海森伯来说，还有额外的获益。青年运动承载了他青春期的叛逆、冒险的冲动以及初露头角的领袖品质。它刺激了他的思想独立性，教会他如何让自己的首要兴趣（科学和音乐）超越于日常生活的混乱之上，并提供他与他的同志间亲密可靠的友谊——他和他们结下了宝贵的终身关系。

正如海森伯在他的回忆录[1]的开头几行中所写的那样，战后的青年运动是在一种深刻危机感中滋长起来的。在旧秩序随着世界大战结束崩溃以后，这种危机感在德国资产阶级的青年中间酿成了一种叛逆精神。但叛逆根源却可以追溯至战前几十年。青年们越来越厌恶资产阶级的虚伪礼仪和民族主义的刀剑相击声，而且根本不想以此来塑造自己的生活。同样，整个欧洲的中产阶级社会只给从童年到成年之间的关键性过渡时期，即青年时期，提供了很小的空间。[2]资产阶级的青年人，就像人们在文艺复兴时期的油画中看到的那些孩子们一样，被期望像一些微型的成年人那样行动，为的是替他们成年后的事业和生活位置作准备，并毫无质疑地接受交给他们的价值观和理想。

德国在 19 世纪末期的迅速都市化，带来了如何对待大都市年轻人的问题。他们在校外可以到什么地方去聚会呢？他们在什么地方可以找到作为青少年的探险和挑战呢？战前，有些城市青年确实是上了山，寻求在自然、音乐、舞蹈和日耳曼仪式的浪漫中重新发现基本价值。像 Wandervögel（"候鸟"）和 Freideut-sche Jungend（"自由德意志青年"）那样的团体，将战前德国北部青年的叛逆精神具象化了，但是两者都在战争中损失惨重。在"候鸟"11000 名成员中，有 7000人在战争中死去；"自由德意志青年"则分裂成为一些不同的派别。

政府为那些还不到当兵年龄的人提供了青年组织、准军事训练和农业协助工作。孩子们被大力灌输民族主义价值观，以准备好大人们给他们定下的任务：准备在一场残忍的战争中战斗并可能死去。[3]那些没在前线作战的人就在家中忍受严寒、物资极度匮乏，几乎饿死。当一个十几岁的孩子饿得浑身无力而从自行车上掉到水沟里时，他怎么能够无忧无虑呢？

德国突然的屈辱战败，朋友和亲友的失去，旧秩序的崩溃，随之而来的政

---

[1]　指《物理学及其他》。——译者

治混乱，以及他们学校的被迫民主化，使中产阶级的孩子们受到了精神创伤，使他们变得愤怒和不相信别人。海森伯的一个同志沃尔夫冈·吕德尔（Wolfgang Rüdel）回忆道："一个大洞向我们青年人张开了。"他们的反应："我们要为自己搞个团体，而不是上面强加的一个组织。"[4]

局势对巴伐利亚资产阶级的孩子们尤其严峻，他们中的许多人都属于唯一现存的青年组织，即文法中学军事防备协会。对于北德意志"普鲁士"的青年组织来说，这几乎没任何用处，包括传统的童子军在内。童子军发源于英国，于 1909 年传到德国；在德国，他们被称为"*Pfadfinder*"（"觅路人"）。和英国的童子军一样，德国的觅路人也是准军事性质的和清教徒式的。但不同于英国童子军，他们的注意力更多集中在让他们的年轻成员准备好适应现有的德国成人社会结构，而不太注意国际理想。[5] 成立于 1909 年的慕尼黑第一觅路人部队（the First Munich Pathfinder Troop）在两年后就加入了政府发起的军事防备协会。[6]

在战争结束时，由成年人领导的军事防备协会就失去了存在的一切理由，从而觅路人支队就开始分离出来。1919 年 1 月，雷根斯堡的一个觅路人部队抛弃了"堕落的"成年人价值观。在他们看来，那种价值观没能保住王朝。他们同时也反对社会党人那种通过使学校民主化来冲淡文化精英的尝试。雷根斯堡部队退出了政府的"防备协会"，并且推动了通过"候鸟"的理想来更新全德国的觅路人并最后重组社会自身的运动，也就是说要组织一个真正的 *Jungendbewegung*（"青年运动"）来取代成年人的成年人 *Jugendoflege*（"青年关怀"）。

1919 年的复活节星期天，当苏维埃共和国的权力处于顶峰时，同样受到精神创伤的慕尼黑部队模仿了雷根斯堡的先例。一个月以后，在霍夫曼社会党人复辟期间，"防备协会"改了一个听起来更青春洋溢的名称 *Jungbayernbund*（"青年巴伐利亚同盟"）。而在学年最后的几个月中，在慕尼黑的血腥时期，马克斯文法中学军事小队的一组男孩争论着他们的未来。

当时 13 岁的沃尔夫冈（沃尔菲）（Wolfi）·吕德尔，在防备协会改名和改变某些活动以前不久才入会。在长辈强迫支持民主社会党人复辟的压力下，他和他的朋友们反对任何名义的"青年关怀"。有一天课间，沃尔菲、他哥哥埃伯哈德（Eberhard）和另外一些防备协会的男孩子们在马克斯文法中学庭院中的老喷泉旁聚会。他们同意不再接受成年人的青年关怀，但是却还需要一个大孩子的指导。

他们决定找一个年岁较大而性格合适的孩子来代替老师和成年人当他们的领袖。按照沃尔菲的建议，他们找了在"青年巴伐利亚同盟"中很受尊敬的老组长——维尔纳·海森伯。

海森伯满足一切条件：他是一个较老的学生，对青年关怀已不抱幻想，在学校中由于数学和音乐才能而备受爱戴，而且心智上自信、相貌英俊，具有领袖素质。他也以"大自然的好朋友"而知名，对山川和乡野很熟悉——一个理想的人选。[7] 当时海森伯 17 岁，正读 8 年级，刚刚在苏维埃共和国被镇压后服完了兵役；他欣然接受了孩子们的邀请。到了 1919 年夏天，他指导着沃尔菲本人和沃尔菲的八九个朋友进入战后世界。

所谓的"海森伯小组"，起初属于"青年巴伐利亚同盟"内的雷根斯堡改革运动组织。它后来在 1921 年独立出来了，但一直和独立的觅路人雷根斯堡分部保持密切联系，并于 1922 年重新正式参加了该分部。戈特弗里德·西默丁(Gottfried Simmerding)是沃尔菲·吕德尔的同班同学，于 1919 年秋天加入了海森伯小组；他回忆起小组当时属于"青年巴伐利亚同盟"B18 部队，同盟领导者是克默尔博士，马克斯文法中学防备协会的前领导，也是海森伯的前老师之一。该部队当时包括六七个小组，由汉斯·施伦克(Hans Schlenk)领导，他是海森伯9B 年级的同学，参加过战争，后来成了著名演员。部队的多数成员从前都参加过农业帮工，在苏维埃共和国被镇压时属于普夫吕格尔少校的学生队伍。[8]

除了海森伯以外，B18 部队中的组长们还包括海森伯的同志库尔特·普夫吕格尔和维尔纳·马韦德。马韦德的弟弟海尼[海因里希，Heini (Heinrich)]帮助成立了海森伯小组。海森伯的小组和 B18 部队中别的孩子们在由马克斯文法中学提供的几间地下室房间中按期聚会；而当脱离了青年巴伐利亚同盟以后，他们就在海森伯家聚会。[9]

在"海森伯小组"刚成立几天以后，在一位退伍伤兵——弗朗茨·路德维希·哈贝尔(Franz Ludwig Habbel)和一位出版商的儿子——路德维希·福根莱特(Ludwig Voggenreiter)的领导下，雷根斯堡的改革者们召集所有对改革有兴趣的觅路人领袖开了一次会。会议于 1919 年 8 月 1 日到 3 日的周末，在雷根斯堡附近阿尔特米尔河谷(Altmühl Valley)中的一座中世纪城堡——普龙堡(Schloss Prunn)中召开。当海森伯组长在大学附近的利奥波德街上遇到一位和他同龄的青年时，自己还沉浸在他自己的战后和后苏维埃的迷茫痛苦中。按照海森伯的回忆，那名青年用一位怀有雄心壮志的年轻人的激昂话语通知他普龙堡会议的事情："'我们所有人都打算去那儿，而且我们希望你也来。每个人都应该来。我们要自己弄明白我们应该建造一种什么样的未来。'他的语调带着我从未听过的锐利。因此我决定到普龙堡中去，而库尔特也要和我一起去。"[10]

8月1日，星期五，海森伯背着背包和吉他，和库尔特一起坐火车到了阿尔特米尔河谷一端的克尔海姆(Kelheim)。他们在那里遇到了成群结队的男孩，正在步行剩下的几千米到城堡去。河谷和城堡构成了青少年探险的一个理想地点。狭窄的河谷是史前时期的多瑙河河床，两旁是陡峭的悬崖和伸出的岩石。城堡现在依然存在，巍然高踞于一座悬崖顶上。在城堡上方有一大片树林，学生们在那里搭了帐篷。

来自德国各地和奥地利维也纳的大约250名觅路人参加了会议。聚集在他们的高耸入云的城堡中，男孩们终于可以独立争论当时他们最关心的问题了：战争既已失败，德国士兵们是不是白死了？年轻人应该怎样回应随着君权垮台而来的新政治局势？他们应该怎样诠释童子军关于国际主义、自我牺牲和传统的理想呢？但是关键问题还是那些与所有改革运动都有关的问题：怎样定义这一运动，对身边贪图享乐的大众应该讲些什么？答案对海森伯关系重大，他曾经希望在城堡这儿找到他自己的秩序——一种哲学的、社会的甚至是个人的和谐。他回忆说："我自己太不明确，无法参加辩论，但是我倾听了那些辩论，并自己思索了秩序这一概念。"[11]

事有凑巧，他们的讨论被记录了下来，一份整理本后来发表在改革运动领导者们的期刊 *Der Weisse Ritter*（《白骑士》）上。[12]这次会议后来成为一次为德国重建设定长期议程的会议。这篇著作及相关记录生动地显示了德国青年（事实上大体是德国社会的）反叛者对都市现代性、工业"文明"的反抗，以及随着看似更简单和有秩序的君主时代的逝去而失去共同目标、有意义的传统、基础牢固的价值的痛苦感觉。[13]

按照这篇著作，年轻人同意，他们的社会已经堕入死气沉沉的机械论、资本主义的贪婪、都市的平庸和个人的虚伪。年轻人不得不砍断物质和精神堕落的锁链。一年前，雷根斯堡的改革者哈贝尔曾经宣布："我们信仰的第一要求就是真理和正直。我们必须找出离开我们时代的谎言和骗局的出路。"[14]普鲁恩会议的两年后，克默尔博士——其晚年从青年关怀转化到青年运动，并在慕尼黑青年反叛中负有很大责任——在《白骑士》上未带嘲讽地宣称："青年运动是一种自由运动。它曾经从现代文明的无灵魂机械论和唯物论中解放了自己，并曾反对传统和权威的限制而成功地捍卫了自己的价值和年轻人生活的权利。"[15]

作为他们的头号当务之急，普龙堡会议旨在重建真理和美德。对他们而言，这就意味着拥抱那些源自复兴的德国浪漫主义的价值：从死气沉沉的城市逃奔原始自然生机勃勃的真正和最基本的美德。在那里，一个完整的人的彻底更新，每一与其他灵魂相协调的人类灵魂的神秘复活，将通过和大自然、和四季轮回以及灵魂之间相互持续接触而发生——"不仅只是一种概念或思想，也还是某种内在的东西，某种基本的东西，是灵魂的一种和谐。"[16]通过沉浸于大自然的真实之中而改变并重获生气，年轻人们相信他们最后将感化堕落的德国社会而使自己成为不可腐蚀的新精英。"我们需要一个按我们的方式来生活的新人类。我们相信每一个人本性都是善良的，但它却被求生的卑劣斗争压制了。"[17]

关于何时及如何进行社会更新的实践问题引起了冲突。普龙堡的"激进"改革者们主张政治精英论，认为社会及其大众完完全全迷失了，不可能被少数有觉悟的青年挽救。他们号召从"文明"中完全撤退以等待它的垮台，然后一种新秩序将会出现。

普龙堡的"保守的"改革者们反对精英论而号召立即进行社会改革。一个革新的社会将鼓舞革新的个人。他们最雄辩的发言人宣称："我们不能在身边建立一个意念世界，我们必须考虑到物质的一面。因为我们必须处理年龄、学校、党派、食物和工作。我们必须脚踏实地，也就是说，我们不得不为大众工作。"在乡村里游来荡去或欣赏优美的音乐和文学作品真能帮助大众吗？保守派相信为了改变世界必须和世界打交道，而这就意味着必须和父母、妇女以及有人认为是最低级别的唯物论——即政治阴谋——打交道。"在学会享受发展、物质和数学乐趣的人看来，政治斗争的必要性是显而易见的，不论这听起来多么反动。"[18]

这在普龙堡的激进派听来确实反动，因为卷入政治或一般的社会活动中，似乎恰好就是接受这些年轻人已摈弃的"青年关怀"的缺点。他们长大了，并被灌输了一些突然变成"谎言和骗局"的政治理想。老一代曾经利用这些理想来进行一场失败的战争，把社会投入了"唯物主义"（与金钱相关的，都市化的市俗和劳动阶级的）体制的混乱之中，全都争着来控制中上阶级的年轻人并掌控他们的忠诚。

第一期《白骑士》鼓吹了反政治的精英论者的情绪："《白骑士》完全不打算努力为这一或那一方向的党派政治而争取年轻人。因为这样做的话，就是一种不负责的犯罪，它剥夺了年轻人的最高权利，就是自行决定他们和一个国家的关系，他们必须重新复建那个国家分崩离析着的社会。"[19]

不过，尽管都自称对虚伪的资产阶级价值观感到憎恶，这些年轻的叛逆者却没有抛弃自己中产阶级的社会经济地位和道德观念，而只抛弃那些他们认为是空虚的，支撑这些地位和观念的理想。[20]这种反政治的改革者实际上并没有拒绝政治，只是拒绝了老一派的党派政治和新的魏玛式民主。他们的办法不过是利用其他手段来追求中上层阶级的政治目的和利益而已。[21]最终，青年精英们大大地伤害了他们如此热情寻求改革的社会。在沮丧中，他们对当前局势的反应是使自己远离战后的社会和政治竞技场，而那里正在决定他们国家的前途。通过这种做法，他们消除了他们的反抗本应带来的有益效果。

这些受过高等教育的中上层阶级青年本可通过挑战和鼓励他们的长辈而不是真正上山来施以一种民主化的影响。他们的精英论给那些好斗而又无情的人们打开了政治竞技场的大门，以填补留下的空白。在紧接战后的这些年月，大量秘密阴谋团体、准军事组织、暗杀者和未来的纳粹党出现在巴伐利亚，而惊慌失措的老一代也多数离开了政治竞技场。当年轻人进入大学并奔向事业时，他们对社会动荡和政治极端主义没有准备，很容易被它们压倒。具有讽刺意味的是，在20世纪20年代后期，许多大学师生不问政治的态度使各大学成了独裁主义煽动宣传的绝妙温床。这种煽动恰恰就是最初引起学生们的反感并使他们不问政治的那种行动。[22]

在整个20世纪20年代中，海森伯也远离政治。但相对于激进青年运动，他不问政治的立场更接近于魏玛时期温和的老一辈学者们的立场。不过，他的理解还是从前者中得出的。在海森伯看来，科学和政治简直水火不容。这并不是由于公开抛弃民主政治——他实际上把自己看成一个社会民主党人——也不是因为他把政治诡计看成一种罪恶手段，而是因为他已经把他的物理学——和大自然及音乐一起——看成了存在和真理的更高层次，在某种方式上超越了那朝生暮死的肮脏的政治世界。当巴伐利亚在 1923 年滑入了更深的政治极端主义时，海森伯从格丁根给库尔特写信说："我从不认为自己会对政治感兴趣，因为在我看来，它只是一种纯粹的金钱交易。"[23]

65 　　海森伯也不像他那些极端社会精英论的同志们。西默丁回忆说，他的观点甚至被认为有点忌讳，这恰恰表明他的朋友们的意见多么极端化。他"绝对是为单纯的、较穷困的社会阶层着想的，无疑非常赞成社会公义的（social）"。[24]事实上，他在大学早期曾短暂参加过普龙堡激进派肯定会反对的 *Volkshochschule*（字面意思：成人高中）运动。

　　慕尼黑的"成人高中"运动发源于卡尔·松嫩沙因（Carl Sonnenschein）神父开启的一种理想主义的学生慈善计划。正如战前的社会民主党人那样，这种学校追求通过文化教育来将未受过教育的工人整合到体面的（respectable）德国中产阶级中来。既然镇压已经过去了，社会民主党人海森伯，或许因其在镇压工人起义中的角色而有些许内疚而意图补过。[25]在 1920 年和 1921 年，海森伯和一位年轻女士一起为造福工人们而开了关于德国歌剧的夜校班。"她唱咏叹调，我用钢琴给她伴奏。"海森伯也给工人们开了一门天文学课。他常常在夜里和数百工人及他们的妻子一起到旷野中去看星星。他还陪他们到州天文台去，他的朋友汉斯·金勒（Hans Kienle）在那儿当助手。[26]即使幼稚，海森伯提高大众知识的热心也是真诚的。

　　在普龙堡，在不问政治的精英主义问题上，产生的分歧如此之大，以至激进派在星期六退出了他们自己的会议。双方在下午分别举行了会议，在晚上就和解了，但是之前激进派（主要是雷根斯堡一伙、奥地利人及其慕尼黑的追随者们）宣誓并将自己命名为"新德意志觅路人"（Neudeutsche Pfadfinderschaft）。海森伯及其小组马上就加入了该组织及其继承者——"新德意志觅路人联盟"[Bund der Neudeutschen Pfadfinder，或者简称 Neupfadfinder（"新觅路人"）]。

　　由于强调美德、可靠的领袖以及团体凝聚力，作为小组正式领袖的海森伯拥有绝对的权威。因为他由其小组选定，所以他也享有他们的绝对信任和个人尊敬。对于"新觅路人"而言，小组领袖或者 *Führer*（领袖），与 *Erzieher*（教育工作者）——学校教师——形成鲜明对比。后者仅依靠外力来领导，凭借一些无意义的规则和条令，并没有个人权威。相较之下，一位 *Führer* 则通过他领袖魅力的美德、自然的权威和对小组的全面关心来领导。他赢得追随者们的信任，并且永远不会辜负它。

在海森伯小组外出时写的日志中，西默丁记下了发生在 1921 年的故事。西默丁在那年曾找了一些更小的男孩子来参加他们的小组，其中包括巴伐利亚州警察局长汉斯·冯·赛瑟尔(Hans Ritter von Seisser)骑士上校的"相当笨头笨脑的"儿子。[27]在一次有海森伯领导的巴伐利亚山区远足中，反无产阶级者们想方设法过早吃掉了他们各自所有的全部食物，"就像已经宣布进入共产主义一样"。没有东西吃了，他们只好转向被他们称为水泥的应急食物：面粉、水和蓝莓。 66 年轻的赛瑟尔曾把自己的食物私自留了一些，但当他试图偷偷拿出来自己吃时被西默丁发现。西默丁没收了他的食物并且坚持让他吃其他人捏出来的东西。当小组准备离开时，赛瑟尔在后面生闷气，不理会别人让他跟上来的要求。这时海森伯走了过来。他让大家继续走，并在赛瑟尔附近的一段木头上坐了下来，掏出一封信来默默读着。然后他站了起来，一句话也没有说，而当他归组时，赛瑟尔就和他一起去了。信任，而不是武力，带来了胜利。正如西默丁所说，那就是领袖。

小组领袖海森伯终于重新发现了他在战前所知的那种信任关系。但现在他在权力结构的顶峰——他的雄心和才能在这找到了新视野和自由，但是他也在这里发现了新的终身责任。在海森伯身上，他的年轻追随者们看到了他们所需要的令人钦佩的父亲形象——一位可以给他们提出规则和挑战，而他们可以对其绝对信任的真诚长者。西默丁回忆说："他向我们提出了许多要求，但并没有超出我们的能力之外。"[28]对海森伯来说，这些都是很庄严的责任，但他显然从未让他的伙伴失望，同时也满足了自己的需求。

海森伯在每次出行前要进行一次"衣着检阅"(rag parade)。每个男孩不得不把他背包中的所有东西都拿出来接受检查和称重。如果超过 10 千克，他就不得不将超额的部分丢弃。吃饭时，海森伯或队伍——现在改称部落——中的另外的领袖在地面上指定一块地方作为"餐桌"，并用松枝把它标记出来。除了厨师以外，谁也不许把脚放在桌上，而且也不许衣衫不整地来用餐。每餐之前，要宣读德国诗人约瑟夫·冯·艾兴多夫男爵(Joseph Freiherr von Eichendorff)的一段语录,并一直遵循正确的餐桌礼仪。

在海森伯部落中坚定执行着一个严格的道德规范,尤其是对新人而言。正如在宗教仪式中一样,每个人都要受到全组的评判。在长期外出中,孩子们按期举行紧张的批评会议,用古日耳曼语 *Thing*(露天大会)[1]称呼。

吸烟和喝酒是严格禁止的;即使当成员已经成年时,最烈的饮料也只是可可。但是海森伯对这种禁忌却可稍为例外。当尼尔斯·玻尔在 20 世纪 30 年代初访问他们的滑雪小屋时,海森伯的追随者们因为看到店主拿来了海森伯点的一箱啤酒而吃了一惊。但当有一次在北海的游泳聚会上,另外一个全男性小组中的精力充沛的某些孩子们脱了泳衣而在水中赤身打闹时,海森伯却完全禁止这种不受约束的乐趣。

在普龙堡的改革者们向自己事业宣誓忠诚后不久,又开始进一步的辩论。但到了星期六晚上,两派已经和好,可以在浪漫的城堡庭院中度过一个歌唱、音乐和戏剧表演之夜。然而,注视着辩论的海森伯却还没有在自己的内心中达成这样的一致。他回忆说,自己对双方都有部分同情,每一方似乎提供了他所追求的真正秩序的一部分。他可以向任何一方摆动。某种根本的"中心秩序"或凝聚力仍然缺失。"我越往下听,就越发痛苦地看到缺乏一种有效的中间派,"他写道:"在这种情况下,我甚至连肉体都是痛苦的。"[29]

暮色中,当青年们聚集在庭院中唱歌时,易受影响的海森伯突然体验到了他所认为的那种神秘的中心秩序。聚会记录写道:"当歌声终止时,寂静中有小提琴的声音从塔上一个有着神秘光亮的狭窄窗子中充满渴念地流了下来,并且升上了永恒的星空……音乐停止,没有任性的声音打破这种庄严的寂静。"[30]

在那个静静顿悟的时刻,在夏季星光下,那个中世纪城堡庭院中的逐渐休止的音符中,海森伯写道:"突然,而且完全肯定地,我找到了我和中心的联系。"突然间,他觉得似乎所有的东西都统一起来——音乐、科学、哲学、宗教:

[1] 古日耳曼人举行的露天大会。在会上进行审批、议事,决定对外作战。——译者

"巴赫恰空舞曲[1]的清晰段落像一阵清风似的向我袭来，破开了迷雾，揭晓了远处高耸的结构。现在也和柏拉图时代、巴赫时代中一样，在音乐语言中、在哲学和宗教中，总是存在着一条通往中心秩序之路。现在我从自己的经验中知晓了它。"[31]科学、音乐、哲学和宗教都提供给他一种超验的内在和谐性，这是战后一个慕尼黑大学生的短暂而又不协调的日常世界中所没有的一种永恒真理或永恒有效性。不知为什么，他终于体验到了他在那些纷乱的青春期里急切需要的那种使事物稳定化的洞察力。而只有在改良的浪漫主义青年运动的这一派别中，他才体验到了它。

采用普龙堡的经验，海森伯旅行到了奥斯纳布吕克；他在那里停留了两个星期，当时他的哥哥正从反苏维埃的战斗任务中休假。8 月 16 日，这位转变了的青年写信给他父亲说他要到 9 月才会返回慕尼黑；他打算和他的男孩子们到山中漫游 3 天，然后和汉斯·施伦克一起游玩一段时间。他希望父亲不要因他拒绝留在家中而生气。他写道："那或许确实是我的不对，但我就想和我的青年朋友们在一起而不愿意独自坐在那里，被人忽略，而且我[在我的朋友们中间]得到的东西是老一点的人们所无法给予的，不论他们对我多么友好和亲切。"[32]在他的朋友们身上和在对他的中心秩序的体验中，他觉得他终于找到了他在世界上的位置以及思想和音乐地位在他生活中的位置。

在接下来的一年里，哈贝尔跟一位名为马丁·弗尔克尔(Martin Völkel)的普鲁士新教牧师一起组成了"新德意志觅路人联盟"。该组织在慕尼黑的代表，当时还是工学院的一名学生的卡尔·松塔格(Karl Sonntag)，开始招募了一群新成员，并很快把它与海森伯的同志们——维尔纳·马韦德、库尔特·普夫吕格尔及沃尔夫冈·奥特(Wolfgang Ott)领导的小组整合到一起，而形成以弗尔克尔为首的"慕尼黑第三觅路人部队"。当童子军组织在 1920 年 11 月将哈贝尔和弗尔克尔除名后，新近独立的觅路人很快就按照更明显的封建路线重新组织了他们自己。弗尔克尔称他自己为 Herzog(公爵)，松塔格当选为巴伐利亚的 *Gaugraf*(地

---

[1] 一种起源于墨西哥等西班牙殖民地的舞曲音乐，16 世纪时传入西班牙，17 世纪时开始在欧洲盛行，多用于歌剧和键盘乐。巴赫的无伴奏小提琴组曲《第二帕蒂塔》的末乐章(作品第 1004 号)为《恰空舞曲》(Chaconne)。——译者

区男爵)和《白骑士》的主编,并仍担任慕尼黑第三部落的领袖;奥格斯堡的卡尔·赛德曼(Karl Seidelmann)成了 Gaukanzler(地区总理)和盟员们的刊物 Die Spur in ein deutsche Jugendland(《一个德意志青年国家的足迹》)的主编;海尼·马韦德在转到柏林以后当上了司库,而海森伯的朋友沃尔夫冈·胡特(Wolfgang Hurt)则成了由 3 个慕尼黑部落组成的整个慕尼黑支队首领。[33]

虽然细节不详,不过海森伯小组最初独立于这些各式各样的觅路人联盟之外,但它的确与松塔格的慕尼黑第三部落保持密切联系,他们来自于老防备协会的许多朋友仍属于这个组织。当海森伯准备在 1922 年秋季离开慕尼黑到格丁根去继续求学时,他的小组决定加入慕尼黑第三部落,以得到一个较大组织的保护。海森伯一直反对这种变动,但却默认了这一决定。[34]一年后,当他获得了博士学位并长期迁往格丁根时,海森伯就把小组领袖的地位传给了他的副手戈特弗里德·西默丁。

除了对官方组织的讨厌外,海森伯和他的男孩子们还有另外一些理由反对参加弗尔克尔-哈贝尔同盟(Völkel-Habbel league)。据西默丁后来证实,最主要的理由就是该同盟有一种很强的反犹倾向,尽管该同盟显然是浪漫派右翼各青年组织中接受归化犹太人的少数几个组织之一。反犹种族主义并没有阻止这样的小组接纳犹太人。[35]福根莱特,哈贝尔的一个同志,是雷根斯堡和柏林的白骑士出版社(Weisser Ritter-Verlag)的社长;他在 20 世纪 20 年代早期出版了多部反犹作品。其中包括汉斯·布吕厄(Hans Blüher)对犹太复国主义的臭名昭著的严苛抨击——1922 年出版的《脱离犹太教》(Secessio Judaica),该书激起了犹太人对该出版社的抵制,影响很大。[36]

在福根莱特发表于《一个德意志青年国家的足迹》1933 年 5 月号上的"阿道夫·希特勒的供述"(Affirmation of Adolf Hitler)中,仍狂热反政治的福根莱特宣称他早在 1919 年就见过纳粹分子并且给他们送过《白骑士》。1924 年,当希特勒因一年以前的咖啡馆暴动而入狱时,他向福根莱特索要过《脱离犹太教》一书。福根莱特很高兴地赠了书,并且附赠了《白骑士》专号,刊中包括弗尔克尔的浪漫的 Hie Ritter und Reich(《那儿的骑士和帝国》)。使福根莱特很失望的是希特勒没有回信。但是当希特勒获释时,他通过招募学生而形成了一次新纳粹运动,这些学生中的许多人已经受到了由新觅路人以及其他类似青年团体鼓吹过的超浪漫主义帝国和领袖概念的吸引。[37]

　　反犹主义对慕尼黑的那个团体的感染，从 1921 年致弗尔克尔的一封信中明显可以看出。慕尼黑的领袖胡特报道说，使他很失望的是，慕尼黑队员们已经分裂成亲犹派和反犹派，前者以瓦尔特·图赫曼（Walter Tuchmann）为首。胡特写道，既然某些觅路人拒绝和犹太人一起工作，"一种犹太人的反觅路人小组已经形成，它的领袖瓦尔特·图赫曼，一个很好的人，当时既真诚又痛苦"。[38]

　　图赫曼就是出现在海森伯回忆录《物理学及其他》第 2 章中的那个"瓦尔特"。海森伯在这里回忆到，他和普龙堡的小提琴手罗尔夫·冯·莱登（Ralf von Leyden）常常在瓦尔特家中聚会，并练习古典室内音乐。海森伯弹奏瓦尔特家的贝希斯坦牌大钢琴，瓦尔特拉大提琴，而罗尔夫拉小提琴。另外两个犹太人阿尔弗雷德·诺伊梅耶（Alfred Neumeyer）和库尔特·布洛赫（Kurt Bloch）也和慕尼黑第三部落联系密切。布洛赫——慕尼黑第二部落中的一个小组领袖，1933 年后仍留在德国，并在达豪集中营的囚禁中活了下来——被认为是第三部落的荣誉成员。[39]

　　海森伯小组保持独立于"新觅路人联盟"的另一个原因就是该联盟在天主教的巴伐利亚有着浪漫、反教会以及不道德的 *Schwärmerei*（梦幻式的胡闹）的名声。它公开反对教会传统（如果说没有反对宗教本身的话），因此在某些学校和教区中被禁止。更糟的是，在 1921 年底，巴伐利亚文化部长曾试图禁止整个联盟，说它是一小撮布尔什维克分子——此事发生在弗尔克尔牧师公开支持前教育部长古斯塔夫·维内肯之后，当时维内肯已经被布吕厄的书吸引到联盟中来了。他被发现和自己的两个学生有同性恋行为，被判 3 年刑期。[40]

　　维内肯事件恰恰发生在海森伯小组最终加入联盟之前。巴伐利亚男爵卡尔·松塔格陷入他自己和弗尔克尔之间的日益增大的矛盾中。最后，松塔格受够了，就在 1925 年"退休"，把第三部落领袖职位传给了维尔纳·马韦德，而把地区领袖职位传给了海森伯的哲学好友罗伯特·洪塞尔。松塔格在退休后当了一个"Altmannen（老男人）"小组的领袖，那是一些年纪太大不能再当童子军的人，其中就有现在的维尔纳·海森伯博士。[41]

　　"新觅路人"因为他们的 *Schwärmerei*（梦幻式的胡闹）而在全德臭名昭著；条顿礼仪，白骑士的幻觉，神秘第三帝国的梦想，这些大多是从弗尔克尔的过度幻想衍化出来的。虽然参加过他们的一些仪式,但所有这些却可能使更理智的海森伯感到些许不适。"新觅路人"的多数仪式和他们的野营一起举行,这种仪式以及他们的野外游戏把他们的活动和战前青年团体的那些活动区分开来。"候鸟"偏好漫游和歌唱,"新觅路人"则更喜欢固定的营地,他们常在帐篷中停留很长的时间,动辄数周,住在远离城市和文明的帐篷里。在那里,他们以歌唱、吟诗和仪式与彼此以及大自然交流,并进行整天的战争游戏和封建式的体育比赛。[42] 每年最重要的野营(海森伯小组通常参加)是 8 月的联盟成立纪念日、圣诞-新年野营、在圣灵降临节的春季野营和 6 月的夏至庆祝仪式(solstice celebration)。[43]

在搬出文法中学后,海森伯的男孩们通常作为一个独立小组在海森伯家每周聚会一个晚上。他们常步行到乡间去度周末,要么自己去,要么和松塔格的第三部落一起去。非周末时间的聚会主要是文化活动:音乐、歌唱和吟诗。虽然他们按期在海森伯家中聚会,但是吕德尔和西默丁都不太记得海森伯的父母;安妮·海森伯通常准备好牛奶和点心就走了。海森伯常在这些聚会中担当起他的父辈般的角色,为学校问题和青春期困惑提供(有益无益)的忠告。传统的童子军手工品、实用技巧和勋章因被视为维多利亚"童子军主义(scoutism)"或战时"青年关怀"的礼仪残余而被排除。他们不穿制服,直到在 1922 年最终加入松塔格的新觅路人部队才采用了没有肩章或袖标的朴素灰衬衣和蓝领巾。在第二次世界大战之后,松塔格重新组建的新觅路人部落的一份通信曾刊载过一张照片:1926 年,穿着制服的海森伯博士微笑着,与他的男孩子们生气勃勃地玩踢球游戏。

海森伯在晚间聚会时也给男孩们朗诵德国浪漫派诗人和作家的作品:约翰·沃尔夫冈·冯·歌德、弗里德里希·赫尔德林(Friedrich Hölderlin)、恩斯特·冯·魏尔登布鲁赫(Ernst von Wildenbruch)。海森伯喜欢的作品是歌德的 *Westöstlicher Divan*(《西东合集》)。男孩们对这些作者非常熟悉,常常在远足时夜聚营火旁,背诵那些诗句。文学课后,他们转向音乐。每个男孩至少会演奏一种乐器,在聚会时进行小型合奏。他们也试奏(有时滑稽地表演)其他乐器和乐器组合。拨动着和弦,海森伯曾把吉他当作钢琴弹!但是当海森伯认真地在钢琴上弹出他所爱的巴赫和莫扎特时,那才是音乐享受的顶点。罗尔夫和瓦尔特有时为他伴奏。来自其他小组或觅路人部落的大男孩们常被邀请来参加这些让海森伯小组闻名遐迩的音乐晚会。音乐、诗和自然，实际上占据了他们全部的思想和活动。吕德尔说："这就是我们的世界。"[44]

在周末，小组就到慕尼黑南边的山区乡间或是施坦贝格尔湖（Lake Starnberg）去——海森伯在那一带租了一只帆船。有时候，他们到英国花园去——一个沿着伊萨尔河横贯慕尼黑的大公园，在那里举行"德国球"和"掷矛"之类的田径比赛。后者是海森伯喜欢的游戏，但也最危险。小组分成两队，来往投矛，投出的矛应该由对面队中的一个人用手在空中接住。接不住时，接枪人按规则就"出局"了，尽管在体能上未必如此。

在学校放假时，海森伯小组便进行长时间而又费力的徒步旅行。有时他们会去国外冒险，到南蒂罗尔或芬兰去，但多数情况下他们会留在德国本土，欣赏德国美丽的乡间。海森伯对祖国的美的领略，受家庭和教师的熏陶，在青年运动的早年岁月成了一种深刻的依恋。

争强好胜的海森伯甚至在晚年也还喜欢尝试冒险。按照他后来的一位同事和战前"候鸟"成员弗里德里希·洪德（Friedrich Hund）的说法，海森伯和他的同志们在参加危险活动方面很有名。这些男孩们常常攀登其他小组不敢尝试的最陡峭的山岩。在一次旅行中，有一个男孩掉进了一个冰川裂缝。费了好大劲，海森伯总算把他拉了上来。[45]还有一次，一个最年轻的孩子在滑雪时摔断了腿。海森伯把他设法弄下了山，交给了他几近发狂的父母。这对父母后来时常访问小组的滑雪小屋。有一次当孩子们正在南蒂罗尔时，海森伯母亲写信给库尔特说："你们遇到那么好的天气真是太好了——但是这一次你要维尔纳更理智一些，别让他去爬那些高高的山峰。"[46]

1921年夏天，在海森伯上了一年大学以后，小组出去旅行了整整一个月。在海森伯的率领下，他们首先从慕尼黑步行到德国北部的哈尔茨山脉一带去参加他们联盟的成立纪念日，然后从乡下经过耶拿、班贝格和图灵根森林回到了慕尼黑。[47]他们在旅行中不用其他交通工具，也不带买食物和用品的钱。当通货膨胀最迅速时，他们必须自谋生计，这正是他们所希望的。他们过的是一种令人羡慕的无拘无束的生活——白天唱着歌儿走路，夜间睡在星光下或农家仓库中的香喷喷的干草上。早晨，他们干杂活答谢农民的招待。在他们这些无忧无虑的旅行日记里，有时会看到一幅绘着自然美景的画。西默丁解释说，艺术简直就是一种他们期望具有的修养。海森伯也学过画，也照常获得成功：在他的私人文件中，有那个时期的一本相当好的水彩画册。

1920年夏天，刚刚在文法中学毕业考试中取得了优异成绩而即将开始他的科学事业时，海森伯和他的小组一起出去旅行了两个星期，穿过了普龙堡附近的阿尔特米尔河谷。有一天傍晚，他们来到了另一个城堡并且请求在那里过夜。城堡看守人同意了，将他们领到了一个已经铺好垫子的大厅。男孩们不知道城堡最近被征用为军队伤寒病房。结果，海森伯就成了唯一染上伤寒的人，回家时病得很重，发着高烧。当时只有他父亲在家，完全不知所措。他迅速把海森伯送上火车，把他送到了奥斯纳布吕克他母亲那里。由于奥斯纳布吕克住宅所有床都被占了，发着高烧的海森伯——患着致命疾病并具有高传染性——就被安置到了起居室的一张沙发上。他的舅舅穆特尔特医生（Dr. Mutert）立刻被请来。他只指定新鲜牛奶和鸡蛋作为营养品，但这两样在战后早期的那些年几乎不可能弄到。穆特尔特每天到乡间他的一个病人那里亲自去取鸡蛋和牛奶，显然救了这位未来的物理学家的命。幸好，没有其他人染上病。到了秋天大学开始上课时，海森伯已经完全痊愈了。[48]颇具讽刺的是，10年后，海森伯父亲在希腊因为染上了同一疾病而逝世了。

在他们的长期远足中，没有唱歌或背诵时，海森伯和他的年轻朋友们常进行哲学辩论或下国际象棋。海森伯在游戏中的技巧是一个传奇。除了1918年在农场劳动的空闲时间玩过国际象棋外，海森伯在学校里也常常在课桌下进行棋赛。就算不用"王后"，他也能赢棋。"那确实很了不起！"他向父亲自夸。[49]在远足时，海森伯和库尔特常常边走边用脑下棋。有一天晚上，比赛开始一个钟头之后，棋盘被打翻，海森伯凭记忆恢复了整盘棋。在上大学以后，他对下棋的迷恋是如此明显，以至于索末菲教授最后不得不禁止他下棋，声称那是对他的时间和天才的浪费。但从某种意义上来说，这也许不无益处。作为一位物理学家，海森伯具有一种非凡的能力，能够觉察到从一个数学公式出发经过许多繁复步骤而得出的物理结果。也许这种对任何一位物理学家都至关重要的技巧，就是在他花在复杂棋局上的许多个小时中得以增强。

虽然海森伯和他的朋友们在他们青年时期聚在一起无比高兴，年纪轻轻而

72

又无忧无虑，但他们也有自己的严肃时刻，表现在严格的道德主义和哲学辩论强度上。在他那些青年运动的日子里，海森伯特别喜欢进行严肃讨论的伙伴，是在年龄及发展阶段上和他自己最接近的 3 个年轻人：库尔特·普夫吕格尔、卡尔·松塔格和罗伯特·洪塞尔。前两人打算学习工程，从而常常和海森伯争论科学的是非曲直，但最有影响的却是洪塞尔。当海森伯后来认定对他的智力发展最有影响的 3 个人时，他把洪塞尔排到了第 2 名，位列尼尔斯·玻尔和卡尔·弗里德里希·冯·魏茨泽克之间。[50] 洪塞尔和魏茨泽克比他稍为年轻一些，而所有 3 个人都是在战后才第一次进入他的生活的。魏茨泽克认为，所有 3 个人都向实用主义的海森伯提供了一种非常需要的推动力，使他走向了关于其理论的哲学思索以及同样必要的对他的科学观点的批判眼光。显然相当博学的洪塞尔可能曾向海森伯提供了西方哲学传统，尤其是观念论方面的一种教育，这是海森伯在当时不会从老一代中的一个人（即他父亲）那里接受到的一种教育。

洪塞尔是慕尼黑第三部落中的一个小组领袖，他被人们回忆为"一个非常深沉的人"。有人说他曾写过一本哲学方面的书，但却没有信心出版它。他也不曾显示出多少个人野心。他的学识远远走在他年龄的前边，以至他在卢伊特波尔德文法中学时的一位老师曾劝他跳一年级。据说他拒绝跳级时说了一句无愧为运动青年的话："不，我想享受我的青春。"[51] 他后来成了一位地区法官。

和"新觅路人"的意识形态保持一致，这些青年思想家们之间的讨论几乎无例外地集中到了一些非现实世界的问题上，例如神学和观念论哲学。经济学和政治学几乎没有受到任何的注意。他们的探索从原子的实在性到宗教信仰的基础以及神秘的中心秩序的存在。海森伯和他小组内学神学的学生们多次讨论了这些问题。1926 年，"老男人"海森伯向部落最年轻的人们发表了一篇营火演讲，题为"上帝和世界"。卡尔·松塔格回忆了一次很长的争论——幼稚却又生机勃勃，争论的问题是 *unendlich*（不尽的）和 *endlos*（无尽的）这两个概念之间的区别；另一次争论的是一个高深的课题，即作为"空间—时间世界"维数"形式的"数字 3 和 4。[52]

海森伯显然很珍视和他的青年朋友们的友谊，以及和他们一起或他自己所曾做过的那许多次旅行。一旦开始他的大学学习，这些活动就提供了一种必要的对紧张研究工作的缓冲，使他能够精力充沛地回到下一轮工作中去。确实，

73

他在20世纪20年代初期创立量子力学工作的那种难以置信的强度，离不开这些出行所提供的彻底放松。在青年运动的圈子以外，他几乎没什么朋友。

可以用各种不同方式和在各种不同层次上来观察青年运动（作为情绪、思想和政治现象）对作为物理学家和成年人的海森伯有更深刻的影响。对传统价值的强烈质问和再发现，理所当然地包括科学价值，特别是物理学价值在内。有人为了那个时代所谓的机械唯物论而责备科学。他写道："除了许多别的事物以外，我们也重新发现了科学。"[53]在一篇鲜为人知的题为《新形式中的旧价值》(*Old Values in New Forms*)的文章中，海森伯提到青年运动引导他去寻求新事物，例如去尝试"音乐修养的新方式"。"甚至在科学中，我们的兴趣也是集中在一些领域中；在这些领域里，问题不只是在已知事物上的进一步发展。"[54]归根结蒂，这种探索加强了他自己的智力上的兴趣和专业野心。

部分地得益于他的物理学同学沃尔夫冈·泡利的帮助，海森伯不久就意识到他可以在原子物理学中完成某种创造性的新工作。古典音乐，不论多么美，甚至还有物理学的其他领域，都似乎是一些希望较小的领域，不宜于投入他的才能，尽管他那些青年运动的朋友们极力主张他这么干。在《物理学及其他》中，海森伯回忆了他在进大学之后不久和罗尔夫、瓦尔特以及瓦尔特母亲进行的一次关于他的决定的长时间讨论，他决定把原子物理学而不是把古典音乐当成自己的专业。按照海森伯的叙述，他们3人全都坚决不同意。瓦尔特母亲提出了典型的青年运动豪言壮语来作为她的理由："世界的前途将由你们年轻人来决定。如果青年人选择美，世界上就会有更多的美；如果他们选择实用，世界上就会有更多有用的东西。"海森伯没有动摇。原子物理学的新颖性太有诱惑力了。"在这儿，我们相信我是在 *terra incognita*（未知领域）上，而且也许需要几代物理学家才能找到确定的答案。在所有这一切中担当某一角色，对我来说非常诱人。"[55]海森伯当然已经发现了他在这种工作上有特殊天赋。不过，他的早期努力揭示了对乐于冒险的偏好以及务实的韧性，这也许既是其青年运动训练的产物，也是其与生俱来的智力自信和雄心壮志的硕果。

虽然他的早期科学似乎没怎么受到直接的哲学影响，特别是柏拉图观念论的影响，但他的生活却浸润在新觅路人浪漫而又超世俗的观念中。尽管选择了似乎是实用而非美的东西，海森伯却并非没有受到新觅路人反科学的浪漫主义的影响。例如，他在中年时期曾经力图将现代物理学和歌德的诗意世界观联系起来，后来又力图将它与柏拉图主义联系起来。他晚年时似乎曾经支持过某些思想家把包括他自己的成就在内的当代量子物理学和道教哲学的某些非理性要素联系起来的努力。[56]经海森伯同意，他的回忆录的英译本《物理学及其他》出版于 1971 年，这是一套称为《世界视野》(*World Perspective*)的神秘论和宗教丛书中的第 42 卷。海森伯的名字出现在这套丛书的编委会名单中。主编为这套丛书写的引言可能直接来自反科学的新觅路人："《世界视野》的论点是，人类正在发展一种新意识；尽管存在明显的精神和道德束缚，这种新意识最终可以使人类超越今天困扰着它的恐惧、无知和孤立⋯⋯。《世界视野》力图证明完整、统一和有机的概念是比物质和能量更高和更具体的概念。"[57]人们也许可以说，海森伯之所以支持在量子力学中引入非决定论和非因果性，部分归因于贯穿这段时期的青年运动的浪漫的反机械论的理想对他的洗礼。

我们应该怎样看待新觅路人明显的政治因素呢？当元首(Führer)希特勒出现，宣告一个具有种族凝聚力社会的第三帝国时，关于领袖(a führer)和即将到来的第三帝国的言论对海森伯及其小组是否有任何影响？这类问题极难回答。尽管如此，往后看，海森伯对希特勒帝国的最初几年的反应，却似乎在青年运动的环境中就已播下了它的种子。海森伯已经逐渐认为他的科学是超越政治的，但也逐渐将自己与负责的年轻人们视为一个集体，之间有一种不那么超然的特殊关系的——他对这些年轻人担有全面、包罗万象、终生不渝的责任。1933 年，这位当时地位稳固而又功成名就的物理学家，将对他的学生和年轻同事们产生同样的感觉——尽管当时的局势以及他作为一位德国教授的责任与一位青年运动领袖所面临的局势及所承担的责任是完全不同的。

在海森伯看来，物理学和物理学家应存在于比政治阴谋的纯"金钱交易"更高的层次上。但是正像一位觅路人领袖所应做的那样，为了那些他负有责任的人们，他却踏入了那种阴谋的世界。或许通过把自己身边最亲密的学生和同事组成一个小团体，他就能在等待一个更光明的世界到来时，将他们从外面的世界中解救出来。在考察那一时期时，通常会遇到各种不同的观点，这也是部分原因。对于海森伯本人来说，他的行动及动机大部分与关于责任及义务的高尚理想相符合；作为一位模范觅路人领袖，他在青年运动中的基本成长经验中就

75

已经形成这些理想。对于其他人来说，海森伯对第三帝国的反应表明他如此浸淫于新觅路人的种族政治（volkish Politics）中，以至很容易屈从于一个自己怀有好感的残忍的、反科学的和反人类的独裁体制。

正如其他许多德国知识分子一样，海森伯确实对他觉得是民族主义理想的希特勒帝国怀有好感，但是希特勒及其帝国的真实情况却远未能达到他［海森伯］和新觅路人们的期望。甚至在希特勒通往权力的道路上，纳粹运动抛弃了精英主义而进入群众党派政治时，这一点就已经很清楚了。正如卡尔·赛德曼在1931年告诉青年们的那样，民族主义本身令人钦赞，但纳粹民族主义却不然。"相反，希特勒党是一个使人震惊的例子，说明一个坏领袖可以把一种好事物弄成什么样子。"[58]

在新觅路人看来，即将到来的第三帝国是德国历史数个世纪的顶峰，是第一帝国即神圣罗马帝国的理想的最终实现。许多可爱的小国之君和政党将在一个非政治帝国中幸福共处，由一个可信赖的、上帝派来的领袖统治。他将保障德国人民（当然尤其是有文化的中上层阶级）的和平和安乐——就像一个小组领袖为紧密结合的追随者们所做的一样。

这样的浪漫主义迷惑了新觅路人；当各种非纳粹团体在1933年被禁止，许多新觅路人成员就自然而然地加入了纳粹的青年组织。但是，在海森伯小组的成员中却只有一个人加入了纳粹党——至少人们记得是这样。[59]相反，对海森伯小组似乎产生了最直接影响的，却是他们所想象的那种第三帝国的理想主义意识形态。按照他们的想象，即将到来的第三帝国和基督教中即将到来的上帝王国的概念颇为相似；在那个王国中，一切基督教信徒都将在同一个上帝赐予的救世主治理下和平和谐地生活在一起。这样的理想以及他们全部活动的出世倾向，可以说明海森伯小组中那种强烈的基督教意识形态倾向。小组多数较年轻的成员学了神学并进入宗教界——两个吕德尔都当了路德教牧师，卡尔-海因茨·贝克尔当了路德教神学家，戈特弗里德·西默丁当了天主教神父，而奥托·海默拉姆（Otto Heimeran）成了一个修道士。其余的人从事了其他非世俗的学术或科学事业，只有部落司库海尼·马韦德除外。他进入银行业，让海森伯极为失望。

如果科学和帝国的超越性携手并进，那么当败坏了未来帝国理想的坏领袖被取代时，也许那些理想就会兴旺发达，带来新的道德时代。也许人们只需要耐心，只需要忍受一段短时间的痛苦，直至一位更有远见的新领袖出现。这些就是海森伯在 1933 年所怀抱的希望，是在 10 年前总是被他回忆为"我一生最美的日子"中已锻造好的希望。[60]

第六章　索末菲的研究所

海森伯在 1920 年秋天进入慕尼黑大学。7 年后，他被任命为莱比锡大学的理论物理学教授。在 26 岁时，他就成为德国最年轻的正教授。他的地位迅速上升，不仅因为他才华出众，而且还因为他再一次生逢其时。他的才华完美适合于理论物理学这一仍然全新的领域。在这 7 年间，量子论经历了一次深刻转变——从马克斯·玻恩在 1920 年所称的无秩序转变到了玻恩和海森伯在 1927 年一起宣称已经完成的有秩序体系。[1]

当海森伯还是一名大学生和初级讲师时，就是完成这一量子力学转变的那几个天才物理学家中的佼佼者了。除了才能，这也得益于天时、地利与人和之助。在那些年中，海森伯曾在世界主要量子研究中心——慕尼黑、格丁根和哥本哈根，跟随当时一流的量子理论家——阿诺尔德·索末菲、马克斯·玻恩和尼尔斯·玻尔——学习和教学。他也和他那一辈中一些最聪明的青年理论家沃尔夫冈·泡利、帕斯夸尔·约当[1]、保罗·狄拉克(Paul Dirac)和 H. A. 克拉摩斯(H. A. Kramers)在一起学习和工作过。

当海森伯开始他的研究时,量子论在慕尼黑正开始显露其在解决原子之谜的深刻不足。通过他的老师和同行们,海森伯了解了这些问题和解决它们的各种尝试。这种基础工作以及他在这些地方中的每一处所接受的训练和观点,为他在后来岁月中做出的贡献奠定了基础。

他在那段时期的贡献是根本性的。其中包括 1925 年海森伯对量子力学的关键突破,参与量子力学从 1925 年到 1927 年的完整形式主义发展,以及也许是海森伯最为人所知的成就——1927 年的不确定性原理。最终,这一点构成了量子力学基本的"哥本哈根诠释"的海森伯部分。尽管还有争议,量子力学及其形式主义的哥本哈根诠释还是完成了由爱因斯坦、普朗克、玻尔以及其他人在 20 世纪的最初十几年中发起的量子革命。它已经形成了今天原子尺度研究的基础,使人们能够在理解物质世界的所有方面——从原子核、夸克到恒星能量以及大爆炸——获得深刻的新进展。这些发展对我们生存于其中的世界产生了深刻影响,从文化和哲学一直到核反应、原子弹、半导体、激光、医学成像和超导技术。从 1920 年秋天作为一个 18 岁的学生进入慕尼黑大学的那天起,海森伯就在许多理论发展中扮演了领导角色。

海森伯在 20 世纪 20 年代的工作和学习,一直伴随着德国社会动荡。来自海外的经济资助以及家庭的挑战,实际上有助于他的工作。

正像青年运动清楚表现的那样,20 世纪 20 年代早期,慕尼黑大学及其周边

---

[1] 约当(Pascual Jordan,1902~1980),又译约尔丹,德国物理学家。对量子力学做出过杰出贡献,是量子场论的奠基者之一。当他发明的约当代数不再在量子力学中使用时,人们发现它可应用于其他的数学。这位杰出的科学家的不幸在于他卷入政治太深。1933 年希特勒上台时,他加入纳粹党,但又为爱因斯坦等犹太裔科学家辩护。由于被认为在政治上不可靠,他向纳粹当局提出发展先进武器的诸多建议,都没有得到采纳。第二次世界大战后,经过"去纳粹化"的处理,他可恢复在大学的职位,但不幸的是,他又卷入政治,决定加入基督教民主联盟党(CDU),作为议员进入联邦议会。1957 年,他又支持西德发展战略核武器,而他原来的老师和同事,如玻恩、海森伯等,发表"格丁根宣言",积极反对在德国进行任何与核武器有关的部署。政治见解上的不同,更加深了约当与以前的同事和朋友之间的紧张关系。人们猜想,以他在物理学上的贡献,如果他不加入纳粹,他是有可能与玻恩一起获得 1954 年度的诺贝尔物理学奖的。——译者

的年轻人和他们的政治观念危险地倾向于极右派。很多大学生都是前线老兵，或者是被派去镇压左派起义的"自由军团"成员。慕尼黑大学很快成为极右势力的据点。[2]

大学行政当局公开鼓励了其狂热的学生们。当苏维埃领袖们处于权势顶峰时，他们曾试图让精英机构服从"无产阶级"统治。武装的大学生革命者们曾夺取了大学的控制权，将校长作为人质，并组织了一个革命委员会来决定大学政策。大学校委会立即关闭了学校，并把教职人员送到了隐蔽的地方。[3]当卷土重来的霍夫曼政府在1919年宣布巴伐利亚为一个社会民主共和国时，这种举动几乎受到了支持帝制的教职员们的普遍谴责。当法院在1920年因安东·冯·阿尔科-瓦莱刺杀艾斯纳而判他死罪时，大学校长亲自参加了他的学生们要求给阿尔科减刑的活动，这活动不乏暴力的威胁性。威胁成功了。马克斯·韦伯，当时的一位社会学教授，试图为反对上述要求的一位社会主义大学生进行辩护，没想到他的演讲却时常受到打扰。[4]

可怕的政治和经济局势，加上大学生人数多得吓人，在20世纪20年代初期大大助长了学生幻想主义。1920年秋天，当海森伯进入慕尼黑大学时，该校共有学生6879人，其中62%是巴伐利亚人。一年后，注册学生共计9659人，其中只有52%是巴伐利亚人了。[5]许多学生来自受通货膨胀之害最深的中产阶级家庭。在海森伯的第一个学期中，即在1920年至1921年冬季学期，一位辅导员发现，61%的学生每月赖以为生的收入低于一个慕尼黑大学生的最低生活支出，这令人不安。[6]大学中工资最低的非熟练工人挣得比一个大学生最低生活预算多——这一情况使已经很愤慨的学生们加更怨恨。

海森伯虽然也遭受一些经济困难的折磨，但却比大多数人好得多。他是少数(2.3%)住家而省掉了寄宿费用的巴伐利亚男生中的一分子。此外，直到1923年，他父亲的收入并没有受到通货膨胀的严重威胁。海森伯教授的薪金接近于公务员薪金等级的顶点(13级中的第12级)。他的薪金从1920年7月到1921年10月增加了将近两倍，而马克对美元的贬值比例也只稍大于这个比例。[7]即便不把研讨班的收费计算在内，教授在1921年的薪金也只是稍低于5口之家的教授家庭在花费更贵的城市柏林的平均总生活费。[8]

但当埃尔温在服兵役的这段期间在柏林攻读化学博士学位时，(海森伯)教授发现必须控制维尔纳的预算。1921年10月，奥古斯特给维尔纳出了去耶拿的路费，以便他能参加他的第一次物理学会议；他在会上第一次见到了物理学界的一些大人物，其中包括马克斯·普朗克和马克斯·冯·劳厄，但使海森伯很遗憾的是不曾见到没能与会的爱因斯坦。会议期间，海森伯决定再增加他父亲的一点财政负担。他要乘火车到柏林去拜访他的青年运动的柏林分队，但只短暂地见见他哥哥。[9] 他父母坚持说无法再向他提供更多的费用了。但是在海森伯的强烈坚持下，他们终于决定取出一笔美元存款，那是海森伯有钱的美国叔叔卡尔存起来帮助他的亲人们，以备不时之需的。海森伯富有独立思想性而不太关心父母的困难，他更迫切盼望的是不再需要依靠家庭的慷慨资助的那一天。[10]

魏玛科学家们，特别是原子科学家们，对日益严重的经济条件的反应是发展越来越有创新性的策略来给他们自己和学生们获取研究资助。然而，在政治圈子中，同是这些科学家，却退回到他们的办公室和实验室更深处，以此来回应那一期间的动荡。与责备德国发动世界大战的过程相随相伴的，是战争到来后，一场对德国科学的国际抵制开始折磨业内人士。德国科学家们顽强地拒绝让外部事务玷污他们或他们的科学。在慕尼黑战役期间，一位慕尼黑的化学教授，里夏德·维尔施泰特（Richard Willstätter）在回家吃午饭的路上巧妙躲过了机枪子弹——他说他不想让他的汤变冷了。[11] 在反对魏玛民主政府的卡普暴动期间，马克斯·玻恩在法兰克福遇到了一次激烈的巷战，但他回忆说，"在情况安定点儿后，我们就到处走动，好像一切都很正常一样。"[12]

海森伯未来在慕尼黑的导师阿诺尔德·索末菲，设法在这种动乱中完成了他最重要的科学论文中的两篇。1919年4月，当苏维埃共和国处于权力顶峰时，他提交了他那著名但不成功的原子环模型；他关于光谱学在磁场中的劈裂的重要论文——海森伯早期光谱学研究的灵感来源——在卡普暴动4天后寄到了出版者那里。

但即便是由索末菲领导的、作为海森伯的新学术之家的理论物理学研究所，这座象牙塔，也不能保护其成员不受大学狂热者——其中许多也是反犹主义者——的冲击。在海森伯第2年学习中出现的问题是爱因斯坦。索末菲的学生们通过索末菲和爱因斯坦的通信——索末菲常在研讨班上向学生大声宣读——知道了此事。[13] 在德国以一位和平主义者和民主社会主义者而为人所知的 79

爱因斯坦公开支持魏玛民主政体，而且不知疲倦地为国际谅解工作。由于他新近得到证实的相对论在多数外行人看来是那样深刻而又不可理解，许多人就把他看成了他们自己对不能理解的近期事件的一个象征，并把犹太人看成了困难局势的替罪羊。坦率、迷人、又是犹太人，爱因斯坦对于反犹主义和反科学的仇恨都是一个理想的靶子。1920年，爱因斯坦的反对者们在柏林发起了一场反犹斗争，反对爱因斯坦其人和他的理论。[14]他们得到了包括诺贝尔奖得主菲利普·勒纳德(Philipp Lenard)在内的一些著名实验家的支持。虽然他们的仇恨来源多种多样，但勒纳德及其同事特别怒不可遏的却是爱因斯坦作为一位理论物理学家而突然获得的名气和威望，这让他们和他们的实验物理学领域黯然失色。[15]

19世纪期间，德国物理学和物理学家们曾主要在实验物理学领域以及收集和分析数据方面树立起了自己的影响力和威望。实验工作也需要数学方法和一般假设的构架，但到了20世纪初，尤其是在德国，却出现了理论物理学这样一个新的专业学科。这一专业学科以一种新方式聚焦于假说、数学分析和自然现象的经验基础理论。到了第一次世界大战末期，诸如普朗克、劳厄和爱因斯坦等专业理论家们所取得的惊人成果和成功，在德国给新领域带来了巨大的社会名气和威望，但这个领域仍居专业地位次席，位于已确立并被认为是根基更深的实验研究学科之后。许多人仍然主张，经验数据比以数学构造出来的理论更基本。由于理论工作地位较低，犹太物理学家们也就在理论物理学中找到了较多的机会，但——正如在德国社会中的其他地方一样——他们也遇到了反犹主义，无论在第一次世界大战前和后均是如此。[16]

温和的非犹太裔的魏玛物理学家普遍认为，反对反犹主义与其说是一个道德或伦理问题，更不如说主要是一个政治问题。这种观点显然来自于反犹主义在德国的政治化。反犹主义已经成了若干主要政党纲领中的一条政纲条目，而那些致力于反犹的人们常常是出于明显的政治目的。正因为如此，科学家和学者们就认为公然的反犹主义和对它的公开反对都太政治化，因此应该予以避免。由于没有得到坚定的抵制，隐蔽的反犹主义便在德国学术界滋长繁盛，有时甚至感染了索末菲的研究所。[17]

爱因斯坦是一个特例。正当德国声誉因战争而在国外受损时，爱因斯坦的国际声望却很有利于德国物理学的国际形象。在柏林滋长的反爱因斯坦斗争带来了玷污这一形象的危险。索末菲和其他一些人，在小心避免卷入政治时，也意识到不得不做些事了。1920 年，索末菲和几个慕尼黑教授组织了一个声援爱因斯坦委员会。作为他们的第一项活动日程，他们邀请爱因斯坦到慕尼黑讲学。一位有同情心的慈善家给索末菲提供了资助，而爱因斯坦也很高兴地接受了邀请，准备于 1921 年 11 月间到慕尼黑来。海森伯和他的同学泡利曾因为在耶拿没能见到爱因斯坦而失望，热切期待在慕尼黑见到这位伟人。[18]

在爱因斯坦到来前不久，计划便告吹了。柏林的一份左翼文学刊物报道了将近一年前索末菲和慕尼黑学生自治会代表们在校长办公室中的一次不祥会面。注意到爱因斯坦在柏林的演讲被搅黄过，校长——现在突然担心他的学校声誉起来——要求确保这类干扰活动不会在慕尼黑出现。学生们对爱因斯坦这个"人"的反对，迫使索末菲对他们阐述了这位物理学家的重要性——但没有成功。在下一次的学生自治会会议上，极端主义的代表们——其中许多是"卐字多数派"的成员们——拒绝就不捣乱给出任何保证。恰恰在爱因斯坦到达慕尼黑前，刊出了报道这些事件的文章。爱因斯坦立即取消了他的访问。索末菲恳求他的同事再考虑一下。爱因斯坦不留任何余地地拒绝了。他告诉非犹太人的索末菲："这根本别无出路。""您应该能感同身受。"[19] 3 年后海森伯才见到这位德国最著名的理论家。

在爱因斯坦事件前后，索末菲和他的学生们都顽强地保持着他们的与世隔绝状态。这些天才而又热情的年轻物理学家，正致力于他们学科艰难的复杂问题。对他们来说，很容易将政治问题摆在次要位置上，而且他们很高兴有机会这样做。科学研究的艰苦工作和诱人前景，被用作社会动荡的解毒剂——从古至今，在类似情形下对其他科学家所起的作用也是一样。[20] 例如，泡利是在 1918 年至 1919 年的冬季进入大学的，正好在战争结束之前。紧接着的那几年就出现了苏维埃共和国、慕尼黑和维也纳的内战、大学被占领和关闭、失控的通胀和仇恨暴行。不过，他却没有在其可见的通信和任何所发表的回忆录中提到这些事。多年后他写道："战争结束了，与索末菲在一起，我便在正确的环境中。那么，对于作为一个年轻人的我来说，德国和奥地利的政治和经济局势又算得了什么呢？"[21] 心无旁骛的精神集中保证了成功的工作，而成功的工作又鼓励了进一步的与世隔绝。

海森伯找到了他自己的逃避方法。他写道："我在慕尼黑大学中的最初两年是在两个完全不同的世界中度过的，即在我的青年运动的朋友们间和在理论物理学的抽象领域中。两个世界都充满了激烈活动，以至于我常常处于一种十分激动的状态，尤其是当我发现很难在这两个世界间来往穿梭。"[22]海森伯确实穿梭于两者间。在夏季学期(4月至7月)较暖的月份中，他通常会和男孩子们一起在山中夜营，然后在次日一早步行到最近的火车站，按时赶回慕尼黑来上索末菲早上9：00的课。不断运动于物理学和青年们这两个世界之间，也就使他没有时间干别的事情。

当海森伯在1920年夏天离开马克斯文法中学时，他仍然打算学习纯数学。刚刚通过了文法中学的毕业考试，并取得优异成绩，这位雄心勃勃的青年打算立即参加一个通向博士学位的高级研究研讨班。学生通过文法中学毕业考试后(这将他们带入了相当于一所美国现代大学3年级的水平)，就自动获许参加他们所选择的德国大学的讲座和练习训练课。多数学生都进入当地大学，试图获得博士学位或中级毕业证书(当时慕尼黑大学不发这种证书)。要获得博士学位，必须获得一位教授允许进入他的研究小组，通常以他的高级研讨班为中心。学生们在进行一个独立研究的同时学习研究的基本知识。不像美国学校那样要求通识教育课程、课程考试和学期成绩，德国大学重视学生所学的领域和相关领域的高级课程，以及在早期学习阶段就通过跟随专家工作而进行独立研究。一旦参与一个研讨班，学生就要在教授的指导下完成一项学位论文计划。论文的最终通过与否及整个学习的分数在候选人主修和辅修领域的最终口试中由教授协商给出。这时，新博士就取得了在文法中学授课的资格。然而，在大学中从事教学却要求更高的学位：Habilitation，即大学任教资格，其获取要经过另外的研究、口试和全体教授的同意。后面这一学位相当于美国大学的终身教席过程(tenure process)。候选者一旦获得授课资格，便可以被永久任命为正教授或者教席。

海森伯在1920年夏得了一次伤寒症；病愈不久，他就请父亲安排他与慕尼黑数学家费迪南德·冯·林德曼(Ferdinand von Lindemann)——老海森伯的一位同事——见一次面。林德曼似乎是海森伯的"博士父亲"——导师的经常称呼——的理想人选。林德曼因证明了 π（无限小数位）的无理性而在数论领域——海森伯的拟修领域——中而广为人知，而且还是大学"数学-物理学研讨班"（包括 4 位教授和一位助手）的联合负责人。这不是一个研究小组意义上的研讨班，而有点类似于美国大学的一个系，但其成员间具有更多的独立性。它旨在训练文法中学未来的数学和物理教师，让他们了解他们领域的基础知识以及基础研究。[23]人们假定，一位好研究者同时也一定是一位好教师。在 1920 年，新来的实验物理学教授威廉（威利）维恩和林德曼共同领导这个研讨班。他们另外两个同事是数学教授奥雷尔·福斯（Aurel Voss），以及按等级排在第 4 位的理论物理学教授索末菲。[24]

作为对奥古斯特·海森伯的一种善意，林德曼同意见他儿子——但这仅仅是一种善意。长期担任大学行政委员会主席的老先生还差两年就要退休了。他对闯到他办公室中的 1 年级学生没什么耐心，尤其对这位要求立即参加高等研究的莽撞新生更是一点耐心也没有。面谈以一场灾难而告终。

82

海森伯后来回忆道，林德曼在一间光线很暗的办公室中迎接他，坐在一张书桌后，桌上卧着林德曼宠爱的小卷毛狗。当海森伯开始说话时，小狗就大声吠叫，以至于半聋的教授几乎无法听懂他的话。最后，林德曼问他的年轻来访者读过哪些教科书。在提到保罗·巴赫曼的《数论》以后，海森伯主动谈到他刚刚读完外尔的《空间—时间—物质》。正在找借口打发海森伯的林德曼，或许也不喜欢外尔用物理学来玷污纯数学的做法，于是就突然用一句话来结束了会谈："在那种情况下，你就完全不再属于数学了。"[25]

这次被拒使 18 岁的海森伯不知所措，他回到父亲那里去想别的办法。他们考虑了剩下的 3 位研讨班教授，维恩是一位实验家，不必考虑，而在索末菲和福斯之间，前者是最有希望的选择，因为他和奥古斯特已经相当熟识了。这位个子小，有点秃头并留着小胡子的索末菲，永远站得那么直，以至于——照泡利的说法——看起来像一位轻骑兵军官；他曾在上一个夏季学期中担任理学院院长。在未来的一年中，他将是代表他的学院的校务委员。这些职务使他和德国高等院校教师联盟（Hochschullehrerbund）的本校代表海森伯教授已有过频繁接触。因此父子俩决定到校务委员索末菲那去试一试。

这位物理学家比他那位上了年纪的同事好说话得多。他的办公室窗明几净又没有任何卷毛狗，而室内那位不那么飞扬跋扈的主人乐意接待了所有水平的热心学生。和林德曼不同，他知道海森伯已经读了外尔的书时很高兴——也很惊讶。"你对自己要求太高了。"他合情合理地告诉来访者。海森伯显然给索末菲留下了深刻印象。敏锐的索末菲允许海森伯暂时参加他的研究讨论班，即便海森伯完全没有上过任何高级课程。"也许你懂得一些东西；或许你什么都不懂。咱们等着瞧吧。"[26]于是海森伯就走上了理论物理学的道路。

索末菲对待他的科学以及与同僚们打交道的办法，带有在量子革命早期的德国理论物理学状态的典型特征。和他那一代的许多理论家一样（他当时 52 岁），索末菲的事业起步于数学。巧合的是，他出生于东普鲁士的柯尼斯堡，德国第一个数学-物理学研讨班——该研讨班开创了理论物理学的中欧分支——的所在地。索末菲和威利·维恩及其堂弟马克斯·维恩（Max Wien）一起上了当地的文法中学，后两者也都成了物理学家。1886 年，索末菲开始在当地大学学习数学，参加了由数学教授费迪南德·冯·林德曼主持的数学-物理学研讨班。但像许多其他数学家一样，他也被威廉·汤姆逊（开尔文勋爵）[William Thomson (Lord Kelvin)]的数学物理学迷住了，这在他构想一个电磁场的力学模型来与詹姆斯·克拉克·麦克斯韦（James Clerk Maxwell）的电磁场数学方程相呼应的大纲中可见一斑。索末菲立刻从林德曼的数论转入了开尔文的数学物理学（该学科研究物理学的数学应用），并在柯尼斯堡大学数学物理学教授保罗·福克曼（Paul Volkmann）的指导下写这方面的博士论文。[27]毫无疑问，索末菲在海森伯身上看到了他自己的某些东西。

1893 年，仍是一位数学家的索末菲奔赴时为德国数学之都的格丁根。他在那里受到了著名数学家费利克斯·克莱因（Felix Klein）的影响。克莱因是一位卓越的教师和管理者，当时正从事一项把科学数学化以及建立应用数学研究所的计划。[28]13 年以后，索末菲开始在慕尼黑教授理论物理学。

慕尼黑的物理学研究源于大学的仪器收藏室，由一些实验仪器和使用这些仪器的教授组成。1892 年，收藏室搬进了大学新的物理研究所，该研究所在 1920 年前一直由 X 射线发现者威廉·伦琴（Wilhelm Röntgen）主持，他起先在维尔茨堡教学。伦琴在维尔茨堡的继任者是索末菲的老校友威利·维恩。当海森伯进大学时，维恩又接替了伦琴在慕尼黑的职位。

维恩教授就是盛行于慕尼黑的那种对实验物理学的尊重的证明。当时 55 岁的诺贝尔奖获得者维恩不肯离开维尔茨堡，除非能得到特殊优待。尽管当时的经济条件令人沮丧，他还是得到了他所要的一切。他得到了丰富的薪金、4 个助教、3 个技工和 6 位数的拨款来扩建和重新装备研究所。[29] 作为对比，索末菲的研究所则只有一个大教室、3 个房间、一个不起眼的实验室、一个助教和一个技工。它位于大学办公楼的地下层和底层，正好在奥古斯特·海森伯办公室下面两层。除了研讨班的费用以外，这个研究所每年只得到一笔的 2000 马克的微薄经费来购买仪器和维持一个小小的图书室。[30]

虽然索末菲的教席和分配的房间位于大学里，但它们却是由州科学仪器收藏的数学-物理陈列室来管理的。因此这就有两位物理学教授、两个独立的实验室和两个对应该如何定义和教授物理学看法不同的思想流派。颇具讽刺意味的是，大学物理学教授负责实验物理学，州实验仪器的保管者却兼任大学教席从事理论物理学。玻尔兹曼曾担任此职直到 1894 年。1905 年，对电子理论感兴趣的伦琴不顾索末菲的前导师费迪南德·冯·林德曼的极力反对而任命索末菲担任此职。[31]

索末菲在 1906 年来到大学以后，抛弃了陈列室中过时仪器的大部分，并给了它一个反映其首要关注点的新名称：理论物理研究所。它很快成为新的相对论和量子论的一个一流研究中心。索末菲据称是世界上定期讲授这两门课程的第一位教授，并且作为当时最好和最能激励人的教师之一而享誉世界。他的研究所持续不断地培养一流理论家——在 20 世纪 30 年代前在该领域产生了最多的博士学位获得者。爱因斯坦惊讶于它的丰硕成果，并在读过一篇关于海森伯的报道后于 1922 年致信索末菲道："我尤其钦佩您的是，您神速地培养出一大批天才。这真是太神奇了。您肯定有一种能把您听众的精神精炼和激活的特殊才能。"[32] [1]

正如玻尔所说的那样，作为一位教师和研究者，索末菲特别与众不同的地方不在于他的物理直觉多么高明，而在于他的"对那些已确立的或有问题的理论在逻辑和数学上的洞察力以及确证或推翻这些问题的结论推导"。[33] 索末菲将这种

84

---

[1] 此处译文据爱因斯坦的德文信件进行了修订。——译者

天才，与一种鼓舞人的教学风格和一种可以淘汰差生的逐渐挑选过程结合起来。研究所位于慕尼黑也有助于为这一计划稳定供应天才。

作为州的仪器保管者，索末菲还必须做些实验研究——他把这种工作交给了被他赶到地下室的助手。尽管地位低微，理论家马克斯·冯·劳厄和一些边缘人却至少做出了一种重大发现：证明了因其穿透力而被认为是粒子的 X 射线表现出电磁波行为。劳厄因此发现而获得了 1914 年度的诺贝尔奖，而索末菲的研究所也得到了慷慨的拨款以继续研究——在那之后，就一帆风顺了。

在海森伯进入研究所时，理论又再次使实验黯然失色。索末菲将他的理论兴趣聚焦于两个课题上：流体力学和量子原子物理学。他对流体力学的兴趣由慕尼黑伊萨尔公司的资助引起。该公司曾签署合同疏浚伊萨尔河道以通航。量子光谱学的工作——通过气体来研究光的散发和吸收，以此作为原子内部结构构成的线素——源于索末菲的另一种关注，即在新的和令人困惑的新数据下修正他自己的原子模型。海森伯的非凡好运就在于索末菲的研究所是独一无二的。它是全德屈指可数的几所理论物理研究所之一，以及仅有的两三所从事量子原子理论研究的研究所之一。而且，它还是当时唯一一个关心理论量子光谱学的研究所。

海森伯进入索末菲的教学项目的时机也是幸运的。像数学和其他科学学科一样，物理学当时属于哲学学院；这些学科只要求博士候选人最少学习 6 个学期（3 年）。因此索末菲就按照 6 学期为一轮安排了他主要要授的课，以"经典力学"，即艾萨克·牛顿于 17 世纪创立的物质、运动与力的研究开始。如果一个学生在这一轮中间入学，他要么可以不按次序学习，要么在等待新一轮开始的时候先学例如数学之类的必修辅课。在 1920 年至 1921 年冬季学期，海森伯正是在新的一轮开始时进入这一项目的。此前索末菲刚刚用了一年时间来给新入学的士兵和"自由军团"志愿军们进行了一系列很烦人的补课。[34]

索末菲设计了他的教学计划以满足各种不同要求。海森伯在他那里求学的期间，他开设了五门主课（每学期一门，每周 4 学时），几乎涵盖了"经典"（相对论之前和量子论之前）理论物理学的一切。针对高年级学生，他在一门关于当前研究的特殊课程中讲授当代课题。他也指导博士候选人的研究讨论班，偶尔也做现代理论的公开演讲以给学院筹款。来自各种不同科学领域的、多达 80 到

85

100 人的学生上了主课。在 1916 年和 1917 年听了索末菲关于原子模型的课程的化学系和医学系的学生们，鼓励他写了著名的教科书：《原子结构和光谱线》（*Atombau und Spektrallinen*），该书作为"现代物理学家的圣经"泽惠了一代人。[35]

索末菲每次上课都给学生们布置家庭作业，要在每周一小时的练习课上交。一位助手批改习题并在练习课上和学生们进行讨论，索末菲也常亲自旁听。习题不打分；好坏由学生的作业本身来定就可以了。海森伯记得曾交过一些很长和很复杂的题解，遭到索末菲的助手抱怨。[36]

那位助手也许是彼得·保罗·埃瓦尔德（Peter Paul Ewald），当海森伯来校时他正担任这一职务。埃瓦尔德回忆索末菲说他是一位"真正的博士导师"[37]。他对他的学生很感兴趣，尊重他们，还向他们提出充满同情心的、父亲般的忠告。他给他们作出了一个工作努力而又高度积极的研究者的榜样，同时他又永远是可以接近的。在他最后几个学期中，海森伯每天早上在索末菲的办公室中待一两个小时。在星期天，索末菲会邀请研究所成员和他一起到乡下去远足一天。冬天的周末常常和其他物理学家一起在靠近奥地利边境的密滕瓦尔德（Mittenwald）的威利·维恩的乡间小屋那儿滑雪度过。当学生们感受到通货膨胀的压力时，索末菲从自己口袋中拿出钱来帮助他们。海森伯也受益于他的慷慨大方，这加深了学生对他们导师的钦佩。[38]

在索末菲的研究中，启发和遴选很早就开始了。他的策略是让学生立即参与研究和研究所事务，既是对他们的鼓励也是考验。教授——海森伯如此称他——给他那些初学的学生们布置一些小任务，例如核对他的计算，分析新收到的数据和修正文章清样。高年级学生协助修改他的教科书，或帮助处理克莱因和索末菲主编的多卷本《数学科学百科全书》上的论文。正是在这一工作中，泡利第一次出版了那篇关于相对论的著名文章，这篇文章至今仍被认为是关于这一主题最好综述之一。[39]海森伯回忆说，索末菲常交给有希望的学生一个小问题，以启发他的积极性："喏，我解决不了这个问题；现在你来试试。"根据学生在这些任务和练习课上的表现，索末菲就能评估他们接受高级训练的合适程度。

索末菲每学期都提供一个两小时的特殊演讲，其主题是他当时正在研究但尚未充分掌握的内容。当有一次被问起他如何能讲授一个自己还不理解的课题时，索末菲答道："如果我对它有些了解，就不会讲授它！"[40]他旨在让学生和教师能一起探索一个当前的问题，并在寻求解答（无论成功与否）的过程中达成对课题的系统理解。集体的努力使得这些课程特别具有刺激作用。索末菲提前准备特别演讲，但通常总试着在不看笔记的情况下在黑板上重新推导结果。人们可以设想，当推导不成功时就会发生什么样的热烈讨论。海森伯在慕尼黑学习的全部时间内，索末菲每学期都将特别演讲用来讨论当时的主要原子物理学问题：量子光谱学。年轻的海森伯被迷住了。

研究所里的高级研究以研究讨论班为中心，其参与者包括全体高年级学生、助手和讲师，有时还有早熟的初学者。海森伯就是一个这样的初学者；在他之前，泡利也是在自己的第一学期就参加了。两个人都通过了课程所需要的遴选。索末菲将每一学期的研讨班用以探讨一个当时的研究主题。每个参与者都要解决一个小问题或研读一篇大论文，且要在研讨班上讲出结论以供评论。要获准就这一课题写一篇博士学位论文，就需要有一次成功表现。海森伯显然做得很好，因为他的博士学位论文和最初几篇论文都是从他的早期研讨班问题发展而来。

海森伯第一学期的注册表表明，尽管他在加入索末菲的研讨班上无畏而野心勃勃，他的父亲肯定也曾劝他慎重些：为了保护自己不受失败的伤害，海森伯慎重注册了由阿图尔·罗森塔尔（Artur Rosenthal）主持的 5 个学时的数学课和练习课，而只选了一个学时的理论物理学——练习课在主课程后。这就是说，海森伯事实上是索末菲的研讨班和主课的一个旁听生；如果证明不适合学物理，他可以立刻撤回到数学中去。到了第二学期，这样的顾虑就不再必要了。索末菲已经毫无保留地允许他进入了项目，而海森伯在下学期的注册表填满了所有索末菲开设的课程。[41]

由于数学-物理学研讨班上的学生必须修习维恩的实验物理学，所以海森伯也像他之前的泡利一样，在第一学期注册了 5 个学时的实验物理学（力学和光学）。[42]作为一个处于第二学期的物理学学生，他按照规定注册了维恩那复杂烦琐的 8 个学时的初等实验。海森伯继续跟着年迈的罗森塔尔及其同事阿尔弗雷德·普林斯海姆（Alfred Pringsheim）和福斯学习数学——但他避开了林德曼。数学和天文学是他的两门辅修课，他的每一门都需要注册课程、练习课和一个研讨班。已被林德曼拒绝的海森伯很快就发现自己对林德曼的抽象数论失去了兴

87

趣，但却对罗森塔尔的"可视的"几何学发生了兴趣。崭露头角的数论家正在成长为一位理论物理学家。

海森伯学习理论物理学而非数学的决定，让他父亲很担心。[43]公众对相对论和量子理论的兴趣无疑很强，索末菲等人的通俗演讲上的大批听众就是证明。尽管如此，就业机会却不足。数学和实验物理学是已得到公认的学科，在工业界和文法中学中能很轻松地找到工作，但是理论物理学的职业生涯却只限于一些大学教席——而这些席位都已有人占了。虽然学术职位会在未来10年中增多，但是海森伯教授知道，为了能得到一个正教授职位，从而继续家庭在产生大学教授方面的成功，他的儿子必须做得极好，尤其是在博士学位和大学任教资格考试中。

尽管海森伯的才能非凡，但潜在问题却已隐约可见。在索末菲和他的更有权力的新同事维恩之间，个人和专业分歧已经产生。他俩都被指定为物理学博士学位的考试委员，而且两人都必须就每一候选人的物理分数达成一致。维恩毫不掩饰他对理论工作的态度。虽然他自己也曾做过理论，但是他觉得实验工作更基本。任何物理学博士候选人，必须让维恩相信他掌握了实验技术。另外，维恩还坚持主张一种传统死板的学习计划，慢慢地逐渐导向高级研究。这种方法和索末菲的习惯正好完全相反：索末菲习惯很早就让学生接触研究，并同时教授他们基础知识。通过省略他们主修和辅修外的课程，在索末菲的指导下，像泡利和海森伯这样的聪明学生只需少至3年就可得到博士学位。这种极速课程安排可能会给学生的知识留下缺口，但使维恩很惊讶的是，索末菲认为学生们能够自己填补这些缺口。维恩很快就发现，海森伯的训练确实在他的学习中留下了严重缺口，但却显然没有遗憾。多年后，海森伯告诉一群年轻人说，尽管现在要花许多年才能在物理学获得博士学位，但是他们在24岁前就应该进行原创研究。[44]

既然在两位慕尼黑物理学家之间存在着这样重要的分歧，最后的博士考试就很容易恶化为一种教学法的较量。为了预防出问题，索末菲命令他的学生们在最后口试前再学一门维恩的实验室课程。在1921年上了这门课的泡利显然没有在维恩那里遇到太多麻烦，但在上课时没有很好隐瞒轻视态度的海森伯却遇到了困难。他父亲的一句话清晰地反映了对迫在眉睫的麻烦的焦虑。当海森伯　88

于 1922 年——他最终口试的前一年——到格丁根访问一学期时,他父亲对他说:"玻恩教授和其他先生如何对你?请不要忽视实验物理学!"[45]

除了他的正式训练以外,海森伯在索末菲那儿的迅速进步也归功于一群非凡同事和同伴的激励。他们的名字读起来简直像他们那一代的《名人录》。当海森伯来到时,主要人物包括助手埃瓦尔德、讲师卡尔·赫茨菲尔德(Karl Herzfeld)和威廉·伦茨(Wilhelm Lenz),以及学生格雷戈尔·文策尔(Gregor Wenzel)、沃尔夫冈·泡利和卡尔·贝歇特(Karl Bechert)。奥托·拉波特(Otto Laporte)于 1921 年从玻恩的法兰克福理论物理研究所前来随索末菲继续学习,而阿道夫·克拉策(Adolf Kratzer),分子量子理论的一位先驱,则于 1921 年获得了大学授课资格并自此成为一位讲师。在研究所以外,海森伯还遇到了汉斯·金勒(天文观测台的一位助手,后来成了亲密伙伴)和数学家罗伯特·绍尔(Robert Sauer)(海森伯在罗森塔尔课上的同学)。正像海森伯的哥哥埃尔温那样,绍尔和海森伯进行激烈的竞赛,在你追我赶的解题中把其他同学们远远抛在了后面。

研究所有 3 间并非实验室的房间,里边有咔咔响的木地板、高高的天花板和单调的内部装饰。索末菲用其中的 1 间作了自己的办公室,用另一间作了研讨班室;后者是一个聚会地点,选出的 5～10 个高年级学生可以每天在那里见面,讨论和争辩各种问题和论文。每个学生都有他自己的桌子。当刚刚毕业的文策尔在 1921 年取代埃瓦尔德成为助手时,索末菲就指定更年轻的新毕业生泡利为非官方的副助手。他的任务之一就是批改海森伯的家庭作业。作为他将在物理学中担任的职位的象征,副助手泡利的桌子高放在一个小讲台上,他从那里可以俯瞰每个人的工作。

不论在不在桌旁,泡利都被证实为研讨班中最有影响和最有发言能力的人,对海森伯来说更是如此。年轻的泡利从维也纳来到索末菲这里,当时对物理的研究甚至比海森伯更高深。他带着一篇即将付印的关于相对论的论文来到了慕尼黑。虽然只比海森伯大两岁,但当海森伯在 1920 年第一次见到他时,泡利已经在读第 5 学期了。出生在维也纳的泡利是一位犹太人大学教授的儿子,受洗成为天主教徒,这在当时很普遍。他和海森伯一样,都受到一种相似的良好教育,在性格方面也有许多共同之处。两个人都很敏感,天真,正在青年期,有个人不安感但却有学术自信，雄心勃勃，全身心奉献于理论物理学。外表上，海森伯安静而友好，有时不善交际但（在生活中和科学中）无所畏惧——而泡利则坦率、好斗而小心地按部就班，常常极其挑剔。品行端正的海森伯爱好户外生活的纯净、年轻人的游戏和悠长夏日的阳光。泡利喜欢城市的夜生活、夹杂黄色笑话表演的卡巴莱和魏玛施瓦宾的酒馆及咖啡馆。海森伯一大早就起床，从早到晚努力工作，而在冬天的长夜里打不起精神来。泡利在晚上到歌厅中游逛，狂热地工作到凌晨，然后睡到中午，从而错过他上午的课。索末菲容忍了泡利的行为，因为他只是一个副助手。但当泡利从 1921 年开始到格丁根去当玻恩的助手时，他却显然惹恼了玻恩。只过了 6 个月，泡利就离开格丁根去了汉堡的一个新研究所。"他受不了小城中的生活。"玻恩写道。[46]

虽然海森伯和泡利在慕尼黑只在一起度过了两个学期，但这两位如此相反而又如此相似的物理学家却形成了一种终生不渝的职业友谊。记录在他们大量通信中的这种交往，是现代物理学中最重要的交往之一。每个人对另一个人的工作都意义重大，或至关重要。虽然他们从来没有成为亲密的私人朋友——他们直到 1927 年还用正式的"Sie"（您）[相较于熟人间的称呼 *du*（你）]来彼此相称，但是泡利却以一种极相似于海森伯哥哥的方式对海森伯起了作用。泡利在物理学中走在了海森伯前面，向海森伯提出了兄长般的研究建议。但作为同僚和家庭作业的打分人，他也可以提出无情的批评，促使没把握却野心勃勃的海森伯加倍努力。海森伯曾告诉一位采访者："泡利对我有很强的影响。我是说，泡利实在是个性很强……他极其挑剔。我不知道他对我说过多少次，'你是一个完完全全的傻瓜'等等。这大有裨益。"[47]

正如前述，泡利在把海森伯引向原子的研究也起了一部分作用。既已读了爱因斯坦和外尔的著作，海森伯在放弃了数论后考虑过研究相对论。在他的第一学期中，他就他的前途问题征求了泡利的意见。泡利是不乐观的。作为当时一篇权威的相对论综述的作者，他警告海森伯这个领域中的研究机会不会太大。但泡利也是一篇关于电离氢分子之量子理论的论文的作者，该文是理论和实验符合的一次失败。因此他也可以向他的同僚保证，量子原子物理学的研究道路十分广阔。[48]

如果泡利是海森伯在研究所中的"兄长"，那索末菲就是他的"父亲"了。海森伯对他真正的父亲怀有叛逆性，但却还在寻求一位新权威来代替旧权威。他将自己的教育和早期事业完全交到了索末菲的手中。当索末菲于 1922 年至 1923 年到美国讲学一个学期时，他把海森伯送到了格丁根的玻恩那里。他们全都同意，海森伯将回到慕尼黑来完成他的博士学业。在海森伯来访期间，玻恩发现自己需要一个新助手，并且希望海森伯在获得博士学位以后能够回到格丁根去考取大学授课资格。当玻恩问起他将来的计划时，海森伯答道："我用不着做这个决定！索末菲会做决定！"玻恩必须请求海森伯的保护人允许他在格丁根考取大学任教资格。[49]那时海森伯已经成了一种宝贵的商品了。

第七章　遭遇量子

　　量子进入物理学并非一帆风顺，波澜不惊。它既不合适，也不合理，与我们对于自然的所有认知都针锋相对。但数据似乎需要它。在 20 世纪的前 30 年中，那个世纪一些最富有创造力的物理学家努力试图理解已知的量子现象，并使之成为原子尺度上对自然的新认识的一部分。维尔纳·海森伯以及他的科学故事，讲述的是一小撮杰出的物理学家们众多绝望的失败和最终的胜利。在 20 世纪 20 年代的一个时期中，他们与数据、理论以及在彼此之间进行了难以置信的紧张斗争，建立了量子力学这一对原子世界的革命性的全新认知。量子力学和相对论一道引发了物理学的一场深刻转型，并激发了许多改变人类生活方式的技术发明，包括激光、新的医疗成像以及使得数字革命成为可能的晶体管。

　　海森伯和他的同事的工作前沿领域是高度抽象的理论，新创立的陌生的基本概念以及先进的数学技巧。就其本质来说，物理学是一门高度技术性的学科，关于这一点有很多相关叙述。[1] 我们在这里的目的不是探索他们工作的技术细节，而是通过描述海森伯和他的同事们的目标和方式，得到一个了解，同时认识他们为理解量子而进行奋斗的艰巨性，经常性的失败、挫折和绝望，以及在克服所有这些困难创立新量子力学过程中表现的真正卓越的创造力。

　　在世纪之交及 20 世纪初期，对于日常物理世界机制的理解已经达到所谓"经典物理学"的极致，其对运动物质和作用的研究可以追溯到艾萨克·牛顿。

后来又加上研究电、磁和光的"经典电动力学"，詹姆斯·克拉克·麦克斯韦、海因里希·赫兹(Heinric Hertz)和 H. A. 洛伦兹(H. A. Lorentz)在 19 世纪最后几十年的贡献，奠定了后者的基础。

1905 年，阿尔伯特·爱因斯坦发表了 3 篇震动经典物理学的论文。它们主要处理的是极端情况，不会在日常生活中碰到。爱因斯坦的第一篇论文是狭义相对论，这是经典电动力学和力学在之前没有想象到的接近光速的高速情形下的一个修正。第二篇是对于液体中微观粒子的研究，经实验证实后，消除了对原子真实存在的最后疑问。第三篇是爱因斯坦称为"非常革命性的"见解，也就是在某些情形中像光这样的电磁波不再是连续的能量波，而是可以被看成是微小的个别的光能量"包"——也就是光量子。每一个微小的"光量子"带着同样的能量，等于观测到的光频率乘以普朗克在 1900 年提出的普朗克常数。频率越高，每个光量子的能量也越高，这个光量子现在也被称为"光子"。

在接下来的论文中，爱因斯坦展示了物质中的像微小天线一样发射和吸收光的微小振子，也被量子化，以至于它们的振动能具有具体的、不可分割的单位(或量子)。他证明只有这一行为才能解释振荡原子组成的结晶固体在低温下的热学特性。然而所有这些结果都与被广泛接受的关于物质、运动和电磁辐射"经典"理论直接矛盾。在"经典"理论中，能量绝对不是分处于不连续的能量包中，而是光滑连续的。

在爱因斯坦进行现代物理学的革命之时，理解原子内部结构的工作却陷入僵局。即使是最强大的光学显微镜也不能让我们看到原子，因此英格兰剑桥的欧内斯特·卢瑟福(Ernest Rutherfold)决定用高速带电粒子轰击金原子以观察后果。[1] 他发现一些高速粒子穿过原子，但是另一些似乎撞上了原子内部的"硬核"弹了回来。他发现微小的原子包含处于其中心的更微小的带正电的球，这就是原子核，并推理说一定有带负电荷的电子也存在于原子之中，占据剩余空间。卢瑟福认为带负电的电子受到带正电的原子核吸引，在围绕着后者的轨道上运动，就像太阳系中的行星围绕太阳运动。如果这些电子不绕核转动，就会落入核中，原子就不会比核大得多。卢瑟福理论的主要困难在于：根据经典电动力

---

[1] 此处与史实不符。卢瑟福做这项实验时，他还在曼彻斯特。——译者

学，所有加速运动的电荷，包括绕核轨道上的电子，都要辐射电磁波。因此沿圆周轨道运动的电子相当于微小的天线，会辐射出所有的能量，因此螺旋下降而落到带正电荷的原子核上。

索末菲与玻尔，1919 年

丹麦物理学家尼尔斯·玻尔当时是卢瑟福实验室的一名博士后研究人员。他提出一个让人吃惊的方案来解决其导师的有核原子难题：将爱因斯坦的量子假设直接引入卢瑟福的行星模型中。[2]1913 年，玻尔提出了大胆的特定假设——实际上是一个假定或者论断，即规定环形轨道上电子必须辐射电磁波的经典电动力学，对于在特定能量的特定轨道上的电子并不适用。只要电子保持在这些"静止态"，或者"量子态"上，它们就不会辐射能量。此外，他更进一步假定，如果一个电子从外界吸收一个光量子，其能量正好等于电子所处能态和一个更高量子能态的能量之差，那么这个电子就会因吸收这个光量子而完成一个"量子跃迁"，进入这个新的能态。同样，如果电子跳到一个空着的较低能量的量子态，它就会发射一个光量子，其能量精确到等于两个量子态的能级差。玻尔的激进论断违反经典物理学，唯一站得住脚的地方，在于它能够解释实验结果。玻尔证明在最简单的氢原子(一个电子环绕单个质子组成的原子核)的例

92

子中，计算得到的量子态以及态间跃迁导致的光量子发射和吸收，能够完美解释氢气频谱中的谱线，也就是所谓的巴尔末线系。

玻尔的工作立即引起他在慕尼黑的同事阿诺尔德·索末菲的关注。考虑到电子极高的运动速度带来的相对论效应，索末菲以太阳系模型类比，于 1916 年将玻尔的原子量子论的潜力发展到极致。由此他得以解释一系列关于原子的光发射和光吸收以及将电子从原子剥离（即电离）所需的能量的观测结果。

尽管玻尔-索末菲的原子量子论取得巨大成功，但大多数物理学家只是将其视为经典和量子概念的一个不得已而为之的临时结合。就像太阳系的行星一样，电子轨道可由经典力学计算得到，但是轨道的选择和它们之间的跃迁则是严格的量子效应。理论家们将玻尔-索末菲理论看作是迈向一个未来理论的不错的阶梯。这个未来的理论就是将要替代"经典力学"的"量子力学"，在原子尺度形成一个单一的连贯一致理论。

第一次世界大战之后，新的实验技术和更复杂的量化分析开辟了更多的新领域，其中，玻尔-索末菲理论越来越难以令人满意。由于原子很小，只能通过高速粒子轰击、观测吸收和发射以及原子和其他原子还有电场及磁场的作用来研究其内部，自 1920 年进入慕尼黑大学起，海森伯在 20 世纪 20 年代先后在 3 个处于一流地位的量子原子研究中心工作和研究，每一个中心在探索原子内部结构方面都有不同的侧重点。在慕尼黑，海森伯与索末菲合作研究原子光谱这一难题，试图建立一个原子模型，可以解释原子光发射核吸收的复杂观测结果。在格丁根，海森伯和马克斯·玻恩合作挖掘原子行星模型的潜力，并将结果和观测到的单个原子的稳定性和特征进行对比。这一工作证明玻尔-索末菲理论对一些最简单的原子也不成立。现在需要一个全新的理论。来到哥本哈根与玻尔合作研究光与原子的相互作用时，海森伯开始构想新物理学的轮廓。这一新物理学在海森伯回到格丁根之后逐渐成形。1925 年，他突发奇想的天才创造在格丁根实现了量子力学这一期待已久的突破。

玻尔经常警告说，对微小原子内部和日常世界的物体运行机制的不同，我们必须有所准备。原子世界的量子现象似乎已经在支持玻尔的怀疑。慕尼黑以及其他地方进行的越来越复杂的关于原子发射电磁波谱研究，显示了在原子尺度上更大的谜团。

穿过一个玻璃棱镜或者空气中一滴雨滴的白光，会分散成一条彩虹，或者说一个包含各种颜色的光谱，每种颜色对应不同的光频率。一个元素原子受到热或者高压激发发出的光线通过一个棱镜，其频率成分可以用光谱仪精确测量。人们发现原子发射的并非整个辐射谱，而是只有某些频率处的很窄的谱线或者颜色——这成为这个元素的一个识别特征。同样的，穿过未加热气体的白光，其频谱会缺失这个气体对应的谱线系。这是因为气体原子吸收了与自己发射频谱相同的光谱成分。对海森伯以及同事来说，这一行为的特殊意义在于这些发射和吸收谱线提供了有高度价值的线索，可以用来探索相应原子的内部结构。根据玻尔的说法，观测到的谱线来源于电子从高能量子态向低能量子态的跃迁。通过分析测量到的原子或者说气体的发射频率，人们可以重建其内部的量子轨道结构。

94

利用自己 1916 年对玻尔模型的推广，索末菲与助手彼得·德拜（Peter Debye）考虑了一个来自经典电磁理论的重要难题。和载流线圈形成一个电磁铁一样，绕核做轨道运动的带电电子会产生一个磁场。当存在外磁场时，电子轨道运动的磁场会与之发生互相作用。索末菲发现这种作用会使电子轨道发生倾斜，而其倾斜角度是"量子化"的。这些量子态与其他态之间不可避免地会发生电子跃迁，可观测的结果是本来的单条谱线分裂为 3 条。这个效应实际上已经被彼得·塞曼（Pieter Zeeman）观测到，并被命名为"正常塞曼效应"。现在索末菲和德拜给出了它的量子解释。[4] 这正是量子理论学家孜孜以求的结果——一个以组成纯气体的原子的量子模型为基础的，对于观测到的气体光谱特征的解释，一个测量数据和难以观测的原子内部机制的完美匹配。

不幸的是，正常塞曼效应的完美匹配在同样置于外磁场中的更重的原子中不再成立。这些原子的单条谱线分裂为更多的谱线，无法用经典或者量子论解释，被称为"反常塞曼效应"。让物理学家们困惑的是，他们无法解释的反常塞曼效应中单条谱线在磁场中的分裂，测量到的频率成分之间存在大量的数量联系；原子中必然存在规则的运动模式，才能产生这样的规律。例如，即使是在一个原子被置于磁场中之前，根据其最外层轨道的电子数是一个还是两个，它的各个量子能态似乎已经分裂为 2 个或者 3 个能态（后来证明这是由于电子自旋与其自身的轨道运动产生的磁场的相互作用）。加上一个弱磁场之后，这些谱线会分裂成最多 6 个或者 8 个成分，这就是反常塞曼效应。更复杂的是，当气体所处的外磁场强度增大时，这许多的成分逐渐地结合在一起形成已知的正常塞曼效应的 3 条谱线。

显然在原子中发生了很多复杂的内部互相作用，索末菲决心搞清它们。他从定期得到的实验数据入手。这些数据来源于蒂宾根大学的实验学家们，而不是他自己的慕尼黑同事。

索末菲在 1919 年分析了有高度规律性的塞曼频率数据，寻找经验关系以及数量联系，以期找到他称为数据的"模型解释"的线索。到 1920 年他已发现观测到的这些谱线的一些复杂关系，称之为一个"数字之谜"。这些数字和谱线对应的频率可以从每个量子态的特征数组合得出，其中一些是指示原子中每个量子态的不同类型（能量或动量）的量子数目的整数"量子数"。在其教科书《原子结构和光谱线》中，索末菲提到这些数字是"光谱语言"，似乎是在效仿开普勒。这个语言，他写道，是"球体的原子音乐，整数关系的和声"。尽管索末菲的这些辞句写于德国浪漫神秘主义时代，或许想以这类话语愉悦读者，但他其实无意涉及数字神秘主义，而仅仅是在提供一些线索，期望能够对揭示产生这些数字和声的原子模型有所裨益。索末菲写道："我们数字表格的音乐之美无法掩盖它现在只是一个数字之谜的事实。实际上不管是二重-三重分裂还是它们的磁影响，我都没有看到一条通向基于模型的解释的道路。"[6]

海森伯在当年晚些时候来到慕尼黑之后，很快就开始寻找期待中的基于模型的解释，并且不久就得到一个结果。加入索末菲的项目一年之后，海森伯提出一个似乎可以一举解决所有光谱谜题的原子模型，让他的老师吃了一惊。但是这个模型的成功完全来源于其发明者没有遵循玻尔和索末菲建立的被广为接受的量子论的要求。

原子力学、折磨人的谱线劈裂和神秘的数字和声，这就是海森伯在刚到索末菲研究所的那一时刻所感受到的高深精妙的学术氛围。这种学术氛围无论在质和量都显得曲高和寡。追求科学研究的大学生在当时显然是少数，甚至在德国也是如此；在理论家中，绝大多数人根本没有关注于量子理论或原子光谱学的抽象概念。1920 年，在所有德国大学生中，只有极少数人（约 8%）学习任何一种科学。在海森伯读完第一学期时，在慕尼黑大学授予的 337 个博士学位中，只有 19 个科学学位。[7]一项对当时主要物理学刊物上的发表文章的研究表明，量子物理学即使在物理学家中也只获得少数关注。这项研究表明，生于海森伯那一辈(1895 年至 1909 年)的德国物理学家中，只有 1/4 多一点的人致力于量子研究。[8]20 世纪 60 年代期间，由美国哲学学会资助的量子物理学史料计划，收集了关于直到 1930 年的量子物理学发展的主要参与者的本人访谈和资料。计划旨在保存作为 20 世纪最伟大知识成就之一的量子力学的历史记载。在全世界范围内，发现这个计划可以把史料来源限制在区区 200 人身上。[9]

尽管从统计数据上来看量子原子物理学是一门罕见而高深精妙的学科，从这个学科内部的人员统计数据来看，海森伯与其他人没什么两样。对在 1925 年取得量子力学第一次突破的主要贡献者的个人特征的详细考察表明，他们几乎全来自上中层阶级的学术家庭；大多数人都在慕尼黑—格丁根—哥本哈根 3 个研究中心获得学位并与各中心关系紧密；所有人都曾研究量子光谱学；绝大多数是德国人；而且，除了他们的导师以外，他们在 1925 年的平均年龄是 24 岁。[10]

然而，在世纪交替时期，德国理论家的人数就已经领先于其他各国。这既是文化成就的国际竞争结果，也是数学物理学这一职业在德国国内发展的结果。受公众对科学、技术以及原子科学中的新发现的迷恋的刺激，德国在 1920 年前后就已经通过将国内理论家的努力引向原子物理学这一深奥但享誉国际的领域来开拓它在理论科学的优势。[11]

为了考验和挑战其研讨班新来者，索末菲很早就把海森伯领进了神秘的塞曼光谱学中。1920 年秋，他收到了一组由蒂宾根(弗里德里希·帕邢和恩斯特·巴克)送来的塞曼效应新数据。在处理来自蒂宾根的、由量子跃迁引起的观测光谱数据时，索末菲能将数据归纳为一个新的整数量子数，即他在先前数据中发现的"内量子数"。[12]它似乎对应于发生在原子内部的某些未知的内部隐藏的旋转；也因此得名。在海森伯开始加入他的研讨班 4 周后，索末菲就建议他试着着手分析这些数据。热情奔放的新手立即沉迷于错综复杂的塞曼光谱学中，仔细研读索末菲的著作和关于这一课题的最新论文。在海森伯唯一保存下来的文法中学笔记本的背面，画有一幅整洁的针对所有定态组合的塞曼效应示意图，每条效应线的强度和偏振都用当时的标准方式予以仔细标注。[13]

蒂宾根数据想必是关于二重量子态的，它甚至在加上磁场前就分裂为两个。索末菲的早熟学生报告说，将每一定态规定为半整数内量子数——1/2、3/2 和 5/2 等——而非整数内量子数，就很容易用定态得到塞曼线。索末菲大吃一惊。"这绝不可能，"他反驳道，"关于量子论，我们所知道的唯一事实就是，我们有整数，没有半整数。"[14]

索末菲的研讨班支持他。量子论最突出的特色就是不可分割的能量的量子的存在，每个都是不可进一步分割的单一而同一的能量包，就像能量的原子。牛顿的连续经典力学和麦克斯韦等人的电磁学中没有量子的存在，这类概念对它们来说，完全是陌生的。但在原子尺度上，量子已经在很多方面展示了自己的性质，这包括当时已经被实验证实的爱因斯坦的光量子假设；玻尔-索末菲原子的静态假设；还有索末菲对连续的经典变量的量子化方法。所有这些情形都要求量子数为正整数：0，1，2，3，一直下去。半整数量子数没有物理意义，在量子论中并不存在。[15]

可贵的是，量子原子理论的联合创造者容忍了他学生的出格。到了 1921 年初秋，索末菲已经找到了反常塞曼效应的一个部分公式，方式是将原子看作是一个简单装置，其中电子在弹簧上振动，像小天线一样发射出观测到的谱线。索末菲将发表日期推迟到 12 月。[16]这个公式看上去行得通，但是缺乏一个可接受的"模型解释"。好在他不缺能胜任的学生。当时只有 19 岁的海森伯不为整数所约束，利用半整数重写了索末菲的公式，能够精确导出所有的测量数据。这时他试图反过来通过数据得到一个量化模型来推导出这一公式。在这个模型中，轨道电子显示半整数轨道动量——尽管半整数在量子物理学中并不存在。他发明的这一模型包含一个或两个在原子实外作轨道运动的价电子。这个所谓的原子实包括原子核以及环绕它的被在封闭壳层轨道运行的内层电子。半整数源于每个价电子由于未知原因与原子核分享半个单位的动量。这使海森伯能够导出在这些原子上观测到的电子与原子实的磁作用力导致的二重和三重能量分裂。当原子受到外磁场影响时，海森伯简单改变了原子实和外层电子的相互作用，以此得到反常塞曼效应观测到的规则。

最后海森伯的模型取得了成功，但是它违背了小心建立模型的方法，以及几乎所有已知的基本原理——半个单位量子数的共享，磁场中原子实的行为，甚至是该方案中关于能量守恒定律的问题。但是它居然能行得通。在海森伯构思他的模型来得出索末菲的公式和相关数据时，教授至少把他的稿子修改了两遍，以便能跟上步伐。教授和学生之间的合作对双方都至关重要：海森伯刺激索末菲重新思考和修订了他的理论，索末菲则容忍他的学生打破了公认的物理学。[17]

海森伯把他关于自己颇具争议的新模型的早期想法带到了他的第一次学术会议上，即1921年9月在耶拿召开的德国物理学会大会。在这次大会上，海森伯向泡利和该领域另一位研究者阿尔弗雷德·朗德（Alfred Landé）提出了他的想法。在一次报告会以后，3位物理学家退回去考虑了塞曼效应。在泡利和朗德争论内量子数的同时，泡利和海森伯又在半整数量子的存在方面发生了分歧。泡利怒斥道，一旦引入半量子数，那就不可避免地接着出现 1/4、1/8 和 1/16 等量子数。在海森伯看来，半整数的物理意义不如取得成功那么重要。海森伯特别自豪地告诉他母亲他明显战胜了他的对手："现在这是一次三方战斗。每个人都要面对另外两人而捍卫自己。我们自然没有得出任何结论。然而，我在晚上找到了教授［索末菲］；他收到了帕邢的一封信，从信中看来，我又完全对了。尤其是那封信让泡利完全被打败了。"两天后，海森伯甚至敢于挑战"教授"；他告诉教授，为下一版教科书所写的新一节完全错了。"现在那一节也被删了。"他致信家中道。[18]海森伯的论点如此有说服力，甚至于索末菲请他协助完全重写有问题的一章，而且推迟了自己的出版计划以待后来的发展。

海森伯也在等待。随着和朗德的频繁通信模型逐渐成型，海森伯在突破成规方面越发大胆。当泡利再次来信抱怨时，海森伯用现在已成为他著名箴言的一句话加以回复："为了成功，可以不择手段。"[19]海森伯准备不惜一切代价让他的模型成功。

索末菲终于认可了海森伯的模型——他意识到这个年轻人确实有所发现——这样海森伯就于1921年12月向量子物理学的首选期刊《物理学杂志》（*Zeitschrift für Physik*）提交了一篇论文。[20]这篇论文包含了所谓的海森伯的原子实模型。这一模型展示了他那令人难以置信的直觉，在他人无能为力的时候取得突破的能力，以及不惜牺牲公认的方法以取得成功的勇气。更重要的是，后来证明他的模型是正确的！现在我们知道半整数动量源于电子自旋，而塞曼效应完全由价电子引起。是自旋电子和它自己轨道运动产生的磁场的相互作用，而不是让人生疑的所谓原子实和外层电子的相互作用。这是第一个，也是几年中唯一一个能够解释塞曼效应观测数据的理论原子模型，必须受到重视。海森伯确实发现了某种东西。然而由于它违反了一些当时已经确立的量子原理和程序，大多数物理学者对它都很谨慎。

对海森伯持鼓励态度的泡利和索末菲，对海森伯的结果都感到不舒服。索末菲在 1922 年 1 月间写给爱因斯坦的一封信中描述了当时的局势。在告知爱因斯坦这种新的和"奇妙的谱线组合的数字规律"的时候，他写道："我的一个学生（海森伯，才上第 3 学期！）用一种模型甚至解释了这些法则以及与反常塞曼效应有关的法则（《物理学杂志》，付印中）。一切都解决了，但在最深的意义上却仍然未明。我只能推动量子技术；您必须得形成您的哲学。"[21]索末菲显然断定他的学生应该填补在他的模型中显示出来的经典物理学知识缺口，劝告海森伯不要在量子光谱学而是在更传统和争议更少的流体力学领域——海森伯在索末菲的研讨班上显示了在这一领域的能力——中撰写他的博士论文。

在海森伯于 1922 年初将他的一份论文稿寄给玻尔以后，玻尔并没有隐瞒他对模型的不悦。不仅海森伯在据称依赖玻尔的工作时只公开承认两点偏离，并且玻尔也对朗德抱怨道："整个量子化模式（半整数量子数等）似乎与量子论的基本原理不可调和，特别是不符合这些原理在我研究原子结构中的应用方式。"[22]在玻尔看来，反常塞曼效应的来源，正如其自 1913 年就有的那样，是经典电动力学而非量子物理学的一个失败。玻尔坚持，只有量子法则和量子方法的一致应用，加上得到公认和支持的对这些法则的偏离——才"有希望在将来得出一个一致的理论。"[23]海森伯的半整数模型在每一点上都和这一计划矛盾。

那年夏天，玻尔把这些意见告知海森伯。当时只有 37 岁的尼尔斯·玻尔是丹麦的一流物理学家，原子物理学的世界权威之一；他和爱因斯坦后来被认为是 20 世纪两位最伟大的物理学家（并列第 3 位通常是海森伯与狄拉克、泡利和其他人）。1922 年 6 月，将在当年晚些时候因其在量子原子物理学的工作而获得诺贝尔奖的玻尔向聚集在格丁根的德国理论家及其学生发表了一系列关于量子原子物理学的综述演讲——这一事件后来被亲切地称为"玻尔节"。这个节日标志着海森伯和这位量子物理学大师的初次相遇。这是一段终生——有时也困难重重——合作和友谊的开始，对海森伯来说，这种合作与友谊和他与泡利的关系一样重要。

玻尔的演讲节在某种意义上也是一次政治声明。德国科学家仍然受到一种国际文化抵制。[24]为了获得信息和激励，他们只能互相帮助，并求助于来自诸如丹麦和荷兰等中立国的科学家们。玻尔不喜欢抵制，对德国的原子理论印象深刻，并感激索末菲支持他的研究所申请基金。[25]他乐于接受邀请，在数学家弟弟哈拉尔·玻尔有长期关系的格丁根做第一届战后沃尔夫斯凯尔系列讲座（Wolfskehl Lectures）。由于工作负担沉重，玻尔不得不将讲座推迟了一年多。到了 1922 年 4 月，他很高兴地期待向德国人发表量子物理学演讲。[26]理由也很充分。虽然索末菲教科书最新的第 3 版似乎更重视他最近的工作，但从慕尼黑大学发出的新论文却日益忽略他研究计划的内容和方法。

1922 年 6 月，玻尔用两周多的时间，在格丁根大学物理研究所座无虚席的主报告厅发表了 7 篇演讲。花园玫瑰的芳香从俯视研究所后面的敞开窗户飘进来，偶尔还有蜜蜂飞入。讲着近乎流畅的德语，玻尔用他那标志性的轻柔而宛转的演讲，仔细而系统地说明了原子结构的量子理论、它的问题以及可能的解决方法。[27]对于听众中的许多人来说，玻尔的节日演讲是他们第一次系统接触这一课题，并且形成了他们以后若干年内大多数研究的基础。

心中记着玻尔的抱怨而且确信海森伯应该会见别的理论家，索末菲替海森伯付了去北方汉诺威州的古香古色的大学城格丁根的路费。通货膨胀迫使海森伯夫妇不再供应维尔纳的旅行费用，并且越来越依赖"黄金叔叔"卡尔的支持。通过索末菲的帮助和他自己的主动，海森伯很容易为格丁根的圈内人士所接受。海森伯在格丁根停留期间睡在当地一位数学家［或许是里夏德·库朗（Richard Courant）］的沙发上。他向当时一流的流体力学家路德维希·普朗特发表了一篇关于流体力学的私人演讲，还热忱加入了在公寓和咖啡馆中以及在徒步旅行时的无休止讨论。他写信给卡尔叔叔和海伦婶婶说："今天下午所有人都在咖啡馆中见面。因此我也必须得在那里。我从未在凌晨 1 点以前上过床。"[28]

不幸的是，关于海森伯常常回忆的和玻尔的第一次接触（可能发生在 6 月 14 日），没有留下当时的记录。那一天，玻尔向听众推荐了他的助手 H. A. 克拉摩斯为在电场中的光谱线劈裂而做的计算。[29]或许早在他的第一学期中，海森伯就已仔细研究了克拉摩斯的论文，并在研讨班上做了批判。听众赞同地听取演讲者对论文的综述，并未期待在随后的讨论中有什么来自玻尔同僚的评论。当还只是一个大学生的海森伯从座位上站起来时，听众全都吃惊地静下来了。当时有一个不成文规矩，学生不反驳他们的教授，尤其在公共场合。看起来并无不安的海森伯通过批判克拉摩斯的计算来反驳大师。[30]震惊的玻尔稍显不安，并在散会后邀请他的批评者去走一走，以便更好地了解他。

　　玻尔已经听说过海森伯和他那烦人的原子实模型（core-model）论文，或许他也在格丁根已经认识了他。高挑出众而又衣着考究的玻尔教授走在 20 岁的小个子青年身边，他们走到了一座俯视着城镇的山，即海因山（Hainberg）。他们在散步中进行的讨论随着地形而升级，远远超出了物理学的范围。据海森伯多年后的回忆（带着许多对他同伴的浪漫崇敬），他们尤其深入讨论的问题与他和他的同志讨论的问题一样：涉及原子的哲学问题、常见概念的使用和物理学中的相容"理解"的精确性质。[31]这类哲学的和方法论的问题，是贯穿他们合作的重要要素。玻尔在纯物理外的兴趣肯定给年轻的海森伯留下了深刻印象，在此之前，他只认识量子技术家的索末菲。

　　关于原子实模型的不可避免的冲突发生在第二天（6 月 15 日）的清晨。那一天没有演讲。早饭后，玻尔在他的当地宾馆的豪华寓所处接待了海森伯和索末菲。年轻人现在不得不回答主流原子理论的联合创造者，为何轻易放弃这一理论。那一天晚些时候，海森伯又可以再次向他的家人夸耀自己的成功了。总是记着家庭的高度期望，他的信表现了孩子式的自豪。这些信展现出了与耶拿来信中看到的、几乎不惜一切工作的态度和动机。他不得不成功——为了自己的执着，也为了能在竞争激烈的新领域中存活。海森伯将自己家庭背景的负担带到了他的职业中。

　　索末菲用一篇关于慕尼黑物理学的简短讲话——包括原子实模型和一种具有半整数动量的新氦模型——开始了早餐桌上的辩论。海森伯报道说玻尔做了简短答复，"然后玻尔、索末菲和我就我的早先论文展开了相当广泛的讨论。这是有趣的。人们可以很容易和玻尔达成妥协"。[32]讨论据说是对海森伯的一种辩护："无论如何已经确定，至今为止，没有在任何地方找到一种反对我的观点的证据；有的最多不过是对观点的普适性和表述习惯不太赞成而已。"[33]

在他们容易"达成妥协"方面，玻尔有所保留而圆滑的方式想必误导了海森伯；不论是玻尔还是他的前3篇系统演讲，显然都没有在他们分歧的深刻本质方面给海森伯留下印象。在5天后的第5篇演讲中，玻尔直言不讳，用他个人最强烈的批评方式插入了一段对海森伯"非常有趣的论文"的抱怨："很难证明海森伯的假设是合理的。"[34] 即便玻尔自己的模型也显露了相似的问题，但在玻尔看来，物理学不仅仅只是一个不惜任何代价获得的技术成就。理解必须发生在系统理论研究的环境中。由新的或旧的权威所确立的传统和方式必须受到尊重。在忽视它们之前，至少应该仔细地审议。尽管海森伯一直怀疑权威、凭直觉获知，又没有系统学习，但他在随后几年里逐渐学会领会玻尔的这些教诲。然而半整数和相关的半量子在量子物理学中仍然有望实现，也是玻尔和德国物理学家主要争论点，直到4年后发现了自旋。

玻尔对待海森伯的圆滑方式显然俘虏了年轻人，尽管年轻人花了数年来反抗权威人物。海森伯兴高采烈地给他父母写信谈到了这个后来将在每一方面都深刻影响他的人。"玻尔是能给人一种凡人印象的第一位科学家。永远只给出积极的批评……他不仅仅只是一个物理学家，而且还有更多的身份。和我在一起，他总是对我特别好。当在任何地方看到我时，他永远走到我这边来，而且他已经邀请我下星期再去看他一次。"[35] 在以后的年月中，玻尔会多次见到这位年轻人。

第八章　建立原子模型

海森伯在下一学年转到了格丁根，这与格丁根理论物理学派崛起，与慕尼黑和哥本哈根形成量子三足鼎力之势的时间恰好重合。这也使他自己进入量子研究前线。

海森伯转到格丁根时，索末菲接受了于 1922～1923 学年到威斯康星大学任客座教授的邀请。[1] 在玻尔节期间，索末菲安排了他的高年级学生们到格丁根学习，而且，在泡利的推荐下，格丁根大学物理学教授马克斯·玻恩公开考虑让海森伯接替泡利担任他私人聘用的助手。索末菲同意了这个计划，但条件是海森伯要在下一年夏天回到慕尼黑完成他的博士学业；索末菲不愿意这么快就失去他的爱徒。过了玻尔节，海森伯跟着索末菲回到了慕尼黑。在索末菲于 8 月动身去麦迪逊前，他们在慕尼黑匆忙合写了两篇论文。[2]

对海森伯来说，1922 年的夏天和秋天是忙碌的季节。除了和索末菲合写最后 1 分钟才定下来的论文外，海森伯还于 9 月间在因斯布鲁克的一次流体力学会议上发表了他第一篇应邀演讲。[3] 同月，他参加了德意志自然研究者与医生协会（GDNA）的莱比锡会议。那年夏天的早些时候，他带着他的青年小组到南蒂罗尔去远足 1 个月之久。

南蒂罗尔之行成了新觅路人所制定的"外交政策"冒险的第一次。正如许多魏玛时期的先辈一样，"不问政治的"新觅路人不顾魏玛政府而发展了他们自己的外交政策。正如青年领袖弗朗茨·路德维希·哈贝尔所说的那样，他们的目的就是"成功反对世界对德国文化的征服"。[4] 不论海森伯是否知道这样一个目的，它直接推动了他的青年小组旅行到国外。海森伯在 1922 年夏天参加了去南蒂罗尔的旅行，并在 1923 年通过博士考试后参加了对说德语的芬兰人的访问之旅。1924 年，他的小组在没有他参加的情况下去匈牙利和波兰讲德语的地区旅行。

在 1927 年的一篇题为《德国觅路人运动的外交政策》的回顾文章中，新觅路人的二号人物哈贝尔宣称，凡尔赛和约的耻辱，以及随之而来的德国童子军在 1920 年伦敦国际大会上被排斥，迫使他们转向了国内，就像德国物理学家受到抵制之后的那样。在承担捍卫国外和"被占领的领土"——那些德国割让给协约国的土地——上的德国文化的个人责任时，新觅路人关注他们自己的兴趣。

哈贝尔写道："和约的影响迫使我们为反抗对被占领的领土上德国同胞的压迫而进行自卫和斗争，迫使我们支持在被分割的边境地区中的德国人。相较于作为政治事故和形式不断改变的国家，对作为人民的国家的清晰的理解，才是我们一切活动的指导。"[5]

在海森伯和新觅路人看来，现在的体制(受短命的社会民主党内阁和摇摇欲坠的经济之苦)似乎只不过是一段在两个强大而稳定的政体之间的不愉快插曲。战争终结了海森伯的舒适童年，他在 1922 年底就以这种心情致信他父亲："所有这一切真的只是战争的错，它摧毁了早先那种非凡而美丽的东西。我们现在只是处于一章结束的节点，这里只是前一时期的终结，而某些新的'稳定的'东西的开端则尚未到来。"[6]

到了 1922 年，奥地利南部的蒂罗尔省的困境已经引起了所有德国人的注意。作为在战争中支持协约国的回报，意大利得到了直到因斯布鲁克南部布伦纳山口的南蒂罗尔。这块领土不但包括特伦蒂诺的意大利语区，而且包括绝大多数人都说德语的博岑省——那里的人们愿意留在奥地利。当法西斯党人在墨索里尼领导下在 1922 年掌了权时，他们就开始在博岑——现在被称为博尔扎诺——系统镇压德国的文化和语言。

德国人奋勇保卫讲德语省份。科学家们利用了他们所喜爱的手段之一：在敏感地区召开会议。路德维希·普朗特(Ludwig Prandtl)在因斯布鲁克——蒂罗尔省省会——召开了他的 1922 年 9 月流体力学会议，德意志自然研究者与医生协会也计划在那里召开 1924 年的会议。在 1922 年初发给巴伐利亚领袖们的秘密指令中，新觅路人的领袖马丁·弗尔克尔命令所有支队都去国外旅行，特别要南下蒂罗尔。"用这种办法来问候被分离的德国人，而同时要求各小组应谨慎活动。"[7] 在 3 月，巴伐利亚卡尔·松塔格男爵向他的下属和他自己的部落传达了弗尔克尔的命令，不留任何讨论余地："我期望每个人毫不犹豫地推迟个人计划和愿望而忠诚服从命令。"[8] 海森伯和他的男孩子们刚刚加入了松塔格的部落。他们在 7 月 15 日和松塔格一起去了因斯布鲁克。他们旅行得更远，进入了南蒂罗尔，通过在这一美丽山区进行几星期的野营来表示对讲德语的博岑的支持。为了彰显此行的目的，在 1922 年 8 月中旬返回慕尼黑前，他们一路南下直至威尼斯。

在下一个夏季中，新觅路人和在匈牙利及芬兰的数百名童子军进行了互访。8 月初，新博士海森伯带领他的小组斜穿德国奔向了芬兰。路上，他们因为一个两天的青年节而在菲希特尔(Fichtel)山区停留了两天，以庆贺他们同盟的周年，最后到达了德国北波罗的海海岸附近的斯德丁[1]。[9] 从斯德丁出发，海森伯陪同 10 个慕尼黑新觅路人老成员——包括罗伯特·洪塞尔和库尔特·普夫吕格尔——去访问他们说德语的芬兰童子军的家庭。他们的主人是不久前协助将苏俄人赶出中立的芬兰的奥地利的移民后裔。

芬兰之行可能是其最成功的外交政策姿态；文化接触和新的友谊在此后长久持续。尽管如此，还有这次旅行的政治内涵，但天真幼稚的海森伯及其同伴们却只把它视为一次天真的探险。他们在一系列文章中很高兴地详细讲述了他们的旅行。这些文章最晚到 1926 年还发表在新觅路人刊物《一个德意志青年国家的足迹》上。他们最初的报告之一是发表于 1924 年初的不署名文章，题为《越界斗争》。[10] 当海森伯与他的"男孩们"庆祝他的 60 岁生日时，他带着甜蜜的回忆宣布，那篇文章是他亲笔所写。[11] 在文章中，海森伯详细讲述了他如何用魅力、毅力和卡尔叔叔的一些美元贿赂来让一位芬兰旅游船长勉强同意了带着他那几位老队员渡过波罗的海到达赫尔辛基。贬值的德国马克对船长显然没什么用。只有当一位好心的芬兰乘客在出价上增加了 500 芬兰马克后，船长才勉强同意

---

　　[1] Stettin。从中世纪后期直到第二次世界大战结束前，该市居民几乎全是讲德语的人。现属波兰，称为什切青(Szczecin)。——译者

了。海森伯和他的同伴们在船快要驶出码头时爬上了甲板。

在另一个故事中，普夫吕格尔谈到了他、海森伯和一位名为沃尔夫哈德（Wolfhard）的朋友如何在芬兰湖区乘船去打猎。他们设法打到 3 只鸭子，但在弄得浑身比鸭子还湿后，他们只捞回了一只。[12] 回到慕尼黑以后，海森伯和他的同志们热情致信他们的奥地利裔芬兰东道主们以示感谢。1923 年 11 月，海森伯从格丁根到柏林去接待了一个前来回访的芬兰童子军代表团。[13]

外交政策动议获得很大成功。不过，且不谈不问政治的原则，海森伯国外探险的最突出特色就在于它们与其在那一时期的另一种主要追求相并列。他是一位具有非凡才能的科学家，已经接近那门将在不久后产生量子力学的学科的顶峰。他专注于复杂、高深并且要求极高的研究之中。但作为一名童子军，他仍热衷于青少年的嬉戏和其他缺乏批判性的幼稚活动。显然，这类不成熟行为和长期的户外取乐为正在创立中紧张、在技术上深奥的物理学的海森伯提供了一种必要的平衡和放松。

在长时间野营期间及其后致他家人和同道们的信件表明，海森伯在这些旅行中完全不去想物理学。例如，就在他刚刚奠定了量子力学的矩阵形式的基础（对他而言，这是一个极其激动的专业时刻）之后，在 1925 年一次为期 1 个月穿越上巴伐利亚的旅行后，这位物理学家致信玻尔道："显然，我在最近的整整一个月内完全没有想到物理学，而且我也不知道我是否还懂得任何物理学了。"[14]

当他从 1922 年 9 月的因斯布鲁克流体力学会议（那紧接在南蒂罗尔旅行之后）回来后不久，海森伯就面对了时事的艰难现实。回家不到一星期，海森伯就动身去了莱比锡参加德意志自然研究者与医生协会两年一次的集会。这一久负盛名的协会迎来了它的百年诞辰。当时的协会主席马克斯·普朗克决定利用这一场合来在德奥科学家间增进一种新的团结感。他安排德国最著名的科学家阿尔伯特·爱因斯坦在 9 月 18 日——大会第一天——发表大会演讲，内容是被视为德国最著名科学成就之一的相对论。在动身前往威斯康星前，索末菲鼓励海森伯参会，这样他或许能见到那位伟人。海森伯的父亲慷慨地给他往返车费，还另加 2000 马克——海森伯计划在会后，用这 2000 马克中的一部分去访问柏林童子军分遣队。[15]

不幸的是，普朗克所希望的团结示范在面对相对论引起的日益扩大的不和

105

以及以爱因斯坦为目标的、日益高涨的反犹主义时止步不前。实验物理学家和诺贝尔奖得主菲利普·勒纳德仍领导着对相对论和犹太人的攻击。在 1920 年的上一届德意志自然研究者与医生协会会议上和爱因斯坦就相对论问题发生辩论后，勒纳德没有相信相对论，也没有放弃他自己的另一种主张——一种经典电动力学以太理论。作为对自己观点被摒弃的回应，他已经在酝酿偏执狂的反犹主义了。

当 1922 年的会议即将到来时，勒纳德在他最新的以太理论专著上发表了《对德国科学家们的一句警告》。他在文中斥责相对论仅仅只是一种假说，而在文末对反对他的批评者进行了反犹主义的谩骂。[16]海森伯和爱因斯坦的对手并不知道，在外交部长、著名的犹太人瓦尔特·拉特瑙（Walther Rathenau）于 1922年 6 月令人震惊地被刺杀后，爱因斯坦便已决定暂时不再公开露面。马克斯·冯·劳厄——将在 10 年后支持爱因斯坦的人——取代爱因斯坦来就相对论发表演讲。

海森伯于 9 月 17 日到达莱比锡，在一个位于城市贫民区的廉价青年旅馆中住下，以便省下点钱用在旅行和无休止的咖啡馆讨论上。[17]当他在次日晚间前往参加演讲时，勒纳德的一个学生发给了他一张传单。有 19 位教授和医生——明显标出头衔以增强效果——在传单上署名，宣称他们"不仅认为相对论是一种未经证实的假说，甚至因视其为一种根本失败并在逻辑上不堪一击的虚构而拒绝它"。[18]

海森伯震惊了。与早先只涉及一些狂热的当地学生的慕尼黑事件不同——这一事件海森伯也未亲眼所见，而且直到一年后才知道——这次却是与博学的教授（包括著名的勒纳德）所支持的反犹主义的直接对抗。这一意外显然震惊了他，使他终于短暂认识了政治的涵义（虽然也危及道德问题）。多年后，他在回忆录中写道："我觉得我的世界仿佛正在垮掉。"他一直以为科学高于政治；事实上这正是他选择物理学作为事业的理由之一。"而现在我却可悲地发现，性格软弱或病态的人，甚至会将其扭曲的政治情绪倾注于科学生活中。"海森伯说他当时不知道物理学到底是否"真正值得关心"。[19]但这类怀疑并不能使他放弃他那充满希望的前途。

尽管海森伯突然认识到了物理学的政治脆弱性，但它也没有启发他采取多少行动。要说真有什么的话，那便是这种经历使他愈发紧抓他那为了科学而不问政治的幻想，直到 10 年后才被迫松手。即使作为对政治事务的腐蚀力的一种预防，他也没有对它显示任何更大的兴趣或关心。

海森伯在第二天就垂头丧气地回到慕尼黑——并不仅仅因为政治。在听完一次演讲回到旅馆后，他发现他的所有财物都被偷走了。他不愿意没有梳洗和刮面便出席会议，只好回慕尼黑当了一段时间的伐木工人来赚回他的钱并买些新用品。[20] 他并不知道那天晚上在莱比锡发表演讲的人不是爱因斯坦而是劳厄。[21]

海森伯最后在 1922 年 10 月末到达格丁根，以开始他的冬季学期。在玻恩看来，这位身材纤细的前伐木工看起来"像一个单纯的农场男孩，有着短短的金发，明亮清澈的眼睛和迷人的表情"。[22] 尽管这位农场男孩有卓越的推荐信，他自己也有意雇用他，但玻恩还是决定先看看他要想的这个人究竟如何。海森伯自己也想看看他的新环境能向他提供些什么。它所提供的，是数学原子物理学的首次系统介绍。格丁根的数学传统、玻恩的到来、玻尔的讲座以及各种慈善基金会的慷慨资助，确保了格丁根作为原子物理学的世界一流研究中心之一的地位。

格丁根数学以包括卡尔·弗里德里希·高斯(Carl Friedrich Gauss)、格奥尔格·黎曼(Georg Riemann)和费利克斯·克莱因在内的一长列名家而自豪。后者在 1886 年来到格丁根领导数学—物理学研讨班，后来建立了一系列纯数学和应用数学研究所和研究项目，使格丁根成了这类研究中的领导者。[23] 当海森伯在 1922 年到来时，格丁根可以自夸有一个由诸如里夏德·库朗、大卫·希尔伯特(David Hilbert)和 L. D. 朗道(L. D. Landau)这样的名人领导的数学研究所、一个由卡尔·伦格(Carl Runge)和路德维希·普朗特领导的应用数学和力学研究所，以及 3 个单独的物理学研究所。直到 1920 年前，后者由两位正教授彼得·德拜和沃尔德玛·福格特(Woldemar Voigt)以及一位副教授罗伯特·波尔(Robert Pohl)领导。当德拜在 1920 年离开去苏黎世时，波尔被提为正教授和实验物理学分部负责人。玻恩，希尔伯特一位极受重视的前学生和著名的赫尔曼·闵可夫斯基(Hermann Minkowski)的前助手，被从法兰克福召来接替德拜。

出生在布雷斯劳一个犹太学者之家的马克斯·玻恩早期曾致力于数学，和索末菲一样，他在格丁根遇到费利克斯·克莱因后就转向了理论物理学。他曾

107

短期担任闵可夫斯基的助手，直到后者在 1909 年不幸早逝。玻恩继续闵可夫斯基在相对论数学公式化的研究，随后在爱因斯坦的固体量子理论的影响下转向晶体和分子结构的量子理论。1920 年前后，他最著名的是其关于晶格动力学的一本书以及和阿尔弗雷德·朗德共同发展的研究离子晶体理论的化学意义的工作。

第一次世界大战期间，作为无委任的军官，玻恩在柏林为陆军进行了枪炮研究，同时在柏林大学担任副教授。在柏林时，玻恩及其夫人，一位爱情小说作家，黑德维希（Hedwig）成为阿尔伯特·爱因斯坦（当时已离婚却尚未再婚）的密友，此后频繁与其通信往来。[24] 1919 年，当时在法兰克福的冯·劳厄向玻恩提议交换工作职位。玻恩欣然同意；这意味着提升为正教授。虽然他和黑德维希极其享受法兰克福的文化气氛，他们却只在这个歌德城中待了两年。时年 38 岁的玻恩似乎是替补德拜留在格丁根的空缺的理想候选。

玻恩犹豫了。这位理论家性格羞涩而又不善社交，受疑病症困扰，不喜欢大科学管理，而且不愿意在理论之外还要教授实验物理学。在此期间，法兰克福大学尽了一切力量想把他留下。玻恩去了柏林的普鲁士文化部——该部门监督大学任命——讨论这个问题。他后来回忆说，在查阅部里的格丁根档案时，他发现了一个标记错误，给研究所提供了一个额外的副教授的职位。玻恩很容易地说服了普鲁士文化部把这个额外职位改为由一位实验家担任的正教授职位。为达成协议，部里把研究所薪金提高了 1 倍。[25]

1921 年，随着玻恩的到来，格丁根的物理学按照当时德国人的典型的方式重组。建立了 3 个完全独立的研究所，分别由 3 位正教授领导，全在一座大楼内，即位于本生街（Bunsen strasse）9 号的盒状的物理研究所中。由于实验物理学仍然享有更高威望，与原研究所有更多的直接联系，波尔便领导致力于实验物理学的第一物理研究所。玻恩挑出他的好友詹姆斯·弗兰克（James Franck）——曾和古斯塔夫·赫兹（Gustav Hertz）一起为玻尔原子提供了诺贝尔奖水平的实验支持——来领导新建的也是致力于实验物理学，再加上初等实验的第二物理研究所。玻恩自己领导了由一个小房间、一位助手、一位"私人"助手和一位半职秘书组成的理论物理研究所。[26]

前来格丁根求学的人数似乎让腼腆的玻恩不知所措——其注册人数仅次于

柏林技术学院(Berlin Technical College)[1]。"这里的学生多得像干草一样。"他致信一位同事道。[27]海森伯在格丁根学习的那一学期中,大学里有 1/3 以上的注册学生学习数学或科学——当前在格丁根最流行的学科。[28]玻恩的每一次课,像索末菲的一样,吸引了约 80 名、来自所有主修和学位课程的学生,但听课的物理博士候选人要多于慕尼黑。在 1922 年至 1923 年冬季学期,玻恩原有 9 名高年级学生;索末菲不在慕尼黑时又给他送来了 4 名,其中一人就是海森伯。[29]

　　海森伯起初喜欢这座被城墙环绕的风景如画的格丁根小镇,它有着"狭窄的小巷和奇怪方言",以及一所只有慕尼黑大学 1/3 大小的大学。[30]一本针对说英语的大学生们的指南将格丁根描述为一个小镇,那里的"生活稍显安静,没有喧嚣的工厂。在小镇外部,和平与安静几乎未被打扰"。[31]主要的工厂为大学实验室生产仪器,小镇上的头面人物是教授、军官和退休官员。虽然与慕尼黑或法兰克福相比,它能提供的公众文化相对较少,但许多格丁根科学教授挚爱音乐。他们常请海森伯到他们家去共度音乐之夜。"海森伯的[科学]天赋不亚于泡利,"玻恩告诉他的朋友爱因斯坦,"但在性格上更可爱,更讨人喜欢。他钢琴也弹得很好。"[32]

　　但当冬季开始时,海森伯却陷入了消沉的孤独中。许多围绕在他身边的物理学学生无法代替他真正的朋友,即他的慕尼黑青年小组。他第一次长时间既离开了家又离开了朋友。他很快就觉得困在了这个德国北方小镇中,并给家人和朋友们写了许多伤感的信。"通常这里要么没有任何人,要么我找不到他们。"他向哥哥抱怨。[33]海森伯试图依靠在平日塞满物理学而转移自己的注意力。在周末,尽管要花钱,他也会到柏林去和海尼·马韦德以及其他来自他的青年小组的巴伐利亚人一起——但只偶尔拜访仍在柏林大学学化学的埃尔温。

　　"你似乎整天都泡在你的物理学中。"海森伯的一位同志注意到。[34]到了圣诞节,他本打算在圣诞假期间和他的青年小组一起到巴伐利亚山区去滑雪,但自己精疲力竭。"[圣诞]假期只要推迟到 10 天后,那我就会被物理学弄疯了。"他写道。"我在慕尼黑不会说它一个字。私下说,格丁根仍是一个完全荒凉的洞穴。"[35]紧张而孤独的工作阶段,继之和小组成员放松的长时间远足,成为海森伯

─────────────

　　[1] 柏林工业大学的前身。——译者

的生活方式。

　　和慕尼黑一样，格丁根也经历了一次战后的苏维埃动乱，但在一营政府军长期驻扎到镇上后，动乱很快就被镇压下去了。正如那个时代通常发生的那样，格丁根大学生倾向于右翼、民族主义和反犹主义。像德国所有地方一样，学生的经济窘境在格丁根也变得令人绝望，但由于大学在格丁根市民生活中的中心地位，市镇和大学更注意他们的需要。虽然所有大学都是公立的，但私人捐款却帮助建立了也许是最早的大学生 Mensa(食堂)，也就是供应补贴饭食的餐馆，同时也找到了一栋楼房来作为学生宿舍。[36]

　　如此之多的大学生从全德各处聚集在大学城，更加使得房源短缺激化。海森伯很早开始找房子，而且很快就通过玻恩的大学助手埃里希·许克尔(Erich Hückel)的帮助找到了一间。孀居的乌尔里希夫人(Mrs. Urlich)位于瓦肯穆伦路(Walkenmühlenweg)29 号的富丽堂皇的毕德迈雅式(Biedermeier)[1]的宽大豪宅，和物理研究所只隔一个街区，海森伯在其中租了一间二楼空出的卧室。

　　钱又是一个问题了。在冬季学期开始不久的那个 11 月，海森伯太太从因斯布鲁克回家时，停留在了格丁根，给了她儿子 8000 马克作为一个月的花销。通货膨胀虽然还在早期阶段，但这笔钱却很快被花掉了。为了每月的 1000 马克，乌尔里希夫人提供一张床、早餐、下午茶和晚上的土豆。此外，海森伯还必须付取暖费，每月 2600 马克；该学期的研讨班费是 718 马克。有一次他为了煎土豆而给乌尔里希夫人买了一磅黄油，花了 750 马克。当乌尔里希夫人在 12 月送给他 3 个鸡蛋和一束花以祝贺他的生日，海森伯发愁没钱买圣诞礼物答谢。[37]唯一可节省的是午饭。海森伯和其他学物理的学生不在学生食堂用餐，而是花 50 马克，从研究所穿过大街到一户给予补贴的私人餐馆去用餐。这是一天中最丰盛的一顿饭，有时甚至还有一盘荤菜。补贴可能是玻恩安排的。像那一时期的多数科学教授一样，他有慈善家朋友的慷慨援助。

　　11 月底前，奥古斯特·海森伯不得不另给他儿子寄 3000 马克，并且把他的

---

　　[1]　发源于 19 世纪上中叶，毕德迈雅式建筑以简约和优雅为特征。通过对简单性、流动性和功能性的统一，毕德迈雅式建筑风格对 20 世纪包括包豪斯在内的建筑运动产生了至关重要的影响。——译者

12月用度提到10000马克。满怀感激的海森伯许诺:"以防您破产,在紧急时,我每月可以少用1000马克。"[38]他的财务问题在1月份前至少暂时得到解决。玻恩教授终于给了他那个私人助手的职位,其优厚薪金由高盛[戈德曼-萨克斯](Goldman Sachs)公司联合创始人——美国慈善家和金融家亨利·戈德曼(Henry Goldman)提供,每月20000马克。

玻恩的聘书到来之际,是海森伯在物理学讨论会——格丁根物理学的"高等法院"——上取得首胜的几天之后。会上,当地和来访发言者提交他们的最新工作以供仔细审查,而他们自己也受到难堪的交互审问。玻恩回忆道:"打断发言者并无情批评他,这习以为常。"[39]物理学讨论会是格丁根重视口头和个人之间互动交流的一个例证。身为前数学助手的玻恩,曾亲手挑选了自己的一位同事,他和当地数学家以及实验家的合作,比索末菲在慕尼黑更亲密。因此,除每位教授的个人研讨班外,讨论会还举办各种联合课程、研讨班和学术讨论会作为课程作业。

海森伯报名参加所有这些讨论会。他每次都被期待捍卫自己的立场(这对他并不难)并运用适当修辞和外交技巧(这对他较为困难)。"于是我无疑要学习怎样演讲。"他在一封家信中写道。他确实学习了。他在1月告诉索末菲:"目前的结果是玻恩和希尔伯特认为我可以演讲得很好。"[40]

海森伯的新技巧,结合以他的才智和风度,使他到格丁根不久便为批评家所接受。海森伯来到格丁根才几周就在希尔伯特-玻恩研讨班上报告了新近的索末菲-海森伯论文,并在12月被召至物理讨论会以报告其第一篇,也是唯一一篇个人写成的论文,也即他受到争议的、针对反常塞曼效应的原子实模型。通常只有物理学家出席讨论会,但这次数学研究所的希尔伯特和库朗也坐在听众席中,年迈的伦格也出席了,就为了直接听取唯一能解释他所发现的塞曼效应谱线法则的原子模型的作者的演讲。无疑,这些杰出人士也想亲眼看看这位地位低微,却敢于质疑玻尔原子模型的建立者的学生。

那次讨论会的听众都已很了解海森伯的原子实模型,同样也清楚地了解玻尔在玻尔节期间对它的批评。果不其然,聚集在玻尔去年夏天发表演讲的同一演讲厅中,这些杰出的听众已经怀疑模型并准备无情批评这位新贵。海森伯对质疑是有准备的。为了说服这些专家,他在演讲中尽可能多地注入了"激情和锐气"。

110

"结果令人瞩目"，他向他哥哥夸耀道。听众确实打断了他几次——但只是用掌声。"所以现在全格丁根都信服了这一理论。"他洋洋得意地宣告。[41] 容光焕发的演讲者在一个月内就已经在为玻恩工作，而玻恩很羡慕地向索末菲吐露格丁根对这位年轻人的欣赏："我现在非常喜欢海森伯；他非常受我们所有人的喜爱和尊重。他的天赋令人难以置信，尤其讨人喜爱的是，他那美好而腼腆的天性、他的好脾气、他的热心和他的热情。"[42]

如果海森伯给格丁根的物理学家们留下了深刻印象，反过来却不是这样。相比于慕尼黑同事，海森伯发现他们"很奇怪"。这位以前的数学爱好者抱怨对数学的过度重视。"甚至物理学家对数学的兴趣也比对物理学多得多。"他在 11 月致信他父亲说。"结果就是，人们对这里所有的物理学有某种无聊的印象。谁也不主动尝试一些新东西；他们挑选一些在数学上有意思的课题，在多数情况下，这些课题作为物理学则已经没什么可研究的了。"[43] 安静克制的玻恩比不上活力十足而又坚定的索末菲，而他偏好于严格的数学和物理的一致性（consistency），在海森伯看来太乏味了。

在 1922 年 6 月的玻尔节和 10 月海森伯到来之间，玻恩开始了他自己的研究项目。该项目确实和慕尼黑的大相径庭：比玻尔刚刚在格丁根所论证过的，更严格遵循量子原子论基础，也就是量子法则和经典力学。"那是量子力学建立前的时代，"玻恩后来写道，"我正在试着和我的合作者一起找出玻尔半经典原子论的弱点和矛盾。"[44] 之所以是"半经典"，因为电子还按照经典力学在其轨道上运行，但根据玻尔的最初假设，轨道的选择和它们之间跃迁的发生遵守原子的量子规则。

当慕尼黑的物理学家破译光谱学中的数字和谐性并构造特别模型解释它们时，格丁根的理论家们在研究原子时却倾向于相反的极端：他们试图通过采用行星天文学针对轨道的数学方法和力学技术，构造完全传统的行星原子模型，然后让它们服从于量子理论法则。他们论述道，绝对一致性将阐明玻尔理论的弱点和矛盾，因此有希望指明一个新的更好的理论道路。尽管有所怀疑，海森伯却很快赞同这一点："对我个人而言，格丁根有巨大优势，即我终于有机会学到正确的数学和天文学。"[45]

在海森伯到来前，他的两位前任泡利和恩斯特·布罗迪（Ernst Brody）已经帮助建立了玻恩计划，并遇到了相应的困难。玻尔的原子和分子量子论效果不错，但只适用于仅由两个粒子组成的原子。这包括氢(一个绕带正电的核轨道运行的电子)和氦离子(一个绕两倍电荷的核轨道运行的电子)。碰到任何更复杂的情况，它就会失效，正如泡利在他关于电离氢分子(一个绕两个绑在一起的氢核轨道运行的电子)的学位论文中刚刚证实的那样。

但在数学上，泡利的计算只是一种粗略的一级近似，因为他假设两个核完全静止。要让原子核像被弹簧连在一起那样振荡，需要做更精细的近似值和更精致的技术。玻恩和他的第一个助手布罗迪通过把 19 世纪计算行星运动的精密方法运用于拥有 2 个或更多轨道电子的原子上而发展了这类技术。

围绕太阳轨道运转的行星因万有引力受太阳吸引。根据艾萨克·牛顿的理论，基于这种力能相当容易计算出行星轨道。但这只是对实际运动一次粗略的一级近似，因为其他所有太阳系行星也在吸引这个行星，虽然力量比太阳要小得多。正如牛顿首先解释的那样，这些额外引力影响了行星运动，并产生了对基本轨道的"摄动"。为了处理这些复杂运动，在 19 世纪发展了"摄动理论"这一精致的数学工具。现在玻恩将这些技术应用于在原子轨道运行的电子——看起来非常像围绕太阳轨道运行的行星——的量子理论中。

但对玻恩及其助手来说，不幸的是，由于各种原因，行星计算无法直接被用于原子中的电子。最重要的是，由于原子中负电子之间的排斥力，几乎等于它们与带正电的原子核之间的电吸引力，所以理论受到限制。行星只是互相吸引，其引力远弱于太阳对它们的引力。格丁根的理论家一直努力想办法修正行星物理学来解决这个问题和其他麻烦。

1922 年春，玻恩和泡利确实成功发展了对量子化原子适用的更普遍的技巧。[46] 既然玻尔最初的量子论已很好解决了像简单氢原子这类两个粒子的系统，他们和其他人便关注周期表上第 2 个元素，也就是由 3 个粒子组成中性氦：2 个电子围绕一个带双倍电荷的原子核轨道运行。然而就连这个看上去很简单的问题，也因为存在两个不同形式的氦而变得复杂，明显地展示出了两个不同的可能的模型结构。

除了原子实模型，索末菲和海森伯还给玻尔节带来了一种形式的氦模型，用到了半整数量子数。玻尔当即拒绝了它，正如拒绝原子实模型那样，原因也一样，完全无法接受半整数。他已决定将氦的问题归结于量子理论的另一面，从而保持量子论所要求的整数。当其助手克拉摩斯仔细用整数计算氦的一种形式（正氦）的模型时，得到的结果既不稳定也不能正确预测电离原子所需能量。就像他之前于1913年在氢原子量子论的突破中的所为一样，玻尔径直宣称克拉摩斯的模型其实是对的，但他断言，不能用经典力学来计算轨道。克拉摩斯在他的论文中几乎一字一字地重申玻尔的见解。他在1922年12月写道："力学在这个简单事例中不成立。正如玻尔近来所强调的那样，人们必须普遍预期，在定态中，这些规律不同于通常力学的规律。"[47]玻恩和海森伯不久就将检验这一论断。

虽然玻尔曾反对他们包含半整数的氦模型，但索末菲却鼓励海森伯，要他在格丁根有时间时还是要分析它。海森伯有大量其他工作来填补自己的寂寞。在动身去威斯康星以前，索末菲给他的每个学生指定一个研究课题，以免他们没事可干。海森伯接受了计算流体力学中湍流发生的条件的困难任务——并且得到许诺说，如果结果满意的话，他可以在次年春天用它来作为博士论文。海森伯在1922年9月的因斯布鲁克流体力学会议上简短报告他的初步结果，在格丁根进一步向普朗特教授请教问题。那年秋天，他写信告诉索末菲和朗德他太忙于流体力学，以至没有余力去关心原子了。[48]但在1922年10月底，在他离开慕尼黑去格丁根以前写给索末菲的最后一封信中，海森伯说他已抑制不住他的好奇心：他已经仔细研究了玻恩和泡利关于一种针对将行星计算用于量子原子的改良技巧的论文，并刚刚将其用于索末菲的半整数氦模型上。[49]粗略的计算正好得出了测量到的电离原子（使一个电子自由）所需的能量！

索末菲大喜。海森伯把在一位格丁根大学生的协助下得到的详细结果寄给他以后，索末菲在一份美国期刊上发表了结果（包括对他德国学生的感谢）。[50]这时索末菲和海森伯都确信看上去错误的半整数量子数和角动量是必不可少的——这是原子实模型和他们现在的氦原子模型的主要部分。尽管玻尔及其哥本哈根同事强调经典力学在原子中的失败，但在格丁根和慕尼黑，分数和动量已经成为固定选择。当然，它们后来被证实源于电子自旋，但这个概念在1926年前对物理学家是完全陌生的。

尽管如此，玻尔在玻尔节期间关于一致性的讲座最初在格丁根激起了新一轮坚持量子论的热情。在玻尔于 1922 年 6 月最后一次演讲的 5 天后，玻恩宣布了他的新方法："研究者们凭想象随意设计原子和分子模型的时代也许已经过去了。相反，我们现在应该通过量子法则的应用，以一定的，尽管还不是完全的确定性来构建模型。"[51]

为了表现这一新的思路，玻恩自由地为中性氢分子（两个氢原子结合在一起，因此包含两个原子核，各有一个轨道电子）构造了一切可以想象的模型，然后遵循严格的量子法则进行筛选，只留下一种仅仅展示整数的模型。一位名为洛塔尔·诺尔海姆（Lothar Nordheim）的学生将这一问题作为学位论文，而玻恩则转向了一个类似却更为复杂的问题：受激中性氦，也就是氦原子中有一个电子在远离原子核和内层电子的高能态中轨道运行。

受激氦可以作为玻尔原始原子量子理论的一个清晰的判例。它需要同时严守量子法则和经典行星轨道物理。玻恩论证说，这样一来，一致性将显示当前的量子原子论是否失效以及确切地在何处失效。但要处理这个问题，计算类似行星的电子的玻恩-泡利方法，在数学上将变得更为复杂。法国数学家和哲学家昂利·庞加莱（Henri Poincaré）早先关于行星天体力学的高等教材中，提供了具体施行的线索。

在海森伯来到以后不久，玻恩就组织了一个庞加莱阅读小组，每周一晚上在他家活动。由于房源短缺，玻恩的家位于研究所附近以另一位普朗克命名的街道上，是一套租的底层公寓，有 3 个大房间和 1 间厨房。玻恩、他的妻子和他们两个年轻孩子[其中一位未来将是当代流行歌手奥利维亚·牛顿-约翰（Olivia Newton-John）的母亲]把其中的两个房间分隔成了卧室，而把第 3 个房间用作客厅、书房和音乐室。海森伯常常演奏的一架头等施坦威大钢琴占据了房间的一角，庞加莱阅读小组则占据另一角。海森伯和另外几个高年级学生及助手一起参加了小组，而且在研讨班的形式下，每人都准备一篇关于一节阅读材料的报告，然后小组热烈讨论它们。海森伯继续随普朗特研究流体力学并随希尔伯特和库朗研究数学，也随玻恩"用吃奶的力气"研究庞加莱。[52]

在 1922 年 12 月前，玻恩和海森伯已经得到了他们所需要的推广。他们迅速用它来检验玻尔对周期表元素周期排列的解释，也就是从表中一个元素到下一个元素，电子轨道按顺序依次填充。令他们满意的是，他们证实了玻尔对周期表的解释，即其所谓"递增原理"（"building-up principle"）解释，但仍然引入了受争议的半整数。[53]

在量子理论中的问题逐渐增加的时候，格丁根曾产生了两种积极结果：索末菲-海森伯氦模型和对玻尔"递增原理"的坚实支持。但玻尔和泡利（当时在哥本哈根）都不满意，这使海森伯很不舒服："我对一件事情有点不高兴，那就是在所有这些论文中，我时常和玻尔及泡利唱反调。"[54]半整数角动量、精细力学行星模型以及对定态力学的坚持，所有这一切都和哥本哈根最新的路线矛盾。在玻尔和泡利看来，理论的僵局应归咎于经典力学在定态中的使用，而非整数量子数。

海森伯并不喜欢哥本哈根方案。对于泡利最近避免原子实模型的半整数的努力，他回以尖锐的批评。泡利尝试几乎完全不靠任何模型来解释反常塞曼效应。作为回应，泡利1923年1月在从维也纳返回哥本哈根的路上在格丁根停留两天，以论证哥本哈根诠释。玻恩、海森伯和几个学生与来访者进行了交锋。虽然"他对于玻尔是痴迷的"，海森伯说，"但泡利承认我们的观点是非常连贯的"。但是泡利不会以玻尔的名义作出让步："玻尔无论如何都认为力学不再有效，即只在某种近似下才成立。他仍然没有相信半量子和氦。"[55]

为了解决量子原子中对经典力学的争论，玻恩和海森伯最后转向受激氦原子，把它当作一种仔细的系统的检验，用以证明或反驳主流的玻尔-索末菲原子量子理论中经典力学和量子法则的可行性。把最精致的行星力学严格一致地应用在量子轨道上，严格遵循整数原则，并把结果与现有实验数据仔细比较，比用个人偏爱决定问题更好。海森伯在1923年2月初将这一计划告诉了玻尔："我想告诉您的另一件工作，是一项对受激氦所有在力学上允许的轨道的普遍考察。如果最后发现里面没有包括实验发现的谱项，人们就能知道力学错了。"[56]

虽然在其他方面前后矛盾，但海森伯却和玻恩一样，对信中要求量子正统说法一事说话算话。[57]受激氦的优势在于，人们可以几乎完全像对待一个氢原子——行星"摄动理论"一种理想应用结构——来处理它。在高受激态中，两个氦电子中的一个电子在比另一个束缚更紧的内层电子离核更远得多的轨道上运动。由于可以认为内层电子的负电荷抵消了核上两个正电荷中的一个，那么它对外层电子的效应便可被视为对围绕单一正电荷轨道运行的单电子运动（即广为接受的氢原子模型）的一个小改变或摄动。这一简单结构，即玻尔原始氢模型的一个稍微变种，应该能明确证明流行的原子量子理论是否成立。

玻尔早先已经证明，发生在许多氢原子中的轨道电子的量子态间的同时向下跃迁会产生一系列单独的光谱线，即所谓的巴尔末系。玻尔也已证明，对于更重的原子来说，如果把核电荷的效应考虑在内，就能得到巴尔末线系的一种修正形式。利用他们新的量子行星力学，玻恩和海森伯针对其受激氢的类氢模型推导出了巴尔末系的修正表示式。确切的预期修正值取决于外层电子的所有可能轨道中选出的那条轨道。物理学家们得到 4 条可能的稳定轨道。他们很负责地抛弃了 4 条轨道中的一条，因为它涉及一个非整数的量子数。然后对受激氢的实验测出的修正值和其余 3 条可能轨道推导出来的理论值做了仔细比较之后，玻恩告诉玻尔说，结果完全是"灾难性的"。[58]没有一个值符合！

早在 1923 年 2 月 19 日，海森伯就能够向泡利通报结果和他自己的结论："这种结果在我看来……很不利于我们现在的观念。也许必须引入一些完全新的假说——要么是新的量子条件，要么是针对力学的新的修改建议。"一个月以后，格丁根信念变得甚至更激进了："所有现在的氦模型都是错的，和整个原子物理学一样错。"[59]

与此同时在哥本哈根，玻尔和泡利在塞曼效应的原子模型上也得到类似结论。泡利获得了洛克菲勒基金会下属国际教育委员会的一份奖学金，从 1922 年秋季开始在玻尔研究所工作一年。就在玻恩和海森伯在格丁根严格审查仔细计算出来的行星原子的性质之时，玻尔和泡利采用了他们格丁根同事在审查探索塞曼效应的一个新模型时所用的方法。他们的构建方式遵守所有的量子法则，包括只允许整数。海森伯为哥本哈根在精细模型研究方面的观点转变感到欣慰，但是泡利除了挫折之外一无所获。他写信给海森伯说他用反常塞曼效应"折磨自己"了好几个星期。"但它就是不一致！……有一段时间，我完全泄气了。"在 3 月初期前，哥本哈根模型和格丁根的氦模型一样一筹莫展。正如玻尔所写，它是一个"孤注一掷的尝试，为的是保持整数量子数，这样一来，我们希望在巨大悖论中发现线索，以期能找到反常塞曼效应的答案"。[60]

在 1923 年夏天前，当时已经很沮丧的海森伯、玻恩和泡利，和他们同事中的许多人一起，都准备接受无法避免的结果。1923 年 7 月，玻恩在一篇关于量

116

子论现状的评论文章中宣称，在光谱学中必要的"故意偏离"，以及所有量子模型在某些最简单的原子和分子上的明显失败清楚表明，"不但在通常意义上的物理假说中的新假设是必需的，而且物理概念的整个体系也都必须推倒重来"。[61]玻尔还写道，现在到了开始寻求他当时所谓"量子力学"的新理论的时候。

量子理论在 1923 年夏天前的局面，在很多方面都类似于托马斯·库恩(Thomas Kuhn)在分析科学革命时所谓的"危机"。他认为，在一个新范式开始取代一个已经失败的范式以前，常常会出现一个科学和心理上的危难时期。在这一例子中，一个看起来非常像一个新范式的全新理论，已经是风雨欲来。

第九章　研究湍流，质疑因果性

1923 年 5 月，由于夏季学期的开始，索末菲从美国返回了慕尼黑。海森伯也在同月离开了格丁根，在索末菲的指导下完成学位论文，这是他作为学生的第 6 个也是最后一个学期。回到慕尼黑是一种很大的解脱。在家生活不仅缓解了加速的通货膨胀的影响，也结束了海森伯与其同志们之间的痛苦分离。即便在马上就要离开格丁根回到慕尼黑之际，海森伯还写了一封压抑的信给在埃尔兰根的埃伯哈德·吕德尔（沃尔夫冈的哥哥）。埃伯哈德对此回信说："从你的最近一封信来看，我觉得你的心情不是特别好，你不知道除了物理和音乐以外还能干什么，而且你觉得无所适从，换句话说，你想念你的小组。"[1]

海森伯也渴望回到他的慕尼黑同僚圈中。一年前就在这里的那些人里，卡尔·赫茨菲尔德和汉斯·金勒还在慕尼黑；格雷戈尔·文策尔已经获得大学任教资格，现在是讲师了；而阿道夫·克拉策则到明斯特当教授去了。由于数学家阿尔弗雷德·普林斯海姆和阿图尔·罗森塔尔在那个学期不上课，而奥斯卡·培龙（Oskar Perron）和奥勒·福斯又只开设初级课程，海森伯便把精力集中到了他的学位论文、索末菲的课程和研讨班以及维恩 4 小时的实验课上（维恩 8 小时的课程和索末菲关于光谱学的高级课程相冲突）。索末菲在那一学期关于物理学中的偏微分方程的主要课程，也许对海森伯的论文课题研究最为有用：求解关于流动流体的稳定性及湍动性的复杂得可怕的方程。

海森伯研究这个难题已经超过一年了。它源于英国物理学家奥斯本·雷诺(Osborne Reynolds)在 19 世纪 80 年代的工作，以及先前按照伊萨尔公司(Isar Company)的要求在索末菲研究所中进行的实验。海森伯的难题在于测定河渠中的液体从层流(平稳流动)到湍流的过渡，这是当碧绿的伊萨尔河从阿尔卑斯山脚下向北穿流过慕尼黑时发生的一种现象。索末菲的学生路德维希·霍普夫(Ludwig Hopf)曾于十多年前在实验上考察过这个问题，但是还没人发现过如何精确预测向湍流的过渡。

118　　雷诺曾经在能量守恒的基础上处理了问题，并且发现有一个常数(即雷诺数)控制着向湍流的过渡。海森伯要从流体力学的基本方程中推导出雷诺的结果。[2] 在 1923 年 7 月 10 日交到哲学 II 部(科学部)的 59 页的学位论文中，海森伯把问题分成了两个部分。他在第一部分中检查了层流变得不稳定的条件，而在第二部分中考察了雷诺数所起的作用。[3] 因为他为了索末菲第二学期的研讨班已经学习了这些问题，在使用各种近似和简化技术来解决他论文的每一部分时也就没有遇到多少困难。[4] 威廉·维恩同意在其颇负盛名的刊物——《物理学纪事》(*Annalen der Physik*)上发表这些结论。但是在数学家弗里茨·诺特(Fritz Noether)随后质疑这些结论后，这些结论却在最终得到证实前被怀疑了将近 1/4 个世纪。海森伯直到 1946 年才又发表流体力学方面的论文。

　　按照大学的规定，一篇慕尼黑博士学位论文首先呈交分系主任，他再将论文转给学生导师做评审以及决定是否同意答辩。然后整个分系全体教员传阅论文；如果他们同意了，候选人就获准参加最后的口试。[5] 索末菲很担心人们反对海森伯对问题的解只是近似解。虽然索末菲在他打出的两页评语中承认"在数学方面还有许多工作要做"，但却主张方程非常复杂，即便是近似解对于一篇学位论文也足够了。但是索末菲支持论文通过的最强论点更多建筑在候选人的天赋上而非他论文的内容。索末菲最后写道："在对现有这一问题的处理中，(海森伯)又一次显示了他的非凡才能：对数学工具的全面运用和大胆的物理洞察。我本不该向我其他任何学生建议以一个这种难度的主题作为学位论文。因此我提议接受这篇论文。"[6]

　　对经典流体力学比对当代量子论更熟悉的威利·维恩附议了这种提议，"尽管针对所提出的理论，可能会从数学方面提出怀疑"。余下的科学部教职人员无保留地签了名，于是海森伯的博士学位口试就定在1923年7月23日星期一下午5：00点在理论物理研究所的研讨班教室中举行。[7]

在慕尼黑，一位博士候选人的分数只根据他或她的学位论文以及在最终口试时的表现来确定。有4种通过的分数：Ⅰ（优）、Ⅱ（良）、Ⅲ（中）、Ⅳ（通过）。在口试完成时，要打3种分数：主修课分、两门副修课分和总表现分，后者最为重要。主考委员会包括候选人的两门副修课的教授——在海森伯这里是他的数学教授培龙和天文学教授泽利格（Seeliger）——以及他的主修课教师。既然慕尼黑的物理学由维恩和索末菲分别主持，他俩就都出席口试，并且必须协商出一个单一分数来。

麻烦已经在酝酿中了。除了维恩和索末菲间的分歧外，海森伯和泡利还犯了一个错误：当他们第一次上维恩的实验课时，做的理论工作多于实验工作。在修习第2门实验课后，泡利设法使维恩在他的口试中感到满意，以总分Ⅰ毕业。[8]而那年夏天在维恩的课上，海森伯的表现就没有那样好了。维恩给了他一个特别困难的题目：海森伯要用法布里-帕罗干涉仪测量汞的反常塞曼效应中的"超精细结构"，这是一种在磁场中原子光谱仪中更精细的谱线劈裂，后来被归因于电子和原子核的相互作用。

严重的通货膨胀使得维恩实验室中的设备几乎得不到添置乃至修复，但是海森伯却不知道（或没有费心去打听）他可以利用研究所的车间来制造自己的设备。刚刚在格丁根数学物理学高深精妙的学术氛围中得到了成功，这位过分自信的理论家几乎没怎么做实验练习。他也不曾费心去考虑他的仪器运作，尽管它们显然与他自己关于塞曼效应的研究有关。对于他的实验，海森伯只用雪茄盒子和封蜡之类的东西弄了一个草率的新玩意。这样轻慢只能进一步惹怒早已不高兴的教授，在答辩中敲打那个触犯者。[9]

当3位教授与索末菲一起在那个夏天的傍晚坐在他的研究所的研讨班教室中的时候，21岁的博士候选人看似信心满满。但情况很快就发生了变化。他很容易地回答了培龙的数学问题和索末菲的理论物理学问题，但是在泽利格关于天文学的提问中开始跌跌撞撞，而在维恩面前则摔了个鼻青脸肿。当海森伯推导不出法布里-帕罗干涉仪的分辨率，甚至推导不出望远镜或显微镜的分辨率时，维恩不禁怒火中烧；这些问题都是维恩在他的实验课上广泛讨论过的。然

119

后维恩就让海森伯讲讲一个蓄电池是怎么工作的。候选人还是不会——尽管他在年少时对电气小工具是那么着迷。报复心重的维恩觉得没有理由将学位授予这位不懂事的傲慢自负者，尽管他是索末菲众多杰出学生队伍中的一员。于是立刻就爆发了有关理论和实验相对重要性的论战，导致海森伯的物理学分数只是个可怜的Ⅲ，即索末菲的Ⅰ和维恩的Ⅴ的平均分。幸好他在另外两门课上得分较高，数学为Ⅰ而天文学为Ⅱ。但他只能以一个总分Ⅲ——相当于 C（"中"）——而获得博士学位。[10]

索末菲震惊，海森伯懊丧。海森伯习惯于在口试中表现优秀，习惯于为自己的论文进行无懈可击的辩护，习惯于自己的报告在本领域领袖人物面前受到赞扬，他难以接受他的博士学位为Ⅲ分。当晚，索末菲在他家为新博士举行了一个小型宴会。研究所的所有助手和学生都出席了，但海森伯博士却早早告退，收拾行囊，并踏上了去格丁根的夜车，第二天早晨就出现在了玻恩的办公室。

索末菲早先已同意玻恩让海森伯在获得博士学位后在格丁根参加大学任教资格考试，以获得成为永久大学讲师的资格。玻恩已经答应继续聘用海森伯为助教，直到他完成大学任教资格论文为止。在某种程度上类似于针对美国的终身教席的一个程序中，资格论文必须是基础研究的主要部分，而候选人将要接受他所在学院的所有教授的另一次口试。因为海森伯离家时是如此不愉快，玻恩便允许他在冬季学期开始前都可以留在慕尼黑。在仲夏时期看到海森伯出现在办公室，又显得那么沮丧，玻恩不由得大吃一惊。年轻人把口试的失败告诉了玻恩，并且胆怯地问道："我不知道您是否还要我。"玻恩在答复他之前希望知道更多的细节。他们一起研究了维恩的问题，而且一旦明白了"它们肯定是相当捉弄人的"，玻恩决定维持在即将到来的冬季任用海森伯的决定不变。[11]玻恩自己也曾在实验方面遇到过困难，他不会让维恩的反对影响他对这位神童的任用。神童在几天后就离开了格丁根，和他的青年小组一起踏上了一趟去芬兰的外交政策之旅。

但是一点也不懂物理学而又决心让他儿子成功的海森伯父亲却不那么放心。而且他也不那么容易相信物理学就是海森伯走进学术事业的最佳道路。机缘凑巧，奥古斯特·海森伯和威利·维恩都当选了各自哲学分系的委员，并都在次年成为校务委员。[12]当学期在 11 月开始时，海森伯教授收到了一份关于他儿子的第一手报告,这份报告令人心烦。维恩无疑不止一次认为,那个男孩懂得的物理学不够,无法在学术界生存,而学术界是理论家们唯一的谋生之地。到了 11 月底,海森伯写信请他父亲不要再担心,因为那对他们两人都没有好处。他现在已经把自己完全交到玻恩的手中,因此如果他父亲想让他多学一些实验物理学的话,他将只能随玻恩学习。"因为,只要我还在格丁根这里,我就必须做玻恩要我做的事,正如在慕尼黑我必须做索末菲让我做的事一样。"[13]老海森伯早已失去对他儿子的事务的发言权。

海森伯即使躲到玻恩的背后,也还挡不住他的父亲。1924 年 1 月,老海森伯直接给玻恩和玻恩的实验室同事詹姆斯·弗兰克写了信,询问他儿子在物理学中的机会如何。他也问弗兰克是否愿意教给这位年轻人更多一些实验物理学。玻恩力图用他自己的关于海森伯的非凡才能的报告(现已遗失)来安慰这位教授,而弗兰克则亲切地让海森伯去上他的实验课。但老海森伯和弗兰克很快就同意海森伯应该离开实验室;烦透了的年轻人可以更好地用他的时间来研究理论。[14]海森伯已经作出了他的选择:如果他真的要在学术界生存下去的话,也只会从事理论物理这门少数人从事的学科。

正当海森伯在 1923 年 7 月跌跌撞撞通过他的博士考试以及玻恩宣告量子理论的失败时,德国的经济和政治秩序正处于彻底崩溃之中。这些危机在 1923 年 10 月和 11 月达到顶峰。到了年底,它们得到了处理并至少暂时消散了。

这种重合非同寻常。正当德国在那几个月陷入失控的通货膨胀和一次纳粹叛乱时,海森伯和他的格丁根同事们用一种新的量子原理和原子物理学方法来回应新的光谱学数据的质疑,看似再次一举消除了所有的困难——但这一次又是通过放弃公认的程序才得以成功。当 21 岁的海森伯于 10 月 9 日在格丁根宣布他的新原理时,政府已经宣布进入全国范围紧急状态快两个星期了。当政府当局在 11 月控制住希特勒和通货膨胀时,海森伯给人们传阅了一份手稿,通过其新原理制服了塞曼数据。这篇论文在 8 个月以后作为其大学任教资格论文提交到格丁根大学。

当海森伯在慕尼黑完成他的博士论文之时,正值德国货币体系崩溃。随着德国把它的财富倾注到它的战争机器,通货膨胀在世界大战期间就已经开始飞速加剧了。在战争的最后几年中,只是用赤字支出才维持了机器的运转,这主要以牺牲中产阶级的利益为代价得到的。到了1920年1月，相对于国际标准即美元来说，德国马克已经贬值成了它的战前值的1/15。那时柏林政府已经确立了政治控制，而马克也差不多稳住了。1922年6月亲民主的外交部长瓦尔特·拉特瑙被刺事件后，稳定性就减弱了。当投资放缓成为涓涓细流之时，马克贬值到了不到战前价值的1%。起初不愿意向战胜国支付赔款的德国，现在发现无力支付了。为了应付更多的货币需求，中央政府简单地加速印制钞票。通货膨胀给德国工业带来了意外的利润，而工人阶级也暂时满足于相称的工资增长。权势较小的中产阶级在他们的积蓄化为乌有时也保持了繁荣的外貌。

1923年1月，当法国人为索取赔款而占领了鲁尔峡谷（鲁尔区）——德国工业心脏地区时，对马克的支持动摇了。德国再次受到了屈辱，而它的经济被剥夺了重工业，马克就贬得事实上一文不值了。到了1923年11月15日，即发行"地产抵押马克"（Rentenmark，RM）[1]的第一天，旧马克已经贬值到惊人的地步，成了战前值的1万亿分之一。精神已饱受近来那些事件摧残的德国人民走向了恐慌。

海森伯家没能够避免困难，海森伯也没能完全忽视"经济危机以及我周围的那些惨事"。[15] 不过，海森伯及其一家比大多数人都过得好。国家按照通货膨胀的速度不断增加公职人员的薪金，教授也在其内。奥古斯特·海森伯的月薪每过几个月就增加1次，当他儿子在1923年7月间获得博士学位时达到了200万马克。奥古斯特还收到研讨班费，外加地区补贴和生活补贴120万马克。[16] 不过，如果没有其他应急收入和卡尔叔叔的美元汇款，海森伯一家还是会有麻烦。

在海森伯毕业的那个月，慕尼黑一个5口人的劳动阶级家庭的每月最低生活费用，估计约等于海森伯教授的总薪金，即320万马克。[17] 按照另一种估计，一位有两个孩子的普通"脑力劳动者"的每月费用是940万马克。[18] 到了1923年底，慕尼黑的劳动阶级家庭就需要100万亿马克了。仅仅买1千克黑麦面包，在

122

[1] 1923年11月德国推出的货币，又称为地租马克，用以遏制当时的恶性通货膨胀。它取代了因通货膨胀而一文不值的纸马克（Papermark），一地租马克等于一兆纸马克。它只是作为暂时货币，不久即被帝国马克（Reichsmark，标志为RM）所取代。——译者

慕尼黑就要 5000 亿马克。[19]幸好，海森伯家设法熬过了风暴，海森伯教授的同事威利·维恩也一样。维恩声称他的薪金比海森伯教授的稍高，也只够买生活必需品。维恩每两天领一次薪金并交给他妻子，而他妻子立刻就在价格上涨前赶往杂货店。[20]

维尔纳·海森伯及其博士后同事们的日子就过得不像老辈学者那么好了。尽管给教授的政府薪金按期增长，对仪器、文献和助手方面的政府拨款却几乎停止了。青年科学家们能在通货膨胀和后来的艰难岁月中设法活下来，只是因为家庭的支持和成名科学家们采取的及时措施。许多科学家巧妙地向富得流油的德国工业家募集私人捐款。他们也结交一些从事慈善的外国人，主要是美国人。慕尼黑化学家里夏德·维尔施泰特通过纽约的一位酿酒家得到了资助。索末菲可以指望一位柏林工业家的慷慨解囊，而马克斯·玻恩从一切他所能找到的地方弄了钱"来喂养我的学生们"。[21]很幸运，费利克斯·克莱因已经和德国工业家建立了很好的关系，其中的一位，卡尔·施提耳(Carl Still)，向玻恩的研究所输送了资金。当玻恩的一个朋友去美国和一位美国女子结婚时，玻恩就半开玩笑地请他去找出一位美国富翁来提供研究用的美元。不久以后，玻恩就和纽约金融家亨利·戈德曼进行了接触。对战后德国所受不公平对待不满的高盛(戈德曼-萨克斯)公司的亨利·戈德曼慷慨地向玻恩的研究所捐了款。玻恩用这些资助给他的私人助教们(布罗迪、泡利和现在的海森伯)发了薪金。他的一位大学助手弗里德里希·洪德则拿政府资金的资助。[22]

另外一些对德国文化窘境感到失望，并为了自己利益想要影响它的美国人成立了应急委员会。他们的资助(除直接拨款以外)由德意志学术应急协会(*Not-gemeinschaft der Deutschen Wissenschaft*)接受和分配。德国的学术和文化管理部门在 1920 年成立了这个协会，部分是为了帮助德国的研究，但也是为了面对魏玛政府而维护建立他们的自主。[23]

德国学者们再次坚称，德国的军事和经济既已垮台，就只有世界级的学术还可以保持国家的国际地位。在外交失败了的地方，文化可以成功。因此就需要非常手段来支撑德国在世界研究前沿上的地位。不过，德国学术界却不愿意让民主政体控制研究经费——这是战前的帝制政府曾经有过的特权。为了回避政府的介入，他们重新提出自我管理(self-administration)的观念，并由此发明了现代的项目资助拨款体系。在这种体系下，政府和基金会都不能决定谁应该得到拨款。与之前的做法不同，在每一个领域中，由一流的科学家和政策管理家组成的独立委员会，在专门审查委员会的支持下来评价每一份基金的申请，并给予适当的支持。这种直到第二次世界大战以后才被美国采用的独一无二而又有力的研究资助体系，有助于说明德国在这一逆境期间在原子物理学和另一些科学方面处于领先的这一悖论。[24]

由于爱因斯坦和其他德国物理学家们的贡献，物理学在 20 世纪 20 年代初期就已经变成了德国的研究工作中最有声望的领域之一。与此相应，在 1922 年发表的第一份报告中，应急协会就宣布它把最大的资助拨给了物理学。最优先考虑的物理学科是原子物理学、辐射和物质结构——尤其是相对论和量子理论的实验研究。尽管这些专门领域似乎提供不了什么实际应用，但是慷慨的拨款却意在保持德国既有的令人深刻印象的领先地位。报告宣称，除非德国物理学家们得到必要的支持，那么"外国的经济条件较好的物理学将很快把我们抛在后面。"[25]那些不赞成大力支持相对论和量子理论的人——尤其是威利·维恩和约翰内斯·施塔克（Johannes Stark）——另组一个团体来支持他们所喜欢的物理学，即经典物理学和技术物理学。[26]

和其资助领先的研究领域的策略相对应，应急协会创造了另外一种很有影响的新事物：向有希望的博士后研究者们提供研究奖学金，以便让他们留在研究领域中。海森伯是获得了最早的一笔奖学金的人之一。另外许多接受者，也像海森伯一样，成了量子力学的最初贡献者。

从 1923 年 7 月开始，应急协会的一个下设委员会——电物理学委员会，把自己的力量几乎全都用到了原子物理学方面。由通用电器公司设置（部分由德国工业匹配）的一笔每年 1.25 万美元的拨款，名义上是资助工程物理学的，但是委员会的成员们却转向到抽象的原子物理。委员会在 1923 年到 1925 年收到了 140 份资助申请，共批准 71 份，其中大多数是原子物理学方面的。在这 71 份被批准的资助中，有 56 份是对研究助手的资助。在这 56 份中，有 3 份是玻恩为海森伯申请的。[27]

当马克在 1923 年 11 月份稳定后，海森伯获得了他的第一笔"电物理学"津贴。每月只有 50 帝国马克，生活肯定捉襟见肘。[28]不久就增加到了 100 帝国马克，然后在 1924 年 3 月间增加到了 150 帝国马克，正好是助教薪金的一半。海森伯的另一半收入由玻恩私人支付。直到 1925 年底，海森伯的应急协会薪金一直维持在这个数目。[29]1925 年后半年，由于玻恩和海森伯在量子力学中的突破性工作已经发表，玻恩在时任理学院主任柯朗的支持下为海森伯从普鲁士文化部申请了一笔两年的私人讲师津贴（这是应急协会的另一发明），计每月 127.88 帝国马克。[30]

在海森伯的事业这一高度创造性的阶段，支持他的这些薪金，加在一起并不比一个未婚青年在省外小镇格丁根的生活日用多多少。但是它们还是很好地达到了目的：把像海森伯这样有才能的年轻人留在了科学中，特别是留在了量子原子物理学中，他们使得德国在量子力学基础发现方面占据主导地位。在 1926 年关于其资助在危机性的前 5 年内的影响的报告中，电物理学委员会祝贺自己资助海森伯和玻恩的先见之明："众所周知，量子力学正处于所有国家的物理学界的注意力中心。海森伯和玻恩的工作受到了电物理学委员会的支持；没有这种支持，这些工作就或许不会出现在德国，而是在别的地方。这些工作已经证明了电物理学委员会在德国物理学发展中的作用。"[31]

在博士考试的差劲表现以及与其青年小组的芬兰之旅后，海森伯于 9 月回到了格丁根。他在 10 月 9 日向泡利宣布了他的新的塞曼原理。他在 10 月已开始撰写这方面的文章。当给他在芬兰之行的游伴库尔特·普夫吕格尔写信时，他已经开始工作好几个星期了。在这封信中提到了一次新事件：巴伐利亚政治方面的最新消息"使血液冲上了我的面孔"。[32]

当古斯塔夫·施特雷泽曼（Gustav Stresemann）总理在 1923 年 9 月 26 日决定终止对法国进占鲁尔区的抵抗时，疯狂的通货膨胀、巴伐利亚的分离以及协约战胜国对德国的无谓屈辱达到了危机程度，不稳情绪点燃了整个国家。与此同时，德国总统弗里德里希·埃伯特（Friedrich Ebert）宣布了全国范围的紧急状态，巴伐利亚官员们决定宣布他们自己州的紧急状态，目的主要是反对被信以为真的左翼骚动。他们任命古斯塔夫·冯·卡尔（Gustav von Kahr）为独裁的巴伐利亚总委员。卡尔虽然和带有武装的巴伐利亚分裂主义者关系密切，但却得到那些力图用一种右翼君主独裁制度来代替民主的魏玛体制的暴力民族主义分子们的暂时拥护。在卡尔的国家主义拥护者中，有德国国防军巴伐利亚师师长奥

124

托·冯·洛索将军(General Otto von Lossow)，以及德意志战斗同盟(*Deutscher Kampfbund*)。后者是一个由埃里希·鲁登道夫将军(General Erich Ludendorff)、希特勒的纳粹党以及无视对德国军事武装限制、旨在扑灭所有剩余布尔什维克主义的非法秘密武装组成的联盟。

情况在 10 月 20 日紧张起来了，当时柏林当局命令卡尔和冯·洛索将军查封纳粹党报 *Völkischer Beobachter*(《人民观察员》)，因为该报诽谤了柏林的官员们。洛索拒不服从，当即被柏林的上级撤职。卡尔立即控制了巴伐利亚军队，将它完全置于巴伐利亚当局的控制之下，并让洛索复了职。第二天，家族与北德联系紧密的海森伯很生气地在写给库尔特的信中谈到了巴伐利亚的行为："对此我简直完全没法理解：洛索是一名军人，不是吗？如果他不服从，那么一名军人就该被枪毙，什么地方肯定写着这样的规定。"[33]正像他家里早先所为的那样，海森伯公开同情魏玛政权多于巴伐利亚的狂热分子。

更具地方色彩的库尔特是一位巴伐利亚军官的儿子。当时他在卡尔的行动后重新加入了巴伐利亚军队，并试图向海森伯解释巴伐利亚的反柏林态度。[34]施特雷泽曼刚刚在萨克森和图林根在军事上采取了反对苏维埃政权的行动。巴伐利亚人要求他现在采取行动来反对全德境内的任何种类的社会主义者，并且同时恢复对法国人占领的抵抗，哪怕只是消极的抵抗。在他于 10 月 31 日的长篇回信中，思想更民主的海森伯虽然称巴伐利亚人动机高尚，但却怀疑(按他的看法)当 1/3 的德国人是社会民主党人并拥有平等的国家认同权利时，政府如何能与社会主义作战。

海森伯认为，对法国人的直接抵抗最终将导致作为一个国家的德国的"壮烈牺牲"，因为当时它的经济和军事是如此之弱。正如在拿破仑占领时期一样，耐心似乎是唯一可行的选择。"我从所有这一切得出结论，更正确的办法是(正如我们的祖先在 100 年前[做过的]那样!)用诡计、欺骗和恐惧来稳住敌人，直到存在一种武装战斗的希望。这恰恰就是国家政府看起来正在做的事。"[35]

希特勒和他的追随者们却没这么有耐心。1923 年 11 月 9 日，巴伐利亚政府人士和包括教授们在内的著名上层人士在慕尼黑的贝格勃劳（Bürgerbräu）啤酒馆[1]中出席停战协议五周年纪念会。在纪念会进行到高潮，正当卡尔宣布他的权力计划时，希特勒和一群匪徒冲入了大厅，向天花板开了几枪，并宣布了革命："明天要么我们全都死，要么得到一个国家政府！"[36]

受到墨索里尼向罗马进军的启发，希特勒和他的追随者们打算和巴伐利亚军队及秘密部队一起向柏林挺进。在枪口下，卡尔、洛索和警察局长陆军上校汉斯·冯·赛塞尔骑士同意了希特勒的计划。但是在那一夜的晚些时候，这 3 个人逃走了，撤回了他们的支持并命令国防军保卫政府。希特勒-鲁登道夫战斗联盟准备第二天在慕尼黑举行游行以夺取对国防军的控制权。"不问政治的"海森伯小组的一位长期组员，当时是该小组新领袖的戈特弗里德·西默丁也隶属于由一位陆军中尉维尔纳（Lieutenant Werner）领导的非法机枪连。

西默丁回忆说，凌晨 2 点，他在家中被从秘密连队来的一个朋友叫醒了。他很快穿好了衣服，把一支手枪塞进衣袋里，并赶去加入了连队。作为德国裁军的一部分，巴伐利亚只允许有一个机枪连，这在巴伐利亚人眼里不足以对抗布尔什维克主义以自卫。凌晨时分，巴伐利亚当局已经撤销对希特勒的支持。他们命令维尔纳连队（Company Werner）赶往慕尼黑的市中心的统帅堂（Feldherrnhalle）以协助阻止希特勒的队伍进入内城。明显支持希特勒的维尔纳中尉拒绝了命令，而他的连队也毫无怨言地解散了。

在那一天的晚些时候，当西默丁在料理完连队财务后走回家时，他听到了从统帅堂方向传来的机枪开火声。奥格斯堡机枪连在库尔特顽强的父亲，陆军上校普夫吕格尔的指挥下及时支援警察，迎击由希特勒、赫尔曼·戈林（Hermann Göring）、海因里希·希姆勒和鲁登道夫将军率领的纳粹游行。他们杀死了游行者中的 16 人。[37]肩膀脱臼的希特勒逃走了，却因其叛乱而面临起诉和短期监禁。

126

---

　　[1]　应该是指贝格勃劳凯勒啤酒馆（Bürgerbräukeller），德国慕尼黑一家始于 1885 年的啤酒馆。啤酒馆政变就在此地发生。1933 年以后，每年 11 月 8 日，希特勒都在此发表纪念啤酒馆政变的演说。1939 年 11 月 8 日，希特勒在此遇到暗杀，因为比原计划早离开数分钟而侥幸活下来。1945 年 4 月 9 日，刺客格奥尔格·埃尔塞（Georg Elser）在达豪集中营被处死。贝格勃劳凯勒啤酒馆在"二战"后期毁于盟军空袭。——译者

在整个周末，当忠诚的军队驱散此起彼伏的亲纳粹的大学生游行示威时，作为预备兵和技术学院在校生的库尔特和别的新觅路者们见了面，来决定他们的政治态度；这是他们在几星期以前肯定会力图避免的一个行动。库尔特告诉身在平静的格丁根的海森伯，像大多数巴伐利亚人一样，眼下他们决定支持柏林政府，甚至将负起他们认为有助于减缓社会不幸的责任："我们不应该从世界上撤退，躲在树林中过我们的日子，并幻想一个新帝国。如果我们有幸见到这个帝国，却只是据为己有，那么它将是我们的罪过。"[38]

　　海森伯在近两个星期的时间内都没有答复他的朋友。在此期间，多数德国人已经开始容忍民主政权了（虽然短命的施特雷泽曼内阁已经倒台）。多数人仍然反对独裁国家主义者。很快获得大众支持所必须的经济基础也被确定。11月15日，政府启用了新的地租马克，或"地产抵押马克"（mortgage mark），以全德国的农业和工业资产作为担保。地租马克立即得到了接受，1地租马克等于1万亿纸币马克，或等于第一次世界大战前的1马克。

　　11月24日，正当他从玻恩那里收到第一笔地租马克的生活费并准备揭示他那乐观的新量子原理时，海森伯给库尔特写信谈到了他对时事的悲观看法。尽管对法国人的抵抗仍然没有希望，希特勒的"十一月狂欢"又荒唐可笑，但对海森伯来说，慕尼黑青年运动转向活跃的社会参与，和早先激进的新觅路人一样，却是不可想象的。"在数以百万计的人口中我们这几个小人物能起什么作用！"[39]海森伯已经决定撤回到物理学、音乐和年轻人的纯粹世界中去了。当动乱在1924年平定下来以后不久，青年组织追随者沃尔菲·吕德尔就写信给海森伯说："我们将再次面临受到外界环境最严格限制的时候。但是我已经可以想象你的答案将是什么：物理学，越来越多的物理学。"[40]

　　如果海森伯在理论物理学问题中的具有特色的乐观主义没有主导政治领域，那是因为他看不到什么很快成功的希望。在海森伯看来，不论是在物理学中还是在当前的事件中，当时的局势都只是暂时的，是在两个更永久的秩序之间一个讨厌的插曲。但是，在纯粹的理论物理学领域中，他的才能却使他能够获得影响力和具有持久效力的重要结果。相反，政治上的纠缠只是肤浅的"金钱交易"，他觉得自己在这种交易中微不足道。这种立场使他和像他那样的其他人天真得可怕，对即将到来的事物没有任何准备。他写道："因此，库尔特，我相信我们应该在树林中多待一些时间，那里的空气比较清新……我们无法帮助群众，而我们能够帮助的少数年轻人完全可以到'树林中的'我们这里来；这个少数人构成的奇妙的群体随时随刻都能蔑视生活，他们对生活的高低起伏了解如此深刻，只有少数人能超过他们。因为只要曾经登到过生活顶峰的人，才会对结局毫无畏惧。"[41]海森伯在整个魏玛时期都保持了这种观点。

物理学中的成功对海森伯来说就是"生命巅峰"之一，而且当他写下这段话时，他刚刚通过利用自己的新量子原理来挽救饱受批评的原子实模型而又一次爬上了峰顶；而原子实模型当时仍是他对量子物理学的唯一独立贡献。

海森伯早先在慕尼黑时发明了原子实模型。这是为了解释原子发射的某些独特光谱线的令人困惑的分裂：光谱线分裂成二重线或三重线，并且每一条线在磁场作用下进一步劈裂成若干条线。所有这些分裂似乎表现了一些经验法则，而这些经验法则的存在在理论上仍是未解之谜。只有海森伯的原子实模型能够解释大多数法则。但直到1923年，这一模型不仅在理论上备受质疑，而且新的实验证据还展现了一个新的复杂实验现象：一条单线可以分裂为多达9条在空间上相距甚近的谱线，这是原子实模型也无法解释的事。[42]对于诸如海森伯的理论家而言，任务仍维持原样——凭借一个构想出来的原子模型和理论，重新试图解释实验室中的新近观测到的谱线和分裂。

一向富有创造力的海森伯发现了一个方法，用旧原子实模型去解释新数据。办法是通过引入一种他所谓的特设"塞曼效应"。这是一个现在实际上已经被遗忘的数学程序（今天称为算法）。[43]它仅有的历史价值，除了让海森伯得到大学任教资格以外，也预示着他随后在构想量子力学突破时对观测数据的依赖。依据量子法则，专门的"塞曼效应"为被观测的光谱线的连续"经典"能量转换为不连续的量子态间跃迁提供了一个数学方法。

令人惊奇的是，这一招见效了！"现在一切都能从这里推导出来"，海森伯高兴地写信给泡利。[44]格丁根的物理学家们满腔热情。在11月发表了一篇颇受欢迎的关于原理的演讲后，海森伯得到了每周一次的格丁根讨论会的发表许可。玻恩催他立即发表。[45]

但海森伯在家庭的压力下迟疑了。海森伯教授刚刚从威利·维恩那里听说儿子的物理学很成问题，公开担心这种建筑在有争议的原子实模型上的新理论会证明他那还没有取得大学任教资格的儿子对物理学的无知——而且是正当处经济和政治的可怕混乱到达极点时。索末菲对于他所知道的新理论非常喜欢，但也主张慎重，而奥古斯特在 11 月底就用最强烈的语气向他儿子转达了索末菲的劝告。维尔纳很生气地答复说，他比以前更注意保持一致和自我批评，而且这一回他不但要征求玻恩的意见和赞同，而且要征求在连贯性、慎重性和物理洞察力方面的大师尼尔斯·玻尔的意见和赞同："我越来越意识到，玻尔是唯一在哲学意义上对物理学有所理解的人。"[46]

1924 年的沃尔夫冈·泡利（承蒙美国物理学

会尼尔斯·玻尔图书馆塞格雷视觉档案馆惠允）

海森伯说到做到。他在 1923 年 12 月寄了一份稿子给哥本哈根的泡利，请他转交给玻尔以获得后者的鼓励。玻尔当时正在美国筹款，超过一个月后才给他回复，邀请他去哥本哈根。[47]海森伯接受邀请于 1924 年 3 月假期出访。这将是他第一次访问哥本哈根，它将确定并加速格丁根学派和哥本哈根学派已经开始的联合。

具有批评精神而又始终如一的泡利当时已经是汉堡的一位讲师，他一点也不喜欢海森伯的新原理或其他任何来自格丁根的研究。"我甚至认为它丑恶"，他告诉朗德和其他人。"它不是我希望看到的理论。"[48]泡利不再信任任何原子模型。现在物理学的任务并非消除单个问题，而是将它们构建到一个新理论中。泡利还向玻尔抱怨，他对海森伯前后矛盾的做法感到沮丧。1924年2月11日泡利致玻尔的信，提供了那一期间关于海森伯及其和泡利关系的或许是最贴切的描述。泡利写道："我和他在一起总感到很生疏……因为他非常缺乏哲学思考，不注意对基本假设及其和主流理论的关系的清楚叙述。但是和他交谈会让我很高兴，而且我发现他有各种各样的新论点——至少是在他的心中。除了他为人很好以外，我还认为他是很重要的，甚至是友好的……因此我很高兴您已经邀请他到哥本哈根来……同时也希望海森伯回家时会在他的思维中加入一种哲学倾向。"[49]

129

海森伯乘火车和渡船于1924年3月15日到达了哥本哈根，受到了周到的接待。[50]且不谈丹麦人的好客，他的声誉也让人期待。在这次为期两周的停留期间，他常给家里写信讲述自己许多次应邀到人家去吃饭，去领略丹麦食物；谈到在寡居的马尔夫人(Mrs. Maar)家中度过的音乐夜晚，她把她的多层住所中的房间租给研究所的来访者们；谈到一次在悌斯维勒(Tisvilde)的玻尔乡间住所的周末旅行，那地方在北海岸，离哈姆雷特城堡不远；谈到和洛克菲勒国际教育委员会(IEB)的首脑威克利夫·罗斯(Wickliffe Rose)的一次会见，当时罗斯碰巧在哥本哈根；也谈到与3位美国来访者一起去日德兰的一次旅行，他让父母确信："我英语讲得很好。"[51]

但主要的事件却是他和玻尔(用德语)的交谈。这些交谈逐渐加长到了每天几个小时。作为哥本哈根大学的一个部分，玻尔3层楼的研究所在当时小小的内城边缘，靠近大而隐蔽的大众公园(Faelledpark)，园中树木高耸，春花含苞待放，行人小径似乎走不到头。他们常常在穿过公园或去哥本哈根码头的漫步时交谈，那里有船在离小美人鱼雕塑不远的地方卸货；晚上有时也在玻尔在研究所3楼的住所中交谈，喝着"一杯(或更多)波特酒"。在他到来的5天之内，海森伯收到了来哥本哈根访问一年的邀请，可能由罗斯提供的一份洛克菲勒奖学金资助。他写信回家说："一切确实进行得比我所能预料的还要好。"[52]

起初几天，海森伯和玻尔的交谈没有涉及原子实模型，而是涉及了他们在去年夏天第一次见面时发现了的共同兴趣——"哲学",这在他们看来几乎指一切非技术性的东西。他写道:"我们总是谈论最普遍的问题,并且挑它们哲学基础的毛病(我看到了您在这轻蔑地笑了,爸爸)。"[53]海森伯爸爸,这位实证主义的语言学家,并没怎么隐讳他对哲学问题的厌恶。

尽管如此,正像泡利所希望的那样,在他停留的后期,海森伯开始领会了玻尔那种系统性地、"哲学地"处理物理学的方式:"他做物理学的方式真的非常'实际',他起初总是试图在细节上取得进展。"[54]当两位物理学家在快一星期后转向特殊问题(原子实模型和海森伯的新原理)的讨论时,饱学之士玻尔可能清楚地告诉较年轻的那位物理学家,他需要对自己的研究主题有一种更深的领会。海森伯也告诉他父亲,他正在把他的空闲时间用在研究所的图书馆中,在那里阅读物理教科书,"目的是'提升'我的综合物理学教育水平"。

海森伯在哥本哈根见到的 3 位美国人中的一位是刚从哈佛得到博士学位的约翰·C. 斯莱特(John C. Slater)。[55]在一起去日德兰旅行以及在研究所和玻尔及克拉摩斯在一起时,海森伯了解了一个当时在哥本哈根提出的辐射新理论,即所谓的玻尔-克拉摩斯-斯莱特(BKS)理论的物理和哲学涵义。[56]

BKS 理论关注的是这一时期量子原子研究的 3 大主要领域中的第 3 个:放射量子论,也就是光和原子的相互作用研究。其他两个领域是海森伯已有涉及的,即光谱学(在慕尼黑)和行星原子模型(在格丁根)。每一个领域都一同为创造新量子力学提供问题和线索。

玻尔-克拉摩斯-斯莱特理论的目的是要解决当时另一个越来越深奥的神秘问题:所谓的波粒二象性。在一个多世纪里,光曾被认为是一种连续的波。这种诠释在 19 世纪 60 年代的麦克斯韦电磁理论中得到了决定性的支持,这一理论认为可见光是一种电磁波。只有波才能解释那些深入研究的干涉、衍射和色散之类的效应,比如当光穿过玻璃棱镜会弯曲或阳光分裂为美丽的夕阳的颜色。另一方面,爱因斯坦在 1905 年提出一种革命性的假说,认为光的行为也类似粒子流或光量子流。1922 年,美国实验家阿瑟·H. 康普顿(Arthur H. Compton)曾经通过观测粒子样的光量子和自由电子的碰撞——康普顿效应——为这种诠释提供了支持。他表明了电子和光量子像两颗台球那样碰撞和跳弹,而不是像拍打一块石头的波浪那样。

但光不也表现为一种波吗？面对着光的这两种互相排斥的诠释，即波动诠释和粒子诠释，慎重而"哲学的"玻尔选择了广为接受的波的诠释。他尝试不用光量子来说明（光的）粒子行为。BKS理论就是这种尝试的产物。但对他来说不幸的是，实验证据很快反驳了这个理论，不过像原子实模型一样，它仍有一个用处。1929年，海森伯说这一理论"对于澄清量子论的状态，比当时别的任何工作贡献更大"。[57]它为他一年后在量子力学的突破提供了背景。

量子原子物理学仍然主要是基于像行星一样的电子静止（固定）轨道能量的计算。纵然玻尔和海森伯的研究粉碎了原子的这一想象，人们仍然认为原子发射或吸收的光频来自于电子在这些计算得出的轨道之间的量子跃迁。量子辐射理论关注一个或一群原子对被视为粒子的光的散射、色散和吸收，必须考虑一个电子跳到另一个状态的可能性。这种与原子数目有关的可能性，或者说概率，提供了发射或吸收的观测辐射强度。

鲁道夫·拉登堡在1921年证明，对于辐射问题，辐射的频率可以简单处理如下：认为它们并非来自于电子的量子跃迁，而是来自于通过原子中的假想的小谐振子所产生的波辐射的发散和吸收，每个谐振子就像一套小天线，由在一个系在弹簧上做简谐振动（也就是简单地来回运动）的带电电子球组成。[58]利用原子中的这些小谐振子来解释光谱，好比解释电气键盘乐器的音符的时候，说后者听起来好像来自于振动的钢琴丝。这使得辐射问题的解决容易多了，因为如果设想原子由一系列小"虚拟振子"（每一个就像针对一个特定频率的光波的天线）组成，许多经典物理学能派上用场。当然，这些谐振子像钢琴丝那样，只是想象的或"虚拟的"。没人相信原子实际由弹簧上的球构成。但这个比喻很有用，成为海森伯一年后在量子力学突破的起点。

1923年，斯莱特带着一种关于"虚拟辐射场"或"鬼场"的惊人概念从哈佛来到了哥本哈根；这种"虚拟辐射场"并不携带能量或动量（因此才称为"虚拟的"），但是却不断地被一个原子的所有虚拟振子发射和吸收。[59]利用虚拟振子和斯莱特的虚拟场，玻尔和克拉摩斯找到了一个方式，可以维持光的波动理论并由此既忽视光量子又忽视定态力学（这是玻尔本人在11年前引入原子物理学中的两个要素）。但这绝非轻而易举之事。他们发现保留波动论需要忍痛放弃一些物理学最珍贵的法则——能量与动量守恒和远距原子事件间的因果联系，而正如玻尔所述，这些正"是经典理论的典型特征"。[60]

玻尔和克拉摩斯决定接受这笔交易作为超越经典理论的代价。在量子力学中，玻尔-克拉摩斯-斯莱特论文第一次放弃守恒定律和事件间的因果联系。这是因为光的发散和吸收是由斯莱特的虚拟场诱发，而后者确实没有携带能量和动量。因此，3位作者宣布因果性和守恒定律在物理学中不再是精确绝对的论断，而只不过是来源于亿万个体原子事件的平均结果的统计概念。但这笔交易也有它的好处。其他方面保守的玻尔、克拉摩斯和斯莱特使用这类激进概念，设法只基于光的波动论从字面上解释了大量辐射现象。虽然BKS理论很快就被抛弃了，但最重要的是，可能无法绝对确定单独事件而只能预测其统计概率的激进想法再次出现在海森伯的另一个突破性的研究中，也就是在1927年关于他的测不准原理或不确定性原理的论文中。

从哥本哈根回到慕尼黑后，海森伯在为新一轮紧张工作返回格丁根前，和他的男孩们前往山区以短暂休缓。他在1924年春太忙了，以至于玻恩威胁要在报上刊登一篇"失踪的助手"的启事。[61]除了再次加工塞曼原理并准备用它作为自己在玻恩指导下的迫在眉睫的任教资格论文以外，海森伯的负担还包括完成关于离子极化和半整数动量的论文，协助玻尔准备出版他的讲义，以及和朗德一起努力合写关于另外一个新塞曼规则的论文。

当时玻尔正为财务问题访问德国。1924年6月初，他在格丁根停留以讨论当前的发展。他也收到了初步同意授予海森伯一份洛克菲勒奖学金的消息，并且要和那两位物理学家讨论海森伯对哥本哈根的访问。[62]在玻尔访问期间，海森伯把玻尔、玻恩和玻尔的旅伴丹麦科学家思韦恩·罗瑟兰(Svein Rosseland)[1]请到了他所租住的家中。当海森伯的女房东，好客的乌尔里希夫人在客厅备茶时，玻尔认可了玻恩在寻求新量子力学方面的最新工作。他们也赞同海森伯最新的塞曼原理现在已得到充分发展和应用，可以构建一篇大学任教资格论文。[63]

玻尔走后没几天，正在去德国北部(可能是去基尔疗养)的路上的阿尔伯特·爱因斯坦在格丁根停留了几天，以便拜访朋友和同僚。格丁根似乎对接踵来访的伟人应接不暇。弗兰克夫人(Mrs. Franck)宣称，只差欧内斯特·卢瑟

---

[1] 罗瑟兰是挪威人，不是"丹麦科学家"。——译注

福了。[64]

海森伯兴高采烈。爱因斯坦的来访终于让他得以首次会见这位伟大的物理学家。时年45岁的爱因斯坦已经发胖，头发花白，留着胡子，经常叼着烟斗；他从火车站步行到格丁根物理研究所去和聚在那里的物理学家们进行简短的讨论，并和玻恩及海森伯对BKS理论进行更长的讨论。爱因斯坦陪海森伯在研究所附近散步了15分钟，以示尊重，在散步中他们进一步讨论了BKS理论和海森伯的最新工作。第二天，失望的海森伯告诉泡利和父母："爱因斯坦百般反对[BKS]。"[65]爱因斯坦简直没法接受的是，玻尔竟然到了愿意放弃因果性和能量及动量守恒这类物理学基本元素的地步。他在到访前就已经给玻恩写信说，"假如必须放弃这些元素，那我宁愿当一个鞋匠或一个赌场雇员，也不当物理学家"。[66]他直至生命终结都坚持这一立场。

玻恩默认了，没有任何怨言。在他的题为《论量子力学》的新论文中，玻恩宣称他将"利用"BKS理论的"直觉概念"，特别是虚拟振子的概念，但是"我们的推理路线却将独立于该理论的十分重要却尚有争议的概念构架，例如能量和动量传递的统计诠释"。[67]在这篇文章中，玻恩引入了他自己的新法则（或算法），这是一个将经典力学连续性方程转化为相应的量子力学不连续性方程的法则。接下来数月对海森伯重要的是，在忽视了有争议的（而且很快就被否认了的）BKS理论的同时，现已统一的格丁根物理学推进虚拟振子和不连续性方程。

海森伯在接下来的秋天就回到了玻尔的研究所，他在那里融合了格丁根和哥本哈根的方法，不久后就取得量子力学的最初突破。1924年7月24日，海森伯写信告诉朗德，格丁根人乐观地认为，随着这两个地方的新近研究进展，新量子力学终于出现在眼前："新的玻尔和克拉摩斯的色散理论的美妙之处恰恰在于，人们现在知道了（或猜到了）量子力学将是什么样子的，特别是在玻恩的计算的基础上。"[68]

与此同时，当时已回到哥本哈根的玻尔感谢海森伯寄给他一份关于后者最新理论的论文定稿。他似乎很喜欢这篇论文——它和BKS以及克拉摩斯色散理论的倾向一致。玻尔还告诉年轻人国际教育委员会已经正式授予他一笔慷慨的1000美元奖学金，以让他到哥本哈根工作一年。[69]1924年7月28日，格丁根大

133

学科学学院在听取了海森伯一个关于他的新原理的成功演讲后，投票通过他获得大学任教资格，授予他在德国任一大学都可担任正教授的正式证书。第二天，22 岁的年轻人就和他的青年小组一起到巴伐利亚山区去度过一个为期 3 周的假期。[70]

第十章　进入量子矩阵

海森伯在 1925 年 9 月号的《物理学杂志》（量子论的首要刊物）上发表了一篇 15 页的论文，标题是听起来不会惹麻烦的《论运动学和力学关系的量子理论再诠释》。但这篇文章却惹了不少麻烦。它旨在"只依据原理上可观测的各量之间的关系，建立一个理论量子力学的基础"。[1]文章专门讨论了在实验室中观测到的发射和吸收光的频率和强度，并非不可见的原子。海森伯论文就这样实现了量子力学一直期待的突破——新原子物理学。在海森伯取得最初突破后的几个月期间，海森伯、玻恩及他们的亲密同事们迅速使这种新物理学开花结果。这一进展引发了 20 世纪最初几十年中的量子革命的高潮——仅在两年后，这种革命在海森伯的不确定性原理和玻尔、海森伯及玻恩的哥本哈根诠释中告一段落。[2]

海森伯通往量子力学的道路既不直接，也不只是他一人完成的。在其论文的引言中，海森伯特别引用了玻恩 1924 年的生成不连续性方程的规则和他自己与克拉摩斯关于物质对光色散的新近研究。在这些重要的最初几步中，还必须加上泡利对海森伯原子实模型的打击、海森伯与玻尔关于电磁辐射的进一步研究以及玻尔、克拉摩斯和斯莱特激进的波动论。

海森伯只在哥本哈根花了一个冬天便取得了巨大成就。所有在哥本哈根发展成新理论的元素，都在海森伯所谓的玻尔的哥本哈根研究所这一充满"量子力学氛围"的温室中成型。[3]玻尔和他的外国怪人们——海森伯、泡利和克拉摩斯在那里倾尽全力，彼此集中奋战，并通过彼此特有的方式去培育他们的成就。

像其成员一样，玻尔的理论物理研究所在 1924 年和 1925 年处于走向成功的上升轨迹。在第一次世界大战的最后几年里，自 1916 年起就在哥本哈根大学担任理论物理学教授的玻尔说服丹麦当局和嘉士伯啤酒厂基金会（Carlsberg Brewery Foundation）给他建了一座 3 层楼的研究所来代替他单间的办公室。[4] 作为一名哥本哈根大学知名教授的儿子，尼尔斯·玻尔和他的弟弟数学教授哈拉尔（Harald）很快就进入哥本哈根社会文化高层中。对于那些前来和玻尔兄弟一起工作和学习的多数青年物理学家和数学家来说，文化和教养造成了一种在兴趣和看法方面不言而喻的共性——这种共性表现在一些集体活动中，例如音乐晚会、骑马、徒步旅行和时常到当地的电影院去看最新的无声电影。

1921 年，玻尔在靠近城市的农村郊区为他的新研究所揭幕。这是一栋官样的长方形楼房，带着灰色正墙、涂有沥青的红瓦屋顶和有侧边的 3 楼窗子，位于一道铁丝网后面，离漂布塘路（Blegdamsvej）15 号前的人行道只有几米之遥。没过几年，生长的鲜花就在大门附近向来访者招手，而长春藤也爬满了外墙的 1 层，几乎达到了门口上方的刻写的"*Universitets Institut for Teoretisk Fysik* 1921（大学理论物理研究所，1921）"大字上了。

到了 1924 年，研究所有永久成员 8 人以及至少 9 名的长期访问学者，几乎挤不下了。一小半的空间实际用于理论物理学。上面两层是宿舍，而地下室供实验工作之用，这是当时理论物理研究所的典型特色。玻尔、他的妻子玛格丽特和他们的两个正在成长的男孩住在 2 楼；家庭女仆、实验演示员和特殊客人们住在 3 楼。由于楼上和地下室都被占了，所以只有 1 楼留作讲堂、图书馆和按功能需要配备家具的办公室，供玻尔及其亲密助手——荷兰物理学家 H. A. 克拉摩斯使用，还有 1 间为众多的来访者准备的配有木质课桌的单调的自习室。玻尔常常把访问学者请到他那装潢高雅、有 3 间卧室的公寓中去。而在 1924 年 3 月海森伯的第一次哥本哈根之行中，他就在那里和教授喝过不止一瓶酒。海森伯在写给他父母的信中说："往往是，到了第 2 天，我们所讨论的东西实际上就变成正确的了。"[5] 当时他住在客房，而且在后来几年的多次访问中也住在那里。

在 1923 年 11 月间从纽约访问回来时，玻尔带回了国际教育委员会一笔 4 万美元的资助，用以扩建建筑和生活住处。另外，尽管通货膨胀高涨，丹麦文化部也还同时给研究所增加了相当于大学总预算 5% 的经费——这显然表明了丹麦人对这位 1922 年诺贝尔奖得主及其研究所的重视。[6] 在海森伯于 1924 年来到哥本哈根开始他一年的国际教育委员会奖学金研究的不久以后，扩建就开始了。扩建直到海森伯在 1926 年又回来时才完工。当时，玻尔已经搬进研究所旁边的一栋单层房子里了。

玻尔在 1924 年 6 月间访问格丁根时与玻恩就海森伯在哥本哈根的居留达成协议。当时玻恩准备在 1924 年至 1925 年的冬季访问美国，他允许自己刚获得大学授课资格的私人讲师在夏天和随后的冬天离开格丁根。[7] 但是玻恩要求海森伯不晚于 1925 年 5 月 1 日回到格丁根，以准备夏季学期的开始。在玻尔的推动下，国际教育委员会允许海森伯在假期中完成他一年资助计划的其余部分，这种协议结果使量子力学的进程受益匪浅。

克拉摩斯在马尔夫人的"世纪之交"的家中给海森伯安排了食宿；马尔夫人是一位大学教授的妻子，刚刚孀居不久，海森伯曾在去年春天见过她。马尔夫人和她的青年房客们相处得很好，常常在周末请他们到她的乡村别墅中去。海森伯在马尔家的 2 楼卧室"小却精致"，和一位美国来的化学家和小提琴家金博士 (Dr. King) 的房间相邻。虽然这间摆满了"许多箱子"的房间朝西，但由于整栋房子和邻居离得太近，所以并没有多少阳光从挂着蕾丝窗帘的窗子中射进来。

早晨 8：30、正午（12：00）以及下午 6：00，按时和马尔夫人及金博士一起在餐厅用餐；这种用餐变成了语言实验室。金博士会讲一点德语，海森伯能说一点英语，而马尔夫人则会 3 种语言。他们约定在吃饭时只讲英语，这对海森伯很有好处。早餐以后，马尔夫人就在他们去各自的研究所之前给他们朗读 15 分钟的报纸，以提高他们的丹麦语。在哥本哈根停留期间，海森伯显然学会了足够的丹麦语，可以用这种语言写信和演讲了——当后来研究所中出现一个职位空缺时，这就成了他的明显优势。[8]

到达哥本哈根后不久，海森伯就向家里报告了他的日常生活。白天，他在自习室自己的桌旁独自工作，到一楼玻尔的大办公室中去拜访，并且在研究所后面安静而又树木葱郁的大众公园中和玻尔长时间散步时讨论"所有类型的问题"。但是海森伯从来没有在他给家里的报告中提到过他和玻尔的助手克拉摩斯的讨论，他和克拉摩斯关系紧张。据所有人说，问题出在忌妒上。在这位格丁

136

根神童看来，克拉摩斯似乎在每个方面都高人一等。[9]

个高脸宽的克拉摩斯发际线后退，叼着缓慢燃烧的烟斗，看起来比他28岁的年龄更老。这位荷兰物理学家能够流利地讲好几国语言，是一位优秀的音乐家，而且在哥本哈根专长的量子辐射理论方面比海森伯博学得多。最重要的是，他占据着令人羡慕的地位，是玻尔的个人助手、亲信和法定继承人。阴郁且时而精神不振的克拉摩斯对每个人都表现出一种有点超然、傲慢和讽刺的态度，但是对海森伯的缺乏尊重和对他的原子实模型物理学的近乎鄙视却更加伤人。在一个云集了诸多雄心勃勃的神童的研究所中，克拉摩斯展现出了明显的专业野心。正如海森伯和泡利所讥讽的那样，这些神童都围绕在引人瞩目而又杰出的玻尔——量子物理学的"教皇"，以及他的忠实助手——尊贵的红衣主教"阁下"身边。

在一位年长竞争者身后，处于第2位的海森伯，再次担心他是否会被内部圈子所接受。当童年的海森伯在家中时，他和哥哥为了得到父亲的赞许而进行过激烈的竞争。像那时一样，这一竞争关系鼓励海森伯渴望胜过他人并获得大师的好感，不论这位大弟子多么根深蒂固。海森伯甚至进入研究所前就在和克拉摩斯竞争了。最后，他成功了。1926年5月，克拉摩斯离开哥本哈根到乌得勒支去当教授，而海森伯就接替了其竞争对手的位置，成了玻尔的助手和亲信。

海森伯很细心地把他到达哥本哈根的时间安排在了克拉摩斯出国去参加德意志自然研究者与医生协会的因斯布鲁克会议的时候，"这样我就可以协助您"，他向玻尔吐露道。[10]在柏林停顿了一下去拜访他哥哥埃尔温和他新未婚妻玛丽安娜（Marianne）以后，海森伯于1924年9月17日到达了哥本哈根，正当哥本哈根物理学的两个本质特色——虚拟振子和玻尔联系原子的量子性质及其经典（物理）对应性质的"对应原理"——遇到最大困难之时。[11]

原子只以确切频率发射光谱线，这些光谱线的复杂性质仍然是关于原子内部情况的首要线索。在玻尔-索末菲原子理论中，电子在某些固定量子轨道（或定态中）绕着原子核运动。这些态之间的一次量子跃迁伴随着一个光量子的发射或吸收，而光量子就是带有分光镜中观测到的某条光谱线的频率的光能粒子。发射或吸收的光量子的频率正比于这两个定态间的能量差。既然光粒子的概念和主流的光的电磁波理论相矛盾，就只能通过前面提到的技巧在实际中避免它：

假定每一种所观测到的被发射或被吸收的辐射的频率和强度都源自原子中的一个小小的天线或者说谐振子，也就是一根弹簧上的带电小球，以观测到的发射或吸收光波的频率和振幅（和强度有关）而进行振动。

BKS理论表明了虚构的虚拟振子是一个解决光与原子相互作用问题的可行工具——正如用一架大钢琴内振动的钢丝可以重现电子琴的声音（甚至更好）一样。1924年7月，克拉摩斯论证说虚拟振子与玻尔创造的不连续性方程的规则一起，可以获得一个新的量子色散理论——一道入射光束经过原子后散射为不同频率。[12]当海森伯在那个夏天与他的男孩们在巴伐利亚群山旅行时，克拉摩斯开始研究这个理论。虽然他们有分歧，但海森伯在这个秋天即将到达哥本哈根时还是加入了这项工作。

他们两个在不同的房间中工作着（克拉摩斯在他的办公室中，海森伯在自习室中），设法完成了一篇合撰论文，但主要由克拉摩斯执笔。关于原子对光的色散的克拉摩斯-海森伯论文1925年1月5日提交给《物理学杂志》，对这一领域做出了根本性的贡献。[13]它成为虚振子技巧的顶点。海森伯在6个月后的回顾中，还称之为"建造量子力学"所需的最后一击。海森伯突破的关键成分是他只关注在实验室所能观测到的东西，就像泡利当时已经在声明的那样。关于克拉摩斯-海森伯论文，海森伯后来写道："文中第一次强调了脱离直觉模型的必要性，并将其宣布为未来的所有工作的指导原则。"[14]克拉摩斯和海森伯在他们的论文中宣称："特别说来，我们将完全自然地得出一些公式，只包含跃迁所特有的频率和振幅；一切与周期性体系［原子］的数学理论相关的符号都将不复存在。"[15]

不过海森伯还不想宣布放弃原子模型中没观测到的电子轨道运动。虽然泡利排斥这些模型，海森伯却尤其不会放弃他那时已经成为"象征的"原子实模型或寻找所谓"真正塞曼模型"的最终目标。[16]不管原子的机械模型的象征性有多强，从它到作为量子力学基础的实验观测数据的过渡，是极其困难的一步——即便对大胆而又不固守己见的海森伯来说也是如此。从海森伯在1925年上半年中对泡利向哥本哈根物理学的最新攻击的反应中可以明显看到，他与原子模型极度紧张的斗争伴随着向纯粹可观测量的逐渐撤退。

泡利在年初就向海森伯抱怨说哥本哈根将"物理学'虚拟化'"，他还继续抱怨原子实模型。[17]在爱因斯坦的建议下，泡利开始仔细检验基于相对论的原子实模型的行为。泡利在 1924 年底写给朗德的好几封信中提出了他的相对论分析。它贬低了原子实模型。原子实必须在物理上是不活泼的。这意味着原子所有的光谱性质只能来源于电子行为，特别是在那些原子外层轨道中的电子。泡利致信索末菲道："人们现在对于所有模型有一个深刻印象，也就是我们的描述不足以表现量子世界的简单和美丽的语言。"[18]

当物理学家们仍然未能领略量子世界的简单和美丽时，玻尔邀请泡利在 1925 年 3 月去哥本哈根商讨下一步要采取的措施。但海森伯的青年运动兄弟沃尔菲·吕德尔当时也在拜访海森伯，并比原计划多待了些时日。直到吕德尔在 3 月末离开后，物理学家们才开始工作。这 4 个极具天赋而又活力十足的物理学家一起待在一个研究所，工作强度——每天从早上 9 点到半夜——帮助弥补了失去的时间。[19]首先，近期的实验表明，被自由电子散射的光的确表现得更像光粒子或量子，而不是波。能量和动量

海森伯在格丁根，约 1924 年

确实保持恒定，玻尔珍视的 BKS 理论只好被抛弃。其次，海森伯在 4 月 7 日回家前完成了一篇论文。他在这篇论文中表明，对同一现象，两种不同符号的原子模型虽然互不相容，但是似乎同样有效。[20]再次，没有任何一个原子模型能提供一条清晰的前进之路。对于原子看上去简单又美丽的量子世界内部真正的机制，所有模型似乎都不过是不完备的象征表示。

海森伯在 4 月离开了他在哥本哈根的同事，在符腾堡浪漫的中世纪乡村中和他的青年小组游荡了 2 个星期。他回到家后看到了来自玻尔的一封令人沮丧

139

的信。"有许多事情需要奉告，其中大部分是负面的，因为我对许多事的看法，比你在这里时带有更多怀疑。"玻尔仍然还坚持 BKS，他提到了在泡利的帮助下"为了对自然奥秘习惯起来"而忍受"折磨"，"……我正在力图使自己对一切可能发生的事件都有所准备。"[21]

海森伯 1925 年 4 月 27 日回到格丁根开始他的夏季课程，并遵循一条他觉得似乎可通往量子力学的道路：对最简单的原子氢，即对单个电子绕着一个单电荷的原子核运行仔细分析。他认为，没有电子间那种破坏性的排斥力，玻恩法则以及虚拟振子和电子轨道运动间的宽松联系应该能使他猜出氢的量子力学模型，正如克拉摩斯已经对光的色散所设法做过的那样。[22]

对于做出正确的猜想，存在着一个数学上的支撑。电子的行星轨道像它绕行原子核那样，是周期性的（它重复自身）。法国数学家让·巴蒂斯特·约瑟夫·傅立叶（Jean Baptiste Joseph Fourier）已经证明，可将这类运动视为简单的个体谐振子的无穷和。玻尔已经证明了在特定条件下，每一谐振子的频率的能量上限对应于其在氢气光谱中被观测到的频率。谐振子的辐值平方将会给出被观测线的相应强度。海森伯希望，对于氢原子发射光的这些特征的小心推导应当符合拉尔夫·克罗尼希（Ralph Kronig）观测到的氢谱线的强度，后者是一位当时正在访问哥本哈根的德裔美国物理学家。

140

计划似乎有希望，特别是在收到克罗尼希的一封鼓舞人心的来信后。[23]但到了 5 月中旬，海森伯却深陷于数学细节。"目前的全部条件还不十分充分，不能唯一地得出强度，"海森伯告诉玻尔，"但我仍要试着取得进展。"[24]他在最终放弃前又研究了一段时间，然后尝试一个简单得多的问题——"非谐"振子，在弹簧上摆动着一个简单球，不过稍微复杂了些，比如引入了少量摩擦力等。

大约与此同时，回到汉堡的泡利也遇到了类似的僵局。他也通过克罗尼希对一个问题发生了兴趣，那就是，通过以某种方法修正玻恩法则来求出相应虚拟振子振动的正确振幅（这就会得到谱线强度）。但是到了 1925 年 5 月底，泡利也陷进了困难中，也几乎准备放弃了。泡利向克罗尼希感叹："目前物理学又错得离谱了。对我而言，它无论如何都太困难了。我希望自己是一个喜剧电影演员或类似的人物，并且从未听说过物理学！"[25]当时查理·卓别林（Charlie Chaplin）在哥本哈根很流行。

直到海森伯在 7 月的突破前，海森伯和泡利——在没有观看卓别林电影时——都把他们的精力用在观测到的谱线强度而非发现真正的量子力学上。引人注目的是，尽管绝望和叛逆，他们两人都坚持自己的立场。迟至 6 月 24 日，海森伯还阐述了他们的分歧："我们的理论观点不同之处在于，您认为谱线分裂是给定的，并将适当的振子用在您的表象中；而我总是坚持模型的力学。"[26]

更深刻的分歧，是总是务实而又大胆的海森伯可以同时在两条战线上前进，并在每一条战线上很快做出反应。在写给泡利和克罗尼希的讨论原子强度的信中，他对振子的新方法几乎显现为一种马后炮。在他给泡利的为使用各种力学模型辩护的同一封信中，他跳到了泡利的一边，宣称指引通往量子力学的道路的，将是观测到的数据而不是模型。两星期以后，海森伯偏离电子轨道运动更远。他甚至责备泡利用了落入原子核中的电子轨道的这样的说法。海森伯宣称："我的微薄努力就是要消灭并适当取代那不能观测的轨道路径的概念。"[27]海森伯引入了一系列代表所观测到的由原子发射或吸收的辐射的数学实体，并非不可观测的轨道路径。海森伯和多数物理学家一道很快就将知道，这些实体是一种他们知之甚少的数学对象——矩阵——的元素。

海森伯之所以取得突破，是由于他愿意转向较简单的问题（非谐性振子）并试用另一种方法（只依靠可观测的量、频率和强度），哪怕他还没有完全相信这种方法。这就是海森伯的最高境界——同时认真而高明地贯彻不兼容的方法和应用相互矛盾的论点。不过他的工作还是遭到挫败。他不能超出简单的问题而为哪怕是最简单的氢原子得出一个量子力学解释，而且害怕同行的尖刻批评。他告诉泡利："我几乎不想谈起我自己的工作，因为一切问题对我来说还不清楚，我只能大概预测它将如何结果。"[28]泡利保持沉默。

那时，玻恩和他的新私人助教——以聪明和明显口吃而与众不同的 22 岁的德国物理学家帕斯夸尔·约当，已经独立于海森伯之外，在研究诸如非谐性振子的量子理论对象。到了 1925 年 5 月，玻恩和约当试图只通过振荡频率和振幅"改革辐射"。他们也提出了这些量和观测数据间的联系以作为他们新理论的指导原则。在 1925 年 6 月 11 日完成的发表论文中，玻恩和约当宣布了"一条具有重大意义和成果的基本公设……只有那些在原理上可以观测和确定的项才能进入真正的自然定律中"。[29]自然定律中不应包括不能被观测的物理量。

141

海森伯固执己见，但仍然认为格丁根的同事们给他们自己提出的任务太难了。他生气地向他父母诉苦说他自己的工作陷于停顿，而且"这里的每一个人都在做着一些不同的事，而没人做任何一件值得做的事"。[30]就让玻恩和约当做他们的计算，海森伯试图根据构成一个非谐性振子运动的大量相应虚拟振子来猜测非谐性振子的量子力学。正如他写给克罗尼希和泡利的信所揭示的那样，就连这个简单问题也需要紧张的思考和工作。正如1925年6月5日他写给克罗尼希——并非泡利——的信所揭示的那样，那一天他只利用可观测量便得到了量子力学的主要突破。[31]既没有为方法辩护，又考虑到泡利过去的批评，不确定性导致约束。

海森伯依赖的观测量是在实验室中观测到的单独光谱线的频率和强度。他认为，光由被卡在一个"非谐性"振子上的电子发出。在电磁学中，一个像这些电子那样来回加速的电荷将会像一个天线那样发射电磁波。和以前一样，可以把非简谐弹簧上电子的复杂运动整体上视为由非常简单的(简谐)振子总和构成，这些振子中的每一个都有确切幅度和振幅。海森伯为自己定下要解决的问题，是从这类装置观测到的频率和强度反推单个简单振子的振幅和振荡频率。海森伯首先说服自己，可以通过这些想象的振子来表达涉及辐射的观测数据。他写信告诉克罗尼希说，可以假设这种基本想法在量子理论中也成立。他推断，通过"重新诠释"每个振幅和频率，认为它们反映的是两个量子能态之间的量子跃迁而不是一个振荡，他能得到量子力学。通过这种方式，可以将每个经典振子的数学表达式重新诠释为量子表达式。

如何重新诠释振幅？他告诉克罗尼希："在我看来，这种重新诠释的重要之点[在于]……量子振幅的选取，必须对应于[观测到的]频率的关系。"[32]正是在这里首次出现了新量子力学。例如，当一个电子做一个二级跳——首先跳到下一个更低态，然后再跳到另一个比这还低的状态中时，必须把这两个发射频率加起来，以产生实际观测到的频率。这种频率的相加可以通过把对应于两次跃迁中的两个虚拟振子的表达式相乘得到。海森伯发现，在数学上，如果两个频率的确加在了一起，那么两个振幅就不是简单相乘而是受限于一个新的涉及所有可能中间态的奇怪乘法规则——以防电子在从一点到另一点时采取一条迂回路线。

这一简单规则构成了海森伯《关于经典运动学和力学关系的量子论再诠释》一文的中心特征，正如其突破性论文的题目所宣称的那样。但海森伯并不知道这一乘法规则实际代表着什么。直到两个月后他才知道，它就是所谓矩阵的两群数字的乘法规则。在一个量子跃迁中，所有可能的中间步伐也必须被排列在表中，这就是一个矩阵。然后，当对诸如两个运动的振幅这类物理量做乘法时，相应矩阵也必须依据矩阵数学的抽象规则相乘。

不管多么令人困惑，海森伯做出了他的再诠释，却还很难说这是一种量子力学。而且海森伯也没有对这一结果感到满足。通过他的非谐性振子计算辐射强度还是太复杂。他写信给克罗尼希说："上述方案的物理诠释……得出了一种很奇特的观点。"海森伯仍不确定，没有在 3 天后写给玻尔的信中谈到自己的工作。[33]

大约在这时，海森伯得了可怕的枯草热而病倒了。为了休养，他离开格丁根去了北海的一个荒岛，即德国海岸外的小小的黑尔戈兰岛（Helgoland）。他住在南岸附近的一家客房中，独自一人伴着礁石和大海，以及一个关于振子振幅的奇特乘法规则。在随后 10 天内具体发生在这个不毛之地的荒岛上的事情，曾经成了许多猜测和不少浪漫主义者描写的主题。多年以后，海森伯回忆到有一

143

天深夜他突然意识到了总能量必须保持为一个常量，正如最近 BKS 理论的失败所再次证实的那样。这就显然使他能够通过把新的乘法规则应用于对应的经典表达式来导出量子定态的能量。他连忙计算了谐振子和刚性转子的能量，并与他回忆的已知观测结果得到满意的一致，此时正好来得及观看朝阳从大海东方冉冉升起。[34]海森伯得到了他的突破，但仍仅限于此。

在返回格丁根途中，他在汉堡稍作停留以将他的新物理学告诉泡利。海森伯立即开始把他的结果写成论文。他试图加上其他进展。可以通过首先重新诠释电子的位置和动量来量子化电子运动，这里的位置和动量只是随着时间变化的数字。这很快成为量子矩阵的表现形式。他接着要求这些表现形式满足以下条件：动量和位置变量的相乘（对所有可能值求和）的结果，必须得到一个整数（一个量子数）和包括普朗克常数在内的常量的乘积。海森伯也重新诠释了这一表达式，并再次发现一个很奇怪的结果。正如玻恩和保罗·狄拉克在后来所展示的那样，当一个电子的量子位置和动量矩阵相乘时，相乘的顺序会产生巨大

差异——这是一件奇怪事，因为当两个数相乘时不会发生这种情况。但对量子矩阵，人们确实得到一个不同结果，它取决于人们是将位置乘以动量还是反过来将动量乘以位置。这在经典世界中没有差别，但在量子世界却有差别。

泡利即便没有公开批评也抱着怀疑态度。他仍然反对海森伯的形式主义以及对半整数的引入，这一次是为了量子能量。[35] 不迟于 1925 年 6 月 24 日，海森伯显然已经看到了关于辐射的玻恩-约当论文，这篇论文是在他去黑尔戈兰时完成并提交的。海森伯对泡利怀疑论的回应是把他的方程中一切量的观测提高到了公设的地位，而且叙述用语和玻恩及约当所用的几乎相同："基本公设就是：在任何量的计算中，例如能量和频率等，只允许出现原则上可以[通过观测]控制的那些量之间的关系。"[36]

在给泡利的同一封信中，海森伯继续提到他自己不喜欢这篇论文，而且仍然不知道"如果把运动方程设想为跃迁概率[振幅]间的关系的话，它们真正意味着什么"。[37] 7 月 9 日，他急切地完全放弃了轨道，而转向了数据和数学变换——归根结底，这是行得通的！他寄了一份手稿副本给泡利，而把他唯一的另一份稿子交给了自己的导师玻恩，而玻恩显然甚至还不如泡利了解他的私人讲师正在干什么。海森伯曾在不久前给他父亲写信说："我自己的工作现在没有进展，不是特别好。我得到的成果不多，也不知道在这个学期能不能就这个工作写出另一篇[论文]。"[38]

1925 年初，明显没把握的海森伯带着两个请求去见玻恩。第一，他希望获准在学期结束前离开格丁根而应邀到英国剑桥去讲学。第二，他请求玻恩看看他的论文并决定值不值得发表。玻恩答应了第一个请求而对第二点极感兴趣。但他起初对两个振幅的奇特乘法规则甚感迷惑。他觉得对这规则似曾相识。最后他想起了多年前在格丁根求学时，在所学的一门线性代数课程中见过的一条规则。而那不是别的，正是两个矩阵的乘法规则。[39] 到了月底，当海森伯正在英国时，玻恩就把海森伯的论文转给了《物理学杂志》编辑。这篇突破性的论文及其乘法规则，后来发展成为量子力学的矩阵表述。

144

第十一章　淹没在矩阵中，被波拯救

海森伯手稿提供了一种对经典力学的量子再诠释，泡利对它的反应是"欢欣鼓舞"。这种再诠释在随后几个月中迅速演化成量子力学，给当时绝望的泡利带来了"新的希望，以及一种对生活的重新享受"，正如他在 10 月给克罗尼希信中所写的那样，"虽然这并不是谜底，但我相信现在又能前进了"。[1]

将近两年后，玻恩还坚称他记得自己是在哪一天哪个时间，突然意识到海森伯的论文涉及了古老而鲜为人知的高度抽象的矩阵数学（线性代数的一个分支）。[2] 那年夏天和秋天，当海森伯在剑桥演讲光谱学并到哥本哈根完成他的洛克菲勒奖学金项目时，玻恩和他的助手帕斯夸尔·约当把海森伯的矩阵计算打扮成为一个他们所谓的"量子力学的系统理论"。[3] 他们在 1925 年 9 月间寄给《物理学杂志》的论文，向包括海森伯在内的大多数物理学家介绍了深奥的矩阵计算方法。

把这种方法应用到量子物理学上，玻恩和约当奠定了一种新的矩阵量子力学（常被称为"矩阵力学"）的基础。[4] 对于技术上的外行人，新力学过去是（现在也还是）几乎不可理解的。当然，也不一定要详细理解这个理论才能领会这一方法的整体秉性。事实上，它的抽象特征正是其最重要的秉性之一，这也促使其他物理学家如释重负地去接受不久后由奥地利物理学家埃尔温·薛定谔（Erwin Schrödinger）提出的更易理解的"波动力学"。

在格丁根的"矩阵力学"中，矩阵牵涉到有规律的数组，也就是一个行列式，经数学运算并根据矩阵代数规则与其他代表物理特征的矩阵相乘，从而得到物理结果。在这一方案中，几乎所有的经典力学的变量和函数都被重新诠释为相应的量子矩阵，并遵守量子规则。在当时需要经过复杂矩阵方法的培训，才能够从矩阵数学与量子原理的结合得出实际上的可观测的物理量。今天通常会要求一个学期的高级水平课程。从原理上说，任何一个量子化的系统都有无限个可能的静止态，这种情况使得相关数学更加困难。像位置和动量这样的基本变量可能一下子变成无穷大的矩阵，包含无穷多的行和列。

由于这个原因，玻恩和约当用了论文的大部分来解释矩阵运算的技术方法以及在量子物理上的应用。对之前几乎所有的经典和量子方程，他们都发现了对应的矩阵。他们工作的焦点是同样非常复杂的经典行星物理的数学，玻恩及其助手之前曾经将其应用到行星原子模型。通过用抽象的矩阵表达重写这些方程，他们得以导出原子中静止态的能量。对于玻恩和约当来说，这与能量守恒一起，似乎给"指望这种理论能够抓住真正深入的物理规律"提供了"强有力的依据"。[5]

格丁根的希望很快就被一位完全独立于他们之外的一位 23 岁的剑桥大学物理学生所确证。作为一位来自瑞士的中学法语教师的羞怯而腼腆的儿子，狄拉克在几年前听说了爱因斯坦在相对论中关于光线弯曲的预言已被英国人所证明，当时他正在布里斯托尔大学完成电气工程和应用数学方面的学士学位。宇宙学家阿瑟·埃丁顿（Arthur Eddington）的通俗著作让他对相对论产生浓厚兴趣，因而奔向了剑桥去修习一个物理方面的博士学位。作为著名的理论专家 R. H. 福勒（R. H. Fowler）的学生，他在相对论方面的兴趣延伸到包括原子物理学。于是在 1925 年夏天，狄拉克前去聆听福勒有名的外国客人之一的海森伯关于原子光谱学的一篇演讲。

在访问剑桥期间，海森伯在公开场合只谈到了塞曼效应。对于他自己的量子论文，他仍有太多不确定。不过他确实与福勒进行了私下探讨，而后者很快从玻尔那里得到论文校样。当狄拉克从校样得知海森伯诠释的全部细节之后，他得到了海森伯奇特的乘法律和一组特别的经典方程（泊松括号）之间有价值的类比。在后者中相乘的次序也是重要的。[6] 与此同时，通过把玻恩-约当表述形式扩展到任何粒子数和运动的体系，格丁根也进一步肯定了自己的希望。结果就是题为《论量子力学Ⅱ》的著名的和关键性的"三人论文"，由玻恩、海森伯和约当(按字母次序排列)于1925年11月间交稿。对于那些能够了解理解数学的人来说，这是新物理学的根本性的论文。[7]

海森伯通过从哥本哈根写信参与这一工作，直到玻恩命令他回格丁根，以便3人一起完成这篇论文。[8]海森伯在玻恩不在格丁根时将代理他的工作，因此玻恩也需要让海森伯熟悉学院事务和教学任务。[9]玻恩、海森伯和约当都是将行星理论适用于量子化原子的专家，他们在发展他们早先工作的矩阵-力学类比方面并没遇到多大困难。然而，他们的方法却把理论提高到了新的抽象高度。

尽管如此，这3个人却自豪地宣称这种新的量子力学达到了追求已久的目的。它的基础包含了量子力学的基本公设——原子中分立的固定能态和伴随着光的发射和吸收的态间跃迁。而它在原理上可以计算原子之类的任何周期运动系统，并且和经典力学非常相似。先前令人迷惑的原子性质现在能从新量子矩阵力学中导出。泡利和狄拉克立即用这种新力学——以及他们自己的独创性——来推导著名的氢原子巴尔末系。[10]新近到来的两位博士后也将这一理论用于所谓的分子带状光谱中。其中一位是格丁根的卢西·门兴(Lucy Mensing)；另一位是使用该理论的狄拉克剑桥版本的J. 罗伯特·奥本海默(J. Robert Oppenheimer)。[11]

但只有在增加了电子自旋的概念后，量子力学才充分适用于原子现象。所谓自旋概念就是一种假说，认为电子在原子中像一个旋转陀螺或一个微型地球那样绕着自己轴线转动，其自转角动量是半个单位。电子自旋的半整数量值一下子就解决了差不多5年来一直困扰着原子光谱的诸多半整数难题！这一成功加强了矩阵力学的学者们对其新理论及其表现的自然特征的自信。矩阵力学和电子自旋成为原子物理领域5年高强度研究的高潮和结果。

海森伯和泡利起初对电子自旋的概念持保留态度。它似乎是向原子和电子图像模型的一种倒退。更糟的是，它还要求电子赤道上一点的运动速度超过光速，而这是被相对论所禁止的。但是这一概念的有效性却让它最后胜出。1926年3月12日，泡利终于"怀着沉重的心情""屈从"了它。[12]仅仅4天之后，海森伯和约当从格丁根提交一篇论文手稿，将电子自旋应用到塞曼效应的量子矩阵力学上，解释了这一困扰物理学家 10 年的现象。[13]

新的塞曼效应理论也意味着 1926 年 3 月玻尔、泡利，或许还有海森伯首肯的 3 个"项目要点"中的第一个得以实现。[14]这些要点号召利用新的矩阵量子力学和电子自旋来清理旧理论——也就是托马斯·库恩所谓的革命性的新范式建立后的"扫尾行动"（"mopping-up operation"）。在氢原子被纳入新理论体系之后，物理学家们下一步的计划是：推导出所有观测到的原子发射光谱现象；推导出观测到的两种氦原子的性质；以及元素周期表结构的完全解释。这 3 位物理学家期待量子力学能够自然地解释这些积压已久的问题和困惑。到 1926 年 7 月这一项目成就非凡，已经完成 2/3，只剩下电子轨道的闭合与周期表的关系问题。然而一个完全的圈外人却在稍晚一些时候，从一条平行的道路，对他们的进路形成新的挑战。与此同时，一个新原理轻松处理了电子壳层的闭合问题，这就是泡利不相容原理。[15]

潇洒不羁的 38 岁的奥地利人埃尔温·薛定谔，是苏黎世大学的理论物理学教授。从 1926 年初开始，他发表了一系列论文，以一种完全不同的方式，不依赖电子和矩阵代数，奠定了量子力学的基础。这一新的量子力学被称为波动力学。[16]他处理量子原子物理问题的方向和目的都与量子矩阵发明者们所捍卫的大不相同。在他的系列文章中，独立工作的薛定谔把波粒二象性的对立面纳入他对量子力学的一种新表述的基础之中。在矩阵物理学家们集中注意能态间的量子跃迁和带电物质的分立自旋电子球的同时，薛定谔却利用了物质波的假说，该假说不久以前由法国的博士候选人路易·德布罗意（Louis de Broglie）提出并新近得到了爱因斯坦的关注和支持。

作为法兰西国民议会中一位贵族议员的儿子，路易·德布罗意本来打算从事公务员工作，在巴黎学习了历史和法律。但是在接触了昂利·庞加莱的著作以后，他在他哥哥莫里斯（Maurice）的影响下转向了物理学；路易在他哥哥的实验室中直接学习了物理学，并发表了一系列论文，最后于 1924 年在索邦写出论物质波的学位论文。

如果电磁波表现得像一些粒子（光量子）那样，那么，德布罗意推理说，粒子在某些条件下也应该表现得像一种物质的波即"物质波"那样。[17]薛定谔指出，如果这样的话，那就应该存在一个代表物质波在空间的演变或传播的"波动方程"，以及一个代表物质波本身的"波函数"。

　　在他的第一篇论文中，薛定谔利用了力学和波动光学之间的一个旧类比，将其应用于物质波，并同时利用了函数的微小改变只能引起微弱效应的数学原理。他最终导出了一个波动方程，形式上和其他波动方程十分相似。方程的每个解都得出一个特立的波的能量，每个能量都对应一个特定振动模态的驻波。将这一方程应用到原子中的轨道电子上，薛定谔认为电子的物质波是在绕核轨道上的振荡。他将每个特立的振动模态看作是一个定态。换句话说，原子中的轨道电子表现出一系列的特立的量子态，每一个量子态都有特定的能量，因为每一个态都代表一个不同的电子波的可能的驻波振荡，都有特定的能量。就像玻尔最初的原子量子论中一样，这些轨道也是分立的，原因是只有特定能量的特定轨道才能满足驻波条件。这是一个相当新奇的想法，与格丁根、哥本哈根或者慕尼黑的想法完全不同！

149

诺贝尔奖获得者们到达斯德哥尔摩，1933 年

从右至左：薛定谔，海森伯，狄拉克，狄拉克母亲，薛定谔伴侣，海森伯母亲

利用自己新的波动力学，从量子态能量的计算值出发，薛定谔轻易地导出了氢谱线中观测到的著名的巴尔末线系。在接下来的一篇论文中，通过引入时间变量，薛定谔得到了这类波传播的更普遍的方程，也就是今天几乎所有量子物理教科书中都会提到的所谓"薛定谔方程"。它成为一种新的量子波动力学的核心，这种波动力学和格丁根那种深奥的量子矩阵力学适用于同一种动力学问题。

薛定谔波动力学力量惊人，优势明显，它的深刻重要性得到了高度的赞颂。当时多数物理学家早已熟悉包括在波动力学中的那种波动方程和本征值问题，许多人就更喜欢这种力学所依据的那些观念。刚刚领教了矩阵代数的抽象性的这些物理学家们，对薛定谔这个求解偏微分方程的任务更熟悉，表示热烈欢迎，甚至矩阵力学家们也是如此。尽管求解这个微分方程也可能非常艰难。例如，起初认为薛定谔的办法是"完全发疯"的索末菲，几个月后就在汉堡的一次谈话中宣称"虽然矩阵力学的真实性不容怀疑，但是它的运用却极其复杂和惊人抽象。现在薛定谔拯救了我们。"[18]

薛定谔在他第一篇文章中就轻松推出了巴尔末线系[的公式]，这显然给一贯挑剔的泡利留下了深刻印象，当时他刚刚利用矩阵十分艰辛地推出了相同结果。他在 1926 年 4 月上旬写信给约当说："我相信这篇论文是近来最重要的论文之一。请仔细用心读它。"[19]薛定谔物理学所提供的那些可能性也鼓舞了马克斯·玻恩，当时他正在麻省理工学院和诺贝特·维纳（Norbert Wiener）一起研究将矩阵力学方法扩展到粒子碰撞过程。有感于波动力学确实可以很简洁处理碰撞问题，玻恩在回到德国以后就表示了对波动力学的热情："我认为[波动力学]是量子规律最深入的形式。"[20]

和他的同事们相比，海森伯对薛定谔看起来没有那么热心；对玻恩显然背叛而投向波动力学，他"不是很高兴"。[21]他的怀疑态度既是出于养成的信念，也缘源于个人间的竞争。他称薛定谔的论文"难以置信地有趣"，尤其是数学上的简单性，但是和玻恩不同，他不承认薛定谔的工作作为物理学比他的工作更优越。玻恩在一年后致信薛定谔道："海森伯从一开始就不同意我认为您的波动力学比我们的量子力学物理意义更重大的看法。"[22]

在构想矩阵力学和电子自旋的时候，赶上薛定谔的文章发表，海森伯对于

150

格丁根矩阵力学的路线获得了"极大信心"。[23] 但他却担心玻恩—海森伯—约当关于一个更基础要点的看法能否得到接受。这就是自然本身的特性，他相信这一特性要求粒子、量子和不连续性的存在。这种观点似乎被矩阵代数学的抽象性所遮蔽。他早先曾向泡利抱怨，除了他们 3 个人外，格丁根的科学家们又分成两个阵营：那些不顾矩阵物理学的抽象而欢迎它的空前成功的人，以及那些觉得矩阵物理学太难而放弃的人。[24] 以前为了成功而不惜任何代价的海森伯，起初并未加入任何一个阵营。他对薛定谔的工作也并非冷漠，但他最后又争辩不能用波和振动模态代替跃迁和量子态。

薛定谔则持相反立场。他写道，矩阵力学的创立者们强调的是量子跃迁和不连续性要素的存在，原子运动的非直观表现，和针对连续变量的矩阵处理，而波动力学则刚好相反：是"从经典质点力学走向一种连续理论的一步"。[25] 他论证说，他的理论建筑在一种连续场上，尽管这个场不存在于我们日常所见的实际空间之内，而是处于抽象的多维空间。尽管如此，他相信自己的理论几乎将物理学完全推回到物理机制过程的经典图景和原子模型中。

151　　　薛定谔告诉他的同事和支持者威利·维恩："所有关于'可观察性原理'的哲学化，都只是我们在猜测实在的图景方面的无能的托词而已。"他写道，在实际和思想上最有利于量子物理学的未来发展的，是坚持直观的波动力学，而不是"认为在原子动力学中只能抑制直觉而运用跃迁概率、能级等的抽象概念"。[26]

让两派人马都感到十分惊讶的是，量子力学的两种不同形式即波动力学和矩阵力学，独立存在的时间还不到两个月。1926 年 5 月，薛定谔发表了一个证明，表明所提出的两种在形式和内容上似乎十分不同的表述形式（波动方程和矩阵代数学）事实上在数学上等价！这样一来，双方便更公开地互相嘲笑了，有时争论变得感情化甚至带有人身攻击。

薛定谔本人也完全无能为力。在他的等价性论文中，薛定谔并未试图论证两种诠释方式的平等地位，而是"不无偏颇地"表现他自己的表述形式的优越性。更有甚者，在该论文的一条著名脚注中，薛定谔宣称："我的理论受到了 L. 德·布罗意的启示……也受到了 A. 爱因斯坦的简短而不完全的议论的启示……和海森伯没有任何关系。当然我知道他的理论，但是那种对我来说很困难的超越代数方法以及直观性（visualizability）的缺乏使我感到了失望，且不说是感到厌恶。"[27]

在薛定谔等价性论文发表后不久，海森伯在写给泡利的一封信中对薛定谔理论表达了类似的情绪："我越考虑薛定谔理论的物理部分，就越讨厌它……薛定谔所写的关于他的理论的直观性的那些话'或许不十分对'（套用的玻尔的话），换句话说，那是胡扯。"[28]他公开宣称，薛定谔方法的唯一长处就在于它使人能够简单算出原子跃迁概率，来输入到量子力学的矩阵中去。[29]

必须指出的是，触发这类情绪的并不是数学等价性本身（泡利事实上在较早的时候而且没费多少事就已经证明了这种等价性），而是每一方面对这种等价性的看法。不同但却等价的表述形式事实上也没有引起多少争论。虽然矩阵力学依然对某些问题更合适（特别是涉及自旋的那些问题），薛定谔的波动方程却很快被多数物理学家选来求解多数问题。分歧所涉及的是诠释，是两种表述形式背后那两种完全不同的对原子的理解，而现在知道这两种表述形式在数学上是等价的。随着数学等价性在 1926 年 5 月间被确证，人们的注意力就集中在每一形式背后的物理概念上，而且任何一方都不肯让步。

矩阵力学和波动力学的各自捍卫者们之间的冲突，形成了后来为人所接受的量子力学诠释的直接背景；这个诠释就是 1927 年初的海森伯不确定性原理[1]和同期的玻尔互补原理，两者是量子力学所谓的哥本哈根诠释的基础。

152

关于这一冲突及其后果，历史学家和其他学者曾有过许多说法。[30]一种看法认为，斗争根本不是关于物理学，而是关于谁将主宰量子力学的未来。有些人认为海森伯的忌妒、野心和名利心就是斗争的原因。海森伯当然不是没有这些人性特征，他的某些亲密的同事们也一样。但在解释那些矩阵力学家们对待波动力学挑战的态度方面，这些特点似乎不是那么重要。从一种更广泛的角度来看，重要的是要看到，海森伯和他的亲密同事们整个学术事业都在和量子论中包含的自然界的新奇特征［不连续性、量子跳跃、分立粒子和颗粒性（particle-like）的光量子］作斗争。他们深深相信这些特征确实存在于自然中而且已经被包

---

　　[1]　此处英文为 uncertainty principle，有时也用 indeterminancy principle，国内以前通译为"测不准原理"。本译本明确将两者区别开来，凡 uncertainty principle 均译为"不确定性原理"，只有专门出现 indeterminancy principle 处，才译为"测不准原理"。——译者

括在自己的矩阵力学中。薛定谔似乎否认这一切。

但是某种比较世俗的问题也吸引了他的注意力，那就是学术工作机会的突然降临。正当薛定谔在 1926 年发表他的等价性论文时，在德国出现了一些理论物理学教授席位的空缺。这种最高职位的诱惑力很快就引起了像海森伯这类年轻天才的注意；这些人新近获得了大学授课资格，现在把捍卫矩阵看作捍卫他们的职业地位，因此需要获得一份体面的工作。

1925 年年底，正当玻恩、海森伯和约当完成对矩阵力学的最后一击时，玻尔的哥本哈根助手 H. A. 克拉摩斯接受了乌得勒支的一个正教授席位。这样玻尔就有机会把克拉摩斯身兼大学讲师和研究所助手的双重职位交给海森伯；这是海森伯向往已久的一个位置。而且他现在还有一个优势，就是丹麦语已经近乎熟练。海森伯试探性地接受了玻尔的聘请，但是他没有讳言他的另一个目标。正如玻尔在写给玻恩的信中所说的那样，"在德国，谁也不必担心（海森伯）会在这里待很久。"[31] 当时仍在美国的玻恩同意让海森伯去哥本哈根，不过他要在哥根廷待到玻恩于 1926 年 4 月间回国。

海森伯要回国工作的意愿正赶上在量子力学的最近突破之后，理论物理学在德国内外炙手可热。正当德国在其他领域中受到危机的折磨时，德国人在相对论和量子物理学方面的工作得到了国际承认。欧洲和其他地方的几乎所有的大学当局都想请一位新物理学方面的一流德国代表人物到他们那里去任教。仿佛海森伯一贯的好运气使然，一些讲德语的大学中的一些年长教授的逝世或退休也空出了一些职位。

1926 年初，理论家乔治·塞西尔·雅费（George Cecil Jaffe）离开了莱比锡的副教授职位到吉森当正教授去了。1926 年 10 月 1 日，马克斯·普朗克从柏林大学退休了（但在之后的 20 年仍十分活跃）。一星期以后，莱比锡的理论物理学教授特奥多尔·德斯·库德雷斯（Theodor Des Coudres）因心脏病突发而逝世。在同一个月，附近的哈雷市的理论家卡尔·施密特（Karl Schmidt）交了退休申请书。3 个月以后，在 1927 年 1 月间，莱比锡的实验物理学教授奥托·维纳（Otto Wiener）也因心脏病而逝世。"倒霉的莱比锡是一个长久的不安之源！"泡利对海森伯惊呼（不说是心脏病的长久之源）。

在海森伯所谓的"有关教席任命的闲言碎语"（Klatsch）接踵而至时，海森伯和泡利发现自己高居几乎每一份名单的前列。1926 年 4 月，国际教育委员会驻欧洲的代表奥古斯塔斯·特劳布里奇（Augustus Trowbridge）向玻尔探问，怎样才能把海森伯吸引到大西洋彼岸。[33]同时，海森伯、泡利和格雷戈尔·文策尔了解到，他们全都（按这一次序）名列接替雅费的莱比锡名单。

海森伯已经接受了玻尔的接替克拉摩斯的聘请，并已定于 1926 年 5 月 1 日到达哥本哈根。在 4 月里，海森伯给玻尔的一次关于财务安排的非常迟到的问询，使得玻尔发出一份担心的电报，声明给海森伯增加薪金。当时海森伯正在德累斯顿（萨克森文化部的所在地）进行关于莱比锡职位的商谈。[34]德国的学术传统要求一个青年接受第一次得到的任命，否则在以后一段时间他将"不可能"被考虑。海森伯的父亲了解这种形式化的做法，他强烈地劝他儿子接受莱比锡的任命，尽管那将意味着放弃哥本哈根的位置。

拿不定主意的海森伯征求了格丁根的建议。刚刚回国的玻恩和当时任科学学院院长的里夏德·库朗强烈劝告他不要去莱比锡而失去到哥本哈根和玻尔一起工作的绝好机会。[58]库朗在第 2 天就通知玻尔说："我催促他在任何情况下都到您那里去，不要为了表面上有优势的莱比锡的召唤而牺牲哥本哈根的科学和人文好处。我的意见是，海森伯可以心安理得地推掉在德国（得到一个职位）的第一个最初机会。"[35]

海森伯在柏林也听到同样的劝告。4 月初，负责那一年的著名的柏林大学物理讨论会的马克斯·冯·劳厄邀请海森伯去演讲矩阵力学。海森伯在 4 月 28 日发表了一篇为时两个小时的紧张的综合演讲。[36]他在第 2 天从柏林写信给父母说，所有的"物理学巨头"——爱因斯坦、劳厄、瓦尔特·能斯特（Walther Nernst）、鲁道夫·拉登堡、莉泽·迈特纳（Lise Meitner）——都来听他的演讲。在他们的私下交谈中，柏林的巨头们尽管对海森伯物理学还有明显怀疑，但却一致积极劝他接受玻尔提供的职位而推掉莱比锡的邀请。他们认为海森伯肯定可以从玻尔那里学到多得多的东西；也许他们甚至希望和哥本哈根的联系将改进海森伯的物理学。他们确信以后还会有另外的教授职位等着他。他写道："如果我继续写出好论文，我总会接到另外的邀请，反之我就不配受到邀请了。"[37]

海森伯接受了众口一词的劝告而去了哥本哈根——但只是与格丁根暂时告假。他希望保留他在必要时返回德国的选择自由。1926 年 5 月初，海森伯到达

154

了哥本哈根来开始他作为大学讲师和尼尔斯·玻尔的助手的全时工作。

在泡利那方面，当时已被提升为正教授的他拒绝离开汉堡。名单上的第3人文策尔，在薛定谔等价性论文刚刚问世时接受了莱比锡的副教授职位。如果海森伯将受到另一个教授职位的邀请，他论文的优劣就将按照他的理论和更受欢迎的薛定谔理论的等价性所带的新形势来判断了。这一点在海森伯到达哥本哈根两个星期以后就变得清晰了；那时他的外祖父韦克莱因在未出嫁的女儿，海森伯的小姨陪同下出现在了哥本哈根。[38]年迈的韦克莱因不断埋怨自己屈就于一个大学教席之下职位。他外孙的获得大学授课资格以及近来代理玻恩的工作，曾经是他晚年的最大欣慰。现在海森伯为了一个外国的助手职务而拒绝了一个德国教授位置，这在年老多病的希腊研究学者看来想必不可理解——他的女婿奥古斯特·海森伯的看法也是一样。3个月以后，玻尔收到了海森伯的父亲的一封为他儿子的前途而担心的信。玻尔在复信中大力保证海森伯确实正走在通往一个教授职位的正确道路上。[39]那一年还未结束，海森伯就接到了他外祖父逝世的消息；让人倍感伤心的是，他的两个外孙似乎全都离当教授还很遥远——当时埃尔温还没有获得博士学位。不过，海森伯在不到一年的时间之内就实现了他外祖父的梦想。但那时确有压力。

海森伯打算在哥本哈根再租住马尔夫人的房间，但当他在1926年5月间来到哥本哈根时，马尔夫人正在度假。在她月底回来之前，他住在了玻尔的哥本哈根研究所屋顶下的3层楼上的一间狭窄但装潢很好的客房中。他的窗子对着研究所后面的大众公园的优美景色，他和玻尔常常到那里去散步。新近搬到研究所旁的一处新房子中去的玻尔夫妇把海森伯当成了家庭中的一员，按时给他准备饭食，并让他使用钢琴，直到马尔夫人回来时为止。海森伯告诉他的父母说："和玻尔一家在一起，我已经觉得像在半个家一样。"[40]

从未被那些上层学者们所忽视的音乐和娱乐，在整个这一期间占用了海森伯及其哥本哈根同事们的空闲时间。除了一般的日常散步和弹钢琴以外，海森伯还独自一人或和研究所同事们一起进行过许多次周末的乡村旅行。他和玻尔一起到挪威进行过长途的航海旅行和登山运动，他们也一起每周学习骑术。这些活动从来不是随意进行的，而是"为了不要在物理学中退化"。不过，尽管这些活动可能也很紧张，它们还是不能和他工作的强度等量齐观。

海森伯的任务是协助玻尔指导他们的许多来访者的工作。他修改许多学生和来访者的研究论文，并且每星期用丹麦语讲1小时的课。海森伯似乎把丹麦语运用得很不错，正如他给父母报告里，以及他用丹麦文写的讲稿中可以看到的那样。[42]但是，由于薛定谔现在挑战了量子力学的矩阵观点的基础，海森伯最费力的任务就是与玻尔一起澄清量子力学诠释的形势。

薛定谔曾经公开叫阵，倡导自己形象化的波的连续理论，打压组成抽象矩阵的自旋粒子的不连续性和量子跳跃。海森伯和他的同事们，虽然接受了薛定谔的波动方法，但是却反对他的看法。在薛定谔发表了他的等价性证明，同时海森伯转到了哥本哈根以后的几个月中，海森伯他们重申了关于存在不连续性的信念以及他们解决由不连续引起的困难的愿望。

在5月读到薛定谔的论文不久以后，泡利就告诉薛定谔，必须把一种不连续性要素引入到量子现象的理解之中。[43]只有连续物理学是不行的，他在11月间重复说："然而请不要认为这种信念会使日子好过，我已经因此把自己折磨得很厉害，而且可能必须再来一次。"[44]在和薛定谔面对面地争论了一次后，海森伯向泡利抱怨说薛定谔的理论"不符合事实"；就是说，它不能解决那些似乎要求不连续性的问题。"薛定谔干脆把光电效应、弗兰克碰撞、施特恩-盖拉赫效应（Stern-Gerlach effect）等所有'量子理论效应'都扔掉，然后就不难创立一种理论了。"[45]

海森伯和薛定谔的见面发生在1926年7月底的慕尼黑。既已听过海森伯关于矩阵力学的演讲，柏林的物理学家们就很想听到薛定谔关于波动力学的看法，于是就邀请了他在7月间到柏林发表演讲。在薛定谔返回苏黎世的途中，他的积极支持者，已经当上慕尼黑大学校长的威利·维恩及其支持的热情稍逊的同事阿诺尔德·索末菲邀请了他在慕尼黑暂停并在慕尼黑大学发表两篇关于他的新理论的演讲——其中一篇是在7月23日星期五对德国物理学会的巴伐利亚分会发表的，另一篇是在次日对量子专家们发表的。海森伯回到了慕尼黑——这是他在去了丹麦以后第一次回德国，为的是听薛定谔演讲，也是为和他十分怀念的青年小组中的青年们共度一次假期。

海森伯没有在这次会议上发表正式演讲，但是他在拥挤的物理研究所报告厅中出席了薛定谔的那两次演讲。直到薛定谔结束他的题为《波动力学的新结果》的第二篇演讲时，海森伯才提出他对薛定谔主张的反驳：当戴着眼镜的薛定谔教授在那个星期六的早上结束了他的关于应用的讨论时，24 岁的海森伯就从座位上站起来，像 4 年前在格丁根一样，论证了新理论并不能解释一些基本的量子现象，例如光量子和康普顿效应（电子对光子的散射），这些都似乎要求着不连续性和量子跳跃。听众显然是不同意的，而年迈的威利·维恩显然生了气，激烈地打手势让海森伯坐下，不要再讲了。维恩后来甚至试图安慰海森伯，因为照维恩看来，海森伯的物理学，"连同量子跳跃之类的一切胡言乱语"都已经"完结了"。[47]没有任何人相信他的观点，甚至索末菲也不相信，灰心丧气的海森伯很快就和他的青年小组一起去了山区。但是，当在英国的一次会议上见到玻尔和玻恩并和他们讨论了一番以后，维恩就给薛定谔写了一封信表示不放心，问他不用不连续性到底怎样说明光量子和康普顿效应。在那时，薛定谔也一样不肯定。[48]

海森伯还是急于征服他的对手。在慕尼黑相遇后他告诉约当说："几天以前我在这里听了薛定谔的两篇演讲，而且坚决相信薛定谔所提出的量子力学的物理诠释是不正确的。然而薛的数学意味着一大进步，这是显然的。"[49]不过，几个月以后，随着大多数物理学家像他在慕尼黑所亲眼看到的那样醉心于波动方法和波动力学，海森伯显得更加急于自卫。1926 年 9 月，在两年一度的德意志自然研究者和医生协会的大会期间，他在杜塞尔多夫向德国数学会和德国物理学会的联席会议发表了一篇演讲。听众是德国物理学界和数学界的两个最强有力的团体的代表。他的演讲刊载在发行很广的《自然科学》（*Naturwissenschaften*）上。在演讲中，他既没有要求抛弃对手的波动观念（那是不太可能的），也没有提到粒子观念的优越性，而是论证了应该在和波动平等的立场上更充分理解粒子观念。这正是玻尔所倾向的。这就意味着回到某种类型的波粒二象性："在我们的关于物理现象和数学公式的直觉诠释中，存在着一种波动理论和粒子理论之间的二元论，使得许多现象可以用波动理论来最自然地加以解释……而另外一些现象则只能在粒子理论的基础上加以解释。"[50]

海森伯为支持自己的观点而作的物理性论证在杜塞尔多夫会议上触发了一场大辩论。作为回应，玻恩、海森伯和约当酝酿了一篇新的三人论文来把问题说清楚。在一封写给玻恩、约当和一位反对者［阿道夫·斯梅卡尔（Adolf

Smekal)]的信中，海森伯声称自己本来要退出辩论，但是预料之中的薛定谔对海森伯言论的反驳却很快改变了他的主意。[51]虽然薛定谔实际上无意答复海森伯的论断，海森伯却向通常只刊载非争议性研究论文的刊物《物理学杂志》投送了一篇从题目"波动现象和量子力学"看似乎无关利害的论文。[52]在其中他试图证明"不连续性的事实是以一种很自然的方式被包含在量子力学的体系之中的"。但是其语气以及海森伯对泡利的陈述显示了论文的真正目的，他承认说，这只是"为那些连续理论的先生们写的一篇教育文章"——一种感觉面对挑战时的论战性答复。[53]

海森伯的教育文章写于 1926 年 10 月上旬薛定谔在杜塞尔多夫会议不久对哥本哈根的一次令人不安的访问之后。[54]玻尔邀请薛定谔来到哥本哈根，是在前一个夏天的慕尼黑相遇之后，收到一封海森伯的来信（现已佚失）以后的事。玻尔决心用一种方式来解决波和粒子的冲突，那就是如果不能保留量子跃迁、不连续能量子和自转的粒子，至少也要能够解释这些概念。

薛定谔于 10 月初到达哥本哈根来参加量子峰会，被安排单独住在研究所的客房中。讨论几乎立即就开始了。海森伯写道，当问题涉及量子现象的说明时，通常温和而好相处的玻尔也可以"狂热地，几乎是吓人地坚持要求彻底的清晰性"。[54]根据海森伯的记载，玻尔的狂热坚持很快就把他那位谦虚的来访者搞病了。玻尔甚至追到了薛定谔的病床边——但是并未如愿以偿地解决问题。仍然在玻尔那里当讲师和助手的海森伯亲眼看到了那场斗争，而且无疑也参与其中。但是多年以后他只回忆了斗争的一般特征。随后的一阵通信表明，如所预料，主要问题就在于跳跃和不连续性的存在——具体地说就是各种量子现象所显示的分立定态之间量子跳跃的存在。马克斯·玻恩最近发表的新诠释也支持这种存在。[55]

在《物理学杂志》于 1926 年 7 月收到的他的第二篇关于两个粒子的碰撞论文中，玻恩重新诠释了薛定谔关于他的波函数中的最初假设之一。[56]它的平方（乘以自身或它的复共轭）起到一种密度函数的作用——但这是什么密度呢？薛定谔曾假设，当乘以电子电荷时，这个密度函数就代表电荷密度。[57]但玻恩的分析驳倒了这个假设。为了推导诸如一个物质波电子和一个原子的碰撞之类的散射现象，玻恩不是把方波函数诠释成带电粒子密度，而是把它诠释成了散射概率密度——就是说，把它诠释成了波动电子在打中原子以后被散射到某一量子态中的概率。

概率以及和它密切联系着的仅能从统计上（而非精确）预言实验结果的概念，最近在玻尔、克拉摩斯和斯莱特的失败理论中被引入物理学。爱因斯坦在 1916 年已经证明，电子从一个量子态到另一个量子态的跳跃只能通过引用统计概率来加以描述。这一特征曾被引入到 BKS 理论和虚拟振子概念中。一个指定跳跃的概率越大，这一原子气体在那个频率处发射的辐射强度就越大。

玻恩对薛定谔的波的诠释甚至比早先的论断走得更远，它成为后来量子力学的哥本哈根诠释的基本特证之一，也向薛定谔的主张提出了一种重要的挑战。薛定谔波函数的平方和空间中的物质或电荷密度毫不相干。它表示的是在原子中或者一次散射过程后，在某个特定态中发现一个特定物质波的概率。对于大量粒子来说，这个概率就代表在各个态中发现的粒子数。

在玻恩看来，薛定谔方程并不是像薛定谔所说的那样描述着物质波在空间和时间中的传播，它描述的是在给定的空间位置和时间看到粒子的那种概率的传播。1926 年 8 月，他在牛津的英国协会的某一次会议上说："我们解除了力的直接确定粒子运动的那种经典任务，而是让它们确定各态的概率。在以前，我们的目的是要使力的这两种定义成为等价的，现在严格说来，这个问题已经没有意义。"[59]

随着 1926 年 10 月的薛定谔访问之后的几个月中海森伯的测不准原理或不确定性原理的发展，玻恩的波函数概率诠释的涵义将变得更加激进和深刻。

在那次访问期间，薛定谔和玻尔都没有从自己立场作出让步。对玻尔来说，要点是意识到，现有所有形式主义的诠释都不完全合适，也就是说，在关于两种形式的量子力学方程和物理学家在实验室中观察到的数据之间，还没有确立任何一致的关连。玻尔得到结论说，任何人"如果希望有一个未来物理学的话"，都必须认识到，只有在找到了一种合适诠释以后才能实现。[60] 玻尔 24 岁的助手，海森伯，现在把他的所有精力都集中寻求这一诠释，以实现玻尔的希望。

第十二章　确认不确定性

1927 年 3 月 22 日，海森伯把另一篇有基础性突破的论文投给了《物理学杂志》，题为"论量子理论运动学和力学的感知内容"。[1] 这篇从哥本哈根寄出的 27 页论文，概述了海森伯最著名和最有影响的物理学贡献之一：建立量子力学中的不确定性原理或测不准原理。随后玻尔的互补原理、玻尔对薛定谔波函数的统计诠释和海森伯的不确定性原理一起形成了量子力学的哥本哈根诠释，这是一个关于量子力学的数学工具的应用及其局限性的阐述，从根本上改变了我们对自然以及我们和自然的关系的理解。不确定性和哥本哈根诠释标志着物理学结束了一次至今无与伦比的深刻变化；而且迄今也还没有任何别的理论像 1927 年的哥本哈根诠释完成以后的量子力学那样，对原子尺度的现象有着如此成功和广泛的应用。

在寄出论述不确定性原理的论文仅仅两周后，海森伯发表了第一篇向非物理学家综述自己的工作性质和意义的非专业文章。[2] 在他发表在一份德文通俗科学期刊上的一篇题为"量子力学的基本原理"的概述中，海森伯遵循其不确定性文章的主旨，提出可以很容易地通过一种物理理论提出的新概念而不是通过它的数学表述来认识其内容。矩阵和波动量子力学的支持者们争持的焦点，是基本概念和它们的涵义，而不是方程。

海森伯写道，直到世纪交替时期，牛顿力学曾被看成全部物理学的基础。

这些理论涉及了时间、力和质量的概念，直接的因果联系的基本假设，以及一种或多或少独立于观察者而存在的客观实在。相对论改变了我们关于空间、时间和质量的观念，并且证明在某些条件下——在接近光速的极高的速率和极强的引力下——必须用一种新的相对论力学代替牛顿力学。

海森伯接着说，在极短距离内运动着的微小质量的领域，例如原子内部的电子的行为，现在要求一种类似的转变。但是在这里，物理学家们遇到一个困难。他们不能实际观测微小原子内部的情况，只能在实验室中观测数目很大的原子的整体性质。在这些性质中，实验室分光仪测量到的原子发射和吸收光频率提供了理解研究原子内部电子行为的一些最有价值的线索。之前几年对这些和原子有关的分光仪结果的精细分析显示，需要用一个新的"量子力学"来取代原子内部电子的牛顿力学。在其他方面则看来是连续的世界里，这个新力学包含了根本性的非连续性的表现。这些非连续性意味着存在分立的能量和动量量子或者说小包，以及在不同分立能态之间的量子跃迁。由于尺度太小，这些在亚显微原子尺度上构想出来的量子和量子跃迁，在日常实验室的宏观水平无法观察到。在后者的尺度上，牛顿和麦克斯韦的连续的"经典"力学和电动力学依然成立，到今天也是如此。

微观原子和实验室宏观的分野也发生在其他基本概念上。海森伯在他的不确定性论文中说，新力学的方程显示原子中的电子无法用日常生活的图景和诸如位置、速度和轨道这样的概念加以描述。与桌球和在轨道上绕太阳旋转的行星不同，电子的运动似乎无法用精确的头脑构想的图像或者教科书插图那样形容。现在认为这类图示仅仅是象征性的，或者是对实际运动的近似描述。用当下的语言来说，电子的运动并不是直观的。物理学家又一次必须找出一种对策，或者说一个对量子世界符号和方程的诠释，来推进科学研究计划：在原子世界遵循的量子定律、奇怪的行为和概念的基础上，解释那些日常世界原子的研究中得到的实验数据。

这些是关于科学自身以及科学家工作的本质的高度哲学化的问题。海森伯在这些论文中所做的，并非推导新数学理论，而是展开论证以支持矩阵力学关于像电子的位置和动量这类基本概念及其测量的局限性的观点。他和后来玻尔展示的这些关于他们的理论基础的论证，以及这些论证的起源，后来都一直是研究和争论的对象，远超出物理学及其历史的领域之外。[3]

在以前总是可以轻易通过指出电子在任意给定时刻的位置和速度来描述电子的运动，就像描述一个桌球一样。泡利和爱因斯坦之前的工作，还有他自己之前几年的努力，启发了海森伯。他在自己的不确定性原理的论文，以及那篇161"基本原理"的文章中，提出了一个深刻哲学论断。他声称像原子中粒子的位置和速度这些基本概念，只有在参考测量它们的实际实验程序或者说操作时，或者由这些操作来定义时，才有意义。理论不应去关心电子或者原子的无法测量的性质。物理学家只能了解他或她所能实际测量的东西，了解的程度也是由测量所决定的。不确定性原理或测不准原理就这样大胆面世了。

既然一个概念的物理意义的前提条件是可测量性，海森伯便考虑了如下"假想实验"。假定一个研究者要在实验室的实验台上测量一个电子的确切位置和动量(质量乘以速度)。为了测量一个电子的确切位置，需要一个极高分辨率的显微镜。因为显微镜的是通过物体反射光进入放大物镜来工作的，而电子的尺寸极小，需要像伽玛射线这样波长极短的光来照射它。但是根据量子理论，波长越短，射在电子上的光量子的能量就越大(或者说光波的压强就越大)，于是电子的反冲动量也越大。这样位置的测量精度是相当不错，但是牺牲了动量(定义为质量乘以速度)的测量精度。在另一方面，可以通过波长较长的光来减少电子的反冲，从而增加动量测量的精度，但是位置测量的精度就降低了——也就是说更不确定了。海森伯指出，由于这个原因，两个测量结果的不精确度——也就是不确定度——之间，似乎存在一种反比关系。在论文中他说明量子力学方程强烈倾向于这一诠释，不过并未严格证明。严格的证明要到后来由赫尔曼·外尔在 1928 年发表的一篇论文中给出，外尔在文中感谢泡利提议他完成这一推导。[4]

尽管如此，海森伯还是论证说与量子数学和实验程序相符的唯一结论就是在任何时刻都无法同时绝对精确地测量一个电子的位置和动量。正如他所述：

位置测定越准确，那一时刻的速度的测定就越不准确，反之亦然。

这种测量结果的不准确度之间的反比关系，对例如能量和时间之类的其他各对共扼变量也成立。这被称为不确定性关系，而这一特性被称为海森伯的不确定性原理。[5]

162
关于原子性质之实际测量界限的这一简单叙述的涵义过去是，现在仍是重大和影响深远的。海森伯在他的原始论文和非专业性概述中自豪地指出了一个特别重大的涵义。我们再次用他的原话表述如下：

上述这种由自然本身确定的精确度的界限，具有重要后果，那就是，在某种意义上，因果律变得不正确。[6]

这是超越了量子方程之技术细节的一种革命性论断。对物理科学来说最根本的因果律，要求每一效果都和一个起因相联属，事情的发生不会没有起因。另外，起因必须先于效果。以前对这个似乎是常识的定律曾经有过哲学挑战，但是自从 19 世纪伊曼努尔·康德(Immanuel Kant)对这一观念的辩护以来，它已成为物质科学的一个基石。因果律实际上成为每一种形式的理性研究的一个隐含或公开的假设。[7]

在作为研究运动的物理学，也就是力学中，人们认为是皮埃尔-西蒙·拉普拉斯(Pierre-Simon Laplace)提出了因果性的一个最简单和得到最广泛公认的定义：如果知道一个粒子在一个给定时刻的确切位置和确切速度，以及所有加在其上的力，就能利用牛顿运动定律算出它在任一未来时刻的确切位置和动量。比如说，电子受电场力的运动，完全可以由运动的力学定律确定。这是因为所有的效果——一切未来时刻的电子位置和电子速度——都与其原因(开始时的电子位置和动量，以及任何加于其上的外力)直接而又唯一地联系着。海森伯声称，不确定性原理否认这一点：

在因果律最严格的形式中——如果我们了解现在，就能计算未来——错误的不是结论，而是前提。[8]

由于位置和动量测量的共轭不确定性，我们无法同时绝对精确了解一个电子的当前位置和当前动量。因为这一共轭不确定性，我们也就无法绝对精确决定电子在未来某个时刻的位置。对于电子在未来某个时刻的位置和动量，我们最多只能计算一个可能的范围，而这个位置或者动量也是在那个时刻实验测量的结果。由于电子起始条件的不确定性，无法准确决定个别电子未来的运动。海森伯声称，其结果就是量子力学的定律和预测"总的来说只能是统计性的"。

这就是所谓的海森伯不确定性原理，尽管他当时没有这么称呼它。一开始，人们只是用这个原理表示不确定性关系。现在我们经常用不确定性原理表达量子事件的不确定性。

与玻恩对波动方程的概率诠释结合在一起，量子事件的不确定性意味着人们永远不可能准确决定任何一个原子过程的结果；科学家只能在一个广泛的可能范围内预测每一个结果的概率。不过对于大量的观测，可能性确实会给出准确的统计预测，显示在实验结果中。比如，如果某个时刻一个电子有 1/3 的可能性出现在一个特定位置，那么几十亿个完全等同的电子平均起来，就会有 1/3 在这个时候被观察到出现这个位置。

海森伯在他于 1926 年 5 月间来到哥本哈根担任玻尔助手后的几个月中，就得到了不确定性/测不准原理及其推论的惊人论断。也是在那几个月中，薛定谔完成了他的波动力学表述，发表了量子力学的波动表述和矩阵表述的数学等价性，并且在文字和口头上（在哥本哈根和慕尼黑）号召回归运动电子的连续性和直观化。在他那一方面，海森伯利用较不直观的电子自旋和矩阵力学来说明了原子光谱和包含多个电子的体系的性能，而且他也用微小振动（涨落）现象来论证了自然界中基本不连续性的存在。[9] 在 1926 年 10 月间的玻尔-薛定谔哥本哈根较量后，寻求一个量子表述形式的恰当的物理诠释，变成了玻尔的研究所至高无上的任务。与薛定谔相反，所期盼的解释将把不连续性和量子跃迁纳入到一个联系原子世界和实验室的规则中去。

在 1926 年至 1927 年的秋天和冬天，两个更广泛的问题加剧了这一任务的紧迫感。这两个问题就是绝大多数人接受了薛定谔的波动力学，以及中欧出现第 2 轮的职位空缺。在薛定谔的等价性证明以后，海森伯不免注意到利用正统矩阵方法发表的文章突然减少以及利用波动力学表述形式的文章同时增多。[10] 将近一年后，在 1927 年 7 月间，他向泡利抱怨了这种转变的一个特别有威胁性的特色：有些物理学家居然用波动力学的语言来改写旧的矩阵力学论文，例如海森伯-约当的塞曼研究。"现在甚至对每一篇矩阵论文，都有物理学家在写对应的'共轭的'波动论文，这一直让我很烦恼。我认为他们最好两者[波动力学和矩阵力学]都学学。"[11]

在 1926 年 11 月前，新一轮的"教席任命的闲言碎语"又明显地展开了。虽然海森伯仍把他的研究远远放在职位之类的世俗问题之上，但他却不能忽视家庭的压力或他自己的野心。当然，毫无疑问，最终他会得到一个有声望的职位，但他想现在就得到，并且是在德国。突然间，有好几个现有的理论物理学职位可供争取。

　　由于索末菲的地位以及和几乎每一位量子理论家的密切关系，他在安排新一代量子理论家们担任大学教授的事务中起了关键作用。在莱比锡理论家特奥多尔·德斯·库德雷斯于 1926 年 10 月份逝世后不久，物理研究所的负责人和实验物理学教授奥托·维纳就请索末菲推荐一个继任者。[12]索末菲回复，玻恩和薛定谔或许无法请到，海森伯和泡利仍是最好人选，另一些物理学家也够格。[13]1926 年 12 月 18 日，莱比锡大学哲学学院一致接受了招聘委员会关于德斯·库德雷斯的继任人选的推荐：彼得·德拜、埃尔温·薛定谔、马克斯·玻恩。不到一个月，维纳逝世了，而人员招聘的范围也扩大了——德斯·库德雷斯的理论物理学教授职位和维纳的实验物理学教授职位都需要填补。维纳所属意的德拜，更多的是一个实验家而不是理论家，现在他成了维纳空缺的第一人选。他在 1927 年 7 月 27 日的学院会议之前很早就接受了聘请。在会议上，招聘委员会宣布另一份经过新的莱比锡物理研究所负责人德拜同意的德斯·库德雷斯继任候选人名单，依次为：海森伯、文策尔、泡利。[14]两个月前，仍在哥本哈根的海森伯发表了他的不确定性原理的论文和那篇非专业的阐释论文。

　　当聘任的喧闹在 1926 年秋天热闹起来时，量子物理学家们仔细思考了突然泛滥的理论资源：量子力学的两种很不相同而又互相等价的数学方案，即波动力学和矩阵力学，以及关于自然的基本性质和两种数学理论中所用符号的基本意义的两种很不相同的诠释。在多数类似的局势下，科学家必须在没有理论的情况下将就；现在却不同了，他们发现还富余一个理论。每个人都承认，现在需要的是玻恩所谓的波动力学和矩阵力学的一个融合，同时还要融合两者的不同诠释。[15]对大多数物理学家来说，这种寻索几个月内在一种统一的数学表述形式下达到了顶点，这就是由狄拉克和约当发明的所谓变换理论，[16]在新数学提出后一年之内，就有了哥本哈根诠释和它的不确定性原理。

　　在通往不确定性原理的精神道路上，海森伯得到他最亲密的同事们(玻恩、约当、泡利、狄拉克和玻尔)的帮助。在 1926 年的最后几个月中，他们每人都在努力为新统一的量子方程寻找合适的诠释，他们每个人都告诉薛定谔自己不同意薛定谔的观点——一个只涉及连续波的理论就足以说明各个原子现象。在海森伯和他的同事们看来，波粒二象性的粒子一面似乎最重要。泡利和约当甚至企图用大多数人的意见来压薛定谔。泡利写道："但是我现在仍像从前那样相信（许多其他物理学家也相信），量子现象不能只用连续统物理学的概念工具来加以概括。"[17]一种连续介质理论无法说明看上去来自带电物质球（电子）的跃迁、转动和轨道运动的那些现象。

在研究电子自旋和与薛定谔会面后，海森伯更加想要证明粒子、跳跃和不连续性的存在。在这种条件下，走向不确定性的一种原始推动力照例来自泡利。在此之前，玻恩曾将薛定谔波函数诠释为一种概率波，而不是薛定谔所说的物质波。波函数的平方代表的是两个电子碰撞中发生向某一量子态的跃迁的概率。

在1926年10月19日从汉堡给海森伯写信时，泡利重新诠释了玻恩的诠释，认为它不仅代表碰撞结果中的概率，而且也代表某个时刻发现电子位于原子的一个确定的量子态中的概率。泡利重读了玻恩的文章；在那篇著作中，被看成物质波的两个电子发生互相碰撞。泡利注意到在电子相距很远时，还是比较容易精确确定每个电子的位置和动量。当各电子在一次碰撞中或在一个原子中互相趋近时，量子特性就开始起作用并显示一个"暗点"：如果动量的测量是精确的，那么位置就有一个量值范围，反之亦然。泡利写道，"因此就不能谈论粒子的确切'路径'"，也"不能同时探求动量和位置"。[18]

海森伯对泡利的信"非常热衷"，那封来信在哥本哈根"不断传阅"；尤其是泡利的"暗点"，在随后的几个月中海森伯经常提到它。[19]他的热心在1927年2月23日给泡利的一封长达14页的信中达到了极致；海森伯在这封信中运用了狄拉克和约当的新数学，推导了位置和动量之间的不确定性或不准确性的互反关系，同时概述了他在一个月以后交稿的、关于其不确定性论文的几乎所有基本特征。[20]

正像薛定谔上一年在他的论文中所做过的那样，急于压倒薛定谔的海森伯在他的不确定性论文中也包括了一些关于物理学和科学探索的大胆而深刻的论断。海森伯断言，任何超出我们观察范围的关于电子实际运动的更多探询都是"无结果的和无意义的"。动量与一个粒子的路径事实上一点意义都没有。他告诉泡利：

> "我相信，解答现在可以耐人寻味地表述如下：路径只能通过我们观察它而存在。"[21]

本质上，我们永远也不能知道真正的自然；我们只能了解实验数据所展示的自然。正如玻尔不久后所强调的那样，通过选出需要收集的数据，实验者在事实上成为实验的一部分。

这是一种最激进的哲学经验论，甚至比在海森伯的原始矩阵力学论文或其关于统计定律的言论中的经验论更激进。他现在的意思是，探索超越我们观察的实在不但没有成果和意义，而且在他看来，除了我们所能看到它的那些东西以外，并无更多的实在。"因为所有实验都服从量子力学的规律，因而也遵从（不确定性关系），因为量子力学，因果律肯定就失效了。"[22]海森伯是如何得出这个激进的观念的？

一个答案可能是来自帕斯夸尔·约当的影响。在海森伯于 1927 年 2 月得到其关于粒子路径的激进结论的 18 天前，约当发表了他的格丁根大学授课资格报告，题为"现代物理学中的因果性与统计学"。[23]约当在这篇文章中断言，因果性并不是一条既有的普遍规律，而是一个由实验定义的概念。这似乎是海森伯在他的不确定性论文中对因果性和统计学的兴趣方面的源头。此外，这篇论文帮助海森伯从位置和速度之类概念的抽象定义转变到基于数据的定义和论断，并从这种转变引出了他关于实在和因果性的想法。[24]

尽管当时曾在自己的论文中引述了约当的报告，但许多年后，海森伯却只回忆了爱因斯坦的影响。[25]海森伯在 1926 年 5 月在哥本哈根正式成为玻尔的助手以前，曾于 1926 年 4 月 28 日在柏林的物理学讨论会上做过关于矩阵力学的报告。在报告之后的长时间讨论中，听众提出了许多疑问。散会以后，很感兴趣（尽管也很怀疑）的爱因斯坦邀请了年轻的海森伯陪他一起步行回家。海森伯很高兴地同意了，而在从柏林的树木葱郁的街道回到 Haberlandstrasse 街公寓的半小时中，爱因斯坦对这位才华横溢的青年人有了进一步了解。海森伯和这位伟大物理学家的第一次见面，是在两年以前的格丁根。但那只是一次简短的会晤，而且主要讨论了爱因斯坦对玻尔-克拉摩斯-斯莱特理论的反驳。这一次，海森伯是一种革命性的但还令人困惑的新力学的首要创造者，而且他们两个人已经在以往几个月中就此问题通过几封信。[26]在柏林，当时47岁的爱因斯坦，首先希望更多地了解一些海森伯的背景、教育和研究；年龄只有爱因斯坦一半的海森伯希望听听爱因斯坦的意见，他是否应该谢绝莱比锡的聘任而去和玻尔一起工作。爱因斯坦劝这位年轻人去和玻尔一起工作。

他们两个人最后来到了爱因斯坦的装潢精雅的公寓房间。那里有沉重的橡木家具，玻璃密封的突出阳台，饱满的皮沙发和固定在墙上的书架，上面摆着歌德、席勒和洪堡的全集。这时他们的谈话转入了正题：量子力学。[27]在某种意义上，谈话反映了爱因斯坦本人在量子物理学中所起的作用。从量子革命在世纪交替刚刚开始时起，爱因斯坦就是一位主要参与者，但从来不曾是一种范围广阔的量子理论的主要贡献者。他的工作，曾比任何其他物理学家的工作更多指示了能量子的存在本身和激进地修订物理学以容纳能量子的必要性，但并未提供问题的解决方案。

爱因斯坦不支持矩阵力学的极端主张。相反，他更喜欢波动力学的处理方式。他和薛定谔都相信，量子必须按传统方法来理解，而不能仅仅承认或假设它。于是，当海森伯、玻尔和另外一些人努力寻求一种新的原子理论来以一种自洽的的方式多少容纳非经典的量子、跳跃和不连续性概念时，爱因斯坦是不会满意的，除非所有量子现象都或多或少能用现有的原理加以解释。曾受到爱因斯坦鼓励的薛定谔处理方法，乃是建筑在物质连续波本质之上，和他自己的目的相一致，而且似乎保持了不依靠量子、不连续性、有问题的粒子或非直观性就能理解量子现象的那种希望。仅仅在海森伯来访的两天前，爱因斯坦写信给薛定谔说，自己确信薛定谔的工作代表了"决定性的一个进步……正如我确信海森伯-玻恩处理方式离开了正轨一样"。[28]

海森伯关于这次会面的回忆，发生在之后很久，集中在爱因斯坦对海森伯-玻恩处理方式中的以观测为基础的要素的异议上。海森伯曾经把他的乘法规则建筑在一些方程上，并坚决主张这些方程只涉及可以在实验室中进行观测的量——主要是所发射辐射的频率和强度，而且，出于热心，他已经把这种处理方式提高成任何一种有说服力的量子论表述的先决条件，包括后来的不确定性原理在内。

167

爱因斯坦反驳说："但是你并不认真相信除了可观测量以外，其他任何东西都不能出现在物理理论中吧？"海森伯试着举出了爱因斯坦对狭义相对论的表述来为自己辩护。爱因斯坦曾经在其中排除了绝对空间和绝对时间之类的概念，因为它们是不可观测的，而且他也曾经应用了二事件之同时性的一种操作式的定义。嘟囔着说"好的手腕不应该耍两次"，海森伯记忆中的爱因斯坦认为这种经验主义的论证全都是瞎扯。他声称，"实际上出现的是相反的情况。理论决定我们能够看到什么东西"。[29]

海森伯回忆说，当在 10 个月后遇到狄拉克-约当变换理论这种统一的表述方式而对它的符号又没有什么满意的诠释时，他突然想起了爱因斯坦的说法，这恰好发生在撰写他的不确定性论文以前，因此可能正好在读了约当的论文后。随后他很快就得出了仅仅基于观察并服从量子力学和不确定性原理的基本概念定义。这一理论确实决定了可观测或不可观测的东西。

然而海森伯的论文却包含了一处连他的前后矛盾的实用主义也不能克服的错误。他首先根据狄拉克-约当表述形式论证了位置和动量、能量与时间之间的不确定性关系式本身，[30]然后试图证明这些关系式与各种实验样本的一致性，包括前面谈到的他关于伽玛射线显微镜的"思想实验"。既然理论和思想实验相一致了，那么按照海森伯的看法，不确定性关系式提供了量子力学的一种满意而充分的诠释。

玻尔提出异议。自从薛定谔在 1926 年 10 月对哥本哈根的令人不安的访问以来，他就一直和他的助手及来访者们讨论诠释和测量的问题。当海森伯越来越倾向于粒子和不连续性时，审慎的玻尔却在 BKS 理论被否定以后越来越确信在量子表述形式的任何诠释中必须平等地同样适应波和粒子。海森伯看不出为什么要这么大度，他觉得粒子就够了！在 1927 年 2 月中旬前，玻尔已经受够了争论，于是就动身去挪威滑雪了，没带海森伯同去。[31]

为了澄清他自己的思想，海森伯在玻尔离开了几天以后给泡利写了一封 14 页的讨论不确定性原理的信；在信中他仅仅依靠粒子、不连续性和狄拉克-约当理论。玻尔大约在海森伯主张不确定性原理的论文终稿被《物理学杂志》收到（1927 年 3 月 23 日）时回到了哥本哈根。两天以后，玻尔寄出一封信，大声向泡利求救，提出支付他来哥本哈根的路费。[32]他和海森伯正在准备开展一次关于不确定性根源的深入辩论。

玻尔坚持而且后来证明了，海森伯的显微镜实验，按海森伯的说法是"不对的"。在早先，这种仪器几乎害得海森伯得不了博士学位——他曾经在最后的口头答辩时不会推导它的分辨率。现在，这个问题又威胁到他的理论了。玻尔告诉不确定性原理的创造者，不确定性原理的起源，并不是光量子轰击下的电子反冲，而是构成光量子的光波在显微镜的物镜孔径中的散射——这是任何一个显微镜的分辨率的一种本质界限。玻尔坚持主张，不仅仅仪器的有限孔径对分析来说是不可缺少的，而最重要的是，散射光量子的波动诠释对分析来说也是必需的。[33]

海森伯起初拒绝接受玻尔的主张，特别是他让海森伯撤回正在刊印的论文的建议。这篇论文包括了海森伯在过去一年中已经确信的关于自然界和物理探索的每一方面；不仅如此，在他看来不确定性原理似乎是统一量子力学表述的一个充分自洽的推论，其基础就包括了这些信念。论文所包括的基础、创新、激进的革命主张以及对海森伯才能的证明，不能只因为作为支持论据的思想实验中的一点差错或仅仅忽视波粒二象性的一个方面而被撤回。

玻尔强烈坚持，海森伯顽强反对，而泡利则因不能到哥本哈根来当调解人而感到强烈遗憾。海森伯很快就知道是什么东西让薛定谔病倒了。当争论在玻尔研究所中的办公室和大教室中激烈进行时，当时正在哥本哈根当访问学者的瑞典理论家奥斯卡·克莱因(Oskar Klein)参加了战斗；按照海森伯的报道，克莱因支持玻尔的原因，除了和玻尔的友谊之外，也因为海森伯显然曾经过分批评克莱因的著作而得罪了他。争论很快就变质成为海森伯所谓的"重大的个人误会"。[34]在战斗的热潮中，曾一度落泪的海森伯也用尖刻的语言伤害了玻尔。显然，海森伯赌上了许多：他过去的承诺，他的新观点，以及特别是他在德国的未来事业。

引起泪水的主要原因显然不是玻尔和克莱因所施加的巨大压力，也不是显微镜的差错，而是玻尔的观点使他受到的挫折。玻尔认为，海森伯的论点不过是玻尔现在称之为"互补性"这一"普遍法则中的一个特例而已"。对玻尔而言，互补性可以包括并取代海森伯的不确定性原理。[35]

互补性原理是哥本哈根诠释的又一个组成部分，体现了玻尔兼顾波和粒子

169

海森伯和玻尔在哥本哈根，20世纪30年代（承蒙美国物理学会尼尔斯·玻尔图书馆塞格雷视觉档案馆惠允）

的倾向。他认为波和粒子在任何实验中都是同时出现的。实际上，自然界的物体同时具有波和粒子的性质，只是在被实验者观测的时候，才突然变为其中一种形式。由于这个原因，尽管波和粒子主张互相排斥不相容，它们却都是完整描述自然性质所必需的。它们实际上是互补的。实验者必须为实验选择波或者粒子图像，这在实验中引入一个扰动，削减了自然在观测前原本提供的选择，而这就表现为不确定性原理显示的局限性。这个对实验的扰动并非像海森伯主张的那样——不是在通过测量确定一个变量的过程中，而是在设计和完成实验时必须选择波粒二象性中的一个方面。实际上实验者也变成了实验的一部分。

在玻尔看来，互补性提供了不确定性存在的普遍构架，而不确定性则又提供了量子力学之统一表述形式的基础。不确定性和互补性一起，加上对波函数的统计诠释，代表了量子力学诠释的顶峰，成为理解波和粒子、波函数和矩阵、原子和实验室、连续和非连续、因果描述和非因果描述、研究者及其实验这些二元关系的基础，这就是量子力学的所谓哥本哈根诠释的基础。玻尔指出，海森伯论文仅仅建筑在粒子和不连续性上，太狭窄，太不成熟。

海森伯和玻尔之间爆发的哥本哈根冲突一直持续到复活节以后。直到1927年5月16日，经过另外几次冲突以后，海森伯才肯在书面上认输。他承认，进入显微镜孔径的光波的散射才是在这个假想实验中不确定性原理的基础。在克莱因的促使下，海森伯同意在他的论文校样上加一段附录，而在其他方面未作改动。

他写道，附录涉及了玻尔使他注意到的"我曾忽略的若干要点"。[36]其中最主要的是意识到，"观测中的不确定，不是仅仅起源于不连续的粒子或连续的波，而是也起源于同时涵盖源于波和粒子的一些现象的尝试"。

已经在"既存在波又存在粒子"的要义下开始写一篇论文的玻尔[37]，在1927年9月纪念伏打电池发明者亚历山德罗·伏打（Alessandro Volta）的百年诞辰的科莫湖会议上企图更进一步澄清局势。在意大利北部面对深蓝湖水的一所别墅中，与会者们听着语音轻柔的玻尔把自然界中不连续性的存在提高到了量子公设的地位，这种论断无疑使他的听众之一——海森伯——感到高兴。

在其多少有些让人迷惑——这或许反映出当时他对自己的想法也有不确定之处——的论文中，玻尔在海森伯和薛定谔强力主张的两个对立立场之间取得完美妥协。[38]波动物理学和粒子物理学并不像人们一直假设和争论的那样是对立的，要么全对，要么全错，它们是互补的——互斥而又互相不可缺少。玻尔不是偏向一个或另一极端来解释波粒二象性，而是把二象性包括到了量子力学的诠释本身之中。实验者所作的观察和测量却迫使他在两组互补的物理概念之间作出选择，因此通过把选择归结为波粒二象性的这一方面或那一方面，就会干扰体系。由于这种干扰，互补图景的同时观察或互补变量的同时测量就会按照不确定性原理的要求而受到限制。那天，海森伯从观众座位上站起来，公开同意玻尔对于他们的物理学的诠释。[39]哥本哈根诠释诞生了。

1927年春，正当若干学院委员会要决定填补空缺教席的候选人之时，海森伯和玻尔的斗争达到了高潮，并得以扩散。海森伯的学术雄心似乎快要实现了。他已经写了另一篇好论文，而各学院当局正在开会来决定任命。职业战线上变化的局势部分反映在他发表了不确定性论文以后和玻尔的关系上——但只是部分反映。不论工作如何，海森伯永远像对待一位父辈那样尊重玻尔，不会允许关于波和粒子的意见不合长期成为他们间的芥蒂。

或许是在他的复活节度假期间，但无论如何，到了 1927 年 6 月，海森伯已经从索末菲处获悉，德拜打算邀请他到莱比锡担任德斯·库德雷斯的继任人。（按照德国传统，一个候选人，即使他没有申请这个职位，也可以受邀担任一个职位，这不是任命；对知识的承认是一次邀请，而不仅仅是一份工作。）海森伯在 7 月底收到了莱比锡的正式邀请。但是那时他已经收到了另外两个正教授职位的邀请。"所有好东西都一来就是 3 个"，他洋洋得意。[40]1927 年 6 月，哈雷的一个招聘委员会曾经提名海森伯、文策尔或洪德为施密特的继任人。1 个月以后，正式发布邀请的萨克森教育部要求索末菲对这 3 个人提出个人意见。但是海森伯已经在仔细衡量这些邀请了。哈雷的邀请是在他觉得还没有挽回自己对玻尔的伤害性言语的影响时到来的，这引起了他很大的关注。在一封用颤抖的手写给玻尔的私信中，海森伯用道歉的语气把哈雷的任命告诉了他的导师。海森伯用外交辞令请求指教：他应该留在哥本哈根呢还是去"寻求我自己的未来"?[41]

　　但是索末菲提供了另外一个选择。索末菲和薛定谔都被列入了到柏林接替普朗克的名单。为了感谢他谢绝了柏林的任命，巴伐利亚教育部显著增加了索末菲的薪金和他研究所的预算。他们也答应了在索末菲的研究所中增设一个盼望已久的副教授席位。[42]索末菲希望海森伯能担任这一职务。从他父亲那里听说海森伯可能愿意在哥本哈根多待一些时候，索末菲就写信给海森伯说可以给他保留这个位置。这个位置最重要的特点是：它是在海森伯最喜欢的慕尼黑，而且它将使海森伯"同时有权将来成为我的正教授席位继任人"。含义是明确的。索末菲将于 1934 年满 65 岁，他已经决定让海森伯成为当然接班人。索末菲也私下告诉了海森伯，如果他决定离开哥本哈根，德拜决定推荐海森伯而不是薛定谔为德斯·库德雷斯的继任人。索末菲建议他接受："因此我怀着沉重的心情按照德拜的愿望，劝你接受莱比锡的正教授席位；由于有德拜、文策尔和其他同事在那里，那个职位特别有吸引力。"[43]

　　海森伯已经谢绝过一个德国教授职位，他不能再谢绝另一个了，于是就决定接受哈雷或莱比锡的邀请。玻尔很不情愿地表示了同意。海森伯唯一真正想去的地方是慕尼黑。他告诉他的父母说，如果他不能立即受邀去那里担任正教授，那么在移居慕尼黑之前住在德国什么地方都无所谓。他很恰当地感谢了索末菲对他的邀请，说以后将重新考虑。[44]海森伯诚恳地表示，他已经接受了索末

172

菲继任人的身份，但是想到别的地方去当正教授，直到索末菲退休时为止。

萨克森州正式邀请海森伯充任莱比锡教授职位，也使得海森伯不得不给玻尔写了另一封小心谨慎的信。[45]他想请玻尔相信，自己接受邀请的原因和他们早先的分歧无关。另外两个邀请也随之而来。一件是来自国际教育委员会的奥古斯塔斯·特劳布里治（Augustus Trowbridge），代表美国各大学迫切聘请一位德国量子理论家；另一件来自著名的苏黎世理工学院，聘请德拜的继任人。苏黎世理工学院的实验家们想要找一位全职量子理论家来代替德拜，以便使学院跟得上"理论物理学的巨大发展"。[46]这些邀请都不可能打动海森伯，尽管他在和萨克森教育部讨价还价时利用了理工学院的邀请。协商在 1927 年 10 月下旬得到了结果，而海森伯接受莱比锡理论物理学教授席位，日期从 10 月 1 日算起。这个职位带来了很高的薪金，和德拜一起工作的机会，同样重要的是它还是在德国——这些都是瑞士人所无法提供的。

一个星期以后，刚刚从科莫湖回来不久的海森伯去了布鲁塞尔；在那里，他和玻恩将在由特选的物理学家们参加的著名的索尔维会议上报告量子力学的新进展。在那里，海森伯也努力消除他和玻尔之间任何残存的个人和学术上的误解。然而这种努力并未成功，显然部分是因为由于海森伯在玻尔离开的那个早上睡过了头。[47]

在他于 1928 年 2 月 1 日在莱比锡发表了就职演讲以后，海森伯就成了德国最年轻的正教授。[48]那时他刚满 26 岁。随着海森伯和德拜在莱比锡安顿下来，而索末菲坚守慕尼黑，中欧的其他教授聘任也很快到位。薛定谔在柏林接替了普朗克；文策尔在苏黎世大学接替了薛定谔；洪德接替了文策尔在莱比锡的职位；在苏黎世理工学院的名单上名列第 2 的泡利接替了德拜；约当接替了泡利在汉堡的职位；而玻尔的盟友奥斯卡·克莱因接替了海森伯在哥本哈根的讲师和助手的职位。在科莫会议和索尔维会议之后的一年之内，新一代量子理论家已经成熟了。在成为终身教授、研究所主任和他们领域中的功成名就的领袖之后，泡利教授、海森伯教授和玻尔教授终于开始用德文中的亲密代名词"*du*"（你）来互相称呼了。

第十三章　到达顶峰

海森伯于 1927 年 10 月被任命为莱比锡的理论物理学教授，并于同月在布鲁塞尔出席了著名的索尔维会议——这代表着量子力学的完成和确立的里程碑。在为期 6 天的索尔维会议(一流物理学家考虑基础发展的第五次不定期会议)期间，海森伯和其他以前的矩阵力学家们支持玻尔和量子力学的哥本哈根诠释，反击了爱因斯坦以及其他倾向薛定谔的波动和连续性理论的人提出的反对意见。辩论的主题不是物理方程，而是对符号和结果的诠释。

哥本哈根学派设法驳倒了反对派，但并没能使他们长久信服。尽管有这点失败，对哥本哈根诠释的承认和应用却在国际物理学家中迅速传播开来。这由两个因素促成：第一，信奉者们把海森伯所谓的"哥本哈根精神"传播到世界各处时所显示的那种几乎是传教士式的热情；第二，新科学在大学教授职位这一学术权威地位上的确立。[1] 一系列欧洲教授职位的任命，重新定义了各物理研究所的目的和结构以适应新科学。在已经确立了的量子物理中心以外增加了一些新的中心，它们利用新科学，完全按照新精神来训练未来几代人。海森伯的莱比锡研究所成为许多新一代学生们的一个首选目标。

在索尔维大会以及更早的科莫湖会议上，玻尔的互补性与不确定性原理的结合，让海森伯稳住了阵脚。这一结合(至少是暂时地)从他们的对手的挑战中拯救了矩阵学说和哥本哈根的拥护者们，而海森伯对此显然很感激。但是他赞美玻尔也有其他动机。海森伯永远佩服和尊重玻尔，并愿意挽回他在捍卫不确定性时的少不更事的行为。在科莫会议和索尔维会议以后的五年中，从他们之间大量的互访、个人信件和结伴出游来看，这两人间的私人和业务关系已经变得要多亲密有多亲密了。

在弥补旧日裂痕的表面之后，有一个职业动机。正好在科莫会议的一个月以前，萨克森教育部向海森伯发出前往莱比锡的邀请，而新教授在几周内就开始上课了。[2] 突然间，海森伯不再需要强调自己对量子力学独一无二的贡献，取而代之的是一种现在需要玻尔帮助才能实现的新的雄心。海森伯决心在新的、牢固的和成功的物理学的基础上，在莱比锡建立一个永久性的、第一流的研究项目。玻尔的观点不仅支持了海森伯那些关于不确定性的有争议的论点，而且也给玻尔的追随者们提供了一个出发点。玻尔的弟子们，像海森伯一样，都热心于一种完备的物理学——他们可以在自己的教席和讲坛上讲授它，也可以在他们的论文中利用它。甚至永远很挑剔的泡利都宣称自己"非常同意"玻尔的科莫论文——"无论是在总体的倾向还是在大多数细节方面"。[3] 在科莫以后，海森伯和其他哥本哈根学者就再也没有效忠于个人的计划及发现、矩阵力学或不确定性，而只是从属于"哥本哈根精神"。他们相信，那种精神是由玻尔的科莫演讲来具体体现，以玻尔本人为其代表，并由他所指任的传授者们即他们自己来传播的。

马克斯·玻恩在玻尔科莫演讲听众席上作答复时当即宣布了新的一致性看法。"玻尔教授先生已经介绍了我们关于量子理论的基本概念所形成的观点，方式很得体，所以除了简单加上几点外，我没有什么要做的。"[4] 1 个月以后，玻恩和他前助手海森伯就在第五届索尔维会议上概述了那些基本概念。假如还有任何怀疑，比如像薛定谔那样，不连续性就是基本概念中的第一个——不是连续的波而是分立的、不连续的粒子、能量子和量子跃迁，这就是理解自然的基本概念。他们开宗明义的第一句话就是："量子力学是建立在这样一个概念上的：原子物理学从本质上不同于经典物理学的地方，就是不连续性的存在。"[5]

在首先称赞了玻尔把不确定性包括在互补性中以后，玻恩和海森伯在合写的论文中宣布了量子力学的完备性和充分性，所用的说法甚至比海森伯在不确定性原理论文中用过的说法还要大胆和刺激。"我们把量子力学看成一种完备的理论，其基本的物理和数学假说已经不再有修改的余地了。"海森伯呼应道，将来的发展也不会再改变理论的任何基本特征。特别说来，它的不确定性的涵义永远固定："我们本质的不可决定论的基本假说和实验一致。辐射理论的今后发展不会改变这一事态。"[6] 在他们看来，不论你喜欢与否，量子力学及其哥本哈根诠释已经铭诸金石了。一些历史学家和哲学家在回顾这一段历史的时候，认为事实绝非如此，哥本哈根诠释的胜利绝非必然。只是由于当时的条件和支持者们的推销才使这一诠释在之后几十年内占据统治地位。[7]

哥本哈根圈子不会因为"真正信徒社"以外的人们所提出的反对而吃惊；"真正信徒社"是泡利曾经对一部分哥本哈根人士的称呼。[8] 某些物理学家，主要是喜欢薛定谔的波动力学早期诠释的那些人，仍然不完全相信哥本哈根的学说，甚至认为它是物理学家的根本性失败。物理学应该使一个人能够全面地理解自然，以至能精确解释或预见发生在任一给定实验中的情况。放弃这种古老目标转而寻求其次，在某些人看来不啻是退让乃至绝望。

175

1927 年的索尔维会议。前排：爱因斯坦与玛丽·居里(Marie Curie)，普朗克居其右
第 2 排：从右到左：玻尔、玻恩、德布罗意、A. H. 康普顿、狄拉克、克拉摩斯
第 3 排：从右到左：海森伯(右 3)、泡利(右 4)、薛定谔(右 6)
(承蒙美国物理学会尼尔斯·玻尔图书馆塞格雷视觉档案馆惠允)

带着这类态度和见解分歧，在 1927 年 10 月底于布鲁塞尔召开的为期 6 天的索尔维会议期间，许多次正式和非正式的讨论就成了哥本哈根精神的坚持者和他们的更清醒的反对者之间的持续辩论。早在 1910 年，物理学家瓦尔特·能斯特和 H. A. 洛伦兹就说服了有钱的比利时工业家厄恩斯特·索尔维（Ernest Solvay）慷慨资助一些不定期的会议，邀请一群特选的一流物理学家出席并讨论他们在物理学基本问题方面的最新研究。从那以后，历届索尔维会议已经变成了一个标志，总结一个研究阶段的成就并指出新的方向。[9]1927 年的第五届索尔维会议的组织者洛伦兹，确定了会议的议题是"电子和光子"。在受邀的 29 位与会者中，包括了所有对量子物理学做出过重大贡献的人物，有海森伯、玻尔、薛定谔、爱因斯坦、玻恩、普朗克、德布罗意。当他们聚集在布鲁塞尔市商业区豪华的大都会酒店（Hotel Métropole）中时，他们的论文和在会议厅、餐厅、走廊上进行的讨论都围绕着哥本哈根一派提出的对量子力学方程的诠释。

哥本哈根学说的支持者和反对者们，在科莫会议以来的一个月中都已经坚定了自己的立场。他们在 1930 年的下一届索尔维会议上继续进行了更激烈的争论；这种争论终于变成了爱因斯坦反对玻尔的局面。[10]相反的论点常常是围绕着当时很流行的所谓思想实验而进行的，实验中涉及一些光子和电子在盒子里或通过无限大的不可穿透屏幕上的狭缝的各式各样的理想安排。在排定的会议日程中，乃至更多的是在非正式的晚间讨论中，假想实验大师爱因斯坦设计了这样的装置来显示量子力学作为一种物理理论的缺陷。到了第 2 天早晨，哥本哈根辩证法的大师玻尔就能在他的支持者们的帮助下驳倒每一个思想实验。

特别使爱因斯坦心烦的是哥本哈根诠释中的量子力学的统计本性。由于不确定性原理以及作为观察者的物理学家引入到实验中的干扰，无法精确预言一个单个体系（例如一个电子）现在和未来的任何测量结果，也就是说，理论在本质上是不确定的，或非因果的。哥本哈根学说主张，通过量子方程，只能求得一个可能性范围的概率，或在大量体系中具有给定性质的体系数目。尽管爱因斯坦本人早在 1916 年就已把概率引入到了量子物理学中，但对他而言，这只是打算临时用用而已。自然界中的每一单个事件由精确的物理规律支配，任何一种只能给出实验的结果的概率预言或统计预言的物理学，在他看来从实质上来说就是不完备的。虽然爱因斯坦承认，量子力学和哥本哈根诠释一起形成了一种闭合的、逻辑上自洽而完备的关于统计事件的理论，但是这种理论应用于个体的事件时却是不完备的。选择依赖概率而不是去寻找更具革命性的理论来提供精确的结果，在爱因斯坦看来就是精神上的退步。针对玻恩 1926 年对薛定谔波函数的概率诠释，爱因斯坦用今天已经众所周知的神学式答复表明了他的这种观点："量子力学很值得尊重。但是一个内心的声音告诉我，这不是真正的雅各。[1] 这个理论可以给出许多东西，但它几乎没有使我们离'老人家'的秘密更近一些。就我而言，我确信他老人家并不掷骰子。"[11]索尔维会议后，爱因斯坦写信给索末菲，"量子理论有可能是一个正确的统计规律的理论，但是对于单个的基本过程，它是一个不充分的概念。"在泡利看来，爱因斯坦采取了一个"反动"立场。[12]

已经证明的哥本哈根诠释的自洽性加强了哥本哈根对笼统陈述的偏好。海森伯在 1927 年索尔维会议的最后一天相信他的反对者已被驳倒（如果不是已被说服的话），他写信回家说："我对科学结果的每一方面都很满意。玻尔和我的观点已被普遍接受；至少是没人再提出认真的反对意见了，就连爱因斯坦和薛定谔也没再提出。"[13]他们相信，什么也挡不住他们统一的量子力学的传播了。

既已在本行中取得胜利，哥本哈根一派就开始向本行以外前进，试图把他们的学说推广到其他领域中。不过，当他们宣布了这种学说并甚至试图把它应用到自己的学科以外时，他们就为这种学说提出了要求，而那种要求远远超越了它实际的意义和重要性，鼓励其他人推广这一诠释。[14]例如，玻尔利用他为 1929 年《自然科学》的普朗克专号写的文章将新教义介绍给哲学家们；然后又在 20 世纪 30 年代初期间，实际上将互补性应用到了一切事物：生物学、法律、伦理学、宗教乃至生命本身。某些量子物理学家开始为活力论者、新浪漫主义者甚至神秘主义哲学者开拓哥本哈根教义。他们那些根本上反科学和反理性的尝试一直延续到今天。

不过，尽管哥本哈根学说的哲学涵义是巨大的，多数哲学家后来却都承认

---

[1] 雅各(Jacob)，是《圣经》里的一名族长，他用"一碗红豆汤"骗取了哥哥以扫 (Esau)的长子名分，在与神摔跤后，被改名为以色列(Israil)。他是以色列人的祖先。爱因斯坦用在这也用"雅各"和"老人家"指上帝。——译者

他们对物理学家们制造出来的那种东西感到完全意外，而且起初反应缓慢。像他的导师一样，在其他方面不那么哲学化的海森伯不失时机地唤醒了他们，方式最直接不过：他开始向聚拢来的哲学家听众演讲，主题是如何在他们的领域中应用自己的新学说。

需要谨慎阅读海森伯的哲学文章才能明白它们流露的关于作者的内容。在物理学家海森伯看来，哲学问题永远不值得他像对待量子表述形式那样，花费那么大的精力。对他来说系统的哲学主张从来没有那么重要。有些读者没能充分意识到，海森伯系统的哲学言论永远是为了讲给大众听而剪裁出来的，大部分的构思和动机取决于面对特定听众的特殊目的。只有很少的几篇海森伯哲学文章不是起源于他的公开演讲。重要的是，这些文章是在哥本哈根诠释的表述以后和在他被任命为莱比锡的教授以后才出现的。[15]新的革命性物理学提供了一个合适的基础，使他能够利用自己在专业中新的地位，拓展更广阔的区域。

海森伯最早的指定报告，是一篇对莱比锡的哲学家们发表的演讲，题为"现代物理学中的认识论问题"。这篇演讲成为另一篇论文的预演。那篇论文是他最有影响和流传最广的早期哲学论著，题为"因果律和量子力学"。海森伯于 1930 年在有影响力的"精密认识论者"（认识论就是研究我们如何了解某事的科学）维也纳圈子的一个早期集会上提交了这篇论文。维也纳圈子是一个逻辑实证主义学派，他们试图建立一个逻辑上自洽的有经验基础的理论模型，他们的集会发生在德意志自然研究者与医生协会的柯尼斯堡会议上。论文发表在该学派流传很广的刊物 *Erkenntnis*（《认识》）上。在这篇论文之后，出现了一些类似演讲：1930 年和 1935 年在维也纳大学、1933 年在萨克森科学院、1933 年和 1934 年在慕尼黑大学和格丁根大学、1934 年在德意志自然研究者与医生协会的汉诺威会议上，以及 1931 年对 *Berliner Tageblatt*（《柏林日报》）的读者发表的演讲。[16]

当理论物理学随着希特勒在 1933 年在德国上台而日益受到怀疑和诬蔑时，海森伯的演讲就明显变成像是对自己专业的辩护。尽管如此，早在海森伯对莱比锡同事们发表的第一篇未出版的演讲中，他的哲学主张就已定了下来。他的不确定性原理是对原子过程中的因果性观念的一种挑战，而因果性，或因果性的缺失，就成了他的主要公开论题。他的主张，也像玻尔关于互补性的主张那样，远远地超出了它们的狭窄的量子力学的意义。[17]

海森伯和玻尔并不孤独。马克斯·玻恩早先曾把量子力学称为一种概率的决定论理论。量子力学只给出有关原子事件之结果的概率——而不是确切的预言，但是概率本身却按照薛定谔方程而以一种精确的、决定的方式而自行演进。[18]因此，在玻恩看来，微观世界中的非因果规律并不意味着宏观世界中的非决定论。但是，到了玻尔的科莫演讲的时候，玻恩在讨论中的发言却没有包含他的早期保留想法的痕迹。"在我看来重要的是要强调，新量子力学放弃了直到今天都主宰了自然研究的决定论。"[19]整个德国的外行听众们——显然因为物理学被假设为有利于"机械唯物论"而对它持批判态度——都会欢迎这种说法。另外，保罗·福曼(Paul Forman)在一篇有名的文章中断言，量子理论家在基本物理中引入并强调非因果性和不确定性是在迎合魏玛德国时代的公众压力。[20]海森伯的青年运动代表的人群当然是一直在期望这样的结果；在提交自己的不确定性原理论文后几天内，急于在德国找到工作的海森伯就立即告知德国公众"因果律已经被证明毫无道理"，也绝非偶然。[21]

到了1928年，海森伯已经准备好对几乎全部的康德认识论发起攻击，而后者是经典物理学的主要支柱之一。他告诉他的第一批哲学听众，相对论和量子理论挑战了康德认为时间、空间加上现在的因果性是建立一门理性客观的科学["先天综合判断"("synthetic a priori judgments")]的适当基础的主张。他声称，这种挑战要求完成"很困难的任务，那就是要再次展开分析康德认识论的基本问题，并且可以说是另起炉灶……然而这是你们的任务，不是物理学家的任务；物理学家们只需供给材料，以供你们进一步工作"。[22]物理学家们如果由于自己的机械决定论而受到公众和非物理学家的批判，现在至少可以通过暗中向别人指出破坏哲学决定论的道路来做点好事，而同时他们也可以从自己的工作给其他职业提供不容易驳倒的材料，以建立自己和哥本哈根学说的决定性意义。

179　　海森伯在1930年向聚集在柯尼斯堡的和维也纳的认识论者们提供了承诺的材料。这两批听众中的许多人，例如菲利普·弗朗克(Philipp Frank)、汉斯·赖兴巴赫(Hans Reichenbach)和约翰·冯·诺依曼(John von Neumann)都与维也纳圈子关系密切。更明显依赖于玻尔对量子实验的分析，海森伯把哲学家的任务从康德的整个认识论的再评价转移到了因果性概念——给每一单个现象指定一个具体的物理原因的想法——的再评价。他坚决主张一个客观的知觉世界的不可能性就是"不确定性的起源",它并没有让因果性的传统定义失效,而是使之成为"空话"。"我希望,"他告诉精密认识论者们,"已经使……你们明白,由原子物理学所造成的局势确实使人们必须重新讨论因果性概念。"一年以后,他告诉报纸读者们,"现在哲学的任务就是要适应这种新形势"。[23]

许多认识论者注意了海森伯关于重新思索因果性的呼吁,当时的学术界已经在关注这一任务。毫不奇怪的是,哲学家充分利用了哥本哈根诠释。维也纳圈子的一位重要的发言人莫里茨·石里克(Moritz Schlick)甚至在他的关于量子因果性的分析中寻求了海森伯的广泛指导。[24]当哲学家们终于注意到了哥本哈根学说的涵义时,海森伯觉得他的目的已经达到,而他的工作优先也已确定(他要追求的是物理学而不是哲学),于是他就开始声称自己的领域对于讨论没有什么更多的话可说。他在1931年告诉《柏林日报》的读者们说:"曾经影响了哲学领域的物理学家的那种研究,在两年前就已经告一段落。"[25]玻尔到1929年为止的许多关于互补性的论述,表现了他自己将起初模糊的原理定义加以精细化的艰苦努力,现在成了标准的依据。[26]

海森伯随后关于哥本哈根学说的哲学性观点,主要通过和两个人的交谈而演化。其中一个是他在莱比锡的学生和他亲密的私人朋友卡尔·弗里德里希·冯·魏茨泽克;另一个是格丁根大学前哲学学生格雷特·赫尔曼(Grete Hermann),他于1932年到莱比锡来在原子因果性发源地作研究。在赫尔曼到来以后,讨论变得日益激烈,但海森伯本人的参与却越来越少。正如魏茨泽克所回忆和海森伯的通信所显示的那样,除了在公开演讲中要用到的以外,海森伯已不太关心这一类问题。[27]

当物理学家和哲学家都在仔细研究他的主张时,正在撤出讨论的海森伯决定通过核对他自己的论证中的最弱之点——显微镜思想实验——来捍卫自己的立场。到了1930年,量子力学的发展已经包括了相对论量子场,这就改变了论证的细节。海森伯给他的学生魏茨泽克指定了一个任务,要他利用哥本哈根学说和量子场论的最新表述形式来彻底分析显微镜实验——这是他在过去曾经搞糟了两次的一种分析。魏茨泽克的分析于1931年完成,没有得出任何理由来质疑哥本哈根学说无可否认的正确性和普遍充分性。[28]

他们的信心既已增强,对他们的观点的承认正在迅速扩展,海森伯、玻尔 180

及其追随者们就不需要害怕任何挑战。但在 1935 年，在美国一流物理学刊物《物理学评论》(*Physical Review*)上发表了一个对他们学说有力而微妙的否定；在那以后的一段时间内，心安理得变成了震惊和混乱。正如玻尔的合作者莱昂·罗森菲尔德(Léon Rosenfeld)所说的那样：“这次攻击降临到我们头上，恍如晴天霹雳。它对玻尔的影响惊人。”[29]

这篇引起震动的论文标题是《对量子力学的物理实在描述是完备的吗？》，作者正是他们的老对手、当时在普林斯顿高等研究院中的爱因斯坦，以及他的两个同事：鲍里斯·波多尔斯基(Boris Podolsky)，一位在研究所访问研究的俄国物理学家，他显然具体起草了这篇论文；纳坦·罗森(Nathan Rosen)，刚刚从麻省理工学院(MIT)毕业，当时正随爱因斯坦做研究。[30]尽管是一个突然的震惊，但现在已经众所周知的爱因斯坦—波多尔斯基—罗森(EPR)论证并未在哥本哈根正统思想的真正相信者中造成很大的危机，更多的威胁是让不太坚决的人们不再忠实地追随。泡利写信给海森伯说：“造成公众意见混乱……的某种危险……是存在的——就是说在美国。”[31]到了 1935 年，美国拥有世界上最多的物理学家，而且正在做出第一流的工作。美国物理学家是哥本哈根学者们不愿意失去的一群听众。

EPR 论文发表于 1935 年 5 月，只有 4 页，至今仍是颇多科学、哲学和史学研究以及争论的课题。[32]在 1927 年的科莫会议和索尔维会议的 8 年之后，这篇论文和对它的答复揭示了在基本观点方面的深刻分歧的持久性；不管哥本哈根学者们如何声明，他们还是没能解决和说服这些分歧。1935 年的新论证是更早的玻尔-爱因斯坦争论的回声，而且在某种意义上，EPR 论文是那些争论的结晶。但是这一次又没有得到任何普遍的解决和共识。

EPR 论文的作者们用一个确定的“不”来回答了他们自己的问题，尽管哥本哈根学派宣称量子力学已经大功告成，但是 EPR 作者们却认为量子力学仍不完备，原因是它只能预测原子实验结果的概率，而不是他们所期待的一个各方面完备的理论所提供的准确结果。他们的论证不是根据表述形式或描述，而是根据作为他们主张的基础的某些先入为主的观念和先验设定的判据。正如爱因斯坦在索尔维会议上的论证一样，论文是从一种实在论的观点出发的：一种独立于物理学家的观测、可知的、被精确定义的物理实在的假设。（玻尔和海森伯则将实验者也作为这个物理实在的一部分）。开篇第一句就是："对一种物理理论的任何认真考虑，都必须考虑客观实在和物理概念之间的区别；客观实在是独立于任何理论的，而物理概念则是理论用来运作的。"承认这种区别，是他们在两个段落之后提出的完备性判据的基础。该判据是："物理实在的每一个要素必须在物理理论中有其相应要素。"然而，这一判据就要求对"物理实在的要素"下一个定义，因此就有 EPR 实在判据："如果我们在完全不干扰体系的情况下可以确切地（即以等于一的概率）预言一个物理量的值，则存在物理实在的一个要素和这一物理量相对应。"相反，玻尔主张他们所排除的这样一种干扰是不能避免的，而且它实际上限制了我们关于实在的知识。利用这些定义和判据，爱因斯坦、波多尔斯基和罗森声称，基于涉及两个量子粒子的纠缠的思想实验，由观测导致的干扰是可以避免的，而由于量子力学没有把这一点考虑在内，从而它就是一种不完备的理论。

EPR 论证立即激起了公众和科学界的反应。已经习惯了公众崇拜爱因斯坦的《纽约时报》在"爱因斯坦攻击量子理论"的大标题下发表了一篇报道。但是，在那篇文章中，普林斯顿物理学家 E. U. 康登（E. U. Condon）却指出了 EPR 推理链中的薄弱环节："当然，论证的很大一部分取决于物理学到底应该赋予'实在'一词以什么意义。"泡利甚至更不客气："假如一个学生在低年级时向我提出这样的反对意见，我会认为他非常聪明，前途无量。"[33]

也许是认为美国人不如他想象中的学生高明，泡利就催促海森伯立即在《物理学评论》上作出答复。海森伯确实（用德文）起草了一份答复，题为《量子力学的决定论的完备是可能的吗？》，他把稿子寄给了泡利，也寄给了爱因斯坦本人。但是他没有寄给已向《物理学评论》投稿了一篇答复的玻尔，就撤回了自己的文章。[34]当海森伯在几个月后的 1935 年 8 月间听说薛定谔和劳厄打算发展 EPR 论证时，他又考虑了他的稿子，但是玻尔发现它的逻辑连贯性有错误，于是稿子就永远作废了。[35]（现在还躺在海森伯的手稿中。）玻尔显然不喜欢海森伯使用格雷特·赫尔曼的近期论证；她论证了为什么另外的、未知的和未被发现（所谓隐藏）的变量不能给出一种决定论的理论。[36]当海森伯在那年年底把他的稿子合并到在维也纳大学发表的一篇哲学演讲中时，放弃了她的论证。[37]

虽然——或因为——EPR 论战的双方都有深刻的论据，他们中没有一方能试图说服另一方。在海森伯、玻尔和他们最亲密的同事们看来，EPR 更多的是一种讨厌而不是一种严肃的反驳，只能打击追随者的信心。海森伯未发表文稿的语气不是辩护式的，而是居高临下俯视他的批评者们和怀疑者们。海森伯宣称，量子力学本质上的统计特征已经由玻尔充分探索过了，而且"后面的这个思想链的主要内容在关于量子力学之基本诠释的最初几篇论文中就已经出现"。[38] 对他而言，每一个问题都在若干年前就已经讨论和解决过了。

不过，对哥本哈根信徒圈子以外的那些人来说，一切还远远没有解决。爱因斯坦和他的追随者们，直到他们生命的终结都在坚持 EPR 论点的各种说法。为了庆祝爱因斯坦 1949 年的 70 寿辰出版了一本文集；在对撰稿者们的答复中，爱因斯坦几乎逐字逐句地重述了肯定量子力学不完备性的论证。他表达了他的一般观点如下："首先，……读者应该确信，我充分承认统计性的量子理论给理论物理学带来的极其重大的进步……这种理论和包括在它里边的那些（可以检验的）关系式，在不确定性关系的自然界限内是完备的……从原理的立场来看，那种理论使我不能满意之处是它对于那个在我看来是全部物理学的纲领性的目标的态度，这个目标就是，要对任何（单个的）实在状况（假定它是不依赖任何观察或证实的动作而存在的）给出完备的描述。"[39][1]

海森伯同样坚持到了他生命的终点。他对哥本哈根学说的反对者们所倡议的态度最广泛的反驳，出现在 1955 年至 1956 年冬季在苏格兰的圣安德鲁大学发表的一系列关于物理学思想史的演讲中。这些演讲的讲义后来作为《物理学和哲学：现代科学中的革命》而出版了。他在关于从希腊人以来的科学观念的全面论述中，赋予哥本哈根诠释以自然的地位。这些观念使人们日益疏远那种认为存在一个完全独立于观测者的实在世界的经典实在论信念。实际上，旧有的观测者和被观测事物的分别已经变得日益模糊。任何返回经典实在论的尝试，包括 EPR 论文在内，都和这种历史趋势相矛盾，而且海森伯当时宣称，那样的尝试只不过代表一种回到已经过时的唯物主义哲学的愿望而已。他宣称："表述关于原子现象实际上应该如何如何的愿望，那不能是我们的任务。我们的任务只能

---

[1] 译文参考许良英等编译：《爱因斯坦文集》第一卷增补本，北京：商务印书馆，2009 年，第 625 页。

是按照那些现象的样子来理解它们。"[40] 一如既往，哥本哈根学说的涵义是真实的、不可更改的和非唯物论的。

尽管有泡利的担心，美国的物理学界对哥本哈根的偏爱并未动摇。虽然爱因斯坦在美国度过了他的后半生，他的反对意见从来没有说服过他的大多数美国同僚。多数人在1935年已经表示支持哥本哈根。这种情况的出现不仅仅是因为哥本哈根诠释在需要时似乎总是行得通（不论哲学上怎么争论），而它的反对者们则没有给出任何其他可行的办法，而且也因为美国人在20世纪20年代末和30年代初已经能够接受欧洲量子力学家们的改革影响。美国物理学在20世纪30年代初已经成年，而美国物理学家们正热衷于参加到新的研究领域中来。[41]

和美国人一样，全世界的听众也热烈欢迎新的欧洲原子物理学，特别是直接面对它的实践者们的时候。在一些财力充实的社会公益基金会的支持下，美国人开始积极而成功地努力输入新物理学，并使它在美国大学中确立下来。和流行的看法相反，美国物理学虽然严重倾向于经典和实用领域，但并未落后欧洲物理学太远。虽然美国当时在相对论和量子物理学这类新奇的现代领域中仍然落后于欧洲，但是这个国家在20世纪30年代初期已经在那些领域中积蓄了力量，而且在声学和电气技术这类经典领域中已经领先了。[42]

早在第一次世界大战末期就已经存在的一种富有成效的机构建制，为从欧洲输入学科的繁荣提供了决定性条件。按照某项研究的结果，一旦美国物理学家掌握了量子物理学，那么民主的、重实践的和合作的美国大学物理系比等级森严的德国专业研究所更适宜于这门新科学的进一步发展。[43]他们就通过自觉制订的双重策略来掌握了它：派遣高材生到欧洲去在它的发源地学习最新的科学，同时邀请客座演讲者来向留在国内的那些人进行讲授。作为到过马克斯·玻恩研究所中的许多美国人之一，卡尔·T.康普顿（Karl T. Compton）就说过："在1926年的冬天，我在格丁根这个量子智慧之源看到了20多个美国人。"[44]

在量子力学创立以后，特别是在把一流的量子理论家们请到美国来当教授的大多数努力都已失败以后，美国人继续向欧洲示好。几乎每一位有点名气的欧洲原子物理学家都在20世纪20年代末和30年代初期间到美国讲过学。一份报告提到，到1929年底，美国各大学至少请了8位一流的欧洲学者（海森伯、玻恩、狄拉克、德拜、洪德、索末菲、威廉·L.布拉格（William L. Bragg）和莱昂·布里渊(Léon Brillouin)来向他们的物理学家演讲量子力学，时间跨度从 6 个星期到整整一个季度。[45]收益是相互而又长久的。通过迅速消化量子力学，美国物理学家们在 20 世纪 30 年代初期就已经能够独立于他们的欧洲同道或以平等伙伴的身份和他们一起进行工作了。由密歇根大学主办并由一些基金会资助的一年一度的安娜堡暑期学校，帮助把这一势头维持到"二战"爆发。海森伯和其他著名的欧洲学者曾应邀前来向美国物理学家和他们的学生做关于自己最新工作的暑期系列讲座，而且经常重复。在 20 世纪 30 年代被迫从欧洲流亡来到美国的科学家，加快了美国科学已经很迅速的步伐，协助保证了它在世界即将进入第二次全球大战时的领先地位。

来访的欧洲人所得到的好处同样重大（即使不考虑他们丰厚的薪金）。[46]他们和外国同道建立的联系对他们领域的进一步发展必不可少。这些同道对于 1933 年后欧洲科学家大量移居美国提供了重要帮助。讲学旅行要求量子力学家们在物理学家和一般听众面前对这门新学科做出（对许多人还是第一次）连贯的和适当布局的讲演。由大师们编写的教科书纷纷出现，这是传播新科学（及作者声誉）的另一种方法。索末菲在帕萨迪纳的讲义成了关于波动力学的一卷书的基础，作为他多次修订的经典著作《原子结构和光谱线》的补编，这也使他能够整理关于这一课题的思想。[47]

海森伯也有一个类似经历。作为接受 1927 年莱比锡任命的一个条件，海森伯要求了 8 个月的假期，以便接受世界各地的一系列讲座的邀请。在确定了先到麻省理工学院和芝加哥大学，之后再去日本和印度后，海森伯于 1929 年 3 月间在不来梅港登上一只海船，开始了他第一次穿越大西洋的旅行。海森伯热切地盼望这次最终会使他环绕地球的旅行，而且他也盼望"在那边的狂野的美国人中间"见到也在出访的索末菲、狄拉克和洪德。[48]但是出海不到一天，海船就被春雾和一层厚冰困住了几天。漂在大雾中的海面上，海森伯教授开始有些后悔了。他写信给玻尔说他多么宁愿和他的青年小组一起在巴伐利亚滑雪小屋中按通常方式度假，"而不是旅行这么远去美国——但是一个人必须尝试一切。"[49]

对于这位 27 岁的人，旅行肯定很累人。在麻省理工学院和芝加哥发表演讲后，海森伯去华盛顿待了几天，在美国物理学会会议上主持了关于原子结构和光谱线的会议。他从那里走向西部，爬了落基山脉，激动地描述了山区出人意料的美景,那使他想起了家乡;然后穿越科罗拉多和亚利桑纳到了大峡谷,然后到帕萨迪纳演讲了一星期并游览了锯齿山(Sierras),然后在 6 月前返回了芝加哥。他在芝加哥写信给玻尔说,在那些"奔波的日子里"他每星期旅行 1000 千米(约 620 英里)——那时人们还只能坐火车旅行。[50]

在芝加哥,他住在德裔美国物理学家卡尔·埃卡特(Carl Eckart)处。当不必演讲和工作时,海森伯就在密西根湖上泛舟和游泳,并和一位芝加哥实验家巴顿·霍格(Barton Hoag)去北威斯康星湖钓鱼,在麦迪逊暂停去会见了狄拉克,而且常和其他物理学家一起打网球和演奏音乐。7 月 20 日,他向泡利描述了繁忙日程的其他部分:他将于 8 月中旬在黄石国家公园和狄拉克会合并动身去夏威夷和日本,他们就在那里停留并演讲,直到 9 月中旬。当狄拉克从日本前往西伯利亚和莫斯科时,海森伯将经过中国到印度去演讲、游览和访问喜马拉雅山脉,最后及时赶回莱比锡以在 1929 年 11 月开始新的冬季学期。"然后我希望能够再次真正地研究物理学。"[51]

除了登山以外,海森伯于 1929 年 3 月和 4 月在芝加哥大学发表的 10 篇演讲是他这次旅行的最高点。这些演讲是他的第一本书《量子理论的物理原理》的基础,该书或许是最有影响的和流传最广的对哥本哈根学说及其背后那些灵感的早期阐述。在埃卡特从德文翻译过来的译本里,他著名原理的英语名字也从"indeterminacy(测不准)"变为"uncertainty(不确定性)"。[52]

海森伯的教科书以其清晰性和对玻尔的过度依赖程度引人注目。尽管多次引用了玻尔互补性论文的不同文本,海森伯却没有在书中的任何正文中提到自己的名字。尽管他把不确定性原理描绘成量子现象的一个说明和后果,但对他自己论文的引用,特别不确定性原理论文,却很显眼地没有出现在文献目录中。引用的作者只有玻尔,甚至在不确定性方面也是如此。人们在(翻译得很别扭的)序文中读到:"在我看来,如果本书在传播量子理论的哥本哈根精神方面有些贡献,它的目的就达到了……那种精神曾经指导了现代原子物理学的整个发展。"[53]在海森伯看来,玻尔显然就是"精神"的具体代表。

玻尔圈子以外的其他巡回演讲者不那么吹嘘玻尔和互补性。虽然玻恩和约

1929 年在芝加哥大学

前排从左到右：海森伯、狄拉克、H. G. 盖尔（H. G. Gale）、洪德

后排从左到右：A. H. 康普顿、G. S. 蒙克（G. S. Monk）、C. 埃克哈特（C. Eckhardt）、R. S. 马利肯（R. S. Mulliken）、F. C. 霍伊特（F. C. Hoyt）[1]

当欣喜地把他们的新教材敬献给玻尔，索末菲却没有在自己教材的波动力学补充本中涵盖互补性概念。泡利 1933 年在他发表的关于量子力学的百科全书文章中开始就举出了不确定性原理和互补性来作为构造所有新物理学的形式基础，但是恩里科·费米却把他有影响的安娜堡演讲只建筑在了不确定性关系式上。后来许多的教科书作者都采用了费米的说法。[54]

不确定性原理及其数学表达，离量子力学的实际实验应用发展，比离认识论和互补性更近一些。这一情况，再加上不确定性较易理解，使得有着实际头脑的美国人比较更容易接受不确定性和量子物理学其他有用的奇异因素作为新物理学的基础。同时，他们也倾向于把互补性的更精细方面和哥本哈根学说的

---

[1] 原书人名注释不全，据作者的电子邮件回复增补。——译者

那些类似的微妙问题留给"哲学家"。[55]20 世纪 30 年代中期的 EPR 争论来得太晚，无法改变立场已经坚定的美国人或动摇他们对主导学说的忠诚。

　　带着一个正教授职位、一个成功并得到公认的物理学和作为世界公认的量子革命的领袖的荣誉，海森伯于 1929 年秋天从他的世界旅行中回到了莱比锡，这时他已实现了他平生雄心的大部分。在一篇关于他们在那年一起去日本旅行的优美回忆中，狄拉克描述了有一天他和海森伯一起走到一座精美构造的日本宝塔附近的情况。他很惊讶地看到年轻的海森伯一句话也没说就精神抖擞地爬上了塔顶，而且带着一种不怕危险甚至死亡的胜利心情单腿立在了塔尖上，任凭狂风在他的周围呼啸。[56]当他在蓝天下面稳稳立在风中时，这位勇敢而又雄心勃勃的物理学家为自己终于达到了一生事业和抱负的顶峰而感到满足。

第十四章　新前线

在 1927 年 10 月的索尔维会议期间，海森伯作为理论物理研究所的负责人来到了莱比锡。他的研究和新研究所，对量子力学的哥本哈根诠释的快速传播和广为接受起了推动作用。莱比锡物理学集中代表了那些新的量子物理学中心，它们将以哥本哈根精神，培育新一代物理学家进入量子力学研究。

物理学家处处都在展望将新的科学应用和扩充到许多物理学领域以及其他科学中去的巨大可能性。在许多科学家看来，特别是在那些身在美国的科学家看来，量子力学的明显效用比任何关于哲学原理的演讲都更有说服力。海森伯回忆说："通往这一全新领域（量子力学和原子壳层）的大门大开，而新鲜的果实似乎可以采摘了。"在包括海森伯在内的许多物理学家看来，经过将近 10 年的困惑、反常与失败之后，1927 年索尔维会议后的那 5 年是"如此奇妙，以至我们常常称它们为原子物理学的黄金时代".[1] 尽管如此，在把新物理学扩展到高能研究时遇到的困难，以及在公众和学生中出现的动乱，在那一阶段也成倍增加。那些奇妙年头的欢欣鼓舞常常转变成同样深深的失望。

海森伯的研究所是由荷兰物理学家彼得·德拜领导的大学物理研究所的一个下属机构。海森伯和德拜都于 1927 年到职，而且立即一起改变了研究所及其物理学。在奥托·维纳（Otto Wiener）和特奥多尔·德斯·库德雷斯（Theodor Des Coudres）人生的最后几年，一度强盛的莱比锡物理学已经萎缩得几乎不存在了。虽然这两位大佬在本世纪的最初 10 年处在前沿上，但他们谁也没有充分理解爱因斯坦的物理学。德斯·库德雷斯集中研究了经典的和技术的课题；维纳直到最后都在研究一种不成立的运动学电磁理论并寻求其实验验证。[2]

在 1926 年被任命为理论物理学教授的格雷戈尔·文策尔，在同年写给索末菲的一封信中总结了前海森伯时期的莱比锡物理学的可悲状况："在此期间，旧惯例继续施行，甚至比从前的形式更坏。从较老一代的学生那里也得不到多少东西。我简直无法形容自己在有关物理知识的国家考试中所经历过的事。只有一个候选人注册博士学位，而在他看来，此人一点才能都没有。顺便一提，他还是一个商人，这在这里却习以为常。"[3] 但是到了 1932 年，莱比锡物理学已复苏到一定程度，以至萨克森文化部的一位公务员感叹道："事实上，莱比锡物理学的非凡代表（德拜、海森伯和洪德）是大学中在国际上最活跃的岗位之一。"[4]

德拜接替了维纳那既是实验物理学教授又是物理研究所主管的双重职位。世纪交替时期的研究所大楼位于刚好在市中心以外的林内大街 5 号——尴尬地处于位于一座公墓和一座精神病院之间。U 字形的楼房中包括一些教室、实验室、办公室、仪器室和教职员宿舍。海森伯的理论物理研究所占据了这栋两层楼房的北翼。[5]

德拜也留用了维纳 3 位上了年纪的忠实助手以及维纳所建立的、由终身教职人员充任的 3 个工程分部——应用力学和热力学、无线电物理学和应用电学。虽然电学分部因为制造了第一部成功的电视接收机而享有一定的声誉，但德拜却不怎么重视这些技术分部，让维纳的助手们负责基础初等实验课程。

作为与德拜的协议的一部分，位于萨克森首府德累斯顿的文化部同意聘用德拜在苏黎世时的助手海因里希·札克（Heinrich Sack），并为他的第二位助手 H. 法尔肯哈根（H. Falkenhagen）推荐了一份应急协会津贴，还为一个一年一度的会议（世界著名的莱比锡春季演讲周）提供了 3000 马克，并且授权德拜和海森伯商谈后者到莱比锡来的事宜。[6] 在最后一个条件都谈妥后，德拜向这位新教授推荐了自己的第一个学生，他在苏黎世的前弟子，费利克斯·布洛赫（Felix Bloch）。

海森伯几乎从零开始，只有一个学生，没有助手，没有落脚之地。一辈子单身的德斯·库德雷斯住在研究所顶楼下一间几乎家具简陋的服务式小公寓中，现在这所公寓属于海森伯了。在他的最后岁月中，德斯·库德雷斯雇了住在研究所一间助手公寓的格雷奇默女士(Frau Gretschmer)照顾他。海森伯在 11 月初到来时，发现格雷奇默女士住在德斯·库德雷斯的公寓，文策尔住在助手公寓，而研究所弥漫着尘土的味道。在外出寻找被单枕套前，他命令将门窗全都打开。[7]海森伯在 12 月前就已从旅馆搬进了研究所，并用一份哥伦比亚大学聘书来讨价还价，换取租金免费。他雇了一位全职女清洁工来打扫研究所、准备他的饭食和整理他的公寓。[7]海森伯也让人重新装修了他的公寓，在房间里放了一架钢琴，并且订购了一个乒乓球台放在地下室。但他跟母亲说，很后悔装修时忘掉了在他公寓外，即大厅对面的厕所。

作为他的第一次职业活动，他尝试从索末菲那里偷来一位助手，没有正式宣布就开始了讲课。他显然接管了文策尔的电学理论课程，而且很意外地发现上课第一天竟来了 40 名学生。"这个开头蛮好的呀"，他在给为他骄傲的父母的信中这样写道。然而他给索末菲的信并不受欢迎。"您的信自始至终流露出您的内疚之情。您想来挖我的助手吗？当然，您选中的都是最优秀的！"[8]直到夏季学期(大多数德国大学有两个学期，这是其中一个，另一个是冬季学期)，他都没有助手。

1928 年夏天，海森伯的名字第一次出现在课程目录上。创纪录的 150 个学生注册了他的经典力学课程，80 个学生出席了他关于原子物理学的高级课程，而参与他和文策尔联合主持的高级研究讨论班的人达到了 12 名，其中有 3 名学生是在索末菲催促下来的。[9]索末菲还安排圭多·贝克(Guido Beck)受聘为海森伯的第一助手，为期 4 年。海森伯的第二助手布洛赫，作为他的首位博士生，在那一学期毕业。和大多数新教授一样，海森伯几乎被突然的教学任务压垮。他写信向父母诉苦说："我有些博士论文要批改，我自己的论文校样也摆在这里，而且讲课需要大量的准备。有时我对一切几乎力不从心；我也很不幸地没有什么时间花在音乐上了。"[10]

随着莱比锡物理学的突然复兴，学物理的学生人数激增。在 1927/1928 年的冬季至 1928 年夏季，人数几近倍增，而当时莱比锡大学的总人数则只增长了 28%。在 1927/1928 年和 1929/1930 年的冬季学期之间，物理学生的人数猛增了 166%(从 41 人增至 109 人)。物理教室和实验室都人满为患，引起一个学生代表团愤怒地要求更多实验教员。德拜设法弄到了洛克菲勒基金会的资助来建立新实验室，但是文化部却拒绝资助所需要的新助手。[11]

莱比锡物理学的增长甚至超过了全德国物理学生普遍的巨大增长（71％）。原子物理学的最新发展明显抓住了年轻人的想象力。此外，在 1927 年至 1933 年间，非常之多的未来名流从国外蜂拥而至，来到海森伯这里工作和学习。在他们之中，包括爱德华·泰勒（Edward Teller）、拉斯洛·蒂萨（Laslo Tisza）、列夫·朗道（Lev Landau）、乔治·普拉切克（George Placzek）[1]、伊西多·I. 拉比（Isidor I. Rabi）、约翰·斯莱特和 W. V. 豪斯顿（W. V. Houston）。甚至奥本海默都在去苏黎世与泡利共事的路上到这里现身聆听一个系列讲座。直到第二次世界大战爆发前，纷至踏来的访学者几乎毫不衰减。[12]

海森伯依据慕尼黑和格丁根模式来建立了他的研究所。他把实验室转给了德拜，保留了一个技术员来做课堂演示，并把数学物理学分部主任（先是文策尔，在 1929 年后是弗里德里希·洪德）提升成了正教授（但权限和薪金都比他自己的要低）。海森伯担任每学期 3 小时的基础理论课程，依次是经典力学、热力学、电动力学和光学。他也主持每周 1 学时的特殊研讨班，讨论当前关注的高深课题；和文策尔或洪德联合主持一个研究讨论班，研究物质结构；并和德拜一起主持每周一次的物理学讨论会，由本地和外面请来的人士报告他们最近的工作。

在 20 世纪 30 年代早期，海森伯开始讲授关于量子理论和原子物理学的正式课程，而洪德则开设基础理论或关于他自己的研究领域（主要是固体的性质）的课程。通过与泡利在苏黎世的研究所以及玻尔在哥本哈根的研究所积极交换助手和博士后学生，确立了一个新的欧洲量子研究中心网络。[13]在 1932 年获得大学授课资格并在泡利那里当了一段时间的助手后，布洛赫就在莱比锡开设了广义相对论、磁量子理论和高速粒子在物质中的吸收等方面的课程。具有犹太血统

190

---

[1] 捷克物理学家。原名 Georg Placzek，1905 年 9 月 26 日出生于当时奥匈帝国摩尔维亚的布尔诺的一个富裕的犹太家庭。在布拉格和维也纳学习物理学。他与汉斯·贝特、泰勒、海森伯、玻尔、费米和朗道等著名物理学家合作过，是唯一一位参加过曼哈顿计划的捷克物理学家。1955 年 10 月 9 日在瑞士苏黎世去世，享年 50 岁。谣传他可能是自杀身亡的。在其家族史上，近三代有 5～6 人自杀。——译者

的布洛赫于 1933 年回到了苏黎世，并最终从那里移民去了斯坦福大学。

理论物理学研究所副主任弗里德里希·洪德年长海森伯 5 岁，但他两在格丁根时曾作为玻恩的学生和助手而一起工作和漫步过，自那时起就是好友。早在亲密的"*du*"(你)这个词在同事间通行前，他们就使用它了。洪德一家在第二个孩子出生前，一直住在海森伯楼上的小助手宿舍中。洪德对于只充当海森伯的影子，并常常只分配到一些二流学生的这种角色，从来都不高兴。一个在莱比锡的长期笑话也让他感到不快：课程目录上写的总是"海森伯与洪德(*Heisenberg mit Hund*)"——带着狗的海森伯[1]。另外，洪德一直对一件事耿耿于怀：1929 年，当洪德正在芝加哥访问时，海森伯命令他在接受莱比锡的职位前返回莱比锡，以便海森伯可以继续自己旅行。14 但在希特勒于 1933 年掌权后，洪德却成了海森伯最亲密的政治盟友和知己之一。

洪德和德拜之间更紧张的关系反映了理论和实验在莱比锡的巨大分歧。研究所的一位美国访问者于 1933 年初写信给国内一位同事说："我有时见到布洛赫，但作为一个实验物理学家，我和他没有多少可谈的。在莱比锡这里，理论物理学家和实验物理学家之间的分野，比我在任何其他地方所曾看到过的都要更加鲜明。"15 或者由于将洪德与海森伯进行了不公平的比较，德拜总视洪德为一个二流理论家。反过来，洪德则认为德拜"聪明却懒惰"。海森伯说，他常看到叼着雪茄的德拜上班时间在研究所的花园中给玫瑰浇水。"德拜有着某种优游处之的倾向。"他曾提到。16 不过洪德还是留在了莱比锡，并最后在海森伯于 1942 年跟着德拜去柏林后接替了主任职务。

由于他们的年轻和永远年轻的生活方式，海森伯和洪德都和他们的学生相处得很好。洪德回忆说，海森伯常常像领导一种青年运动 *Thing*(批评大会)[2] 似的领导他们联合主持的研讨班；而身为前"候鸟"成员的洪德对此当然不会反

---

[1] 洪德的姓氏(Hund)在德语中为"狗"之意。另外，在德语中，用 mit 连接两个人时，前者为主，后者为辅，明显地含有不平等之意，难怪洪德在意这种排列。比较平等尊重的做法，应该是用 und(和)，但当时海森伯的地位比洪德高，而且洪德事实上是协助海森伯上课，也就是说，海森伯为主，洪德为辅。——译者

[2] 一般指古代日耳曼人举行的露天大会，在会上进行审判、议事、决定对外作战等。——译者

对。为了他的高级特殊研讨班，海森伯常常在街角的面包店里买些点心，并在
化学实验用的炉子上煮茶。[17]在学生政治小组于1933年后的成立前，两位教授常
常在周末和学生一起到山区徒步旅行（尽管从来不和德拜及其学生一起去），而
助手们经常陪着海森伯去他的巴伐利亚滑雪小屋。在夏季的几个月中，海森伯
每天上午7：00学习骑马，并常参加大型游泳派对，有一次还向玻尔夸口说他仍
能完成困难的跳水动作。[18]竞赛活动从不落后：学生们在大学网球场上的挑战很
容易得到海森伯的响应，而地下室的乒乓球台也成了一种特殊的单位娱乐中心。
在远东之行和在船上与亚洲专家们的练习之后，海森伯保持不败。

海森伯与他的研讨班的学生们，1931年。前排，从左至右：R. 派尔斯(R. Peierls)、
海森伯；后排，从左至右：G. 普拉切克(G. Placzek)、G. 泰梯利(G. Gentile)、G.
维克(G. Wick)、F. 布洛赫(F. Bloch)、V. 魏斯科普夫(V. Weisskopf)、F. 绍特
(F. Sauter)

当他的27岁生日在1928年即将到来之际，年轻的教授在一次重要的教师会
议上把心思用到了给他母亲写信要一件什么生日礼物上：一个新的枕套或一个
面包篮子。他写信感谢他母亲把这两样东西都寄来了。"当这样一件家庭的象征
进入我那完全为物理学所占据的莱比锡生活时，我实在高兴得难以置信。"他对

慕尼黑老家和青年小组伴侣的亲切怀念仍未消减，而且像通常那样，他投身于工作中以压制这些情感。[19]

曾经向父母倾诉的压力有所缓和之后，音乐很快又占用了他不少时间。他晚上在住所中独自练习数小时。音乐再次成为他逃避他的日常生活、从紧张工作中获得放松以及重建他的平衡的一种方式。即使在莱比锡有许多朋友和同事，但是谁也不曾和他共有过青年时期的强烈经历，而且几乎没人能够和他一起达到他驱使自己达到的那种科学思索和身体锻炼的高峰。那些可能与他精神契合的人不在莱比锡。和玻尔及泡利的频繁通信仍然在继续中。

不过，甚至音乐也不能平息他内心的冲动。海森伯甚至在放松时也不能平静。布洛赫曾回忆道，有一天晚上在自己的房间中听到海森伯一次又一次地弹奏舒曼协奏曲中的一小段。当终于弹对了时，海森伯下楼到布洛赫房间中来，在休息以前聊一会儿天。布洛赫注意到，在海森伯常常少不更事的行为后面有一种不寻常的认真性，一种对目标的强烈集中，这些都远远超越了青年式的取乐或对无益情绪的抑制。布洛赫回忆说："我们全都知道他脸上那种如痴如梦的表情，即使在全心关注其他问题或者对充分享受玩笑或游戏时，这种表情表明，在他头脑的最深处，仍在进行着关于物理学的重要思考。"[20]

位于德国中部的莱比锡处于柏林以南的哈雷和德累斯顿之间，享受着作为来自东方的货物、文化和人员的商贸中心的特殊地位。莱比锡有欧洲最大规模的图书贸易，其图书馆组织主导了德国图书馆系统，而一年一度的莱比锡交易会则起着国际工业橱窗的作用。一位 18 世纪的来访者写道："莱比锡的居民们应被看成一个小小的文化共和国。每个人都给出自己一份小小的原始贡献。财富、知识、才能、一切种类的所有物都充实了该地。"[21] 歌德选择了莱比锡的奥尔巴赫酒馆作为执着于学识的浮士德博士和一群学生在邪恶的摩菲斯特（Mephistopheles）的影响下聚会的地方。

魏玛阶段后期，也像在德国其他地方一样，文化在莱比锡得到了发展。世界上最古老的大学之一的莱比锡大学（建于 1409 年），仍然包括几个传统的学院：医学院、法学院、神学院（路德派）和哲学院（包括科学在内）。原来的自由城市莱比锡中的大学在法律和经济上的独立性早已被萨克森文化部的权威所代替，但是文化和学术的发展却没有受到什么阻碍。海森伯的朋友和从前的学生魏茨泽克认为当地的文化条件是德国最好的，尽管柏林更加包罗万象。[22]尤其是音乐节目很多；每周五晚在托马斯教堂都有著名的巴赫合唱团的免费音乐会，每周在布商大厦音乐大厅（Gewandhaus auditorium）有同样著名的乐队演奏门德尔松的乐曲。海森伯常常给家里写信谈到他对这两个地方的拜访。在一封信中提到在布商大厦音乐会后一直跳舞到凌晨 1 点，结果被父母责备他在莱比锡过着一种享乐生活。他们显然误会了他的原意。他坚持说，工作和事业是他主要的追求，"对我来说，许多事情比你们想象中的要严肃"。[23]

音乐的快感确实比单纯的放松和逃避更严肃：音乐也给海森伯提供了一个进入莱比锡上流社会的通道。按照洪德的说法，那一时期主宰莱比锡社交生活的一群富豪阶级，其中包括书籍出版商、大学教授以及帝国法院（Reichsgericht）中的法官和检察官。[24]文化把所有这些人团结了起来。莱比锡的哲学教授汉斯·杜里舒[1]回忆道："在那些年中，社交生活在莱比锡非常兴旺，虽然是以比战前更简单的方式。我们和大学所有院系的同事来往，但此外也和帝国法院方面的许多家庭来往。"[25]

在这种高层圈子中，政界人士只是在个人的基础上往来。有教养的社会精英的尊严和客观性假象背后，仍有政治策略和阴谋。主要的例外是有保皇倾向的保守的莱比锡市长卡尔·格德勒（Carl Goerdeler）博士（后来是 1944 年谋刺希特勒活动的参与者），他和海森伯常常出现在相同的社交圈子中。[26]

音乐起了这些圈子的公分母的作用，而海森伯参加了莱比锡富豪阶级人家中的许多音乐晚会。受人尊敬的奥托·米特尔施泰特（Otto Mittelstaedt）是海森伯最常拜访的音乐会主人之一，他是州法院的一位检察官，他的孙子彼得·米特尔施泰特（Peter Mittelstaedt）后来在海森伯指导下学习物理学。海森伯和其他物理学家定期拜访米特尔施泰特家和他们的亲家，一个古老的出版商家族，比

---

[1] 杜里舒（Hans Driesch, 1867～1941 年），德国生物学家和哲学家。1921 年杜里舒被莱比锡大学聘为教授。1922 年 10 月 14 日，杜里舒偕同夫人乘船抵达上海，其后杜里舒在上海、南京、武汉、北京、天津等地进行巡回演讲（至 1923 年 6 月）。其讲演稿由张君劢、瞿世英等翻译和整理为《杜里舒演讲录》（1923 年由商务印书馆出版发行）。1923 年，南京大学授予他在自然科学方面的荣誉博士学位。他的"生机论"（entelechy，又译隐德来希）学说对当时中国学界产生了很大的影响。——译者

金家族(Bückings)。虽然很难想象一位文雅的海森伯穿着半正式的晚礼服，在茶点旁和人一边聊着八卦，一边等待着参加他们的客厅合奏，但这些文化熟人的圈子对他很有用——不仅使他得以跻身莱比锡精英社会，而且在1932年后的艰难岁月中也给他提供了个人支持和职业影响。正是在这样的一次音乐晚会上，海森伯后来遇到了他未来的夫人。

在20世纪30年代初期，海森伯教授也和另外两个有影响的职业和文化群体有过来往，这些圈子有些成员重叠。1930年6月，设在莱比锡的萨克森科学院数学-物理学部选举海森伯为正式院士。[27] 起初，这类科学院旨在推动科学讨论，促进科学和学术进步，并向统治当局提供建议。但是随着大学恢复活力以及专业刊物的创办，这些科学院的活动很大程度上就像一个学术人士的俱乐部一样了。当选6个月以后，海森伯为了表示对其支持者的感谢，提交了一篇关于电磁场中的能量涨落的论文。[28]

海森伯和其他一些萨克森科学院院士也属于一个叫作"冠冕社"(Coranella)的教授俱乐部。这一由8到10位较年轻的哲学学院男性成员组成的非正式小组定期在晚上聚会，内容是演奏音乐和学术聊天。在魏玛时代的晚期，当那些自命不凡的德国文化承载者(Kulturträger)感到自己日益受到挑战并在政治上日趋孤立时，这两类文化俱乐部就更加流行了。海森伯从来没有在莱比锡大学哲学学院担任过任何行政职务，但是他的一些亲密同事却担任过。这种关系使他能够接触广泛的有影响力的人士，这种接触在希特勒掌权以后就变得非常关键。

194　　　当然，海森伯最接近的熟人圈还是由他的那些专业上的同事、助手和学生组成。1932年前后，这个圈子主要包括洪德、布洛赫、数学教授B. L. 范德瓦尔登(B. L. van der Waerden)、生物化学教授卡尔-弗里德里希·邦赫费尔(Karl-Friedrich Bonhoeffer，反希特勒的神学家迪特里希·邦赫费尔[1]的兄长)，以及在1933年完成博士论文的冯·魏茨泽克。海森伯与德拜及其下属并不特别亲密。

---

[1] 迪特里希·邦赫费尔(Dietrich Bonhoeffer，1906年2月4日～1945年4月9日)，德国信义宗牧师、神学家，认信教会成员之一，出生在德国布雷斯劳(今波兰弗罗茨瓦夫)。曾参加反纳粹的抵抗运动。因同伴计划刺杀希特勒失败，邦赫费尔在1943年3月被捕，并于德国投降前一个月被绞死。——译者

海森伯于 1926 年至 1927 年的冬季在哥本哈根当玻尔的助手时见到了年轻的魏茨泽克，那时海森伯应邀参加了卡尔·弗里德里希的父亲、德国驻丹麦大使恩斯特·冯·魏茨泽克[1]在家中举行的一次音乐晚会。当海森伯被任命为莱比锡的教授时，当时还是中学学生的卡尔·弗里德里希决定去该大学投入他的门下。但是当卡尔在 1929 年毕业时，海森伯正在国外。魏茨泽克在柏林大学读了一年，以等待他未来的老师回国。虽然比老师小 10 岁，魏茨泽克却变成了海森伯最亲密的朋友和同伴，直到自己于 1936 年转往柏林。他常常和海森伯一起在周末出游，或是和其他物理学生及青年同志们和海森伯一起去青年小组的巴伐利亚滑雪小屋。人人都说他们的讨论集中在魏茨泽克很在行的物理学和哲学之类的话题上。当有一次被问到他们是否曾在 20 世纪 30 年代初期讨论过政治或经济时，魏茨泽克回答说："不多，实际没有。"然而洪德在回答同一问题时却说："是的，每天。"[29]如果作为学生和助手的魏茨泽克当时是海森伯的精神同事和伴侣，正教授洪德就是海森伯的学术和政治亲信。但对他们所有人来说，量子物理占据了主要的注意力。

要做的事情很多。当政治局势在魏玛共和国的最后 5 年中陷入混乱时，索尔维会议后把已获成功的量子力学扩充到新领域的努力也同样陷入混乱。虽然量子力学提供了领会原子事件的基础，并且哥本哈根诠释也提供了原子和日常世界之间的联系，但是这种联系中却还缺少一个重要的元素。电磁辐射——原子中的电子在定态间的跳跃引发的发射或吸收——提供了原子内部机制的主要信息来源。但是，电子和光波之间的确切联系是什么？既然光在发射之前和吸收之后都不存在，那我们怎样才能理解那些看似由带电粒子引起的电磁能量的产生和湮灭的东西本身呢？这种问题的答案超出于 1927 年的量子力学的能力之外。

---

[1] 恩斯特·海因里希·冯·魏茨泽克(Ernst Heinrich von Weizsäcker，1882～1951)，德国海军军官，外交官和政治家。1938 年至 1943 年担任德国纳粹外交部国务秘书，并于 1943 年至 1945 年任教廷大使。由于他参与了将法国犹太人驱逐到奥斯维辛集中营之事，作为战犯在纽伦堡被审判。他有两位著名的儿子。物理学家和哲学家卡尔·弗里德里希·冯·魏茨泽克(Carl Friedrich von Weizsäcker，1912～2007)和在 1984～1994 年担任联邦德国总统的里夏德·冯·魏茨泽克(Richard Von Weizsäcker，1920～2015)。——译者

同时缺失的，是与另一个 20 世纪中的巨大物理学进步——相对论的有力联系。爱因斯坦已经证明质量、时间和空间这些看似普适的概念实际上是相对的概念。这些变量的测量结果取决于物体相对于观察者的速度。速度越大，相对性方面的作用就越显著。相对论的结果尤其应当适应于在空间或者原子轨道上高速运动的电子。当然电子也遵守量子力学定律。很显然，下一步工作就是找到一个能够结合量子力学和相对论的电子和电磁辐射的综合理论。用专业术语讲，这个新理论就是我们现在所谓的相对论量子力学。

海森伯与狄拉克、泡利、帕斯夸尔·约当及其同事们一起，在 20 世纪 20 年代末和 30 年代初奠定了量子物理的这一高度专门化和数学化的分支的基础。[30] 理解物质、场及其彼此间的相互作用的基本性质的努力，并设法把量子力学的教益和相对论的基础联成一体，仍是今天集中研究的主题。这些年中，它们引发了实验和理论物理学中某些最奇异和昂贵的研究。自人类开始探索相对论量子场论以来，海森伯又是奠定其基础的一小群抽象理论家中的领导人物。

甚至在海森伯离开哥本哈根前往莱比锡以前，他和他的同事们就给自己定下了新任务：重新表述刚发现不久的量子力学方程，使它们相对论化，并扩充这些方程，使其包括光的发射和吸收。当海森伯开始在莱比锡讲课时，他和泡利通信商定了一个新研究纲领：在已有结果的基础上，努力将个别带电电子形式的质量与电子发射的连续电磁场联系起来。泡利和约当已经发展了一个方法来处理由光量子组成的电磁波。[31]

现在的困难在于，电子既要满足量子力学又要满足相对论。他们天才的剑桥同事狄拉克提供了一个关键推动力。1928 年 1 月 2 日，当海森伯正准备向莱比锡的教师们发表他的正式就职演讲时，狄拉克向伦敦的皇家学会提交了他最著名的成就"狄拉克方程"；这是一个满足相对论的电子的方程，被用来取代薛定谔非相对论的波动方程。[32] 这个"狄拉克方程"也以一种自然方式涵盖了电子的半整数自旋。现在有了新的描述相对论性自旋电子的狄拉克方程，加上量子电磁场的约当-泡利理论以及狄拉克关于处理二者相互关系的进一步结果，一时间，似乎一个成熟的相对论量子场论已是手到擒来。

然而又过了很久，果实还是可望而不可即。尤其其中一个问题看起来如此根本，甚至动摇了总是乐观的海森伯的信心。问题来自于电子体积之谜。如前所述，电子具有电荷和质量，但通常却被认为没有体积；就是说，它被假设为一个半径为零的数学点。在经典电动力学中，一个独自存在的电子被一个电场包围着。电场含有能量，而这个常被称为电子"自能量"的计算结果，与电子半径相关。如果电子根本没有半径，则能量将变成无限大——这显然是不可能的。在海森伯和泡利的新理论中，又出现了这个无穷大的能量。这次是来源于电子在自己的场中和无穷多个光量子的相互作用。[33]

这个无穷大的结果似乎无法避免。讽刺的是，恰恰在量子力学外在成功的高峰上，失望的声音就在莱比锡和苏黎世（泡利刚刚到那里去接任德拜）变得清晰可闻了，特别是当 1928 年 6 月间狄拉克在德拜的第一届莱比锡演讲周中讲了他的方程以后，结果更加让人伤心。和 10 年前所做的一样，泡利又一次退出了量子物理学以等待"一个在根本上全新的想法"。[34]他利用 1928 年余下来的时间研究了热力学，并写了一种乌托邦式的小说——不过时间上不一定是按这种先后顺序。海森伯也从"更重要的问题"转向了非相对论量子力学的应用，"以不再继续用狄拉克来折磨自己"。[35]在狄拉克令人沮丧的演讲之后，莱比锡和苏黎世的绝望中，非相对论量子力学的应用突然兴盛起来。

在索末菲近期的金属电子理论——在这一理论中，电子被处理为看似金属内的一种气体——的鼓舞下，莱比锡绝望的理论家们转向了固体问题的研究。[36]紧接在量子力学的表述和电子自旋的发现以后，泡利和海森伯早先已经考虑了金属中的原子和电子的量子性质，只不过后来注意力转到了更有意思的哥本哈根诠释。但现在这种挫折的局面，在布洛赫来到莱比锡之后，早先的想法却突然死灰复燃。布洛赫在他的 1928 年的博士论文——这是海森伯指导的第一篇博士论文——中提出了一种金属的量子力学电子理论。[37]多数金属是电流——一种电子流——的导体。一个难题涉及电流产生时的瞬时性。甚至在很长的导线中，被接上电源以后，几乎立刻就会出现电流，尽管自由电子在沿着导线长途跋涉时会因为和金属中的原子碰撞而减慢速度。

布洛赫通过考虑由金属离子在导线中形成的吸引力解决了这个问题。如果认为离子排列成一种晶体点阵，那么电子受到的合力就像一种沿整个导线的吸引力的波。通过求解在这样一个场中运动的量子电子的薛定谔方程，布洛赫设法解释了电流如何能在很短时间内通过金属导体长距离传播。在一种近似理想的晶体点阵中，即便在室温下，电子和离子碰撞的机会也很小。

被索末菲送到海森伯那里学习的学生中，有一位叫鲁道夫·派尔斯(Rudolf Peierls)。海森伯交给了派尔斯一个问题：考虑早先的一种发现对布洛赫理论的影响；那种发现对海森伯之前的氦光谱解释已经起了关键作用(而这也使海森伯能作出获得诺贝尔奖的工作)。这种就是一种关于其所谓的"交换相互作用"的想法，也就是两个完全不可分辨的量子粒子(电子)仅仅交换位置而不改变其他物理状况就产生一种作用力。[38]海森伯建议派尔斯研究这种力对布洛赫金属理论的影响。海森伯自己则避开量子场，检查是否可以用这个效应解释最令人迷惑的金属现象之一——磁铁的磁性，或铁磁性。

像铁这样的物质与一个磁体摩擦或以融化状态置于一个磁场中时可以被磁化。它们甚至在冷却或者从磁场中被取出后仍然保持磁化状态。对这种效应的一种可能解释是基于铁原子价电子的自旋。任何自转电荷都可以看作一个小小的闭合电流环，而一个闭合电流圈环又像一个小磁铁。磁铁内部的一种分子性磁场——所谓的"外斯场"[因苏黎世物理学家皮埃尔·外斯(Pierre Weiss)而得名]——使带有自旋的价电子保持相同方向的排列，这就是磁铁的铁磁性。然而在处理大量电子环的新数学方法问世之前，海森伯无法证明这一点。一旦用了新方法(群论)，旷日持久的铁磁性之谜就轻易被哥本哈根学派完善的量子力学解决了。[39]

海森伯在1928年发表的解决磁性难题的文章立即成为新量子力学的又一胜利，证明了这一新物理学解决长期悬置问题的实际效力。一年后，他又不厌其烦地就这个题目在德国冶金学会的演讲中格外强调了后者。这一演讲发表在学会机构刊物《金属工业》(*Metallwirtschaft*)上。[40]

然而海森伯从未停止思考如何将相对论和电子与场的量子论结合起来。在给冶金学家报告的同时，他偶然想到了一个数学技巧，可以处理一些新理论面临的其他技术障碍。泡利在1929年1月从苏黎世来到了莱比锡参加德国物理学会的一次地区会议。在会议快结束时，他和海森伯商定了在海森伯于3月动身去美国前完成一篇合撰论文。[41]这篇题为《论波场的量子动力学》的论文构成了最早的完备的相对论量子场论，奠定了各种场论的基础。虽然他俩继续密切合作，一直到泡利1958年去世前。这篇论文和当年发表的续篇是海森伯和泡利联名发表的仅有的两篇论文。[42]

在海森伯-泡利的论文发表时，后来将成为海森伯在美国的冤家的J·罗伯特·奥本海默当时正依靠洛克菲勒奖学金在苏黎世的泡利研究所访问。美国出生的奥本海默小海森伯3岁，也像海森伯一样出身于有教养的上层阶级精英家庭。他也上了最好的美国大学，不久曾在马克斯·玻恩处求学，并于1927年在格丁根获得了博士学位。

在回到加利福尼亚去当教授前，奥本海默在泡利那里工作了几个月，用海森伯-泡利场论彻底研究了一个电子的能量。他毫无疑问地证明了电子自能量又一次变成无穷大，而且当时任何一个电磁场的量子理论都无法避免这一不可能的结果。奥本海默演示了就连关于只有一个电子围绕一个质子的氢原子的光谱这样简单而又基本的计算结果，都被这个无穷大的能量所糟蹋。无穷大的能量导致原子量子态无穷大的位移，从而使人们无法把海森伯-泡利理论应用到原子上。[43]

看起来走出僵局的唯一出路，就是赋予电子一个尺寸，也就是一个有限半径，以使其看似一个具有质量和电荷的球。然而有限尺寸似乎也无法适合理论。不但电子会因为电子排斥而自我爆炸，就是相对论也不能接受这样一个想法。热衷于把互补性应用于生活中几乎每一个两难问题的玻尔，开始承认这个新力学可能的界限。在1930年对伦敦的大英科学促进协会发表的著名的法拉第演讲中，玻尔用量子论的早期发展做了一个类比。当深入到越来越小的体积，直到原子结构，而越来越远离实验室的熟悉世界时，通常的经典概念在原子的表面上就达到它们的界限，而量子概念就开始起作用。因此他认为量子概念在下一个最小距离水平，也就是原子核大小和诸如质子这类基本粒子的尺寸上，可能会失效。（质子是一个氢原子核。）[44]

玻尔指出，量子力学的建立和经典理论密切对应，而后者只承认点状的粒子。也许存在一个最小的基本长度，大约等于电子或质子的线度，在那之下量子力学就不再成立了。玻尔甚至开始在私下推测，为了处理核和基本粒子，也许需要一次新的量子革命。他在演讲的几个月以后写信给狄拉克说："我……坚决相信，要解决目前这些困难，必须对通用的物理概念进行一次比在当前量子力学中所预期的修订更深的修订。"[45]

在修改两人关于量子场论的合撰论文校样时，泡利对当时正在美国旅行的海森伯提出的无限电子能量的警告变得越来越尖锐。但海森伯显然已经吸收了美国实用主义。甚至在加利福尼亚理工学院和刚从欧洲回国的奥本海默进行了长时间的讨论以后，海森伯还给泡利写信说："尽管你警告了，但我并不怎么担心电子与其自身的灾难性相互作用。当然你是对的，这种相互作用使得理论暂时不可用；但由于[向表观负能量的]狄拉克跃迁，理论事实上已经不可用了。"[46]

海森伯在自能量方面的轻率态度，也可能来自一种他对自己将如何处理这个问题的一种感觉。在 1929 年底返回莱比锡的几个月内，海森伯就向玻尔提出了另一非凡妙招。失败的场论和成功的点阵理论（布洛赫、派尔斯和海森伯的理论）在莱比锡的对比，可能促进了海森伯最新的天才闪念：为什么不把整个世界改成一个巨大的点阵——一个"点阵世界"呢？空间本身可能是由诸多大小如一个基本粒子的微小立方晶胞（cubic cells）构成的一种蜂窝式的东西。如果这样的晶胞是存在的，它们就可能构成一个绝对最小的距离，而任何基本粒子的大小，乃至不论什么东西的大小都不可能收缩得比这个距离更小。有了这样一个最小距离，就不会有无限小的粒子，自身能量也就只能是有限的，而且正如玻尔在伦敦所宣布的那样，它也将给通行的量子概念一切理论化的应用提供一个下限。[47]

在 1930 年发表的一篇论文以及一些通信中，海森伯探索了这一大胆的新的点阵世界，并正确推导出一维世界情况下的电子质量。但是当他试图将理论推广到实际的三维世界时，遭遇了"我们当前量子理论概念的彻底改变"。[48]至少，理论需要又一次放弃神圣的能量、质量和电荷守恒定律。玻尔这时也觉得激进的改革是必需的，必要时他可以再次容忍能量和质量的不守恒，但电荷必须是守恒的。他也不支持世界是由立方晶胞组成的这个粗糙的提议。经过在格丁根的诸多辩论后，海森伯默默放弃了自己的点阵世界，而电子能量无穷大的问题变得更加迫切。

重新出现的烦恼也反映在在海森伯的家信中："我的工作仍不如意；自然界显然构造得特别微妙。"[49]他父亲的不幸逝世使得海森伯更加消沉。1930 年 11 月初，海森伯的母亲打电话告诉他，说他父亲患了伤寒，也就是小海森伯在 10 年前害过的那种病。[50]奥古斯特因在希腊参加一次国际历史语言学会议（international philology conference）时喝了不干净的水。不久后，他就于 1930 年 11 月 22 日逝世，那时离海森伯的 29 岁生日还有两个星期。

尽管他父亲显然支持海森伯的事业，而且当海森伯在家中时他们也常常在一起下棋，但是他们的关系自从世界大战结束以后一直疏远和紧张。奥古斯特常常为他儿子的事业而烦躁，而且担心青年运动会带他远离自己的工作。在海森伯这方面，虽然有时会表现出一些反复情绪，但他很早就已知道他在事业中要的是什么，而且在1930年已经得到了其中的大部分。在迅速攀向职业顶端时，他不太喜欢他的父亲从中干预。

　　在海森伯于慕尼黑的葬礼后从莱比锡写给他母亲的第一封信中，相较于失去父亲的悲伤，他受到触动更多的似乎是因为父亲的死使他想起了自己生命有限和青春将逝。在他父亲逝世前一个月，28岁的海森伯参加了一个青年会议，离开会场时感到自己"很老了"。在信中对自己的青年生活进行了回顾之后，他思索道："我由此想起了一句格言，结尾是这样的——'aber ging es leuchtend 200nieder，leuchtet's lang noch zurück'（如果[太阳]落山时仍熠熠生辉，那么它下山后的回光依旧光芒万丈）。我相信只要我们还活在世上，我们就应该因为这种返照的感觉而感到满足……我记得我最活泼的时期，您知道，那是在10年前的时候，那也是我一生最美好的时期，以至那时我的愉快也传到了别人那里。"[51]

　　每年，在和他自己的生日（12月5日）相距不远的他父亲逝世的纪念日，海森伯都将他对生活、童年和父亲的思索告诉自己的母亲。在困难的20世纪30年代，海森伯感到了一种高涨的对人世无常的体验，对已逝快乐童年的怀念和"在我能够工作的时候建立有长久意义的确定的东西"的职业追求——量子力学和不确定性显然还不够。[52]

　　受到能量无限的电子跳到负能态中去的这一类不可能性的打击，"正在老下去的"教授在1930年中把他的注意力转向了他的学生和教学。他也对广大听众做讲座：在柯尼斯堡面向认识论学者们，在萨克森科学院面向他的同行们，而1931年在"大英协会"（British Association）[1]对英国科学家们的演讲则是关于玻

―――――――――――

　　[1] 是成立于1831年的"大英科学促进协会"（British Association for the Advancement of Science，BA）的简称，2009年之后改名为"大英科学协会"（British Science Association，简称BSA）。"大英科学促进协会"的倡议者对于英国皇家学会的精英和保守态度感到失望，仿造"德国自然研究者与医生学会"（Gesellschaft Deutscher Naturforscher und Ärzte）的模式建立此协会，目的是促进科学在英国的发展。——译者

尔工作的后续进展。在研究方面,他集中注意了量子力学对"较不重要的问题"的进一步应用;那些问题大多来自莱比锡研究所中德拜分部所作的实验,包括磁化曲线的理论,X线的不相干核散射的理论,以及关于由上层大气中的高能粒子诱发的所谓的"宇宙射线"的所谓"公式集"。[53]

他在1931年告诉玻尔:"另一方面,我已放弃了思考基本问题,那些问题对我来说太难了。"[54]他在《柏林日报》的圣诞特刊中写道,在诸如适用于原子核中那样小的距离的量子力学之类的基本问题得到进展,必须等待对原子中心的这种微小物质球的进一步探入考察:"1932年这一年中能否出现这样的进展,是值得怀疑的。"[55]

1932年,在正电子发现之后不久,玻尔和
海森伯在巴伐利亚的滑雪之旅

然而只过了6个月,海森伯就用最早的现代核理论使他的同事大吃一惊——那是一种关于核的量子力学,它奠定了一直实行至今的核物理学的基础。

海森伯的理论随着新的经验数据而来。1932 年 3 月，英国物理学家詹姆斯·查德威克(James Chadwick)宣布发现中子。在此以前，只有 3 种所谓基本(即不是组合)粒子已知：电子、质子(氢原子核)和光量子，或光子。现在有了中子这第 4 种基本粒子，它的质量和带正电的质子差不多，但没有携带电荷。尽管电子以所谓 β 射线的形式从原子核中放射出来，但它们不可能存在于原子核中，因为测不准原理不允许它们被局限于这样小的空间里。这样由于光量子没有质量，原子核就只能包括质子。但如果原子核的质量都是来自质子的话，正电荷又太多了。质子所带的正电荷与电子所带的负电荷相当。另外，质子之间会发生静电排斥作用，使得原子核不稳定。在此之外，之前的研究似乎显示量子力学在原子核的尺度不再适用。突然之间，中子终于给富于想象的海森伯提供了一条摆脱迷途的道路。[56]

201

恰恰在中子发现之前，玻尔和海森伯似乎处于完全不同的精神状态中。1932 年 2 月，玻尔正埋头完成一份关于核物理学之不幸状况的一份综述稿子。这应该是去年 10 月间他在罗马的一次核物理学会议上的非正式发言的一份更为字斟句酌的论述。[57]但玻尔在表达自己对这一困难课题的看法时还有麻烦。布洛赫自愿提出在 2 月到萨尔茨堡去见玻尔，以便在一起去海森伯的巴伐利亚滑雪小屋前协助玻尔完成稿件，而海森伯和魏茨泽克则在滑雪小屋等着他们来共度一次滑雪假期。[58]

玻尔的核悲观论起先感染了和他一起不断探索核物理难题的海森伯。当玻尔终于在 3 月回到哥本哈根时，他看到了查德维克宣布发现中子的来信。[59]一个月以后，海森伯来到了哥本哈根，提到了一些模糊的关于核物理学的新想法。然后他很奇怪地沉默了两个月。对哥本哈根的访问显然在一个新方向上刺激了海森伯的思想。渐渐地，他开始认识了以中子作为一个新突破点的全部潜能。 202
1932 年 6 月 20 日，他用一封给玻尔的信打破了自己的沉默。信中附寄了一份初稿，也就是后来那篇共包含三部分的经典论文——《论原子核构造》——的第一部分。[60]

"基本的想法，"海森伯告诉玻尔，"是把所有基本困难都堆在中子上，并在核中运用量子力学。"[61]当玻尔等待一种革命性的新物理理论来处理原子核那样的小维度时，海森伯已经准备好绕过无限大这类通常的问题，向原子核内部进攻。

海森伯没有试图（像玻尔会做的那样）建立一种包罗万象的理论，而是按照当时的理论利用了中子，把它推出来作为一切困难的替罪羊。

海森伯理论的缺点之一，就是中子既是一个基本粒子，又是两个基本粒子的组合。在《论原子核构造》的开篇中，海森伯开始将中子作为和质子一样的原子核的一个"独立的基本组成部分"；原子核只由中子和质子组成，其质量就是两者之和，其正电荷则完全来自于质子。

但海森伯接着又把中子当成一个质子和一个电子的组合。这样的两个粒子的组合在任何理论中都不可思议，而且违反了他自己的测不准原理。虽然如此，放射性β射线，也就是中子转变为质子时从原子核发射出的高速电子，似乎在提示这样一个结构。换句话说，海森伯的中子既是不可分的（基本粒子），又是组合而成的。这与量子力学和守恒律矛盾！尽管如此，正像10年前的原子实模型一样，结果是对手段最好的解释。这成为现代原子核理论的起源。

在感谢泡利的"宝贵的讨论"（大概是通过信件的讨论）的同时，海森伯发展了他的不同中子之间结合，以及质子与中子的其他结合而形成原子核的理论。由于质子之间有静电排斥，必须有一种更强的力克服静电排斥而把质子结合在一起。这种力也必须能把质子和中子以及中子和中子结合在一起。这个"核力"必须非常强，作用距离非常短，否则原子核会比现在处于原子中心的那个小球大得多。海森伯并未得到这一种力，但他可以用原子间形成分子的化学键来很好类比中子和质子的键合形成原子核。由于莱纳斯·鲍林(Linus Pauling)和其他人的工作，化学键已经成为量子力学最伟大的功绩之一。海森伯还贡献了自己所发明的"交换力"这一普适想法。"交换力"是一种量子力学的力，来源于两个相同电子可以互换位置而不影响环境物理性质这一条件。海森伯推论，如果中子是质子和电子的组合，那么中子-质子之间的力就可能来源于二者之间交换电子。这类似于两个质子之间共享一个单个电子的"交换力"而形成氢分子离子。从某种意义上说，中子和质子与一个有效电子在玩一个捉球游戏。质子抓住电子就变成中子，中子释放电子则变成质子——如此下去。当一边偶尔丢失了那个球，本来是"虚的"电子就逃离原子核成为一个真正的电子。在实验室中这就表现为β射线的放射性。

如此大胆的提议需要一种海森伯式的直觉。他手里拥有全部非相对论性量

203

子力学的工具，从而得以建立原子核的现代中子-质子模型。利用这一理论，他得以解释氦核（α射线）的稳定性，以及中子和质子结合形成的"氘核"。这是氢的一个同位素，和氧结合就生成"重水"。重水和原子核理论很快在寻找可控与非可控释放核能的过程中起到关键作用。

海森伯已经打开了通往整个原子核的大门。他的质子-中子核模型开辟了现代核结构研究的领域，而且激发了一个量子理论分支来关注两种新的核内自然力——将核结合在一起的"强"力，或者说核力，以及将质子和中子结合在一起的"弱"力——的。几十年后，这两种力与电磁力一起，成为所谓标准模型，似乎为高能加速器实验所证实。将标准模型的作用力和引力统一起来的尝试引发了当代的大量研究。

除了一篇关于轻核的短论文，在1933年10月于布鲁塞尔召开的第7届索尔维会议上关于他的理论及其应用的综合报告，以及1935年在海牙的庆祝塞曼50寿辰时的报告外，海森伯在直到第二次世界大战爆发的7年间都没有再写关于核结构物理学的文章。[62]他已经完成了他在核结构方面想要做的一切事情。虽然在随后的10年中，原子核问题仍然吸引了海森伯的学生和来访者的注意力，但在1932年发现正电子和宇宙射线簇射却使海森伯的注意力回到了"更重要的问题"上，那就是要找到一种适当的没有无限能量的基本量子场论，而对此玻尔却没什么兴趣和信心。

1932年，海森伯主要是和玻尔密切合作进行核结构方面的工作，他和泡利在这一年没有通信了但在那之后，海森伯和泡利的合作及通信却迅速增多，大量取代了玻尔和海森伯之间关于"更重要"问题的通信。当玻尔继续探索核物理学，发展了广泛采用的重核液滴模型时，海森伯却转向了高能物理学，由此寻求对场论提供基础方面的认识。两个粒子互相碰撞时的能量越高，它们的中心就离得更近，而人们就能得到越多的关于物质和场在甚至小于基本粒子尺度的距离上的行为知识。

除了海森伯在1932年以后所遵循的不同研究方向外（这种研究方向使他远离开玻尔的研究路线并接近了泡利的兴趣），玻尔和海森伯也开始强烈地卷入了那些在德国展开着的不祥事件。两个人全都很快就被拉入了一些与核和量子的纯物理相去甚远的活动。

204

在海森伯完成了他第三篇核物理学论文不到 6 个星期后，阿道夫·希特勒当上了德国总理。在希特勒上台的那天晚上，海森伯恰好去访问了魏茨泽克在柏林的家。当海森伯和他的学生卡尔·弗里德里希在那天晚上向外看到暗下来的柏林街道，彼此疑惑将来的前景时，希特勒身着褐衫的帝国冲锋队队员正在举行火炬游行——一排排地在楼下走过，庆祝"元首"的带来灾难性的胜利。[63]

第十五章　坠入深渊

1933 年 1 月底，德国总统，陆军元帅保罗·冯·兴登堡任命了当时有影响的德国国家社会主义工人党的主席阿道夫·希特勒为德国总理和柏林的新内阁首脑。大部分德国人松了一口气。内阁的危机终于解决了，而且民族主义的保守派掌了权。《莱比锡最新消息》(*Leipziger Neueste Nachrichten*)，一家没有与"纳粹"（他们蔑视地将"国家社会主义者们"简称为"纳粹们"）结盟的保守报纸，对这件事表示赞赏："希特勒内阁组成后第一天在绚丽的光彩中结束了。群众欢呼的感情统领全局，因为[政治上]右翼分子们达成了一致……引用希特勒自己在第一次内阁会议上的讲话来表达再贴切不过了：'[我们]决不能让信仰和信任我们的人们失望！'"[1]

从希特勒当上总理的那一刻起，他和他的党对这个"诗人和思想家的国家"的钳制就越发紧迫。一天之内，议会被解散；在一个月内，宪法被暂停。到了夏天，数以千计的犹太人和政治反对派失去了工作，而且许多人正在离开德国。第一个集中营（目的是把反对派、犯人和其他当局讨厌的人集中在一个共同监狱中）已经运作。阻止国家社会党人接管国家的政治努力被一党制的确立所挫败。一年后，到了 1934 年 8 月底，希特勒为他自己创立了国家元首的职位，成了毫无疑问的德国领导人；德国第一个民主政体被纳粹独裁毁掉了。

希特勒及其心腹攫取德国政权之迅速令人惊愕，而且似乎是手到擒来，似乎是一种独一无二的魔鬼式天才和民众面对煽动宣传的特有的天真相结合的结果。虽然国家社会党人在政治上最主要的支持来自于失业者和经济困难的中下阶级，但大部分观察家都同意，如果没有得到军队的决定性支持和上中阶级（公务员、工业家以及诸如教授和新媒体等的言论制造者）最初的默许，他们无法在1933年1月以后如此迅速和全面夺权。[2]

通过欺骗、宣传、暴力和恐吓，国家社会主义党徒欺骗和征服了大片心甘情愿的德国民众。由于对魏玛政府在外交事务方面的无能感到灰心，对沉重的政治纷争在柏林引起不断的内阁危机感到失望，而且当德国和世界陷入经济衰退时对前途感到焦虑，许多德国人，尤其是学术界人士，都盼望重新出现一个统一的强大帝国，不受所谓的党派纷争之害。学术界避免公开卷入与学术客观性对立的有害的政治纷争的做法甚至更胜从前。政治低于学术贵族的尊严。因此，在许多人看来，公开反对新政权就意味着屈尊至政治的肮脏世界中，而公开支持乃至暗中默认一党制则被认为是某种意义的不问政治（apolitical）和保持客观——正如在帝制时期那样。海森伯早先认为政治是一种"金钱交易"而魏玛民主制只是一个更基本的制度之前的过渡阶段，这暗示他也至少部分地相信这类危险的政治观念。

这样的观念体现在学者们（其中许多人并不是党派成员）撰写的许多广泛印行的支持希特勒及其正在演进的独裁体制的宣言中。[3] 由于德国对教授的尊重，这些宣言的公众影响想必很大；有些宣言上同时有多达68位教授的签名。至少在约瑟夫·戈培尔（Joseph Goebbels）的宣传部于1933年年底控制传媒之前，反纳粹的学者们本来也能发表同样有力的声明。海森伯和德拜的名字出现在一份发表于1932年年底的要求增加对科学的财政支持的呼吁书上，上面签名的有141位学者。[4] 但是他们和其他人连一份反对纳粹行为的宣言也没有发表。更老的学者们，例如有影响力的马克斯·普朗克，还在为第一次世界大战中的那份可笑宣言而后悔，显然没有勇气发出任何新呼吁。政治宣言带有党派政治的味道，而沉默的手法和明智的妥协则似乎更有利于保护他们最重视东西——德国的科学和科学家。[5] 但是沉默寡言也是由于另一个原因，那就是对暴力的恐惧。

魏玛共和国始建初期的几年内，几个小党为扩大自己的知名度，他们采用的手段不仅限于在语言上击败对手，他们派出武装打手，美其名曰"私人部队"。

希特勒的政党拥有自己的"泛武装组织"，即身着褐衫的帝国冲锋队（*Sturmabteilung*，SA）。虽然帝国冲锋队的街头暴行在共和国末期由于官方禁止和纳粹党自己出于形象考虑而减弱，但是在该党掌权以后，暴行又突然强化了。被选民抛弃了的处于混乱中的左派在某些城市中进行了绝望的城市游击战，但是很快就由于人数不敌纳粹以及不断遭到逮捕而造成的左翼力量枯竭而被镇压。在莱比锡，多数的选票一直支持社会党和共产党，那里的报纸上充满了关于街头战斗的报道，以及挥舞着"卐字旗"的纳粹队伍的游行示威。[6] 在慕尼黑市外建立的达豪集中营被广泛报道，其中关押了包括神职人员在内的 43 位左派人士。[7]（那时的集中营还没有变成后来的死亡集中营。）

207

随着公开的政治反对被镇压，以及 1933 年 2 月 27 日发生的神秘的国会纵火案——被当然归罪于一位共产党人，导致基本权利被中止，新政权在 1933 年春季转向毫不掩饰地迫害和放逐犹太人，并随后在各州任命了帝国委员和州长以保证"秩序和安全"。现在，在政治攻击之外又增加了一种精神侮辱——反犹太法案的强施。正当纳粹利用他们通常的高压手段来达到自己的目的和镇压反抗时，1933 年 4 月 1 日成为对犹太商店的"抵制日"。接踵而来的就是制订一些臭名昭著的反犹法律：公务员"重组"法（4 月 7 日）和反对德国学校和大学"过分拥挤"的法律（4 月 23 日）。[8] 流血开始了。

"抵制日"实际持延续了 4 日之久。在此期间，帝国冲锋队攻击了犹太店主及其顾客，闯入实验室、图书馆、教室和审判厅，用暴力强迫犹太人离开他们的工作。也并不是所有的德国人都支持这种行动。[9] 海森伯的熟人，正直的民族主义者莱比锡市长卡尔·格德勒在帝国冲锋队的攻击中保护了一个犹太店主。[10] 纳粹政权的批评者们因为害怕激发更多的暴行而倾向于对这些和其他独裁手段保持沉默，但是这里又有一些例外。一个特别明显的例外就是阿尔伯特·爱因斯坦。

当希特勒上台时，爱因斯坦正在美国担任访问教授。他公开声明不再返回德国的决定，而且在一次访谈中声称："只要我还能有所选择，我就只想生活在这样一个国家里，它奉行公民自由、宽容和法律面前人人平等。……这些条件目前在德国都不存在。那些对国际谅解事业有着重大贡献的人们，包括一些一流的艺术家们在内，在那里正受到迫害。"[11]

不久以后，爱因斯坦就辞去了普鲁士科学院无教学任务的教授职位[1]，并呼吁所有民主国家团结起来反对国家社会主义的德国。[12]他的呼吁没起作用。纳粹的反应是指责爱因斯坦参加了污蔑德国的势力，并且借口搜查恐怖主义武器查抄了爱因斯坦的度夏别墅。宣传头子约瑟夫·戈培尔宣称，对犹太人的抵制和骚扰将一直持续到这种反纳粹"宣传"偃旗息鼓为止。[13]当时物理学家马克斯·普朗克和马克斯·冯·劳厄尝试用不引人注目的外交手段来缓和全局，他们向他们的同行指出，如果他打破不成文的科学家们不参政的惯例，那么局势会被他搞得更加复杂。劳厄这样说道："一旦你在政治上表现积极，人们就恨不得把错误归咎于全德国所有的科学家。"[14]

爱因斯坦当然没有保持沉默。他对劳厄的答复再次显示了他的坦率："我不同意您认为科学家们应对政治问题、也就是广义的人性问题保持沉默的看法……这样的克制难道不是意味着缺乏责任心吗？假若焦尔达诺·布鲁诺、斯宾诺莎、伏尔泰和洪堡等人都这样想和这样做，我们将生活在什么样的世界中呢？我对自己所说过的任何一个字都不后悔，而且相信我的行动有益于人类。"[15]

尽管爱因斯坦地位崇高，普鲁士科学院还是在 4 月 1 日当马克斯·普朗克在西西里度年假的时候宣布说，它没有任何理由为爱因斯坦的辞职而感到遗憾。[16]普朗克没有听从让他提前结束假期的呼吁，于 4 月底回到柏林时看到了一个令人心惊胆战的局面——朋友们和同事们被免了职，正在准备离开德国。因为担心后世对科学院处理爱因斯坦一事的评判，普朗克在一个月以后当上科学院的秘书时就在该院的记录上插入了一条对爱因斯坦的正面论述。但是这个最有威望的德国学术机构毕竟通过驱逐德国最著名的科学家而间接支持了从学术职位上逐走犹太人的活动。[17]

紧接着"抵制"措施，就出现了"重建"公职的法律。它使学术界更直接地面

---

[1] 普鲁士科学院的职位本来就没有教学任务。爱因斯坦在柏林大学的教授席位是特定的，有教学权利，但没有教学的义务。所以老的德译本（David C. Cassidy, *Werner Heisenberg: Leben und Werk*, übersetzt von Andreas und Gisela Kleinert, Heidelberg, Berlin Oxford: Spektrum Akademische Verlag GmbH, 1995），第 372 页，此处译为："爱因斯坦辞去柏林的公职和在普鲁士科学院的职位"。以后凡参考此德译本处，均简称为"老德译本"，不再加注全书名称。——译者

临了严酷的问题——作为公职人员的教师和教授现在亲身受到影响了。新公务员［重组］法的第 3 段是这样讲的："祖上并非雅利安人的公职人员应该退休。"为了照顾陆军元帅兴登堡，曾在第一次世界大战中在前线服役过的或在 1914 年 8 月 1 日以前已经成为公职人员的人可以例外。但是这些例外照顾实际上并未施行，原因是第 4 段不许有任何例外："凡以前的政治活动不足以保证其将在任何时刻都无保留地为国家政府献身的公职人员应予免职。"[18]

每个州的帝国专员和文化部决定谁应该被免职，并将决定下达至相应学院去执行。最初在新法律的施行方面曾有过混乱，而且人们也模糊地希望过执行的时候不会太严厉。当尼尔斯·玻尔请德国物理学家汉斯·科普费尔曼（Hans Kopfermann）报告德国的局势时，后者在 1933 年 5 月写信说，州政府官员们定义的"非雅利安人"范围相当狭窄。许多免职实际是暂时离开，直到当局能够分别确定每一个事例时为止。虽然纳粹党已经放纵纳粹大学生们反对"非雅利安文化"，但一开始在多数大学中对暴力团体的支持寥寥无几。[19]受到影响的教工的含混处境一直持续到 1933 年秋——之后就更糟糕了。一直到纳粹控制的"斗争阶段"（$Kampfphase$）在 1935 年的结束，反犹太法总是得以严格地执行。

和莱比锡市长及其他有民族主义倾向的非犹太裔德国学者一样，海森伯被新领袖们的粗暴和他们的独裁政权的"过分"吓住了，但他非常支持国家社会党人所许诺的长久的国家复兴。他在 1933 年 10 月底写道："许多好的事情现在也正在试行，而且人们应该承认好的用意。"[20]他和别人都预料，这届政府将不会比它先前那些短命的政府存在更长时间。[1] 按照他们的"不问政治的"态度，即使曾经考虑过应急的政治对策，看来也没什么必要。正因如此，海森伯和大多数仍留在德国的非犹太裔学者没有像爱因斯坦那样公开抗议。而且反犹主义所带来的明显道德问题也没能促使海森伯和他的同事们采取行动。虽然有些人无疑同情过反犹政策，但是却没有迹象表明海森伯在科学界做过这种事。相反，如前所述，他和他的同事们倾向于认为反犹主义是单纯的政治问题，所以应该彻底避开。尽管如此，最亲密的犹太同事们的悲惨遭遇以及给德国物理学专业造成的损害却迫使他们作出反应。

209

---

［1］ 据原德译本，374 页改动。——译者

许多犹太学者看清了形势，在公务员重组法一生效的时候就离开了德国。诺贝尔奖得主弗里茨·哈伯(Fritz Haber)和詹姆斯·弗兰克干脆辞职，不接受公务员[重组]法对战场老兵的"优待"。不能进入课堂，并被命令永久休假的马克斯·玻恩去了他在意大利北部的避暑别墅，打算永远不回德国了。1933年6月，他告诉爱因斯坦和海森伯，他不愿意让自己的孩子们作为二等公民生活在他们出生的国家中。他也不能原谅在格丁根加在他头上的反犹主义的指责和污蔑。[21]格丁根，这个全世界主要科学中心之一，曾培育海森伯并支持他爬到职业顶峰，而且见证了量子力学诞生的小镇，现在却一下子失去了许多科学上的世界领袖。[22]在这次危机中，惴惴不安而又被搞糊涂了的海森伯向马克斯·普朗克请求帮助和指教。

两人似乎很难合拍。当时普朗克75岁，海森伯31岁。普朗克虽然是量子论的一位奠基人，但很难说是一位激进的思想家，或精通政治的人。他曾经反对海森伯珍爱的哥本哈根诠释。像爱因斯坦那样，他曾经呼吁在原子物理学中恢复决定论和客观性。海森伯生活在一个给青年人带来荣耀而摒弃所谓老一代的僵化思想的世界中。他拥护哥本哈根物理学中的激进元素，并在一个欢迎新的成功想法的专业中表现得出类拔萃。与此同时，海森伯的世界痛恨虚伪，把正直和尽职看得高于一切。

普朗克被普遍认为是道德一致性和一致性的缩影，甚至连人类通常的脆弱性都不曾沾染。作为普鲁士科学院秘书和声望卓著的威廉皇帝学会主席，这位清瘦而结实的物理学家由于长期坚持艰苦的爬山旅行而仍然行动敏捷，多年以来一直是海森伯那一行业中的非官方贤明长者。他曾担任过给海森伯提供了博士后资助的委员会的主席，而且近来也减轻了对哥本哈根物理学的批评。面对日益恶化的政治局势，普朗克默默地努力保护他们的事业；在海森伯为普朗克这一时期的文集所写的书评中，可以明显看出他对这种努力的支持。[23]

210   4月份发生的免职事件，伴之以詹姆斯·弗兰克的抗议辞职所引起的骚动，促使了惶惶不安的海森伯没有等普朗克结束西西里假期返回柏林前就设法联系了后者。[24]在1933年的其余时间内直到1934年初，海森伯都时常和普朗克会晤并通信，而且有时也和普朗克的柏林同事、反纳粹的德国物理学会主席马克斯·冯·劳厄通信，那时他们共同捍卫和保护他们的行业，抵抗独裁政权的政策侵害。但并不考虑直接的、公开的和大范围的反政权活动。

由于1933年春天行业内主要关注的是一流犹太物理学家被免除教学职务和从德国移居国外，海森伯和他的共同策划者们就关注了两个目标：劝告被免职的物理学家们留在德国，并在幕后活动以撤回免职决定。评价这样一种策略以及策划者们当活动最后失败时的处境，需要借助历史回顾的优势。西方世界当时对希特勒这样的独裁政权还没有任何经验，完全想不到这样一种政权可以残酷地把它的人民引入纳粹独裁这一邪恶的梦魇。而且德国学者们对道义行动或政治参与也没有多少经验。

当纳粹政权控制了法律工具而帝国冲锋队控制了大街小巷时，海森伯和其他学者们在最初岁月所能动用的最有效的反对也许是在政治上动员中产阶级和上中产阶级（尤其是他们的学生）来反对这个政权和它的政策。但是考虑到纳粹政权起初享有的众望，只有在远早于1933年就发起反对才有可能。这就要求一种政治的敏感性和对民主制度的投入，以及民主价值的学生教育，而这在当时是不存在的。试图激起民主性反抗的个别教授们被看成了个人抗议之徒劳无益的例子——恰恰因为他们的势单力孤才徒劳无益。一年前，莱比锡的一位非犹太裔经济学教授格哈德·凯斯勒（Gerhard Kessler）曾试图用反对国家社会主义学说的小册子和演讲来影响学生和民众。他这种努力所得到的回应是反对他的群众游行和愤怒的学生打断自己的授课。[25]他在1933年4月间被免职，7月间被盖世太保逮捕，不久以后就因为担心会被送往集中营而移民美国。莱比锡的其他几次面向学生的反纳粹努力也同样被镇压下去了。[26]

可以说，动员群众反对纳粹在1933年初是有可能做到的，条件是更多的非犹太学者追随了爱因斯坦、弗兰克和哈伯的榜样的话：也就是说，在同事被免职和一般犹太人受到迫害时有许多教授为了道义上的愤慨而同时辞职。他们在国际上声望甚高，很容易在国外找到工作。事实上，正直的奥托·哈恩（Otto Hahn）向马克斯·普朗克提出过这样的建议。对如此明目张胆的迫害和反民主手段显然不能置之不理。然而普朗克却拒绝了，他的政治观点使他觉得这样的抗议将得不到报道，而他们的位置将由不称职的人们来填补——这对他们的行业和热爱的祖国的损害更大。[27]一位著名莱比锡地球物理学家向一位美国来访者提出过相同论调：许多级别较低的学术界人士已经加入了纳粹党，而且正在等待

211

机会来"推动免职以便自己可以得到工作"。[28]

行动往往显示自己的形象。既然新政权已经上台并正在绝对合法的伪装下推行自己的政治，而且教授们还认识不到希特勒及其一伙对知识分子和法律的极端藐视，他们想必认为自己以及自己的处境和1933年以前没多大差别。海森伯、普朗克和其他德国精英物理学教授自以为是鼎鼎大名的量子物理学创立者，重要的科研机构的领导人，而且是德国文化的一流代表。他们觉得自己对祖国的重要性超过了自己的个人趣向。他们感到自己肩负特殊的责任来保卫他们的专业以及他们的文化，反对政权的蛮横侵犯（尽管这个政权的总目标在其他方面看似不错），哪怕这意味着需要做出个人牺牲参与政治阴谋。在他们看来，用辞职来抗议和他们的责任不相符。相反，在希特勒统治的第一年中，普朗克、劳厄以及海森伯的反应和德国教授们几十年来的方式一样，他们凭借着自己的崇高社会地位和个人外交技巧影响新的领导者们回到正确的方向上。

回顾起来，德国学术界人士的行为多么荒诞，从正直的马克斯·普朗克去晋见新总理阿道夫·希特勒一事中可略见一斑。这次会面发生在普朗克与海森伯第一次会晤刚刚两个星期以后。作为威廉皇帝学会（由政府资助的若干个研究所组成的强大网络）主席的普朗克于4月28日从他的西西里假期回到了柏林，收到了希特勒对他75岁寿辰的致意。他也了解到，他许多最亲密的犹太同事已经失去了职位，而学会也被迫把新法律强加到弗里茨·哈伯的威廉皇帝物理化学研究所上。哈伯已经辞职并且离开了德国。普朗克利用了向希特勒致谢的机会和他作为学会主席的身份去接近了新总理，试图说服希特勒，他的政策有待改正。

按照总理办公室的记录，普朗克于1933年5月16日到总理府访问。[29]希特勒仍然像一位无可指责的德国政治家一样穿着工整的西服，打着领带，在总理办公室中接见了秃顶的留着小胡子的物理学家。关于接见时的实际情况，有过不同报道。战后，普朗克回忆说他曾经主张犹太物理学家也可以是很好的德国人，所以有些人应该为了德国的科学而受到宽待。例如，哈伯在第一次大战期间就曾经通过引入毒气武器而表现了对德国的忠诚。希特勒回答说，他并没有打算反对犹太人，他要反对的是共产党，然后他就大发脾气，以至普朗克只好告退了。爱因斯坦在1934年曾听说，希特勒曾经威胁要把老先生囚禁到集中营

212

去。[30]但是，在 5 月底曾到普朗克在柏林优美的格吕纳瓦尔德郊区的家中去拜访他的海森伯，却只传达了一种正面的报道。[31]在马克斯·玻恩离开格丁根去了意大利北部之后不久，海森伯在 1933 年 6 月间写信告诉玻恩说，据信普朗克已从希特勒那里得到了一个许诺："普朗克已经和政府首脑谈过了（我想我可以把这消息转告给您），他已经得到了保证，在新的公务员［重组］法之外，不会再有任何行动妨碍我们的科学。"[32]

也许普朗克没有把会见时的一切情况都告诉海森伯；也许海森伯没有把一切情况都转达给玻恩。不论会见时的情况到底如何，普朗克和他的柏林同事马克斯·冯·劳厄，而后还有海森伯似乎都远远没有灰心丧气。他们开始积极努力工作，通过官方途径来阻止、延迟和取消免职的命令。[33]乐观情绪和对理性处理手法的信心大大增长了。科普费尔曼向玻尔复述了他们的心情和策略："例如，劳厄或许是最乐观的人，他正在努力尽可能长久地拖延所有的决定［以争取时间来进行反对免职的论证］。他希望能够用这种办法来挽救很大一部分受到威胁的人。"[34]

虽然科学家们和教师们向公众发出呼吁仍然是不可想象的——那样既不够明智也太直接，但是交给政府机关的私人呼吁却多起来了。1933 年 6 月，普朗克和海森伯散发了一份支持格丁根数学家里夏德·库朗的呼吁书。库朗和普朗克及玻恩不同，他决定留下来斗争，反抗免职令。[35]同月，海森伯向玻恩发出了个人呼吁，请他回到格丁根来等待局势好转："既然只有极少数人将受到公务员［重组］法的影响，肯定不包括您和弗兰克，库朗可能也不会，政治的转变就可能自行发生而不会伤害格丁根物理学……随着时间的推移，丑恶事物会自行和美好事物分开……因此我请求您先不要作出任何决定，而是等着看我们国家到了秋天会是什么情况。"[36]这至少是为了格丁根和一个更好的未来可以作出的牺牲。作为"我们好心的德国同事们"的立场的例子，玻恩把信中的这一部分用打字机重打了一份寄给了保罗·埃伦费斯特(Paul Ehrenfest)。[37]

玻恩觉得很难回复海森伯。普朗克和海森伯为他而进行的努力似乎真正感动了他；他说自己愿意延期到秋天再决定是否永远离开德国。他很清楚，以他们夫妇这样的年龄，在外国重新定居将是困难的。但是，作为一个从自己的永久职位上被不公平地强制永久休假的人，他觉得有责任支持另外那些有着相似处境的人们。他特别同情已经公开辞职，以抗议邪恶的新的公务员重组法的弗兰克。海森伯也许能够理解玻恩由于自己的宗教传统而被同胞抛弃时的痛苦，以及对自己的孩子们的前途的焦虑："我现在怎么办呢？我将考虑是否可以推迟作出决定。"[38]

海森伯给普朗克看了玻恩的信，普朗克对玻恩愿意推迟到秋天再作决定感到放心。他说："也许到那时局势将更合理一些。"[39]关于库朗的呼吁似乎有些效果。受此鼓励，海森伯发起了一个支持玻恩的呼吁，由阿诺尔德·奥伊肯[1]在格丁根散发。[40]海森伯还至少两次拜访过在柏林的普鲁士文化部中工作的前莱比锡教授们，请他们支持他的格丁根同事。[41]

但玻恩终究没能等待。在那些奋起帮助德国科学家移任国外职务的国际难民组织中，住在苏黎世的泡利是其中一个组织的领导。这些组织很快发展成解救受迫害的科学家和理科大学生的复杂渠道。在各基金会的慷慨支持下，他们建立了有关受到威胁的个人的困境的档案，并且提供了资助，起初主要是在英国各大学中建立为期 3 年的工作位置。在那一阶段的末期，各委员会协助各大学作出了更长期的安排。然而没过多久，英国和其他欧洲国家就不能或不肯接受更多的流亡科学家了，他们中的许多人（虽然也经历了困难）就迁居到了美国。[42]

玻恩从前在英国工作过，并通过泡利的应急协会在 1933 年 7 月初接受了剑桥的 3 年聘书。玻恩本来打算保留格丁根的职位，维持休假状态，希望有朝一日能够返回。[43]但是在他留在格丁根的长子受到进一步的侮辱后，他就放弃了那种梦想。在动身前往剑桥的前夕，玻恩辞了职。玻恩告诉索末菲说："一个人不能为一个将其视为二等公民并对其子女更加恶劣的国家服务。"正在附近意大利别墅中度假的普朗克的心情，可谓"非常消沉"。[44]

---

[1] 阿诺尔德·奥伊肯（Arnold Eucken，1884～1950），德国物理化学家。在物理化学和技术化学领域做出了重要贡献。他的父亲是 1908 年度诺贝尔文学奖得主鲁道夫·克里斯多夫·奥伊肯（Rudolf Christoph Eucken，1846～1926）。他的弟弟瓦尔特·奥伊肯（Walter Eucken，1891～1950)是德国经济学家。他的其中一个博士生，曼弗雷德·艾根（Manfred Eigen，1927～）后来获得 1967 年度的诺贝尔化学奖。奥伊肯于 1933 年加入国家社会主义工人党，同时担任格丁根大学的教授。1950 年自杀身亡。——译者

1933 年的秋季并没有如期带来理性的回返（也就是希特勒政府的垮台，或者至少是纳粹政治的缓和），但它确实带来了海森伯感兴趣的新消息：他将在 9 月于维尔茨堡召开的德国物理学会会议上获得声望崇高的马克斯·普朗克奖章。海森伯决定不出席这次会议，而出席同时在玻尔的研究所中召开的一年一度的哥本哈根物理学会议。[45]或许他要为了流亡的物理学家而重申与哥本哈根的联系。海森伯在 1933 年 9 月往来哥本哈根时都曾在柏林停留，和普朗克及劳厄就德国物理学的状况作了竟日之谈。[46]时任德国物理学会主席的劳厄曾经在几个月的时间内收集了所有级别的被免职物理学家的名单并把它转给了玻尔（当时玻尔是一个难民组织的成员和筹款人，而且正准备成立一个丹麦委员会以协助移民丹麦）。[47]海森伯有时起到了玻尔的消息渠道的作用。[48]

普朗克和劳厄也正在艰苦斗争以避开对他们行业的新打击。一个废止非雅利安人的大学授课资格的法案已经颁布。与此同时，诺贝尔奖得主，纳粹物理学家约翰内斯·施塔克正企图取得德国物理学会和应急协会的控制权，并作为德国物理学新领袖进入强大的普鲁士科学院。劳厄在每一个回合中都公开而英勇地反对施塔克。他虽然他成功挫败施塔克的野心，但不久就发现在德国连提到爱因斯坦的名字和讲授相对论都成了需要争取的权利。他的行动得到了爱因斯坦的赞扬，也引发了对他的安全的担忧。[49]

普朗克很快就通过为在流亡中因心脏病而逝世的弗里茨·哈伯主持遭到禁止的公开葬礼而显示他对信念的勇气，并为莉泽·迈特纳以及一般的非雅利安人的大学授课资格而向普鲁士文化部中海森伯的前莱比锡同事提交了一份备忘录。[50]虽然女性科学家直到第一次世界大战以后才被允许进入德国的实验室（她们被认为会分散男人在更重要的工作的注意力），但这位奥地利出生的犹太女物理学家却已经在奥托·哈恩的保护下在柏林的威廉皇帝化学研究所中工作了几十年。在普朗克的支持下，她曾经成为在德国最早取得大学授课资格的女物理学家之一，甚至曾被爱因斯坦称赞为"我们的居里夫人"。现在，普朗克为她而进行的新努力失败了。迈特纳失去了她的大学授课资格，不能再进自己的教室，被孤立在哈恩半私立性的实验室中，直到在纳粹德国于 1938 年并吞奥地利以后被迫逃亡时为止，那时离哈恩的实验室做出得出最重大发现——核裂变——只有几个星期。为了把政策固定化，在 1934 年首先发布的一份国家条例限制大学

214

授课资格（以及未来的教授身份）只能授予雅利安人；随后在1938年的修订条例中，则规定只授予那些通过参加大学讲师政治训练班证明自己政治上可靠的人。[51]

海森伯、普朗克和劳厄一边劝被免职的同事留在德国，一边争取撤销他们的免职决定；除了与上面提到的困难作斗争，他们的职业策略还受到另一种挑战：有些教授可能自动辞职，即使他们没受到上级的威胁。当格丁根的赫尔曼·外尔和柏林的埃尔温·薛定谔这两位并非犹太人的学者以健康和工作条件为理由在9月初离开了自己的职位时，海森伯他们的担心就成了现实。海森伯仍然致力于他的专业，并且相信别人也应该显示同样的献身精神；他特别生薛定谔的气，因为薛定谔"既不是犹太人又没有陷入危险中"。[52]深感震惊的马克斯·普朗克很不高兴地写信给劳厄说："我觉得薛定谔的辞职是我们柏林物理学一处新的、深深的创伤，需要竭尽所能才能忍受。"[53]

海森伯在1933年10月初从哥本哈根回来时会见了普朗克和劳厄以讨论局势。两位老人都对无力阻止物理学家（其中包括处境看起来并不危险的那些人）流失感到绝望。[54]他们对薛定谔采用了他们先前的策略，尽管这一策略从未奏效过：通过把辞职改成请假来争取时间，竭力劝说当事人回去上班，同时在幕后与官僚机构大力疏通。海森伯一马当先。在成功拜会了自己在普鲁士文化部的前莱比锡同事后，他和薛定谔进行了很长的通信（薛定谔也和他的导师普朗克分享了这些信）。[55]但策略又再次失败了。薛定谔通过一个难民组织而在牛津找到了一个暂时职位，然后在奥地利的格拉茨工作到德国军队于1938年入侵，最后去了爱尔兰的都柏林；那里为他建立了一个高等研究所，就像普林斯顿为爱因斯坦建立高等研究所一样。

既然把他们的同事们留在德国的策略已经失败，普朗克、劳厄和海森伯就转向了一种在他们看来在当时的情况下似乎是最积极的对策——给被免职和辞职的科学家们留下的空缺寻求合格的继任人。海森伯又再次一马当先。当普朗克试图让马克斯·冯·劳厄就任爱因斯坦在普鲁士科学院中从前的职位时，海森伯向非犹太外国物理学家们（尤其是荷兰人）询问有无兴趣到德国当教授。[56]普朗克把海森伯本人看成了一个关键职位的候选人。海森伯认为普朗克是要让他代替自己的主要对手薛定谔，不禁感叹道："在盲人中间，独眼龙就可以称王！"[57]但是格丁根物理学和数学的严重削弱和为库朗进行的申诉的失败（库朗在剑桥短期停留后去纽约大学建立了一个现在非常知名的数学研究所），显然使德国物理学的泰斗确信了海森伯应该填补玻恩现在已经空出的职位。[58]上一个春天的乐观情绪变成了严酷的命运。海森伯在 1934 年初写给弗兰克（当时在哥本哈根）的一封信中回忆了格丁根物理学在不久的 10 年前的高度，宣称："恐怕德国需要过很长一段时间才可能再出现那样一个科学气氛高涨的时代。但我要坚守于此。您要相信，为我们的格丁根我会尽一切所能。"[59]

　　这里又一次体现了事后判断的优势。虽然一流科学家的出走增加留下来的人的分量，但却没有任何理由怀疑海森伯及其顾问的主观意向不正派。普朗克的责任感和他对根深蒂固的正直行为的信念绝不允许有其他想法。[60]毕竟，海森伯、普朗克和劳厄认为他们自己乃是德国最高文化理想的代表。相反，海森伯及其顾问的失误在于他们把职业放在个体或对更普遍的原则之上，没有能够采取一种道义的立场（如果不是一种政治立场的话）。他们对政权的反犹主义的新对策——也就是填补空缺——从保存德国物理学的角度来看可能显得合理。但却没有任何迹象表明他们曾反思过这一策略的更广泛的影响，也就是在纳粹政权下保存正宗的科学，可能会支持了一种论点，即认为国家社会主义到底还不是那么坏，而且也不是和科学探索的理想水火不容。而且他们似乎也没有想到，在像格丁根那样的地方保留正宗的物理学，可能成为那些认为反正也不是离了犹太教授就不行的家伙们的借口。最令人不安的是被忽视的道义方面的涵义：帮着给一个被不公正地免职的人，或为了抗议而辞职的人找一个继任者，可以被看成是默认免职决定的合法性，或这是不赞同抗议的理由。纳粹政权使德国人面临着最困难的道义抉择和政治抉择，甚至连最正直的德国人也没有准备。

　　海森伯于 1934 年初为了推行新策略而去了格丁根。在有些年轻的教师和学生没有帝国冲锋队的训练任务时，海森伯被安排向他们发表了一篇题为《原子理论和自然知识》的演讲。随后，他在大学同盟（*Univesitätsbund*）首脑家中会见了当地工业、科学和应急协会的代表。[61]有鉴于"在格丁根大学的数学-物理领域发展着的惊人的危机局势"，他们决定恢复由费利克斯·克莱因在世纪交替时期为了支持数学和物理学而建立的一个学术-工业联盟，并且立即任命海森伯为玻恩的继任人。[62]

尽管海森伯的同事德拜不肯相信他会离开莱比锡，[63]海森伯却很高兴地接受了这个职位。但是他去格丁根的任命却首先要得到更高当局——当地的纳粹大学教师同盟和新的帝国教育部（REM）——的批准。这两者都不是省油的灯。这一计划的纳粹反对者用不着什么现代理论物理学。当索末菲新近的学生弗里茨·绍特按海森伯的建议申请在格丁根当海森伯的助手并在得到批准时，反对者们就警惕了起来。[64]经过公事往来和（故意？）遗失档案的找回，帝国教育部终于批准了绍特的任命。他在 1934 年夏天开始讲授理论物理学，这是将近一年以来在格丁根初次开出这门课。"万事俱备，就差您来领导研究所。"他致信海森伯道。[65]

　　但是在绍特上任之后，有势力极力反对任命海森伯这样一位著名科学家去格丁根就职，以至宁愿避免对抗的帝国教育部干脆拒绝下一步的行动。当时还留在格丁根的唯一的物理学教授罗伯特·泡尔（Robert Pohl）报告说，作为主任的他甚至和校长都催促过帝国教育部，但都没有用："我告诉您，困难在于柏林。"[66]甚至海森伯应邀担任美国著名的教授席位一事都没能帮上忙。

　　一年后，沮丧的海森伯终于同意放弃仍悬而未决的格丁根邀请。但那时就任另一个关键职位的机会给他带来足够的安慰。索末菲已经正式选定海森伯作为他在慕尼黑的继任人。与此同时，不祥之兆已经呈现。格丁根和慕尼黑对海森伯的召唤触怒了纳粹物理学家，他们发动了越来越胡闹和公开的斗争，来反对理论物理学，以至让海森伯就任任何教授职位的计划都被暂时搁置。纳粹们从对科学教学的暗中阻挠转变成对理论物理学的公开诋毁，标志了普朗克—劳厄—海森伯的换人策略的结束和纳粹对大学物理挑战的一个新阶段的开始。[67]

　　但在 1933 年年底，换人还似乎是一种好策略，普朗克也对他的年轻同事所表现出来的投入感到非常满意。[68]在 11 月 3 日的德国物理学会全体会议上，普朗克把一个德国物理学家所能得到的最高奖励马克斯·普朗克奖章授予了海森伯。上了年纪的普朗克册封了一位新的德国科学精英。不到一个星期后，恰好在他 32 岁生日的一个月前，海森伯收到了瑞典皇家学院的一份电报。他已经获得了诺贝尔物理学奖。

第十六章　社会原子

任何有幸不曾生活在希特勒式的独裁制度下的人，都很难想象纳粹德国的生活。纳粹的控制不仅横向地扩展到社会、政治和法律机构，而且纵向地从职业和地区层次一直扩展到每个公民的日常生活。这种控制从来不是静态的。对国家复兴的广泛支持和对纳粹早期压迫手段的软弱反应鼓励了更紧的控制，然后更紧的控制则又造成一种更深的无能为力之感。由于这种恶性循环，个体德国人的社会和政治眼界就从民族和职业的全球广度收缩到了一个人最亲密的朋友和同伴的私人圈子。这种社会政治经验的私人化，造成了汉娜·阿伦特（Hannah Arendt）所说的从新的"群众社会"到孤立个人的荒唐"原子化"，这种现象存在于一个扭曲的现实、颠倒的伦理和持续的恐惧的世界中。在我们这些后纳粹时代的人看来，这样一个社会将导致什么结局是容易认识到的。但对那些亲身经历现代西方第一次遭遇这一政权的人来说，无法在其早期就想象到它后来会发展出死亡集中营的邪恶，无限的煽动、人格诽谤和对私人生活的侵犯。

海森伯的经历和反应，在受过教育的德国人中很典型。和大多数人一样，他起初即使不支持那个政权的每个具体政策，也会支持它的民族主义目标。[1]与此同时，他写给他母亲的那些信显示，当职业努力受到挫败以及个人生活受到监视和控制时，他的活动空间日益缩小。在1933年和1934年，他千方百计抵抗免职政策（按照纳粹的说法，是对大学的种族"清洗"，不幸的是，这个字眼后来又死灰复燃)的影响；但到了 1938 年，他就把针对整个现代物理学和他个人的政治攻击仅仅说成是"我们那些小小的私人政治问题"。[2]

国家对个人生活的侵犯随着免职政策而强化了，但是又一次没有遇到协同的抵抗。1933 年 6 月，海森伯和其他公务员一样，不得不忍受屈辱，向国家机关上交父母出生证和结婚证书以确定种族根源。德国文书上总要列出宗教(与此类似，美国文书显得对种族特别感兴趣)。"我必须上交它们。"他向母亲哀叹。[3]现在出国旅行要经过政府批准；特务们开始在教室和实验室中活动起来；党员们开始报告有关朋友和熟人的情报；人们被要求出席官方的仪式和游行，有时还要参加政治洗脑营。海森伯没有公开反抗这样一些要求。他平静地告诉了玻尔夫人，说他要在 1935 年 2 月参加一个周末洗脑营。一个月以后，普遍兵役制度开始适用于所有 45 岁以下的男子，又没有引起反抗。海森伯在一年前已计划自愿参加一个"军事体育营"，按他自己的写法，这是为了"[使我自己]多了解一些这种政治"。[4]

在心理上，最使人难堪的控制形式是一切公职人员和士兵都必须履行忠于希特勒的庄严宣誓。在 1934 年 8 月份由法律规定的这一宣誓，是完成独裁统治的最终步骤，也就是不分军民一概控制其个人伦理。[5]这种事情不容易为人所接受，即使许多宣了誓的人也觉得无法遵守。按照大学的记录，海森伯于 1935 年 1 月份最后在他的誓词上签了名。[6]之后作为预备役人员，他也可能进行了军人的宣誓，宣称为领袖和祖国不惜牺牲生命。[7]

和许多处境相同的德国人一样，海森伯把忍气吞声地接受更加明目张胆的控制手段合理化，视为达到他的崇高目标所必须付出的最小代价。但无论多么驯服，都不能阻止更多欺人太甚的手段的接踵而至，引起大多数德国人的困惑和震惊。海森伯的未来妻子当时刚刚高中毕业；后来她描述了 1933 年的心情："多数人都感到不安全，受到惊吓，不知道将来会怎样以及该相信什么。"[8]年轻人，其中许多人是纳粹运动的先锋队员，在这些问题上请求长辈的指导，但却发现长辈们要么是纳粹政权的支持者，要么对之感到困惑不解。许多人转而相信那些确实提供了答案的人，也就是国家社会主义者煽动者。

海森伯的青年运动组织叫作"新觅路人"，十几年来一直盼望一个第三帝国的到来；这个第三帝国将有一个救世主式的领袖，他将领导德国走出丧权辱国和腐败贪婪的资本主义魏玛。到了 20 世纪 20 年代后期，当国家社会党的支持者急剧增加时，希特勒正是用同样言论来争取了新一代的学生和青年运动成员。海森伯那一代青年运动"校友"（Altmannen）曾经警告过这种引诱。

在 1931 年的一次"男子青年团"（Jungmannschaft）的复活节野营中，海森伯的一位同志发表了一篇题为《国家运动和我们的政治局势》的篝火演讲，试图区分青年运动的不问政治的理想和"希特勒的政治空话"。[9] 脑子里接受了这样不问政治的倾向和诸如帝国以及领袖这类不祥的理想概念，无怪乎当独立的青年小组在 1934 年被取缔时几乎所有年轻的"新觅路人"都加入了希特勒青年团，而年纪较大的成员则加入了 SA（帝国冲锋队）或 SS（党卫军）。大多数年长的创办人默默退出了。那年夏天，在永久解散他们的正式组织前，"老男人（Altmann）"海森伯和他老化的小组举行了最后一次聚会。[10]

220

从他们各不相同的个人反应来看，老一辈的迷茫显而易见。海森伯未来的妻子伊丽莎白回忆说，许多人"觉得有责任通过入党或参加冲锋队来贡献自己"。[11] 党内记录和战后证词表明，和那些年的中层阶级的职业人士一样，海森伯的一些熟人选择了这条道路。[13] 有些人入了党。海森伯的教授俱乐部中的若干关键人物也变成了党员，海森伯的亲密同事和朋友帕斯夸尔·约当就是其中一个。某些家庭朋友因为怕失去工作而入了党。海森伯父亲的一位同事在 1934 年发现自己成了冲锋队队员，因为那一年冲锋队吸收了他所在的准军事老兵组织"钢盔社"（Stahlhelm）。他在 6 个月以后退出了，但在战后还是要面对"去纳粹化"程序。

关于这些困难年代，尽管海森伯自己和其他人都写了不少东西，但是要详细了解他当时的立场还是很困难的。作为主要历史素材的文字记录，在独裁政治的背景上来观察时就失去了它的可靠性。在当时的记载中，批评性的论述可能不存在，因为那样的论述可能对作者不利。正面的言论可能是用来争取某位官僚的好感的。第三方报道必须考虑报道者的机会主义动机。一些事件的战后叙述可能蒙着一层由政权和战争所造成的可怕的痛苦之雾。行动可能比言论更能说明问题，但是必须根据当时的报道并结合它们的所在环境。

尽管缴获的文件表明海森伯从来没有参加纳粹党，但他在整个第三帝国时期却一直占据科学高位，而且毫无怨言地执行了自己的任务。他未曾和独裁政权公开决裂，而且继续进行了他的科学探索。不过，正如前面指出的那样，在个人层次上，他不赞成他认为是过分的纳粹行为，而且随着条件的变化而捍卫他的行业。对于我们这些事后诸葛亮来说，海森伯的许多反应太过软弱、迟钝乃至令人厌恶。当然，在那样困难的条件下，个人或个人团体可以做或可以被指望着去做的事情是有一些限度的。不可能每个人都是英雄或烈士。然而，一旦认识到了那些限制，为什么海森伯没有因为厌恶新政权而拒绝合作或最后移居国外呢？他在当时如何看待他自己的那些反应？

正如那一时期许多德国人一样，不论是否直接受到过迫害，海森伯和他的祖国的终生联系不可打破，除非在最极端的情况下。他的全部生活和事业都和德国的文化、人民和土地连结在一起。海森伯在战后多次尝试描述他和别人所体会到的处境。篇幅最长的叙述是标志日期为 1947 年 11 月 12 日的一份未发表稿件，[13] 其他的叙述似乎都是由此引出的。这份稿子显然是为了支持因所谓外交部案件而在纽伦堡被指控和判罪的恩斯特·冯·魏茨泽克而写的，显示了许多预料之中的战后饰词和特别辩解。它的目的归根结蒂是(直接或间接地)为被告人洗刷罪名。而且，海森伯所写的内容，有许多都适用于战时岁月，而魏茨泽克就是为那些年的事情才受到审判的，那时纳粹对后方的控制正如日中天。尽管如此，从后来解禁的文件以及海森伯事后(也许是潜意识的或受压抑的)过度文饰的解释中，仍然可以看到海森伯当时所处世界的一种印象，以及有关他甚至在战前就已忍受了的那些困难的痕迹。[1]

一种日益强化的两难问题表征了像海森伯那样的一些人的处境；他们支持当时政权的民族主义的目标，却并不宽恕那些对同事及朋友们的压迫攻击。海森伯颇为简单化地写道，当多数德国人都支持希特勒时，那些反对纳粹做法的非犹太裔德国人被迫在两种可能性中间作出选择：消极反抗或积极反抗。而对海森伯来说，消极反抗意味着逃避，或是名符其实地移民"到外国去享受不受迫害的安全"，或是"内部移民"，即逃避"一切责任"。按照这一叙述，在海森伯看来消极反抗就等同于舍弃。在战后，他告诉一位批评家说："我绝不赞成一些人的做法，他们逃避一切责任，然后在餐桌闲谈中对你说：'喏，你看，德国和欧

---

[1] 据老德译本，391 页补充。——译者

洲正在土崩瓦解；我一直就这么对你说的！'"14

按照海森伯的描述，积极反抗只能有黑白分明的选择。一方通过武装抵抗和公众抗议来直接反抗。莱比锡的社会党人和1944年政变的反叛者们选择了这种方式；海森伯认为这种方式值得崇敬，但它往好里讲毫无希望，而往坏说则是不负责任。他解释道，你只能在绞架上或集中营中结束一生，而你的牺牲将无人报道和知晓。让我们来看看"白玫瑰"和平主义学生团体的悲惨例子；它的领导者们都因为战时在慕尼黑大学散发反战宣传的"滔天罪行"而被处决了。尽管如此，海森伯的论证还是夸大了纳粹在政权的最初几年中对新闻媒体和日常生活的控制程度。当被问到这个问题时，海森伯的莱比锡同事弗里德里希·洪德只是愤怒地耸耸肩膀说："但一个物理学家能干什么？"15

海森伯在1947年的声明中写道，恩斯特·冯·魏茨泽克以及其像海森伯这样的人，采取了另一种形式的积极反抗——获得一定程度的影响力；这在不明真相的人看来像是与纳粹勾结[1]。他写道："重要的是必须明白，这实际上是可以改变现实的唯一办法。"

在后人看来，海森伯选择的反抗模式反映了第三帝国的臣民们所体验到的进退维谷和软弱无力。尽管一个人确实可以有助于在某种程度上缓解情况，而且爬得越高就可以做得越好，但是这种类型的"反抗"却意味着对局势的全面接受。为了实现真正的内在动机，甘愿顶着勾结纳粹的骂名；一个人所能改变的那一点点东西比他不能改变的更多东西更有价值。这样的思想显示了政治上的暧昧和对效力的错误感受，这是海森伯和另一些人常犯的毛病。不过，由于这种立场，许多非犹太裔德国人后来常常感到那些从未体验过独裁制度的人们从来没有充分领会自己的勇气和苦难。他们所感受的更多的不是对迫害和残杀的恐惧（那无可比拟），而是对被揭露的恐惧，即对合作的外表突然被剥掉而显示出内心反抗的持续恐惧，只有他们的勇气才能阻止那种反抗爆发成为公开的抵抗。政权未能剥掉外表，保持了更大的反抗幻景，以至使"协作"成了一种如此

222

[1] 此处原文为 collaboration，是一个贬义词，意为与敌人合作，尤其是与占领者合作。比如像汪精卫与日本的"合作"。视不同的上下文，本书中译为"勾结""协作""配合"。——译者

长期的生活方式。

他们的生活每天都面对着痛苦的矛盾和妥协，所有这些矛盾和妥协都是为了"真正改变一些东西"的目的而被忍受下来的。利翁·福伊希特万格(Lion Feuchtwanger)在他 1939 年的关于犹太流亡者的小说《流亡》(Exile)中，通过他的虚拟人物黎曼(Riemann)来描述了这种感受。黎曼是一位深受尊敬的德国音乐家，他在巴黎拜访了流亡的犹太人朋友赛普·特劳特魏因(Sepp Trautwein)。在一个场合下，黎曼在力图解释为什么他不肯离开德国以后，向特劳特魏因述说了他为了自己的决定而必须忍受的事情："您认为那是愉快的吗？……当您必须日复一日地留在那儿，而一切事物都比在报纸上读到的坏得多，而您又必须保持沉默，而且还要演奏您的音乐时，亲爱的，那并不容易。当您演奏完了贝多芬时，又必须演奏《霍斯特·韦塞尔之歌》[1]。请试试看吧，赛普。"对这种说法，赛普回答说："但是我亲爱的，谁让您那么干呢？"[16]

在任命萨克森帝国委员的几天后，文化部成立了一个国家委员会来重建莱比锡大学。委员会由纳粹学生和纳粹教职工组成，任务是监督大学的变革，使之成为一个"德国人民的领袖学校"。正如在多数大学中一样，为了实现这一目标，莱比锡的大学生组成了先锋队。[17]

与 1933 年 4 月的反犹法同时，国家委员会禁止了所有的学生组织，只留下了他们自己的纳粹大学生同盟，该同盟已经控制了对学生们的管理。4 月 12 日，学生同盟的国家办公室发动了臭名昭著的在大学中反对"非德国精神"的斗争；这种运动在莱比锡采取了公开胁迫犹太教授和民主教授的形式，其中一人因心脏病发作而逝世。[18]

一个访问海森伯研究所的意大利人向家中报道了他在 1933 年到达莱比锡不久以后的印象："社会民主党占多数的莱比锡毫无困难地接受了革命……褐色制

---

[1]《霍斯特·韦塞尔之歌》(Horst-Wessel-Lied)，又据首行称为《旗帜高扬》(Die Fahne hoch)。1930 年至 1945 年为纳粹党党歌，1933 年至 1945 年在《德国高于一切》(Deutschland über Alles)之外的另一首德国国歌。歌词作者霍斯特·韦塞尔(Horst Wessel，1907～1930)是纳粹激进主义分子和柏林腓特烈斯海因区纳粹冲锋队负责人。1930 年 1 月，韦塞尔被共产党暗杀，柏林宣传机关党头目戈培尔将他塑造成纳粹运动的头号烈士，这首歌成为纳粹党仪式的正式歌曲，广泛使用于该党集会以及冲锋队街头游行。1945 年纳粹德国战败后，《霍斯特·韦塞尔之歌》遭到取缔。——译者

服并不明显，但是'卐字'党徽却到处可见。对犹太人的迫害取悦了多数雅利安人。由于犹太人被清洗，相当多人在公立机关或私人单位中找到了工作。"[19]到了5月底，两位访问莱比锡的美国人用比较满意的口气报道了大学局势："很显然，在萨克森，情况并不像在普鲁士那样狂热，而且教授们也比较敢说话。在街上看到的旗子也比较少。"[20]由于有很坏的媒体，萨克森当局甚至命令学生领袖、党卫军头目弗里德里希(Friedrich)约束他的学生部下。[21]

在新政权下的最初几个学期中，国家委员会在萨克森当局和大学之间充当了免职事务的联络者。按照一份统计，大学在 1933 年由于免职、辞职、强迫退休和死亡而失去了 21 位教授。[22]物理研究所失去了一位不幸姓了马克思的教授，他是无线电分部的主任；还损失了两位助手——费利克斯·布洛赫和海因里希·扎克——和一位技术员，即海森伯的课堂助手多恩费德先生(Herr Dornfeld)。[23]物理研究所所属的哲学学院的会议记录，没有显示什么由此引起的幕后活动的迹象。海森伯所参加的 1933 年 5 月 17 日会议的一条记录上简单地提道："院长[地理学家路德维希·魏克曼]报告了他根据新的职业公务员[重组]法而承担的管理步骤。毋须讨论。"[24]院长关于免职的报告和文化部命令也出现在未加评论的官方记录中。纳粹教授和政府及党的官员们当然可以看到全部这些记录。

其他不那么公开的资料(尽管也是文字资料)提供了更充分一些的图景。关于物理研究所中反对犹太人和外国人的骚动的消息于 5 月传到了德累斯顿。1933 年 5 月 30 日，国家委员会中的大学生成员蛮横地写信给内政部长本人，以一些相关宗教和政治的流言为基础，要求审查布洛赫、扎克、马克思和数学家 B. L. 范德瓦尔登。[25]德拜从苏黎世带来的布洛赫和扎克都已回家过春假，而且决定不再回莱比锡了。德拜的助手扎克请了一年的假，等着看局势如何发展。德拜设法在布鲁塞尔给他找到了一份奖学金，但是内政部却建议还是要将他免职。瑞士驻德累斯顿公使的抗议以及在苏黎世对德国人采取报复的威胁都没有用。[26]扎克在 10 月份被别人代替了。

海森伯的助手布洛赫，也像扎克一样意识到了在德国没有什么前途。[27]他在听到反犹法的消息以前就已经申请洛克菲勒资助到美国工作。按照管理这种资助的教育理事会的规定，资助申请人必须说明他或她在资助结束以后将到何处去工作。按照海森伯的劝告，布洛赫填写了莱比锡。当公布了新法律时，布洛赫给当时在美国的玻尔写了一封很烦恼的信，请玻尔替他向教育理事会交涉把将来的工作地点改成哥本哈根。玻尔同意了，海森伯因此写信给玻尔感谢"你为我们的青年物理学家们所作的努力；我们全都很关心他们"，他并且"为在这个国家中正在发生的一切事情"表示了歉意。一年后，当时在罗马的布洛赫接受了斯坦福大学的邀请。[28]

当时玻尔和泡利在国际难民组织中都很活跃；现在已经没有多少资料能够告诉我们海森伯对于他们之间沟通，起了多大的作用。有关这种事情的大多数通信，在玻尔和泡利他们自己在战时离开欧洲时都被销毁。但是海森伯在3位青年物理学家寻求帮助时的反应，却还有记录可查。这3个人是格哈德·赫茨贝格（Gerhard Herzberg）、赫塔·施波纳（Herta Sponer）和圭多·贝克。赫茨贝格在达姆施塔特大学当助手，由于妻子的犹太血统在1934年被免职。当时在英国曼彻斯特的物理学家和哲学家迈克尔·波兰尼（Michael Polanyi）向海森伯提出了呼吁，而海森伯也向达姆施塔特做了查询。按照公务员[重组]法，赫茨贝格不应该被免职。但他的职位由州政府决定，地方官员可以为所欲为。海森伯在德国也帮不了赫茨贝格多少忙，因此他建议波兰尼在英国想办法。[29]赫茨贝格和他妻子不久就在加拿大定居了。

海森伯在帮助施波纳和贝克方面更直接成功一些——但也只是在国外。施波纳是弗兰克在格丁根的研究所的一位成员，虽然并非犹太人，但是觉得作为一位女物理学家在纳粹德国没有前途。正像科普费尔曼开玩笑说的那样："德国妇女属于厨房。"[30]施波纳失去了她的工作，而海森伯在试图挽救格丁根物理学时听说了她移民国外的决定。通过多次向国外打听，他设法在马德里给她找到了一个职位。[31]她后来去了芝加哥，在那里和弗兰克结了婚。

作为一个在希特勒上台时没有工作的奥地利犹太人，圭多·贝克更不容易安置。作为海森伯助手，他的工作在1932年已经期满结束，不能续延。在莱比锡既没人聘请也就没有职位，贝克的前途暗淡。玻尔给他找到了资助，让他到哥本哈根去工作到1934年的复活节，但这只是暂时的缓解。在1933年的大部分时间内，玻尔和海森伯都在为他寻求其他资助。到了年底，他们终于在荷兰、丹麦和瑞典一些基金会的支持下在布拉格的德语大学中为他设置了一个特别职位。贝克只在布拉格待了不多几年，然后就去了苏联，再然后到了法国，在德军占领期间又从那里逃到了拉丁美洲。[32]

埃里希·马克思(Erich Marx)的免职命令于 1933 年 9 月 27 日送达学校当局，其时物理研究所正处于权力斗争中，而大学本身也正经历着内部冲突。[33]在马克思被免职的一个多月以前，也许是由于预料到他会被免职，研究所中另外两个技术分部的主任向萨克森文化部申请给他们设立独立的研究所。看到技术物理学在新政权下日益得势和马克思处境不利，技术物理学家们采取了行动。德拜显然是觉得要保护马克思已经没有希望，就把他的无线电物理学改头换面变成辐射物理学。在学院院长魏克曼的协助下，很快任命了一位核物理学家弗里茨·基希纳(Fritz Kirchner)。技术分部的独立被阻止了，但是那些部门的首脑当然不会高兴。一年以后，他们把自己的敌意指向了海森伯。

当海森伯因德拜于 1934 年至 1935 年在布鲁塞尔工作而代理研究所所长时，225基希纳被邀请到科隆去当正教授并主管自己的研究所。[34]这种条件太诱人了，无法被拒绝。于是海森伯就必须挫败技术物理学家们重新发动的独立要求。海森伯设法阻止了他们，但是他们和德拜的一位长期党员助手的关系可能最后在反对研究所首脑[1]方面起了作用。海森伯的纳粹对手后来得以了解关于研究所事务的内部情报。[35]

在新政权下的整个第一学年中，强化了的大学改组行动远不止踢出不想要的人员。一位新的大学领导人的声明具有代表性："新德国的大学将是政治的，是培养政治人才的教育机关，培养出来的人们将用他们的知识和能力来为国家服务。"[36]这不是党派政治民主意义下的政治，而是法西斯意义下"为国家(或民族)服务"的政治，它意味着服从新的国家代表，即国家社会主义工人党。为了有效实现这一目标，纳粹学生领袖们把他们的信徒组成了一些紧密结合的工作和学习小组。中层和上层的讲师们组织了"教师团"，以便通过新授课资格的授予和新人员的任命来控制高级教师人员。[37]但是引入"领袖制"——独裁式的一人统治的企图只获得部分成功。大学的新领袖阿尔图·戈尔夫(Arthur Golf)和学生党卫军冲锋队领袖(SS Sturmführer)一起宣布了不问政治的教授和他们那些"政治"学生之间的"冲突"已经结束，教授和学生已经携起手来成了"希特勒领导

---

[1] 此处指海森伯。——译者

下的同志"。[38]

　　尽管发生了这么多事，海森伯一直保留了他的学术职位和办公室，但在私人方面却缩回到自己的物理学、音乐以及朋友和同事的圈子中。他在回忆录中谈到了在政权初期他是如何与莱比锡希特勒青年团的一个领袖挑战性相遇的。[39]此事想必发生在海森伯于1933年6月间从研究所搬到一所小房子中去以前。[40]海森伯回忆说，他在研究所住所中的钢琴上弹奏了舒曼的一首协奏曲后遇到了这个学生。那个学生一直在走廊上的窗前听他演奏，因此海森伯就把他请到了自己的起居室中。那位身穿希特勒青年团硬挺的褐色制服的学生感到迷惑。海森伯自己仍然是一个青年，也是一个青年运动的亲密战友，为什么如此高高在上地远离青年一代，"像一位完全生活在过去的保守的老教授一样"？海森伯似乎支持那位宣称"德国需要在政治上从它的内部腐化的状态中解放出来"的青年领袖。在重述这次会见时，海森伯甚至似乎很赏识青年人那种通过直接行动来引起改变的热情。但是他也回忆说自己强调了手段和目的之间的区别。他宣称："您必须明白，当德国正在被摧毁时，我不能协助您。事情就那么简单。"

　　但事情当然不是那么简单，因为不久以后海森伯就去征求了普朗克的意见。
226　　几个月以后的一些事件，也对他选择对国家社会党人和最亲近朋友、同伴和研究所成员之外的人采取敬而远之的超然态度提出了挑战。[在1933年至1934年的冬季学期开始时][1]，他得悉了自己将获得声望崇高的马克斯·普朗克奖章，而在11月9日，又收到了自己已获1932年度诺贝尔物理学奖的激动人心的消息。[41]与此同时，海森伯拒绝参加一次由国家社会主义教师同盟于11月11日在莱比锡主办的一次声势广大的群众大会。被广为报道的这次"德国学术界的示威"支持德国退出国际联盟，而这一决定即将由11月12日的公民投票和选举来正式通过。海森伯通知大会组织者物理学家约翰内斯·施塔克，说他不会去参加。[42]

　　许多教师和学生、4位大学校长和6位教授都参加了，其中包括著名的哲学家马丁·海德格尔(Martin Heidegger)(也是一位校长)。意在报复的施塔克通知莱比锡的学生们，说海森伯拒绝参加"教授们对阿道夫·希特勒的致谢"。因海

―――――――――――――――――――――――――

　　[1]　此处指海森伯。——译者

森伯获得著名的奖项而高兴但又因他没有公开支持群众的呼声而生气的学生们陷入混乱之中。一位听课的学生回忆说："当在1933年的冬季学期开始时，您拒绝参加投票大会在研究所中造成了一次小小事件，而学生对您的支持终于压倒了一切！"[43]

伊丽莎白·海森伯讲了她后来才听说的一个关于一位纳粹青年领袖朋友（或许就是海森伯早先见过的那同一个青年）的故事；那个青年提醒海森伯，一群学生打算在宣布海森伯获得诺贝尔奖的第二天扰乱他的课堂。那个青年巧妙地把示威者带出教室而挫败了那次示威计划，剩下来的学生则起立鼓掌。[44]不多几天后，在即将举行的教师群众大会前的那个有雾的夜晚，几乎全体莱比锡大学生为新的诺贝尔奖得主举行了火炬游行——满怀崇敬的学生们按照帝国冲锋队的队形一排接一排地向他的住宅前进。[45]一星期后，为了消除残存的敌意，海森伯把纳粹学生同盟的当地领导人请到了自己的家中。那个青年正式否认了教授从根本上对元首和国家存有任何敌意。[46]

在11月份的动乱和为了流亡物理学家而秘密前往苏黎世以后，海森伯就和他母亲一起坐火车旅行到了斯德哥尔摩，从在位的瑞典国王手中领取诺贝尔奖。他们中途在哥本哈根暂停，以便为了在获奖工作中的合作（和提名自己）而向玻尔当面表示感谢，然后就继续旅行到了斯德哥尔摩火车站，在那里受到了分享1933年度诺贝尔物理学奖的两位物理学家狄拉克和薛定谔的欢迎。

获得著名的奖项，以及被承认为重大发现的贡献者，对科学家们来说永远是至关重要的问题。科学家比大多数其他行业的人们更重视同行和后世的承认。诺贝尔奖享有特殊崇高的威望，而遴选获奖人的诺贝尔委员会深知这一点。₂₂₇1933年颁发的物理学奖在这方面尤其重要。以前的物理学奖大多授予实验家们或其工作大大影响了实验研究的人，这反映了实验工作对物理学的重要性以及委员会对实实在在的结果的偏爱。破天荒第一次，3位理论物理学家主要为了他们对理论物理学的贡献而被选中获奖。然而，正式的授奖理由却反映了委员会看待这3个人的性质及相对贡献的奇特方式。海森伯被授予了延期的1932年的诺贝尔奖理由是"为了量子力学的创立，这种力学的应用，除了别的结果以外，还导致了氢的同素异形体的发现"——这一发现至少部分还是实实在在的结果，狄拉克和薛定谔则"因为发现原子理论的新的和富有成果的形式"而分享了1933

年度的奖。

这造成了许多不愉快的感觉。马克斯·玻恩对量子力学的贡献被轻视了，约当、泡利、玻尔和其他一些人的工作也是一样；薛定谔想必会有些芥蒂，因为海森伯被指为量子力学的创立者，而他和狄拉克则只能因为理论的"新的和富有成果的形式"而各得半个奖。[47]虽然尴尬局面可能因为事业状况而更加恶化（玻恩和薛定谔刚刚不顾海森伯的反对而离开了德国，当时还没有固定工作），不过最大的问题似乎还是他们未获得足够承认以及海森伯明显被过度拔高。与传闻的情况恰好相反，海森伯和玻恩及薛定谔一直到死都保持了真诚的友谊。[48]1933年，海森伯在几个场合对整个事态表示了不安。在 11 月从苏黎世给玻恩写信表示歉意之后，他又在 1933 年 11 月 27 日致信玻尔道："关于诺贝尔奖，我觉得很对不起薛定谔、狄拉克和玻恩。薛定谔和狄拉克至少都像我一样配得一整份奖，而我很愿意和玻恩分享奖项，因为我们也曾经一起工作过。"[49]诺贝尔委员会后来补救了它的疏忽，在 1945 年和 1954 年分别向泡利和玻恩颁发了诺贝尔奖。

经过了斯德哥尔摩的烦恼和激动，海森伯回到了他的工作和莱比锡小圈子中。布洛赫既已离去，海森伯的新近博士毕业生卡尔·弗里德里希·冯·魏茨泽克成为他最亲密的同事。在这段时间内，魏茨泽克每天都和海森伯见面长谈，很快就成了他老师最密切的亲信。他们的关系有时如此亲密，以至海森伯在卡尔·弗里德里希不在时常有被抛弃的感觉。

卡尔·弗里德里希·冯·魏茨泽克祖上有许多德国的贵族外交家，他本人保留了贵族头衔冯·魏茨泽克男爵（Freiherr von Weizsäcker，魏茨泽克地区的自由贵族），而且在需要时总善于外交辞令。[50]他的弟弟里夏德·冯·魏茨泽克学习法律（后来当上了战后德国总统），而卡尔·弗里德里希则本打算学哲学。当他在 20 多岁时于哥本哈根遇到了海森伯后，他就把物理学也添加到了他的兴趣范围之中。虽然比海森伯小了 11 岁，但高额头、尖下巴而又贵族作派的魏茨泽克却比海森伯更喜欢研究哲学问题。在莱比锡，或在巴伐利亚山区的多次外出步行或滑雪（常与前青年运动成员一起）中，他们常无休止讨论哲学问题。当政治局势在国家社会党人上台后日趋恶化时，海森伯变得依赖卡尔·弗里德里希及其对于世事的洞见。他在 1934 年 10 月致信他母亲道："只是因为有以其特有的严肃方式和周围世界斗争的卡尔·弗里德里希这个朋友，才让我得以通过一扇

228

小门进入这一陌生领域。"[51]希特勒刚刚在两个月之前通过扩充他的权力而巩固了他的权力。

卡尔·弗里德里希·冯·魏茨泽克，1933 年

在 1936 年获得大学授课资格并前往柏林前，魏茨泽克作为海森伯的朋友和助手一直留在莱比锡。在这段时间内，随着莱比锡 1935 年的那些事件，海森伯越发退缩到自己个人的小圈子中。有了纽伦堡的反犹法律，而且不再受已去世的兴登堡（是他当总统时任命了希特勒为总理，并且要求反犹法对那些犹太前线老兵例外）的约束，政权就进行了第 2 次公职清洗，以便为它的第一个"4 年计划"做好准备：为即将到来的战争而进行经济和军事动员。新清洗在莱比锡大学哲学学院引起了危机。1935 年 5 月 1 日，按照萨克森文化部的请求，萨克森的帝国总督马丁·穆奇曼（Martin Mutschmann）下令立即免除约希阿姆·瓦赫（Joachim Wach）教授（神学）和弗里德里希·莱维（Friedrich Levi）助手（数学）的职位并强迫本诺·兰茨贝格尔（Benno Landsberger）教授和魏格特（Weigert）教授退休。[52]这 4 个人或者只有部分犹太血统，或者是第一次世界大战的前线老兵，所以在上一次清洗中得以幸免。

海森伯对此感到震惊和沮丧。他不仅曾经相信最坏的时候已经过去，而且

229

和被清洗的人们也很熟识，像他一样，瓦赫也是教授俱乐部的一个成员。现在命令已经清楚地表明，担任公职的犹太人（或者说牵涉到的任何人）是没有任何保障的，不论他们的成就和地位如何。海森伯也已意识到，大学是永远不能摆脱官方的干预了。

海森伯和他最亲密的同事们，即魏茨泽克、洪德、B. L. 范德瓦尔登、卡尔·弗里德里希·邦赫费尔一起讨论了局势，这成为他和政府关系的一个转折点。随后他会见了另一位教授俱乐部成员赫尔穆特·贝尔弗（Helmut Berve）院长以商讨对策。历史学教授和党员贝尔弗自1933年底以来便担任整个哲学学院的师生情绪。他们都同意在下一次院务会议上表示自己的不满，而且完全了解关于他们的抗议报告最后会送到萨克森州的首府德累斯顿。他们推测，更直接和当局对抗或许不会成功，甚至会造成更多人被免职，包括他们自己。

忧郁的教授们于5月8日聚集在他们有着橡木护墙板的学院图书室中，召开了仔细准备和精心主持的会议。贝尔弗院长首先正式宣布了免职的命令。在挂在墙上的前任人员的画像的注视下，海森伯、洪德、范德瓦尔登、伯恩哈德·施魏策尔（Bernhard Schweitzer）和康斯坦丁·赖夏特（Konstantin Reichardt）（全和贝尔弗及俱乐部关系密切）发表了他们准备好了的反对意见。赖夏特质问了免职的根据；校长费利克斯·克吕格尔（Felix Krueger）答复说他本人向柏林的查问没有结果。贝尔弗抱怨说学院完全不知情。范德瓦尔登询问是否有其他免职理由，然后海森伯就发了言。"海森伯先生怀疑现在的免职措施是否符合法律精神；按照公务员［重组］法，前线老兵属于人民阵营。他主张朋友们应当负起责任，想尽一切办法帮助受影响的人。"洪德指出，不是老兵的人们应该因老兵们受到的对待而感到羞愧。最后贝尔弗插话说（写入记录），他允许这次讨论只是为了向德累斯顿报告学院的师生情绪。

会议休会，等待德累斯顿的反应。反应很快就来了。范德瓦尔登回忆说，不到一天，甚至在贝尔弗上交他的报告以前，文化部就收到了情报。可想而知，抗议没什么效果。免职和退休仍须执行。几天以后，范德瓦尔登，也许还有海森伯，就通过校长收到了穆奇曼本人的正式训诫。[54] 5月12日，海森伯给他母亲写信说，校长督促他为了表示对帝国的忠诚而作为一个预备役军官加入国防军，尽管他对政府政策的执行提出过反对意见。他成为哲学学院理学分部主任的希望似乎已经很渺茫。55

贝尔弗也因为允许学院表达不满而受到了处分。在学期结束的时候,帝国专员亲自下令免去他的院长职务。贝尔弗在战后回忆说,仅仅因为他和他的教授俱乐部朋友瓦赫在莱比锡的一家饭馆中定期见面,纳粹大学教师同盟的地区头目就对他诸多责备。就在瓦赫离开莱比锡前,俱乐部和他最后一次出游的那一天,贝尔弗从德累斯顿那儿收到了从院长位子上下台的命令。[56]

也许正因为免职使海森伯和其他人受到很大震动(此事显得专横,却又很好地代表希特勒统治下的生活),这一情节才作为一个决定性的时刻出现在他们的战前生活中。免职事件给海森伯和他的亲密同事造成了如此大的冲击,这一事件大概是战前的一个难以忘却的经历。那些在希特勒时期典型的措施,对于他们来说,太任意专横了。以至于后来,当他们回忆时,海森伯、洪德和范德瓦尔登都认为这件事早两年就发生了。然而很显然,直到1935年,他们才充分认识到纳粹可以是多么任意专横,而他们用以抵抗的传统手段又是多么软弱无力。范德瓦尔登回忆说,海森伯当时曾预料到一个比被训诫更严厉的处罚,即被免职。[57]但考虑到他是国际上受人尊敬的诺贝尔奖得主,又有马克斯·冯·劳厄尽管反对纳粹,却仍然留在职位上的先例,他不太可能遭受当时的那种命运。

海森伯多年后回忆道,随着抗议的失败,他和他的同事们终于开始考虑从大学中辞职。[58]既然在前两年中他们已经不能扭转免职政策或阻止对大学的独裁改造,这时候辞职就变成了一种恰当的(或许是唯一恰当的)政治和道德选择。即使有级别较低的不合格人员等着接班,诺贝尔奖得主的行动的影响会远远超出莱比锡大学哲学学院的范围。现在到了必须做出一个基本决定的时候。内心痛苦不安的海森伯又一次转向了年迈的马克斯·普朗克请求指导。

77岁的普朗克在位于上层阶级的柏林郊区格吕纳瓦尔德的家中那黑暗而老式的起居室中接待了33岁的物理学家。海森伯写道,唯一缺少的似乎是放在房间中央的桌子上的一盏老式油灯。[59]疲倦而忧郁的普朗克似乎比他们上次见面时老了不少。不论他们在年龄、背景和对量子力学的见解方面有多么不同,过去几年对物理科学的日益沉重压制使得这两位物理学家的观点已经更加接近了。正像在1933年一样,普朗克在海森伯身上看到了德国物理学前途的某种希望;海森伯在普朗克身上看到了一个可尊敬的人,一个德国科学的高贵传统、成就和正直的象征。在免职政策的第一阶段中，海森伯常常旅行到柏林去听取普朗克和劳厄的政治建议，两人都以操行端正而闻名。但这一次连普朗克也似乎不知如何是好。

普朗克从来不会考虑以辞职来抗议。在 1933 年，他曾与柏林同事奥托·哈恩交谈，劝他放弃辞职的举动，留下来从内部进行斗争。那时，他仍然希望通过个人的斡旋来影响政府的政策。但是在 1935 年，当他和海森伯在夜幕下自家光线暗淡的客厅里沉坐在又软又厚的椅垫上时，普朗克所能提出的建议就只有政治默认了。他看到一些事件正在像雪崩一样地展开，失去了控制，甚至失去了政府的控制。在普朗克看来，现在进一步的政治和交涉行动都毫无用处。用辞职来抗议在普朗克看来也同样没有希望。海森伯如果辞职也肯定不会被报道和为人所知。

相反地，根据海森伯的说法，普朗克主张"我们所有人现在应该注意的是将来"。他们应该从当前气氛中撤退，而不是辞职。普朗克相信他们现在又肩负了另一种责任——为受人尊敬的德国文化和科学保存一些根据地，来作为一个更好的世界的"结晶点"。[60] 这就是回到行之有效的魏玛时期的政治，因为革命和政变的影响，很长时间内海森伯为之感到困惑的立场：将优良的德国文化与恶劣的政治统治者的短命世界相分离，将民族与国家、专业与行政、高尚的动机与灰色的现实相分离。最终，这样的区分恰恰正中了他们的敌人的下怀。普朗克的建议正是海森伯所理解和欢迎的那一种，如果他确实没有把他自己的观点和关于这次会见的记忆混淆起来的话。它使海森伯有了一种新动力和借口来扮演与当局积极配合的角色——拒绝放弃他的高级职位去接受国外的许多很诱人的邀请。船长不能放弃他的船，不论风暴多么猛烈——风暴越猛就越不能放弃。普朗克可能在 1933 年就向海森伯提过类似建议。刚刚在柏林拜访了普朗克后，海森伯于 1933 年 6 月写信给玻恩，谈到了自己要与"那些明白我们活着是为他们，也是为了托付给我们的科学的人"一起工作，就像他在"一战"后慕尼黑的混乱之中为自己的青年小组而生活一样。[61] 到了 1935 年年底，海森伯的视野已经退缩到了他的科学、学生、朋友和最密切同事的圈子中。

1935 年秋季，当一个新学期开始而新麻烦如雨后春笋般出现时，海森伯致信他母亲谈到了他心目中的新任务："但我必须满足于在科学的小领域中保护未来会变得重要的那些价值。在一片混沌之中，这是我唯一清楚的任务。领域外面的世界确实丑恶，但工作是美好的。"[62]海森伯已经做出了他的根本决定。如果可能，他将留在祖国和他的岗位上，不论前方的风暴如何疯狂肆虐。

第十七章　粒子与政治

　　海森伯在 1935 年底收缩到他的学生、物理学和音乐的圈子中，等于再次重申了他以前的立场。他是一位物理学家，而且是一位很好的物理学家。物理学之美，正如古典音乐之美一样，给人提供一种远离"外面世界"之"丑恶"和"普遍纷乱"的避难所，而且他对这个领域的贡献将流传久远。他在整个 20 世纪 30 年代中的通信（特别是和老同事沃尔夫冈·泡利的通信）的性质和强度，暗示着他对这些理想的炽热献身。关于个人和政治矛盾的暗示，只偶尔出现在他们关于专业细节的抽象讨论中。这些科学家们告诉自己，物理学和物理学家要存在于自己的世界中。

　　但是"外边"的事件却不断来打搅。科学既有形式也有内容——人员、工作空间、经费和交流，以及理论、实验数据以及公认的发展标准和程序。所有这一切在那些年内都处于重重包围之中。保存科学形式或职业范围是所有德国物理学家的天职；这种任务就使海森伯及其同道们陷入与纳粹煽动宣传的冲突，使他们不得不为了科学做出大量的妥协。海森伯在定居于莱比锡所谓的"生存之岛"之前（但不是他的科学获得新的动力之前），不得不面对这些现实世界的冲突及让步。

　　在希特勒执政第一年的 9 月，薛定谔和外尔辞职后不久，正电子和宇宙射线簇射的发现使海森伯的物理学走上了一个新方向——朝向高能物理，以及回到他和泡利之前在努力通过整合相对论和量子论来构成一个电子和电磁场的综合理论时所遇到的老问题。这些努力的结果就是所谓的"相对论量子场论"。把它应用到电子和电场上，就是"相对论量子电动力学"。尽管这一理论的基本途径看似正确，却因为出现了无穷大的量而受到很大挫折。最糟的是理论预测电子的能量是无穷大，这显然不对，因为电子的体积为零。当电子和其他基本粒子相互高能碰撞时，这一点就尤其重要。由于能量很高，这些粒子碰撞时的距离比它们设想的尺寸还小，几乎为零。

即使在现在，高速粒子的碰撞仍然是高能加速器实验的基本过程。在 20 世 ²³³ 纪 40 年代后期这样的高能加速器问世以前，这一物理学分支集中研究观测到的宇宙射线轰击物质时的表现。宇宙射线是从外层空间进入大气层的极高能量的光量子和诸如质子与原子核这样的其他亚原子粒子。它们的起源多少仍然是个谜，不过大部分似乎是来自于银河系或者更远范围中爆炸的恒星。在伽玛射线爆发的例子中，则来自巨星突然崩塌形成黑洞的过程。这是宇宙中最高能的事件之一。这样的宇宙射线组成了自然背景辐射的一部分，而我们和地球表面所有的事物都沐浴在这个背景辐射之中。

在英国剑桥工作的帕特里克·布莱克特(Patrick Blackett)和朱塞佩·奥基亚利尼(Giuseppe Occhialini)，利用新发明的云室观测到达海平面并轰击放置在云室中薄铅板的宇宙射线。云室中充满的气体在粒子穿过时凝结为小液滴，其径迹可以被拍照研究。通过从外部在云室中加置的磁场和电场，科学家们可以通过径迹的曲率确定粒子的电荷和质量。布莱克特和奥基亚利尼发现当一个高速宇宙射线粒子轰击云室中铅板上部时，铅板下面会发射出一"簇"粒子。这显然是由宇宙射线轰击铅板中的铅原子核造成的。[1] 两人后来因为这一令人惊异的发现获得诺贝尔奖。此前不久，加州理工学院(Caltech)的卡尔·D. 安德森(Carl D. Anderson)已经宣称，在自己对宇宙射线事件的云室照片的研究基础上，发现了一种新的亚原子粒子。他发现的是一种新的"正电荷电子"，或者说正电子。它具有和电子一样大的质量，但携带的是一个正电荷，而不是普通电子的负电荷。[2] 在此之前，已知的基本粒子只有负电子、质子、中子和光量子。

对于带正电荷的电子，唯一的解释来自于狄拉克之前于 1928 年发表的相对论电子量子论。他在其中预测了高能光子与重核的碰撞会产生带正电荷的粒子。[3]

狄拉克曾经认为这些正电荷粒子应该是大家熟悉的质子。不过在发现它们的预测质量相当于小得多的电子后，狄拉克提出它们应该是一种新的电子，叫作"反电子"。[4] 一个反电子的质量和普通电子一样，但是电荷相反。最重要的是，当一个反电子(或者说正电子)与电子相遇，两者会一起湮灭，能量转变为两个向相反方向运动的光量子形式。同样，一个高能光量子在轰击一个原子核时，会在自己消失的同时产生一个电子和一个正电子，这个过程叫作"电子对的产生"。

安德森的新正电子似乎就是狄拉克的反电子，这就激起了对狄拉克理论和粒子对的产生和湮灭的新兴趣。感兴趣的有欧洲的海森伯和泡利，他们的美国同事奥本海默，以及其他在伯克利和加州理工学院两地[1]的加州理论学家们。

234

狄拉克与海森伯20世纪30年代在英国剑桥

狄拉克的剑桥同事布莱克特和奥基利亚尼提出，电子-正电子对的产生可能是他们刚发现到的宇宙射线簇射的起源。[5]当一个高能宇宙射线电子打中一块铅

---

[1] 奥本海默当时同时在加州大学伯利克分校和加州理工学院担任物理学教授。——译者

板时，它将被铅板偏转和吸收，在此过程中将能量以光量子也就是光子的形式发射出去。而这个光子又会产生一个电子-正电子对，这个电子-正电子对又继续产生更多光子。如此下去，结果就是观察到的一簇粒子从铅板底部逸出。

和剑桥实验家一起工作的理论家进行了一系列关于高速粒子在物质中的制动过程[1]的计算。但那时海森伯却正忙于他的原子核研究，忙于他在 1933 年 10 月索尔维会议上关于原子核问题的报告，并忙于回应他同事们的免职和辞职。直到当年 9 月的哥本哈根的年度物理学会议，他才第一次听说了新的实验结果及其最近的狄拉克理论解释。[6]

在哥本哈根会议不久以后，奥本海默和他在美国的学生文德尔·弗里(Wendell Furry)以及在英国的流亡学者汉斯·贝特(Hans Bethe)和瓦尔特·海特勒(Walter Heitler)发表了关于粒子在铅板中的制动过程的理论结果，但是这一结果只是部分地振奋人心。[7]电子对的产生可以说明粒子在物质中的制动过程，但是适用的能量远低于在簇射中观察到的能量。正如从前那样，理论在高能或小距离下是发散的，显示电子应该很容易被铅板吸收。这与观察到的高速粒子穿透大铅块的现象直接冲突。由于这个原因，大多数理论物理学家认为他们的理论有一个适用的能量上限。在这个能量极限之上，电子可以自由穿越物质，而不会像理论预测的那样，与物质发生相互作用。他们像从前一样用经典理论中电子的尺寸所对应的能量来确定这个上限。或者利用测不准原理，这一能量等于静止中的电子所包含的能量。

海森伯从哥本哈根返回莱比锡时在柏林停了一下，就政治事务会见了普朗克和劳厄。海森伯既对挽回薛定谔的辞职一事感到乐观，又对正电子的发现非常激动。1933 年 10 月，他问索末菲："您对正电子有些什么说法呢？看来狄拉克又一次比我们以前估计的更加正确了……希望在冬季学期时您能摆脱政治享受正电子。"[8]

在政治运动再次前来骚扰之前，海森伯确实有好几个月时间兴致勃勃地研究于正电子理论。在格丁根商讨填补新近出缺的教学职位时，海森伯和院长卡尔·布兰迪(Karl Brandi)曾经寻求新途径来维护这一前学术重镇以及全德国的理

235

---

[1] 此处的原文为 stopping，指粒子骤然减速导致的韧致辐射过程。——译者

论物理学。他们决定，途径之一就是使工程师和工业家们相信理论物理学的内在价值和聘用青年理论家的好处。当这个政权只希望进行主要是为战争做准备的、马上能实用的研究工作（这几乎与海森伯当时的工作正好相反）时，没有什么实用性的理论物理学似乎需要展示点什么了。

海森伯在格丁根亲自向强大的德国矿业工程协会的主席介绍他的理论，后来在该协会于杜塞尔多夫召开的年会上作了题为《科学与技术进步》的演讲，发表在该会刊物《钢与铁》(Stahl und Eisen)上。他的努力得到了结果，使得有影响力的主席及其许多追随者相信，"一个好的理论物理学在德国的存在，对技术和科学的合作有着决定性的意义"。[9]

但在中立国瑞士的苏黎世默默工作的泡利并不那么信服海森伯在同一时期得出的那个正电子理论。他在接下来的 6 月就公开表示厌恶他们的这个正电子研究联合计划，抱怨"从物理观点看来大范围的反面结果"，尤其是无限大的能量和负能量，在正常情况下这没有物理意义，因为能量要么存在，要么不存在，只能是正数或者零。[10]海森伯在泡利退出正电子计划两天后告诉他，至少已经有了一个有希望的物理现象：光子对光子的散射。[11]德拜提出这种效应可能就是日冕的来源。当泡利及其助手维克托·维斯科普夫(Viktor Weisskopf)转向一种"反狄拉克理论"的表述时，海森伯就把散射问题交给他当时最聪明的学生汉斯·奥伊勒(Hans Euler)和伯恩哈德·科克尔(Bernhard Kockel)去研究。[12]虽然海森伯一直关心他们最新的工作进展，但很快又再次卷入其他事中。他告诉泡利："在德国这边，现在有许多迫切而突出的其他事情需要关心。"[13]

这些其他事情包括需要更直接和更公开地捍卫理论物理学，以及与约翰内斯·施塔克的个人冲突。施塔克仍然对海森伯在去年 11 月拒绝参加拥护希特勒的投票大会心怀不满，而且他现在可能从权势更甚的希特勒那里得到支持。[14]6 月末，希特勒通过臭名昭著的"长剑之夜"对帝国冲锋队实行血腥清洗而加强了自己的力量。1934 年 8 月初，兴登堡逝世后没过几天，希特勒便宣布总理办公厅和总统办公厅合并在自己手下。这给予了希特勒作为元首对政府和帝国政治机构的控制。希特勒的官员们计划于 8 月 19 日举行公民投票，而纳粹党则发动了强大的宣传攻势来保证投票获胜——本来也不可能有其他结果。纳粹物理学家施塔克向其他德国的诺贝尔奖得主们发了电报，邀请他们参与一份支持希特勒的公开宣言。物理学家海森伯、劳厄、普朗克和瓦尔特·能斯特全都拒绝了，理由还是他们的科学与政治不应混合的老论点。[15]

施塔克在信中愤怒地答复他的同僚，对希特勒的公开支持根本不是什么政治行动，而是"德国人民对他们元首的公开表白"。与此同时，他宣称诺贝尔奖得主们在公开替爱因斯坦说好话时就已经采取了一种政治立场。[16]这样一种对科学和政治的滥用，正是施塔克很突出的思维特征。劳厄告诉施塔克以后不要再给他写私人信件。

施塔克事件和希特勒作为元首取得压倒性胜利的一个月以后，海森伯与其他著名科学家们一道，向更广泛的科学公众再次宣传包括爱因斯坦理论在内的现代理论。这一次，在汉诺威召开的有著名的德意志自然研究者与医生协会的会议成为很方便的讲坛。海森伯在协会的全体大会上发表了题为《近年自然科学基础的转变》的主题性演讲。在关于近期发展的综述中，海森伯告诉听众们，最新的理论，特别是相对论和量子理论，并不是一些纯粹思维性（像施塔克所说的）科学以外的"革命想法"的产物，而是根据令人信服的实验方法和宝贵的经典物理学要素进行的多年细心研究的必然结果：相对论和量子理论"是在把经典物理纲领自洽地推行到底的努力中，被迫得出的研究结论"。[17]

事实上，海森伯宣称，科学中的最近转变是与施塔克的研究领域——实验研究逐步协同发生的。例如，只有在阿尔伯特·A. 迈克耳孙（Albert A. Michelson）探测电磁以太的实验结果之后，才有必要修订空间和时间的经典观念；菲利普·勒纳德关于光电效应的考察结果只有通过阿尔伯特·爱因斯坦的光量子理论才得到了充分诠释。通过在同一句话中同时提到犹太物理学家和纳粹物理学家勒纳德的名字，海森伯在德国报告厅中捍卫了提到犹太物理学家和他们的工作的权利。那个特定讲堂中的专业听众似乎没有提出反对。事实上，另外两位演讲者，实验物理学家瓦尔特·盖拉赫（Walther Gerlach）和著名外科大夫、德意志自然研究者与医生协会主席费迪南德·冯·绍尔布鲁赫（Ferdinand von Sauerbruch）附和了他的言论。作为支持的进一步表示，海森伯的演讲，包括那些人名，在接近最快纪录的时间内就登上了读者甚多的《自然科学》（*Naturwissenschaften*），而且被迅速转载。海森伯似乎对结果很满意。他向母亲报告说，演讲"进行得很好，而且我对公众的行动也很满意；但是是否有用就是另一个问

237

题了。"[18]

爱因斯坦的名字和理论，也出现在那年冬季海森伯在莱比锡的课堂中。[19]但是到了那时，提到爱因斯坦或公然讲授他的理论的后果，已经比海森伯可能意识到的更加危险。在汉诺威演讲以后，汉堡的一群老年纳粹分子威胁说要鼓动学生破坏他的讲课，除非他公开撤回他的演讲。[20]一个纳粹官员直接向党的意识形态家阿尔弗雷德·罗森堡（Alfred Rosenberg）抱怨，并且建议"应该把海森伯先生送去集中营"。罗森堡表示同意，但是很遗憾，由于海森伯的国际声誉，他只能发出一份训诫。[21]

经历汉诺威会议不可避免的紧张气氛以后，海森伯到玻尔的哥本哈根研究所中稍事休息，于1934年10月回到了莱比锡，发现他的学生欧伊勒和科克尔已经在利用最新的量子电动力学深入研究光对光的散射。[22]这一理论也被同样无穷大的结果所困扰，不适用于高能和短距离的情况。对海森伯来说，现在这些问题本身已经不是目的，而是为了一种急需的新量子论寻求线索的手段。他致信泡利说，局势似乎与以前的一个情况类似："在量子电动力学方面，我们仍然处在量子力学在1922年所处的局势中。我们知道一切东西都是错的。但为了找到新的研究方向，我们却必须更好地理解现在流行的表述形式的推论。"[23]

不过奥伊勒仍在为了自己的博士学位论文继续研究光子间的散射的计算。这篇论文在1935年11月完成，并得到当时也从事相似研究的导师海森伯热情洋溢的赞赏。不过结果虽得到海森伯同意，却并不受欢迎。莱比锡的物理学家又一次发现这个理论在高能或者接近经典理论中的电子大小的距离的情形下会得出无限大能量。在接下来的一篇联合署名的文章中，海森伯和奥伊勒似乎对这一结果颇为自得——他们宣称它提供了"这一理论将来发展的一个重要线索"。令人难以置信的是，随着量子力学在20世纪20年代的伟大胜利后，海森伯和泡利在10年后的现在又处于绝望边沿，急切需要量子物理的一场新革命。[24]

也就像在20世纪20年代早期的反应一样，泡利要求的是新的物理见解而不是新的数学。1935年11月，他几乎重复了他10年前对克罗尼希说过的名言："目前理论物理学很困难，我都快被海森伯-狄拉克表述形式淹死了，愿意抓住任何一根扔给我的稻草。"[25]海森伯这方面的反应也和10年前一样。他开始通过寻找现有理论的局限来找到前进的线索。

海森伯毫不勉强地承认他们抽象而数学化的理论已经表现出局限性。他和奥伊勒在 1935 年提交的联属文章中总结说，进一步的发展需要的不仅是新的数学技巧，还有在比电子半径尺度更小的距离上的实验结果。尤其是宇宙射线簇射的新实验数据似乎仍然显示着正电子理论在相应电子尺度的能量上无能为力。因此，相关的分析"或许是必要的"。[26]莱比锡物理学已经完成了一次循环，从实验到理论现在又回到实验。

不过当循环经过表述形式时，海森伯和奥伊勒仍然坚持不承认对他们工作的任何非科学的影响，至少是不肯公开承认。犹太科学家们的名字仍然未加解释地出现在他们的德文出版物中（除了施塔克以外，多数纳粹都不看这些出版物）。但是，"丑恶的"外面世界毕竟还是侵扰了他们在莱比锡的"生存之岛"。早在 1934 年，当局就强迫科克尔辞去了海森伯副助手的职务，因为他曾经加入一个社会主义的学生组织。[27]虽然他还被允许留在莱比锡，但是他的学位和事业都因为官方的不满而被拖延了。

汉斯·欧伊勒也受到了类似的折辱。当奥伊勒在 1936 年获得博士学位后，海森伯想让他接替魏茨泽克担任自己的助手。当时魏茨泽克已经取得大学授课资格，从而不能再当助手了。另外，正如海森伯在写给当时已在柏林担任新的由政府资助的威廉皇帝物理研究所所长的德拜的信中所说的那样，奥伊勒的才能比魏茨泽克更适合海森伯当时的兴趣（高能场论）。[28]更重要的是，海森伯也希望用这个助手职位来给奥伊勒提供政治保护。但私下里同情苏维埃共产主义的奥伊勒公开拒绝与纳粹当局合作。由于一贯拒绝参加任何纳粹性质的组织，或拒绝参加为未来教师举办的洗脑营，他引起了当局的注意。当魏茨泽克在德拜的帮助下转到柏林去当莉泽·迈特纳的助手时，萨克森文化部就以奥伊勒不参加政治活动为由拒绝批准海森伯提供给他的位置。[29]

被文化部拒绝以后，海森伯设法提名奥伊勒为"编外助手"，而其工作则是改进正电子理论。一年以后，经过新任的大学校长（也就是海森伯在教授俱乐部中的朋友赫尔穆特·贝尔弗）和文化部之间的冗长交涉，奥伊勒终于被提升成了正式助手。[30]但是在 1938 年授予他大学授课资格的计划却引起了更多问题。在要求奥伊勒对其政治关系和宗教关系作了许多次说明以后，当局又坚持要求他按照规定参加一个教师营，而奥伊勒再次由于政治上的考虑而拒绝。海森伯最后

239

劝他还是屈从，认为那不过只是走走形式——后来他自己在那个夏天也报名参加了自己须要参加的军训。[31]敏感的青年接受了老师的劝告，但是回来时却被整惨了。周末的准军事训练和纳粹煽动家们关于国家社会主义的科学和教育意识形态的吓人演讲想必让人难以忍受。对海森伯弟子们的处理，表现了纳粹政权加在青年学者们——新国家未来的教师、学者和科学家们——身上的那种压力。它也指明了纳粹党统治中期的主要教育目标之一：控制教学人员和他们所教的课程。

1935年末在免职斗争中已经失败了的物理学家们，现在除了科学研究的具体内容之外，还把他们的注意力转向了剩下的一个主要问题：通过学术任命、课程、出版和专业组织来控制物理学行业。物理学家们相信，通过保护科学的传授(由谁来传授，传授什么，传授给谁和根据什么意识形态的立场)，他们能够控制德国科学的未来。

一些政府和党的当权者以及恨不得成为当权者的人们，也都争着要控制物理学行业。主要的机构竞争者就是由伯恩哈德·鲁斯特(Bernhard Rust)掌管的帝国教育部(Reich Education Ministry, REM)。1934年5月，希特勒在对教育领域抱有同样独裁兴趣的那些人的同意下成立了这一内阁级部门，作为普鲁士文化部的扩充；那些支持他的人中包括鲁道夫·赫斯(希特勒党内副手)、阿尔弗雷德·罗森堡(党的意识形态专家)和海因里希·希姆莱(党卫军)。帝国教育部在正式职能上是任命大学校长、教职人员和学生领袖以及公布学位和课程设置的最高权威。但实际上，在软弱而又优柔寡断的鲁斯特的领导下，它也成了对立派别及其代表们的一个战场。[32]

通常说来，意识形态为它的各个倡导者的政治目标服务。帝国教育部觉得自己拥有决定一切学术事务的权力，企图消灭不问政治的教授这一保护性观念——德意志民族(Volk)的复兴要求个人服从民族的意旨。鲁斯特在一篇公开讲话中宣布，教授必须是年轻人的领导者和模范，因此必须选拔那些能够引导青年们成为第三帝国未来的公民的人担当。[33]然而在实践中，除了意识形态之外，鲁斯特也一样注重才能。

240 　尽管如此，鲁斯特对纳粹意识形态的遵从却将学术界置于一个困难境地，被它们的敌人轻易利用。学术界对意识形态宣传的传统反应是，科学和科学家的非政治的和客观的本性要求在研究和人员选拔标准上保持中立；这种反应不但可以被认为是让人讨厌的不合作，甚至可以被认为是和纳粹意旨的公开对抗。在纳粹的意识形态人员看来，纳粹主义不是一个旨在攫取权力和影响力的政治运动，而是一个服务于至高无上的德国人民的文化和民族运动。科学和其他一切学术领域，必须转变成为一种种族意义上的"人民的"（*völkisch*）、"德意志的"（*deutsch*）或"雅利安的"科学；在每一领域中，那些追求个人利益或政治利益的人们都提出了他们自己的雅利安教义。[34]其中最有害的教义之一就是由诺贝尔奖得主，实验物理学家菲利普·勒纳德和约翰内斯·施塔克推行的雅利安物理学运动（"德意志物理学"）。

这些人物以及他们的意识形态，曾被比较详细的讨论和分析过。[35]他们在极端的程度上代表了许多19世纪末的物理学家被带到20世纪的相对论和量子力学的陌生世界中时所面临的苦境。作为实验物理学家，他们两人都在实验物理学占首要地位，同时在德意志帝国强盛稳定的时期享受过荣誉和尊重。施塔克甚至曾经是爱因斯坦光量子假说难得的早期支持者之一。他曾经进行实验证实这一假说，并帮助爱因斯坦发表一篇早期的关于光量子的综述文章。但是，当君主体制在民主社会主义革命中覆灭而理论物理学这一新领域突然占了主导地位时，施塔克，尤其是勒纳德却作出了疯狂而愤怒的反应。爱因斯坦由于一种新而奇特的相对论而获得了世界性的声誉，这使他们痛苦地认识到他们的领域不再处于主导地位；尽管得过诺贝尔奖，勒纳德或许从来也没有充分弄懂相对论。后来爱因斯坦和海森伯都推测说，施塔克的气恼加重了他性格上原有的病态，使他成了一个偏执的反犹主义者，而且和他的朋友及同伙勒纳德一起，变成了阿道夫·希特勒的早期追随者。[36]

1920年在维尔茨堡接替了威利·维恩的职位以后，尽管贵为诺贝尔奖得主，施塔克一直未能在德国的任何地方找到另一个合适的教授职位，他的偏执狂变得根深蒂固了[1]。他的问题是咎由自取。1922年，他离开了维尔茨堡的教授职位，并用诺贝尔奖金购买了附近的一个瓷器工厂，在那里建立了一个私人研究实验室——所有这些都违反了诺贝尔委员会的规定。在他的瓷器工厂中责骂相

---

[1] 老德译本，第422页，此处相应为："他确信自己受到了迫害"。——译者

对论和玻尔原子的同时，他又指责理论家对他进行封锁，使他无法回到教学职位上去。

施塔克的支持者，黑胡子勒纳德也在同一年拒绝服从政府的法令，在自由派的犹太阁员部长瓦尔特·拉特瑙被刺后，不肯关闭他在海德堡的实验室并降半旗以示哀悼。左翼学生们决定把这位死硬的老物理学家从他的实验室里揪出来，并威胁要把他扔到附近的内卡河中——这种行动更加点燃了他对民主派和犹太人的神经质的仇恨。

241　　　施塔克在纳粹执政前最后一次寻求学术职位，是 1928 年在慕尼黑希望再次接替新近去世的威利·维恩。但是以索末菲为首的一个学院招聘委员会拒绝把他列在候选人名单上。在索末菲看来，诺贝尔奖得主施塔克似乎没资格担任这个职务：他曾经放弃了教学职位，违反了诺贝尔委员会的规定，而且在他的私人实验室中几乎没做出什么有科学价值的工作。而且索末菲也不能想象和一个在科学及政治观点上和他自己相差甚远的人共事。[37]慕尼黑校方选定了保守的诺贝尔奖得主、实验家瓦尔特·盖拉赫；他曾经和奥托·施特恩（Otto Stern）一起进行了著名的 1922 年原子束实验，给原子中半整数角动量的想法提供了无可辩驳的支持。从那以后，施塔克就把索末菲看作仇敌。

到了 20 世纪 20 年代后期，施塔克和勒纳德发表了越来越多的关于其雅利安物理学的反犹教条的言论和小册子。[38]尽管不曾明言，这种教条以纳粹信念为其中心，即，人类的创造，比如科学，是一些个人贡献的总和，而这些贡献则又是每一个人的种族和民族根源的表现。这是马克思科学观的对立面；按照那种科学观，科学是作为其生产者的阶级的物质条件的产物。和当时流行的存在对立的资本主义科学与无产阶级科学的苏维埃观念对应，勒纳德和施塔克提倡雅利安物理学与犹太物理学对立的"民族"观点。勒纳德在其 1936 年题为《德意志物理学》（Deutsche Physik）的经典力学教科书前言中宣布了物理学的种族主义基础："人们会问，'德意志物理学？'——我也可以说雅利安物理学或北欧人的物理学。实在的寻求者的物理学、真理的追索者的物理学，建立了自然研究的那些人的物理学——有人会反对说，'科学现在是而且永远是国际性的！'然而此人在根本上就错了。事实上，物理学也像人类所生产的任何其他东西一样，受到种族的、血统的制约。"[39]

在勒纳德和施塔克看来，"犹太物理学"的最高表现是所谓形式主义的相对论和量子理论；他们宣称这些理论不仅在心智上不清楚，而且事实上和自然相矛盾——这是指他们那种素朴实在论的自然概念。另一方面，雅利安物理学却建筑在客观和易懂的牛顿力学真理之上。然而，他们只是在1933年条件变化之后才在自己的著作中明白写出这种区分的。

作为纳粹"老战士"（在纳粹党早期便入党的人），当时59岁的施塔克和77岁的勒纳德在1933年突然发现自己接近权力中心。施塔克致信勒纳德道："展现我们关于科学和科学家观念的时刻终于来到了。"而当时已退休的勒纳德竟冒失地向希特勒建议，在一切大学人事事务上，希特勒"在做决定前应该先听取我的忠告"。[40] 希特勒不需要任何建议。

正像整个独裁政权中的其他政策一样，施塔克的和勒纳德直到1935年的意识形态著作，都主要是利己政治运作，而不是对学术教义的关心——即让自己处于领导地位而将物理学从"犹太人-马克思主义者的统治"下解放出来。作为证据，海森伯在他的私人文件中保存了一本1934年出版的施塔克文集。施塔克在这本文集中痛骂了魏玛时期"德国科学的犹太化"。据说这种"犹太化"导致"有德国意识的个别科学家们的被压制或排挤"（或许指他自己），并引起"极为教条的理论……爱因斯坦的相对论、海森伯的矩阵理论和薛定谔的波动力学"的泛滥。[41]

当勒纳德一直处于正式退休的状态并充当了纳粹物理学家们的非官方的导师和顾问时，施塔克却因为他的胡言乱语而得到了大奖赏。1933年，施塔克的一个熟人，希特勒的新任内政部长威廉·弗里克（Wilhelm Frick）任命施塔克担任柏林颇负盛名的帝国物理技术研究所（PTR）所长，尽管施塔克的同道曾经并且仍然反对这种任命。施塔克在那年秋天于维尔茨堡召开的德国物理学会会议上公开了他将"领袖原则"引入德国科学的狂想计划，要求在PTR所长的全面领导下改组所有的科学研究和出版事宜。随后他提名自己候选学会主席和接替爱因斯坦成为普鲁士科学院院士。[42] 当时物理学界有相当一部分人支持新政权，而其余的人则很乐观地采取了沉默策略，因此整个物理行业就没有能够对一个有政权作为靠山的物理学家发动一次广泛的、公开反抗。作为当时的德国物理学会主席，马克斯·冯·劳厄单枪匹马对施塔克那种独裁式的自高自大发起了部分成功的反对，激起了施塔克的怒火，也使劳厄得到各地的物理学家们的赞扬和感谢。[43]但在一年后，不论是劳厄还是许多领域中已经觉醒了的科学家都没能阻止施塔克当上在魏玛时期非常成功地为科学工作提供经费的德意志科学应急协会(*Notgemeinschaft der Deutschen Wissenchaft*)主席。

施塔克的任命终于导致了他的垮台。他很快就发现自己陷入了帝国教育部中许多政权权力集团的内斗中。正如其他人从不同角度描述过的那样，当施塔克掌管德国科学的个人计划与政府为了同一目的而成立帝国教育部的决定发生了冲突时，敌对就开始了。[44]一位作者认为，帝国教育部 W-Ⅰ办公室的主任(W 表示"Wissenschaft"，即学术[1])特奥多尔·瓦伦(Theodor Vahlen)是为了驯服大喊大叫的施塔克才任命他担任应急协会主席的。[45]但是帝国教育部 W-Ⅱ办公室(军方研究)中的埃里希·舒曼(Erich Schumann)和鲁道夫·门策尔(Rudolf Mentzel)利用应急协会(更名为"德意志研究联合会")按照军事路线来改组科学研究的计划却遭到了他们未来下属施塔克的猛烈反对。施塔克几乎没有意识到自己只是德国军队手下的一名小卒，草率地将那两个人从自己的办公室中赶了出去。这不但得罪了帝国教育部 W-Ⅱ办公室，而且得罪了舒曼所属的德国军队和门策尔所属的党卫军。现在施塔克意识到要成为物理学新领袖，他需要政权内部一个权力中心的积极支持和保护。他找到希特勒的党的意识形态负责人阿尔弗雷德·罗森堡；他曾经和罗森堡有过交情，现在又请对方充当德国研究协会的保护人。

1935 年底，当海森伯的注意力又转向了宇宙射线簇射和高能物理学时，施塔克的注意力转向了对帝国教育部任命政策的控制，尤其是要控制海森伯。慕尼黑大学已经开始替施塔克的老仇敌阿诺尔德·索末菲寻找继任人，而索末菲并不讳言他的第一选择就是自己以前的学生维尔纳·海森伯。

243

---

[1] 德文中的 Wissenschaft 通译为 Science(科学)，但它比 Science 含义要广。包含"社会科学""人文科学"在内。所以此处译为"学术"。——译者

第十八章　法定继承人

如果普朗克被认为是德国理论物理学的首席代表，那么索末菲就是教授。自从1906年被任命为玻尔兹曼的继任人以后，索末菲就不断培养了许多世界级的理论原子物理学家。他写的教科书《原子结构和光谱线》，曾经教育了整整一代的物理学家，甚至在希特勒掌权以后，他的研究所仍然是一个理论研究的中心。但是在第三帝国进入两年之后，他就快到了退休的年龄。1935年1月21日，帝国教育部长鲁斯特宣布了一项由希特勒签署的新法令，规定学期结束时满65岁的大学教师应当退休。当时索末菲已66岁。

索末菲教授想必在新法令正式生效之前就已私下知道了它：1月初，他重申了在1928年就选好的继任人——海森伯。岁数大约只及索末菲年龄一半的海森伯，也觉得能回自己的故乡城市最好——在那里，他的朋友们、他的母亲、巴伐利亚的蓝天、阿尔卑斯山脉以及索末菲的传统全都向他招手，要他回去。莱比锡只是他在实现回到成长之地的梦想前的一个过渡站点。又一次，他很感谢地接受了作为索末菲亲自选定的继承人的荣誉。他写信给从前的导师说："假如命运将我带到这个位置，那我将尽一切努力来保持'索末菲学派'传统。"[1] 预料到党那边的麻烦，他向索末菲概述了自己的政治背景，以备必要的申报，实际上也确实派上了用场。但海森伯就任的最初阻力是官僚程序，而非政治方面。

海森伯仍然是格丁根打算选定的马克斯·玻恩的继任人。另外，德拜即将接替柏林的能斯特，并已同意成为即将建立的威廉皇帝物理研究所所长。洪德正在考虑转往柯尼斯堡，而索末菲的助手奥托·舍尔策（Otto Scherzer）很可能转往达姆施塔特。尽管施塔克对理论物理学大放厥词，萨克森和巴伐利亚的文化部都担心这样的大调动会使慕尼黑或莱比锡出现理论物理学家的空白。（但他们的担心并没能阻止那年春天新一轮的免职。）

尽管如此，还是有许多乐观的理由。在鲁斯特的同意下，巴伐利亚文化部接受了慕尼黑大学的紧急要求，让索末菲代理他自己的职务直到找到一位继任人时为止。[2] 法令允许这样的官僚手段。更重要的是，当地纳粹教师领袖——被合适地称为"领袖博士"——曾自以为有权评估和批准一切人事问题，而对此事也不反对。[3] 在德拜向索末菲保证了不会把海森伯带到柏林，海森伯也确实想回慕尼黑以后，慕尼黑校方当局就在 1935 年初夏将他们的人选名单呈报巴伐利亚文化部。根据一份资料，名单里只有一个名字，即海森伯。文件宣称："我们愿意协助安排海森伯到他选择的地方来工作。"[4]

慕尼黑大学的校长和巴伐利亚文化部都不反对任用一位留在德国的最著名物理学家。海森伯的候选问题按时呈报给当时控制新帝国一切大学任命问题的那个人，也就是数学家特奥多尔·瓦伦在柏林帝国教育部的 W-I 办公室中的副手，化学家弗朗茨·巴谢尔（Franz Bachér）。

任何在第一阵免职浪潮以后还留在德国的人都明白，妥协是必要的。对于身为纳粹政府公职人员的教授们来说，情况更是如此。那些愿意留在教学位置上的人，以及那些愿意通过另择高位以求升迁的人，都只好接受明显的必要折衷。在一切公开演讲之前必须向希特勒敬礼，正式的通信最后要写"希特勒万岁"，而且必须参加当局主办的教工游行、外出和纳粹教义营，不得逃避。最重要的妥协之一就是要和那些有影响但大部分只是通过党的关系才飞黄腾达的政府官僚保持职业上的联系。

海森伯去慕尼黑的事情，到了 9 月底还没有决定，因此德拜就替海森伯去拜访了德累斯顿负责萨克森大学事务的官员维尔纳·施图登特科夫斯基（Werner Studentkowski）。在早先，施图登特科夫斯基曾经通过在莱比锡建立纳粹大学生同盟来"关心"客观的学术。也是在莱比锡，他曾担任了全德第一位纳粹学说课教授。[5] 德拜发现施图登特科夫斯基出人意外地愿意支持那些在他管理之下的前同事，那些著名的科学家们。讨论了许多有关海森伯转往慕尼黑的事情以后，德拜和施图登特科夫斯基决定到柏林去见巴谢尔。他们在分别拜会了巴谢尔以后发现，在格丁根的劝说下，巴谢尔已经决定让海森伯到格丁根去接替玻恩的职位了。因此，巴谢尔已经驳回了慕尼黑关于请海森伯回到慕尼黑的申报，并且要求另提一份有 3 个人或 3 人以上的候选名单。德拜和施图登特科夫斯基只能反对说："海森伯本人不愿意去［格丁根］而想去慕尼黑……必须另外给格丁根找一个可以接受的候选人。"[6]

1935 年 11 月 4 日，正在海森伯和奥伊勒完成他们对正电子理论的最后贡献时，慕尼黑校方及时向巴伐利亚文化部（并最后转至巴谢尔）呈报了所要求的索末菲职位候选人的全部名单。第一名是海森伯，而"在海森伯很远以后"，则几乎是索末菲所有可用的前学生和同事的名单：洪德、文策尔、克罗尼希、施图克尔贝格（Stückelberg）、菲斯（Fues）、绍特、翁泽尔德（Unsöld）和约当。[7]

在来自德拜和施图登特科夫斯基以及索末菲研究所所属的慕尼黑大学哲学学院院长利奥波德·科尔布（Leopold Kölbl）的新压力下，巴谢尔和帝国教育部现在倾向于批准慕尼黑的选择了。负责帝国教育部的 W-Ⅱ 办公室（军事研究办公室）的党卫军官员和化学家鲁道夫·门策尔博士已经给格丁根找到了另外一位候选人——里夏德·贝克尔（Richard Becker），著名的柏林技术学院一位不走运的理论家，他和当地军事弹道学教授，一位陆军将军发生了冲突。在将军的抱怨下，门策尔未经说明就把贝克尔派给了格丁根。这一变动使柏林技术学院剩下了德国为数最多的物理学生却没有一个理论物理学教师——这就很明显地向德国物理学家们显示了他们主子们的颐指气使。[8]但这也最终使得未被吓到的海森伯可以自由地转去他所热爱的慕尼黑。

这一决定又被推迟了。挥动着他们最锐利的战斧即"德意志物理学"的老战士施塔克和勒纳德突然发动了一次公众斗争来阻挠海森伯的任命并强化他们自己对帝国教育部政策的影响。当慕尼黑又已经选定海森伯，而海森伯和奥伊勒在 1935 年 12 月把他们最近的正电子理论寄出发表时，海森伯又被迫要处理"丑恶的"事情了。

为控制包括索末菲教席在内的大学任命权而进行的雅利安物理学运动，曾被人以不同的详略程度和视角描述过。[9]它和约在同一时期发生在第三帝国中的若干重大变动密切有关。第一个变动就是从内务政策到警察国家府手段的转移，其例证就是 1936 年 6 月的内政权力从希特勒的内政部长威廉·弗里克转移到其帝国警察头目党卫军帝国领袖海因里希·希姆莱手中。第二个变动涉及第一个"4 年计划"中的公开备战的开始，该计划的目标就是要在 1939 年实现经济和军事上的自给自足。和这一事件同时进行并紧接在 1935 年的第 2 轮免职浪潮之后，纳粹通过执行一种新形式的思想暴政来继续加强对非犹太德国人中任何残存反抗的压迫——仅仅靠指责那些批评者和反对者"像犹太人"一样在思维和行动，就可以用真正犹太人所面临的迫害来威胁他们。希姆莱副手赖因哈德·海德里希(Reinhard Heydrich)在 1935 年谈到了犹太人和公开的政治反对派已被清除之后，纳粹内部控制斗争的一种"精神化"，也就是为了那些留下来的人的心和脑而进行的"精神斗争"。[10] 尽管施塔克和勒纳德并未与政权内部的希姆莱-海德里希权力集团结盟，但却热心参与了斗争。

施塔克和勒纳德在 1935 年 12 月间在海德堡的一个新的菲利普·勒纳德物理学研究所的落成典礼上发动了他们的意识形态进攻。在对已经退休的勒纳德的颂词中，面目狰狞的施塔克不仅痛骂了在他看来制造了相对论和量子论的"犹太形式主义"的爱因斯坦和其他犹太物理学家，而且也痛骂了讲授和应用这种物理学的"他们的弟子们和仿效者们"。[11] 施塔克说，勒纳德反对爱因斯坦和"犹太物理学"的长期斗争只部分成功了："现在爱因斯坦已经在德国消失了；但很不幸的是，他的德国朋友和支持者仍然继续按照他的精神在活动。"普朗克仍然是威廉皇帝学会的最高领袖；劳厄仍然是柏林科学院的物理专家；"而且理论形式主义者海森伯——爱因斯坦精神的精神(the spirit of Einstein's spirit)，甚至现在还要被任命为教授"。纳粹德国不应放任这样的局面。施塔克接着说："希望勒纳德反对爱因斯坦主义的斗争成为一个警示。希望文化部的负责人在有关物理学教授的人选，包括理论物理学教授的人选方面能够听从勒纳德的指导。"

这些是凶险的威胁、严重的指摘和强烈的要求。当然，施塔克和勒纳德早先也斥骂过"犹太物理学"，而且甚至也点到海森伯的名字，但是现在的局势却严重得多了。在斗争进入"精神净化"层面，在党卫军日益得势而战争迫在眉睫之际，考虑到当局特别关心非犹太人的政治倾向，而称呼一个非犹太人为"爱因斯坦精神的精神"就等于说他是帝国的敌人。为了从攻击中吸取尽可能多的政治利益，施塔克和勒纳德转向了他们在希特勒内阁中的表面保护人，党的意识形态专家阿尔弗雷德·罗森堡。

在希特勒第三帝国许多严酷的权力竞争者中，罗森堡根本不是希姆莱、赫斯、戈林或戈培尔的对手。他的党内意识形态家的头衔，主要来自他那杂乱无章的反犹狂吠：《20 世纪的传奇》；正如希特勒的《我的奋斗》一样，很少有人耐心读这本书。虽然希特勒仍让他留在内阁，但到了 1936 年，当别人的权势和地位蒸蒸日上时，他的运气已经走下坡路了，不过他帽子上还有一个光点：他仍然是党报《人民观察家报》(*Völkischer Beobachter* 或 *VB*)的主编。正如其他极权体制中党的机关报一样，《人民观察家报》的影响不能以其 1936 年的 50 万份估计发行量来衡量。党的所有官员都必须订阅它；一般党员通过购买此报来表达支持；普通公民阅读此报以了解纳粹政权的官方路线。[12] 如果一个意识形态下级组织能够在《人民观察家报》上发表一篇文章，就表明其立场得到官方的支持，可以让政府官员成为其利益代言人。

在海德堡会议后不久，勒纳德就向罗森堡抱怨，《人民观察家报》对"雅利安物理学"关注不够。只有受到压力时才愿意支持纳粹物理学家的罗森堡作出了反应，他请勒纳德给报纸推荐一位科学编辑，而勒纳德后来显然不曾照办。相反，在 1936 年 1 月底，《人民观察家报》上却出现了一篇题为《德意志物理学和犹太物理学》(*Deutsche Physik und jüdische Physik*)的文章。2 月，施塔克称海森伯为 248 "爱因斯坦精神的精神"的海德堡演讲的记录稿在罗森堡的党刊《国家社会主义者月刊》(*National Socialist Monthlies*)上发表了。[13]

既然施塔克的和勒纳德的政治攻击目的在于控制大学的物理教学从而控制物理学在德国的前途，柏林技术学院一个默默无闻的纳粹物理学生维利·门策尔(Willi Menzel)(请不要把他和鲁道夫·门策尔博士[Dr. Rudolf Mentzel]混为一谈)就给《人民观察家报》写信，要求在德国各大学中讲授雅利安物理学。这个显然得到授意的青年人大量引用了施塔克未发表的海德堡演讲稿和勒纳德即将出版的《德意志物理学》一书的前言。门策尔像他的导师们一样，力图把一种被认为过于思辨而且数学上深奥的(形式主义的)"犹太物理学"和一个经过实在研究而又在实验上有根据的"德意志物理学"或"雅利安物理学"区分开来。"犹太物理学"——相对论和量子理论——不仅是错的，而且是坏的，因为它应该是"犹太人的"。在海森伯、普朗克、劳厄和其他曾为在德国大学中保持正派物理学而工作过的人们看来(尽管他们没有保存教师们来教授正派物理学),门策尔在一份纳粹党官方喉舌上的最终呐喊想必令人不安:"我们年轻人今天要继续为一个雅利安物理学而斗争,而且我们将成功使它的名字像德国技术及学术多年受到的尊重那样受到尊重。""犹太物理学"应该在德国各大学中受到压制。

在施塔克于海德堡的谩骂堕落到对个人的人身攻击的同时,门策尔的攻击却集中到了教学课程上。他只顺便提到了一次海森伯(作为形式主义的矩阵理论的创立者),而且完全没有涉及海森伯到慕尼黑任职的事情。门策尔的导师们或许认为,尽管一个学生可以对课程提出申诉,他却不宜抱怨一个教授,不论那个教授的主张如何。虽然此文显然是有备而来,但是被打晕了的海森伯却弄不清它的意义,也不能肯定是否应该作出回应,或者如何回应。他在2月的某天与慕尼黑的科尔布院长见了一面,一直谈到下午1点半,而科尔布肯定了海森伯的怀疑;文章"很明显是要攻击我的"。由于这篇文章提出的官方的反对,慕尼黑的任命将不得不暂缓。他告诉母亲说:"但是我可以等待;完全的胡闹不可能成为永恒。"[14]

在等待烦人的胡闹过去时,海森伯并没有闲着。大约在和科尔布见面的同时,莱比锡一位友好的党的地区领导人劝告海森伯通过拜访萨克森文化部并请求晋见帝国部长来表达对门策尔和施塔克文章的抗议;他这样做了。[15]罗森堡——或者更可能是编辑部的一位编辑——答应在党报上发表海森伯的一篇答辩。文章和施塔克的一篇按语一起在1936年2月28日的《人民观察家报》上发表。它的影响非常广泛,以至《纽约时报》(New York Times)也注意到了。[16]同一天,莱比锡大学理学院院长鲁道夫给施图登特科夫斯基写了一封内容详尽的信,敦促他积极支持物理学家的事。

249　　　这时更心烦的海森伯写信告诉母亲他对前途的担心:"我需要一大堆好运气才能有更多成就。"[17]他开始把受到攻击看成是针对自己个人的,甚至到了过敏的程度。当然,攻击文章的语言和意图可能给海森伯带来很大的人身危险,但它们的最终目标并不是他个人而是整个物理学界,海森伯只是被当作了物理学界的一个代表。而且他一生中的未来成就也并不取决于他能否接替索末菲的职位。他开始把自己的命运和专业的命运联系在一起了。

海森伯主动在《人民观察家报》上答复了门策尔。正如在1934年度的德意志自然研究者与医生协会的汉诺威会议上的演讲一样，海森伯向党报读者们提供了一篇精心撰写的论述，解释了当代理论物理学的性质和价值，以及它在教育青年德国物理学家中的重要性。然而这一次他没敢提到任何犹太物理学家。他写道，物理学的目的不仅仅是要观察自然，而且是要理解自然。数学往往是表述自然规律的最合适方式，但是概念的理论体系却更本质，而这些体系在科学进步中常常需要修订。

相对论和量子理论成了海森伯所举的例子。海森伯在纳粹党报上宣称，特别是从关于这些理论的进一步研究中，"或许会对我们整个精神生活之结构产生最强烈影响，因此这一研究是德国青年最重要的任务之一"。《纽约时报》的按语说："显然在德国大学中勇气还没有完全死去。"[18] 但是，罗森堡亲自加了引言的施塔克的按语，却毫无疑问地表明了党内正统派坚决支持施塔克重述的要求："海森伯所捍卫的那种类型的物理学，不能再像以前那样决定物理学教授职位的任命了。"[19]

《人民观察家报》交锋的两天以后，施图登特科夫斯基会见了帝国教育部官员门策尔，讨论了莱比锡物理学。施图登特科夫斯基在会见以后在为他自己写的一份备忘录中记载道："海森伯教授留在莱比锡。洪德教授也留在莱比锡。"[20] 虽然附合了纳粹的煽动，施图登特科夫斯基显然认为"德意志物理学"毫无用处，而且和那些因其声誉而对萨克森事务有所用处的著名的莱比锡科学家们保持了友好关系。不论这位纳粹官员支持科学家们的原因是什么，之前关于此事的研究忽视了他在事情的这一阶段中所起的关键作用。

为了答复鲁道夫2月28日的求援，施图登特科夫斯基在1936年3月24日的一封长信中叙述了自己和事件所涉及的各个官员的成功会晤。他写道，他首先找了与萨克森的帝国全权代表有直接联系的萨克森州州长的库尔特·拉尔(Curt Lahr)博士来庇护海森伯。海森伯留在萨克森的期间不会再受到刁难。其次，施图登特科夫斯基向阿尔弗雷德·罗森堡进行了说明；正如党报读者所知的那样，罗森堡在宣布整个论战结束之前曾经支持了施塔克。

最重要的是，施图登特科夫斯基得到了门策尔的好感。门策尔从前和施塔克及施塔克-勒纳德控制物理学人事任命权的要求发生过冲突，因此可能有人觉得他会热衷于支持海森伯一方。但是门策尔对施图登特科夫斯基表现得更谨慎。"他对施塔克的攻击言论绝不是无保留地同意，但对理论物理学目前的方法，或者说对人们过于依赖这些方法也有某种保留。"[21]通过以慕尼黑为根据地的纳粹学生和教师同盟，具体来说是威廉·菲雷尔（Wilhelm Führer）博士，施塔克和勒纳德与赫斯在慕尼黑的办公室有一定联系；也许这种联系使门策尔有所警惕。当时门策尔及帝国教育部正在争取和身为希特勒党内副手的赫斯改善关系。[22]或许门策尔是在扮演不偏不倚的官员角色，为了自己的利益而愚弄双方互斗。不论其内心动机是什么，他还是答应了接见海森伯——当然是通过适当的公事手续，而且请施图登特科夫斯基转告海森伯。施图登特科夫斯基通知鲁道夫说："门策尔通过我要求海森伯在适当时候去见他，并且要求尽快约好时间。"鲁道夫把这封信转给了海森伯，并祝愿他尽早见到那位党卫军官员。[23]

海森伯与门策尔的见面可能发生在 1936 年 4 月初，这成了一个转折点。据海森伯、汉斯·盖革（Hans Geiger）和马克斯·维恩（威利·维恩的堂弟）在这次见面后不久写给全德物理学教授的一封正式信，表面上是在代表鲁斯特发言的门策尔在会见中要求由"大多数"德国大学物理学家签署的一份备忘录，说明他们如何理解对实验物理学和理论物理学之间的关系。[24]这份备忘录——实际上是为理论物理学请命的呼吁书——将给鲁斯特提供"适当的手段，使他能够做出指示，缓解近来产生的不愉快的紧张局势"。换句话说，门策尔（可能还有鲁斯特）愿意采取反对施塔克和勒纳德的行动，但必须得到绝大多数德国物理学教授的文字支持。海森伯、盖革和维恩在信中附上了自己起草的一份字斟句酌的备忘录，并且要求收信人无论签名与否将备忘录在 1936 年 5 月 19 日以前寄回海森伯的私人通信地址。毫不奇怪，勒纳德和施塔克对此极为愤怒。[25]

盖革和维恩是理想的联名者。他们两位都是政治上保守的著名实验家，支持现代理论，而且可以为帝国教育部官员所接受。马克斯·维恩的堂兄威利曾和施塔克关系很好，而身为盖革-米勒计数管的著名发明者之一的盖革则是门策尔心目中的莱比锡的德拜或柏林的诺贝尔奖得主古斯塔夫·赫兹的继任人。赫兹因有一半犹太血统，不堪面临侮辱而辞职了。[26]维恩在第一轮免职的余波中私下对理论物理学和整个物理学表示过关切。在德拜的鼓励下，他在两年前曾经协助起草了一份备忘录，论述了独裁政权的政策所造成的德国物理学的衰退状况。如果那份备忘录确实递上去了，那它几乎肯定被忽视了。派到帝国教育部中的一个党卫军帝国保安部（SD）官员后来曾经回想起一个办公室柜子塞满了这一类备忘录![27]

不论曾否发出，1934 年的维恩备忘录都形成了 1936 年海森伯—维恩—盖革呼吁书的基础；这份呼吁书和它的前身不同，得到了巨大的成功。它的首要论点是实用：德国在物理教学和物理人才方面面临难以忍受的危机，尤其是全力实施"4 年计划"时。"面临技术和军事方面对物理学家的巨大需求，缺乏合适的候选人。空缺的教授职位难以填补，低年级的物理大学生的人数太少。"而且，备忘录说，理论和实验对科学的进步和将来的技术收益来说都必不可少。对理论的公开攻击只能把学生吓跑并且在国外败坏德国的声誉。必须停止对理论的攻击，以便刺激科学进步并在德国维持有用的物理行业。

这些论点没人能够反驳，而且也没人反驳。75 位物理学家——德国剩下的几乎所有物理学教授——在呼吁书上签了名。这些人中有理论家和实验家，有纯物理学家和应用物理学家，有党员和非党员。[28]这是支持物理学、特别是海森伯和理论物理学的大发作，从 1933 年以来就郁积已久。经过 3 年的交手后，似乎总算能够有所成就——尽管这个成就不过是指出物理学对政权官僚的用处。

鲁斯特在 1936 年 10 月收到了这份有力的备忘录，并把它交给了他那位精通政治的政务秘书去审阅。这位对物理学一窍不通的秘书只能通过批评他的软弱老板来作出反应。他在自己的私人备忘录中写道，在这场"教授们的冲突"中，冲突的一方——海森伯——曾经寻求帝国教育部的支持，而且在它的公开信中提到了鲁斯特的名字，在呼吁书中还提到了鲁斯特的官衔。如果这纯粹是一场科学的争论，那鲁斯特应该置身事外；如果它是——它也真的是——一场政治争论，作为文化部长的他就更没有理由"参与其间"。[29]

鲁斯特决定把问题推给这时已在另一战线上击败施塔克的门策尔。1936 年的内阁权力转移已经大大削弱了弗里克和罗森堡的影响，施塔克和勒纳德再也没有强大的后台了。但施塔克最终打到自己的却是因为愚蠢地不当使用研究委员会的款项。这位疯狂的经验主义物理学家曾大力资助了一种幻想性的计划，要根据一个古条顿神话从德国南部的湖泊中开采黄金。这一丑闻使帝国教育部有了借口来强迫施塔克于 11 月下台，而他的研究委员会首脑的继任人竟赫然是那位不屈不挠的门策尔博士。在同一个月内，慕尼黑的科尔布院长访问柏林的帝国教育部带回喜讯，并由科尔布的同事索末菲转告了海森伯："科尔布从柏林部里得之，你在和施［塔克］及勒［纳］的争论中已经既在'科学上'又在'道义上'胜利了。"[30]看来海森伯终于要接替他的导师了。

紧接在 1936 年海森伯多舛的政治命运之后的，是他的物理学前景的一次突然变动。在用一份成功获得支持的备忘录反击了对他职业攻击的同时，海森伯坚信自己已经得到关于高能宇宙射线簇射的一种解释，而这种解释将再一次引起量子物理学的革命。这个巧合使他在两个领域中都变得更加乐观。

既然实验室加速器的能量还不足以通过轰击使粒子间距小于其设想的半径大小，在 20 世纪 30 年代中，高能物理学就聚焦于能量足够高的宇宙射线事件。到了 1936 年，每一个关于宇宙射线在物质中的吸收实验似乎都显示——后来被证实为是错误的——量子电动力学（QED）在理论估计的上限之外不能成立。[31]高能宇宙射线在物质中的穿透距离比根据 QED 所预期的要远得多。这显示各粒子在那个理论失效的能量上限处将干脆停止辐射能量，因此可以不减速地继续通过物质。显然 QED 就不适用于簇射理论，因为簇射所涉及的能量远远在理论的上限之上。实验证据是如此强有力，以至物理学家们都坦率地表示不相信魏茨泽克、E. J. 威廉斯（E. J. Williams）和列夫·朗道在 1934 年的发现，即理论上不存在 QED 失效的理由。[32]某些持怀疑态度的物理学家，主要是美国的奥本海默和诺尔海姆，甚至开始在 QED 中引入理论极限，使其符合实验数据。[33]

海森伯采取了相反手法：把既有的理论推到它的极限来试着看看会发生什么。他在 1936 年 5 月第一次隐约看到了一个新前沿。就在海森伯—维恩—盖革呼吁书的回复截止日期 5 月 19 日的一个星期后，海森伯从他的研究所向泡利报告说，与 QED 不同的另一个理论给出了一个全新见解。[34]当时身为国际知名的罗马核研究小组领导的意大利物理学家恩里科·费米，新近已经表述了另一种场论来处理放射性的核衰变。[35]这需要假设当一个中子转为质子时，从放射性的原子核里会发射一个高速电子和一个（只有泡利假设过的）新基本粒子，也就是中微子。（后来才发现当一个质子衰变成一个中子时，会发射一个正电子，以及中微子和反中微子的区别。）海森伯发现，如果把费米的新场从核中拿出来，应用到质子和原子核的高能碰撞，当各粒子一旦接近到距离小于大约为电子尺寸的时候，这个新场就会产生一次粒子的即时爆炸。"因此在我看来，"他写道，"人们可以按照费米的理论来立即理解宇宙射线簇射的存在。"

费米首次在1934年提出来的β衰变理论在莱比锡和其他地方被广泛研究，这个理论解释核力和所观测到的β衰变性质。[36]读了费米的第一篇意大利文论文的海森伯起初很激动。但是他的热情在1934年就消退了，因为他发现，由此得到的核力太弱，不足以说明核中的中子与质子之间力的大小，甚至不足以说明观察到的β衰变能量的分布。为了解决费米力的问题，人们提出了各式各样的牵强建议，后来这些建议都在莱比锡和苏黎世进行了认真的研究。所有的建议都被证实不成功。费米力——后来成为今天所谓的"弱"力——仍然不能满意地解释核力，甚至连对β衰变也是如此。

然而作为研究的一个成果，海森伯抓住了费米β衰变理论的一个惊人的新性质：当应用到宇宙射线上时，它能够用费米理论产生的电子爆发来解释粒子的产生，这是当时流行的量子电动力学所不能做到的。尽管很惊讶，泡利的反应还是典型的怀疑态度。他并没反驳海森伯对费米理论的新应用，但却怀疑这种理论能给出任何新东西。在很小的距离处，费米理论甚至比QED更快地趋于无限大。事实上正是这个特点导致了粒子的爆发，但是在泡利看来，这仍然表明需要一个物理学的新革命来处理高能量，而不是只靠另一种形式的场论的实用性。海森伯实际上同意了，但他相信费米的表述形式给出了革命的重要线索。他很快就在1936年6月初寄出了有关这一课题的一篇论文稿，并且把一份副本带到了该月稍后的年度哥本哈根物理学会议上。海森伯和泡利似乎在遵循10年前他们寻找一个新的量子力学时所用的同样步骤。[37]

但这一次，在莱比锡-苏黎世轴心以外，对革命——以及寻求革命的方向——的需要并未被轻易接受。在有许多流亡物理学家出席的哥本哈根会议期间，当时在布里斯托尔的瓦尔特·海特勒在宣布了卡尔·D.安德森关于宇宙射线吸收的最近研究结果时，把听众们吓了一跳。[38]尽管与理论相对立，物理学家们还是根据宇宙射线吸收的数据相信，QED在新粒子簇射开始出现的能量下不适用。5月，当海森伯正忙着给党卫军的门策尔寄出备忘录和革命性地揭示簇射的费米场性质时，安德森则正将其关于电子能量损失的新数据私下通知在英国的贝特和海特勒以及在伯克利的奥本海默。他以往的实验都安排错了。安德森

253

−281−

的新云室装置得出的结果突然和用当前量子电动力学算出的关于高速粒子吸收的理论完全一致了。他写信告诉海特勒（而海特勒把消息带到了哥本哈根会议）："您可以看到，这些数据并不显示高能理论公式有什么问题。实验并不精确，而且测量的数目也很小，但肯定没有出现很大分歧。"[39] 如果 QED 本来没有失效，那就根本不需要海森伯所信奉的那种革命，或者甚至也不需要引用任何其他场论来解释高能实验了。

安德森的新实验也第一次明显区分了海平面上原始宇宙射线的两个很不相同的成分：入射线中的"软的"、容易被吸收的电子和光子成分，和"硬的"、长射程的成分。尽管软成分目前在远远超过所假设的 QED 失效的能量处都与 QED 相符，硬成分却还有些问题，因此就暂时搁置。这种硬成分可以穿透很厚的铅块，因此安德森推测可能 QED 在非常高的能量处确实会失效，或是像他很快意识到的那样，这些粒子可能并非电子。

安德森和他的助手赛思·内德梅耶(Seth Neddermeyer)联名发表了其关于宇宙射线的电子-光子软成分的数据，文章恰在海森伯将他的簇射论文寄给《物理学杂志》的一天前寄到了《物理学评论》。[40] 这两篇论文开创了两种互相抵触的高能物理方法，在战时和战后也一直对立。海森伯的"爆发簇射"或"多进程"理论——新粒子的一种瞬间爆发——吸引了那些追求一种新的乃至更加激进的量子革命的人。他们主要是第一次量子革命的领导者，即海森伯、泡利和其他的中欧合作者。反对中欧人的是贝特、海特勒、奥本海默的追随者，以及他们在英美的合作者，后者曾用旧理论解释各种现象。他们现在试着利用 OED 发展一种宇宙射线软成分理论。据此理论，簇射其实是一系列电子、正电子和光子的产生和湮灭组成的一种"级联"或累加。[41] 在高能粒子簇射的这种不同解释的支持者看来，根本不需要任何新的革命：QED 就挺好。在未来的几年中，如此相似而又那么不同的海森伯和奥本海默在这个问题和其他问题上，总是不能达成一致。

不过，直到奥本海默小组和海特勒小组在 1937 年发表了他们关于级联簇射产生的详细计算为止，海森伯的爆发簇射理论——即应用费米场论得出的单个事件的簇射——一直是似乎最可信的簇射解释，而他的理论也一直是 QED 最可能的代替物。对海森伯而言，它还有一个实用目的。新理论成为备受非议的德国理论物理学仍在不断取得成果的一个实际例子。在登山旅行和夏季军训野营的间隙，海森伯写了一篇文章，向受过教育的德国公众介绍了他的新簇射理论重要的可能推论，并强调这些推论"是可以用实验来验证的"。海森伯绝不是仅仅得出纯抽象的数学表述形式；他宣称发现了一个新的普适常量，它"带来了整个理论的一次改造，正如在普朗克常数 h 和光速 c 那样"。了解现代物理学概况的任何读者都知道，这两个常量分别是量子论和相对论的基础。宇宙射线数据的进一步理论分析（而不是数学处理），"有可能导致对基本物理问题最重要的贡献"。[42]

新物理学的政治和文化意义可能鼓励了海森伯对这种理论夸大其词。然而，没有任何迹象表明他的任何德国同行也有这样的看法，哪怕是在对他旨在保卫物理学行业的呼吁书表示压倒性支持时也是如此。即便是呼吁书的联合作者和宇宙射线研究者汉斯·盖革也未能接受海森伯爆炸簇射的革命理论。盖革不是通过海森伯而是从 1936 年 7 月在苏黎世召开的核物理学会议上得悉了爆炸理论及其可能的对手，也就是级联理论；当时参加会议的有索末菲、泡利和薛定谔等人。他在理论和实验上都倾向于级联。虽然爆炸簇射的可能性还悬而未决，直到 1940 年盖革还在一篇公共演讲中解释说，英国物理学家布莱克特拍摄的另外一些云室照片显示了簇射的逐步成长，就像级联一样。[43]如果要用海森伯的新革命来表现德国理论物理学的活力，盖革不会赞成。物理学和政治必须保持分离，不论花什么代价。

在德国科学家对海森伯的新理论不够热心的同时，在瑞士的泡利又一次成了海森伯的首要合作者和批评家。他们的私下合作绝不像海森伯的听众可能根据他的报道所设想的那样是经验性的，而是彻头彻尾的抽象和数学化。像通常那样，他们两个人企图把他们的表述形式推到极限并超过它。作为这种做法的一种技巧，泡利重新起用了海森伯 1930 年的格子世界——当时海森伯用电子线度作为长度而把空间分成了一些立方格子。泡利把他们的想法带到了 1936 年的哥本哈根会议上。[44]

海森伯直到在 1936 年夏天按照要求完成 8 周的军训后才加入泡利的工作。海森伯是巴伐利亚靠近奥地利边境的一个山地步兵队中的一位陆军下士。严格的训练不仅打断了他的工作，而且迫使他取消了去美国出席安娜堡年度暑期物理学校和精心准备的哈佛大学 300 周年校庆的旅行计划。《纽约时报》报道了海森伯为参加军训营而突然取消美国之行一事。[68] 他向当时在安娜堡的前同事塞缪尔·A. 古德斯米特（Samuel A. Goudsmit）解释，物理学中的政治局势不稳定，他不能离开德国。[45] 显然，服从德国军训要求比去外国参加会议更重要——假若他愿意，他是可以找到借口来逃避军训的。这位老"新觅路人"似乎欢迎军事登山的体力挑战，而且把逃避责任的事写信告诉了他的母亲："我身体健康，而且非常欣赏这种任务本身。很高兴，终于有一次不必去考虑将做什么，只要按照指令做就行了[1]……这种任务在每一方面都适合于我。"[46]

在 1936 年 10 月回到莱比锡工作时，海森伯收到了泡利的一封长信，证明了费米的表述形式得不出任何结果，无论是否应用一个假想的格子世界。[47] 两位物理学家按熟知的方式作出了反应。泡利宣称，场论的处理和 20 世纪 20 年代初期对力学模型的量子化相类似。既然二者都包含了不可观测的量，他便建议海森伯，"再次从赫尔戈兰返回[2]"，宣布所有方程都在根本上不可观测，然后再看会出现什么情况。在原子模型上，1925 年海森伯就是这样完成了导致量子力学的那次突破。

正如在 20 世纪 20 年代中一样，海森伯首先想要彻底穷尽所有的格子世界模型；他向泡利提出了各式各样的构造来供他们一起研究并否定。他在 11 月向之前在格丁根的导师马克斯·玻恩公开了自己的计划："簇射仍然大大地占住了泡利和我的精力。我急于要知道那里的工作将如何进行。泡利仍在试图证明波的量子化永远是发散的；我个人相信泡利是对的，但暂时坚持相反观点，而就是这样，我们才得以了解一种非线性量子场论的数学性质，这极其有趣。"[48]

6 天后，索末菲将海森伯击败施塔克的消息通知了海森伯。物理学和政治，虽然是在分开的轨道上，但对海森伯来说，它们却沿着平行的路线进行。

---

[1]　参照老的德译本，第 448 页译出。——译者

[2]　1925 年，海森伯因花粉过敏来到赫尔戈兰岛休假。正是他在该岛上的顿悟，引发了一场量子力学(矩阵力学)的革命。——译者

第十九章　孤独岁月

海森伯在 1936 年的两大成就——对"雅利安物理学"纳粹教条的答复和颇有革命势头的高能宇宙射线理论的建立——最终存在的时间都很短。到了 1937 年初，另一种以公认的正电子物理学和量子电动力学的理论为基础的宇宙射线簇射级联理论就已经可以解释几乎所有关于宇宙射线簇射的数据，对新物理学已经没什么需要或期待了。另外，那年夏天来自雅利安物理学拥护者的一种更邪恶的新攻击，使海森伯不可能接任索末菲的职位，甚至几乎不能再留在德国。甚至海森伯天生的乐观性，也有几次似乎被事态的发展所压倒。他的乐观主义在 1937 年的上半年得到了一次"量子化的"提高，那时他遇到并很快娶了他的太太，他未来 7 个孩子的母亲。但是，尽管结了婚并有了一个正在增大的家庭，海森伯却在回忆中说第二次世界大战爆发前的那段时期是一种"无尽的孤独"的时期。

海森伯在这一时期多次出国旅行——去丹麦、英国和美国——让他感觉德国明显被孤立。由于每次国内对纳粹政策的挑战几乎都失败了，多数德国人都在政治上感觉受挫，没有——正如海森伯所写道的——"从内部变化的一点点希望"。当他和其他人在风浪中挣扎时，当局却继续摧毁人们对除了最亲密朋友外的人与人之间的信任，这极大地加剧了海森伯所谓的"个体孤立"。由于个性使然，海森伯尤其容易受到这种孤立的感染。[1]

在整个一生中，海森伯对科学事务的信心和对个人问题的疑虑都形成了鲜明对照。每当环境把他和他那些更年轻的男性同伴分开时，这一点就会显现出来，甚至当他将近中年时也不例外。在 20 世纪 30 年代中期，他的缺乏信心表现得特别明显；那时他已年近 40，唯一已知的婚前罗曼史——和卡尔·弗里德里希·冯·魏茨泽克迷人的妹妹阿德尔海德（Adelheid）的关系——突然被她的父母终结。最近他的一个女儿出版了他与他母亲的通信，其中提到了与阿德尔海德之间没有成功的罗曼史。[2] 虽然直到今天莱比锡的人们还记得海森伯与当地好多个合适作为结婚对象的社交名媛有过交往，但对他和阿德尔海德的罗曼史及其中断的原因却所知甚少。无疑的是，她的家庭反对他们的年龄差别；当时教授 34 岁，而年轻的姑娘还不到 20 岁，刚刚从瑞士伯尔尼的一所文科中学毕业（1934 年）。她的父亲，恩斯特·冯·魏茨泽克，也许更喜欢有一位贵族人士而不是一位学者——即使是像海森伯那样的著名学者——来向他的女儿求婚。

在 1936 年 3 月的春假中，海森伯和卡尔·弗里德里希以及魏茨泽克一家在他们伯尔尼的住家附近登山旅行，当时老魏茨泽克是德国驻瑞士的大使。后来海森伯写信给他母亲说，他与阿德尔海德的再次相见让他非常绝望，以至在回莱比锡的途中都没能在慕尼黑暂停。他写道，她父亲的反对是主要的阻力，但是才十几岁的阿德尔海德本人似乎也拿不定主意，不知道自己想要的是什么。[3] 两年后，她嫁给了一个晋封贵族的陆军上尉，时为普鲁士步兵现役军人的博托-恩斯特·楚·奥伊伦贝格（Botho-Ernst zu Eulenberg）。后来他在俄国前线中阵亡，将阿德尔海德和两个小孩子留在了受战争蹂躏的东普鲁士。[4]

遭受打击的海森伯灰心丧气地回到了"荒凉得可怕的"莱比锡。在那里等着他的是不确定的前途和仍然陷于宇宙射线簇射之困的理论。到 3 月为止，由于施塔克在报纸上的攻击，他的慕尼黑任命仍然在延期，而费米理论带来的革命前景仍未出现。更糟的是，他最亲密的同伴，阿德尔海德的哥哥卡尔·弗里德里希决定通过尽早取得大学任教资格并转往柏林来结束给海森伯当助手的尴尬处境。海森伯母亲又担心他生活圈子中的人太少。对此，他像从前那样答复道："但是没有任何其他办法。而且我在物理学中也一直是这样。"[5]

那年晚些时候的科学和政治上的成功让海森伯一时提起了精神，但到了 1936 年的 11 月，当白天越来越短，进入冬季，一个新学期开始的时候，他在和雅利安物理学公开战斗的胜利也被罩上了一层忧郁的阴影。魏茨泽克的缺席以及与魏茨泽克全家中断关系的可能性使海森伯确实很孤独。在父亲的逝世纪念日写的周年回顾中，海森伯又投入自己的工作，"我似乎来到这个世上的目的就是为了要工作"。但尽管他像从前经常做的那样，试图用拼命工作来代替个人的关系，但是现在却认识到这只能是一种暂时的解决办法。正如他在写给母亲的信中所说的那样："对我来说单身生活只有通过科学工作才能忍受，但是从长远看来，如果没有一个很年轻的人在身边，自己一个人凑合过，那将很糟糕。"3 个月以后，海森伯和一位比他小 13 岁的女子订了婚。他和那些年轻同伴的密切关系以及最近喜欢上阿德尔海德已经确定了这种模式：他需要一个比他年轻得多的人来和外部世界以及自己的青春保持接触；他承认，对于婚姻，自己需要找一位年轻得多的女子，"尽管我再也不是很年轻而且不再像我所希望的那样活跃了"。[6]

沉浸在物理学中以忘却烦恼的同时，海森伯通过音乐和莱比锡一些有文化的社交圈子保持联系。其中一个圈子多年以来一直以一位莱比锡出版商奥托·米特尔施泰特(Otto Mittelstädt)的家为中心。米特尔施泰特家房子的一部分住着他的亲戚比金(Bücking)一家，那也是一个出版商家庭。在将近 1937 年 1 月底时，海森伯参加了一次他常常参加的室内音乐晚会，那次在比金家举行。要演奏的是海森伯从青年时代就学会的贝多芬的"G 大调三重奏"。大提琴伴奏是赫尔穆特·比金(Hellmuth Bücking)，他从前的教授俱乐部友人埃尔温·雅各比(Erwin Jacobi)则担任小提琴伴奏。雅各比虽然因为是犹太人而被免去了教学职位，但仍然留在了莱比锡从事私人律师业务。[7]

在当晚被邀请出席音乐会的少数几个客人中有一位年轻女士，她是一位颀长苗条的书商，带着热情的微笑，身材曼妙，最近才来到莱比锡。她通过自己的业务而认识了这些出版商。这是她第一次参加比金家的聚会，而当 3 个人开始演奏时，她明亮的眼睛遇到了钢琴家的目光，这时他熟练的手指正抚慰着琴键。海森伯和这位年轻女士伊丽莎白·舒马赫(Elisabeth Schumacher)很快就谈了起来，而这并没有躲过女主人比金太太的注意。当晚会结束而客人们准备离开时，她就很客气地问道："海森伯先生，您能送舒马赫小姐回家吗？"[8] 不到一个星期，教授和女书商就在计划着一起到他的青年小组的巴伐利亚滑雪小屋去旅行了(汉斯·奥伊勒作为陪伴)。两星期后,在 2 月 11 日,他们订了婚;之后不到 3 个月,两人就于 1937 年 4 月 29 日在柏林结婚。[9] 当时海森伯 35 岁,新娘22 岁。

伊丽莎白是赫尔曼·舒马赫(Hermann Schumacher)和埃迪特·舒马赫(Edith Schumacher)的 5 个孩子中最小的一个。伊丽莎白的父亲是波恩的一位政治经济学教授,以其在第一次世界大战中建议德国吞并占领区而最为人知。[10] 伊丽莎白的哥哥弗里茨也是经济学家。他在 1939 年移居到了英国,和父亲不同的是,他在英国以一本关于小型企业优势的书《小的就是美的》(*Small is Beautiful*)而知名。一个姐姐埃迪特(Edith)嫁给了在德国有许多读者的战地记者埃里希·库比(Erich Kuby)。[11] 1917 年,当战争结束时,舒马赫教授当上了柏林大学世界政治经济学教授,并把他逐渐增大的家庭从波恩搬到了柏林上等人居住的郊区施台格里茨(Steglitz)。他们全家住进了阿诺-霍尔茨街(Arno-Holtz-Strasse)上一栋世纪交替时期的宽敞大厦,离费希特山(Fichteberg)的植物园不远,教授每天到植物园去散步。

伊丽莎白的父亲也像海森伯一样在年岁不少的时候娶了一位年轻得多的太太。他孙女的描述暗示他在自己的那一代中是很典型的代表:"完全专注于自己的生活:顽固、专横,专心致力于追求自己的事业。"舒马赫家的生活和海森伯年幼时所处的环境非常相似:"规矩而有秩序,完全以教授的需要为准则。"[12] 毫不奇怪,1933 年在柏林的文法中学毕业以后,伊丽莎白就到德国另一端去寻求自己的自由了。她去了德国南部巴登州的弗赖堡,在弗赖堡大学学习了德国文学,于 1936 年毕业。当在弗赖堡时,她和物理学家沃尔夫冈·芬克恩堡(Wolfgang Finkelnburg)谈过恋爱,而后者后来参加了对雅利安物理学的反击。当芬克恩堡向伊丽莎白求婚时,她有礼貌谢绝了他并移居到了莱比锡;当时莱比锡是德国出版业的中心,她在这里进入了图书行业。虽然妇女们在当时尚未被商界接受,特别是在那个政权下。但如果认识适当的人,也并不是没有例外,而她显然认识适当的人。

来到莱比锡后那么快就遇到另一位物理学家,很自然地唤起了伊丽莎白的复杂心情。芬克恩堡曾经很尊崇地谈起过一位他认识的海森伯,但她直到后来才意识到他谈到的就是这位海森伯。[13] 作为沉闷的上中层职业家庭中的儿女,而且刚刚在恋爱中遭到失败，他俩自从在比金家第一次邂逅时起就都觉得彼此在许多方面都很适合。后来她写道："那一晚决定性地改变了我们的生活。我们两个都觉得遇到了'命中人'。"海森伯向他母亲描绘说，起初很表面化的交谈很快就显示"她和我在各个重要问题方面的见解一致……这种相互理解……就进展得很快，于是我就问伊丽莎白是否愿意和我一起生活。"[14]这一次，伊丽莎白毫不迟疑地同意了。

当然，引发彼此间这样一种突然而又持久的爱慕的，想必不仅仅是命运或者心灵的契合。失意后谈场恋爱通常是对付悲惨心情的好办法。抛开他们之间发展出了一段真正的爱情外，将他们吸引在一起的其中一个决定性的动机，是他们两人，特别是海森伯，在1937年的纳粹德国感到非常寂寞和孤独。海森伯刚在12月庆祝了他的35岁生日，而在没有一个年轻的同伴来作为社交刺激和参照点的情况下，他周围的世界在1937年年初的那几个月中显得比第三帝国以前的任何时期都更陌生和不能忍受。另外，后来的一次婚前验血还表明海森伯患了严重的贫血症，这也可能影响了他的精神状态。

海森伯在刚遇到伊丽莎白时所处的那种寂寞失落而又情绪错乱的状态，由于另外一件正好发生在他们相遇以前的令人沮丧的事件而更加恶化了：在寒冷灰暗的莱比锡街道上为冬季救助的义务募捐。伊丽莎白在他的生活中突然带来的稳定和接纳的感觉，想必对感情上绝望的年轻人来说就意味着一切的一切。

冬季救助协会(Winter Aid Society)是一个很受重视的慈善组织，向城市贫民提供食物和毯子，在1933年归附了纳粹党。政府官员要求作为公职人员和社会精英的教授们通过定期和学生或其他党组织一起到街上去向行人募捐，来显示他们对"群众同志们"(Volk comrades)的关怀。这种强迫的公开乞讨恰恰是又一种标志，表示了纳粹官僚对早先被人尊敬的教授们的藐视。海森伯在此以前至少已经没有怨言地参加过一次募捐，但这一次，在受到阿德尔海德的拒绝以后，在没有卡尔·弗里德里希或他的青年同志的协助下，这位诺贝尔奖得主却几乎无法忍受到冬季莱比锡忧郁的街道上摇动铁皮盒子的那种侮辱。[15]

纳粹宣传家约瑟夫·戈培尔曾经下令，那年冬天要另外募集一笔款项以在1月30日庆祝帝国的4周年。[16]当海森伯在街角上冻得发抖时，他深深感到了"我正在做的事以及在我周围正在发生的一切事情，都极端荒唐和无意义"。他后来回忆自己在一种近似精神错乱的状态中浮沉着。在第二次世界大战空袭很久以后，他写道："这些狭窄街道上的那些房子似乎离我非常遥远，而且几乎是非现实的，就仿佛它们已经被摧毁，而留下来的只是它们的图纸一样；人们似乎是透明的，他们的肉体可以说已经离开了这个物质世界，只有精神还清晰可辨。"两个月以后，当伊丽莎白去柏林待几天以便准备他们的婚礼时，海森伯勉强活到了她回来。他给她写信说："自己一个人时，我很容易陷入一种很奇怪的状态，那不属于过去也不属于将来，不属于你也不属于物理学，而在那种状态下什么事也做不了。"[17]

在3月初即将动身去滑雪小屋以前，海森伯陪着伊丽莎白到柏林去见她的家人。虽然舒马赫教授认识他的大学同事马克斯·普朗克和马克斯·冯·劳厄，但是他从来没听说过海森伯及其政治上的麻烦。当被告知了他女儿订婚的事时，这位经济学家的反应是问她的未婚夫说："您打算怎样养活我的女儿?"[18]海森伯的收入是足够的，于是当她专横的父亲同意了那个计划以后，快乐的一对就开车去慕尼黑见未婚妻未来的婆婆，还有那间滑雪小屋——然后他们的陪伴者就知趣地告退了。[19]

伊丽莎白和海森伯在1937年3月中旬一回到莱比锡，就迅速展开结婚计划。海森伯请了当时已成为路德教牧师的当年的青年运动同志沃尔夫冈·吕德尔在柏林主持婚礼。他本来打算请青年运动的小提琴手罗尔夫·冯·莱登负责演奏，但后来改请了伊丽莎白所喜欢的一位音乐朋友。[29]当一切细节已经安排妥当时，海森伯接到了柏林帝国教育部的一个电话，给他送了一份意外的复活节礼物：帝国教育部已经准备任命海森伯接替慕尼黑的索末菲职位，如果他还愿去的话。[20]

施塔克的受挫和"4年计划"的开始，已经导致了帝国教育部的一次改组，结果使鲁道夫·门策尔和党卫军的地位超过了施塔克和勒纳德曾依靠的那些党组织。1937年1月，部长鲁斯特把负责大学事务的两个办公室统一划归由党卫军官员，前巴登教育部长奥托·瓦克尔(Otto Wacker)领导，而瓦克尔把雅利安物理学的问题交给了他的副手门策尔博士。党卫军官员门策尔已经代替约翰内斯·施塔克当上了德意志研究联合会这个基金会的首脑，而且当他决定任命海森伯去慕尼黑时，门策尔正在准备设立一个帝国研究委员会(Reich Research

262

Council)来筹集用于"4 年计划"的经费。由于 1937 年暑季学期已经临近(在 5 月份开始)而"德意志物理学"的教条主义者们已经败退,门策尔的副手威廉·达梅斯(Wilhelm Dames)博士就立即在 3 月打电话把慕尼黑的职位许给了海森伯。[21]达梅斯论证说,当计划的反对者能够提出怨言时,他们将面对的是既成事实(*fait accompli*)。

海森伯谢绝了。他在全速准备婚礼,没有时间备课,因此坚持在 8 月 1 日接受任命,而帝国教育部勉强同意了。虽然这种延期将给敌人提供了整整一个学期来反击,但乐观的物理学家觉得没什么好担心的。几乎整个物理学界都纷纷站在海森伯一边反对敌方。未来的计划现在成为重点。由于 10 月份的讲学和旅行已经约定,需要在那之前就搬到慕尼黑。海森伯和他的未婚妻决定,在短暂的蜜月假期以后,他们将在莱比锡待到 7 月间学季快结束时为止,然后搬到海森伯已经在慕尼黑郊外伊萨尔河谷中买下的美丽小房子中。一旦他们的家具运到,伊丽莎白将独自布置这所房子,而海森伯则在他的一年一度的 8 周军训中再次显示他的忠诚。与此同时,海森伯在莱比锡的房客们已经得到通知,而当 38 份婚礼请柬已于 3 月底付邮时,奥伊勒就帮助他的老板准备了莱比锡的住处以及新娘的卧室。位于莱比锡郊区博岑路(Bozenerweg)14 号的这所两层楼房在第二次世界大战中被盟军炸坏,最后被彻底拆除。伊丽莎白特别喜欢房后打理得很好的花园,当他们在 4 月交换结婚誓约时,花园中正鲜花怒放。

婚期即将到来,索末菲职位的任命终于到手,很快可以回到心仪的慕尼黑,海森伯的希望高扬。虽然他公开向玻尔表示担心不能兼顾物理学和婚姻,但是玻尔自己就是一个成功平衡两者的榜样。他写道,玻尔的榜样,加上他自己主管著名物理研究所的新权力,给予他超过玻尔想象的勇气。[22]海森伯确信,一旦在慕尼黑最后定居下来,他将能够在作为一名好物理学家、好行政领导和好丈夫方面与自己的偶像兼父亲形象玻尔相提并论——尽管纳粹国家很难和玻尔的丹麦相提并论。他用典型的朴素文笔写道,新的慕尼黑职位"很好,因为它能给人一种建立起某种永久性事物的感觉,只要我还能工作就会保持下去"。而在婚前 3 天,他给泡利写信说:"我现在感到生活中开始有了一种安全性,这只会鼓舞我努力开展所有工作。在某种意义上,我似乎可以从头开始生活了。"[23]

4 月 29 日,星期四下午 3:00,海森伯和伊丽莎白在柏林近郊达勒姆的小小的圣安妮教堂(St. Annenkirche)中交换了结婚誓言。婚礼后在附近的舍恩伯格市政厅地下酒店(Schöneberger Ratskeller)中举行了考究的招待宴会。在吃过大菱鲆鱼片、烤羊肉，喝过"1934年隆河霍夫伯格上等白葡萄酒"(Rhoner Hofberg Auslese 1934)后，新婚夫妇就乘汽车去了德国南部和奥地利，开始阿尔卑斯蜜月旅行。[24]正好9个月以后，新的海森伯夫人就生了一对龙凤胎沃尔夫冈和玛丽亚；沃尔夫冈用的是泡利的名字，泡利很贴切地为这一"成对产生"("pair creation")[1]向新父亲表示了祝贺。[25]

海森伯与他的龙凤胎，沃尔夫冈和玛丽亚

作为母亲，伊丽莎白在以后的12年中又生了另外5个孩子。她经常感到不

---

[1] 泡利套用物理术语来对海森伯表示祝贺。在原子核物理学中，成对产生(pair creation)指的是基本粒子和其反粒子的创生，例如，电子和其反粒子正子，μ子与反μ子，τ子与反τ子。通常当一个光子或另外一个中性玻色子，与原子核或另外一个中性玻色子或甚至自己本身相互作用时，会发生成对产生。这个现象首次由帕特里克·布莱克特(1897～1974)发现，他因此获得1948年度的诺贝尔物理奖。——译者

安，并极为依赖海森伯的魄力和职业意识来支持自己渡过那些艰难岁月；反过来，她显然提供了海森伯当时十分需要的稳定性和从属感，而在随后的可怕岁月中，这种需求就更加强烈。他们的婚姻既是情与爱的结果，也是当时的环境所造成的个人需要。海森伯并不轻易表露自己的感受，也不常把他的个人和职业问题告诉她，特别是当他觉得这些感受和问题只能扰乱她或全家时。他们的关系从来没能填充他面临的寂寞和孤独的深渊，而且海森伯也从来不曾真正让他的妻子或家庭占据多年以来他的事业和责任所占据的生活中心位置。作为一位一流的德国科学家的工作和责任，常常使他离家很久——起初在战争时期，随后则是在战后重建德国科学的紧张努力中。他的一个女儿在回忆父亲的文章中写道，"他不是当时人们所期盼的那种父亲。孩子出生时他一次都不在场，他一生中从未给孩子换过尿布、喂过食，尽管在我们家中他有大量机会这样做"。直到 20 世纪 60 年代，当孩子们离开了家而海森伯也放慢了他的工作步伐时，他和伊丽莎白才算能够自由地出游、度假和简单地在一起而不受干扰。但在许多方面，他们从来没能补偿失去的光阴。当年龄和疾病影响了海森伯时，伊丽莎白很快就为自己感到遗憾；她觉得，在一起生活了那么多年，他们从来没有根本地真正互相了解过。[26]

既已稳定了个人生活，海森伯立即转向了在他的物理学中建立"某种永久性的事物"。但在 1937 年冬季的那些忧郁的日子里，他的工作已经在国外受到了攻击，在国内也处于撤退之中。卡尔·安德森关于高能宇宙射线电子在物质中的吸收数据，证实了贝特-海特勒理论对很高能量的适用性，其能量远远超过了以前认为的该理论的适用上限。这一理论认为带电粒子在物质中的减速不过是一个量子电磁过程。关于量子电动力学也适用于高能条件的消息在 1937 年 1 月份传到了莱比锡和苏黎世，恰好就在霍米·J. 巴巴（Homi J. Bhabha）和海特勒的论文以及 J. F. 卡尔森（J. F. Carson）和奥本海默的论文提出了一种完全的级联簇射理论之前。根据这一理论，级联簇射就是粒子和光子通过一系列基本电磁相互作用而逐步增生；在这些相互作用中入射的粒子将耗散掉几乎全部的初能量。[27]

级联式射线簇很好地解释了云室中的粒子簇以及宇宙射线在轰击地球大气层时"软成分"的快速吸收。但是入射宇宙射线中的硬的、穿透性很强的成分却仍然得不到任何解释或鉴定。安德森和他在加州理工学院的助教赛思·内德梅耶推理说："不是吸收理论在大约高于 1000 兆伏电子的能量处不再成立，就是这些高能粒子并非电子。"[28] 既然新近修正过的辐射理论很容易地解释了别的一些吸收性质，安德森和内德梅耶就更倾向于第二种可能性并立即开始了新的未知粒子的寻索。

在提出他们的射线簇级联理论并对软成分提供一种完全的解释时，海特勒和他的合作者，印度物理学家霍米·巴巴给海森伯的理论——应用费米关于（衰变的核理论解释宇宙辐射硬成分得出的爆炸性簇射——留下了余地。但是奥本海默一点面子也不想给海森伯。他和他的学生 J. F. 卡尔森宣称，海森伯的理论"没有可靠的实验基础；而且我们相信，它事实上是电子–中微子场的表述形式的一种无意义扩充"。当时费米的核场还是有问题的，而关于把它从核中拿出来，用在宇宙射线上就能使其发散性成为未来理论的某种特征的想法，在卡尔森和奥本海默看来则是不可取的，在方法论上也不可靠。他们更倾向于用"更通常的手法"来研究宇宙射线事件，也就是"通过减少重粒子和轻粒子在很高相对能量下的耦合的形式化方法来避免发散性"。[29]

为了证明自己的论点并迎接几乎同时出现的海森伯观点的挑战，奥本海默向新近从格丁根流亡而来的德国物理学家洛塔尔·诺尔海姆及其夫人格特鲁德（Gertrude）建议，请他们针对被认为是质子的硬成分检验费米场的爆炸簇射。他们通过修补费米作用使之导出正确的核力范围和大小，得到了预期结果，宣称海森伯的理论"不再给簇射提供任何解释了"。[30]

海森伯和泡利立即注意到了新的发展，但仍然不想放弃海森伯所说的"一个主要问题，即波的量子化"。[31] 当然，海森伯和泡利也像奥本海默一样，为宇宙射线数据而伤脑筋。归根结底，他们的理论及其发展依赖于复杂的宇宙辐射数据。但他们在这一期间的来往信件却让人觉得，"宇宙辐射的实际问题"（簇射现象的实际解释）不像他们的（特别是海森伯的）主要目标——寻找"一种未来的基本粒子理论"——那样重要。[32] 在他们看来，宇宙射线是达到目的一种手段，而非目的本身。但对于在更偏向实用主义的美国环境中的奥本海默和其助手而言，却正好相反：理论是达成解释数据这一目的的一种手段，也就是说，要让理论符合数据。当时的讽刺之处在于，这些不同的倾向正好与［第三帝国］对科学的社会批评的预期影响正好相反。尽管"雅利安物理学"要求从抽象理论回到更经验或半经验的物理学，有着经验倾向的量子理论家们却主要不是出现在德国，而是出现在另外的阵营，即美国和英国中；更加具有讽刺意味的是，许多研究宇宙射线的理论学家事实上是德国移民。虽然留在德国的理论家们（例如海森伯）对经验和实用的物理学确实表示了更多的公开赞赏，但是在自己的私人工作中却不曾明显地偏离他们理论化的内在轨迹。

海森伯一看到安德森的新数据和巴巴-海特勒的级联簇射文稿，就很快承认几乎所有的宇宙簇射都是级联的。他将巴巴-海特勒理论扩展到了一切能量，并且向当时在苏黎世与泡利一起工作的巴巴承认说，把费米的核力理论应用到宇宙射线簇射也许是一种"衰变的广泛外推"。[33]但是他坚持认为每1000次电子级联中至少有一个"真正的簇射"，而且认为中微子是引起簇射的硬成分。这两种论点都非常难以检验。

到了1937年初，海森伯的爆炸簇射革命已经支离破碎。泡利宣称自己已经证明每一种簇射理论都会导致无限的能量，无论人们如何做，都无法避免。大约在海森伯正在募集冬季捐款时，泡利的合作者马库斯·费尔兹（Markus Fierz）和尼古拉斯·克默尔（Nicholas Kemmer）就认为自己已经证明，不论是费米的理论还是它的任何相对论变体，都不能得出符合实验结果的核力特征、β衰变行为或产生有限的能量。

刚订婚的海森伯并未被吓住。4月26日，他在给泡利的信中谈到的不仅是个人生活中新的安全感，还有工作中一种不屈不挠的乐观主义。虽然迄今为止他们寻求一种令人满意的量子场论的所有努力都已失败，但它至少提供了"一种感觉，也就是在波的量子化中孕育着真正的希望，而且我还是相当乐观的"。而且，他接着写道："关于宇宙辐射中费米过程的发现，我现在也更加乐观得多。"[34] 3天后，这位乐观主义者在柏林和他的未婚妻结了婚。

泡利在回信中与那位喜不自胜的新郎的理论保持了距离。海森伯那时仍然在提议大自然存在一个基本的最小长度（立方单元的老"格子世界"），对他而言，宇宙射线中基于费米的β衰变场的爆炸簇射现象支持了这一观点；对泡利而言，海森伯的研究完全没有在"当前物理学的那个根本问题"，即波场（wave fields）的量子化问题上取得任何进步。霍米·巴巴那年春天对苏黎世的回访只加强了泡利对海森伯基本长度的"理论怀疑"。"我认为，'我们必须准备好'〔玻尔口头禅〕

发现β衰变理论的普适长度是错误的，因而对应的倍增过程[爆炸]在宇宙射线中根本不起任何重要作用。"[35]海森伯的整个建议建立在尚存争议的爆炸簇射上，可能必须完全放弃。

蜜月旅行回来后知道了泡利的退出，海森伯不赞成泡利怀疑会永远找不到爆炸证据的态度，认为那是"可怕的失败主义的态度……相反，我比任何时候更加确信，确实必须到那里去找波动量子化的线索"。[36]1937年7月，在迁往慕尼黑接替索末菲的10天前，海森伯在写给玻尔的一封长信中，回顾了爆炸簇射的实验证据，包括内德梅耶和安德森的一个新发现：在宇宙射线硬的、穿透性的成分中存在所谓的重电子。[37]

自从正电子和中子在20世纪30年代早期被发现以后，这是第一次发现新的基本粒子。它具有电子的负电荷，但是质量却大得多。既然按照量子场论，每一种基本粒子都和一种特定类型的场相联系，在随后的年月中，重电子就成了许多研究和涉及其在场论中的地位的争论的主题。在海森伯看来，它为自己的"未来纲领"提供了值得欢迎的支持——即使新粒子似乎不能被纳入他的宇宙射线核理论中的任何地方。对他来说，新粒子将作为定态出现在一种物质和场的统一理论中。但是他在偶尔写给克拉摩斯的一封信中却承认，这一纲领的进一步发展却有待于更多数据支持。[38]

267　　海森伯给玻尔写信之时，正当他和伊丽莎白准备迁往慕尼黑。海森伯曾经打算紧接着在搬家以后离家去参加军训，但是情况却迫使他改变了计划。婚前体检曾经显示了海森伯的贫血症，而当时已怀孕的伊丽莎白又摔伤了膝盖并患了孕妇晨吐。[59]医生禁止他参加军训，要求两位病人都到山区去休养。[39]他们夫妇决定在7月于慕尼黑停留两个星期，然后在迁入他们位于慕尼黑的新居前，到瑞士南部景色优美的恩加丁(Engadin)去度过8月的大部分时间。

计划未能实现。6月初，在慕尼黑桃花盛开之际，安德森在加州理工学院发现穿过铅板的重电子之时，时为慕尼黑大学校长的利奥波德·科尔布向海森伯通报了一个不祥的进展。施塔克已经听说了海森伯的任命，并且在科尔布的办公室中告诉科尔布，自己打算把问题告到"更高的当局"。这种威胁没有打破海森伯的乐观主义。他写道，不用再理会施塔克了。"而且从长远来看，如果我不犯错的话，肯定会战胜施塔克先生。"[40]

5 个星期以后，在 7 月 15 日，星期四，海森伯夫妇按计划乘汽车抵达慕尼黑。他们在霍亨索伦大街上海森伯的老家门前卸了车，在那里，童年时期的战舰还停泊在卧室中的梳妆台上。用他母亲的电话，海森伯通知科尔布他已到达。校长的答复只是问海森伯是否看到最近一份党卫军报纸《黑衣军团》(*Das Schwarze Korps*)。他说："那上面有一篇关于您的长文，去找份来看看。然后我们再谈。"[41]海森伯在当地的报摊上找到了一份 7 月 15 日的报纸，打开以后就看到一篇整版的文章，全面攻击了科学和他本人，题目是《科学中的"白色犹太人"》("*Weisse Juden" in der Wissenschaft*)，最后的署名是施塔克。另一场漫长而孤独的战斗已经开始了。

第二十章　一场浮士德式的交易

"种族反犹主义的胜利只能看成局部战争……因为对我们构成威胁的不是犹太种族自己,而是他所散布的那种精神。而如果这种精神的携带者不是一个犹太人而是一个德国人,那么他就比一个犹太族人加倍值得反对,因为种族犹太人并不能隐瞒他精神的根源。常用的俚语已给这类细菌携带者创造了一个说法,'白色犹太人'。"[1]

在第三帝国期间出现的针对科学,尤其是针对海森伯的最恶毒可憎的攻击之一就此开始。它发表于 1937 年 7 月 15 日的党卫军周报《黑衣军团》上,充满了语法错误和逻辑混乱,形成了学术界和纳粹煽动者之间在物理学的意识形态和人事任命方面的一次更猛烈的斗争,直到第二次世界大战的中后期才宣告结束。虽然海森伯和其他受到这类攻击的人最后形式上占了上风,但这一事件却使他更加倒向他后来在战争中采取的立场。正如在一切政治纷争中那样,这种关于物理学的斗争既有其公众后果也有其私人后果。

海森伯即将到慕尼黑大学接替索末菲职位一事重新引发了约翰内斯·施塔克阻止这一任命并攫取物理学教授职位控制权的努力。他在 6 月 7 日海德堡庆祝菲利普·勒纳德 75 岁寿辰期间得到新的鼓励。随着阿尔弗雷德·罗森堡的失势和党卫军势力的日益高升,海森伯的对头们转向寻求希姆莱及其组织的支持,以求将他们的意志强加于帝国教育部。勒纳德和施塔克圈子里比较年轻的党卫军官员起了帮助作用。有两个人的角色很关键。赫尔曼·博伊特(Hermann Beuthe)博士,物理学家和政府顾问,是施塔克在柏林的帝国物理技术研究所中的左右手;路德维希·韦施(Ludwig Wesch)博士,一个党卫军冲锋队中队长,曾在勒纳德手下取得物理学博士学位和大学授课资格,当时是老头儿的助手。[2](纳粹官僚中有这么多拥有货真价实的博士头衔的人,值得注意,也令人沮丧。)博伊特和韦施也是帝国保安部(SD)成员,那是党卫军的一个分支,领导者是后来以"利迪策刽子手"[1]著称的莱因哈德·海德里希。

希特勒起初从他的褐衫帝国冲锋队(SA)的各级人员中精选了某些人成立了党卫军(SS)来作为他的私人卫队。他在 1934 年显然是为了得到军方的支持,而清洗了帝国冲锋队;因为冲锋队在军事方面与军队作对;从那以后,身着黑衣的党卫军就开始广泛接管了警察和帝国冲锋队的职能。在党卫军中,帝国保安部(SD)起着秘密警察的作用。1936 年 6 月,希特勒改组了在巴伐利亚警察头子海因里希·希姆莱领导下的警察活动,把希姆莱提升成了内阁级的柏林党卫军头目。在希姆莱领导下,盖世太保(Geheime Staatpolizei)接管了秘密警察工作,而帝国保安部则转向了社会和文化事务(特别包括科学)方面的情报搜集和汇报。[3]

新闻记者刚特·德阿尔坤(Gunter d'Alquen)是一个党卫军官员和帝国保安部成员,曾在阿尔弗雷德·罗森堡手下的《人民观察家报》编辑部工作,直到党卫军的改组给他带来了新机会,使他当上了《黑衣军团》的编辑。[4]也许是德阿尔坤的黑衫同志博伊特和韦施说服了他发表了一篇由雅利安物理学倡导者投来的稿子,标题就是"科学中的'白色犹太人'"。

---

[1] 1938 年,英法德意签署《慕尼黑协定》,捷克随后沦为法西斯德国的保护国。掌管捷克摩拉维亚地区的海德里希是个杀人不眨眼的刽子手。上任捷克后,他立即逮捕了包括捷克总理艾里阿什在内的多位爱国人士,枪杀了四百多人。此时,流亡在英国的捷克斯洛伐克政府决定对他实施刺杀行动。1942 年 5 月 27 日,名叫库比什和加布契克的两名捷克伞兵从英国空降而来,在战友的帮助下,将海德里希暗杀。这个杀人魔王的死立刻在纳粹德国引起了强烈反响,希特勒指令其帮凶对捷克人展开疯狂的报复行动。他们利用一封来历不明的信件,一口咬定布拉格郊区利迪策村的村民支持了暗杀活动。1942 年 6 月 10 日,德国法西斯为了报复,派兵包围利迪策村,枪杀了村中所有 173 名 15 岁以上的男子。妇女和儿童被押送集中营。全村 104 名儿童大多数被用毒气毒死,战后仅有 17 人生还。——译者

这篇整版的攻击文章分为3节：文章一开始就引用了纳粹对"白色犹太人"的定义；接着是题为《灰色理论的独裁者》对海森伯的个人攻击以及题为《"科学"已经在政治上失败了》对大学教授的政治攻击。最后一节署名"施塔克"，给人的印象是施塔克应报纸的邀请而发表了他对问题的看法。评论海森伯的那个第二节虽然没有署名，但无疑是施塔克恶毒的手笔。他也许得到了他的下属博伊特的帮忙；博伊特后来告诉韦施说，他曾经帮忙撰写这篇文章，并且为关于海森伯的那一节收集了大部分资料。[5]

在诽谤了"犹太人爱因斯坦、哈伯以及和他们精神上的同志索末菲和普朗克"并再次指摘了他们把持物理学人事任命以排斥"德国人"以后，文章就开始全力攻击海森伯"那个白色犹太人"和"新德国中爱因斯坦'精神'的代表"。施塔克所认定的首要敌人索末菲已经选定了海森伯作为自己的接班人，这就使海森伯成了"白色犹太人"当权者的法定继承人，从而也成了施塔克为了最终获得对德国物理学界教授职位任命的影响力而发动无情攻击的主要目标。利用当时占统治地位的仇恨意识形态，未能以其他方式获得他们所垂涎的影响力的人，可以通过对关键人物的人身攻击来推进自己的政治野心。美国麦卡锡时期的那些指控或许可以算是一种遥远的相似物。

为了表现"'白色犹太人'在自己的位置上有多么舒服"，施塔克举出了由博伊特收集的关于海森伯冒失行为的一系列例证（博伊特姓氏 Beuthe 在德语中有"脏物"之意）。这些例证被用来证明海森伯是国家的一个暗藏的敌人。他曾经把他的一篇捍卫相对论教学的文章"偷运到"党报上；他曾经在物理学家中间散发一份呼吁书，妄图错误影响一个政府机构（帝国教育部）并压制合法批评；他曾经拒绝和其他诺贝尔奖得主们一起在 1934 年宣布支持希特勒担任帝国总统；他明显不配获得 1927 年的莱比锡教授任命，因为他那时太年轻，还没有任何真正有价值的成就——这一情况就"证明了"他只是因为得到"白色犹太人"当权者的支持才当上了教授；他曾经在他的研究所中辞退了一位"德国人"助手而任用犹太物理学家布洛赫和贝克；他的研究所一直任用了过多犹太人和外国人而排斥了"德国人"；如此等等。

对于不能理解这份罪行目录的意义的人们，可以注意把海森伯称为"物理学中的奥西茨基"的大字副标题。卡尔·冯·奥西茨基（Carl von Ossietzky）是一个勇敢的反对纳粹的和平主义者和 1936 年度诺贝尔和平奖获得者，当时被当作一个叛国者而囚禁在达豪集中营中。后来在不到一年的时间内就因受酷刑和营养不良而逝世。[7] 文章宣称"白色犹太人"和物理学中的"奥西茨基"海森伯只是"其他许多人"中的一个例子。"正像犹太人自己一样，他们全都是必须被消灭的犹太主义在德国精神生活中的代表"，必须被处决。

这是对海森伯和所有德国物理学家卑鄙而又危险的暴力威胁，尤其是那些很可能被划进"其他许多人"的人。其目的绝非只是阻止海森伯继任索末菲的位子。到了 1937 年，大多数大学中任职的犹太人都被解职，很多正在离开德国。物理学家早就输掉了解职政策上的斗争。纳粹的目标不再是犹太人，而是那些依然反对政权当局，支持那些已经离职者的富有成就和影响力的非犹太人。既然非雅利安人在帝国内已经失势，不听话的非犹太人必须规规矩矩地遵从"人民及其领袖"，不然就要一样从帝国中予以清除，为此可以不择手段。这一攻击实际上是纳粹控制德国人民的最后阶段的一部分，也就是压制个人对第三帝国极权独裁的反抗。

文章中"其他许多人"所指的一些人立即起来保卫他们的同事，同时保卫他们的专业。这一回，没有教师抗议会议，甚至也没有散发呼吁书——那样的举动在当时太危险，大有可能招致奥西茨基的命运。相反，海森伯的同事们向当地关系友好的官员递交了正式抗议书，请他们逐级上报给更高当局。他们也用对海森伯的正式承认来支持他。在文章发表后的几个月内，格丁根科学院选举海森伯成为通讯院士。萨克森科学院的院士中包括了前教授俱乐部的几乎所有的非犹太成员；当帝国教育部企图使学术界支持国家社会党政府时，他们选举海森伯担任该科学院数学-物理学部的副秘书长。

各地方大学的院长们和他们的政府监管人几乎全都把那些抗议书转到了州政府相关部级和更高层，这表明海森伯和他的同事们在这个问题上得到了广泛的同情。这些地方行政官员中的许多人的名字前都有缩写为 pg（Parteigenosse，党员同志）的头衔。施塔克可能在很有权力的党卫军中得到了某些成员的支持，但显然没有得到帝国教育部或学术界党内忠诚人士的支持，而他们就是施塔克所妄图控制的对象。他们也意识到了，事情不仅仅关系到某一个人的命运。

索末菲给慕尼黑大学校长科尔布写了一封长信，他在信中抱怨说他和海森

271

伯受到了诽谤。他要求，"为了德国科学的荣誉"，应该制止施塔克的胡言乱语。这是一个可能获得德国民族主义者支持的呼吁。党员教授科尔布把索末菲的信转给了巴伐利亚文化部，并加上了自己的按语："一位活跃的教授[海森伯]，国家社会党政府的一位公职人员，竟然在一份报纸上受到这样的攻击，太骇人听闻了。"[7]

海森伯的莱比锡同事弗里德里希·洪德认为自己也被列入了"其他许多人"中，给莱比锡大学校长保罗·克贝（Paul Koebe）和帝国教育部部长鲁斯特都发了信。他要求鲁斯特采取措施，以保证施塔克"不能再用这种方式败坏我们科学的荣誉"。洪德也把这一抗议通知了德拜。当时在柏林的德拜已经把一份党卫军文章拿到了威廉皇帝学会（由政府资助的若干个研究所组成的强大网络）的一次董事会上，从那里他致信洪德道，"和我交谈过的人都谴责它"。后来德拜自己也写信加入不断增加的抗议人群。[8]

寄到帝国教育部的信中最重要的一封来自受害者本人。海森伯请求鲁斯特部长——他还摇摆于党卫军和教授们之间——在海森伯的个人荣誉方面对党卫军做出有力而明确反应。很有讽刺意味的是，这是一个希望纳粹能理解的要求。

很难领会海森伯当时那种令人丧气的痛苦处境。伟大而不问政治的海森伯教授竟被指摘为像可恨的犹太人一样，是国家的敌人和一个有意埋葬政府政策的颠覆者。我们应该怎样看待海森伯针对这种指摘的正式抗议和恢复名誉的要求（即要求得到政权的重新承认并取消把他称为一个叛国的"白色犹太人"的那种指摘）呢？犯有这样的"罪行"肯定将是一种真正的荣誉标志。尽管他进行了正式抗辩，但是就我们对海森伯及其观点的理解来看，他并不充分支持那个政体，但是通过选择留在德国，他就接受了相应的必要妥协，接受了当时情况下政权的权威，接受了自己反抗失败无能为力的事实。他并不是为了反犹主义的原因而力图把自己和犹太人分别开来；而且他也不真正相信德国的犹太人不是德国人或是在国家强迫他们成为国家的敌人就已经在反对国家。但是除了通过官方渠道来表示不满并尽可能保护他的研究所中的那些人以外，这不过是所谓的私下的、积极的反抗，也就是前面描述过的那种让他能够接受现状并在希特勒第三帝国中继续担任著名教授的文饰逻辑。按照它的本性，所谓的妥协就是避免公开表达个人伦理和对政体的政治怨言。

不论海森伯的私人观点如何，在 1937 年，如果还想留在德国并继续担任政府公职人员的话，在给纳粹官僚们的信中（或者在可能落入错误的人手中的私人信件中），早就不可以公开表示反对意见。而且在那种局势下，正如普朗克在很久以前就曾建议的，海森伯决定应该只关注将来——封住舱口并等待他们觉得不可避免的灾难风暴吹过去。

现在，在 1937 年，风暴却吹到了海森伯的头顶上了。他被指摘为反对政府并和有着相同思想的同情犹太人的颠覆者们结成了同盟。如果他的敌人们一旦使这种指摘成立，海森伯不但不可能继续工作和教学，而且会陷于严重的个人危险之中，即在政治上受到隔离并被带上叛国者的帽子。

另一方面，海森伯显然认为，如果自己能够成功地否认这些指摘并强迫敌人们撤退，他就能够利用他的胜利来保护自己以后不再受到攻击，并将其作为改善德国理论物理学命运的一种基础（假定有任何东西能够抵消政权已经造成的巨大的——科学、政治和道德——破坏的话）。如果他能够成功，他怀有过的一切个人反感都会被埋藏得更深、更安全、不会被发觉。

政治攻击已经集中在一个人身上；这个人现在要求一次新的妥协——明确免除对他的指摘并恢复他的名誉，不然他就辞去公职，并且不再承认之前的所有妥协。然而，从私人方面说，这就唤起了移居国外的痛苦凶兆。在给索末菲的一封袒露心声的私人信件中，海森伯提到了他对德国的依恋和施塔克给他带来的进退两难的处境；这种处境似乎和 4 年前马克斯·玻恩力图向他解释的那种处境有点相似。海森伯写道：“如果捍卫自己荣誉的要求被拒，那我只有请求辞职。但是我想预先请求您的建议。您知道，离开德国将会使我十分痛苦；我不愿意那么办，除非那绝对必要。然而我也绝不愿意作为一个二等人生活在这里。”[9]

在党卫军文章发表的那一天，海森伯带着他怀孕的夫人伊丽莎白在去阿尔卑斯山区休养的路上到达了慕尼黑。两天之内，他就起草了一份公函寄给了他在莱比锡的朋友和同事赫尔穆特·贝尔弗院长，并附寄了一份党卫军文章。在这封请求通过适当渠道转呈帝国教育部的信中，海森伯请求帝国教育部作出一个根本性的决定：“要么帝国教育部认为《黑衣军团》的立场正确，那我就请求辞职。要么帝国教育部不同意这种攻击，那我相信我有权请求国防军本身在这种事例中给它的最年轻中尉提供保护。"身为党员的院长贝尔弗立即把信呈送了莱比锡大学校长克贝，并附了自己请求帝国教育部的鲁斯特部长表明立场的呈文。[10]

萨克森文化部立即把这封信和类似的呈文转到了柏林，但是从前积极维护海森伯的萨克森官员施图登特科夫斯基却决定保持中立。原因之一就是现在扯上了党卫军，而他却不是党卫军成员。更重要的是，慕尼黑填补索末菲空缺的困难和莱比锡找一位适当的实验家来填补德拜空缺的困难意味着不太可能找到相当的人来填补莱比锡的海森伯空缺。寻求德拜继任者的工作拖了一年多，才在 1937 年 4 月 1 日邀请宇宙射线实验家格哈德·霍夫曼（Gerhard Hoffmann）来担任这一职务，而他在每个人的推荐名单上都是最后一名。[11]施图登特科夫斯基不愿意在海森伯的事情中再次经历这种困难。

党卫军并不依靠教授们的支持，当然很容易忽视这些抗议书。不论有没有这些信，帝国教育部总是倾向于支持海森伯，尽管它的各级人员中也有许多党卫军成员。不可能让施塔克控制帝国教育部的政策，即使他可以指望党卫军的支持。因此，时任帝国教育部 W（Wissenschaft，"学术"）办公室主任的党卫军中队长奥托·瓦克尔博士立即回复了海森伯的信，要求提供反对指摘的支持证据。海森伯呈报了一份详细的逐条反驳。瓦克尔立刻开始了调查，但很快就发现，不论是瓦克尔还是他的帝国教育部上司鲁斯特，都必须等待另一个已开始进行的调查有了结论后才能作出决定。[12]

这一次，海森伯也向"更高当局"反映了问题。在他 7 月首次致信瓦克尔的一个星期以前，海森伯曾直接致信党卫军帝国领袖海因里希·希姆莱，几乎用之前给帝国教育部信中的同样言词，要求对方作出类似的基本决定：或是同意施塔克的攻击，那样海森伯将辞职；或是不同意施塔克的攻击，在那种情况下他要求恢复名誉并保证今后不再受到攻击。[13]由于不想让怀孕的妻子知道自己正在进行一场豪赌（可能他本人也没有充分意识到后果的严重程度），海森伯直到很久以后才把这件事情告诉她，使她大感震惊和气愤。

假如他像给帝国教育部去信那样，通过正常渠道寄信给希姆莱，那希姆莱可能永远都收不到。按照他母亲的建议，海森伯采取了一种更可靠的途径。前面谈到过，海森伯的外祖父，慕尼黑马克西米利安文法中学前校长尼古拉斯·

韦克莱因，曾经参加过由一些思想接近的巴伐利亚中学校长们组成的远足俱乐部。这个俱乐部的一个成员就是希姆莱的父亲约瑟夫·格布哈德·希姆莱（Joseph Gebhard Himmler），他是兰茨胡特的一位副校长，于1936年底逝世。海森伯的母亲曾经通过她父亲认识过希姆莱太太，现在她也住在慕尼黑。海森伯太太愿意把信交给希姆莱太太，请她转交给她儿子海因里希。

据海森伯很久后的叙述，两位母亲的会见肯定发生在1937年7月底或8月初。希姆莱太太在她小小的、装潢高雅的慕尼黑住所的起居室中很有礼貌地接待了来访者。房间的一角很显眼地安放着一个十字架，前面虔诚地摆着刚刚剪下的鲜花。希姆莱太太起初对海森伯太太的请求有些疑虑，不愿意干预她儿子的事务。正如海森伯在后来重述的那样，海森伯太太最后得到了她的信任。她说："噢，您知道，希姆莱太太，咱们做母亲的不懂什么政治——既不懂您儿子的也不懂我儿子的。但是咱们知道，咱们必须关心咱们的孩子。这就是我为什么来见您的理由。"于是她就懂了。[14]

记录显示希姆莱在8月访问了慕尼黑，他母亲大概就是在那时把海森伯的信交给了他。但希姆莱直到得悉一次预先的内部调查的结果以后，才在1937年11月4日做出答复。在仍现存的希姆莱和他母亲的通信中，并没有谈到过这个问题。[15]在他11月4日的信中，希姆莱简单地要求一份针对指摘的辩护。海森伯立即提供了一份逐点进行的反驳，和他呈给瓦克尔的那一份几乎完全相同。[16]第一，海森伯向希姆莱解释说，他研究所中的那个"德国人"之所以被布洛赫和贝克所替代，是因为他对现代物理学完全不感兴趣或缺乏能力。第二，海森伯拒绝在施塔克支持希特勒的宣言上签名，是因为他对施塔克本人有怀疑（事有凑巧，党卫军机构也对他有怀疑），而且也因为长期以来的一种信念，即科学家们应该像从前那样保持不问政治。第三，他在帝国教育部官员、党卫军官员门策尔的明确要求下参与了维恩—盖革—海森伯呼吁书的准备和散发。

海森伯最后向希姆莱建议说，解决问题的最好办法是安排海森伯和从未见过面的施塔克进行一次面对面的会见。海森伯善于和别人面对面打交道，而且很天真地相信，个人交际可能使施塔克撤回他的指摘并停止继续干扰专业问题。会见根本没有发生。但是由于指摘的严厉性、他母亲的催促和初步调查的有利结果，希姆莱在1937年11月间决定对事件进行深入的调查。这一决定和海森伯的辩护书启动了一次持续 8 个多月之久的党卫军调查，深刻影响了海森伯的个人和政治生活。

海森伯也必须考虑他的新家庭的利益，但对他来说，最重要的问题就是希姆莱会不会做出赞许的表示，以便他在各方面都在强化的纳粹环境中继续工作和生活。永远的乐观主义者海森伯现在突然谨慎起来了。1937 年夏天，他和纽约市哥伦比亚大学的一位来访者进行了秘密商谈。后来他写信给他母亲说："我考虑去纽约，主要倒不是因为施[塔克]先生，而是想到可能要在很多年中几乎无法工作，而我现在正是为工作而活着。"[17]

275 因为不愿意影响正在进行的两个对自己活动的调查，海森伯一直没有向他的学院透露自己所进行的协商，直到法律要求他这样做为止。他在 1938 年下半年访问哥伦比亚大学的计划，是临时性的还是永久性的，取决于当时的局势。[18]不过，尽管他也在另找出路，这位永远的乐观主义者却从来没有真正相信自己会被迫辞职，而且他也不会辞职，除非施塔克把事情搞得更糟，让他完全不能工作和教学。海森伯仍然是帝国教育部心目中最好的慕尼黑人选，而且到了 10 月底，他听说帝国教育部的调查已经得出了有利于他的结论。伊丽莎白写信把好消息告诉了海森伯的母亲；她相信他们在 1938 年初就会搬到慕尼黑去。[19]但是她不知道，党卫军的调查还刚刚开始，而鲁斯特在希姆莱同意支持海森伯之前没敢采取行动。海森伯还要等更长的时间。

希姆莱把海森伯一案交给了他自己手下的保安部"文化局"[20]。与此同时，即使帝国领袖希姆莱确实支持海森伯，纳粹物理学家们也要进行反对任命海森伯到慕尼黑的活动。"[纳粹]运动的首都"慕尼黑，是希特勒的党内副手鲁道夫·赫斯为了争取自己对学术问题的影响力而建立的一些学术组织的总部所在地。在这些赫斯组织中，有纳粹大学生同盟及其总部帝国学生指导团（the Reich Student Leadships），以及纳粹大学教师同盟。

党卫军物理学家路德维希·韦施可能参与了在赫斯的慕尼黑各团体中煽动人们反对海森伯的活动。作为勒纳德的学生和海德堡纳粹大学生同盟的共同创建人和某个时期的临时领导人，他和慕尼黑的大学生同盟总部及其下设的自然科学委员会保持了密切联系。[35]纳粹的科学大学生用不着太多的鼓动就能参加这种闹剧。他们的刊物，在 1936 年创刊的《德意志数学》（Deutsche Mathematik）和

1933 年创刊的《综合自然科学杂志》(*Zeitschrift für gesamte Naturwissenschaft*)
形成了一个反犹主义的纳粹科学宣传的高潮。纳粹党员,量子物理学的奠基人
之一帕斯夸尔·约当试图用其专著《20 世纪的物理学》来缓解那些流氓对现代物
理学的狂怒,结果只引起了两份刊物上对理论物理学更长久的攻击。[20]

　　海森伯和他的文章终于被选作了打击目标,尤其是在一位年迈的奥地利纳
粹物理学家胡戈·丁勒(Hugo Dingler)决定加入学生一方以后。大学生同盟总部
设立了一个保安部办公室来评定大学人员任命的候选人。在索末菲的继任人问
题上,大学生和他们在教师同盟中的同志们意见一致,那些人已经通过反对索
末菲的选择(海森伯)而获得了影响力。所有这些团体之间的互相联系,促成了
联合行动。

　　有一位史学家断定,大学教师同盟慕尼黑分部的首脑威廉·菲雷尔是反对
海森伯任命的背后推动力,而这种活动又推动了教师同盟的兴旺。[21]和菲雷尔一
起活动的还有教师同盟在慕尼黑大学哲学系的代表布鲁诺·蒂林(Bruno
Thüring)和科学史家及自然科学帝国学生领袖弗里茨·库巴赫(Fritz Kubach);
他们也像赫斯一样,将总部设在慕尼黑。但是菲雷尔的活动本身也受到更高层
的(即赫斯本人)教唆,而且和施塔克文章发表在赫斯的竞争对手希姆莱的党卫
军报刊上相呼应。正好在论"白色犹太人"的文章在《黑衣军团》上发表的前一天,
菲雷尔接到了反对海森伯作为索末菲职位候选人的命令。[22]

　　1937 年秋天,慕尼黑教师同盟开始提出了它自己的接替索末菲的候选人,
所有这些候选人都被索末菲和同事们以没有资格而拒绝了。其中多数人都没有
受过什么理论物理学训练,而且任何一个人都不合适成为伟大的索末菲的接班
人。但是在 1937 年 12 月的大学校长会议以后,其中某一个人代替海森伯成为索
末菲的继任者的危险就大大增加了。在那次会议上,显然想和赫斯的组织建立
更密切联系的瓦克尔同意将"政治可靠性"看成教师任命的一个特定标准。他进
一步同意了,在其教师同盟的欣然协助下,赫斯应该负责教授人选的政治鉴定。
其含意是明显的。海森伯将绝不能接替索末菲的职位,除非纳粹学生和教师们
能够确信他的"可靠性";而没有党卫军来"宣告无罪",这是不可能的。

　　海森伯自己在他的任何回忆录中都不愿谈起那个调查,在当时甚至也没有
对他夫人谈过此事。另外,党卫军的调查记录显然也在战争期间遗失了;在第

三帝国的最后日子里,党卫军人员烧毁了他们所能拿到的所有文件。其他资料表明,希姆莱的调查显然集中于两个方面:海森伯在科学问题上的意识形态立场以及他的个人和政治倾向。很难说党卫军是一种旨在洗刷那些关于叛国行为的虚伪指控的客观机构,它使用了那些臭名昭著的方法来找出"真相"。海森伯不得不忍受许多使人精疲力竭的讯问;特务被派遣到了他的课堂上和整个研究所中;他的住处受到了盖世太保的监视。党卫军还使用了另一种它已经完善了的计谋:向被告人提出更严重的指控,然后被告人就会急于"承认"较轻的原来指控以求避免更大的危险。

在这一案例中提出的更严重的指控表明海森伯当时确实处于很大的人身危险中。关于这种指控的迹象只能在围绕着调查的一些信件中被找到。1937 年 11 月的一封关于《黑衣军团》那篇文章的信中,提到了这种指控;"然而,并不是每一个问题都包括在文章中了;例如,海森伯在第 175 条方面确实并不清白;他为了掩盖这一点而匆忙结了婚。"[23]这里提到的老魏玛刑法第 175 条规定,男同性恋为一种犯罪,这条规定直到 1970 年才被废除。如果在 1937 年因这条被判为有罪,犯罪人将立即被送进集中营。

这种恶名需要小心对待。第一,这是由一个认真从事一种人格攻击的党卫军人员提出的指控。这样的材料很难说是可靠或客观的。第二,党卫军常常利用同性恋指控来逼人供认较轻罪名。第三,事实上海森伯确实喜欢年轻的男子和他作伴,特别是某一两个人。然而,这次调查肯定包括讯问一些这样的青年伴侣,但是显然没有得出同性恋的证据;不然的话,肯定会被用来反对海森伯。另外,如果党卫军人员确实认为他有这样的证据,那就可能会牵连到 20 年代初期成为很大丑闻的巴伐利亚新觅路人中的维内肯事件(the Wyneken affair)。此事显然没有涉及海森伯小组。海森伯确实因为各种原因而匆忙结婚,但是没有迹象表明掩饰同性恋是原因之一。

海森伯因这种指控引起的痛苦可以从他每年都进行的对自己一年的生活反思中看出。在 1937 年 11 月写给他母亲的一封长信中,他比平常更明白表达了自己的感受:"我希望在未来的一年中这些可怕的事情会被扫清,因为尽管我不愿意承认,这样一种斗争确实会毒害人的全部思想,而对那些折磨别人的完全病态的人的痛恨会啮啃人的灵魂。"一周后,他在期待和新婚妻子同度第一个圣诞节时，完全回到安静的家庭之乐中。"在这里，我们又一次意识到和正直的人们生活在一起是多么重要。"[24] 尽管如此，1937 年至 1938 年的指控和调查还是在海森伯身上留下了永久性的后果。甚至在他即将去世，而纳粹政权早已成为过去时，纳粹皮靴的声音和盖世太保人员沿着楼梯上来进入卧室的幻觉，还时而把他从短促的睡眠中惊醒，带着一身冷汗。[25]

海森伯在这一时期的通信表明他为自己的案件曾多次被迫前往柏林。至少其中有一次是为了到阿尔伯特亲王大街 8 号党卫军总部的臭名昭著的地下室中去接受讯问。挂在光秃秃的水泥墙上的一个牌子写着，"静静地深呼吸"这几个冷酷的字眼，永远使人回想到那些苦难的受害者。被指派负责海森伯案件的 3 个已知的党卫军调查人员中，有一个是道德警察（Sittenpolizei），而且 3 个人都学过一些物理学。其中一人在莱比锡大学物理学博士学位的终考考官之一就是海森伯！被海森伯本人以及他善于交际的柏林支持者所折服，以及通过他们勤勤恳恳的调查，3 个人后来都成了海森伯可贵的强力支持者。

3 人中最有影响的也许是约翰内斯·于尔夫斯（Johannes Juilfs）。他生于 1911 年，刚刚在柏林大学的马克斯·冯·劳厄指导下完成了数学和理论物理学博士学业。[26] 1938 年 6 月获得博士学位后，他被任命为劳厄研究所的助手。后来当海森伯在 1943 年接替劳厄出任研究所所长时，他仍然是助手。作为纳粹大学生同盟中的自然科学小组成员和头目，他在 1939 年组织了第一个为数学大学生举办的洗脑营。同年，他被任命为党卫军帝国领袖海因里希·希姆莱手下新的帝国安全办公室（RSHA）的保安部柏林领导组的荣誉组员。[27] 1938 年初，希姆莱的一位幕僚要求于尔夫斯准备一份关于海森伯和理论物理学的综合报告。

于尔夫斯很热心地充分完成了任务。后来他写道："最重要的是，一方面我必须尽可能广泛地学习技术基础，另一方面我必须很好地了解技术和个人之间的联系。"[28] 和海森伯及其最亲密同事们的交谈把他引向了一种有利的结论。为了感谢他，魏茨泽克通过与他合著一部物理学教材来帮助于尔夫斯在战争结束和去纳粹化的审查之后重新积累学术资本。于尔夫斯后来在汉诺威担任了教学职位。

部分归功于于尔夫斯，党卫军的调查做出了有利于海森伯的结论。虽然没有找到最后的调查报告，但后来关于海森伯观点的多数官方记录都包含了相同的评价，连文字表述都一样，显示它们的来源就是党卫军报告。这些记录中最早的是在1939年从希姆莱办公室送到帝国教育部的一份关于海森伯观点的冗长证词，证明了海森伯在政治和科学上的清白。报告认为他既非"灰色理论"的疯狂信奉者，也不是施塔克所描绘的那种叛逆的、有犹太精神的帝国敌人，而只是一个不问政治的无害学者，而且据报告，他甚至还对纳粹政权表示过赞同。

然而很难断定这份报告中所说的海森伯的观点有多少真正是他自己的，有多少是于尔夫斯或其他什么人表述出来的，以及有多少是盖世太保逼问得出的。按照1939年的报告："在海森伯看来，理论物理学仅仅是一种工作假说，实验者利用这种假说来在适当的实验中探索自然。实验是评价理论的首要工具。因此，由实验证实的理论，就是利用数学的精确手段对在自然中所做观测的清晰描述。"而且，"海森伯个人品行正直。海森伯是典型的不问政治的学者……多年以来，通过国家社会主义的成就，海森伯越来越相信它，现在对它抱有积极的态度。然而他认为，除了偶然参加教导营之类的活动以外，积极的政治活动不适于大学教师"。[29]无论是否完全准确，这就是纳粹政权对海森伯的最后官方评价。

到了1938年春天，当党卫军报告接近完成时，有两个事件暗示了海森伯将被宣告无罪：萨克森州批准了早先选出的海森伯担任作为政府机构的萨克森科学院的学部秘书长，帝国教育部批准了海森伯于1938年3月去英国讲学两星期——刚好在德国吞并了奥地利一周之后。假如党卫军的调查对他不利，这两件事都不可能得到批准。

不过海森伯在4月初回到莱比锡时仍然没有收到党卫军的任何正式通知。像他后来常做的那样，他求助了于尔夫斯。而海森伯引述的令人惊慌的消息可能就是于尔夫斯告诉他的："决定要由党卫军帝国领袖作出，在我看来，他在您这案子上不打算再做任何事情了。"[30]当时正为吞并奥地利而忙活的希姆莱，没功夫关注"教授们的争论"，使得这事不了了之。海森伯又谈到了辞职。尽管如此，当柏林方面在两个月后仍无消息时，他还是准备再去接受现役军训。[31]

希姆莱终于在《黑衣军团》发起攻击的整整一年后，即1938年7月，开始有所动作。但在他行动之前，还受到来自另一方面的进一步影响。在那年的早些时候，当海森伯及其同事已经听说党卫军的调查结果有利但是未能得到希姆莱的关注，他们就利用后来经常使用的策略，也就是通过受尊敬的应用物理学家来周旋。像以往一样，个人交际是这位德国教授的王牌。

作为对当时正全速进行的德国经济和军事建设有所贡献的实用人士，应用物理学家一般不会被认为过于抽象或过于形式主义。格丁根应用力学教授路德维希·普朗特是这一策略中的一个关键人物；海森伯早期在格丁根的时候，就为普朗特所了解和尊重。作为一位流体力学和航空气体动力学专家，普朗特既熟悉现代理论物理学又熟悉实际应用研究。[32] 他也很善于洽商，因此由他去找希姆莱谈海森伯的事情是再理想不过。在 3 月 1 日举行的赫尔曼·戈林的新的德国航空研究院（位于格丁根郊外一个宽敞的新飞机库）的庆祝宴会上，普朗特有了方便行事的机会。

在宴会上，空气动力学教授很小心地对坐在旁边党卫军帝国领袖提起了对理论物理学的无理攻击，"特别是海森伯先生的个人不幸"。在 1938 年 7 月 12 日（那时吞并奥地利一事应该已经告一段落）的一份字斟句酌的致希姆莱的 5 页备忘录中，普朗特又一次为海森伯和理论物理学辩护，并提出了解决这一案件的一些建议。[33] 第一，普朗特建议采取希姆莱本人在宴会桌上偶尔提到的一个折衷办法：在讲授爱因斯坦的物理学时，海森伯应该特别注意把人和工作区分开。第二，希姆莱应该亲自写一封信，否定对海森伯品格的污蔑，让海森伯能够再次作为一位教师顺利工作。第三，为了纳粹大学生的利益，应该允许海森伯在纳粹大学生刊物《综合自然科学杂志》上发表一篇关于理论物理学的文章。

普朗特的斡旋终于推动帝国领袖采取了行动。1938 年 7 月 21 日，希姆莱向海森伯在莱比锡的私人地址发去了一封公函，把他的个人决定通知了教授："我并不同意《黑衣军团》文章中的攻击，而且我已禁止了今后对您的攻击。"然后他邀请海森伯在 11 月或 12 月份去柏林见他，进行一次"推心置腹的"讨论。信末的附言劝告物理学家今后要把研究者的个人及政治品格和他的研究区分开来。他用不着提到任何具体的名字。[34]

同一天，希姆莱也给他的保安部首脑海德里希发去了一份备忘录，附上普朗特的信的抄本。在他的备忘录中，希姆莱命令海德里希告诉大学生科学头目库巴赫，允许海森伯在他们的刊物上发表文章并且停止对海森伯的攻击。纳粹物理学家们应该设法用人身攻击索末菲继承人之外的方法来推进自己的工作。因为希姆莱宣称，"我相信海森伯是清白的，而且我们不能失去这个人或禁止他说话，他比较年轻，也能教育新一代"。[35]

希姆莱的信在两天后，于7月23日寄到了正在巴伐利亚山区小村菲什(Fischen)的海森伯手中，让他兴高采烈。海森伯已经把他的家庭安顿在那儿，并准备到靠近奥地利边境上的松特霍芬(Sonthofen)附近去军训。海森伯立即感谢希姆莱的来信"让我不再忧心忡忡"，而且乐意接受普朗特和希姆莱达成的折衷。普朗特可能和海森伯预先商量过这种折衷，而且后来也一直遵守。[36]海森伯在今后将努力区分科学家和他的科学，德国教室可以讲授犹太研究者的有用工作，当然也可以将其应用于德国的技术发展，但却不允许公开提及犹太科学家本人。

大多数的折衷都是达到目的的一种手段，即为了更大利益而接受一种不喜欢的事态。在这一事例中，从个人和专业两方面来说都有预期的好处。对海森伯而言，妥协意味着对他所谓的荣誉的恢复，使他能留在德国继续从事他的工作。对他的专业而言，这意味着能够在德国教室讲授相对论和量子力学，并在德国技术中应用它们，尽管犹太科学家对这些学科的贡献被忽略了。因此，在海森伯的课上和其他地方，人们用爱因斯坦论文的标题"运动物体的电动力学"来称呼相对论。

对海森伯而言，只要他还能继续工作和教学，为了留在德国付出几乎任何代价都是值得的。正如那些被迫移居国外的许多人一样，他整个生活和教养已经在他心中养成了一种无法打破的对德国的依附，这是他不能轻易否定的，哪怕只是暂时的也不行。只有当纳粹使得生活和工作状况都无法忍受时，只有当纳粹把他贬低到低于二等地位乃至更坏(被囚禁)时，他才会考虑离开德国(家庭和孩子当然也要考虑)。海森伯显然感到了对德国的巨大依附，而且感到了一种继续在德国并为了德国物理学的未来而工作的巨大愿望。

最后，这两种前景同时到来了。海森伯开始把他在纳粹德国的个人存在看成了正派物理学继续存在的标志，而且正派物理学某些要素的继续存在成为海森伯继续个人奋斗的理由。对海森伯来说，他被证明无罪就意味着理论物理学本身的无罪。不管怎么说，普朗克曾经交给他的任务是在周围一片反科学的汪洋中保存一个"生存之岛"。只要他能幸存，这个小岛也就得以幸存。而且通过这样为自己留在德国的决定寻找伟大的文饰，他就更容易受引诱，对那个政权做出更多让步和迎合。

这一点在后来年月中的一场斗争中变得更加清楚。海森伯早在 1938 年 7 月首次回信希姆莱时，就向对方要求两件事情以证明自己无罪。第一，他写道，他盼望如约与希姆莱会面，以便找到任何方式"使公众清楚对我荣誉的攻击的任何一种方式都没有道理"。海森伯尤其要求在纳粹科学大学生的刊物上发表一篇文章。第二，他希望党卫军总部把希姆莱的信的副本发给帝国教育部以及莱比锡大学和慕尼黑大学的校长们。[37] 批准慕尼黑的任命就是他最好的无罪判决，并成为正派物理学战胜施塔克及其纳粹喽啰的证明。每一个要求都不容易满足，而且拖得时间越长，它们就显得越重要。直到第二次世界大战已经进行了很久，海森伯才得到了他认为是他的无罪证明的证据。

像浮士德一样，海森伯在和魔鬼进行的交易中所愿意付出的代价也可能会是他的生命。1938 年 7 月，海森伯在希姆莱洗刷了他的名誉的 9 天后就已穿上德国军装行军。6 个星期以后，他几乎行进到战场上去。[38] 在成功吞并奥地利以后，希特勒又把他的眼睛盯住了苏台德地区——一个捷克斯洛伐克境内的讲德语的地区，现在几乎已经处于新的德意志帝国的包围之中。当局势在 9 月日益紧张时，包括海森伯所在的单位在内的现役军事单位都进入了战备状态。海森伯的上级把他的服役期限延长到了 10 月份，并且向部队分发了武器。海森伯确信很快就会发动入侵，而且由于协约国方面摆出了反对扩张主义的阵式，这次进攻会触发第二次世界大战。如果战争真的爆发，他就得上前线拼命，为的是一个刚对他进行长达一年的审查和屈辱，不怎么关心他和他的科学的国家。

对海森伯来说很幸运的是，希特勒在 9 月底和捷克斯洛伐克的盟国意大利、法国及英国签订了臭名昭著的慕尼黑条约，勉强避免了战争。英国首相张伯伦回到了伦敦，宣称实现了"我们时代的和平"。这是对希特勒最后的绥靖。解除了负担的海森伯大大松了一口气，在 10 月中旬回到了他的莱比锡书桌旁。

但捷克斯洛伐克被肢解了，而德国成了欧洲最强大的国家。欧洲盟国和纳粹政权达成了一个临时的、不确定的妥协，后来被希特勒利用后，不到一年时间就反悔了。和政权一起处于让人不舒服的休战状态的海森伯，在军营里看着枪炮被收到架子上以备以后使用，一边沉思着一边写信给母亲说："想想每一个人的命运和几十万人的死亡竟然取决于一个人的决定，真是太让人感到奇怪了。"[39] 不到一年，这种体验就将变得非常现实。

第二十一章　不能离开德国的人

希姆莱的信解除了党卫军的威胁，缓解了海森伯的担心，但并没有阻挡"雅利安物理学"。海森伯的个人胜利，并不是整个科学行业的胜利。到最后他甚至连最开始的目的——也就是作为索末菲职位的继承人——都没有达到，而这却是整个事件的导火索。希姆莱的党卫军只是卷入教学人员任命中的 3 个竞争的政府机构之一，而且在这一领域中影响最小。在另外两个机构中，赫斯的党的学术组织——大学生同盟和教师同盟——坚持向有最后决定权的帝国教育部独立推荐自己的人选。

矛盾在苏台德危机于 1938 年秋天得到解决后达到了高潮。将近七旬的索末菲宣布自己冬季学期后不想再教课。他希望用这一行动使帝国教育部意识到任命海森伯的事情不能再拖下去了。帝国教育部又一次向慕尼黑校方要求推荐名单。到了 10 月，校方有了两个供选择的名单。一个由索末菲和盖拉赫提出，依次提名海森伯、魏茨泽克和里夏德·贝克尔；另一个则由教师同盟的大学代表布鲁诺·蒂林提出，给理论物理学教授职位提名了 3 位应用物理学家——而且还是一些庸才。[1]

教师同盟的支持者，院长弗里德里希·冯·法贝尔（Friedrich von Faber）选中了第二份名单，将它上报给负责数学和物理教师任命的帝国教育部官员威廉·达梅斯（Wilhelm Dames）博士。政府任命的校长表示中立，并未表态，法贝尔就在1938年12月写了一封很长的支持教师同盟的信，企图得到他的支持。他写道，为了克服理论物理学的"僵化"，回到自然的和形象化的科学，"绝不应该提名那些其工作属于爱因斯坦相对论思想体系或曾按纯形式主义的精神写文章的人"。[2]

甚至在院长写这封信以前，海森伯已经出局。党卫军官员达梅斯博士曾在施塔克的柏林机构中担任一个名誉职务，而且和他的老板奥托·瓦克尔一样也属于海森伯所说的"反对党"。到了1938年11月初，达梅斯已经作出了他的决定。通过向帝国教育部在柏林的办公室亲自打听有关慕尼黑的教授职位问题，海森伯得知达梅斯将从蒂林名单中选取索末菲的继任人。然而，为了避免完全得罪海森伯及其支持者们，圆滑的达梅斯许给了海森伯一个在刚被吞并的奥地利的维也纳新近出缺的一个教授职位。海森伯的第一选择仍然是慕尼黑。[3] 于是斗争继续进行，其间索末菲一派、党卫军、帝国教育部和纳粹党都在争夺职位并决心不放弃政治根据地。

赫斯给鲁斯特写过两封信，告诉他由于"海森伯教授博士以前的政治行为"，该候选人不宜任命为任何教授，尤其是所有维也纳的职位。[4] 当帝国教育部根据这些信而准备否决海森伯的任何新任命时，最近协商帮助过他争取教授席位的党卫军帝国领袖海因里希·希姆莱突然表示支持海森伯。帝国领袖立即给鲁斯特写信说海森伯特别适合维也纳的职位，因为很容易让他在将被兼并的奥地利维也纳大学转变成符合希姆勒理想的一所严格的国家社会主义研究机构的过程中做出贡献。[1] 他甚至附寄了关于海森伯观点的党卫军报告来支持自己的论点。希姆莱继续避免他所许诺的和海森伯"推心置腹"的见面——也许是为了不想让人觉得自己受到了这位物理学家的不当影响。但他确实在慕尼黑分别会见了赫斯和赫斯的教师同盟首脑瓦尔特·舒尔策(Walter Schultze)，试图使他们转为支持海森伯——不论是为了维也纳还是为了慕尼黑的位置。在此期间，索末菲和盖拉赫不断在慕尼黑教授会议上为海森伯说话。所有这些都没有用。[5] 最后，达梅斯照例在蒂林所提的3个候选人中选了一个最不合格的人作为索末菲的继任人。获胜者威廉·米勒(Wilhelm Müller)最为人知的是他的工程力学教本和最

283

---

[1] 此处翻译参考德译本第487页。——译者

近发表的关于"德意志物理学"的文章。[6]

　　海森伯在柏林的联系人私下告诉了他,那种——在第三帝国如此典型——错综复杂的密室政治阴谋之网一直妨碍着他继任索末菲教授的职位。正如海森伯向索末菲报告的那样,党领导赫斯和舒尔策不可能对希姆莱的压力让步,因为党已经公开站在海森伯的反面。[7]希姆莱也不愿意强迫党接受海森伯,因为海森伯不是党员,他对政权的感情最多不过是模棱两可;如果把他放在"[纳粹]运动的首都"[1],就可能使希姆莱难以面对党的忠诚分子。达梅斯虽然在对自己有利的时候支持雅利安物理学,但却明智地通过在党的推荐名单中选择最弱的人来消弱雅利安物理学派对帝国教育部的任命权上不断增加的影响力。最后,纳粹科学家鲁道夫·托马舍克(Rudolf Tomaschek)在 1939 年初被任命到慕尼黑技术学院,加强了当地的教师同盟,使慕尼黑大学的官员们不愿意再冒险继续和他们斗争。当被惹怒时,教师同盟就会发动党、政府和学生来对付对手。

　　1939 年秋,米勒恰恰在战争爆发时接替了伟大的阿诺尔德·索末菲。气坏了的盖拉赫宣称理论物理学在慕尼黑已经死亡。维也纳的职位现在对海森伯来说也没希望了——在上了年纪以后皈依了"德意志物理学"的奥地利物理学家胡戈·丁勒支持学生们阻止海森伯的任命。[8]作为安慰,不想放弃约定的希姆莱许诺推荐他去担任另一个地位很高的教授职位。对海森伯来说,这样一个任命,以及得以在纳粹学生的科学刊物上发表自己观点的允诺,仍然具体地表明约定依然有效,而且他在新帝国得到官方的重新承认。但海森伯写信给索末菲说:"看来关于此事的最后决定仍未做出。"[9]

　　到目前为止,没有得到慕尼黑或其他任何地方的教席,海森伯在党卫军事件上的胜利对他研究所的衰落和理论物理学在帝国中的退化也没什么终极影响。新近被提拔到帝国教育部任职的威廉·菲雷尔,帮助达梅斯制订新的大学物理学课程和考试准则,目的是大大降低对理论物理学的关注,以利于"实际"训练。[10]理论物理学的学生人数和授予的博士学位数在莱比锡和全国迅速下降。例如,海森伯在莱比锡任教期间(1927 年至 1942 年)培养出来的 18 个理论物理学

[1]　此处指慕尼黑。——译者

博士中，有 16 个是在第三帝国期间毕业的，其中只有一人即埃里希·巴格是在党卫军攻击文章见报和第二次世界大战开始之间获得博士学位的，而在战争期间获得博士学位的只有 3 人，其中还有两个是外国人。[11]帝国教育部部长鲁斯特本人注意到了全国范围内的类似衰退趋势，命令瓦克尔（而瓦克尔又命令了达梅斯）负责研究撤销一些理论物理学教授职位的可能性。达梅斯虽然因为乐于看到理论物理学被削弱的前景，但却拒绝建议在他的管理范围内进行精减。

在整个有关索末菲教授职位的失败斗争和海森伯在党卫军的丑恶攻击以后所受到的痛苦而屈辱的调查期间，德国持续深陷于纳粹野蛮主义的恶毒深渊。党卫军和盖世太保增加了它们的警察国家的活动，并且扩大了集中营的用途，使它不仅监禁一切"不需要的人员"，而且强迫他们劳动。致命的奴役劳动和集体屠杀很快随之而来。用一位历史学家的话来说，1938 年夏天和希姆莱对海森伯宣告无罪同时发生的，是一场对第三帝国内留下来的犹太人的"恐怖大潮"：强化的财产没收、逮捕、驱逐和街头暴力。[12]就在给海森伯写信的一个月前，希姆莱已经命令扩大对犹太人的强迫迁移，而他的部下海德里希也发布了关于逮捕犹太人和"反社会分子"的配额。

随着希特勒计划秋天在苏台德挑起战争，局势进一步恶化。由于盟国的绥靖政策，希特勒在前线不可能贸然行动。不知所措的政府，得到了一个意外机会来发泄德国正在高涨的战争狂热。1938 年 11 月 7 日，仅仅在希特勒啤酒馆暴动 15 周年的几天前，一位由于波兰国籍的父母刚被德国赶出而神经错乱的犹太少年，在巴黎枪击了一位德国外交参赞。那位外交官在两天后的死亡成了发动一次反对德国犹太人的全国性暴行的借口。

戈培尔建议在全德举行一次"自发的"抗议示威。希特勒显然默许了。海森伯不知道的是，希姆莱在推动慕尼黑任命海森伯的同时，也在安排党卫军支持戈培尔的计划。当战争未能如愿爆发而普通公民渴望行动时，在政府和党组织的网络的推动下，地方上的党政官员很容易在全国每一个城镇把群众煽动起来，在 1938 年 11 月 9 日到 10 日的夜里进行了一次针对犹太人和犹太财产的疯狂野蛮行径。美国驻莱比锡的领事戴维·H. 巴法姆（David H. Buffum）把这种暴行描述成"迄今在德国没有先例，或许自从野蛮时代以来在全世界也没有先例的纳粹残暴大发泄"。[13]

285

这个可怕的夜晚后来被称为"水晶之夜"（Reichkristallnacht）或"碎玻璃之夜"，因为次日早晨每一条德国街道上都撒满了成吨被打碎的商店橱窗玻璃。纳粹政权终于明确无误向全世界和它自己的公民展示其真正本性。这使海森伯和不曾参加的人们都像巴法姆所描述的那样，"被已经发生的事情惊呆了，被纳粹行动前所未有的残暴吓傻了"。在他发到华盛顿的报告中，巴法姆描述了莱比锡的犹太人住处如何被狂乱的暴徒侵入和捣毁，他们把每一件东西和每一个人都扔到了街上——往往是从楼上的窗子中扔出来。男人、妇女和孩子在街道上和公园里被屈辱地游行示众。数以百计的犹太店铺的窗子被打碎了；莱比锡的 3 座犹太教堂被烧成了平地，而且按照海德里希的命令，警察最初拘捕的几千名犹太男子在随后的两个星期中被送进了集中营。他们将在那里通过为"4 年计划""贡献"强迫劳动来"证明"他们对帝国的用处。[14]

显然被吓坏了的海森伯在 11 月 12 日写信给他母亲说，他和伊丽莎白"仍然完全处于前两夜的震惊中"。[15]莱比锡的树木葱郁的街道已经变成了垃圾堆，市中心巨大的班贝克和赫兹百货商店已经成了冒着烟的废墟。最糟的是，一位朋友曾经告诉了他们一种可怕的景象：在 11 月 10 日，许多犹太家庭全家哭喊着被拉到火车站，被塞进客车驱逐出德国。在海森伯描写这种景象的同一天，"4 年计划"的设计师赫尔曼·戈林签署了一项命令，从德国的经济界、学校和大学中系统地排除了犹太人。犹太人不许进入零售商店，不许在德国任何地方出售货物或提供服务，不许担任任何管理或行政职位。

水晶夜狂乱后的那些严酷的日子严重影响了当时怀着海森伯第 3 个孩子的伊丽莎白。为了从动乱的惊魂中恢复过来，他们全家在 1939 年 4 月的短期春假中撤到了弗赖堡以南美丽的黑森林区域中，住在宁静而富于田园风味的巴登外勒(Badenweiler)村子里。好像最近的事件显然还没有让海森伯从内心感觉自己无能为力，他在那里继续通过信件来争取慕尼黑任命——米勒的正式任命还在一年以后。不过躲在黑森林乡村中的海森伯和伊丽莎白确实意识到动乱将会越来越严重。他们决定为将来的困难时期在乡下找一个长期避乱处。有一天，他们越过附近的莱茵河进入了法国南部，坐在一座山岭的顶上，回头看着莱茵河对岸他们所热爱的祖国的葱郁群山。看了一会儿以后，海森伯平静地对他夫人低语："我怎么能离开呢?"[16]

他家的一位朋友曾经通过海森伯的母亲告诉他们，在慕尼黑南部巴伐利亚阿尔卑斯山丘中的乌尔菲尔德村中有一所房子要出卖。这所木架房屋有 3 间卧室、1 间厨房和很大的阳台，曾经属于著名的已故印象派画家洛维斯·克林特（Lovis Corinth）。它位于赫尔佐克施坦德（Herzogstand，又译公爵峰）山脉的脚下，阳台面对美丽的瓦尔兴湖（Lake Walchen），远处是顶上有白雪的高耸的伊萨温凯尔山（Isarwinkel）。海森伯夫妇还没有看过那所房子，但是海森伯写信告诉他母亲和那位朋友说他们肯定感兴趣。[17]房子和价钱（包括家具在内总计 26000 马克）听起来很理想，于是海森伯的母亲就在慕尼黑开始洽商。他们已经租出去的伊萨尔河畔的房子现在正在出售。这两个房屋交易都拖得比预料的时间更长，一直拖到了 1939 年夏天，当时海森伯已经安排了对哥伦比亚及另外几所美国大学的访问。乡村房屋的交易最后恰好在他动身去美国前定了下来。海森伯从海船上给母亲写信说，他一回到德国，添丁进口的一家子就将搬进那所房子中去度过夏季的其余时间。[18]

跨越大西洋的旅行及其影响，也是两个夏季以前党卫军报刊对海森伯和理论物理学的攻击的副产品。攻击把整个物理界的注意力引向了海森伯的科学，也引向了他对于理论物理学及其研究者们的看法。海森伯在接受党卫军和帝国教育部的审查时并没有消极等待。虽然他的亲密同事中有许多人起来支持了海森伯和他们的专业，但另外许多人并没有这样做。为了鼓舞支持者和说服动摇者，海森伯选中了这种主要面向物理学家和密切相关领域中的人的巡回演讲。他在 1937 年 11 月致信母亲道："我觉得还是不要拒绝这类邀请为好。"[19]

雅利安物理学的教条主义者们曾经多次呼吁，让理论物理学从所谓过度依赖抽象表述形式回到以具体实验数据为基础。在核物理学和宇宙射线物理学中，都存在着理论和实验之间的密切关系，而且这两个领域中也都包含着同时具有智力和实用价值的一些问题和结果。虽然海森伯本人关注的是这两个领域中更加理论性的问题，但从 1937 年夏季开始，他却不厌其烦地重复发表了两篇演讲，强调了核和宇宙射线的理论-实验方面和智力-实用方面。一篇演讲题为《理论物理学的当前任务》，他在明斯特、弗莱堡、斯图加特和路德维希港向听众们讲过。另一篇更专业的演讲题为《极高能粒子通过原子核》，每次使用的时候内容略有调整，面向的是法兰克福、德累斯顿和博洛尼亚的物理学家和《自然科学》

287

（*Naturwissenschaften*）的读者们，在被选为萨克森科学院学部副秘书长时也曾用它做了报告。[20]

1938 年 1 月，海森伯回顾了他仍受争议的论点——核物理学和宇宙射线物理学中肯定存在普适长度，而且肯定和可能的爆炸簇射有关系——的理论和经验证据。他发表在《物理学纪事》的文章技术性一般，而这本物理学研究刊物通常发表的是新结果的原始技术报告。海森伯在开篇的一段中解释了他为什么没有遵守发表标准，理由是这一期是献给马克斯·普朗克的，而读者们很清楚，普朗克仅仅在 6 个月之前还曾和海森伯一起被污蔑为"白色犹太人"。他在结束这篇献给普朗克的文章时请读者们确信，"在理论物理学中，永远只是一些可观察量之间的数学联系问题……但是可能需要对现有的实验资料做相当扩充，才能展开[关于普适长度的]研究。"[21]

1937 年 10 月，海森伯在日内瓦一次关于概率理论的讨论会上发表了演讲，几天以后又在博洛尼亚的一次核物理学会议上做了报告。[22]赫斯的组织和党卫军都卖力反对这类出国旅行，包括去美国的旅行，但经过和萨克森的官员进行磋商，帝国教育部的会议办公室最后还是同意出国。保安部和德国公民中的特务们密切注视这位出国旅行的物理学家。在收到了关于海森伯良好行为的报告以后，帝国教育部就更支持他的出国旅行了。[23]显然，由于他怀孕的妻子还留在德国，他不可能在海外公开批评德国，也不会滞留不归。

随着双胞胎的出生，在 1938 年春，帝国教育部再次批准海森伯出国旅行，这一次是去英国，而且没有人提出任何反对意见。然而帝国教育部坚定拒绝让他出席在华沙召开的一次理论物理学会议。希特勒的眼睛已经将波兰作为他下一步猎取的目标，从而不愿让任何德国学术界人士到那里去引起麻烦。那时党卫军的调查已经接近得出正面的结论。在党卫军和帝国教育部令人痛苦的调查和屈辱中度过了一年后，海森伯不愿意因为一次会议而影响了即将出来的平反令。帝国教育部的干涉是他不得不接受的另一个妥协。海森伯很遗憾地遵守了帝国教育部的要求而取消了去华沙的计划。在他缺席的情况下，信奉马克思主义的物理学家莱昂·罗森菲尔德宣读了海森伯为会议准备的一篇论文的法文译本，但纳粹当局甚至不允许这篇论文被印在会议报告上。[24]据一位与会者说，根本不知道海森伯的困难处境的华沙会议与会者们对他们的德国同事不满，认为他轻易屈从于政府不让他参加会议的无理要求。

幸好，[纳粹]政权并没有阻止几个月前海森伯很重要的英国之行。在那里，在希姆莱的平反令减少了他在德国工作的阻碍以前，海森伯使得自己的普适长度理论得到一次复兴，尽管这时他正遭受纳粹对自己品格的最恶劣攻击之中，而且正赶上出现了一些证据，显示海森伯对核内中子-质子力应用费米 β 衰变理论是站不住脚的。另外一直未能现身的海森伯爆炸簇射的证据现在看来并不存在。海森伯在同一时期写的普朗克论文实际上是对普适长度的一种辩护，尽管证据薄弱。

为了坚持可能是自己未来唯一希望的物理学说，一向富于创造性的海森伯发现了一个办法来对付越来越多的不利于自己理论的证据。他突然将注意力集中到一种全新的核力来替代现在已经无法应用在核与宇宙射线碰撞上的费米场。这个替代力在 1935 年由日本理论家汤川秀树提出。[25] 费米场的一个问题就是它太弱，不足以达到在核中将质子和中子绑在一起所需的强度。质子间的相互静电排斥力非常强，需要一个极强的吸引力将它们粘在一起，局限在极小的原子核中。这个吸引力还需要将电中性的中子和质子以及中子彼此之间吸引在一起。

为了满足这些条件，汤川提出了一种全新的场，在场论中，这也就相当于提供了一个新的力。他预测说这个新场的量子将以一个新的重得多的带电粒子的形式出现。在汤川理论中，一个中子和一个质子将通过迅速发射和吸收"汤川子"来互相吸引。这个"汤川子"也叫作介电子或者简称介子。汤川没有忽略宇宙射线的核物理学理论，他进一步提示"重量子[介子]也可能和由宇宙射线产生的簇射有一定关系"。[26]

1937 年在宇宙射线中发现的新的未知"重电子"，突然把西方的注意力引向了汤川理论。这个重电子与汤川理论预测的"重量子"带有同样的电荷（一个正电荷）和相似的质量（电子质量的 200 倍）。虽然汤川粒子和宇宙射线重电子的这种相似性看上去很吸引人，但是物理学家发现汤川简单地把自己的场论应用到原子核的性质上并不成功。[27] 到了 1937 年很多关于核力的发现都无法用汤川的理论解释。

尽管如此，汤川的想法却引发了有关核力的一些理论研究，希望能够通过推广和修正他的理论来解释这些核力。大多数工作都在英国进行，干活的多数是德国移民，而且大部分都恰好发生在海森伯 1938 年 3 月的访问之前。泡利的前助手，刚离开欧洲大陆的尼古拉斯·克默尔起了主要的促进作用。在 1937 年读到了汤川的论文以后不久，克默尔就推导出汤川类型核场的所有数学可能性。[28]他把它们的预期性质和关于氘核(中子和质子的结合物)的数据进行了比较，并说服了他的同事瓦尔特·海特勒、霍米·巴巴和弗勒利希(Fröhlich)相信了只有一种场及其粒子介子和氘核数据相一致。克默尔和同事们设法推导出核数据几乎每一可用的部分，然后就转向了涉及发生在核外的一些核力的现象：宇宙射线。他们写道："因此，我们认为，把核性质(核力和核磁矩)和硬成分的宇宙射线现象而不是和 β 衰变现象联系起来，就可能是一种合理的办法。"[29]

在宇宙辐射的两种成分或两种分量中，很容易被吸收的软分量已经被认定为服从量子电动力学(即电荷和电磁场的量子力学)的电子和光子。具有很大穿透性的硬分量，已被认定为一种新粒子，也就是"重电子"。由于质量较大，它在物质中的穿透距离比电子和光子远一些。因为重电子和汤川介子显得非常相似(而且也因为没有什么其他选择)，大多数物理学家都像克默尔及其同事们那样假定汤川介子和硬成分中的重电子事实上是一回事。很不幸，他们错了，但是物理学家直到即将来临的世界大战结束以后才认识到宇宙射线中存在两种介子。穿透性的重电子实际上是和费米场相联系的 μ 介子(μ 子)。在物质中穿透很长距离后，它衰变为一个电子和一个中微子。后来的实验显示，μ 子是汤川场的另一种介子，也就是 π 介子(π 子)的衰变产物。它是和汤川场联系在一起的。和以前利用电子自旋概念解释半整数现象类似，后来发现在原子核和宇宙射线事件中存在两种介子，解决了战时困扰理论学家的诸多难题和矛盾。

理论家们立即面临构建宇宙射线核物理学时的一个老障碍：在高能或近距离处，数学上又出现了无穷大。像在费米理论中一样，当距离或波长小于某一临界最小长度，或碰撞能量高于某一特定值时，介子的能量，也就是新产生的粒子的数目将无限增大。所有这一切，听起来都很似曾相识。克默尔告诉他的读者说："按照这里所发展起来的观点，应该发生海森伯簇射。"[30]

一个月以后，海森伯簇射理论的发明者来到了克默尔的办公室。他立即开
始和当地理论家们进行无休止的讨论，另外还有接待他的宇宙射线实验家帕特里克·布莱克特，以及一群群从英格兰各地到剑桥和曼彻斯特来听他演讲的物

理学家。他写信给他的妻子说："我几乎没在 12：30 前上过床。从 8 点起床后就整天和物理学家们交谈，几乎没有停顿。对我来说，现在需要把自己完全投入到物理学中。"[31]

海森伯回到莱比锡后立即用新论点修改了他的旧理论，用介子理论的临界长度代替了费米理论的临界长度来作为一个新的自然基本常量。新的长度起的作用更加明确了，不仅仅只像 1936 年那样作为一个自然基本常量，而且成了当时的量子论和未来革命理论的一个决定性特色了。对海森伯来说，基本常量标明了"现在量子理论适用性的一个界限"。[32]他坚决主张，一旦碰撞能量和动量越过了由新长度所确定的界限，即，一旦碰撞粒子的间距小于汤川介子的大小，那么所有现在这些量子力学的方法和场论就都不再适用。在那种临界能量以上或那种接近距离以下，量子力学就不再成立，介子爆炸簇射迸发，一个新的革命性量子力学开始起作用。海森伯至少可以说，理论物理在德国仍然生机盎然。

海森伯曾经常和支持自己的玻尔讨论他关于基本常量的革命性观点。1938年 5 月，他把自己的一份手稿，《现有量子理论的适用性的界限》寄到了哥本哈根，打算让它成为一种新的测不准原理。当海森伯为了发表而准备他的稿件时，他的助手汉斯·奥伊勒尝试了从云室中厚薄铅板后面粒子大爆发的既有数据提炼出介子爆炸簇射的证据。奥伊勒依靠这一工作在当年末获得了大学授课资格。[33]

那年夏天，当希姆莱起草他的平反信件，而海森伯在苏台德危机期间考虑可能参加战争时，为了支持自己的理论，他和奥伊勒开始彻底分析当时已有的一切有关宇宙射线的数据，包括所有类型的级联和爆炸簇射。[34]那年秋天被关在松特霍芬军营，身边摆着准备好的机枪的海森伯，向特别为另一个"白色犹太人"——阿诺尔德·索末菲的 70 诞辰而出版的一期《物理学纪事》递交了一篇关于穿透性宇宙射线成分的极其专业的总结分析。这不免使人想起他在慕尼黑苏维埃共和国被镇压期间阅读柏拉图的情形。海森伯向泡利表示了歉意，因为当时出于政治原因，只有"雅利安人"才能祝贺索末菲。泡利协助在美国顶级期刊《物理学评论》上组织了另一个庆祝，同时在国际发起了对德语的《物理学纪事》的抵制。[35]

奥伊勒-海森伯为自己理论提出的关键证据，就是他们的介子半衰期理论值

（百万分之一秒）和他们对重电子在空气和其他物质中的衰变率分析结果之间的表观一致性。这么短的半衰期，说明介子不可能来自外空间——它们必然是在高空大气中产生的，而且是通过倍增或爆炸的过程产生。同理，它们不可能在百万分之一秒的时间内从高空跑到海平面，除非它们的半衰期被延长。唯一可能的方式就是爱因斯坦相对论中著名的"时间膨胀"。按照爱因斯坦的看法，对于速度极快的粒子，时间会变慢。其结果就是介子的时钟被自己的运动拖慢，使到达地面的介子数目超出百万分之一秒寿命的预期。这一论证以及后来的实验确证成为支持爱因斯坦理论的经典范例。

在 1938 年至 1939 年的冬季，当希姆莱力图让海森伯当上慕尼黑教授时，海森伯又在一次巡回演讲中报告了他的最新结果。这包括在汉堡和莱比锡的物理学会议上的报告，以及在"[纳粹]运动的首都"对德国物理学会的巴伐利亚分会发表的演讲。作为一个理论学家，他的新成果解答了为何观测到的介子能够到达海面，作为穿透性宇宙射线出现在实验云室中。当然在对每一次的听众讲述这些内容时，他会小心避免提到爱因斯坦的名字，"这是相对原理一个直接推论——同时也是该原理的一个显著的证据"。[36]他也只敢讲到这个程度。

不幸的是，这一确证和海森伯未来革命理论的计划并不是没有受到挑战。主要是在国外进行的对既有数据的另一些分析，反而似乎证明宇宙射线的理论半衰期和实验半衰期之间存在分歧。倍增过程和爆炸簇射海平面上仍然未能直接检测到；即使有了汤川力，观察到的穿透性成分的行程还是比理论预测的要远得多，而且级联持续爆发的发现导致了一种推测，即奥伊勒的爆炸簇射事实上是许多同时级联，而不是单一爆炸事件。英法美研究团队证实了这种推测。[37]一个美国团队就在 1939 年 6 月的芝加哥宇宙射线讨论会（海森伯也出席了）上报告道："我们将坚持更有趣和极端的立场，否认爆炸的存在，直到不得不承认它为止。"[38]

多数不承认爆炸簇射存在的物理学家，同时却相信以当时流行的量子力学为基础的量子电动力学将在某一很高的能量处失效，但是这个界限却和海森伯的临界长度没什么关系。后者与粒子的静止能量或相应的较低临界能量相联系。[39]量子力学应该对核物理学和宇宙射线物理学的经验难题都能充分适用。在 1939 年，实际上只有海森伯自己相信存在确立界限的这样一个长度，并相信需要一次像导致量子力学革命那样的物理学革命来处理原子核和宇宙射线。虽然某些经验数据用其中任何一种方法都说得通，但大多数反对海森伯的物理学家都与美国的奥本海默小组和英国的海特勒-巴巴-克默尔小组有联系。争论在战争年代中继续进行，直到双方的领导人物都卷入各自政府的战时核研究。战后，争论又重新开始了，这时新的实验证据和理论创新很快表明实际上并不需要什么革命。原来的物理学经过修正后就能行得通。

从左到右：奥本海默、费米、E. O. 劳伦斯，1939 年在伯克利加速器施工现场
（承蒙美国物理学会尼尔斯·玻尔图书馆塞格雷视觉档案馆惠允）

　　为了追求自己的目的，海森伯在 1939 年夏天把他革命性的新簇射理论带到了美国。帝国教育部现在不再反对刚获平反的物理学家的旅行，尽管他的东道主们强烈反对他的科学概念和科学以外的观点。[40]在为期 1 个月之久的纽约、芝加哥、安娜堡和印第安纳之行中，美国物理学家以及他们的移民同行和这位选择留在德国并将在未来几年中在作为竞争对手的德国的核研究中占据重要地位的伟大物理学家见了最后一面。那一次，海森伯留下的印象影响了战争期间和

战后在美国工作的同行们对他的态度。其中包括他再次提出的理论，这和他们自己工作的实用的、经验的和非革命性的观点大不相同。但围绕着海森伯的主要争议却是他为什么要留在德国。去年 11 月的"水晶之夜"，他在邪恶的纳粹政权下所受到的苛刻待遇以及迫在眉睫的世界大战，已经足够作为移民的充分理由。对他继续留在德国的不理解甚至可能曾经影响到同行们对他的理论的看法。按照他们的观点，假如海森伯去年在美国，肯定就会已经明白美国的实验家和理论家已经不需要他的物理学。毕竟，美国科学正在蒸蒸日上，而德国的研究则似乎处于明显的衰落之中。

这些没有明确表达出来的观点或许影响了人们在芝加哥大学(3 年后，恩里科·费米将在这里首次实现自持的核链式反应)召开的一次宇宙射线讨论会上对海森伯新提出的普适长度的论点的反应。在海森伯参与的那组会议上，提出的论文多数反对认为介子就是重电子，而且都包含了反对普适长度的论点。按照海森伯对会议的回忆，他报告后的热烈讨论，很快就退化成了他自己与 J. 罗伯特·奥本海默之间大声嚷嚷的争吵。后者是西海岸物理学泰斗和未来的曼哈顿计划首脑。[41]

海森伯拒绝离开德意志帝国的原因，比他的美国东道主们和此前的华沙会议与会者们可能意识到的更复杂。在这两种场合下，人们对待海森伯的看法都倾向于负面；现在回头看过去，这种不满也很容易理解。当然，海森伯确实有很多机会移居国外：在党卫军报刊的攻击文章之后，两所重要的美国大学曾经许诺给他量身定做的职位。海森伯全都谢绝了；尽管听起来难以置信，他确实不愿意离开德国。海森伯和哥伦比亚大学物理学教授乔治·佩格勒姆(George Pegram)的秘密商谈，导致在 1938 年夏天提出的一种很优厚的许诺。但当时海森伯已经收到了希姆莱的平反令，并接受了相应的交易。他从他军营附近的一个村庄中写信告知索末菲："我已经写信给哥伦比亚大学，说要留在德国；而我愿意找个时间到那边去，但只待很短时间。"[42]很多人怀疑他留在德国的真正原因是支持纳粹政权。

美国物理学会首脑亚瑟·H. 康普顿可能是从同为学会官员的佩格勒姆那里得悉了哥伦比亚大学和海森伯接触的消息。在海森伯 1929 年的美国之行中，康普顿在普林斯顿当教授的兄长[1]曾经许诺海森伯一个职位，但当时海森伯因为"爱国的理由"而选择返回德国。在 1937 年夏的冲锋队袭击后不久，康普顿通知自己在德国的儿子说："由于近来的发展，我们认为他现在可能会对聘书感兴趣了。"他叫儿子重新提出邀请，这一回是芝加哥大学，而且康普顿准备满足海森伯的一切要求。[43]海森伯又谢绝了——他还是不愿离开德国。当海森伯终于在 1939 年来到美国进行为期一个月的访问时，他的同道非常好奇除了献身于纳粹主义外，他还有什么其他留在德国的可能原因，尤其是在面临 1939 年那种可怕的社会和专业状况以及一场迫在眉睫的战争时。

[他不肯离开德国的]那些理由仍是"爱国的"，而且似乎是一种荒诞的希望：即指望希特勒及其心腹将会以某种方式被取代或到一定时候会变得更理性。而且他仍觉得自己有责任帮助保存所剩下的一点点正派文化和科学。关于海森伯在他的美国之行中对正在到来的战争的评论以及他自己留在德国的决定，有许多回忆。在海森伯自己的回忆中，他表示过德国将被打败，而自己需要留在那儿收拾残局。[44]然而英国物理学家内维尔·莫特（Nevill Mott）和鲁道夫·派尔斯（Rudolf Peierls）（一位流亡者）却写道："在他同事们的回忆中，他好像预测德国会胜利。这是一个误解，还是每个人记得的观点不同？谁都知道人类的记忆是不可靠的。"[45]

除了对民族存亡和战后复兴的爱国情感外，挫折也孕育了坚韧。海森伯的同事们没法了解，无论多么有力的理性论点都不能战胜他返回德国这一决定的心理基础。对任何人来说，离开自己的祖国，带着年轻的家庭搬到另外一个习俗、语言和政治都大相径庭，甚至完全陌生的国家，都是艰难的。极少人是自愿离开的。海森伯当时已经在纳粹政权下生活了 6 年半。他早就已经决定，即使条件变得更恶劣，他也不会离开祖国，除非当局让他个人无法继续工作和教学。此外，他觉得自己对学生们和他的专业在德国的前途负有责任，这也加强了他留下来的决心。另外也很明显，他没有认真考虑把妻子和家庭搬到国外的安定环境中。就在上船前往美国前，他已经完成了购买山居房屋的交易；当他

<hr>

[1] 指卡尔·泰勒·康普顿(Karl Taylor Compton，1887～1954)，美国著名物理学家，1930～1948 年任麻省理工学院院长。——译者

在美国和同事们进行争论时，他的家人正在焦急等待他返回德国，以便在政治风暴来临以前搬到他们的山区隐居。

通过首先威胁他的工作和教学，然后又正式保护它们，党卫军事件最后实际上加强了海森伯留在德国并在极权政权下接受自己命运的决心。党卫军事件既已定局，希姆莱已经许诺了保护和支持，新近买了山间隐蔽地，有着革命势头的理论又蒸蒸日上，海森伯怀着返回危难之中的祖国的决心，心满意足地登上了去纽约的海船。他写信给他母亲说："我觉得就自己所能决定的方面来说，现在[我生活中的]每一件事情都已就绪了。当然，还可能出现很多来自外部的困难。但是比起内部困难，我对付它们要容易得多。"[46]

295 海森伯在芝加哥向挤满了讲堂的听众们发表了演讲，又在印第安纳的普渡大学度过了两星期，其中无休止的研讨班以及和许多师生的讨论，让他疲惫不堪。之后海森伯就陪着从前的格丁根学生，现在的介子理论家洛塔尔·诺尔海姆及其夫人到安娜堡度过了 7 月中旬的几天闷热的时光。他在那里住在塞缪尔·古德斯米特的家中，后者是一年一度的安娜堡物理学暑期学校的组织者。在和参加暑期学校的师生的谈话中，话题不可避免地转到移民问题。海森伯在其回忆录《物理学及其他》中谈到了一次这样的交谈。针对费米的移民论点，海森伯答复说他长期以来已经在自己周围聚集了一些年轻人，他把这些人看成了未来的希望，而"如果现在抛弃了他们，我会觉得自己像一个叛徒……[此外]我不认为我在这个问题上有多少选择余地。我坚决相信一个人必须言行一致……人们必须学习怎样阻止灾难，而不是逃避灾难。也许我们甚至必须坚持主张，每一个人都应该承当发生在自己国家中的任何风暴"。[47]

其他参加者对同一次谈话的回忆却有所不同。当时在密歇根大学工作的古德斯米特回忆说："恩里科·费米和我向他提出许多别人已提过的问题：'您为什么不到这里来？'他回答说：'不，我不能，因为德国需要我。'他相信，他所强烈反对的希特勒的过分行动将很快过去。他觉得人们将需要他来修复独裁政权所造成的破坏。"[48]另一个参加者，当时还是密歇根大学学生的马克斯·德雷斯登(Max Dresden)回忆，海森伯起初在回答费米和古德斯米特所提出的问题时似乎有所犹豫。那时，由于受德国激发的反犹法律而从意大利被赶出来的费米夫人说，任何留在德国的人都一定是发了疯，于是海森伯开始激烈地反驳。[49]这位爱

—328—

国人士显然不会让步。

　　海森伯在 7 月最后一个星期中回到了酷热的纽约，在哥伦比亚大学发表了演讲，并到郊外去拜访了他的叔叔卡尔和婶婶海伦。在此次停顿中，曾尽一切努力想将海森伯请到哥伦比亚大学来的慈祥的实验家、哥伦比亚大学教授佩格勒姆又作了最后一次努力，说服他留下来，而海森伯则又一次努力"使他了解我的观点"。[50]最后一次，答复还是不。海森伯于 8 月初起程回国，把一位充满困惑的佩格勒姆留在了码头上，而那艘几乎空无一人的豪华海轮"欧罗巴号"则横跨大西洋驶向了德意志帝国。一个月后，德意志帝国就进入了战争。

第二十二章　战争及其利用

"1939年9月1日，战争爆发了；第二天，傍晚时分，我们的儿子海因里希阵亡了。"当时身在柏林的德国外交部部长恩斯特·冯·魏茨泽克第二次世界大战的回忆录以这个悲伤的日记开始。[1] 他的儿子，海因里希·冯·魏茨泽克中尉，第9步兵团中的排长，9月2日晚上在但泽附近的图切勒荒原（Tucheler Heath）中倒下了。他在同一团服役的弟弟里夏德守护着他直到早晨遗体被送回斯图加特安葬；主持送葬的是他的另一个弟弟，海森伯的同事和知己卡尔·弗里德里希。"而他现在正躺在那里，在从图切勒荒原弄来的木头十字架下面。"他父亲这样写道。这是在随后6年中牺牲的几百万人中的一个，大杀戮既没有放过天真无辜的人，没有放过受过教育的人，也没有放过战争贩子。

在希特勒让他的军队入侵中立的波兰的两天后，英国和法国对德国宣战。在不到一代人的时间内，欧洲，接着很快就是全世界，第二次进入了战争，其野蛮和残暴远远超出了人们在海因里希战死在远离家乡的疆场的那个早期阶段的想象。

在海森伯认识的受过教养的人士中，并不是只有魏茨泽克一家有父子在前线或正在奔赴前线。当德国军队席卷波兰向维斯杜拉河突进的那一天，爱好音乐的比金（Bücking）先生也正在前线。到了12月，他带着铁十字勋章和命令回到了莱比锡；他被调往西部前线，希特勒很快就会在那里发动他的第二次"闪电战"了。[2]

那年9月，海森伯的许多物理学同事也奉命参军。9月16日，7个年迈的实验家奉命来到了柏林军械局，他们的军用背包中装满了要在前线上用到的内衣和盥洗用具。[3]当听说不是要上前线后，他们大大松了一口气。军方的核物理学和爆炸物专家库尔特·迪布纳（Kurt Diebner）及其助手物理学家埃里希·巴格（Erich Bagge）命令他们去参加一个关于一种近期的德国发现（即核裂变）的可能应用的会议。在会上，科学家们探讨了应用（受控和不受控的）裂变的技术细节，但是很快就弄清了还需要进行更多研究。巴格博士向与会的实验家们建议请他在莱比锡的导师海森伯来参加他们刚刚形成的"铀俱乐部"，以给他们的工作提供一个理论基础。

在此期间，巴格的导师自9月份以来就在焦急等候他的入伍命令。[4] 这位37 297岁消瘦的物理学家看起来似乎要年轻得多，而当他穿上预备役步兵军装时，他那友好的面孔、满头的金发和亲切的微笑所表示的天真就和那灰色的军装及其纳粹肩章所代表的一切形成鲜明对比。自从一年前在苏台德危机中几乎上了战场以来，海森伯就已经确信战争不可避免，而且自己也不可能置身事外；正像他的熟人们一样，他作好了战斗的准备。他认为上前线的命令想必已在路上。那个月的晚些时候，命令确实来了，但不是上前线。巴格在9月25日来到了莱比锡，通知海森伯第二天到柏林出席第二次铀俱乐部的会议，而且巴格已经安排好了海森伯的动员令，不是去当步兵，而是参加军械局的研究工作。[5]海森伯当夜就去了柏林，而且很快加入了铀俱乐部。和他们在上次世界大战中的同事不同，海森伯和其他德国科学家将在研究前线上作战，而不是在战壕里。

9月26日，海森伯、奥托·哈恩、卡尔·弗里德里希·冯·魏茨泽克和另外几位核科学家奉命报到，参加了军械局研究办公室召开的第二次铀俱乐部会议，地点在哈登堡街（Hardenburgstrasse），就在柏林技术学院对面。科学家们又一次回顾了应用裂变的实际手段，而理论家们提供了他们掌握的关于裂变过程的知识，但他们全都同意，在能够完全确定可能性之前，还需要更多的理论和实验研究。在讨论了必须回答的问题后，科学家们就分散到全德各地他们各自的研究所中去了。利用军械局提供的经费，他们开始执行由迪布纳和巴格制订并坐镇柏林协调的一个计划。德国的核裂变计划已经开始了，而且已经完全在德国陆军的控制之下。

德国和盟方对可控和不可控的核能的兴趣，在 1938 年奥托·哈恩和弗里茨·施特拉斯曼在柏林发现裂变(即一个重核裂开而释放巨大的能量)以后，就如雨后春笋般增长起来了。在奥地利被吞并以后，哈恩多年的同事、奥地利人莉泽·迈特纳刚好在这次大发现以前逃到了瑞典。迈特纳和她也是从德意志帝国逃出的外甥奥托·弗里施(Otto Frisch)很快就在斯德哥尔摩的据点根据尼尔斯·玻尔最近的重核模型证明了裂变可能发生的方式。在吸收了一个中子后，一个重液滴将开始剧烈振动，变得非常不稳定而分裂成两个小核，并释放几个中子和大量能量。弗里施在哥本哈根把这一发现告诉了玻尔，而玻尔在 1939 年 1 月又将消息带到了美国。当玻尔和约翰·惠勒(John Wheeler)在普林斯顿形成一个完备的核裂变理论的同时，巴黎一个核研究团队在弗雷德里克·约里奥(居里夫人女婿)领导下在 4 月证实，平均说来，每次裂变释放的中子多于所吸收的中子。可能会发生一个链式反应，在非常短的时间内释放巨大能量——换句话说，就是一个爆炸。

即将到来的战争双方的物理学家警告各自的政府，裂变的发现可能被用来发展一种新武器。1939 年 3 月，在海森伯访美的数月前，乔治·佩格勒姆和恩里科·费米就告知美国海军存在"铀被用来做炸弹"的遥远的可能性。但像多数科学家一样，费米怀疑能否实现不受控制的链式反应。海军搁置了这种想法，直到那年秋天战争爆发后，在利奥·西拉德(Leo Szilard)、佩格勒姆和已经改变看法的费米的促成下，爱因斯坦在 8 月间写成的那封著名的信件送到富兰克林·D. 罗斯福(Franklin D. Roosevelt)总统的手中为止。几个月后，两位在英国流亡的德国人弗里施和鲁道夫·派尔斯警告了英国政府核裂变的可能性。1940 年中期，当德国军队横扫欧洲时，盟方的两个核裂变计划就已经在进行中了——一个在美国，另一个是在英国。他们和法国团队联合起来而形成了曼哈顿计划——盟国研制原子弹的项目。[6]

与此同时，若干德国科学家同样也向上级提出关于核发展的警告。两位格丁根教授通知了帝国教育部，后者又将信件转交给帝国研究委员会物理部负责人亚伯拉罕·埃绍(Abraham Esau)。埃绍组织了一个研究委员会。与此同时，汉堡的两位教授保罗·哈特克(Paul Harteck)和威廉·格罗特(Wilhelm Groth)向

298

军械局武器研究处处长埃里希·舒曼(Erich Schumann)(也是著名作曲家的后人)报告了一种高效新炸药的可能性。持怀疑态度的舒曼把问题转给了他的炸药专家，以前曾研究过核物理学的迪布纳博士。迪布纳又召来巴格加入这项工作。[7]

迪布纳和巴格是最不怀疑裂变的实用潜力的人，在1939年9月战争爆发时，德国是当时唯一开展军事利用核裂变计划的国家。在占领了捷克斯洛伐克境内的约阿希姆斯塔尔(Joachimsthal)的丰富矿产后，帝国也就控制了世界上最大的铀矿资源。通过自己的研究，加上各盟国直到1940年6月都在公开发表研究结果，德国了解一切必要的基础研究结果。另外，海森伯从前的一位学生西格弗里德·弗吕格(Siegfried Flügge)在一篇被广泛阅读的文章《能否从技术上利用核中的能量?》中披露了德国对核能的兴趣。[8]无怪乎在后来的年月中，盟国科学家们都相信德国在原子弹竞赛中已经占得先机。

从他在战争最初几个月中的成果来看，海森伯确曾投入巨大精力研究利用核裂变的理论可能性。对他来说，进行这种研究的前景并不让人意外。海森伯在1939年夏访美期间就已和费米及佩格勒姆进行过长时间的讨论，而费米和佩格勒姆在当时就都已经很清楚核爆炸的理论可能性，而且可能又受到海森伯的影响，不久就为了上书罗斯福而去找到爱因斯坦。海森伯在1969年的回忆录《部分与整体》(英译本为《物理学及其他》)中回忆到，当他们在安娜堡交谈时，费米提出了一种可能性，认为在战争爆发以后，所有各国的科学家们将"被他们各自政府叫去贡献出所有精力来制造新武器"。[9]

海森伯记得自己承认了费米观点的真实性："您所谈到的我们的参与和责任，真是太对了。"但是他又提出，不论各国政府和科学家多么狂热地去制成原子弹，"目前我还是相信，在制成第一颗原子弹之前，战争早就会结束了"。换句话说，按照海森伯对自己在1939年夏天所持立场的回忆，他和其他德国科学家将很愿意参加一个由政府设立的核计划，但他们不会制成一个炸弹——不是因为他们会根据道德或政治理由而拒绝做出炸弹，而是因为技术困难太大，没有造出以前战争就会结束。这些情况以及回忆中的自己对这些情况的反应，在随后的几年和几十年中将会变化。正如他在战前的研究和活动一样，对于海森伯在德国核计划中的每一个参与步骤，也必须从它自身的环境中，并从一个人的内心意愿挣扎的角度来加以考查；即他试图在一个当时已经进入战争状态的

299

邪恶而又反科学的独裁政权下尽力而为(不论这种意愿显得多么荒唐)。海森伯对待核计划第一阶段的态度是明显的——他立即投入了工作。在奉命接受柏林会议领导的3个月之内,他就为军械局写出一篇包含两个部分的秘密综合理论报告中的第一部分;报告的标题是《从铀裂变中获得能量的技术可能性》。[10]利用关于核性质的可怜的数据和可以从《物理学评论》上公开看到的基本的玻尔-惠勒裂变理论,海森伯对铀"机器"中裂变的实际利用的每一个方面都做了评述。这一详细报告的结论确定受控的裂变反应堆的技术可能性,而铀的同位素之一在纯度足够高的时候,可以产生巨大的核爆炸,比 TNT 释放的能量要大很多。海森伯的报告立即使他成了德国核裂变首席专家,而且在整个战争期间成为德国计划的基本指导。

对他的合作研究者们来说,海森伯的报告也确认和重申许多基本要点。正如弗吕格已经在其文章中指出的那样,天然铀包括两种主要同位素,即铀238(U-238)和稀少得多的不到天然铀 1% 的铀 235(U-235)。正如 20 世纪 30 年代的研究所展示的那样,一个元素的不同同位素,其原子核中的质子数是一样的,但是中子数不同。235 和 238 这两个代数字都代表原子核中质子和中子数的总和。

玻尔灵机一动地意识到不同的同位素对中子轰击的反应很不相同。[11]稀少的铀 235 很容易在低能量的热中子的影响下发生裂变;更丰富的铀 238 则很难裂变,而且必须要有高能中子。它也在某些特定(共振)能量下吸收中子而形成不稳定的铀 239。既然核在裂变时发射各种能量或速度的中子,利用一种减速剂(即一种使快中子减速而不会过多地吸收它们的物质)来把一块天然铀中的快中子减速到热中子水平,是最好的可控链式反应方法。在较低的能量下,中子不会被铀 238 吸收,只能被多次散射,直到碰上一个稀少的铀 235。这时它可能会造成铀 235 的裂变,产生 2 个或者 3 个更多的中子,每一个产生的中子又会继续产生更多的裂变和中子。如果能从天然铀中分离出去一些丰度相对较大的铀 238而使铀 235 的含量增大,则裂变的机会就会增加。由于有了更多的铀 235,整个过程的速度和释放的能量都会增加。如果整块铀都是铀 235,这个链式反应就变得不可控制,在几分之一秒的时间就会发生爆炸。不过核能开发的第一步是在现在所谓的反应堆中得到可控的反应。

利用初步的核数据，海森伯在理论上考察了应用几种类型的减速剂和不同数量天然铀的两种基本装置：所谓反应堆就是由交替出现的氧化铀层和减速剂层形成的球形装置和圆柱形装置。大小和形状非常关键——最佳的设计需要防止出现过多的中子在引发铀235核裂变前就逸出堆外。在海森伯看来，纯碳和"重水"（其中每一个氢原子核都具有一个额外中子）似乎是最好的减速剂，可以使中子减速，引起铀235核的裂变，而不是被大量的铀238俘获。起初看来，同时应用两种减速剂，用氧化铀层、重水层和碳层交替填充一个圆柱（或立方体）似乎是最好的设计。但是这样一种装置对每一种材料的需求都很大。假设一个堆的体积约为1立方米，海森伯预测大约要用600立升的重水、1000千克的纯碳和2000～3000千克的纯氧化铀才能得到一个链式反应的层状装置。[12]

海森伯也预言了，由于铀238对中子的吸收，反应将在足够高的温度下自动达到平衡，如果用反应堆来加热蒸汽以带动一个发电机，这样的高温足以产生大量的电。他没有意识到，如果使用的材料比最小的必要量更多，就需要使用控制材料提高中子吸收率才能保持平衡——不然的话，链式反应就将不停地增大，造成麻烦而致命的熔化。最早的德国反应堆并没有包括这一类的控制，它们也从来没有达到临界状态。

通过增加天然铀中的铀235的含量，可以在更高温度下建成更小的移动反应堆。后来海森伯曾提出，这种反应堆可以用来作为德国坦克和潜艇的动力；如果把足够的铀235从一块天然铀中完全分离出来并压成一个球，裂变就会几乎立即发生：这就是一个爆炸。不过他没有计算——至少在报告中没有——需要多少材料，或者说球的大小是多少。这个关于临界质量的估计是制造原子弹的关键步骤。海森伯在他的报告中告诉德国军方说，同位素的浓缩是得到移动发动机的唯一途径，而同位素的分离"是生产核炸药的唯一方法，其爆炸力比现有最强烈炸药的爆炸力大几个数量级"。[13]

在他于1940年2月底呈交的秘密报告的第二部分中，对实际实现核裂变所带来的可能性，海森伯似乎就不那么乐观了。[14]他没有再提到爆炸物，并且对工程问题产生了顾虑。首先，像铀235这样的稀有同位素的浓缩和分离，超出当时德国（或任何国家）的技术能力之外。既然一种元素的各种同位素具有相同的化学性质，只是质量稍有不同，就需要高度先进的技术才能分离和鉴定一种同位素。在后来的岁月中，纳粹政权的种族政策使科学家们没能看到另一种关键的可能性。自从 20 世纪 20 年代后期以来，诺贝尔奖得主古斯塔夫·赫兹就一直在改进分离同位素的气体扩散法。但是到了 1935 年，由于他著名的伯伯，电磁波发现者海因里希·赫兹[1]是犹太血统，他被迫离开了柏林技术学院物理系主任的位置。赫兹设法留在柏林的私人工业中直到战争结束，但德国人却从来没有发展他的同位素分离方法。这是盟国在曼哈顿计划中成功使用的方法之一，后来俄国人在赫兹的帮助下，也使用了这个方法。[15]

再者，虽然德国具有大量铀矿石，但它却仍缺乏在工业规模上将这种矿石变成有用的氧化铀并最后把它加工成金属板、立方体和粉末的技术。而且德国也没有所需的重水来建造一个自持的临界反应堆。由于在计算中受到了不精确的数据以及其他人重视重水倾向的影响，海森伯的新结论使减速剂问题变得更加困难。他曾确定，比重水更丰富的元素碳，哪怕是在纯石墨形式下都不管用；估计的反应截面（快中子看到的碳原子的有效大小，截面越大越能挡住中子，使其通过碰撞而减速）太小了。海森伯在他的第二份报告中宣称："因此，能否用纯碳来建成铀机器已经变得可疑。"魏茨泽克的柏林助手们的计算立即支持了这种结论。在一年后，经过一系列使用提纯工业石墨的实验，瓦尔特·博特[2]和他的海德堡助手们错误地证实了碳的不适用性，因此德国人直到 1944 年年底才再次考虑用碳来作为减速剂。[16]不过那时他们已经远远落在盟国后面了。他们错在未能意识到使用的石墨必须是超高纯度的，不含其他元素，比纯工业石墨的纯度还要高得多。费米的芝加哥反应堆在 1942 年 12 月间第一次达到了临界状

302

---

[1]　赫兹家族名人辈出。如文中所述，海因里希·赫兹（Heinrich Hertz，1857～1894）的侄子古斯塔夫·路德维希·赫兹（Gustav Ludwig Hertz，1887～1975）是 1925 年度诺贝尔物理学奖得主，古斯塔夫的儿子卡尔·赫尔穆特·赫兹（Carl Helmut Hertz，1920～1990）发明了医学超声检查。海因里希的女儿马蒂尔德·卡曼·赫兹（Mathilde Carmen Hertz，1891～1975）是著名的生物学家和比较心理学家。赫兹的侄孙赫尔曼·格哈德·赫兹（卡尔斯鲁厄大学教授）是核磁共振光谱学的先驱，1995 年发表了赫兹的实验室日记。——译者

[2]　瓦尔特·博特（Walther Bothe，1891～1957），德国物理学家、数学家和化学家，1954 年度诺贝尔物理学奖得主。原书此处误为汉斯·博特（Hans Bothe），是与索末菲的学生、1967 年度诺贝尔物理学奖得主汉斯·贝特（Hans Bethe，1906～2005）的名字弄混了。书中出现多处汉斯·博特，均一一改正，不另做说明。——译者

态，他用了一种超高纯石墨减速剂来减慢中子，并在渡过临界状态后用了一些镉棒来减慢或者停止反应。

魏茨泽克的一位助手预言，两种装置（水平层和同心球壳）都只有用铀和重水才能达到临界状态。他写道，体积较小的"球形机器"似乎更可取一些；这将要求大约 720 千克氧化铀和 400 立升重水，分为交替的 7 层，塞进半径约为 1 米的球形体积中。海森伯在莱比锡物理研究所的助手们立即开始为一个球形机器制造起壳层来。

随着一种不同于铀 235 的裂变同位素的发现，另一个难题也得到了解决。哈恩的柏林小组已经发现，由铀 238 吸收一个中子而形成的铀 239 在 23 分钟内衰变为新元素 93（铀为元素 92）；哈恩他们把这种元素称为"准铼"（Eka Rhenium，现在称为镎）。在一份呈送军械局的秘密报告中，魏茨泽克提出了准铼应该会在热中子作用下发生裂变；既然很容易用化学方法把它从铀中分离出来，人们应该能够制造一种很小的发电机或很强的炸弹。[17]

魏茨泽克的方向是对的。在盟国方面禁止公开发表裂变的研究结果以前，一个美国研究团队在 1940 年 6 月 15 日那一期的《物理学评论》上报告说，准铼是不稳定的，在 2～3 天内衰变为现在称为钚的稳定元素 94。[18]每个人都很快就意识到这种新元素将同样（甚或更好）适用为一种爆炸物，而且很容易通过一个运行中的天然铀反应堆中的铀 238 的嬗变来得到。至少在理论上，一个运行中的反应堆不仅会产生能量，而且会产生制造原子弹的另一种材料钚。

今天我们很难理解海森伯及其同事们愿意用自己伟大的才能去为战争中的德国军队服务的动机和心理。是什么促使海森伯在一些亲手标有"Geheim"（密件）字样的报告中，直接向军械局的研究处报告了一种产生能量的新装置的工作情况，并证实一种新的强大爆炸物的可能性呢？

海森伯的批评者和支持者泾渭分明。英国战时核研究的两位前成员鲁道夫·派尔斯爵士和内维尔·莫特提出了下列解释："设想［海森伯］希望德国获胜是很有道理的。他不赞成纳粹政权的许多方面，但他是一位爱国者……多数国家的多数公民在受到召唤时都会为战争出力，而那些少数拒绝了的人们则需要非凡的勇气和非凡的信念。"[19]

其他人对海森伯给出了相反的评价。在他们看来，通过取得对该计划的科

303

学领导地位，从而承担研究方向很大一部分责任，海森伯确实显示了非凡的勇气。在这一位子上，他可以扣压可能会导致原子弹的信息，通过减慢速度来蓄意破坏这一计划并避免另一些肆无忌惮的科学家造出一个武器，真的让希特勒打赢这场战争。[20]

后一种说法夸大了海森伯曾经拥有的掌控力。虽然他确实发展了计划的许多理论方面，并且指导了项目的莱比锡和柏林分支，但是整个计划在1942年前却一直掌握在军械局手中，之后则掌握在帝国研究委员会和其他一些机构手中。另外，这一项目本身最终分为两个独立的小组。一个是在海森伯的指导下，另一个是在迪布纳的指导下。近来在苏联档案中发现了一些关于德国裂变项目的起获文件。这些文件在2004年被交还给柏林-达勒姆的马克斯·普朗克学会。经过研究这些文件以及其他文件，经济史学家赖纳·卡尔施(Rainer Karlsch)在他最近的著作《希特勒的原子弹》(*Hitlers Bombe*)一书中提出了一些惊人论断。他论证说党卫军后来得以控制迪布纳在柏林附近的德国陆军的戈托夫(Gottow)研究站的工作，而且在当时德国裂变研究行政主管瓦尔特·盖拉赫的帮助下，迪布纳及其小组在战争结束之前在戈托夫成功完成了一次链式反应。卡尔施还声称迪布纳在德国另外两个地点制造了两次小型核爆炸，可能其中还涉及一个小型的聚变反应。从报告中看，其结果还造成几百犯人和奴工死亡。最近对戈托夫土壤的分析发现其放射性超出正常值，不过这也可能是正常反应堆研究的结果，或者来自于战争刚结束后苏联在那里进行的研究活动。这些论断背后的证据还不是很有说服力，讲述的故事在技术上不可信。尽管如此，迪布纳和盖拉赫战后的报告和声明提示在战争最后的几个月他们在狂热地朝着这个方向努力。这些努力可能确实导致了书里写的爆炸，不过因为技术的原因，爆炸不太可能涉及裂变或聚变反应，倒可能(如果确实发生爆炸的话)涉及某种"脏弹"(dirty bomb)。[21]

传记的一个优越性在于可以结合整个一生来看待传主的个人行为，而不仅仅只在于行为发生的那个时期。在海森伯的例子中，战争的爆发和他立即参与核裂变研究的时候，他已经在第三帝国治下生活了7年，之前还有纳粹物理学家对他长达数年的人身攻击，以至于在1939年中他与当局达成妥协，得以留在德国。爱国主义的问题，在战争中加入德国一边的问题，以及保卫德国(如果不是保卫希特勒政权的话）使之免于失败的问题，对海森伯来说早在战争爆发的很久以前就已经决定了，对于大多数他的有教养的同事和熟人来说，也是如此。莫特和派尔斯所提出的诠释最符合这一观点，而其他更极端的观点则似乎不符合我们对战前年代中的海森伯及其行为、策略以及妥协的了解。

然而海森伯战前年代的历史也提示爱国主义并非他从事核裂变的唯一诱因。和盟方的科学家们一样，科学的好奇心和一种更加实用性的动机也表现得很明显。战争的爆发和德国军备当局对核裂变的兴趣，突然给海森伯和德国原子科学家提供了一个独特的机会，能够向统治者证明自己的价值。与此同时，他们也愿意得到一个由节节胜利的德国军队主持的重要政府计划所提供的保障——免于意识形态烦扰和经济拮据。在 7 年的压抑和反政权干预失败以后，面临行业的不景气，"雅利安物理学家"的不断叫器和对海森伯的职业雄心的进一步限制，这些保障来之不易。

海森伯确实一马当先，不过不是阻止核武器计划，而是在惊人的短时间内，利用向军械局提交包括两个部分的核裂变应用理论综合报告而抓住实际机会。在这一过程中，海森伯显然又使自己相信，他可以在 1940 年初那样的技术和物质条件下，在战争期间向着一种（对他自己、他的行业和德国）都有用的产生能量的机器努力，而不去管什么炸弹的可能性；在他看来，后者是将来很久之后的事情。通过制造一个炸弹的前景来吊政府官员的胃口，而自己暂不关心实际能不能造成，他就能够保证自己和核研究都可以继续得到承认。他甚至也主张支持同位素分离，尽管一旦成功，就能提炼出一种很容易爆炸的同位素。

可能就是因为这些原因，海森伯之所以在他给军械局的报告的第一部分结尾处，明白地提到同位素分离和强力爆炸物，尽管报告本身的主题实际上是核裂变理论在反应堆建造中的应用。爱国主义、职业实用性、科学好奇心和对德国战争事业的支持结合在一起，导致了海森伯在战争初期的几个月和几年中投向核裂变研究的非凡努力。

物理学家彼得·德拜在柏林和洛克菲勒基金会一位职员沃伦·韦弗（Warren Weaver）的一次长谈中，也描绘了一个关于德国原子科学家们的动机和态度的类似图像。在战争爆发的几天之内，军械局就动用军事特权从亚伯拉罕·埃绍和帝国教育部手中夺取了裂变研究的控制。为了把柏林的研究集中起来，舒曼和迪布纳接管了德拜的威廉皇帝物理学研究所。德拜是一个荷兰人，他既不想辞职，也不想加入德国籍，并立即把这一事变通知了洛克菲勒基金会（他的研究所是在该基金会支持下于 1936 年建立的）。[22]韦弗因此赶到柏林去亲自考察此事。

按照韦弗在 1940 年 2 月和德拜的谈话记录，德拜和铀俱乐部都很清楚地知道军方希望从核研究得到一个"不可抵抗的进攻性武器"。研究者们却向德拜通报了他们自己完全不同的目的："和德［拜］一样，他们认为自己将不太可能完成任何一个军方所设想的目的；但与此同时，他们将获得一个绝好机会在核物理学方面进行某种基本研究。总体说来，德［拜］倾向于认为这个局势开了德国军方的一个大玩笑。"[23]

海森伯在战后回忆说："我，和我的几个同事一样，被告知要研究原子能的技术利用。"这是一个在某种程度上经过润饰的故事。他在其他地方写道："政府的官方口号是'我们必须为了战争而利用物理学'。我们把它颠倒过来当作了我们的口号：'我们必须为了物理学而利用战争。'"[24]在起初，海森伯或许确实怀疑过他欣然提供给当局的那些理论能否真正实现——这表现在 1941 年他意识到自己那些理论预言将成真时的反应上。而且在随后的 3 年中，由这位好奇的理论家记录下来的唯一基本研究也只涉及应用核反应堆理论。海森伯确实采用了为了物理学而利用战争的原则，但同时他也在追求恰恰相反的东西：让物理学对战争有用，以便让帝国统治者接受它和他自己。不论他们是否觉得自己能够或愿意制造军方想要的武器，海森伯和他的战友们都发现自己在走钢丝。我们在回顾中看到他们正在勤勉地进行着他们在那一阶段应该进行的基础研究，不论这样的钢丝在他们心目中或者其他什么地方是否存在。我们可以问，到底谁在愚弄谁？

在可以得到更多的反应堆材料前，大部分铀俱乐部工作都集中到了证实海森伯理论预见的细节和获取材料的各种性质的精确测量结果上。这种资料将被用来改善理论估算和指导反应堆的设计。有 3 个技术问题也需要解决：科学家们必须发展同位素的浓缩和分离的适当方法；他们必须获取大量的重水和氧化铀；而且他们必须找出一个自持临界反应堆的正确几何结构及大小。[25]

在由迪布纳领导的分散在德国各个实验室中的 9 个分工不同的研究小组中，海森伯和两个小组密切地合作过；一个是在莱比锡大学他自己的研究所中，而另一个则属于柏林的威廉皇帝研究所。后者由德拜领导，不过很快就被免职了。到了 1940 年 10 月，海森伯就将他的时间大约平均分配在当时相隔约两个半小时火车路程的莱比锡和柏林两地。[26] 德拜被免职后，舒曼曾委派负责铀计划管理的迪布纳担任位于安静而又绿树成荫的柏林西郊达勒姆的研究所的临时所长。但对迪布纳来说很不幸的是，德拜的原班人马还都没走，其中大多数人都和海森伯关系密切。他们中有魏茨泽克和他的助手们，也有实验家卡尔·维尔茨（Karl Wirtz）、埃里希·菲舍尔（Erich Fischer）、弗里茨·博普（Fritz Bopp）和德拜忠实的技师格雷奇默（Gretschmer）先生。这个班子认为精力充沛的迪布纳没资格管理他们的工作，因为他虽然有很强的党内关系但对核理论却不精通。魏茨泽克和维尔茨越来越多地将海森伯作为研究所事务的所外顾问而拉了进来，希望这位有名望的物理学家有一天会代替迪布纳而成为研究所的正式所长。

在海森伯这一方面，他则利用他在柏林的关系来扩展他对整个核理论，以及德国大部分最重要的反应堆实验（由柏林和莱比锡小组完成）的影响。为了容纳柏林（B）系列的放射性柱状反应堆的模型，柏林小组于 1940 年 10 月在威廉皇帝生物学研究所的地段上建筑了一个附属建筑，并取名为"病毒屋"（Virus House），以吓走好奇者。与此同时，海森伯和他的莱比锡小组准备了 L 系列的球形反应堆模型，这一系列一直存在到 1942 年。

在海森伯的领导下，接替弗里茨·基希纳担任莱比锡辐射物理学教授的罗伯特·德佩尔（Robert Döpel）指导了莱比锡研究所中的实验工作。协助他有才的妻子，律师克拉拉（Klara），以及研究所中很有本领的技师威廉·帕邢（Wilhelm Paschen）；帕邢实际上制造了各式各样的新装置。卡尔·弗里德里希·邦赫费尔在解决重水问题方面进行了合作。但是接替德拜在莱比锡任实验物理学教授的格哈德·霍夫曼尽管是铀俱乐部的成员，却和莱比锡的反应堆实验没什么关系。领导整个研究工作的迪布纳从前是霍夫曼的学生。海森伯对迪布纳的藐视影响了他和霍夫曼的关系，而常常很难相处的德佩尔也不喜欢那位古板的老实验家来打扰。

铀俱乐部很快就捉襟见肘。1940 年初，海森伯向迪布纳申请了 1 吨（1000 千克）纯氧化铀，而实验家哈特克则为他在汉堡的反应堆实验申请了 300 千克。但是，由于人们很晚才意识到铀的重要性，所以全德总共只有 150 千克工业纯氧化铀。迪布纳向焦急的海森伯保证说，到 1940 年 6 月底他将得到 1 吨。柏林的奥尔公司正在全速处理从被占领的捷克斯洛伐克弄来的铀矿石。[27] 那一年的晚些时候，该公司又得到被占领的比利时从比属刚果运来的铀矿石。

重水也是个问题。在 1940 年 1 月给海森伯的一封信中，哈特克问他是否在设法搞到重水。海森伯又一次走在大家的前面。刚过完元旦，在和迪布纳的一次会晤中，海森伯就建议，他关于重水可以成为合适的减速剂的理论预言一旦得到实验证实，就立即建立一个工业重水工厂。德佩尔和海森伯在 8 月份完成了实验证实，但德国军队的进攻又提供了重水的一种外部来源。[28]

1940 年 4 月，试图从侧翼威胁英国的德军进入了丹麦和挪威。5 月 3 日，德军占领了挪威城镇威默尔克（Vemork），附近就是由挪威水力电气公司建立的世界上唯一生产重水的工厂。德国人没有建立自己的工厂，而是干脆使用了挪威的工厂。该工厂按照德国人的要求改进了电解生产，在 1943 年由于英国和挪威突击队的破坏而被迫暂时停工之前，每月生产 300 立升的重水。那时德国提取的重水或许已经刚好够用来建造一个反应堆。[29]

希特勒的胜利也给德国科学家带来了一部回旋加速器。在洛克菲勒基金会的支持下，在尼尔斯·玻尔的哥本哈根研究所中刚刚建成一部回旋加速器，而第二部也在约里奥的巴黎实验室中将近完成。回旋加速器使研究者们能够测定必要的核常量，并能生产例如钚那样的裂变物质，否则这种物质只能在反应堆中生产。

当巴黎落入德军手中时，舒曼和迪布纳立即赶到了约里奥的实验室。到了 1941 年 4 月，巴格和沃尔夫冈·根特纳（Wolfgang Gentner）已经和约里奥一起在从事完成回旋加速器的工作了——约里奥留在了巴黎积极从事抵抗。海森伯催促巴格，尽可能利用机会与尊敬的约里奥一起进行一些非裂变性的基本研究。[30] 通过成功地利用德国军队的胜利，一切似乎都已就绪了。德国科学家们现在有了他们所想要的一切，铀、重水和回旋加速器。除了盟国科学家，没有人关心此事，尽管这是通过对邻国的征服和掠夺才完成的。

希特勒闪电战的惊人成功，也使得莱比锡在 1943 年战火蔓延至德国本土前一直相对不受干扰。当然，到处都能看到战争的影响：频繁的夜间空袭警报（但起初没有多少实际空袭）以及使人心烦的食物短缺和燃料短缺。现在带着 5 个孩子的伊丽莎白·海森伯必须自己去寻找日用品，她的丈夫则有一半时间在柏林。不过，海森伯夫妇还是做到了多多少少不受干扰地过日子。生活中有孩子出生，洗礼，生病，和他们的朋友雅各比一家（他们活到了战争结束）的音乐晚会，庆祝圣诞节，以及伊丽莎白的花园中每年盛开的鲜花。[31]

在最初两个夏季，从学校放假到晚秋，伊丽莎白、孩子们和一个女佣人一起搬去他们在巴伐利亚阿尔卑斯山区的乌尔菲尔德别墅。海森伯一个人住在莱比锡的房子，或者在柏林施台格里茨离达勒姆研究所不远的岳父舒马赫家中。当在两个城市从事紧张的裂变研究时，海森伯对他的个人生活似乎是满意的。他告诉母亲说："如果一个人能够把自己小圈子的生活安排好，他就应该满足了。"[32]

在海森伯的教授俱乐部朋友和曾被降职过的院长赫尔穆特·贝尔弗于1940年当了大学校长以后，大学也保持了相对的秩序。他在就职演说中向学生领袖引用了歌德的话："Bilde Künstler, rede nicht（培养艺术家，勿多言）。"在贝尔弗领导下，占主要地位的是学术，而不是政治。海森伯进行他的核研究，讲他的课，并培养他的两个博士研究生，而通常没人干涉他。[33]党员贝尔弗甚至阻止了一位副教授的升级，那个人企图仗着自己的政党资历而不是学术研究质量来得到提升。那位受到伤害的人在1942年向党的意识形态方面的专家阿尔弗雷德·罗森堡的办公室气愤地抱怨说："校长、院长和一大部分教职员都有人文主义倾向，他们尽一切力量来把革命工作说成是不客观的。"[34]

但毫无疑问，纳粹政权长久以来控制着德国人的生活、学术活动和核研究——而且到处都能看到它的影响。学生一进入大学就被分成由一个纳粹学生领导的组织严密的政治学习小组，小组长监视他们的个人生活和学习的几乎每一个细节。高年级学生和教职员中的党员必须在任何地方都佩戴党徽，甚至在实验室中也不例外。在1942年1月两个严寒的冬日里，盖世太保公开搜捕了莱比锡剩下来的犹太人——男人、女人和孩子，把他们的上衣扒掉，然后用敞开的卡车把他们送到18千米以外的一个小镇上去临时拘留，我们现在知道，这就是他们通往东方集中营的最后历程的第一站。海森伯的熟人，莱比锡的前市长，在1944年参加了未遂的谋刺希特勒活动的卡尔·格德勒，在他的家中无助地目睹这些事件以后，把它们记载了下来。[35]

极权政府对研究所事务的影响，以及海森伯抵消它的尝试，可以用埃德温·戈拉(Edwin Gora)的事件来作为例证。戈拉是一个具有德国血统的波兰大学生，德军入侵波兰时正在华沙学习理论物理学。受到知识分子将立即被捕的警告，他回了他在波兰南部的家乡，并写信将他的困难处境告诉了德国著名理论家海森伯。海森伯邀请这位青年来到了莱比锡，帮助他在大学注册，并找到了一个电车售票员的工作。但是到了1941年，盖世太保从戈拉的家乡收到了关于他对帝国态度的不利报告，命令海森伯把戈拉从研究所中赶出去。海森伯毫无反抗地照办了。但是他的夫人对这位青年人有一种母爱式的感情。在她的鼓励下，海森伯悄悄地保护了戈拉，在家中给他进行私人授课，并最后使他于1942年在洪德的名下获得了博士学位。戈拉在慕尼黑的瓦尔特·盖拉赫手下工作到战争结束，后来去了美国。[36]

尽管帮助了戈拉，尽力保持他的研究所不受干扰的海森伯最终还是无法控制一些悲剧事件对他的青年同事们的冲击。他聪明的助手汉斯·奥伊勒以及奥伊勒的好友，一位很有希望的学物理的芬兰学生伯恩特·奥洛夫·格伦布卢姆(Bernt Olof Grönblom)的命运尤其悲惨。前已提及，对苏联怀有同情的奥伊勒曾经在海森伯保护下在德国生存了下来。正如那一时期的许多"[对苏联]抱有同情的人"一样，奥伊勒对斯大林在1939年和希特勒签定条约以及当年晚些时候的德苏瓜分波兰而大感震惊。当斯大林在一年以后进攻芬兰时，格伦布卢姆离开了莱比锡去保卫他的祖国，使他的密友奥伊勒全面变成了另外一个人。斯大林的行为，彻底动摇了敏感的奥伊勒对自己和他的政治倾向的信心。海森伯回忆起自己曾邀请奥伊勒加入铀俱乐部，原因是尽管他的身体很弱，但还是可能会被征入伍。出乎海森伯意料，冲动的奥伊勒已经向纳粹德国空军报了名。[37]经过飞行训练以后，他在一架侦察机上当了一名气象员，于1940年和1941年在克里特、埃及和英国等地执行了任务。海森伯劝他的助手无论是否加入铀俱乐部都要回来工作，但是没起任何作用。

奥伊勒在这一时期内写给海森伯的信，以其满不在乎的口气而使人心碎。他在1941年6月16日写来的最后一封短信中写道："我们常常互相回忆在南方阳光下的海洋和群山，以及非洲的酷热，而且之后[在下一次的任务中]我们一起坐在新环境中时，或许还会在一段很长的时间内这样回忆。"[38]7天以后，当协助实施"巴巴罗萨行动"——希特勒对苏联的突然袭击——时，奥伊勒的飞机在克里米亚附近的亚速海上和他的中队失去了联系。

在奥伊勒的母亲和姐妹的协助下，海森伯通过军事渠道绝望地试图找出他失踪的助手。他甚至问过英国物理学家帕特里克·布莱克特。此人对苏联的同情人所共知，因而他可能在那边有些关系。寻找工作一直继续到战后，但是从来没有发现奥伊勒或他的飞机的任何踪迹。奥伊勒失踪两个月后，他的朋友格伦布卢姆在保卫祖国时倒下了。受到战争中损失两员大将的深深困扰，海森伯后来在芬兰科学院院报上写了一篇令人感动的文章纪念自己的学生："他在科学领域中最初的成就越是突出，我们就越有理由为失去一位因为一种更高责任而突然离开我们和他的工作的年轻人而悲痛。"[39]

第二十三章　哥本哈根之行

当在 1940 年等待着更多的铀和重水到来时，海森伯在莱比锡和柏林的研究团队试验了用石蜡和普通的水来作为可能的减速剂，也就是能使裂变中子减速，以避免被铀 238 吸收，从而能引起铀 235 裂变的物质。吸收一个中子而引发的一次裂变，平均说来会产生两个或更多个中子。这些被释放出来的中子如果被充分减速，就会接着引起一块天然铀中的稀有同位素铀 235 更多的裂变，而其中每一次裂变又将产生更多的中子；一种产生能量的链式反应将出现在一个自持的反应堆中。

海森伯的两个研究团队在一个核反应堆中试验了两种候选的减速剂。这个反应堆包括一些交替的减速剂层和氧化铀形式的少量自然铀层。他们为了保密，将后者称为"制品 38"，即 U_3O_8。[1] 关于最佳配置只有一般概念，科学家们只能用试差法来找出最佳的形状大小和需要的材料数量。柏林小组试用了水平交替的制品 38 粉末层和减速剂层，装在一个圆筒形的铝罐中，其高度和直径都是 1.4 米。这些都浸在"井洞"（*Brunnengrube*）——在"病毒屋"中挖出的一个水坑——的水中。1940 年 10 月建成的"病毒屋"是一座樱桃树下孤立的木架房子，离威廉皇帝生物学研究所不远。两米深的井筒中的水吸收和反射从容器中泄露的中子；容器通过一个在 3 米宽的井上活动的吊车吊入井中。[2]

在维尔茨和菲舍尔的得力领导下，柏林小组直到 1942 年年中用石蜡和固体或者磨成粉末的氧化铀共做了5次实验。海森伯和他的柏林合作者们以一些详细的秘密技术报告向陆军研究部门汇报了他们的发现。结果是：没有一个模型有用。反应堆中心的一个小源发出的中子，大部分都被装置所吸收，而不是在裂变中倍增。[3]1942年春天，4个莱比锡实验得出了相当不同的结果：德国人得到了正中子倍增。[4]但在很有希望的开端以后，他们却从来没达成链式反应。费米的芝加哥小组在几个月内就完成了世界上第一个自持的链式反应，超过了德国人。

在1941年初试用了石蜡和水作为减速剂（L-1模型）以后，海森伯的合作者，比柏林小组更接近当权者的罗伯特·德佩尔在L-2模型中改用了宝贵的重水。这些重水装在衬了铝的同心球壳中，和铀粉球壳交替放置。帕邢和德佩尔把这些同心球壳放在两个铝质半球中后，就将两个半球（半径约40厘米）合在一起栓好，然后用绞盘将它放入了莱比锡大学物理楼底层的水罐中。通过导管将一个弱中子源置于球心上后，他们测量了作为半径的函数的中子通量。模型L-2被发现是一个哑弹。海森伯计算出，源中子全都在球内被大量的铝所吸收了。[5]

为了证实这些结果以及别人关于铀金属氧化物粉末即"38号金属"优于"38号制备物"的发现，海森伯和他的莱比锡团队在1941年底转向了金属粉末和重水。但莱比锡所有的金属粉末只够制造一个内外两侧都被重水包围的球壳。在1942年初汇报的这一L-3模型的仔细测量结果显示源中子损失减少了很多。海森伯和德佩尔确信，再多加一个铀金属层，总共755千克铀和164千克重水，就会得出真正的倍增——这就终于能证明海森伯的"机器"确实可行。[6]

但是38号金属和水的危险却被忽视了。当水（重水或普通水）遇到铀时，它们会产生可燃性氢气。按照由德佩尔存档的一份正式报告，1941年12月的一天，当研究所的技师帕邢和他的学徒F.楚姆克勒（F. Zumkeller）将粉末倒进其中一个半球中时，重水不知怎样漏了进去。一大团的火焰突然从球中喷了出来，烧到了天花板并且严重地烧伤了帕邢的手，以至他将近一个月没能工作。[7]德佩尔让他的太太手中拿着灭火器站在旁边，自己则亲自小心翼翼地将剩下的粉末倒进了球中，以便进行L-3测量。

更多的38号金属终于在1942年初来到了莱比锡，而在暮春的某个时候，反应堆模型L-4开始以13％的速率增生中子了。兴高采烈的海森伯团队冷静地向

311

军械局报告:"将此处所描述的层状装置简单扩大,就能做出一个铀燃烧器。"海森伯和维尔茨在战后写道:"通过这种实验,[我们]证明了一个独立工作的产生能量的铀燃烧器是可能的。"[8] 铀裂变研究不再仅仅是一种政治上有用或理论上有兴趣的工作了;受控的——乃至不受控的裂变的可能性突然真正地变得非常现实。

海森伯在多年后回忆说,"从1941年9月开始,我们才看到面前有一条通向原子弹的坦途"。[9] 那时项目正在模型L-2上运行,或许模型L-3只是刚开始。而且到目前为止,德国人从天然铀提取制造原子弹所需用的可裂变同位素铀235的每一次努力都失败了。反应堆和炸弹都还遥不可及。

但在一个标着"柏林,1941年8月"的报告中,在曼弗雷德·冯·阿登(Manfred von Ardenne)的柏林研究所(由德国邮局资助)工作的弗里茨·豪特曼斯(Fritz Houtermans)却得到了一种极其重要的结果:用钚来替代铀的理论证实。他在一份秘密报告中证实了魏茨泽克的结果,那就是当铀238吸收一个中子变成铀239,就会衰变成元素93(铀在元素周期表中是元素92)。这个元素会衰变为元素94(钚),豪特曼斯报告说钚应该和铀235一样,可以吸收中子发生裂变。从魏茨泽克和海森伯的早先报告中,可以清楚地看出豪特曼斯所说"我们工作的主题"的涵义。一个天然铀的反应堆一旦建成并运转起来,它就可以成为一个现在所谓的"增殖反应堆",通过铀238吸收中子产生稳定的但却是高度可裂变的元素钚。豪特曼斯写道,由于钚在化学上和铀不相同,"可以通过普通化学方法将其(从铀中)分离出来。"[10]换句话说,一个运行中的反应堆可以产生容易提取的裂变材料,用在便携的能源中,或者制造一种新的"不可抵抗"的进攻性武器。盟军在1945年投在日本的两枚原子弹中,第一枚用的是分离出来的铀同位素铀235,第二枚用的是反应堆生产的钚。

海森伯显然在豪特曼斯提交报告后不久就知道了他的结果。标注日期为1941年10月1日的一封海森伯给他的教授俱乐部朋友赫尔曼·亨佩尔(Hermann Heimpel)的信,强烈地使人想到海森伯确实觉察到了一条引向可怕爆炸物的畅通道路,而且他也已经考虑到了它的可能后果。海森伯在感谢亨佩尔赠送一册后者所著《德国的中世纪》(*Deutsches Mittelalter*)时写道:"我确实喜欢您书中将中世纪的思想体系和我们这个时代对比的那一段。在这方面,我突然

312

想到这样一种转变也可能在不久的将来再一次出现。因为有一天我们人类或许会认识到，我们确实具有完全毁灭地球的能力，我们将给自己带来'末日'或某种与之密切相关的东西。"[11]

海森伯和他所信任的柏林研究所职员讨论了新近开辟的道路。在8月或9月初的某个时候，他们决定海森伯应该和留在被德国占领的丹麦的尼尔斯·玻尔讨论一下事态的转变。海森伯已经同意参加德国宣传机构在哥本哈根举行的一次关于天体物理学的9月份系列演讲，这是一次绝妙的机会。1941年9月15日，海森伯和卡尔·弗里德里希·冯·魏茨泽克及另一些德国科学家一起动身前往被占领的哥本哈根，他的正式目的是到那个机构去参加系列演讲，而非正式的意向则是会见玻尔。

海森伯或许在9月16日晚上见到了玻尔。[12]他们的见面现在仍然笼罩在争论和疑问中。迈克尔·弗莱恩(Michael Frayn)的获奖名作《哥本哈根》就以这次见面为中心，它激发了更多的想法和争议。[13]虽然这次旅行的官方情况和一些直接的后果是有据可查的，但是关于他们非正式会面的讨论内容却只来自两位参与者及其同事和同事的同事的战后叙述。面对战后早期阶段的那种强烈情绪和紧张局势，所有这些报道的真实性都是值得怀疑的。大部分德文报道都是在为卡尔·弗里德里希的父亲进行辩护中给出的；此人是德国外交部的高官，他所分管的机构负责哥本哈根的德意志文化宣传研究所，而他本人则因"外交部案"于1948年在纽伦堡受审定罪。这些报道带有明显的目的性。由于担心盖世太保对会面进行监视(这种担心不是没有道理)，玻尔和海森伯自己当时都没敢把他们的讨论写在纸上。

考虑到会见的地点(德国占领下的丹麦)、场合(海森伯在宣传研究所演讲)及话题(核裂变，可控的和非可控的)，海森伯的访问让他的前导师感到非常不安，这丝毫也不奇怪。海森伯觉得自己没有能够和玻尔沟通。玻尔和海森伯曾经在长达20年的时间内都是亲密的朋友和同道。如果玻尔在两人相见后感到很痛心，那一定是因为海森伯说了一些令人痛心的话。

海森伯有一篇写于1948年关于这次访问的字斟句酌的声明，显然是为了"魏茨泽克审判"而准备的辩护词的初稿(和他提交的内容较少的正式辩护词不同)；在这份文件中，他重提了自己在1941年的认识，即现在已经可能制造一种

313

爆炸物，也就是原子弹。[14]海森伯回忆说，他和玻尔最重要的谈话发生在一个晚上，那时他们正在玻尔的研究所后面那个宽敞而与外界隔离的大众公园中沿着一条树木葱郁的小径散步。这位丹麦教授和他的前助手以前经常沿着这些幽静小径一起散步。除了其他吸引力以外，这种地方还有一种好处就是可以避开盖世太保安装在研究所中的任何窃听器——讨论秘密的核研究对德国人来说意味着卖国，对丹麦人来说意味着生命危险。面带孩子气的海森伯记得自己是通过一个问题来开始和那位身材更高、外表更庄重的玻尔展开讨论的；他问玻尔是不是相信，"作为一个物理学家，一个人是否在道德上有权为原子能的实际利用而工作"。

　　显然大吃一惊的玻尔的反应是问海森伯是否相信原子能可以被用在这次战争中。海森伯答道："是的，我知道它会。"然而他声明，他指的只是一种机器。他告诉玻尔说，由于所涉及的技术困难，在战争结束以前不可能制成原子弹。

　　要破译海森伯关于这一会见的战后叙述、他的意向和玻尔的反应，需要更充分理解这场会面的广阔背景。[15]但是我们的资料还是只能让我们在关键问题上做些推测而已。海森伯所回忆的关于道德的问题就是一个恰当的例子，因为现存的资料没有任何迹象表明他曾在此前提过这个问题。但是在那时以前也不清楚是否可能建成一个反应堆，更不知道它很快就可实现，而且一旦运作起来它就会很容易地通过生成钚，而为制造原子弹提供另一条路径。既然玻尔曾在许多年中对他的青年弟子们特别是对海森伯起了一位父亲的作用，而且常和他的青年同事们争论哲学和伦理学问题，当海森伯在他的研究中遇到一个伦理上的两难问题时可能去问玻尔也看似合理。但是，在过去的几年中，特别是在党卫军事件中，海森伯都没有向玻尔而是向他的德国学界长辈马克斯·普朗克以及(或许还有)马克斯·冯·劳厄寻求关于政治环境下的科学建议；这两人都在柏林，比玻尔更好找。虽然处于半退休的状态，劳厄当时仍然担任着自己从爱因斯坦时代起就担任的柏林威廉皇帝[物理]研究所副所长职务。但从现在尚存的少量资料来看，却没有任何迹象表明海森伯和他的同事们曾经为了核研究的道德问题去请教过普朗克或劳厄，也没见他们为此事着急。

　　除了他可能寻求的任何指教以外，海森伯去见玻尔或许还有另一些目的。哥本哈根方面后来提出的一项指责认为，海森伯其实是作为一名德国间谍试图

314

从玻尔那里打听，盟国是否真的正在制造核武器，如果是的话，进展如何。并无直接证据可以证实这一点，不过一份新发现的魏茨泽克在海森伯此行之后的报告，确实显示了德方很想知道玻尔对核裂变应用的了解。[16]

在战后写给 B. L. 范德瓦尔登的一封信中，海森伯本人似乎暗示了他访问的另一个目的。海森伯暗示他当时试图延缓盟国关于核研究的一个紧急方案。[17]不论这样一个目的多么难以相信和幼稚可笑，考虑到两年以前海森伯的战前美国之行，特别是丹麦之行的背景情况，它也不是完全没有根据的。

海森伯 1939 年的美国之行，是在玻尔-惠勒理论的发表和法国人确认原子裂变中的中子倍增的几个月以后。正如前面所指出的那样，至少在后来的两个场合下，海森伯回忆了在美国和费米讨论过核炸弹的可能性；和别人也可能进行过这样的讨论。[18]正像海森伯在多年以后所报告的那样，参与讨论的双方在当时都表示过肯定愿意为他们各自的政府致力于裂变研究。1941 年 9 月，海森伯在尽可能努力地研究核能，他也能预料盟国正在做一样的事。伊丽莎白·海森伯写道，在整个战争期间，她丈夫都"非常担心"得到较好供应的盟方可能发展并用原子弹来对付德国。[19]

到了 1941 年秋天，当海森伯访问玻尔时，德意志帝国已经达到了它扩张的顶点。欧洲大陆的绝大部分已经处于纳粹的占领之下，德军正在苏联长驱直入，而战争的结果可能指日可待。如果战争很快结束而德国军队还留在原位，或者战争胶着在当时的战壕战线（正如第一次世界大战中的法国战壕战一样），那就很容易假设，当时还没有参战的美国将有足够的时间和资源来制造一种原子武器，而盟方肯定会把这种武器用在德国头上。至少有一份 1942 年初的德国秘密报告表明，德国人用某种方法得悉了秘密的美国反应堆研究——而现在他们知道这种研究将导致的结果。[20]

战后，海森伯写道，他在 9 月访问之后就知道了玻尔和盟国科学家们有联系。盖世太保曾经截获了一份玻尔给英国科学家的秘密信件，并把它交给了海森伯，原因可能是因为其中提到了海森伯的来访。海森伯或许甚至在他的访问之前就怀疑玻尔和盟方有联系。也许，正如他在战后给范德瓦尔登的信中所表示的那样，海森伯是想通过玻尔让盟方知道，德国人（他们在整个战争期间都相信自己走在盟国前头）离建造一个炸弹还很遥远，以求避免盟国采取紧急方案研制核弹，并最终对德国发动核打击。

不论海森伯的目的和意图如何，他在不理解玻尔在被德国占领的哥本哈根的处境和精神状况，也没有想一想人们如何看待他的访问的情况下，就访问丹麦，这是糟糕的错误，会误导人们的看法。他上次见到玻尔是在 1938 年。两年后，德国军队实际上一枪未放就占领了丹麦王国。1941 年 9 月，德国已在丹麦和欧洲的绝大部分站稳脚跟；对玻尔来说，听到海森伯提起有关核武器前景的非道德粉饰想必不会多愉快："目前，它当然只是机器中的能量开发问题；要造出炸弹或许需要一番巨大的努力，在那之前战争就会结束。"[21] 甚至按照海森伯自己的回忆来看，他和原子弹之间也只隔着时间和努力而已，而玻尔在 1941 年 9 月也不会觉得这些时间和努力是什么可望而不可即的东西。对更现实的利用原子能强化德国经济，并作为德国在世界各处的舰船潜艇的新能源的前景，他也不会感到高兴。

直到 1943 年秋，德国的占领力量都好像无意将丹麦纳粹化——他们不想民众中有任何动荡发生，因为那样，他们就必须从其他被占领土上撤出军队。德国指挥官们基本没有去折腾丹麦的犹太人，而且德国军队和占领当局受到严格的命令，要尽可能避免得罪丹麦人。玻尔、他的研究所和他的回旋加速器也都没有被触动——按照玻尔的看法，这显然是受到了卡尔·弗里德里希在德国外交部工作的父亲的支持。[22] 德国人让玻尔的研究所尽可能地照常工作，继续从洛克菲勒基金会得到美元资助。[23] 但这些伪善行为并不能掩盖这一事实：自豪的丹麦已被降低成为纳粹德国的一个殖民地，并正被占领者的不断宣传所折磨。甚至一名德国宣传专家也不指望丹麦的驯服："一种无言的愤怒弥漫在这里；只有当丹麦人相信他们处于自在和没有受到监视时，这种感情才会流露出来。"[24]

在海森伯到达丹麦的几个月前，在卡尔·弗里德里希和一组德国科学家来访的仅仅几天以前，丹麦共产党员和其他反德的丹麦人就被迅速逮捕并押往德国，这种行动进一步激起了丹麦人反对所有德国人的情绪。同时，卡尔·弗里德里希本人也使德国科学家完全不受欢迎。在去年 3 月对玻尔研究所的访问中，据说魏茨泽克带了当地德国文化研究所所长去见玻尔，这冒犯了玻尔。[25]

新成立的"文化研究所"是德国外交部文化司下的一个宣传机构。1941 年 3 月，卡尔·弗里德里希曾在该所和哥本哈根的其他地方对德国人和支持德国的人发表过演讲。按照现存的帝国教育部的记录，魏茨泽克此行如此成功，以至后来丹麦的德国占领当局要求魏茨泽克在秋天再次访问，这一次要和海森伯教授博士同去。魏茨泽克在3月的访问后立即联系海森伯，或许将计划告诉了后者——如果海森伯还不知道内情的话。[26]到了7月中，海森伯肯定已经知道卡尔·弗里德里希和文化研究所正计划通过组织一次在1941年9月底召开的天体物理学会议来显示在丹麦科学家中的亲德势力对德国的支持。

7月22日，魏茨泽克致函德国学术交流中心（DAAD），以证实他自己、海森伯和另外几个德国科学家是被邀请的演讲者，而且因为知道德国政府中仍有反对海森伯的势力，他坚决要求海森伯参加。在8月初征求了海森伯和魏茨泽克的意见之后，帝国教育部把会期定在了9月18～24日。海森伯个人表示同意，他将从9月15日起在哥本哈根待到21日。但不知是头脑简单还是故意恶作剧，卡尔·弗里德里希又一次冒犯了丹麦人，他衷心邀请他们去讨厌的德国文化研究所听自己和海森伯关于太阳物理学和宇宙射线的演讲。心中早已充满了"无声愤怒"的玻尔及其同事并不欣赏科学家参与纯粹宣传活动。海森伯后来推测，他和玻尔的会面"并没得到预期效果，［因为］玻尔显然不赞成我在'德国文化研究所'中参加一个天体物理学会议"。[27]

虽然根据现有的记载不能判断哪一点想法最早出现，（是去和玻尔谈论裂变问题？还是到文化宣传研究所去发表演讲？）但演讲的时间似乎是在豪特曼斯的结果出来，让人觉得通往核武器的大门已经敞开之前。如果是这样，那就出现一个问题：海森伯在被占领的哥本哈根首先要做什么？如果他决定去哥本哈根的时候，还没有想到要和玻尔谈论核研究，那也许可以说他是要使自己确信玻尔及其研究所没有受到德国占领者的伤害。但魏茨泽克肯定已经确定了那件事，而且别人也可以使海森伯对局势感到满意。相反，最可能的答案却是，海森伯确实有意无意地和他的朋友及同事卡尔·弗里德里希一起，参加了由卡尔·弗里德里希父亲手下的外交部所属单位主办的宣传活动。仍然急于想向独裁政权官员证明自己的可靠性的海森伯，在党卫队事件后，也急于通过获准到国外旅行表示自己受到信任，因此欣然加入卡尔·弗里德里希的宣传工作，或者至少没有拒绝。在核研究的两难问题变得尖锐起来以前或以后，似乎并不存在任何其他原因迫使他前去访问被占领的哥本哈根。

317

这种诠释得到了帝国教育部更多文件的支持。在他的战后证词中，海森伯（像在其他这类情况下一样）论证说，到文化研究所中去发表演讲，是他为了能够访问哥本哈根而付出的最小代价。虽然当时对他的出国旅行确实存在某种阻力，但那并非不可克服。特别说来，早先大力阻挠海森伯获得慕尼黑职位的帝国教育部的威廉·菲雷尔办公室不得不批准了所有出国旅行，而除非受到压力，菲雷尔是不打算批准海森伯到任何地方去旅行的。在一次匆忙安排于9月初的帝国教育部的会晤中，菲雷尔要求党总部最后决定是否允许这位莱比锡教授出国。在老魏茨泽克的外交部提出这次旅行可以考验海森伯是否适用于今后的宣传演讲后，党迅速同意了。[28]对海森伯来说，他的哥本哈根演讲之行可以看成一次小小的个人胜利；对纳粹政权来说，它将是一个对教授可靠性的考验，而这种可靠性是未来利用他的先决条件；对丹麦人来说，那不啻于一种恶劣的宣传。玻尔的夫人玛格丽特，从未动摇她对这一事件的看法："甭管别人怎么说，那都是一次敌对的访问！"[29]从那之后，玻尔和海森伯再也没有像战前那样亲密过。

海森伯想要通过他和玻尔的会见来达到的"预期效果"是什么呢？假如是让盟方暂停应用核研究，甚至与德国科学家联合抵制它，那是根本不可能的，即使海森伯曾在哥本哈根受到很好的接待，也是一样。在被德国占领的哥本哈根陷于孤立的玻尔，对交战双方的核研究进展只是略知一二，而且正因如此，盟国科学家可能不会同意他对来自德国科学家的抵制建议的评估。例如，魏茨泽克在1941年3月报告说，"在更技术性的问题方面，［玻尔］知道的比我们少得多"。也许这种情况，加上德国科学家们在其9月之行中的行为，引发了战后哥本哈根方面提出的观点，也就是德国人实际是在执行间谍任务。[30]无怪乎在魏茨泽克第一次来访的6个月后，玻尔听到海森伯说德国科学家已经看到通往原子弹的坦途时会感到如此不安。尽管如此，玻尔在两年后似乎仍感怀疑。当他在1943年答复英国物理学家詹姆斯·查德威克（中子的发现者，玻尔和英国核研究团队的秘密联系人）的建议时，玻尔写道（用故意隐晦的英文）："最重要的是，根据自己所能作出的最好判断，我已经相信，不管未来前景如何，想要马上应用原子物理学中最近一次奇迹式发现，还是不切实际的。"[31]

318　　　　在玻尔致信查德威克的几个月后，德国占领者变得更加凶恶。在一次极为

从左到右：玻尔、伊丽莎白·海森伯和海森伯在雅典卫城，约 1956 年

可观的战时救援行动中，就在搜捕犹太人并把他们押送到德国集中营的计划行动之前，丹麦地下抵抗力量将具有一半犹太血统的玻尔和他的家庭，以及几乎所有丹麦犹太人送到了中立的瑞典。一架英国飞机将玻尔接到了英国，他在那里立即见到了查德威克。在玻尔到来之前，英国核委员会开了一次会议；一份鲜为人知的会议总结报告描述了查德威克的印象："查德维克……说，海森伯曾经访问过哥本哈根。他也谈到，他本人曾在大约一个月前和玻尔有过联系，而玻尔相信没有军事应用的可能性。他认为玻尔的这个想法是来自海森伯。"[32]

如果玻尔觉得自己被海森伯所迷惑，他在以后就会对海森伯的战时来访更加厌恶。也许最近公开的玻尔自 1957 年开始的一个时期内给海森伯的信件草稿中流露的愤怒之情，就是其中的一个证据。不过还有一个更强的理由。

为了回应话剧《哥本哈根》激发的最近对海森伯 1941 年访问的争论，哥本哈根的尼尔斯·玻尔档案馆在 2002 年决定公开之前保密的玻尔写给海森伯的未发出的信件。可能是因为用词激烈，不符合自己的一贯风格，玻尔决定不寄出这些信件。[33]

　　玻尔写这些信是为了回应瑞士新闻记者罗伯特·容克(Robert Jungk)1956年关于原子弹历史的畅销书《比一千个太阳还亮》(*Heller als tausend Sonnen*)。在和魏茨泽克的联系中，容克声称自己描绘了"德国原子研究专家真正的个人倾向"。他说德国专家阻止了德国原子弹的发展，并且进一步声称海森伯1941年与玻尔会面的目的是想建议盟国抵制核武器研究："通过德国和盟国原子专家们之间的默契，来阻止制造不道德的武器。"[34]

　　1956年12月，容克将自己的著作寄给海森伯，询问后者1941年去哥本哈根访问玻尔的更多情况。1957年1月18日，海森伯回复了一封4页纸的信件，在其中扩充了自己1948年为纽伦堡审讯时提供的证词。在关于这次会面的回忆之前，他重复了自己在1948年的声明，"我们知道原子弹的研制是可能的，但高估了当时所需的技术花费。这个情况看来是有好处的，因为物理学家可以借此影响进一步的发展"。随后他如此描述和玻尔的那次会面：

　　这次谈话或许始于我的问题：对物理学家来说，在战时献身于铀问题是否是对的——在这方面的进展可能会导致在战争技术上的严重后果。玻尔立即理解了这一问题的含义，正如我从他略微有些惊恐的反应中所意识到的那样。我能记得他的回复是一个反问题："你真的认为可以利用铀裂变制造武器?"我的回答可能是："我觉得从原理上是可能的，但它将要求大量的技术工作，人们对此只能希望在这次战争不能实现它。"玻尔被我的回复震惊了，显然他以为我想告诉他德国在制造原子武器方向已经取得很大进步。[35]

　　在1957年和1958年分别出版的这本书的丹麦文和英文版中，容克将上述内容作为海森伯信件引文的一部分加以发表，促使玻尔愤怒地草拟给海森伯的信件以作为回应。正像杰拉尔德·霍尔顿指出的那样，玻尔在信中对海森伯的每个观点都予以反击和修正。根据玻尔档案馆提供的英文翻译，玻尔在第一封也是最详细的一封信的草稿中写道："我觉得自己不得不告诉您，在您给该书作者的信件中，您的记忆如此欺骗了您自己，我看到后非常惊讶……从我个人角度，谈话发生时，我们在丹麦正处于极度悲伤和紧张的时刻，每一个字我都记得。"几句话之后他写道：

　　对于在我研究所中的谈话，我也记得相当清楚，您用词含糊，但是语气却给我留下深刻印象，那就是在您的领导下，德国正全力以赴研制核武器，并且您还说过去的两年中您或多或少是在专门做这类准备……如果我的表现中有什么可以被称为震惊的话，它也不是因为[关于原子弹前景的]报告，而是由于我不得不接受德国正在强力争取首先制成原子武器的消息。[36]

如果科学家们能够通过论证，说明在这场战争中还用不上原子弹，从而就能够控制它的研发，那么按照玻尔的观点，德国人当时也没有这么做。

在随后的草稿中，玻尔再次指出"我仔细回忆了当时说出的每一个字"之后重复了自己的印象："我一丁点都没有感觉您和您的朋友在试图阻碍原子弹的研制。"他写道，这件事本身"让我们所有人都非常难堪。"[37]

如果是这样，为什么海森伯来访之后，玻尔并未看到核裂变立即的实际用途？而根据查德威克的说法，"玻尔认为没有军事应用的可能"，这可能是海森伯影响的一种结果？看起来最可能调和两种说法的解释是玻尔确实相信海森伯在研制原子弹，但是也许是因为海森伯的影响，认为由于现实困难，这一研究不会"立即产生什么用途"。这似乎与海森伯以往的做法并不违背，即最初提出这样一个武器的前景，和实现它的诸多困难，以及自己声称的阻止盟国的紧急项目的愿望。如果战争持续的时间足够长，盟国是可能成功造出原子弹的。然而人们无法忽略的事实是，这次访问发生在一个艰难时期，而容克的书以及玻尔的反应则发生在一个情况不同但是可能同样令人不安的时期，也就是广岛之后的冷战时期，欧洲和丹麦都可能成为东西方热战中的核战场。

另外，对海森伯以及德国人正在制造原子弹的担心，增强了曼哈顿计划的力度，最终导致了核时代的到来。在一个新的核焦虑时代，容克的书显然揭开了旧伤，引发了玻尔痛苦的回忆和压抑的愤怒。这从给海森伯的未发出信件的字里行间可以看出来。在玻尔看来，海森伯竟敢利用德国对丹麦的占领来宣告为希特勒的武器库增加原子弹的前景。在海森伯这一方，他回到家后，至少很高兴地收到外交部对其作为帝国的旅行发言人的祝福。

在和玻尔会见以后的几个月中，海森伯表达了他自己对刚刚证实的裂变研究之潜力的反应。在这个时候，随着德国在前线上的局势转向不利，铀计划在机构上和政治上的构架也发生变动。在 1941 年底，德国的闪电战已经走完了它的历程。在 6 月开始的对俄国的入侵到了 12 月已经胶着在列宁格勒和莫斯科外。起先对圣诞节前后的全面胜利很有信心的德国，已经耗尽了它的大部分原料物资。当这种困境在严寒的冬天变成一种危机时，希特勒接手了最高统帅部的职务。破天荒第一次，他下令全面动员德国经济支持战争事业，包括对被占领地区的全面掠夺。德国现在将运用它所能支配的一切手段来进行全面战争。作为这种新事态的结果，军械局军事研究首领埃里希·舒曼在 1941 年 12 月间通知铀研究的主管说，今后只有当"肯定能在可预见的将来获得应用"时，军械局才能支持他们的事业。[38]

讽刺的是，恰恰在美国于珍珠港受袭后参战并启动一个制造原子弹的紧急方案时，舒曼却将德国科学家们召集到柏林开会以确定他们的努力到底值不值得继续下去。在 1941 年 12 月 16 日的会上（海森伯可能也在场），铀研究者们同意准备一份关于他们的进展和研究前景的综合报告交给军械局首脑埃米尔·莱布(Emil Leeb)将军，而舒曼同意在 1942 年 2 月底召集所有铀研究者开一个会来评估他们项目的状态。

唯一可以看到的一份致莱布将军的 144 页备忘录，只是简单地标着"1942 年 2 月"，没有标题页和作者名字。海森伯或许没有协助起草这份报告，但是有些措词和想法却见于他当时的一些报告和演讲中。显然清楚知道盟国的研究的科学家们清楚地建议："在当前局势下，应该为原子能的技术发展和应用作好准备。一般而言，它对能源经济，特别是对国防军(Wehrmacht)来说，有着巨大的意义，而这就是进行这种预备性研究的理由，特别是因为在敌国、特别是在美国也正在加紧研究这个问题。"作者们认为时间不再是什么问题了，因为近来在莱比锡和柏林进行的反应堆实验意味着"成功指日可待"。但是为国防军制造核武器却需要发展新的同位素分离技术或在第一座工作反应堆中产生新元素钚。报告最后说，反应堆进展的障碍，主要不是科学问题，而是"未能获得材料"；研究者们确信，军方支持者们不难解决后一个问题。[39]

军方却选择忽视科学家有根据的乐观态度。莱布和舒曼大幅度削减了铀研究的经费，将活动限于柏林郊区戈托夫的迪布纳的陆军实验室中，完全放弃了威廉皇帝物理学研究所中的研究，把该研究所还给了它原来的主管学会。尽管如此，科学家们还是坚持按期在 1942 年 2 月 26 日开始在研究所召开关于核技术的 3 天会议。

作为竞争对手的帝国研究委员会首脑亚伯拉罕·埃绍，认识到突然有机会在两年以后重新控制铀研究。就在军械局会议的第一天，他在柏林郊区施台格里茨的研究委员会大厅中安排召开一次另外的、对台戏性的非技术性的系列演讲会。随着军方从研究中的撤出，而那些核研究者们又热衷于得到新的支持者，埃绍列出了一张给人深刻印象的演讲人名单——海森伯、奥托·哈恩、瓦尔特·博特、汉斯·盖革、保罗·哈特克和克劳斯·克劳修斯(Klaus Clusius)，请他们作简短而通俗的核能发展的报告。听众将是军队、政府和党卫军官员中的最高级人士——海因里希·希姆莱、赫尔曼·戈林、马丁·鲍曼[1]、阿尔伯特·施佩尔(Albert Speer)、威廉·凯特尔(Wilhelm Keitel)、埃里希·雷德尔(Erich Raeder)，等等。但是命运开了埃绍的玩笑。显然是由于差错，埃绍的秘书在给那些重要人物的邀请信中附了一份错误的节目表。他们收到的，不是埃绍八篇非技术性演讲的目录，而是对手的军械局会议的 25 篇技术性的演讲目录，内容包括中子扩散长度、浓缩的同位素、中子倍增以及莱比锡最新模型中的中子吸收系数。[40]多数大人物都谢绝出席。

由帝国教育部部长鲁斯特任主席，军事研究家舒曼在前身为私人别墅的舒适演讲厅中以"作为一种武器的核物理学"为题致了开幕词。哈恩接着讲了《铀核的裂变》，然后海森伯就讲了他所爱好的主题，《从铀裂变获得能量的理论基础》。[41]在强调反应堆建造的同时，海森伯提到了武器发展的可能性，但是正如在莱布备忘录中一样，他既没有反对政府支持原子研究，也没有鼓励政府指望在可预见的将来得到一种武器。海森伯仍然在走钢丝。

不过海森伯确实证明很快就能建成了一个铀"机器"，产生的能量足以推动军舰和潜艇。而且，足够的纯铀 235 将构成"一种威力完全不可想象的爆炸物"。但他又立即补充道，从一块原料铀中分离铀 235 很困难，需要开发新的复杂技术。另一个制造武器的办法是利用铀机器："一旦这样一部机器运转起来，得到

---

[1] 马丁·鲍曼(Martin Bormann，1900~1945)，纳粹德国时期国家社会主义党党务中心的领导人，他的级别相当于当时德国的一个部长。尽管他在纳粹党内并不受欢迎，但他利用作为希特勒私人秘书的身份，在第三帝国获得巨大的权力。——译者

一种爆炸材料的问题，根据冯·魏茨泽克的想法……就会有一个新办法。机器中的铀嬗变会产生一种新的物质，也就是 94 号元素；它很可能像铀 235 一样具有难以想象的爆炸力。但由于这种物质可以通过化学方法从铀中分离，所以相较于铀 235，它更容易从铀中获得。"[42]

海森伯的主张似乎暗示了，如果纳粹政权在意识形态和专业上不干预科学家们，并且支持和保护他们研究反应堆，那么它［政权］将帮助自己接近一个更遥远但同样重要的目标——发展一种强大的新炸弹。不论海森伯是否相信在战争结束以前就能真正实现这一目标，最起码纳粹政权可以确信在不多的几年内将得到一种巨大的新能源来支持德国经济。正如历史学家马克·沃尔克（Mark Walker）所写的那样："迎合听众和时局，海森伯的演讲清楚而生动阐明了核能的战争侧面。"[43]从另一个角度来看，它也表明了海森伯这位曾经为高山绝壁倾倒的青年，为了心目中的个人以及德国科学的利益，愿意承受挑逗原子研究的灾难性后果。

海森伯再次为了获得个人和专业利益，用核能的潜力去引诱纳粹官僚们，采用这种危险策略的并不限于他一个人。它和德国物理学会发动的一次大运动密切符合；那次运动的目标是德国官员，目的是为物理学的教学和研究争取更多的物质支持。[44]现在德国既已进入全面战争，学会的主要论点对大家都不陌生：物理学和物理学家正在对战争事业做出具体的贡献。海森伯存心将他 1942 年 2 月的柏林报告当作这一运动做贡献的机会，即通过证明物理学可以如何为战争服务来让战争为物理学服务。

在海森伯的柏林报告两个月后，他的同事，时任德国物理学会副会长的沃尔夫冈·芬克恩堡（海森伯夫人婚前的追求者）为此向他祝贺：他对帝国研究委员会做的报告和报刊对这次报告的报道似乎得到了"满意的效果。我已经从党的官员处收到各种询问，包括理论物理学对战争的意义，特别是和您工作的意义"。海森伯对此表示赞同："总之，最高当局对现代物理学的兴趣目前似乎变得非常之大了。"[45]一个月前，当局突然肯定了他们对海森伯及其物理学的兴趣。1942 年 4 月底，希姆莱对海森伯的两项许诺中的一项终于兑现了：海森伯接到命令，到柏林去接替德拜担任威廉皇帝物理学研究所所长，同时担任柏林大学理论物理学教授。[46]

在海森伯和其他任何人都不知道的情况下，帝国的领导者们 1942 年 1 月在柏林万湖会议上作出"最后决议"，准备发动对人类的最后进攻。海森伯及其理论物理学却因为马上能得到这些领导中某几个人的平反昭雪和充分承认而受宠若惊。钢丝现在变成绷索了。

第二十四章　给实在定秩序

　　当铀计划沿着可能引向原子弹的道路前进，而德意志帝国加强其对欧洲大部分地区的种族灭绝性控制时，海森伯的智力活动从抽象的物理学转向了对他及其公众追随者而言非技术性的问题。他当时正在关注一个远远超过物理学的宏大哲学问题。像通常那样，他通过在国内外的公开演讲这一媒介来提出他那些非专业性的思想。从 1941 年 5 月到 1942 年底，海森伯发表了 5 篇关于哲学问题的演讲，并写了一本书稿。书稿在将近 50 年后出版，名为《实在的秩序》（*Ordnung der Wirklichkeit*）。[1] 演讲的对象包括布达佩斯那些受过教育的亲德匈牙利人、中立国瑞士的苏黎世大学学生、莱比锡大学师生以及全德意志帝国的广播听众和报纸读者。这些演讲看上去要么是为那本书做准备，要么就是源自该书稿。[2] 海森伯在这一时期没有写过任何非实用的科学论文，只写了几封现在还保存的与科学问题有关的信件。

　　那段时间，海森伯工作的目标是在加强核裂变研究的同时提升自己的职业声望。伊丽莎白·海森伯透露说，他的 161 页哲学打字稿只是在他们全家于 1941 年和 1942 年到乌尔菲尔德短期度假时完成的，那时他有闲暇，可以不受其他工作和义务的干扰。伊丽莎白至少打印了这一无标题作品的两份现存文本中的一份；他们把这份作品简单地称为 "Philosophie"（哲学），并把它作为 1942 年的圣诞礼物送给了信任的密友。尽管当时把私人见解写在纸上是危险的，海森伯却写进了一些对[纳粹]政权有所批评的段落。海森伯在战后谢绝出版这部作品，宣称它太个人化；而且，写作行为本身也是写作时所处的那种时代氛围的一部分，时过境迁，战后再出版就不合时宜了。

正如前述，海森伯一般不会无缘无故地致力于严肃的哲学探讨或阐述。原因通常是因为他要对非专业听众讲解专业问题。他的哲学出版物大多数源于这种公开演讲。然而，海森伯1942年哲学稿子的动机在性质上却似乎更加个人化，与他的年龄及处境有关。他的一生都致力于快速[获得]科学成就，为了保存自己珍视的东西而不断斗争，大部分私人生活处于朝气蓬勃的环境中，与更年轻的人为伍，以青年的美德为荣。对于这样一个人来说，即将在一场不断加剧的战争中迎来40岁生日或许是一种精神创伤。海森伯在他于1941年12月年满40岁之前和之后写成的手稿，在开篇处提到的目的是要发现他的一生工作如何"和整体相协调"，所谓"整体"是指他称为实在的所有。"一个毕生致力于探索自然的单个的人会不断面临如何将这些个别联系和谐地纳入一个整体的问题，该整体不同于[日常]生活或世界显示给我们的那个整体。"[3]

在先前一个混乱和迷茫时期中，海森伯曾感到极其需要一种能够在他的生活中提供稳定性的秩序与和谐。他相信自己曾在一次早期的青年运动会议中体验到某种起稳定作用的中心秩序。现在，当海森伯在战争和独裁统治中步入中年时，他似乎要求一种新型秩序，通过赋予他和他的科学在更大、更超越的体系中的意义，来让他确信毕生努力的重要性。这位成熟的人在他所阅读过的著作的影响下自己确定了这种新秩序。在1941年和1942年写这篇稿子时，他坚持主张，一个整体确实存在，它所代表的实在拥有一种等级性的秩序组织，而对于科学家，尤其是他自己来说，其任务就是在这种等级背景下来理解他的科学。"在每一时期，人们都曾尝试过将我们关于实在的知识纳入一种普遍秩序之中。"[4]

海森伯从他所喜爱的浪漫派作家、诗人以及自然哲学家约翰·沃尔夫冈·冯·歌德那里吸取了一种几近神秘的等级秩序。海森伯在1941年4月所做的布达佩斯演讲中说，牛顿和歌德对受到白光照射的棱镜所发出的颜色给出的互不兼容的理论，就其本身来说既不对也不错，而是涉及了实在的两个互补类型或层次：物理学的和精神的。在演讲结尾和书稿开篇处，他将实在的层次扩充到了由歌德自己提出的9个从下向上竖直排列的层次：偶然的、力学的、物理学的、化学的、有机的、心理的、伦理的、宗教的和创造的[genial]。[5] 按照海森伯的说法，这些层次从客观趋向于主观，从位于我们之外的实在部分趋向于完全位于人类经验之内的部分，即等级顶层的创造力的层次。在海森伯书稿对每一个层次的说明中，他将他自己的平生工作即量子物理学放在恰好位于有机层次下面的化学领域中，因为它处理的是原子。学者们想要更充分理解他所说的"伟大联系"，必须攀登这一实在阶梯——在很大程度上就好似一个登山者独自努力以达到一座大山山顶，好似一个瑜珈修习者努力求得涅槃[nirvana]的知识一样。[6]

孤独地坐在他的乌尔菲尔德隐居地——甚至在一大家子人围绕着他时，海森伯也是孤独的，这位物理学家在度过自己 40 岁生日时，对他的平生工作在更广阔的事物体系中的位置有了一个新的理解。正像过去几次那样，再次面对他理解自然那种美好的、有创造力的世界与战争中纳粹独裁制度可怕的死亡、破坏及丑恶之间的强烈对照，他发现了远远高出于这一丑恶世界之上的一种秩序。科学以及他在科学中和生活中所珍视的一切，是一个赋予它们存在的意义的更宏伟和超越等级体系中的一些层次。

尽管他的做法有着逃避主义的性质，但令人钦佩的是，维尔纳·海森伯这位 20 世纪的伟大科学家，正在思索自己理论的界限，正在承认另一种看待自然和我们在自然中的地位的方式，它与自培根以来曾赋予的知识就是力量的那种冰冷的、常常是榨取式的理性方式不同，但可能同样有效。然而，对于实在的秩序来说，也还有一种令人不安的特性。即将科学、理性和个人置于等级体系中很低的位置。在某种方式上，海森伯的实在层次等级体系，令人不安，也令人沮丧。联系这一著作的写作年代，人们难免纳闷，不知他当时生活于其中的那个等级位置在多大程度上影响了这些观点。

也许是不知不觉地承认了这种联系，在他的这篇长文的最后几页，海森伯考虑了战争和个人——他自己——在战争中的作用的具体现实。按照或许写于 1942 年的一些段落中的描述，战争不仅仅是一个残忍的独裁者发动和推行的争取权力和领土的斗争，而且是更基本的"人类思想之基础中的一些运动"的表现：实在层次在个人头脑中的一种变动，使得非理性的邪恶方面即"黑色妖魔"被释放到了世界上，扮演了更大的角色。[7] 不清楚他把谁看成了黑色妖魔，也不清楚他预料这些黑色妖魔的作用将是长期的还是暂时的。

海森伯也写出了几段在当时若传出去会给他带来极大麻烦的话。例如，他将国家社会主义和布尔什维克主义同等对待，统称为"这一世俗宗教的一个奇怪品种"。他赞赏"盎格鲁-撒克逊"敌人，因为他们产生了"现代阶段早期的最初几位伟大的人物"，引向了现代科学和客观实在的知识（尽管这种实在还处于等级体系的较低端）。当考虑当时局势时，他甚至向他的读者提出一个道德律令："我们必须一次又一次地使自己明白，人道地对待别人比完成任何种类的职业的、民族的或政治的义务更重要。"8

尽管如此，为了对别人尽他的人道义务，作为个人的海森伯却同时必须坚持承担他的公众人物的角色，也就是孕育了同时生活在两个分离世界中的幻觉的那种"积极反抗"。在他的文章中，他通过区分私人的较小世界和公众的较大世界而重申了这一点。出现在这次战争中宏伟的"思想运动"远远超越了他个人的活动和影响。个人"除了在内心中对那些不经过他的活动而发生的变化做好准备外，对此无法做出任何贡献"。

以此确定了个人在国家和国际斗争的力量面前的无能为力，海森伯就用他的个人建议结束了文章。他写道，在努力帮助别人的同时，一个人除了在他生活的更广阔环境中接受自己的命运以外没什么更多可做的事。个人对那些发生在自己身外的事情的任何责任，就这样轻描淡写地解脱了："对于我们来说，除了转向简单的事物外，没有留下任何东西：我们应该有意识地承担责任并接受人生给予我们的东西，而不必过多过问为什么或原因是什么。我们应该把对我们看来似乎还美的东西传给下一代，建造起那些已被破坏的东西，不去理睬喧嚣和激情，相信其他人。然后我们就应该等待即将发生的事情……实在是在没有我们的影响下自己转变的。"9

这就是海森伯在 1942 年搬到柏林后的做法。甚至当他在德国战争行动等级体系中的一个研究计划中扮演重要角色时，甚至在作为前往被占领和压迫地区的文化代表时，甚至当满足纳粹官员的要求时，他都使自己相信他的行动事实上并不会改变宏伟规模的实在。另一方面，在他自己、他的同事和他的家人朋友的较小世界中，他的行动还会帮助保留"那些对我们而言似乎还是美好的"东西。换句话说，他一直使自己确信他所愿意相信的事情，即，他可以作为这一制度下的一个被统治者，但不是作为体系的一个部分而生活和工作，因而也不

327

- 365 -

对此负责。作为 1942 年柏林的德国裂变研究的科学负责人，他需要这种见解。

海森伯在 1942 年迁往柏林，这标志了当德国当权者使德国经济和科学更直接地为战争服务时，德国铀研究的环境和地位的一种变迁。德国在俄国前线上好景不长，它的物资迅速减少，要求把生产放在第一位。在 1941 年至 1942 年的可怕冬季中，希特勒任命精明的设计师阿尔伯特·施佩尔接替已故的弗里茨·托特(Fritz Todt)担任"4 年计划"中军事生产的首脑，受空军司令、帝国元帅赫尔曼·戈林的领导。1942 年 3 月，希特勒和施佩尔下令，德国经济必须服从军事生产的需要——亦即服从施佩尔本人。[10] 在当时潜在的军事生产部门中，就有一个刚刚被抛弃的研究计划，即对核能的可能探索。

在军械局 1942 年初决定放弃对核研究的大部分控制权以后，五花八门的政府机关就抢夺起果实来了。帝国教育部长伯恩哈德·鲁斯特企图把计划立即划归他自己属下的，当时由鲁道夫·门策尔上校领导的帝国研究委员会(RFR)，以便加强自己的地位。门策尔博士把它交给了仍然由埃绍教授领导的帝国研究委员会物理学部。但是帝国教育部及其研究委员会和威廉皇帝学会(KWG)——管理着一个政府研究所所组成的网络——发生了冲突。其中一个研究所就是位于柏林达勒姆德拜的威廉皇帝物理学研究所，直到它被军械局接管时为止。[11] 威廉皇帝学会拼命想从军械局手中夺回德拜的研究所。当威廉皇帝学会会长阿尔伯特·弗格勒(Albert Vögler)将核研究的军事和非军事潜力告诉了阿尔伯特·施佩尔时，已经意识到科学对战争的重要性的施佩尔便开始亲自过问核问题。1942 年，他说服希特勒任命戈林成为新的帝国研究委员会首脑，该委员会将在"4 年计划"下工作，并促进与战争有关的研究工作。到了年底，戈林就指派门策尔出任帝国研究委员会的管理委员会首脑；在门策尔的建议下，他给了埃绍双重头衔——既是帝国研究委员会物理学部首脑又是掌管核研究的国家全权代表。[12] 虽然这使核计划在 1942 年底暂时悬在了互相竞争的官方机关——以施佩尔和威廉皇帝学会为一方，以戈林、埃绍和帝国研究委员会为另一方——之间，但核计划现在却充分被涵盖于新建立的等级体系之中了。研究要为战争服务，并且受两个人——施佩尔和戈林的支配。

当弗格勒及其属员在 1942 年初策划着减弱教育部在威廉皇帝学会事务中的影响时，德拜的老研究所中的科学家正在阻止海德堡物理学家瓦尔特·博特接替库尔特·迪布纳出任威廉皇帝物理研究所所长。研究所成员仍然想要海森伯。在和弗格勒和威廉皇帝学会秘书长恩斯特·特尔朔（Ernst Telschow）讨论了工作和居住条件以后，海森伯终于签定了于 1942 年 6 月接任研究所所长的协议。[13]

因为研究所的状况在 1942 年仍未确定，正如德拜在研究所的位置未定那样，海森伯便从他的莱比锡教授位置上临时请了假，没有直接辞职。[14]直到 1943 年 3 月，陆军军械局、帝国研究委员会和威廉皇帝学会才终于达成了正式协议。虽然施佩尔办公室控制了优先等级的判定和资源，威廉皇帝学会从那以后将继续管理各个威廉皇帝研究所，但帝国研究委员会将给核研究提供经费。军械局将把它的设备交给威廉皇帝学会，但却继续支持现在由迪布纳重新负责的在柏林正南的戈托夫研究站的核研究，以及哈特克和克劳修斯分别在汉堡的和慕尼黑的研究所中的核研究。[15]官僚机构的脚印阻止了威廉皇帝学会任命海森伯为研究所所长；在名义上，德拜仍然是在请假。威廉皇帝学会玩弄字眼，它不是任命海森伯为研究所"的"所长，而是任命他为"在"研究所的所长。直至 1943 年夏，每周往返于柏林和莱比锡的海森伯还将他的正式住址登记为在舒马赫家租用的一个房间，而他的正式职务中写的还是"在"研究所的所长而非研究所"的"所长。双重性可以存在于不止一个实在层次上。

自从爱因斯坦时代以来，威廉皇帝物理学研究所的一个所长任命，就自动包含了担当柏林大学的教授职位（但是没有教学任务）。这就将帝国教育部扯进了斗争中，而海森伯（在威廉皇帝研究所和柏林大学）的两个提名也再次唤起了政治反对的幽灵。党卫军没有表示任何反对，认为这一任命是希姆莱关于将海森伯适当地安排在除慕尼黑以外的某个地方的那一许诺的兑现。但赫斯从前的党组织和罗森堡的意识形态办公室却仍是反海森伯的"雅利安物理学"堡垒。纳粹党的大学教师同盟和罗森堡的学术总办公室仍然要求有权审查和批准每一个教师和研究人员的任命。[16]

1942 年春，威廉皇帝学会和帝国教育部答应给予海森伯爱因斯坦曾得到过的柏林的双重任命——威廉皇帝研究所所长和柏林大学教授。不去管接受这项任命的背后含义，海森伯及其支持者把他在德意志帝国心脏的双重任命，视为理论物理学对其挥之不去的意识形态反对者的一大胜利。因为海森伯早先曾将带有政治动机的专业攻击看成是本质上对个人的攻击。现在他可以视他的个人

329

和专业成功为其整个行业的一大胜利了。他个人和他的理论在战时独裁制度下的地位得到确认。正如伊丽莎白·海森伯在多年以后所回忆的那样："这件事唯一使海森伯感到满意的就是这样一个事实：他被召唤去柏林可被视为现代物理学对'德意志物理学'的一次明白的胜利……我知道这对他来说多么重要。"[17]

海森伯的同事们尽一切力量利用他的柏林任命，帮助当时更广泛的斗争，使理论物理学的价值得到更大承认。为了表现物理学会的支持，在普朗特的支持下，卡尔·拉姆绍尔（Carl Ramsauer）和芬克恩堡向帝国教育部递交了一份备忘录，描述了德国物理学和盎格鲁-撒克逊物理学相比之下的衰退，并且强调不断加强对研究——特别是核研究——的支持对于战事的重要性。[18]在1942年2月那一轮关于核能的演讲之后，正当战争的势头开始不利于德国时，物理学家的主张开始产生效果。几乎每一个顶级高官都做出新的表示，要重视科学研究对战争的贡献。罗森堡学术办公室学术观察和评议部门的首脑埃克斯莱本（Erxleben）博士在1942年9月宣称："我们认为必须尽一切努力来促进原子物理学研究。"——这是相比仅一年前的180度大转弯。[19]

海森伯同事中更善于交际的人，设法通过他们称之为"宗教辩论"的直接谈判来消除遗留的意识形态反对意见。其中一次这样的辩论早在1940年就已发生；教师同盟的成员芬克恩堡，于1942年6月25日在慕尼黑组织了第二次辩论，以对邀请海森伯去柏林表示支持。在帝国教育部对物理学会备忘录的积极反应的启示下，芬克恩堡很容易地推动了帝国教育部的官员威廉·菲雷尔博士并说服会议主持者和教师同盟学术办公室的首脑古斯塔夫·博格（Gustav Borger）博士，使他们相信海森伯及其理论对德国事业的价值。[20]

博格办公室、埃克斯莱本办公室和纳粹党总部之间在那年夏天的往来信件表明了对海森伯的完全支持。向纳粹党汇报慕尼黑会议的情况并引用海森伯早先的某些党卫军审查者们（现已在他手下）的评价时，博格重述了从前的党卫军结论，即海森伯的个人行为堪称楷模，而"他的政治立场无可置疑。他无疑属于不问政治的学者类型"。埃克斯莱本又相应地提出了自己的建议，认为党应该退出科学争论。当战事进入高潮时，德国物理学的地位一下子变得格外重要。"在任何条件下我们都不能允许原子物理学在德国的研究落后于国外的研究。海森伯教授在这个领域的成就无疑证明，邀请他到威廉皇帝研究所任职是正确的。"[21]

330

海森伯将得到他的研究所，但是他将在1942年秋开始讲课的教授职位的任命却仍有待官方批准。

为了解决问题，海森伯的支持者们在1942年11月在蒂罗尔山区的塞费尔德村(Seefeld)和"雅利安物理学"的代表们进行了第三次"宗教辩论"。多亏了肆虐的战争以及芬克恩堡和其他人从1940年以来的持续努力，"雅利安物理学"的代表们已经偃旗息鼓；他们既不能根据科学理由也不能根据战争努力的实际理由来坚持自己的论点。在海森伯作为观察员出席的那次会议上，辩论双方采纳了上次会议上起草的五项协议；这实际上解消了"雅利安物理学"的政治影响，但他们仍然从理论家们那里获得了某些更多的让步，特别是在避免公开提到爱因斯坦的名字方面。[22] 3个月后，帝国教育部正式任命海森伯为柏林大学理论物理学教授，并担任"在"威廉皇帝物理学研究所的所长。弗里德里希·洪德取代海森伯出任莱比锡的理论物理学教授。[23]

海森伯终于达到了德国物理学中最重要和最显赫的地位之一，而且在将近10年的奋斗后，德国物理学家们终于取得了对他们的意识形态反对者的胜利。他们将这些成功视为了突出的成就，而且乍看起来也是对的。他们已经提升了在1937年的党卫军事件中跌到低谷的理论物理学的地位。那时，一个理论家可能仅仅因为讲授现代物理学而被送往集中营；在1942年，德国权力中心几乎一切有影响的首脑都一致赞许理论物理学。机敏的外交，战争的实际需要，以及作为一种控制武器和政治优势的意识形态的影响越来越势微，使得这种变化成为可能。

但在许多方面，这毕竟是一个微不足道的胜利，但来得又太晚了。在过往10年中，德国物理学已经遭到无可补救的破坏；意识形态已经安静下来，但是种族主义的仇恨却没有停止。而正如历史学家阿兰·拜尔兴(Alan Beyerchen)所指出的，这种胜利仅仅意味着政权不再像战前那样，将关于现代物理学的斗争视为忠于政权和不忠于政权的两个阵营间的冲突。相反，他视其为政权内部两个忠心派别之间的冲突，只不过它们代表对科学研究的不同看法而已。如果物理学家们将海森伯的任命视为现代物理学或"犹太物理学"得到承认的重大胜利，政权当局却只认为自己接受了一种有争议的方式，这个方式有希望给战争带来较大实际利益。

331

海森伯和他的同事们煞费苦心地使政府官员相信核研究有可能带来实际应用。在海森伯1942年2月对政府官员发表的演讲中可以清楚地看出这一点。他强调了受控和不受控的核裂变的可能用处，而同时附和了在军方的莱布报告（Leeb report）中关于技术困难的警告。当海森伯和其他核物理学家在1942年6月4日集合在威廉皇帝学会的哈纳克宫（Harnack House）中，向新上任的施佩尔及3位负责武器生产的军方首脑汇报他们的工作时，这一点也很明显。这次会议恰恰在希特勒把帝国研究委员会及其核研究分部划归戈林的"4年计划"前召开。施佩尔对"4年计划"有相当大的影响力。[24]海森伯显然重述了他2月演讲的大部分内容，强调了一部回旋加速器的必要性，并且为同位素分离请求更多拨款。

虽然莱比锡的L-4实验当时正以13％的速率增生中子，但和"2月演讲"相反，这次汇报并没有太注意除同位素分离以外的钸方法。海森伯显然不想唤起不妥当的乐观情绪，他也不想接受制造炸弹的命令，因为那需要巨大的努力才能成功。没有迹象表明他曾因为道德原则而隐瞒了情报。即使当时德军在北非和俄国前线上取得胜利，但对英国的作战却完全失败，而且盟军的炸弹已经正在攻击德国北部的工业区了。一种新型的炸弹肯定会引起听众中的武器供货商的兴趣。现在可以看到的施佩尔办公室的1942年的报告，没有包含这次会议任何关于炸弹的讨论。它仅仅记载道："当晚在哈纳克宫有一次关于原子破碎和铀机器之发展及回旋加速器的演讲。"[25]施佩尔回忆说，海森伯最担心的，是对核研究的技术和财政支持不足，以及美国或许正在给这一领域提供更强大的支持。[26]

在演讲后的讨论中，施佩尔肯定问过海森伯关于炸弹的事。"他的回答让人泄气"，施佩尔在战后很久这样宣称，或许是为了替自己进行辩解，以免被某些人士指责他没有尽力推进炸弹的研制以挽救德国。海森伯似乎指出过，科学的方案已经找到，但是技术的困难却阻止在可预见的将来实现爆炸。陆军元帅埃尔哈德·米尔希（Erhard Milch）记得自己在会上问过要多大的一个炸弹才能摧毁像伦敦那样的一个城市。据说海森伯的回答使他的听众大吃一惊："大约像一个菠萝那么大。"这也许指的只是铀235的含量。[27]根本不相信的官员一定认为科学家发了疯。

332　但施佩尔仍十分好奇，以至于在会后请海森伯带他参观只隔了几个街区的海森伯研究所。当他们在凉爽的初夏之夜步行去研究所时，据说海森伯只请求了对核计划适度增加支持：建造一个防辐射和防爆炸的地堡，一台回旋加速器，和获得物资的高度优先权。施佩尔被说服，相信核计划只能对战争努力做出中等程度的贡献，因此就把最高优先权给了其他计划——韦恩赫尔·冯·布劳恩(Wernher von Braun)的火箭计划。他就此次原子能会议给希特勒的报告缺乏热忱。在施佩尔1942年6月23日和希特勒讨论的提纲中，第15点简单写道："向元首简短汇报了引爆原子爆炸的会议以及我们已经给予该计划的支持。"[28]在战争的其余时间内，施佩尔继续对计划给予了中等规模的支持，希望至少得到一种生产能量的机器来为船舰和德国经济提供动力。颇具讽刺的是，几乎就在同一时刻，美国科学管理者万尼瓦尔·布什(Vannevar Bush)和詹姆斯·B. 柯南特(James B. Conant)正向罗斯福总统通报，他们确信盟国的原子弹将正好来得及在战争中使用。

　　施佩尔向希特勒报告核会议的那一天，恰恰是海森伯就任他的柏林新职的一星期前；就在那一天，仍然泡在水箱里的最后一个莱比锡模型开始放出了一串气泡。罗伯特·德佩尔怀疑球壳的什么地方漏了，就把它从水里提了出来。当不幸的技师威廉·帕邢小心打开入口处的一个阀门时，空气冲了进去，然后又喷了出来，在他身上洒满了滚烫的放射性铀粉。在这次喷发之后是一束强烈的火焰，烧熔了铝，把更多的铀也点燃了。德佩尔、帕邢和学徒F. 楚姆克勒(Zumkeller)设法暂时控制了火焰并将球体放回了水中冷却。

　　被他的手下叫到现场的海森伯在那里待了一小会儿，看到一切都在控制中，就去主持一个研讨班了。不多一会儿他又被叫了来，那时球已开始在水箱里发热了。注视着水中的球，海森伯和德佩尔发现它突然开始膨胀。两个人赶快向门外跑去，刚一出门，那球就爆炸了，发出了火花和烟雾，把实验室炸毁了，并把滚烫的铀粉洒得到处都是。用数以百计的螺栓连接起来的两个半球完全裂开了。惊慌的人们叫来了消防队，扑灭被铀粉点燃的许多处火苗。在克服重重困难完成了任务以后，消防队队长感谢被吓坏的教授向他们精彩演示了爆炸性的"原子裂变"。[29]很明显，这次事故标志着之前一直成功的莱比锡反应堆实验系列到此为止——正好使海森伯可以及时迁往柏林。

第二十五章　柏林的教授

　　海森伯在 1942 年 7 月 1 日就任威廉皇帝研究所所长一职，同时担任柏林大学教授。在他的妻子和正在扩大的家庭还留在莱比锡和乌尔菲尔德时，海森伯立即投入了柏林的反应堆实验。到了月底，他拟定了一个很大的半技术性实验来获得受控的链式反应；在实验中，危险的铀金属粉末将被换成更安全和容易摆弄的铀金属板。[1]镉控制棒也将被用来吸收由裂变产生的中子而减慢并停止链式反应。一个碳质外壳将包围在圆柱筒之外，以减慢并反射从装置中逸出的中子。

　　此后，在海森伯指导下，柏林的计划将把更困难的圆柱反应堆设计理论与被 1.5 吨重水分隔的水平金属板的不同数量和几何形状的结果结合起来，以期最后得到一个自持的链式反应。这是一个基于理论指导下的反复摸索的实验——很难达到当时盟国的曼哈顿计划已经展示出来的精致水平。

　　但是海森伯雄心勃勃的实验计划却依赖于从氧化铀到金属铀板的工业生产和地下实验室的建成。当海森伯在 1942 年 7 月接手时，这两个条件都不存在。优先等级的提升本来可以加速金属板的制造，但是，尽管在上个月海森伯见到施佩尔时曾向他提出请求，施佩尔却已把计划列入可以维持运作的最低等级：*kriegswichtig*（为战争服务）。此外，从原料铀矿石制成成品铀板的费用非常高，以至几乎用光了帝国研究委员会在 1943 年和 1944 年财政年度的铀研究拨款。[2]

金属的提纯和铸成板材显然并没什么困难，但铀是已知密度最高的金属之一，用特别设计高硬度机械工具来切割它却很困难，且成本高昂；由于德国工业不断遭轰炸破坏以及供应和资源的短缺，这一问题尤其棘手。由于价格太高和铀板生产延期，直到 1943 年年底——差不多一年半后——都没能再次开始大规模的反应堆实验，那时随着盟军对柏林进行轰炸，条件就更加恶化了。直到将近一年后——差不多快到 1944 年，海森伯和他的合作者们才意识到他们走错了道路，于是从金属板转向了更有效的金属方块。先由陆军，后来由党卫军资助的迪布纳和他独立的反应堆小组，从 1943 年起就开始用铀方块了。

1942 年夏，在他们提交大规模反应堆的计划时，海森伯领导下的柏林团队完成了 B-5 系列最后一个实验，用了不太合适的石蜡作为中子的减速剂。在等候铀板到来以进行 B-6 实验时，海森伯渐渐转向了其他问题。[3] 铀计划已经达到了海森伯最初设想的目的。他被调到柏林，以及施佩尔和戈林对铀计划给予的个人支持，表明理论物理学的实际重要性以及他在理论物理学中的领导地位已得到承认。他已确定，核裂变可以用于实际目的，既可用在反应堆，又可以做炸弹。现在海森伯可以转向不那么可怕的科学问题，并担当起他作为生活在遭到战争蹂躏的柏林一位重要德国教授的角色来。

每到周末就回到莱比锡家中的海森伯，发现他作为知名柏林教授的新生活是忙碌的。他每周在大学讲两次理论课，指导研究生的工作，并在研究所中就他所喜爱的课题——宇宙辐射高能物理学——主持一个系列讲座。他把那些讲义编辑并印成了一本专著，于 1943 年 6 月出版。[4] 此外，正像在莱比锡时一样，他进入了柏林那些功成名就的文化精英和知识精英的圈子。1942 年 9 月 1 日，德国空军司令戈林请他当了德国航空研究院的通讯院士。帝国教育部官员在 1943 年 4 月批准了他当选为普鲁士科学院的科学部院士——刚好在该部将阿尔伯特·爱因斯坦除名 10 年后。1942 年 11 月，在普鲁士财政部长约翰内斯·波皮茨(Johannes Popitz)的邀请下，他出席了著名的"星期三学会"的一次聚会；该学会自威廉时代以来就是柏林的社交精英人士的俱乐部之一。[5]

"星期三学会"的成员来自柏林的文化、学术、行政和军事生活的领导人物。一群人每过几个星期就在某一位会员家中聚会一次（当然是在星期三）。除了提供茶点以外，东道主还提供一篇关于自己工作的普通演讲。在 1942 年，学会的

28 名会员中包括这样一些著名人物：外科医生费迪南德·冯·绍尔布鲁赫、陆军总参谋长路德维希·贝克(Ludwig Beck)将军、乌尔里希·冯·哈塞尔(Ulrich von Hassel)大使以及爱德华·施普兰格尔(Eduard Spranger)教授、沃尔夫冈·沙德瓦尔特(Wolfgang Schadewaldt)教授和延斯·耶森(Jens Jessen)教授。这些名字表明，"星期三学会"在第三帝国时期也成了许多保守的普鲁士军官和反对希特勒的职业人士的聚会场所，而且成了 1944 年 7 月 20 日那次失败政变的倒霉共谋者的温床。会员被选中的原因是他们对一些非纳粹的德国和普鲁士文化精英的观点抱有好感；那些精英虽然爱国，也抱有民族主义思想，但却坚持道德上的正直。海森伯的见解在一定程度上和这些会员相一致；从前是莱比锡教授俱乐部成员的施普兰格尔，当时住在柏林的前莱比锡市长、后来的阴谋参与者（但不是教授俱乐部的成员）卡尔·格德勒(Carl Goerdeler)，以及从前的一位青年运动成员阿道夫·赖希外因(Adolf Reichwein)都很了解他。海森伯在 1942 年 12 月第一次作为会员参加了聚会。[6]

沙德瓦尔特在暗杀希特勒失败后的恐怖统治时期设法保住了性命。他的夫人后来回忆了 1943 年 3 月 17 日在他们家中的一次聚会。在聚会结束以后，海森伯、哈塞尔和绍尔布鲁赫继续在交谈。"然后，海森伯用一种压低的声音，而绍尔布鲁赫以他那种兴致勃勃的态度，发牢骚抱怨'施潘斯基'(Schimpanski)，这是希特勒的代号。"[7]〔施潘斯基与'黑猩猩'(chimpanzee)发音相近。〕

根据大多数关于这次政变的研究，多数策划者自纳粹政权掌权之初就在行动上或口头上反对过纳粹的政策。但他们并不反对德意志的民族复兴和军事复兴。当战争爆发时，出于普鲁士式的良心不安，对于纳粹主义，他们进行了反对帝国的密谋。但是直到 1942 年至 1943 年冬季的大伤元气的战败之前，事态一直不利于武装政变。当德军在俄国前线和在北非地区被俘和撤退，而盟军加强了他们的轰炸攻势时，一般民众就开始意识到许诺过的军事胜利正在转变成又一次长期而屈辱的失败。职业阶级的成员们终于鼓起勇气放松他们反纳粹的顾虑，开始考虑替代纳粹主义。许多人要求复辟帝制，而有些人，特别是勇敢的克劳斯·冯·施陶芬贝格(Klaus von Stauffenberg)伯爵，则把刺杀希特勒看成为政变取得军事支持的唯一途径。他们推论说，即使政变失败了，它也还将向全世界证明，虽然有希特勒和他的罪恶帝国，但一个正直的德国还是存在的。每一位"星期三学会"会员都知道学会的反希特勒倾向，而且大部分也知道酝酿中的阴谋。然而现在不能确定，当言论在 1944 年变为行动时，有多少位会员实际参与其中。伊丽莎白·海森伯声称，并不是会员的赖希外因在 1944 年到研究所来找海森伯，请他加入阴谋，但是海森伯不愿意参加，而婉言谢绝了。[8]

按照公开发表的"星期三学会"记录，海森伯参加了它的多数聚会并主持过其中的两次，包括它的最后一次聚会，即 1944 年 7 月 12 日在威廉皇帝学会哈纳克宫中的聚会。研究所"病毒屋"附近的花园为这次聚会提供了浆果，而威廉皇帝学会则供应了葡萄酒。海森伯在当晚发表的关于星体构造的演讲，其中包括对汉斯·贝特提出的关于核聚变过程的解释。贝特是海森伯先前的同事，后被迫移民到国外。10 位会员参加了聚会，其中包括阴谋参与者贝克、耶森、绍尔布鲁赫和路德维希·迪尔斯（Ludwig Diels）。迪尔斯在他的日记中写道："整个气氛有点抑郁。耶森，这位失败主义者，尤其应该为此负责。"[9]

海森伯在 7 月 19 日将会议记录和他的一份演讲稿交给了波皮茨，然后就动身去了德国南部，看望他在乌尔菲尔德的家人，也许是为了找一个借口不在柏林。他在第二天到达了乌尔菲尔德，得知政变企图已告失败。在战争中负过伤的退伍老兵施陶芬贝格得到了一个进入希特勒作战室的机会；他带着一个装有一枚炸弹的手提箱进入这个房间。他将箱子放在了希特勒和一群陆军军官使用的桌子下，然后就离开了房间。一个官员看到了那个箱子，就把它挪到了不碍事的地方。过了一会儿，炸弹爆炸了，炸死了 3 名军官，希特勒受了伤，怒不可遏。

在事后的恐怖气氛中，"星期三学会"的多数会员都被搜捕，受到了迅速的审判，然后上断头台处死（或为照顾他们的身份而允许他们自杀）。甚至于那些知道但没加入密谋的人，无论属于学会与否，也都受到了审问并被处决。马克斯·普朗克失去了他的长子埃尔温[1]。在余下不到一年的统治时间内，希特勒杀害了许多威廉时代上层文化、社会和贵族阶层中的最后一批领袖。海森伯又一次奇迹般地逃过死亡。甚至不存在任何证据表明他曾经被传讯过。支持过他

---

　　[1] 此处有误。埃尔温（Erwin Planck，1893~1945）是普朗克的次子。他的长子卡尔（Karl Planck，1888~1916）在"一战"中死于凡尔登战役。——译者

的高级政府官员（施佩尔、戈林和希姆莱）或许保护了他，使他免受怀疑，原因也许是这些人害怕自己的判断以及忠诚受到质疑。[10]

甚至在得知精英人士中的任何反对和阴谋迹象前，柏林当局就已将海森伯及其同事，以及处于此种地位的每个人置于经常的监视之下，以防他们失去控制。在 1942 年 7 月刚刚搬到柏林，海森伯就指定了两位纳粹党员在研究所中担任党代表。之后不久，负责独立研究机构中"政治问题"的党卫军特务代表坚持要视察海森伯的研究所。海森伯利用这次视察为自己服务。在长期监视研究所的两个党卫军物理学家光临的那天，海森伯亲切地接待了他们，给他们看了一些有趣的实验，他与生俱来的魅力给他们留下了很好的印象。他们本来就已经对监视对象有了很好的看法，其中一个人后来提出，以后会将任何海森伯可能感兴趣的政府举措都告诉他。[11]

海森伯在大学中的研究所为约翰内斯·于尔夫斯找了个职位。作为一名党卫军官员和理论物理学助手，于尔夫斯在希姆莱对海森伯的审查和平反中起过关键作用。海森伯用铅笔写给他的研究所秘书的关于他所收到的某些政府信件的通知，表明海森伯每当和党卫军和党的官员有什么微妙问题要联系时都利用了这个人。但是于尔夫斯却要求一些让步，包括避免提到爱因斯坦的名字。1942 年秋，海森伯收到了于尔夫斯的抱怨，后者显然收到了索末菲出版商的抱怨，于是海森伯就给索末菲写了信，请求索末菲尽可能地从他即将出版的书中删除提到爱因斯坦的地方。索末菲了解海森伯的处境，客气地同意了——当时海森伯的柏林大学的任命还未被批准。作为对照，当马克斯·冯·劳厄被门策尔指摘在中立的斯德哥尔摩的一篇演讲中过多地使用了爱因斯坦的名字时，这位物理学家坚定地拒绝撤回。[12]

直到 1943 年初盟军对德国城市的轰炸开始前，海森伯的妻子和孩子们还住在莱比锡的房子里，而海森伯则把他的大部分时间用在柏林。当盟军的"千架轰炸机突袭"（Allied thousand-bomber raids）[1]在 1943 年 3 月初实际上把柏林夷为

---

[1] "千架轰炸机突袭"是"二战"时期的用语，一开始指的是 1942 年夏季英国皇家空军对德国城市（科隆、埃森和不来梅）进行的 3 次超大型（出动各类飞机达千架）的夜间轰炸。这种展示力量的轰炸行为后来也扩展到柏林等城市。——译者

平地以后，海森伯就停止了这种安排。当时海森伯夫妇的孪生子女沃尔夫冈和玛丽亚正和他们的父亲一起在柏林庆祝外祖父舒马赫的 75 岁寿辰。当炸弹开始掉落时，海森伯正在参加一次社交晚会。当海森伯疯了似的开着车从市中心赶往施台格里茨郊区时，路两侧地狱般的火焰之墙在他的头脑中留下了永久烙印。当他到达时，他发现中了两颗燃烧弹的舒马赫家的屋顶已经被大火吞没了。当确定孩子们和岳父一家都安全无虞后，他跑向了旁边的一家，那里的一个妇女正在狂唤救命。她的老父亲正在毫无希望地扑救他那着了火的房子。热爱体育的中年教授在这次危机中帮了大忙——那天夜里他碰巧穿了一身紧身竞赛服。海森伯设法扒着外墙登上着火房子的屋顶，从着火的屋顶上跳过去，把老人领到了安全地带。

舒马赫家的每个人都活了下来，但是临时被送到前应急协会主席弗里德里希·施密特-奥特(Friedrich Schmidt-Ott)家去暂住的两个孩子却被这次经历吓坏了，因此海森伯决定把家搬到乌尔菲尔德的度夏小房子中去长住。在 1943 年 4 月将莱比锡的房子出租并将家具运至柏林存放后，伊丽莎白·海森伯、她的 5 个孩子、一位远房堂妹——她的非雅利安的丈夫已经"消失"——和她的孩子就一起搬到乌尔菲尔德的小房子去长住了。在舒马赫家搬到南方去以后，在柏林完全孤独了的海森伯就搬进了哈纳克宫的单身宿舍，和外交部一位颇具影响的成员住在一起。正是在这儿，他两次招待了他的"星期三学会"的同事们。[13]

迁往乌尔菲尔德 8 个月后，海森伯一家在莱比锡安静的林荫道边的房子，连同它那美丽的花园和阴凉的后院都成了另一次大空袭的牺牲品；那次空袭也破坏了物理研究所。同样的一系列空袭，迫使海森伯多病的母亲被迫搬出慕尼黑艾因米勒大街(Ainmillerstrasse)上的住处。在海森伯的帮助下，她在巴伐利亚边境小镇密滕瓦尔德上找到了新的房间。他的儿子，在战事正酣的时候安排了一辆卡车搬运她的家具。她本可以搬到她家在乌尔菲尔德乡下小房子去住，但那时他们刚好害了猩红热，全都病倒了。[14]

直到战争结束很久后，伊丽莎白·海森伯和孩子们都没有在很短的假期和节日之外再见到她的丈夫、他们的父亲。他们不得不在他们的山区隐身处独自面对战争最后最艰难的岁月。海森伯留在柏林的决定，对他的私人和职业生活都造成了不利影响。虽然海森伯认为他被任命担任柏林的显赫职位是德国物理

338

学的一大胜利，但希姆莱的第二项许诺，即在纳粹科学刊物上发表海森伯的观点，却还没有实现。对海森伯来说，希姆莱1938年来信中免除对他叛国的指控的每一承诺，都必须兑现，对他而言，这才能证明"雅利安物理学"的最后失败，并为他个人及理论物理学恢复名誉。

尽管他的任命明显意味着胜利，海森伯还是用了一切可以想到的办法使希姆莱的第二项许诺成为现实。这并不容易，因为要刊登文章的刊物：《整体自然科学杂志》是国家大学生同盟的机关刊物，而该同盟，与大学教师同盟一样，在1942年仍是反海森伯的根据地。通过大学生同盟前成员于尔夫斯的疏通，或许也通过他的党卫军安全部（SD）的关系，海森伯使得希姆莱下令给SD主任图罗夫斯基（Turowski），让他在海森伯被调到柏林的同时接受海森伯的一篇文章。[15]海森伯在两年前就已起草了这篇文章，于是就将它交到希姆莱臭名昭著的国家安全总办公室，以便转给刊物编辑布鲁诺·蒂林。希姆莱办公室也下令大学生同盟科学部首脑，党卫军官员弗里茨·库巴赫（Fritz Kubach）博士发表这篇文章。但蒂林却不属于党卫军系统，从前也曾反对邀请海森伯去维也纳，因此没有更大的压力和艰难的妥协他就不会改变主意。

海森伯在1942年12月的塞费尔德"宗教辩论"与蒂林当面对证。这次冲突后，蒂林致信海森伯道，他的明确印象是，文章的发表"被看成是为您受到的攻击的……某种类型的恢复名誉"，而这正是蒂林强烈反对的。[16]海森伯又给希姆莱办公室写了一封信（希姆莱"因公出差"了），抱怨了刊物的不妥协。这封信产生了效果。海森伯的文章《"现代理论物理学"的评价》终于得以发表在1943年10月号的这本纳粹刊物上，而且整个［第三］帝国的物理学家都在热心阅读它。[17]文章遵守了早先达成的那些妥协，尤其是有关爱因斯坦名字的使用，以及将物理学家及其物理学区分的妥协。海森伯向当时任普鲁士科学院院长，忧心忡忡的特奥多尔·瓦伦（Theodor Vahlen）保证，他在文章中提出的观点是狭义相对论"即使没有爱因斯坦也会出现"。[18]几个月后，普鲁士科学院就任命海森伯当了院士。

这篇文章的写作和发表显示海森伯为了为自己和理论物理学（在他看来这两者密不可分），可以不辞辛苦。看来就好像他总是渴望得到的承认和尊重被抑制得太久了，太让人痛苦；当终于到手时，又是如此之单薄，甚至于以后给他和他的物理学再多的承认也不足以弥补这一点，也不能让他确信他们的地位没有再次降低。在 1943 年和 1944 年，有过许多得到保证的机会。

当他获得了柯尼斯堡帝国大学颇具声望的哥白尼奖时，海森伯给曾主持过塞费尔德"宗教"会议上的教师同盟学术办公室主任博格博士（Dr. Borger）写信说，这次获奖使他特别高兴，因为这可以看成对理论物理学的进一步重新承认。"希望这种发展……以后将继续下去。"[19]发展已经开始了。1942 年，海森伯的门徒卡尔·弗里德里希·冯·魏茨泽克受邀接受德国占领的施特拉斯堡的理论物理学教席。1942 年 3 月，纳粹党报《人民观察家报》邀请海森伯写了一篇文章庆祝普朗克 85 岁寿辰。10 月，戈林向希特勒提议授予海森伯一级战功十字勋章（War Service Cross）。1943 年和 1944 年，普朗克和海森伯成了戈培尔的文化宣传报纸《帝国》（*Das Reich*）的头版故事人物。[20]

隐藏在海森伯整个战争期间的多次国外之旅背后的个人和职业动机之一，就是确保他的地位。教授们到德国原有的国界以外去旅行，特别是为了专业事务去旅行，必须得到教育部外事办公室，以及戈培尔宣传部下设机关"德国会议中心"（German Congress Center）及"外币局"（Foreign Currency Bureau）的明确批准。在给予批准时，教育部依靠它自己负责国外交流人员的评价和党的教师同盟在该教授所在大学中的代表的评价。因此，每一次获批因公出国都可以看成当局器重他和相信他的一种具体证据。

当然，当局是以一种完全不同的眼光来看待对这类批准的。德国早就在利用那些自觉或不自觉参与的著名学者来进行国外宣传了。尽管教师同盟强烈主张利用那些有着最合适的意识形态信仰的人选，"会议中心"却主要关心教授对德国利益的利用价值，并不要求意识形态的纯正。海森伯在莱比锡教授俱乐部的一个同事，哲学家汉斯-格奥尔格·伽达默尔（Hans-Georg Gadamer）后来评论了他自己战时的出国之行，其中一次是和卡尔·弗里德里希·冯·魏茨泽克一起访问葡萄牙："我当时没有充分认识到，这样一来这个人就正在被利用来进行海外宣传；对于这种宣传来说，一位政治上天真的人有时是合适的。在这个例子里是带着复杂感情的一种逃避。"[21]

魏茨泽克也曾多次陪同当时绝非一无所知的海森伯到国外出访。他们在1941 年一起去德国占领下的哥本哈根的那一次，是对海森伯是否适用于以后此类目的的一次考验。结果看来很成功，以至老魏茨泽克的外交部劝告帝国教育部说,"从政治文化的观点来看",让海森伯继续代表德国出访是极其可取的。[22]海森伯或许了解这一推荐。如果真是这样,他就是完美的选择:正如德国的核计划证明了参与者及其科学对战争努力的价值一样,外交部通过指出海森伯对德国宣传工作的用处来为他在全德乃至国外的通畅旅行作出了辩护。与此同时,海森伯既可以把这些批准看成对他自己的赞许,又可以把它们看成一种机会,在这些大体上是自愿的出访中追求他自己的目的。海森伯因此认为当局要求的那些妥协没有什么太大意义。当然,这段期间他所访问的那些人往往会以一种完全不同的观点来看待他的访问和他本人。

1941 年后,海森伯的多次出行邀请,有的事先征求他的态度,有的则没有;就像他上次在哥本哈根那样,通常是请他到一个臭名昭著的德意志文化宣传研究所(German cultural propaganda institutes)去发表演讲。正如前述,由恩斯特·冯·魏茨泽克的外交部在占领地区设立的这种"文化研究所",是为了通过德国文化范例来吹捧德国统治的美德这一明显目的而创办的。一直担任外交部政治文化处首脑到 1943 年的弗里茨·冯·特瓦尔多夫斯基(Fritz von Twardowski)后来承认了这种功能。[23]但在大多数场合下,被占国的人民将这种访问与帝国主义等同起来。大部分人在受邀到当地宣传研究所去听海森伯演讲时,都觉得这是一种侮辱,接受邀请就意味着通敌。至少一个外国人后来责备访问其祖国的海森伯和另外几位德国人"对局势一点也不了解"。不过海森伯却也是一个可以在自己私人札记(private papers)中写下"人道对待别人比完成任何种类的职业、国家或政治义务更重要"的人。[24]至少他似乎知道什么是对的,尽管他并不总能做到。

从 1937 年对海森伯受到党卫军的攻击到 1942 年夏天教师同盟"宗教"败退,海森伯完成了五次有案可查的出国旅行:1938 年的北至英国而南至日内瓦和博洛尼亚之行,1939 年夏天的美国之行,1941 年到德国的盟国匈牙利的布达佩斯之行,和同年的哥本哈根之行。海森伯之所以能够进行这些旅行,主要由于魏茨泽克的外交部对党的官僚们施加了压力。在海森伯于 1942 年迁到柏林以后,他想去哪里都没有什么困难了。但除了作为向当局证明自己以及和外国物理学家保持接触的一种手段以外,他仍然把每一次获准成行看成一次个人胜利。[25]

1942 年 7 月后的旅行,似乎都是被"邀请"的结果,没有一个是他自己主动提出的。这种"邀请"或由帝国教育部直接转给海森伯，或通过他在柏林的新院长，纳粹"雅利安数学"运动重要分子，路德维希·比贝尔巴赫（Ludwig Bieberbach）转给他。保存下来的邀请书的文本，在措词上都强力促请接受。海森伯也不是不能硬着头皮拒绝，但责任感和随之而来的机会使他不能拒绝。即便要去的是一个不合口味的场合，即便他的访问被用来加固对帝国不断衰落的支持时，也不例外。海森伯欣然接受了在 1943 年 5 月 25 日由被占领的波兰地区总督汉斯·弗朗克（Hans Frank）博士发来的邀请，请他到克拉科夫的文化研究所中去发表演讲，并作为贵宾在弗朗克的瓦尔腾堡宫殿（Schloss Wartenberg）中下榻。[26]
在发出邀请的正好两个月以前，弗朗克和他的手下曾清除了克拉科夫的犹太人居住区；仅仅几天前，在 5 月中旬，他们彻底毁灭了英勇的华沙犹太人居住区。当海森伯在那年 12 月到来那里时，罗兹犹太人居住区仍然存在。如果海森伯在到来以前没听说过这些事件，在停留期间他不可能没有听到有关这些事件的传闻。

341

从 1942 年 7 月到战争结束，除了 1943 年 12 月的对克拉科夫的访问以外，海森伯又进行了另外七次有案可查的出国旅行。其中两次是 1942 年 11 月和 1944 年 12 月到中立的瑞士访问。他在匈牙利和德国的联盟关系开始动摇时（在 1942 年 11 月至 12 月）和普朗克及魏茨泽克一起再次访问了布达佩斯。也是当拥德的情绪开始减退时（1943 年 3 月至 4 月），他去了和德国结盟的斯洛伐克的普莱斯堡（现在的布拉迪斯拉发）。在 1943 年 10 月海森伯访问了被占领的荷兰，并于玻尔离开后于 1944 年 1 月和 4 月两度前往哥本哈根。[27]

帝国教育部的条令严格限定派遣人员的活动。一位教授必须呈交他带出和带入国境的一切东西的清单；他必须向当地占领当局报告（因此他可能受到监视）；访问回来后，他必须准备一篇关于他的活动的成文报告，包括对政治局势的观察。服从这些安排，便于接受控制[1]。关于海森伯 1944 年的两次丹麦之旅和 1943 年荷兰之旅，现存有相当多的文件，也引起了相当多的争议。文件未必就是真相。不论记载多么详细，见证人的描述多么生动，它们都受到了当时的可怕环境的遮蔽。有关生与死、杀害与酷刑、反抗与合作、操纵与自欺的问

---

[1] 参照老德译本，第 570 页译出。——译者

题，都在战争、劫掠、压迫和种族灭绝的异常背景下发挥作用。以一定的准确性复原发生在正常、和平时期的过去事件都不容易。更何况那种恐怖时代的资料在多大的程度上值得信任？

尽管如此，现有的资料还是对海森伯的一些旅行及其环境提供了部分说明。他1月的丹麦之行发生在丹麦历史上一个特别黑暗的时刻。1940年占领丹麦之后，德国当局在丹麦王室已经逃走而希特勒决定把丹麦全面并入德国以后突然在1942年秋天揭掉了他们的伪善面具。德国司令部用党卫军官员维尔纳·贝斯特(Werner Best)博士代替了文官统治者。当纳粹化的运动激起不断增加的反抗和抵制时，贝斯特宣布了戒严状态，实行了战时法令，并与柏林合作准备在1943年10月1日全面逮捕犹太人，以便送往德国的集中营。多亏了一位德国工业家的帮助，抵抗组织知道了这一计划，在全体人民的帮助和瑞典政府的合作下，尼尔斯·玻尔、他的家人以及几乎估计所有约8000犹太人都在几天之内被私人船只送过狭窄的厄勒海峡进入了中立的瑞典。[28]

342   在这次壮观的英雄大逃亡不久以后，抵抗组织询问玻尔是否应该炸毁他的研究所以免被德国人利用。玻尔拒绝了这种提议，而不出所料，德国军队于1943年12月6日占据了研究所，其借口是玻尔及其研究所正在进行反德宣传并和盟方进行接触。[29]军队立即将研究所中的唯一留驻人员、宇宙射线研究者J. K.贝吉尔德(J. K. Bøggild)教授送进了监狱，他的同事奥尔森(Olsen)博士被盖世太保审讯了5天，并禁止其他人员进入研究所。丹麦人把研究所被接管一事告诉了汉斯·聚斯(Hans Suess)博士，他是德国的一位重水专家，当时正从德国占领的挪威工厂返回德国的途中经过哥本哈根。聚斯在回家过了圣诞节假期后将哥本哈根事件告诉了海森伯。与此同时，海森伯得悉了帝国研究委员会的计划，他们要夺取玻尔的研究所中的回旋加速器和其他设备并将它们运到德国。[30]

通过瓦尔特·盖拉赫(研究委员会物理学部首脑埃绍的继任者)和 E. 希克斯博士(Dr. E. Six)[(外交部)文化宣传处处长特瓦尔多夫斯基的继任者]，海森伯获准于1944年1月24日在库尔特·迪布纳的陪同下飞到了哥本哈根，以协助处置玻尔研究所。如果有必要的话，迪布纳可以动用军械局的力量支持研究所人员商定出来的计划。他俩的官方旅行身份，是负责审查对玻尔研究所的指控的委员会成员。海森伯的不安表现在他动身前夜写给他母亲的一封信中："这次旅行一点也不使我高兴……[但是]也许有必要让我来努力确定什么是对的，并且在可能的情况下矫正这种形势。"[31]

描述这次旅行中所发生的情况的若干资料是存在的——但都不是没有疑问。一份长篇报告是在研究所于1944年解除了纳粹的控制不久后由研究所人员用丹麦文写的。它的目的不明，但充其量也就是将海森伯置于模棱两可的地位上。其他资料包括一些战后的逸闻回忆，对海森伯更不利得多；以及1944年1月8日瑞典物理学家汉斯·冯·奥伊勒（Hans von Euler）为玻尔研究所的事情写给海森伯的信件，文末有海森伯亲手写的修改意见。[32]

按照由研究所人员准备的那份丹麦文报告，海森伯于1月10日给他们写了信，通知他们自己将于14天后到达哥本哈根。到达后不久，海森伯和迪布纳就会见了玻尔的同事，物理学教授克里斯蒂安·默勒（Christian Møller）和汉斯·雅各布森（Hans Jacobsen）。海森伯早已通过他们对核力和宇宙射线的研究而认识了他们。他们也会见了在研究所中负责的盖世太保官员。委员会成员海森伯走到自己的档案柜，从玻尔的大量通信中貌似随意地抽出了一封自己的信件，以向那位官员证明玻尔没有从事任何地下活动。[33]

作为调停人，海森伯然后就讨论了对研究所的3种处理方案；这些都已概述到报告中。这与海森伯写在汉斯·冯·奥伊勒的来信上的附有赞同和反对评语的四种处理方案一致。他将它们写出来或许就是为此次会见作准备。所提出的3种处理方案是：(1)由德国科学家接收并管理研究所来进行战争研究；(2)由德国军方把研究所退还给大学，条件是不得在研究所中进行任何军事研究而且一切研究都要公开发表；(3)研究所将还给大学，但是德国人将从研究所中拆除他们所需要的设备。按照报告，丹麦人当然拒绝了所有3种方案，而且要求在谈判以前立即释放贝吉尔德。海森伯警告他们，在当时的情况下，除非接受条件，否则当局根本不会交还研究所。第二天，僵局被打破了；或许是从卡尔·弗里德里希处听到了情况，老魏茨泽克的外交部通知大学的校长说，研究所将于2月3日被无条件地交还。贝吉尔德于当天下午出狱，而海森伯在提交了一份关于研究所并无危险的报告后就飞回柏林继续工作。[34]

但哥本哈根的当权者们不肯让事情就这样轻易了结。两个月后，海森伯收到了帝国教育部的一份强烈请求，要他接受德国占领当局负责人的邀请，到哥

343

本哈根新近重新开张的德国文化研究所中去发表演讲。[35]如果他真的不想去，他完全可以不太费事地推辞掉，但恰恰相反，他很乐意地接受了。海森伯回到了被占领的哥本哈根，按照要求发表了演讲，而且使丹麦人大感震惊的是他居然公开和帝国全权代表[1]、党卫军陆军中校、野蛮的贝斯特博士一起出席了宴会。他显然设法使自己相信了，这次回访、他对贝斯特的热情致谢以及他给帝国教育部的赞扬文化研究所的报告，就是为了换回德国对玻尔研究所减少干涉所必须付出的代价。一份1949年以当时丹麦人的评价为基础的报告宣称："人们相信海森伯不是一个纳粹分子，但他是一个强烈的民族主义者，有着典型的对当权者的尊重。"[36]

海森伯到被占领的荷兰之旅，留下了更多问题，而且肯定也更难解释。纳粹种族理论家们认为非犹太的荷兰人也像非犹太的丹麦人一样是"雅利安人"，从而应当完全融入希特勒帝国。但尽管丹麦政府一直存在到1943年，荷兰王室和政府却在1940年荷兰被占领后立即逃到了伦敦，这就立即引起了对德国占领的大规模反抗。

德国派到荷兰的帝国全权代表是臭名昭著的阿图尔·赛斯-英夸特（Arthur Seyss-Inquart）博士——一个奥地利纳粹分子，早先曾主持了希特勒对奥地利的吞并，然后就到波兰占领区担任汉斯·弗朗克的副司令。他后来在纽伦堡受到审判并被处绞刑。像占领丹麦的首位总督一样，赛斯-因夸尔特起初也打算笼络他所说的"在经济领域，特别是农业、文化、艺术和科学中愿意合作的人"。[37]荷兰人的反应是勉强地接受和某些方面的表面合作。但早在1941年就对荷兰社会进行纳粹化并引入反犹措施的行为，因而引起了罢工和动乱，招致希姆莱下令野蛮镇压。

大批的处决、对荷兰军官们的拘捕，以及1942年夏天开始将犹太人送往集中营，引起了公开的反抗、对纳粹目标的破坏和有组织的对犹太人及其他受威胁人士的掩护。按照史学家维尔纳·瓦姆布鲁恩（Werner Warmbrunn）的说法，荷兰各大学的学生和教师"燃起并投入了对国家社会主义的意识形态上的反抗"。按照他的估计，被送往德国从事强迫劳动的大学生，占纳粹占领期间被处分总

344

[1] 即德国负责荷兰占领区的总督。——译者

人数中的1/3。[38]

德国的政策在莱顿大学中遇到了特别强烈的抵抗，海森伯在那里也应碰到了他最不能忘怀的冲突。和在德国及其他德国统治下的地方的消极反应不同，莱顿的大学生在1940年11月因犹太教授被免职而举行了大规模罢课。一年后，因为一位发言坦率的教师被撤换，多数教职员工递交了辞职书并拒绝和当权者继续合作。大量的人随即作为人质被捕，作为对地下活动的报复措施，许多人被杀害了。时任莱顿菲利普公司研究人员的物理学家亨德里克·B. G. 卡齐米尔（Hendrik B. G. Casimir）报告说，在莱顿大学著名的卡末林·昂内斯低温实验室——它至少藏有一个犹太人——"情况大致照常进行"。但在其他方面，按照瓦尔布鲁的说法："作为一个大学，莱顿已不再存在。"[39]

随着向死亡集中营遣送人员的暴行继续进行，大学中的抗议活动以及相应的镇压措施在1943年蔓延到荷兰全境。到了9月，遣送完成了，剩下来的荷兰犹太人[其中包括阿姆斯特丹的安妮·弗朗克（Anne Frank）][1]都已隐蔽起来。一个月后，在柏林接替荷兰人彼得·德拜的职位的海森伯来到了荷兰，他和荷兰同事们的见面想必极其紧张。

关于海森伯的这次访问，存在相当多的官方通信和文献资料，其中也有海森伯和他在荷兰的同事之间的一些看上去像私人通信的文献。海森伯和被占领地区的人士之间的通信从来不写得像私人通信那样，因为他们知道在信件送到以前，盖世太保有权而且非常可能会读到它们。当时荷兰的混乱条件使得今天的人们很难诠释这些资料。在1943年7月15日，当遣送已快结束时，帝国教育部转给海森伯一封表面上看是由荷兰教育部和未披露姓名的科学家们发来的信，邀请他在秋天访问荷兰。帝国教育部劝他接受，他照办了，但探问都有哪些科学家参与其中。两个月后，他收到了他在哥本哈根时的老同事，当时在莱顿的

---

[1] 安内莉斯·玛丽·"安妮"·弗兰克（Annelies Marie"Anne"Frank，1929～1945），生于德国法兰克福，犹太人，"二战"期间被屠杀犹太人中最著名的受害者之一，时年15岁。安妮用荷兰文在13岁生日礼物日记本写下了从1942年6月12日到1944年8月1日亲历"二战"的日记，成了"二战"期间纳粹德国灭绝犹太人的著名见证；安妮一家被捕后，日记被发现并保存下来，"二战"之后的1952年英译本改名为《安妮日记》，成为全世界发行量最大的图书之一，有多个语种的翻译版本，多次改编为戏剧及电影。1999年入选《时代杂志》"20世纪全世界最具影响力的100个人"。——译者

H. A. 克拉摩斯的一封信，信中解释了邀请信的来源——或者说在知道在被监视的情况下尽可能地做了暗示。[40]

根据克拉摩斯的说法，荷兰教育部部长想要通过安排荷兰教授和外国同事的个人接触来改善他们的条件。显然和教育部部长往来密切的克拉摩斯和他的物理同事万德·德·哈斯(Wander de Haas)、卡齐米尔、克罗尼希等人进行了商讨。他们同意邀请瑞士实验家保罗·舍雷尔和德国理论家海森伯及里夏德·贝克尔在秋天访问荷兰。[41]如果人们仅从这种解释的表面价值上看，除了从外国同行那里得到一些思想启发之外，荷兰物理学家们显然还希望新近得到重新承认的德国理论家们能对荷兰的科学有一种个人兴趣，因而能够利用自己对荷兰当权者的影响来保护荷兰的实验室设备并改善荷兰科学家的工作条件。无论如何，帝国总督办公室中主管科学、教育和文化促进的官员并没有刻意隐瞒他批准这种邀请的原因。他在 9 月给海森伯的信中写道："我们希望用这种办法可以重新加强我们在科学领域中既有的相当不稳定的关系。您或许已经听说，大多数荷兰大学教授都反对和不信任我们的政治观点和科学想法，但在另一方面，他们却绝不想割断专业领域中的联系。"[42]

海森伯在 1943 年 10 月 18 日至 26 日的荷兰之行中，访问了很多地方：阿培尔顿(Apeldoorn)的教育部；莱顿的卡末林-昂内斯实验室，在那里见到了克拉摩斯、卡齐米尔和威廉·亨德里克·凯索姆(Willem Hendrik Keesom)，并在一个研讨会上做了一个关于基本粒子的报告；在乌得勒支，他住在莱昂·罗森菲尔德(Léon Rosenfeld)家；在代尔夫特大学和阿姆斯特丹大学发表了演讲，并在占领军总部会见塞斯-英夸特，在那里劝说当局保留卡末林-昂内斯实验室。[43]

回到柏林，他继续通过他的关系来试图阻止德国人对荷兰科学研究的干涉并向帝国教育部报告了他的正式想法。按照他的报告，荷兰人"坦率拒绝了德国的观点……但在一种纯科学的基础上，和荷兰同事的合作还是完全可能的。"[44]虽然这种说法可能表达了海森伯的实际观点，但它似乎同样是占领当局科学主管处的官员们所表达的观点的一个翻版。荷兰人对科学合作的兴趣因这次访问而加强了——这正是官员所希望得到的结果。与此同时，所提到的科学合作的可能性也是保存荷兰的实验室和研究的一个很好的论据。

战争期间，海森伯在荷兰拜访过的两位物理学家热情地感谢他对他们个人和他们所从事的科学的过问。[45]尽管如此，战争后不久，以及在他们后来的著作中，一些科学家却回忆了在海森伯访问期间和他一些令人气馁的见面。G. P. 凯珀(G. P. Kuiper)是盟军科学情报单位阿尔索斯部队中的一位美籍荷兰成员。按照他在 1945 年 6 月提交的一份报告，卡齐米尔曾告诉凯珀，在莱顿的一次私下散步时，卡齐米尔听到海森伯说他知道德国集中营的情况，也知道德国对占领地区的掠夺，但"他还是希望德国能够统治"。按照凯珀的报告，海森伯当时曾说："民主制度不能发挥足够的能量来管理欧洲。因此只有两种可能：德国和俄国。那么，一个在德国领导之下的欧洲或许坏处还少一些。"[46]

这些说法在战后曾在盟国的自然科学家中广为流传，而且在他们对海森伯那些年中的负面评价方面起了作用。像对待其他证据一样，对这些证据，也需要进行更深入的分析研究，不能简单接受。回忆受到战时经历的痛苦记忆的影响，这是人类的一个弱点。有时回忆被扭曲的原因，是为了保护某些在困难处境中表现得并不高尚的人，而去指责一些比他们行为更恶劣的人。不管怎样，如果海森伯确实说了那些话，那就至少可以认为，他像卡齐米尔所指出的那样，显得惊人地缺乏敏感。考虑到当时荷兰人对德国所抱有的那种咬牙切齿的敌对心理(尤其是在莱顿)，海森伯表达这样一种情绪，正如一位作家所言，可能永远毒化了他和荷兰同事之间的关系，不论他们在战时的信件中表示得多么友好和感激不尽。[47]而且不论海森伯是否真正说过那些话，卡齐米尔和凯珀宣称他说过这一事实本身，对于海森伯在第三帝国期间行为的战后评价中都很不利。

但海森伯对战争的真实感受是什么呢？我们已经看到，他很想保护德国，使它免于战败，而且战争对他而言，从根本上讲是一种权力转移，对此，他一个凡人完全无能为力。在 1943 年 10 月，当他访问荷兰时，西方盟国在欧洲大陆上还是无足轻重的，而俄国的红军则在斯大林格勒给予德国第六集团军粉碎性打击后，已经在向波兰进军。在那一刻，海森伯很可能认为这场战争是决定哪一种制度将最终统治欧洲的一种斗争，而且在他看来，正如许多德国人的看法一样，德国很可能会失败。自从受到巴伐利亚苏维埃共和国的创伤以后，海森伯就不能想象任何比德国被苏联军队侵占还要更坏的事情，尽管其他人已经在遭受被希特勒军队征服的可怕后果的折磨。海森伯认为纳粹政权至少没有苏联邪恶的看法，在战后甚至变得更加明显了：他在纳粹统治的 12 年中拒绝离开德国，但是在冷战初期面对苏联军队可能蹂躏西欧的恐惧，却使他做出了制订移居美国的应急方案的反应。[48]海森伯在纳粹德国中刚刚获得的地位提升，除了在其个人生活和专业工作方面引起非常让人怀疑的妥协之外，他的敏感性和观察力也大打折扣。

第二十六章　回到矩阵

随着海森伯受命在柏林担任德国物理学专业的最高职务，他在应用核裂变方面的研究就算是达到了目的。1942 年 7 月到达柏林后不久，这位卓越的理论学家立即转向他的"真正工作"：理论高能粒子物理学。核工程只是他达到目的的一个手段。一旦完成大规模反应堆的计划，提交铀金属板的长期订单，以及得到足够的经费与合理的战时优先等级之后，这一项目就能自己向前滚动，而它的科学主管则可以再次投入基本粒子的抽象与精巧之中。

在他到达柏林的仅仅两个月后，海森伯就提交了一篇论文稿的第一部分。这篇论文到了 1945 年就发展成了一部新的，共分四部分的关于基本粒子的基础理论著作，受到广泛研究。他把第一部分献给了体弱多病的汉斯·盖革，并给后者写信说，他断断续续研究这些新概念已经有相当一段时间了。[1] 海森伯在柏林新的单身生活和对学术活动的回归，使他能很快构建论文的前两部分，并于 1942 年 10 月底将其完成。随后两年，在与被占领的丹麦和荷兰的同事的合作下，第三部分和第四部分也问世了。[2]

海森伯战前与泡利一起进行的量子场论的研究，曾经将他引向了宇宙射线——当时可用于研究的最高能量——的研究。当一种极高能量的宇宙射线打中地球的大气或云室中的一块金属板时，它就诱发一些新粒子和光子的簇射。这种效应要根据量子场论来加以解释。海森伯的研究已经使他和其他人确信，已有的场论不能胜任这一任务；无限大值和发散性困扰着所有 3 种已有的理论——量子电动力学、费米 β 衰变理论（与现在的弱力相关）和汤川的介子理论（与现在的强力或核力相关）。

基本粒子的微小体积以及它们在触发粒子簇射的宇宙射线碰撞中的切近距离，使 20 世纪 30 年代末期的海森伯明白，要解决量子场论中的困难，必须在理论中引用了一个新的基本常量，即一个普适的最小长度。但是，把这样一个常量组织到既有的理论中去的每一次尝试都失败了。在 1938 年的一篇论文和在后来发表的和泡利一起为不幸的 1939 年索尔维会议准备的报告中，海森伯主张新的基本长度不但应在未来的场论中占据中心位置以说明作为定态粒子的存在，而且也应成为"现有量子理论适用性界限"的标志。[3] 在十几年前的海森伯和玻尔看来，经典力学在原子尺度上时已经失去了适用性，而且一个新的量子力学曾经因此应运而生；根据海森伯的看法，现在到了约为基本粒子线度的基本长度的区域时，量子力学也垮了。

所有这些论证，加上整个 20 世纪 30 年代中的大量计算以及与海森伯的大量通信，从来不曾真正说服泡利，让他相信海森伯关于基本长度和场论的纲领。正像在 20 世纪 20 年代那样，泡利认为需要全新的理论。泡利曾经向海森伯建议，正像他在 1925 年的构想导致了量子力学的突破那样，他应只关注于可观测量而将不可观测的变量排除于理论之外。现在正逢世界大战方酣之际，海森伯想试试泡利的建议。他的努力导致了战后受到广泛研究的基本粒子的新理论，即所谓的 S 矩阵理论。

在战争处于疯狂状态的 1942 年，从前曾在莱比锡工作的意大利物理学家吉安·卡洛·维克（Gian Carlo Wick）回到德国访问。这次访问在铀计划进入战争末期时刺激了海森伯的研究。6 月在慕尼黑停留以拜见索末菲之后，维克参加了海森伯最后一届有四个学生的莱比锡研讨班。在 7 月初返回罗马前，他陪同海森伯到柏林履新。[4] 根据海森伯发表的第一篇 S 矩阵论文中的一个脚注，维克带来了关于他自己的工作报告，也带来了关于由格雷戈里·布赖特（Gregory Breit）、尼尔斯·玻尔、格奥尔格·普拉切克和鲁道夫·派尔斯进行的类似工作的报告。也许是害怕竞争，海森伯急忙在 9 月初将他的 S 矩阵论文寄给了《物理学杂志》，标题为《基本粒子理论中的"可观测量"》。[5]

在他的新的处理方法中，海森伯用他假定的基本长度定义两个互相碰撞的高速基本粒子的动量和能量的可能改变。这一限制可以确定在现有理论中的可观测的碰撞性质。由于这些确定的性质在实验室中可以测量，它们就必须被包括在任何未来的理论中。如果一个事件发生在基本长度的距离之外，海森伯就认为它可观测，而更小距离上的事件则不可观察。对于两个碰撞着的粒子，这就给出 4 组有用的可观测量：在粒子碰撞的很久前和很久后的实验室中所看到的两个粒子的性质。在碰撞过程中，它们相互接近到基本长度的范围以内，从而不可观测。这 4 组可观测的性质（碰撞前后各两组）可以排列成一个表（或在这类研究中称之为的矩阵）。海森伯称之为散射矩阵或 S 矩阵。

尽管海森伯不能实际指明 S 矩阵的 4 个元，但却证明它在原则上肯定包含了关于碰撞的一切信息。在他 1942 年 10 月完成的第二篇论文中，海森伯进一步证明了，对若干简单的粒子散射的例子，S 矩阵得出了可观测的散射概率。他最喜爱的现象——宇宙射线的爆炸簇射，即单独一次碰撞中的簇射粒子的瞬时爆发——的可能性也被给出。

正如在 1925 年那样，海森伯回归到可观测量导致了对亚原子层次上的问题的一种全新处理方式。但和 1925 年不同的是，最后并未由此滋生出任何革命性的新物理学。原因是无法将实验室事件同碰撞粒子间距小于海森伯的临界长度时极小空间中发生的事件联系起来。这一临界长度之下现有理论不再适用。实际上，当时海森伯的 S 矩阵是一个理论孤儿；它既不能从任何现有的理论中推导出来，而且海森伯认为，它甚至也不能从未来的理论中推导出来。因此，正如 1943 年泡利在普林斯顿所说的那样，S 矩阵是一个"空的概念"。[6] 但海森伯可以不关心中间步骤甚至不说出所根据的理论就跳到结论上。在他看来，S 矩阵的概念必将重新出现在未来理论中，不管那是什么类型的理论。尽管有战争及其破坏后果，一种未来理论的诱人前景却启发海森伯和其他人在早期的战后岁月中严肃考虑这些思想。

海森伯 S 矩阵理论最热心的战后支持者们，曾在海森伯的战时旅行中直接从他那里听说了这种理论。广泛应用这种理论的格雷戈尔·文策尔和恩斯特·施图克尔贝格是在海森伯对瑞士的两次战时访问中听说 S 矩阵理论的。在战后向盟国科学家推荐该理论的克里斯蒂安·默勒曾和海森伯通过信，并在海森伯于 1944 年 4 月访问哥本哈根期间和他广泛讨论该理论。在 1944 年 10 月间的一个晚上，海森伯在被德国占领的荷兰靠近莱顿的克拉摩斯家中一个非正式讨论会上介绍了他的新理论。当时大学已经关闭，而正式的讨论会也被禁止了。和这次访问的那些不愉快的侧面不同，留下了非常多的关于这次谈话和宴会的记录和回忆。[7] 在议论海森伯的演讲时，克拉摩斯提出了很有见解的说法：如果可以不经过完整的理论就确定矩阵的实际元，它们就会得出一个所谓的"解析函数"——即，一个包括着一个实部和虚部的函数（虚数涉及负数的平方根，只是设想中的量）。

在讨论以后，晚宴以及穿插其中的不可缺少的音乐助兴之后，克拉摩斯就用了夜里的大部分时间核对了海森伯的想法。回到柏林，海森伯立刻就写信说他对克拉摩斯的说法"越来越热心了"，"因为我相信，利用这种说法确实可以得到基本粒子理论的一个完全的模型"。[8] 海森伯向克拉摩斯建议合写一篇论文，此时他正向帝国教育部报告说和荷兰人进行科学合作是完全可能的。

350　　但克拉摩斯谢绝和海森伯合写这篇论文。他认为对于撰写工作来说，莱顿和柏林之间的通信过于迟缓——一封信大约要 1 个月才能到达，但他确实要求自己的建议应得到承认，也如愿了。[9] 海森伯的来访显然使克拉摩斯摆脱了精神沮丧，他现在强烈渴望直接合作。但是克拉摩斯或许也感到和这个德国物理学家公开合作不太合适。海森伯显然不同意这种看法。当他在随后几个月中沿着克拉摩斯的想法继续前进时，他至少 3 次重新询问了合作的问题。最后，当海森伯准备在 1944 年 3 月发表文章时，克拉摩斯告诉他："我觉得现在不宜合写论文——合作没有问题，但在今后的几个月内我将不得不完全放弃我的科学计划。"[10] 海森伯提交了他的第三篇 S 矩阵论文，其中提到克拉摩斯的贡献。但仅在谢绝和海森伯联名发表文章的两天后，克拉摩斯就在乌得勒支的一个研讨会上提交了他关于这个理论的想法。[11] 克拉摩斯是要发表的，但不是和海森伯一起。

1944 年的晚些时候，海森伯准备了他的理论的第四部分——一篇不仅处理两个碰撞粒子而且处理多个相互作用粒子的论文，所有这些导致 S 矩阵变得更加复杂。1944 年底他在苏黎世提出了论文的要点，但是论文在战争结束时都没有刊出。在早期的战后岁月中，物理学界突然迸发了对解析 S 矩阵的兴趣，这得益于默勒、克罗尼希、文策尔、哈拉尔德·韦格兰（Harald Wergeland）和海森伯自己对他的战时 S 矩阵研究的战后综述。[12]

然而，当泡利在普林斯顿的学生马仕俊(S. T. Ma)[1]发现有 S 矩阵解(零点)不满足海森伯的 S 矩阵解对应于观测的基本粒子这一预测时，对 S 矩阵的热情很快就消逝了。泡利在英国物理学会 1944 年的剑桥会议上否定了 S 矩阵，而当所谓"重正化"突然确认了量子电动力学可以适用于很高的能量和远小于基本长度的距离时，人们的兴趣就很快回到了普通的场论。那些一直很神秘的 S 矩阵元可以根据旧的量子场论来轻松算出了。虽然将重正化技术应用于其他类型场论还存在着许多困难，但海森伯原来那种 S 矩阵纲领却受到了冷落，直到其在 20 世纪 60 年代初的一个强力而短暂的复兴。[13]

在 1943 年惨痛的战争中，当海森伯忙碌地准备 S 矩阵论文并以他和自己的物理学迎合当权者时，卡尔·拉姆绍尔和德国物理学会在 1943 年发动了一次更雄心勃勃的运动来博得当局对物理学的更大承认和赏识。拉姆绍尔策略涉及"科学的自我动员"，包括科学家们所使用的一切通常技巧：向官员们呈递备忘录，个人外交和向高层官员发表演讲。[14]戈林的德国航空研究院给最后一个方式提供了一个方便的讲坛，而海森伯院士就是这个讲坛上的一个有用而自愿的参加者。

正如他向海森伯解释的那样，拉姆绍尔的新计划由一个三段论"逻辑"组成：〔大〕前提是德国科学将是德国前途的决定因素；〔小前提〕论断是德国物理学"已经在质和量上都被美国物理学超过"；结论是必须采取新的措施，大力增加对研究的财政支持和组织支持。拉姆绍尔在 1943 年 4 月初向航空研究院发表的流传甚广的演讲中提出了他的三段论。他最后的建议之一是呼吁"尽可能合理使用现有物理学家资源，特别是确立从军事上使用物理学家的新方针"。[15]一个月后，海

---

[1] 马仕骏(1913～1962)，从事介子物理学、场论和量子电动力学的理论物理学家。1931～1935 年在北京大学物理学学习，1937 年在吴大猷手下获硕士学位。1937～1941 年，在英国伦敦跟随海特勒(Walter Heitler，1904～1981)学习，获博士学位。1941～1946 年在西南联合大学任教，是杨振宁和李政道的老师。1946～1947 年在普林斯顿高等研究院工作；1947～1949 年在爱尔兰的都柏林高等研究院(随薛定谔任所长)工作；1949～1951 年在芝加哥大学核研究所工作；1951～1953 年在加拿大渥太华的国家研究委员会物理学分会(Division of Physics，National Research Council)工作；1953～1962 年在澳大利亚悉尼大学工作，1962 年 1 月 27 日病逝于悉尼，享年 49 岁。参见 https://sites.google.com/site/kaizhangstatmech/chinese-scientists/stma。

−393−

森伯和奥托·哈恩、瓦尔特·博特及克劳斯·克劳修斯一起在航空研究院特别为核物理学进行了呼吁。

组织科学家的报告的确需要一些交涉手腕。经阿尔伯特·弗格勒、鲁道夫·门策尔和亚伯拉罕·埃绍一致同意，核裂变研究已经被分给了威廉皇帝学会(KWG)、帝国研究委员会(RFR)和军械局。施佩尔的军火及战争生产部和威廉皇帝学会大体上支持了各威廉皇帝学会研究所的工作。但在1942年底，戈林已经任命埃绍负责军械局以外的全部核研究工作，并让施佩尔的威廉皇帝学会核研究改归埃绍的帝国研究委员会分部管理。埃绍肯定不赏识作为核研究之独立发言人的威廉皇帝学会的那些科学家，也就是海森伯及其同事们。

在海森伯这一方，在1943年3月，他也同样厌恶埃绍领导他的研究的企图。在那个月中，军械局终于完全撤出了核研究，把迪布纳的戈托夫研究所的控制权转给帝国物理技术研究所(德国的标准局)，这也是由埃绍教授领导的。[16]在迪布纳被移交的几天之内，埃绍就禁止迪布纳再使用海森伯为了B-6系列大规模实验而在他的研究所建造的防空洞中储存着的600立升重水。然而，埃绍还需要被安抚，而且为了消除他对科学家们在戈林的航空研究院发表演讲的反对，海森伯建议请埃绍当这次演讲会的主席，而埃绍也同意了。然后，为了防止他进一步捣乱，海森伯力劝施佩尔把埃绍弄走，而施佩尔又去找了戈林和门策尔，他们在年底调走了埃绍，换上海森伯更喜欢的慕尼黑实验家瓦尔特·盖拉赫。[17]海森伯和物理学家们显然恢复了他们的影响力。

几个月前，海森伯在1943年5月6日于戈林的航空研究院中发表的演讲用了一个相对中性的标题：《从核裂变获得能量》。[18]正如他在1942年和施佩尔交谈时一样，海森伯设法在研究院的那些具有科学素养的听众和将会听或读他的演讲的更多政府官员之间取得平衡。一方面，海森伯在私下表示他要强调核研究的实用意义，"以便帮助研究得到一种更有利的地位，并得到实际的支持"。[19]另一方面，在令人震惊的斯大林格勒战溃败后，盟军的空袭正在系统性地将德国城市夷为废墟和灰烬，他不希望看见万一在可预见的将来得到新型炸弹，因为这将会导致要么不让科学家从事核计划研究，要么让科学家被迫生产他们不能马上交出来的东西。

海森伯巧妙地活动在这两个极端中。他不提钚的可能性，主张只有通过使

352

用带有减速剂的天然铀，或是通过用很复杂的（而且很费钱的）过程来浓缩铀的铀235含量，才能得到裂变能量。他承认，如果可以从天然铀中分离出足够的铀235并浓缩在一个足够小的球中，裂变就会几乎立刻发生，这样"相应的巨大能量就会爆炸式地被释放出来"。这就是他提醒听众想到炸弹的最直接的说法。他演讲的其余部分集中到了铀"燃烧器"的发展方面，但他的结论却涵盖了两种可能性——燃烧器和炸弹的可能性，并通过指出有待克服巨大的技术和实践困难来压低任何对后者不切实际的乐观看法。他宣称，大量的原子能在技术上是可能的，"但另一方面，当然在现在这种紧张的战时经济情况下，实际达成这一目标会遇到很大的困难"。[20]

海森伯的演讲和物理学家们一系列有计划的活动得到了所希望的效果。使核计划在严酷的战时条件下继续进行的稳定拨款和充分的"急迫分类"（urgency classification）在该时期一直都得到了保证。同时，当战败的迹象越来越大而希特勒开始鼓吹立即可以使战局扭转的奇迹武器（*Wunderwaffen*）时，立即生产一个炸弹的压力和从围绕海森伯的科学家手中夺取计划控制权的斗争就都受到了抑制。科学家甚至得到了纳粹政权的更大青睐：通过帝国研究委员会的一个新的计划办公室，所有和战争有关的研究都得到了更好的定位，多达5000人的科学家、工程师和大学生获准暂时免服兵役，以允许他们进行与战争相关的研究与学习。[21]

为了将来而保存青年德国科学家，是马克斯·冯·劳厄战后提出的一个理由，来解释德国科学家们为何宁愿在希特勒统治下继续为核计划进行研究。用他的影响来保护青年科学家们，也是伊丽莎白·海森伯说明他丈夫决定接受柏林的显赫职位的一个原因。[22]然而，在战后出现了一些批评，认为海森伯显然没能最充分利用他的影响来援救或保护尽可能多的人。人们确实纳闷，为什么海森伯及其同事不利用他们和希姆莱、施佩尔、戈林这样有势力的纳粹分子的关系来更有力地营救受到威胁的人士。一位战后批评者多年后说海森伯"挽救了物理学，但没有挽救物理学家"。克拉摩斯传的作者写道，克拉摩斯曾多次请求海森伯过问被困在集中营中的朋友们的事情，但"没有任何迹象表明这些请求曾有任何效果"。[23]

终其一生，尽管海森伯致力于保存德国物理学，但主要限于自己的专业圈子，按他个人的生存和发展的方式。他一直认为自己主要只对朋友、同事和学生的圈子负有责任。这种特色在他对自己作为青年小组领袖的看法中，在他对早期纳粹政权解雇犹太人政策的反应中，在他想在莱比锡保留一个学生和助手的愿望中，以及在他战争期间为物理学家们（但不包括非物理学家）从当局那里争取免除兵役的努力中，都表现得很清楚。这种特色在战时的《实在的秩序》手稿中达到了极致；在他看来，那种秩序使得个人成了历史力量的无能为力的小卒。第三帝国的意识形态的和政治的遮眼罩不断鼓励海森伯相信这种扭曲观点。同时，在终于获得平反之际，它们也确实鼓励了海森伯和他的同事们把业务问题放在一切其他问题之上，就仿佛这些问题和个体实践者的命运无关一样。

在353的左边。

虽然现有文字记载的观点和可靠性都各不相同，但当海森伯采取行动时，又像是在从前的处境下一样，做得太少，而且太晚。记载确实显示，通过具体的、毫无问题的大规模协作，海森伯至少5次试图援救受到威胁的人士。海森伯提出的两份战后证词提到了另外4个事例，而伊丽莎白·海森伯则回忆了至少两个例子——这些都不包括以前讨论过的埃德温·戈拉事件。所有这些不涉及研究所成员的事例似乎都发生在1943年或之后，那时海森伯觉得自己已经得到了政权的充分信任。或是因为对他的圈子以外的那些人所遇到的极大困难缺乏敏感，或是因为不清楚自己能做什么，或是两者都有，作为对于他想要帮助的那些人的生死攸关处境的反应，海森伯的努力看起来微弱得可怜。

记载表明海森伯为帮助受到威胁的人士，曾和不同当权人物进行过不同的简短联系。1943年3月，他把一位明斯特数学家为法国数学家埃利·嘉当（Élie Cartan）[1]求助的信转给了希姆莱。[24]他也曾鼓励研究所中的一位党卫军支持者采取行动帮助因出言不慎而在斯图加特被捕的韦策尔博士（Dr. Wetzel）；他通过威廉皇帝学会向陆军总司令部请求将一位有希望的物理学学生，同时也是一位步兵军官从前线上调回；他曾想通过威廉皇帝学会哈纳克宫的外交部人员去争取释放一位被盖世太保逮捕的外国科学家。在1944年致海森伯的最后一封讨论

---

[1] 埃利·约瑟夫·嘉当（Élie Joseph Cartan，1869～1951），法国著名数学家。又译卡当、卡坦。他在李群理论及其几何应用方面奠定基础。他也对数学物理、微分几何、群论做出了重大贡献。他是华裔美国数学家陈省身先生在法国游学时（1936～1937）的导师。——译者

S矩阵的信中，克拉摩斯请求海森伯帮助他家一位在布痕瓦尔德被捕的法学家朋友。海森伯回信说："不幸的是，我非常怀疑自己能否帮得了 D 先生，但我会努力。"[25] 没有迹象表明他为那位年轻的犯人做了什么努力，该人的下落也不详。

　　海森伯曾试图伸出援手的例子中，最可悲、影响面很广的情况涉及塞缪尔·A. 古德斯米特的年迈父母。比海森伯小一岁的荷兰人古德斯米特是电子自旋的共同发现者。他第一次见到伟大的海森伯，是后者正在构想矩阵力学基础的 1925 年期间，那时古德斯米特还是一个满怀敬畏的大学生。由于这两位物理学家的工作路线很相近，所以后来他们偶尔也通过信。1927 年在保罗·埃伦费斯特指导下获得了博士学位后，古德斯米特就离开荷兰去了美国的密歇根大学。当海森伯去密歇根访问或在安娜堡的暑期物理学校演讲时，他们常常见面。1939 年，他们在那里最后一次见面。

塞缪尔·A.古德斯米特(承蒙美国物理学
会尼尔斯·玻尔图书馆塞格雷视觉档案馆惠允)

　　虽然古德斯米特已经在美国永久定居，他有犹太人血统的父母却留在了海牙。当悲剧降临时，古德斯米特已经给他们弄到了去美国的签证，而且他们恰好已经收到了旅行证件。在 1943 年纳粹对荷兰犹太人的遣送活动中，古德斯米特老夫妇被从家里拖了出来，装上运牲畜的卡车，送进了奥斯维辛集中营。古德斯米特的朋友和同事，曾在1938年奥地利被吞并后大力援救莉泽·迈特纳的迪尔克·科斯特（Dirk Coster）为古德斯米特写信向海森伯求援。海森伯的反应是在1943年2月16日给科斯特写了一封信，以便后者转交当权者。他在信中描述了古德斯米特对来访的德国人的友好款待，以及他对古德斯米特父母安全的焦虑。[26] 不知道海森伯自己觉得这封寄给荷兰的科斯特的信，对于从奥斯维辛救出老古德斯米特夫妇能有什么用。也许他不知道他们已被送走了。没有迹象表明海森伯试过任何其他途径。也许是由于荷兰和德国之间的邮递特别迟慢，海森伯的信写得太晚了。在海森伯信上所标日期的5天前，古德斯米特的父亲和双目失明的母亲在他父亲70岁生日那一天已经死在了奥斯维辛的毒气室中。

古德斯米特不到一年后回到了荷兰。当时他是盟方秘密的科学情报单位"阿尔索斯派遣队"的科学首脑，当时那个派遣队正在追踪德国的核能计划及其首要科学家——维尔纳·海森伯。古德斯米特在几年以后写道，自己流泪站在断垣残壁之间，这里曾是他童年时的家："我心中顿时有一种锥心刺骨的感觉，凡是我们这些曾在杀人成性的纳粹手中失去亲人和朋友的人，都曾经有过那种感觉——一种可怕的负罪感。"[27] 那也是一种愤怒感，对德国人的愤怒，而且肯定也有对海森伯没能帮助他的愤怒。他在那段话中没有提到海森伯的信。现在不能肯定他什么时候才知道有那封信，但即使当时已经知道，那也不会影响他在战后对海森伯的权威评价，即评价他为一个有着深刻的、悲剧式的性格缺点的伟大物理学家。甚至在许多年后，古德斯米特对这件事的看法也没有多大改变。在1976年为美国哲学学会写的一篇海森伯讣文中，古德斯米特对这位已故的物理学家就客气多了，但仍然有气。"海森伯在1943年被请求过问一位即将被送往集中营的熟人的事情。他的反应仅仅是一封含糊的信。我怀疑他会做任何别的事情。我怀疑在相同环境下，我自己或我所认识的大多数物理学家是否会有更好的表现。"[28]

尽管给予海森伯和其他核科学家们的平反，对他们援救受威胁人士并无很大帮助，但是却明显地让他们对德国核事业的前景变得更加乐观。海森伯和他的同事们现在对他们的核科学和对自己行业的控制，以及在核能应用方面的领先地位都抱有信心。当盟方科学家在美国政府和军队大得多的物质和组织支持下，待在新墨西哥州的沙漠中制造着原子弹时，海森伯和其他德国科学家却相信盟方在核裂变的利用方面不可能领先德国。在 1945 年 5 月航空研究院演讲会不久以后写给门策尔和戈林的一份报告中，亚伯拉罕·埃绍在他领导帝国研究委员会下属核研究的最后日子里，根据科学家们的论文和演讲得出了这一结论。当将埃绍的报告转给戈林时，门策尔应合了埃绍的意见，声称尽管核研究正像海森伯所主张的那样，由于技术原因不会很快造出一种机器或炸弹，"但可以肯定，敌对强国不可能在这个领域中向我们展示什么意外的东西"。[29] 尽管物理学人才在希特勒掌权以后不断流失，尽管拉姆绍尔以指出英美物理学的全面优势来推动德国物理学的建设，但埃绍的报告和随后的各种事件却表明，德国物理学家不能相信自己在统治那么长久的领域中会落了下风——特别他们现在已经赢得了他们上级的尊重。而且由于相同原因，"敌对强国"相信到 1944 年底为止德国科学至少和盟方研究齐头并进。在德国人看来，保存德国物理学的长期斗争不可能都是白费的。

第二十七章　最后一搏

海森伯搬到柏林后并不像来之前那么致力于核技术了。尽管如此，作为柏林反应堆研究小组的负责人，他确实制订了研究计划，到 1942 年 7 月底落实了一个大规模的反应堆实验，希望能达到临界点。它将由 1.5 吨的重水和 3 吨的铀金属板，水平成层地排列在一个圆柱形的金属筒中。海森伯把实验设计建筑在他的莱比锡和柏林的初步实验的结果的基础上，也想把这一装置的结果和理论预测的性质相比较。[1] 海森伯的研究项目按计划推进了将近两年半。在此期间，进展似乎越来越与他在反应堆方面的主要竞争对手库尔特·迪布纳很有希望的反应堆设计有差距。

在军方戈托夫武器研究站工作的、富有想象力的迪布纳，曾有另一种想法：不是把铀金属做成板状而是做成一些立方体悬在一个圆筒内的重水中。这就使铀和重水有更多的接触；于是，在铀裂变中释放出来的中子将更多地被重水减速到能够进一步引起稀少的铀 235 裂变而不是被更多的铀 238 所俘获。

迪布纳用冻住的重水来支撑金属块的第一次尝试，就给出了大约 36% 的中子增生——是莱比锡最佳结果的 3 倍。任何的增生都表示产生的中子多于被吸收的中子；增生越大，就越接近链式反应。埃绍的帝国物理技术研究所资助下的 1943 年的第二次尝试中，迪布纳用细金属丝把铀块挂在了液态的重水中——一部分的重水是从海森伯的研究所中弄来的。这种装置给出了将近 110%

的增生。[2] 更多的立方块和重水将达到临界状态。但是当盟军轰炸机炸平了生产迪布纳的铀立方体的德古萨公司时，迪布纳的实验命运就又与海森伯的实验命运撞了车。德古萨下属的奥尔公司是唯一剩下的生产铀的公司，并且已经签订了向海森伯供应金属板的长期合同。

海森伯曾在1943年初对迪布纳的戈托夫实验进行了简短的评价，而且很不情愿地在他5月的航空研究院演讲中承认，比起莱比锡的分层装置来，戈托夫小组提供了"一种适当改进的装置……其中子增生更高一些"。[3] 但他仍对自己计划的平板装置有信心。显然他甚至向威廉皇帝学会会长弗格勒许诺说，"铀机器"到年底就将建成并运转——如果铀板能很快交货的话。铀板没有及时交货。到了年底，帝国研究委员会的门策尔、一位奥尔公司代表和那时已经没有控制权的埃绍还在为生产的优先性而争论。他们最后同意，"为戈托夫生产的立方体不应该干扰铀板的生产"。[4] 海森伯将得到他的板子，但是由于他很低的战争优先级，板子直到1944年1月才真正运到。海森伯直到将近一年以后才为了迪布纳更容易裂变的立方体装置而放弃了他那效率更低的平板。

当铀板终于运到了柏林时，弗格勒正在开始纳闷许诺的机器到底怎样了。柏林建造反应堆的负责人卡尔·维尔茨刚刚在新建成的地下厂房中开始组装第一个B-6实验。他和他的团队得到了博特的海德堡团队的一些成员的协助，他们在博特决定转向建造回旋加速器时迁到了柏林。他们现在的工作场所是专门建筑的防炸弹和防辐射厂房，有着2米厚的钢筋水泥墙壁。厂房里边是一个实验室，里边有水池，为事故准备的快速气泵和水泵，一个机工车间，操纵放射性物质的遥控设备，和带着提纯设备的重水池。但是没有针对放射性的保护措施，连在达到临界点时关闭反应堆的方法也没有。[5]

维尔茨和他的团队将1厘米厚的铀板安装在镁合金的圆筒中（1.24米粗，1.64米高），并把容器沉入起着吸收和反射中子作用的水池中。然后他们将容器用重水灌满，并测量当把一个小的稳定中子源降到装置的中心上时作为半径的函数的中子通量。经过4次试验，他们求得了5个铀板的最佳板间距离为26厘米。这时得出了振奋人心的206%的增生。维尔茨和海森伯在1944年12月的实验B-7中重复了这种配置。然而这一次不是用水作为中子的主要吸收体和反射体，他们用石墨包住了容器——这是德国反应堆实验首次应用石墨。中子增生因子更升高了一些，但没有高到让人觉得类似装置有希望达成临界状态的程度。平板装置不能达成链式反应了，但海森伯和维尔兹可以安慰他们自己："利用分层装置，满意地得到了和理论的一致性，这种一致性一直在不断改进之中[海森伯、魏茨泽克和赫克尔（Höcker）]。"[6]

在此期间，对柏林的越来越密集的轰炸日益影响到海森伯和他的计划。到了1943年夏天，盟军一天24小时空袭。马克斯·冯·劳厄从波美拉尼亚湾给海森伯写信描写了在整整3个钟头内听到奔向柏林的轰炸机在头顶上飞过的"离奇经历"——"离奇主要因为没做任何反抗措施"。[7] 7月，施佩尔下令，所有军事研究机构都要找到，一旦空袭使自己不能工作时，可以迁往的地方。虽然核计划安全地安置在它刚建好的掩体中，但却不能保证水、电和材料的稳定供应以保证计划和人员的正常工作，而且掩体中也没有足够的居住空间供全体人员使用。海森伯在南部和西部寻求了安全避难地，以便更靠近他在乌尔菲尔德的家人，也因为他愿意当战争最后结束时能更靠近西边的盟军而不是东边的苏军。取代埃绍成为核研究主管的物理学家瓦尔特·盖拉赫当年曾在西南部的大学城蒂宾根教书。显然是他让海森伯知道了在斯图加特和蒂宾根南边的黑森林的施瓦比阿尔卑斯地区有一群安静的小村落。

当情况在1943年夏天和秋天一天天变坏时，海森伯决定将正在进行的B-6实验系列中用不着的所有人员都疏散到南方去。到了年底，全所55名人员中大约1/3的人，包括副所长马克斯·冯·劳厄在内，都已在黑森林安顿下来了。他们搬进了美丽如画的小城黑欣根的魏厄大街1号一座几乎空了的大纺织厂中，在那里建立了办公室和测量材料及制造仪器的房间。[8]

然而研究所的其余成员自己没有待多久。作为裂变发现者之一的奥托·哈恩和他的研究所成员们，在哈恩的柏林研究所被炸弹直接命中并烧毁以后就搬到了黑欣根附近的泰尔芬根（Tailfingen）。魏茨泽克及其家庭刚好在盟军轰炸和攻克施特拉斯堡以前逃到了黑欣根。但直到1945年1月，海森伯、维尔茨和其余人员才永久搬到他们在黑森林的驻地。

研究所被分成两部分，一段时间内又与家庭失去联系，这都给海森伯增加了新的负担。在之后的一年半中，当没有去被占领的国家访问或写S矩阵论文时，海森伯就坐火车或汽车在相隔很远的柏林、黑欣根和乌尔菲尔德的3个相距甚远的家之间穿梭来往。随着家庭在新住处所遇困难的增多，他的负担也增加了。海森伯的妻子、孩子和寄居在他家的朋友刚从 12 月乌尔菲尔德的猩红热打击中缓过气来，他家的一部分房顶就被一场大雪压垮了。距离最近的大城镇科赫尔市 (Kochel) 市长无法供应修补用的材料，因此海森伯不得不请求莱比锡市市长允许把他的莱比锡被炸毁了的家中的屋瓦运到乌尔菲尔德来。[9] 除了巴伐利亚农民对柏林教授的家人的不信任以外，伊丽莎白·海森伯述回忆了他们在乌尔菲尔德生活中的不断挨饿和害病；疾病由寒冷造成（那房子原来只适于夏天居住），饥饿是由于无法种菜[房子位于山脚下靠近瓦尔兴湖 (Lake Walchen) 的多石山坡上]。 359

起初，海森伯打算像研究所其他成员那样将家搬到黑欣根，但在他之前涌到这个小镇的柏林研究者已将镇上可以住的地方都占满了，使得海森伯无处可去，只能在一位好友的家中租了一处房间。海森伯家运到柏林储存的家具，现在放在黑欣根那一家人的楼房底层。和研究所的其他家庭相隔离，又不能享受黑欣根在农业方面的好处，伊丽莎白开始恼怒她丈夫的"施瓦宾式的田园生活"，她写道，"这永远是我们之间争论的一个小理由"。海森伯为黑欣根居民举行的音乐演奏会也肯定对事情没有帮助。[10] 尽管如此，当生活一天比一天变得危险，而德国一天比一天更接近于它那不可避免的战败时，他们在乌尔菲尔德的"鹰巢"中单独在一起的时刻也显得更加宝贵了。在并非意外的 D 日入侵（目标是被占领的法国，1944 年 6 月 6 日）的两天前，海森伯从柏林给他母亲写信说："我们经历了上帝作为礼品赐给我们的每一个美好日子，我们对此甚为感谢。"而且当他们能够在乌尔菲尔德一起待几天，听听孩子们的嬉戏时，"我们不想考虑任何事情，而只考虑这种幸福，因为这确实可能就是我们在一起的最后时刻了"。[11]

回到柏林时，海森伯欣然接受了关于 D 日入侵的消息，这不是因为入侵可能成为帝国的结束，而是因为它加速了战争的结束，"不论是哪一种结束"。稍后，在黑欣根，他给自己关于未来的思想加入了浪漫成分。他想，"在战争结束以后太阳还会照样发光，我们将能够演奏音乐和研究科学，而不论我们的日子是富裕还是清苦，都没有什么太大关系"。然而到了 1944 年底当德国获胜的希望已经变得渺茫，海森伯在一封给母亲的信中倾诉自己对过去生活的感激和面对可能让他们丧命的将来时的无助感觉：

-403-

就算把今天和过去围绕我们所有种种凡人难以避免的不幸考虑进来，总的来说我还是属于难以置信的幸运者。能在这个非凡的往往是惊人美丽的地球上生存如此之久，我心存感激。如果还能看到孩子长大，还能再次经历一种和谐的生活和工作，我会非常高兴。不过就算这些都说不准，我还是要感谢命运已经给予我的……我觉得自己还有很多任务没有完成，不过谁也不知道他会如何经历我们面临的最后最猛烈的飓风的来袭。任何情况下，就算在这里，我也将高兴地将自己的生命托付给迄今一直引领我的上天。[12]

当英法美军队从诺曼底的海岸向着德国本土突进时，当英美科学家在洛斯阿拉莫斯兴奋组装第一颗原子弹时，盟军的情报机构努力争取关于德国核研究进展的可靠情报。通过从德拜和流亡科学家们，以及从德国内部收到的报告，盟国科学家们早就清楚知道了正在柏林的威廉皇帝研究所中进行的秘密研究，也知道了海森伯作为主要反应堆计划负责人的身份。早在 1942 年，德国可能在制造原子弹方面成功的危险似乎很大，以至海森伯的两位前同事曾经建议盟方当海森伯在年底去苏黎世发表演讲时就绑架他。[13]他们建议，最起码，文策尔和维克应该在苏黎世"采访"海森伯，以榨取任何他们所能得到的关于德国核情报。这两个建议没有一个成行——1942 年盟军刚开始建立一个国际情报网。但这些建议显然激起了对于轴心国科学的特殊兴趣，特别是对核裂变。

1942 年，在美国中央情报局（CIA）前身战略情报局（OSS）成立后不久，美军上将威廉·多诺万（愤怒的比尔）[William（Wild Bill）Donovan]就开始募集原子情报方面的人员。他的第一号原子间谍是多才多艺的莫里斯（莫）·贝格[Morris（Moe）Berg]。贝格毕业于普林斯顿大学，精通多种语言，熟悉物理学而又博学，直到 1942 年一直任波士顿红袜棒球队捕手。他用日语对日本发表宣传广播，通过外交努力在拉丁美洲消除反美的纳粹影响，这引起了多诺万的注意。多诺万招募了这位捕手去捕捉欧洲的情报。[14]贝格的第一个任务是去南斯拉夫，然后1944 年去意大利准备在敌人后方捕捉核物理学家维克和爱德华多·阿马尔迪（Edoardo Amaldi），以便确定轴心国家科学的进展。当盟军正好在 D 日前突破了古斯塔夫防线而解放罗马时，就没必要捕捉这两人了。贝格在几天内就赶到了罗马，向下属询问德国研究情况。

莫·贝格的经验和能力使他自然地专注于德国事务。但战略情报局（OSS）的活动却和武装力量的其他情报部门的活动发生了冲突，而且贝格去意大利的使命也和所谓的阿尔索斯派遣队的使命发生了冲突。曼哈顿计划军方负责人莱斯利·格罗夫斯(Leslie Groves)将军已经派了小型的阿尔索斯[Alsos 在希腊语中意即"Groves"(丛林)之意]派遣队到意大利去，当盟军战线前移时搜寻意大利的原子科学家和有关资料，并从意大利人那里尽可能获取关于德国原子弹的情报。

为了尽量减少冲突，格罗夫斯上级派他统管了所有美国核情报。1944 年下半年，格罗夫斯将贝格派到了艾伦·杜勒斯[1](Allen Dulles)在中立国瑞士的战略情报局办公室，并且为诺曼底进攻将一个经过改组的阿尔索斯部队派去伦敦。和从前一样，格罗夫斯的派遣队由鲍里斯·T. 帕什(Boris T. Pash)上校领导，他是当年一位反苏维埃战争中的美籍俄裔老战士，以其常常有勇无谋虚张声势而闻名。但是新的阿尔索斯派遣队第一次包括了一个科学部——由塞缪尔·A. 古德斯米特领导。之所以选择古德斯米特，既是因为他熟悉欧洲的物理学家、物理学和语言，也因为他对曼哈顿计划不很了解——假如被俘，他也不会泄漏盟方的原子秘密。只向格罗夫斯负责的这个小部队和盟军一起走遍了北欧，收缴并检查哪怕只是隐约和德国科学有关以及隐约提到那位没能在需要时提供帮助的德国首席物理学家所在之处的片纸只字。[15]

独立于古德斯米特和帕什而在苏黎世工作的莫·贝格已经得到了关于海森伯所在之处的线索。瑞士尽管中立，但却在轴心国包围之中，所以各种类型的间谍在战时都蜂拥而来。按照一个统计，仅仅德国就有 23 个组织在北部瑞士活动。[16]贝格和苏黎世联邦工学院的实验物理学教授保罗·舍雷尔建立了联系——作为一位充满热忱的反纳粹人士，舍雷尔热衷于用一切方式帮助贝格。根据海森伯在 1944 年给文策尔的一封信上的邮戳，贝格知道了黑欣根的地址并

361

---

[1] 艾伦·杜勒斯(Allen Dulles，1893~1969)，美国的外交官和律师，首位文人出身且任期最长的美国中央情报总监(美国中央情报局实质领导人)。作为中央情报局在冷战早期的负责人，策划了 1954 年的危地马拉政变，(推翻伊朗当选政府的)阿贾克斯行动，洛克希德 U－2 侦察机计划和"猪湾入侵"事件。在美国总统约翰·肯尼迪被暗杀后，他是沃伦委员会(Warren Commission)的成员之一。杜勒斯在政府服务之余，是沙利文和克伦威尔的公司律师和合伙人。他的哥哥约翰·福斯特·杜勒斯(John Foster Dulles，1888~1959)在艾森豪威尔担任总统期间任国务卿。——译者

把它转给了古德斯米特。但贝格对他的国家的最大贡献，却是他在一次甚至比早先建议的绑架还要激进的行动中担任的角色。在后来一次对朋友的无疑是添油加醋的叙述中，贝格宣称他接到命令劝舍雷尔邀请海森伯于1944年12月到苏黎世来发表演讲。如果稍微有一点迹象表明海森伯是在制造原子弹，带着一把装好子弹的手枪站在旁边的贝格就会暗杀这位物理学家。[17]

虽然舍雷尔可能并不知道贝格的用意，方案的第一部分却按计划进行了。海森伯和舍雷尔很熟，通过他们对宇宙射线的共同兴趣以及更早一次应舍雷尔的邀请来苏黎世研究所的访问，他欣然接受了第二次邀请，于1944年12月前去演讲，但却坚持只讲非政治性的主题。他知道自己会受到交战双方间谍的严密监视，从而一般避免在公开的演讲中谈到政治问题。他选定的演讲题目是他的S矩阵理论的第四部分。

夫人是瑞士人的卡尔·弗里德里希·冯·魏茨泽克陪同海森伯来到了苏黎世。包括贝格和若干拥德的瑞士科学家在内，大约20个人在[联邦]工学院物理学研究所中出席了演讲会。爱因斯坦曾在这所学校上过学，教过书，海森伯的同事泡利也正是从这里逃到普林斯顿的。虽然海森伯当时已习惯了在一群听众面前谨慎从事，但在舍雷尔家中的私人宴会上还是给自己惹了麻烦。贝格带着竖起的耳朵和装了子弹的手枪坐在海森伯旁边，但他失望了：海森伯的唯一失言之处是关于德国的战争命运的一个失败主义的评论，后来被层层上报到罗斯福那里。这一次没有说什么"德国领导下的"未来欧洲，但是，古德斯米特显然从一位瑞士科学家那里听说，海森伯确实提出了一种同样罪该万死的说法："要是我们打赢了这场战争，那将多么好啊！"[18]

拥德的间谍将海森伯的失败主义言论汇报给了盖世太保，引起了柏林党卫军的注意。在当时那种德国全面战争的条件下，任何失败主义都被解释为叛国，而且可能会导致与慕尼黑大学生反战抗议者"白玫瑰"一样的命运——处决。在没有让乌尔菲尔德的海森伯家人知道的情况下，党卫军策划了一次对海森伯和魏茨泽克的全面审查。党卫军官员门策尔通知了盖拉赫，盖拉赫警告了海森伯。很幸运，盖拉赫能够扭转案件。当一位党卫军将军来到盖拉赫的办公室，提出反对海森伯和魏茨泽克的指控时，盖拉赫假装大吃一惊，并且答应将给海森伯一次严厉的申斥。这显然使那位将军感到满意。[19]海森伯又一次逃过了危险和死亡。但捕手却在苏黎世捕到了足以将古德斯米特和帕什引向蒂宾根南边的黑森林地区的情报。

在海森伯1944年12月的苏黎世之行后的几个星期中，对柏林的大规模空袭没有停顿地继续进行。而当苏联军队不断向西突进时，城市就几乎陷入了慌乱状态。在不断的轰炸、堆积如山的瓦砾和频繁的停电中，已将办公室从慕尼黑搬到海森伯的柏林研究所中的盖拉赫，终于下令将所有核反应堆研究搬出柏林。在他出任戈林的所谓核研究全权代表的一年中，这位威利·维恩在慕尼黑的实验物理学教授职位的继任人曾经支持了迪布纳的立方体和海森伯的平板这两种互相竞争的反应堆设计方案，直到海森伯同意尝试"更有利的装置"为止。他声称自己想要看看哪一种设计更有可能在战争结束以前导致链式反应。[20]

在战争结束的3个月前，1945年1月底，维尔茨和海森伯的柏林团队留下来的人员已经组装了当时为止他们的最大反应堆实验：从B-7铀板上切下来的几百个立方体用铝丝挂在反应堆圆筒的盖子上，然后向筒中灌进了研究所的1.5吨重水。用纯石墨外壳包起来的这个容器放在研究所的防炸水池中，已经作好了测量中子增生的准备；这就是实验B-S的主要内容。[21]

然而他们刚把装置组装好，盖拉赫便下令将这种装置和迪布纳的装置都拆卸开来并运到南方去——宁愿把实验推迟一点也不能让人员和资料落到俄国人手中。盖拉赫、维尔茨和盖拉赫刚刚任命的助手，身穿德国军装、屁股后挎着左轮手枪的库尔特·迪布纳，次日就在几辆卡车的陪同下离开了柏林。他们直奔黑欣根，海森伯正在那里等着他们。但他们穿过半个德国，只走到了迪布纳在图林根州的新驻地，施塔特伊尔姆(Stadtilm)，约处在位于西南部的黑欣根的中途。盖拉赫突然决定在那里停下来，在迪布纳的指导下将仪器重新组装起来，指望拼命尽快地得到链式反应。维尔茨给黑欣根的海森伯打了一个令人揪心的电话，使海森伯和魏茨泽克在盟军的轰炸和德国交通的紊乱程度所允许的情况下尽快赶到了施塔特伊尔姆。埃里希·巴格从黑欣根带着一队卡车来运海森伯的铀和重水走完剩余路程，这终于使全权代表相信黑欣根的反应堆比迪布纳的更可取。迪布纳曾经以其天才的实验技能而得到了盖拉赫的欢心，但海森伯却更有力量。而且卡车是在海森伯的控制下的，因此盖拉赫也不愿意在材料方面因不合适的斗争而有进一步延期的危险了。海森伯的装备和材料终于在1945年

363

2月底运到了黑欣根，那已经是它们离开柏林的四个星期以后——离战争结束只有两个月了。根据卡尔施的说法，一个月之内，迪布纳组成功地在图灵根奥尔多夫附近的一个军事训练场引爆了一个原始核装置。尽管可能不是因为缺乏试验，但这样的成就看上去似乎不可能。[22]

在欧洲战争的最后几个月中，海森伯的团队和魏茨泽克以及博特小组成员一起疯狂工作，这将是他们得到临界反应堆的最后努力了。工作在附近的美丽乡村海格洛赫（Haigerloch）进行。正像盖拉赫早年在蒂宾根时就知道的那样，那地方为实验提供了理想的隐蔽保护。村中心一带有一个巨大的岩层，上面建有中世纪时期的教堂和修道院。在岩石脚下，水平地挖了一个山洞当作附近小旅店主人的葡萄酒窖。现在它成了科学家们的防空"原子地窖"。从柏林来的高级人员已经（用这种或那种方式）处理店主的酒，扩大了山洞，挖了水池，安装了水管和电缆，组装了进行海森伯的最后反应堆尝试所需要的绞车和设备。

甚至当德国陷入分裂和混乱时，科学家们仍然平静而稳定地为他们的任务而工作着。物理学家们在前几年中为加强他们的地位和科学而进行的成功斗争，现在给他们带来了好处。希姆莱已经下令免除了14600名科学家到前线服兵役，而鲍曼允许包括海森伯在内的核研究者们只参加最基本的 *Volksturm*（人民冲锋队）活动。这种全民动员是希特勒的最后防线，也是他试图保持控制的最后一种绝望手段。[23]

讽刺的是，在总体战（total war）中，面对着眼看就来到的战败，科学家和纳粹领导者竟突然将自己完全投入了一种小规模技术研究努力之中，而它在当时的阶段似乎对战争事业一点实际用处也没有。在战争刚开始时，他们曾经相信，核工程研究可以给他们提供一种新的战争机器，而且甚至可能提供一种威力极大的新炸药。现在，在战争末期，他们希望的只是海格洛赫的简单实验模型能够在大崩溃之前达到临界状态。很难确定科学家中间和纳粹官员中间的这种希望的动机。除了科学好奇心和成功可能在战败时引起的一点点振奋以外，有若干迹象表明这两种人根据一种错误信念而动作——他们相信德国的研究已经大幅领先盟方的研究进展。纳粹领袖们无疑想要用核裂变的秘密来作为和盟军谈判时一种有条件投降的筹码。当盟方表示对他们的建议毫无兴趣时，他们感到了尴尬的震惊。

古德斯米特(后面，居中)和阿尔索斯派遣队拆除在海格洛赫尝试的最后一个反应堆，1945 年(承蒙美国物理学会尼尔斯·玻尔图书馆塞格雷视觉档案馆惠允)

　　科学家们，特别是海森伯，在战争的最后几个月中也正在瞻望未来。他们相信，正像在第一次世界大战后那样，不论德国在其他领域中可能遭受到什么样的失败和屈辱，德国在战后还会指望自己占领先地位的科学，特别是自己的一流科学家们，他们是剩下来的德国有竞争力的伟大支柱。海森伯在 1944 年 4 月写信给从前的一个学生说："重要的是，在战争以后，我们将再次参加研究方面的竞争。"[24]海森伯也特别想使自己相信，作为一个能够得出有用结果(一个能工作的反应堆就是证明)的成功科学家，在希特勒之后的任何政权下，他和他的行业不会再受到在希特勒统治下受过的那种轻视和侮辱。如果他们能在战争结束之前得到一次链式反应，就能实现这一目标。

　　1945 年 3 月初，海森伯和维尔茨以及他们的一队技术人员在店主人的"原子地窖"中开始了 B-8 实验的最后组装。两星期后，他们用绞车将石墨覆盖的挂着一串串铀块的筒盖吊装到了反应堆的圆筒容器中，然后向筒中慢慢灌进了重水。

在灌水的过程中，中子增生率升高了。在海森伯和维尔茨看来，反应堆似乎终于要进入临界状态了！然后，正高兴时，他们突然意识到了自己的极端危险——他们只考虑了最基本的安全措施。一块吸收中子的镉正在手边，以便当反应失控时扔到筒子里去。只有到了这时，科学家们才认真考虑这种办法是否足以及时止住反应。谁也不曾试过阻止实验，这就是他们的决心和不顾一切的证明。每个人都下定决心，德国必须首先实现自持的链式反应，不论他们自己要冒多大的危险。

当重水缓缓地未受阻碍地流入筒中时，他们紧张地注视着——但，唉，还是不够。实验得出了迄今最高的增生率，670％，但是海森伯很快就算出，他们还需要大约50％的更多的铀和重水才能使实验达到自持。[25]也许可以在迪布纳的施塔特伊尔姆驻地弄到更多一些铀和重水，但已经太晚了。美国的部队已经通过图林根进入了德国的东中部；到了4月初，他们离施塔特伊尔姆已只有几千米之遥了。迪布纳在4月8日放弃了他的驻地，逃到南方去见他已经撤退到慕尼黑的上级瓦尔特·盖拉赫。

同一天，美国战争部长亨利·史汀生（Henry Stimson）在华盛顿会见了格罗夫斯将军，以决定如何处置德国南部的那些德国科学家。[26]自1944年进入欧洲北部以来，阿尔索斯派遣队已经从约里奥的巴黎实验室中和从魏茨泽克匆匆搬走时留在施特拉斯堡大学物理学研究中的文件中，吸收了每一点可以到手的德国铀计划情报。古德斯米特、帕什和阿尔索斯小组然后就在1945年2月随着美国部队跨过了莱茵河。到了3月初，当实验B-8躺在它的山洞水池中时，阿尔索斯派遣队进入了位于斯图加特西北方的古老的大学城海德堡。当美国部队建立了一个前方指挥部时（之后维持了几十年），阿尔索斯部队就建立了它在南方的前方基地（advance Base，South）。[27]

在海德堡俘获并审讯了博特和沃尔夫冈·根特纳后，古德斯米特和他的部下就考虑了下一次行动。他们当时已经知道了他们所要找的所有科学家和实验室的位置，并且已经将自己的结论转告华盛顿方面，也就是希特勒所吹嘘的秘密武器并不包括原子弹。[28]格罗夫斯要求他们完全确定自己的结论，并俘获计划中的所有其余成员。不幸的是，他们的多数目标都位于盟方领袖在雅尔达会议上划定的由法军和苏军进占的区域中。于是任务的优先性突然转移了：不再是为了挫败德国的原子弹事业而收集情报，现在阿尔索斯部队是要赶在俄国人和法国人接管之前抢到那些德国的科学家、文件和设备了。

3个主要盟国曾经协议，斯图加特以南的整个地区应由法国人占领，但是被派到阿尔索斯派遣队的约翰·兰斯代尔上校（Colonel John Lansdale）却有不同的看法。正如他在几个星期后所报告的那样："我们觉得，那里的个人和材料应该在法国人之前由美国人去俘获；如果这不可能，就应该最大限度地加以摧毁。"[29] 原子科学家和设备实在太重要了，不能落在其他任何人手中，哪怕是法国人也不行。在华盛顿会面的格罗夫斯和史汀生考虑了美军对南方的全面进入。帕什上校在海德堡接触过的一位陆军作战指挥官建议进行空降突袭，或者最少对整个地区来一次地毯式轰炸。但是法国人前进得太快了，两种办法都来不及进行。最后，海德堡一位地区指挥官给那位热心的帕什上校派了一个工程战斗营。帕什立即带着一队吉普车和装甲车出发了，并于4月23日在法军前头部队通过该地区不到一个小时后到达了海格洛赫和黑欣根。

帕什和他的手下立即开展工作。他们逮捕了维尔茨、巴格、魏茨泽克和劳厄，找到并没收了他们的文件和装备，开始拆卸海格洛赫的反应堆，炸毁了最后的德国反应堆实验的合金容器。然后他们赶到泰尔芬根去逮捕了核裂变的共同发现者奥托·哈恩。当法国指挥官意识到发生了什么事时，德国的重水和铀已经在运往阿尔索斯巴黎总部的途中，而那些俘虏和他们的文件也已经在送往海德堡去由古德斯米特等人审讯和研究的途中了。

但是3个重要的目标还逍遥法外：慕尼黑的盖拉赫和迪布纳，以及第一号目标海森伯。审讯结果表明，海森伯在帕什抵达不久前就离开黑欣根去了乌尔菲尔德。在战争的最后几个星期中，手头有一个接近临界状态的反应堆，无法得到更多的材料，战败和占领就在眼前，而海森伯的当务之急一如既往：为了将来，要保证他的科研人员和装备继续存在。他的家庭和本人安全的重要性只能排在这后面。埋藏了准备以后取用的铀块之后，他为了研究所成员的生命进行了一场他所说的永无休止的斗争。他们显然既因饥饿而受到威胁，还受到当地居民狂热行动的威胁。这些人听从希特勒的命令，热衷于战斗到只剩最后一个德国人。[30]有许多暴民用私刑处置任何建议向入侵的盟军投降的人，这种例子在全德国数不胜数。

当法国人的进攻锋线在 4 月 19 日向着黑欣根推进时，海森伯把他的人员和留下来的所有食物一起安置到了纺织厂的地下室，以预防轰炸和炮火，然后乘着唯一可以弄到手的交通工具——即一辆自行车——动身去执行他的第二个当务之急——照顾他的家庭。这位诺贝尔奖得主首先骑车到了克莱因提森(Kleintissen)，那是他自战争后就几乎没见过的哥哥及家人的临时住处。在哥哥家住了几天后，他就开始了一次几乎难以置信的自行车马拉松旅行，沿途经过被战争毁坏了的德国南部，直到乌尔菲尔德，全程大约 250 千米。为了躲避到处劫掠的小股德军和低空飞行的盟军飞机，这两者都是见到任何活动的东西就开枪。他只能在夜里赶路，神奇地在 3 天之内赶到了乌尔菲尔德。

那里的形势一片混乱。艾森豪威尔命令美国部队从向柏林的进军转向了南方去徒劳无功地寻找号称的"巴伐利亚防线"——这是一种谣传的堡垒，据说希特勒最狂热的追随者打算在那里作最后的抵抗。在内政和军事秩序彻底崩溃以后，从美军前线撤退下来的武装党卫军部队正在瓦尔兴湖一带最后一次烧杀劫掠。一天夜里，他们在海森伯家附近的树林中因为"逃亡"而吊死了一个德国康复连中的 17 名士兵。

海森伯一家陷入悲惨的处境。当丈夫突然重新出现时，伊丽莎白·海森伯正在忙于家人的疾病、食物的缺乏以及房屋的修理，这是一场节节败退的斗争。他来后不久，他的一个儿子得了重病，后来看出似乎是盲肠炎，以至海森伯被迫开车沿着积雪覆盖、被炸弹炸烂了的公路把儿子送到附近刚刚失去了 17 个病人的军人医院中去。大夫们确定他儿子得的不是盲肠炎。海森伯也设法把他的老母亲从她在密滕瓦尔德的住处接到了乌尔菲尔德。跑遍了附近的村庄，海森伯弄到了一些生活用品和燃料，然后就在家里安定下来，等待战争的结束和美国第 7 军的到来。

海森伯的结局和他所预料的不同。4 月 30 日，在希特勒和他从前的情妇及后来的新娘爱娃·布劳恩一起，面临迫近的苏军而在他们的柏林地下室中自杀的同一天，海德堡的美军总部派出了两个小队到巴伐利亚搜捕其余的目标科学家。由海德堡的阿尔索斯指挥员率领的一个小队要到慕尼黑去搜捕盖拉赫和迪布纳；另一个小队，在不认输的帕什上校领导下，要在"阿尔卑斯行动"中到仍在敌方控制之下的乌尔菲尔德去捉海森伯。

在一份给华盛顿的报告中和后来一本关于历次行动的专著中，帕什描述了他所认为的"战争中最重要的单独情报任务"的执行情况。[31]帕什的执行小队包括10个人和4部车；他们于5月1日到达巴伐利亚和乌尔菲尔德隔山相望的科赫尔。次日的一次侦察表明，绕过山去通往乌尔菲尔德公路上的一座桥被炸坏了，车辆无法通过。下定了"什么东西也不应该阻止我当天赶到乌尔菲尔德"的决心，帕什带着一队人步行爬过了白雪覆盖下的大山。他们在爬山中累得筋疲力尽，在下午很晚的时候到达了镇上，并且立即和一个德国小部队交上了火。他们杀死了两个德国人，赶走了其余的人。

当帕什和他的突击队正守在乌尔菲尔德的阵地上时，两个高军阶的德国军官骑着摩托车来到了镇上，企图让他们的一营人向帕什投降。帕什显然人手太少，为了摆脱险境，他虚张声势地要求对方在第二天把全体人员带到镇上，然后急忙撤回了科赫尔。当天晚上，工兵修好了通往乌尔菲尔德的桥。于是在5月3日上午6时，帕什的全队人马就赶到了乌尔菲尔德，当天晚些时候，科赫尔地区的一个步兵营就来接收德军俘虏。来到镇上并且部署了他的队伍之后，帕什就带着两个人爬上小山来到了海森伯的小屋，发现他们的目标正安静地坐在阳台上看着远处的湖水。海森伯客气地将他们请了进去，把他们介绍给他受惊的夫人和好奇的孩子们。他们显然没想到自己的丈夫和父亲会被捕，或至少没想到他在美军占领乌尔菲尔德前就被捕。

368

当海森伯正在收拾他的东西和证件时，一阵轻武器的射击声把帕什吸引了出去，他跑下小山丘，手里挥舞着手枪。一小股德军先是进攻，然后就很快撤退了。担心立刻遭到更多军力的进攻，或许就是正要投降的那个营的进攻，帕什将他的猎物及其个人用品和证件一起装上了一部装甲车，然后就急忙和他的小队一起撤回了科赫尔。第二天早晨，海森伯就坐在帕什的吉普车后座上，开始了前往海德堡那极其颠簸的旅行。3天后，在5月7日，德国最高统帅部作战厅长阿尔弗雷德·约德尔将军（General Alfred Jodl）和德国潜艇司令汉斯-格奥尔格·冯·弗里德堡元帅（Admiral Hans-Georg von Friedeburg）在兰斯签署了无条件投降的协议，结束了战争、第三帝国和德国的战时铀研究。海森伯将在8个多月的时间内再次见不到他的家人。

第二十八章　对铀计划的解释：农庄馆

1945年上半年横扫德国和欧洲其他部分的盟军，带来了盼望已久的纳粹独裁制度的覆灭。他们的到来也导致德国核研究的结束和德国核科学家们被俘。5月V-E(欧洲胜利)日的3个月后，日本在广岛和长崎的蘑菇云的阴影下投降了。

海森伯和许多其他德国人在战争以前和战争期间接受的看法和逻辑，使他们能够在希特勒统治下继续工作和生活。但是随着帝国的覆灭，条件发生变化，逻辑也随之崩溃。尽管很多德国人在战败中感到震惊和困惑，但他们也开始构建一个新逻辑来适应新世界，并且对自己的过去做出解释。

战后阶段人们认识到两个可怕的真相。第一个真相随着向全世界披露纳粹政权的罪恶而为人所知，例如纳粹集中营无法用言语形容的恐怖。第二个要面对的真相就是核武器那令人畏惧的毁灭力，而这种毁灭力是通过科学和技术研究的天才之作而被释放出来的。这两件事实产生了远远超过直接战争经历的后果，永远地改变了我们对人类进步和潜能的认识。它们教会我们，对不论有多高文化的所谓现代文明社会，都要保持怀疑，对不论多有前途的现代科学，都要保持警觉。当每一个人，特别是战争双方的每一个核科学家在战后尽力用自己的方式适应这两种可怕的教训时，有大量问题需要解释的海森伯通过公开表述一流德国科学家的反应而起了主导作用。

当全世界的报纸大肆宣传盟军在1945年春揭露出来的纳粹暴行时，公众还不知道核武器，直到它们在 8 月被用于日本。德国核科学家本来认为他们的研究至少与盟国并驾齐驱，很可能还远远领先后者。他们假定，阿尔索斯派遣队于 5 月初将他们捉住，只是为了汲取德国的先进知识。海森伯在到达海德堡阿尔索斯驻地的第二天，就被带去接受他过去的同事，阿尔索斯派遣队的科学首脑塞缪尔·A. 古德斯米特的审讯，内容是关于他的工作。

海森伯和古德斯米特于战前不久在安娜堡见过最后一面。从那以后已经发生了许多事情。现在古德斯米特面前的这个人，是他当年作为一个青年物理学学生时景仰过的人，但也是那个没有或几乎没有出力援救过他被遣送到奥斯维辛集中营的父母的人。在他看来，这位德国物理学家似乎可鄙地自高自大和自私自利。在海森伯那一面，他似乎很欢迎盟方为了自己富有核知识而给予的重视。帕什为了逮捕他而作出的那种非凡努力，无疑加强了这种自大感。当被问到他的核研究时，海森伯对研究的重要性如此自信，甚至于提出要向美国人传授铀裂变知识。[1] 古德斯米特知道盟方的进展，虽然并不知道原子弹即将制成；他婉拒了海森伯的提议。

出于一时冲动，古德斯米特重复了他 6 年前的问题："您现在愿不愿意到美国来和我们一起工作?"海森伯重复了他从前给出的答复："不，我不愿意离开，德国需要我。"[2] 在古德斯米特看来，这似乎是海森伯将自己看得过于重要的进一步证据。但当德国变成一片废墟而经济濒于崩溃时，古德斯米特也几乎不能指望一个如此爱国，在过去整整 12 年间一直坚守自己位置的人作出别的回答。

海森伯被拘留了。在阿尔索斯的忙乱突击中被捕到的 14 名德国一流核物理学家中，有 4 个人——自愿或非自愿地——被送到美国来协助美国的研究。古德斯米特把其余的人，包括哈恩、劳厄、魏茨泽克、博特、哈特克、维尔茨和霍尔斯特·科尔兴(Horst Korsching)押送至美国军事当局，当局将他们监禁在法国和比利时一系列战俘营中，长达两个月，不许与外界接触。虽然哈恩和劳厄没有参与核计划，但也被关了进来，旨在希望他们能对战后德国的科学重建产生正面影响。他们所有的家庭都不得不自求多福。

海森伯、迪布纳和盖拉赫在凡尔赛附近的谢奈酒庄(Chateau du Chesnay)——现在成了一个名为"垃圾桶"(Dustbin)的拘留营地——和他们的 7 名同押犯会面了。尽管有这种不幸的预兆，盟军方面还是惊人客气地对待了这些科学家囚犯，向他们提供了适当的食物、英文报纸、每周一次的物理学讨论会和围绕花园的一条散步用的跑道(jogging track)。³尽管如此，在这些科学家们看来，起初拘捕他们的理由（让盟方科学家"赶上他们"）却似乎不足以说明为什么把他们拘留这么久。劳厄尤其不能理解为什么没有从事裂变工作的他竟然也会被强迫拘留。当他们问起原因时，英国负责此事的军官，T. H. 里特纳(T. H. Rittner)少校仅仅回答他们"被拘是为了让国王陛下高兴"。⁴从那以后他们就将自己称为"被拘者"了。

英国空军参谋部情报首脑和阿伯丁大学自然哲学教授，苏格兰物理学家R. V. 琼斯(R. V. Jones)自从战争伊始便已追踪德国科学，而且当阿尔索斯派遣队两次在欧洲着陆时都提供了帮助——第一次在意大利，第二次在英国。但美国在战争的最后几个月中令人愤怒地决定不和其他盟国分享派遣队的核战利品，这就使得琼斯和他的部下开始留意自己的利益。据说当一位美国将军表示德国核物理学问题的最佳解决方案就是将所有德国核物理学家都枪毙时，琼斯采取了行动。⁵不但不考虑处决和审判战犯，而且英国人似乎对有威望的被拘者颇为敬重。琼斯很有礼貌地提出愿意为美国人解决物理学家们的问题。美国人显然不关心这些物理学家本人，而只关心他们不将核知识外传，因此就同意了——条件是这些科学家不能落入俄国人或法国人的手中。俄国人，特别是法国人，在占领德国的政策方面已经和英国人及美国人有了分歧。

担心若将犯人留在欧洲大陆会使他们被其他盟国抓走或送往美国，琼斯安排将他们移至英国。作为一位情报长官，他知道在剑桥和一个盟军大飞机场附近的小村高德曼彻斯特(Godmanchester)中有一栋乡下空房。这栋房子曾被军情六处(MI6)[1]用作空降到德占区时的停留站。7月初，当在房子和地面下安装了秘密的窃听器后，琼斯就在严密的军事保护下用飞机将他的10位德国科学家从他们在比利时境内的营地运到了英格兰的新住所。在琼斯想好如何处置他们前，他们都将留在那里。

------

[1] 创建于1909年的英国陆军情报六局(Military Intelligence 6)，是英国对外的情报机构，负责在海外进行间谍工作。很长一段时间里，它一直在极度机密的情况下进行工作，不受政府领导，政府部门的名单上也没有它的名字。它与美国中央情报局、苏联国家安全委员会(克格勃)和以色列摩萨德一起，并称为"世界四大情报组织"。——译者

英国人知道自己不能永远保留这些科学家,但也不愿意在英国释放他们,因为怕他们从一些保密意识较差的同行们那里得悉太多的英国研究的情况。英国人在年底前已经决定,为了实现英国的许诺和德国社会及政治的稳定,必须复苏英占区中的德国经济,并在其中实行某种政治及文化的自治。科学和技术被看成了这一计划中复苏的关键因素。现在原子爆炸的尘埃已经落定,而且英占区也已经处于英国人的牢固控制之下,于是在 1946 年 1 月 3 日,在被拘留 6 个月之后,按照英国法律,一架运输机就把被拘者们送到了英占区德国北部的一个镇上,接受较宽松的管制。在那里,他们白天可以随意活动,但是夜间必须回到英国人的住处。在几个月内,他们全都被释放了。多数人,包括海森伯在内,都定居在未受干扰的大学城格丁根,英国人打算把该地当作复兴西德科学的一个结晶点。

科学家们在农庄馆的整个滞留期间,一个英国的双语小组担负了所谓的"艾普希隆行动"(Operation Epsilon)任务,通过窃听器监视科学家们的谈话。用树胶金属碟记录的仅仅是他们认为有特殊情报价值的谈话,内容延伸到了关于士气、政治倾向、对盟国的忠诚方面的情况;在广岛核爆之后,又包括了核裂变的知识。记录下来的谈话被转成文字并翻译成英语。没有迹象显示科学家们知道窃听器的存在,尽管他们想到了这个可能性。里特纳少校每周或者每隔一周给上级的汇报包括对这些谈话的内容总结,以及英语翻译过的长篇引述。第一个副本直接送给"曼哈顿计划"的军方负责人莱斯利·格罗夫斯将军。这些保密报告的存在一直是个秘密,到了 1962 年格罗夫斯出版自己的回忆录才为世人所知。格罗夫斯的回忆录书名《现在可以说了》(*Now It Can Be Told*)可谓恰如其分。[6] 为了争取公开这些报告的内容,相关学者和其他人士进行了 30 年的努力,使得英国和美国副本终于在 1992 年 2 月得以解密。这些报告经过编辑的和未经编辑的版本很快就被出版,并翻译回德文。[7] 不幸的是完整的原始德文抄本已经丢失,原始的金属牒也在农庄馆被重新涂胶后再次使用。

尽管如此,包含农庄馆交谈原话引述的里特纳少校报告还是提供了一个独特而有价值的材料,可以洞悉德国科学家在广岛核爆之前的精神状态,他们对广岛核爆的反应,以及在意识到自己的研究进程并非大幅领先盟国而是事实上远远落后于后者时的震惊。如何向自己、同胞和以前的敌人解释这一点?而且,随着他们返回战后德国的时刻临近，他们如何准备重建战后西德的科学？

在里特纳所写的第一个报告中，被拘者们"满意他们受到的待遇，但对他们的未来感到非常迷惑"。[8] 他们豪华的英国乡村庄园，位于一大片草地上，周围有开着花的树篱、高大的树木和一道不显眼的围栏。为了供他们消遣，房子后面有几个网球场；一部调好音的钢琴放在客厅中；而且他们有书籍、报纸、棋牌用品和一部收音机——甚至还有《物理学评论》。犯人们通过游戏、相互讲述他们非核的工作以及在附近散步来消遣他们的光阴。里特纳及其官员幕僚和管理房屋的人都是精心选出的对盟国研究一无所知的人，他们给犯人提供新衣服、新鞋子和可口的英国饭菜。高级的待遇使一个不那么文雅的官员评论说，这些犯人们正过着比中等英国家庭还要好的日子——更不用说中等的德国家庭和受到战争破坏的大部分欧洲中等家庭了。[9]

被拘留者们唯一的真正抱怨是不许他们和自己的妻子或家人通信。和外界的一切接触都被禁止，直至1945年8月6日的晚上，他们突然明白了"国王陛下高兴"的原因。里特纳写道，当晚，他通知裂变的共同发现者哈恩，英国广播公司(BBC)宣布向日本投掷了被称之原子弹的炸弹。心烦意乱的哈恩最后靠"相当多的酒精刺激"才最终平静下来。然后他与其他科学家像平常一样在庄园的餐厅进晚餐。晚餐准时在下午7：45开饭。当哈恩告诉他的同事这条消息时，出现了大混乱。感到震惊而又不相信的科学家在9点时挤到了收音机周围，去听一篇BBC更详细的报道——但那些零散的消息只加深了他们的困惑。如果盟国科学家们已经成功了，而且看来他们正是已经成功了，那么德国的核优势就只是一种幻想了。"无论如何，"哈恩告诉海森伯，"您都只是二流的，您可以打包回家了。"他回答道："我很同意。"

这个消息令人沮丧。每个人都按照自己的方式对此作出反应。帝国核研究的最后管理者瓦尔特·盖拉赫表现得有如一位战败的将军，显然表现出各种神经崩溃症状。同住在盖拉赫隔壁房间中的海森伯和魏茨泽克担心盖拉赫会试图自杀，那天夜里就去看他，以确保他的安全。那些长期位于权力等级底层，充满愤恨的年轻一些的物理学家，责备他们的长辈举措失误；起初对消息大吃一惊的哈恩和劳厄表示自己没有插手这件事。

海森伯很快开始计算。他的计算引起了后世争论的最大焦点：在农庄馆之

373

前，海森伯是否知道只需要 50 千克极其稀有的可裂变铀 235 就能达到原子弹爆炸所需临界质量？如果是这样，他为何没有继续努力？如果不是，又如何解释？答案仍不明朗。最近发现的苏联文件表明，在缴获的德国文件中曾有海森伯做过的这个计算，但是该文件一直没有被找到。根据报告原文引述，广岛核爆之后哈恩和海森伯马上讨论了这一点。

海森伯：对于这个核爆我一个字也不信，但我可能错了。我觉得他们完全可能有 10 吨浓缩铀，但是不可能有 10 吨纯铀 235。

哈恩：我以为只需要一点铀 235 就够了。

海森伯：如果他们只是进行略微浓缩一下，只能建成一个会运转的反应堆，但他们用这些造不出一个炸弹……

哈恩：但如果他们拥有，比如说，30 千克纯铀 235，难道他们不能用它制造出一枚炸弹么？

海森伯：但它仍无法引爆，因为（中子）平均自由程还是太长。

哈恩：为什么你以前跟我说只需要 50 千克铀 235 就够了。现在你又说要 2 吨。

海森伯：现在我不敢打保票……

从英国广播公司晚间报道得知更多关于核爆和曼哈顿计划的细节之后，他们继续讨论。

哈恩：1939 年他们只生产了零点几微克［的铀 235］。235 的原子量就是通过这些样品的放射性确定的。

海森伯：那意味着每年能生产 30 千克。

哈恩：你觉得他们需要那么多吗？

海森伯：当然是，不过老实说我从来没有算过，因为我觉得不可能得到纯铀 235。

这次谈话后不久，海森伯试图计算得出产生报道的广岛原子弹能量所需的铀 235 的临界质量的一个粗略估计。他得到的结果是"大约 1 吨"。正如杰里米·

从左到右：海森伯、马克斯·冯·劳厄、奥托·哈恩，约 1947 年

伯恩斯坦[1]指出的，这一粗略计算充斥着错误和不正确的假设。[10]正如哈恩的记忆那样，如果海森伯以前曾计算得出只需要少量铀 235，那么这个计算应该是在1939 年和 1940 年初准备关于这个主题的两份初始报告时完成的，或者是为 1942年会议做的。如果是这样，海森伯一定是完全忘记了；也许他从来没有做过这个计算。几天后海森伯做了一个好得多的计算，结果也精确得多。从他给农庄馆的同事展示的情况来看，这是他第一次做这个计算。总的来看海森伯可能以前并未做过这个计算。3～5 年的战争时光不至于让他彻底忘记。

伴随着一个成功的盟军原子弹的消息，德国人的两个令人尴尬的事实成为公众瞩目的焦点［—— 一个非常可耻，另一个非常令人震惊］[2]。正如劳厄第二

---

[1] 杰里米·伯恩斯坦(Jeremy Bernstein，1929～)，美国物理学家和科学作家，以科学写作和科学家传记出名。经常为《大西洋月刊》(*The Atlantic Monthly*)、《纽约书评》(*New York Review of Books*)和《科学美国人》(*Scientific American*)撰稿。——译者

[2] 据老德译本，第 615 页加上。——译者

天在信中(该信是后来寄出的)向他儿子表示的那样:"主要问题自然就是,为什么我们在德国没有制成一个炸弹。"[11]换句话说:为什么相形之下德国的成就如此之小,不管他们的最后目标是不是一个炸弹?除此之外,从那时起一直有人提出另一个问题,但可能不会有直接的答案:有鉴于原子弹和希特勒政权都带来了难以置信的死亡和破坏,德国核科学家们到底是带着什么样的道德考虑(如果他们真有任何道德考虑的话)来开展他们的战时工作?这是战争的双方都可以提出的一个问题。

科学家们在 8 月 6 日整晚以及 7 日晚上的大部分时间都在考虑和辩论自己落后的原因。我们已经观察到一些原因,比如科学家们的过分自信;害怕被迫建造一个炸弹,最后却不能成功;关于纯石墨的错误;总体战中领导们更急切的目标;德国基础设施的破坏;科学家们对海森伯的依赖,而他的主要兴趣和技能在其他方面,仅将这个项目作为个人和职业发展的手段。在农庄馆,科学家们最初的反应是强调英国广播公司报道的曼哈顿计划的规模。这是到当时为止,世界上最大的科学项目。窃听器记录了他们的反应。 ³⁷⁵

哈恩:我们当然不可能在那个规模上研究。

海森伯:可以说德国第一次投入大量资金是在 1942 年和鲁斯特的会见之后,当时我们让他确信我们可以保证此事完全可以成功……另一方面,我极力推进的整个重水业务[反应堆建造]无法产生爆炸。

哈特克:在反应堆开始运转[产出钚]之前是不行的。

魏茨泽克:有多少人为 V-1 和 V-2[火箭]工作?

迪布纳:几千人为之工作。

海森伯:1942 年春我们不可能有那种道德勇气向政府推荐说他们应该雇佣12 万人仅仅来建造这个东西(炸弹)……我可以说自己对于建造一个铀发动机的可能性深信不疑,不过从来没有想过可以造出一枚炸弹。我们造的是发动机而不是炸弹,从内心深处我觉得这是一件好事。我不得不承认这一点。[12]

在科学家们讨论自己进展不佳的原因之时,英国的新闻记者们已经在报告德国在制造原子弹的竞赛中输给了盟国。考虑到如果自己的工作被看作和盟国的一场失败的竞赛对他们在国内外的声誉会造成损害,科学家们对里特纳少校坚持说"从来没有开展过这样的工作"。也许是为了减轻他们的沮丧心情,里特纳建议他们为媒体和公众撰写并签署一份备忘录,"详细展现他们从事的工作"。海森伯午饭后立即在没被监听的散步中和具有外交手腕的魏茨泽克一起开始构思这样一份声明,魏茨泽克是他在科学家中最信任、关系最密切的同事。到了晚上,他们已经谈妥了自己的主张,而有鉴于反面的报刊报道,年老一些的科学家们决定在一次公开发布中提出自己这一边的说法。盖拉赫和维尔茨后来协助海森伯起草了这份声明;海森伯手写的一份早期文本写在一本英国军事学校练习簿上,得以保存下来。8月7日,一份定稿被拟好、打印,所有的人都签名后交给了他们的监管者。这份声明或许当时并未获准公开发表。[13]

德国从没有完成一个链式反应,更不用说原子弹了。为此海森伯及其同事在8月7日的声明中作出解释:到了1941年末,他们得出的结论是能够造出一个"机器",也就是反应堆;接下来"在另一方面,研究人员的看法是在当时情况下,德国拥有的技术无法制造原子弹"。这样他们并未与盟国进行一场制造原子弹的竞赛,主要原因是物质条件不允许。他们接着写道:"这样接下来的工作集中在这个机器的问题上,除了铀,它还需要重水。"这项工作因为重水供应受限而进展缓慢,但是到战争结束时他们已经接近完成链式反应。这一听起来无害的声明与玻尔对海森伯1941年目标的印象相矛盾,并忽略了项目进展不利的其他实质性原因。

然而这份声明中的某些内容现在有了新的意义。在农庄馆,比较年轻的物理学家之一埃里希·巴格在8月10日的日记中写道:"[备忘录中的]故事得到了广泛但不是完全的接受。"只有当艰难地说服年轻一些的物理学家们之后,全体人员才在声明上签了名。[14]直到现在,这似乎指的是一个挥之不去的期望,即能够造出一枚炸弹,而不仅仅是一个反应堆而已。最近的一个说法是迪布纳确实曾负责一个建造原子弹的紧急计划,并且还取得了成功。联系这一点,巴格的日记以及声明附属的一项评论就有了新意义。附属的评论翻译过来的文字是"关于原子弹的问题,应当进一步声明签署者不知晓任何以建造炸弹为当前目的的研究,比如德国其他小组开展的工作。如果发现确有开展此类尝试,只能是业余探索,不值得严肃看待。"难怪巴格报告了前述的困难。备忘录起草者之一的盖拉赫,与年轻的巴格及其导师迪布纳都在文件上签名。盖拉赫和迪布纳还被认为曾直接参与这个据报道完成了的（无论是否是核）爆炸的紧急项目。这些推测，如果是真的，可能有助于澄清里特纳从农庄馆同时提交的一份报告，里面对备忘录的措辞进行了大量的讨论，"其中迪布纳说他已经销毁了他的所有论文，但舒曼对每件事都做了笔记，这是一个很大的危险。盖拉赫想知道弗格勒是否也做了笔记"。[15]

最后这 10 位科学家都在备忘录上签了名。在战时与裂变研究保持超然态度的马克斯·冯·劳厄，与其他人一起支持了这份声明，不过在文件上注明自己并未参与裂变研究。他在 8 月 7 日给他作为历史学家的儿子的信中重述了论点的精神；他的儿子在战时隐居在普林斯顿以逃避德国的征兵。9 月下旬，劳厄寄给他儿子一份声明以在美国传阅。[16]

随着英国记者提出道德问题，而他们作为科学家的专业水准又受到质疑， 到 8 月 6 日晚，德国科学家已经开始了道德探讨，主要由魏茨泽克领导。他在农庄馆声称："我觉得我们不应该为失败寻找借口，但是我们必须承认我们本来不想成功。"在这之前他说道："我相信我们之所以没有干是因为所有物理学家都不愿意干，在原则上不愿意干。假如我们曾经愿意让德国得胜，我们就可能已经成功了。"哈恩对此的回复是："我不相信这个说法，不过对于我们未能成功，我感到高兴。"不过根据里特纳的说法，海森伯当晚后来告诉哈恩，"他自己感觉如果他们持有和美国人一样的道德水准，告诉自己只要希特勒获得战争胜利，其他一切都无所谓，他们就可能已经成功了。而事实是他们并不想让希特勒胜利"。[17]结论似乎是：为了在公众面前维护自己的专业声望，他们第二天将在备忘录中强调战时的物质条件，但是在现在的私下谈论中提起道德顾虑作为自己表现不佳的主要原因。劳厄在 8 月 7 日给他儿子的信中报告了所出现的双重争论："我们全部铀研究都指向一部作为能源的铀机器的制成，首先因为没人相信在可预见的将来可能造出一个炸弹，其次因为，从根本上说，我们中间的任何人都不愿意把这样一种武器放在希特勒手中。"[18]正式的农庄馆声明没有提到劳厄的第二条理由，也未提到钚计划。农庄馆声明一直作为德国科学家们关于他们的战时工作的立场的基础。

为了更全面地理解海森伯及其同胞在农庄馆声明呈现的立场以及推论，需要借助于事后领悟的视角。正向格罗夫斯描述的，这些立场"在科学圈子中成为激烈辩论的题目"。[19]首先，无论他们作为科学家和公民的失败是什么，这些德国科学家不能为他们国家的道德品质负完全责任。正像前面指出的，这些世界闻名的科学家在早些年的道德和政治侮辱之后继续在德国生活和工作，这件事实本身已经使他们在政治和道德上蒙羞，并给予纳粹当局不配拥有的虚假可信度。他们继续寻求并接受当局的合作支持则加剧了自己的失败。这个当局从开始就一直显示自己对所有体面的极端漠视，并且明白直接地鄙视科学家和他们的科学。

他们也不是仅有的急于通过制造武器向政府展示自己价值的科学家。自从阿基米德为叙拉古国王建造弩炮，以及弗兰西斯·培根宣称知识就是力量开始，科学就不时成为每个国家经济、军事和政治利益的仆人。只有在两次世界大战中分别开始使用化学武器与核武器，以及冷战中可能使用氢弹之后，道德顾虑才成为科学家为自己国家开发武器意愿中的一个因素。

378 其次，对海森伯以及德国战时研究的"激烈辩论"中的很多愤怒情绪却似乎（至少对某些人来说）是在下列情形下被煽动起来的：很多盟国科学家需要用一个观点来安慰自己，那就是他们制造原子弹是为了赢得一场竞赛，抵御希特勒拥有原子弹这一更大的邪恶前景。这种理由当然是对的，但却不能掩盖他们的努力曾造成了数十万平民死亡的事实。作为向国会提交的关于盟国核研究的官方说明，史迈斯报告（Smyth report）企图用明显事实的叙述来回应公众的批评："这种武器不是由某一扭曲的天才人物的魔鬼式灵感创造出来的，而是成千上万普通的男男女女为了他们国家安全而付出的艰辛劳动的结果。"[20]

在自己的道德挣扎的阵痛中，参与曼哈顿计划的很多男女想到敌方的同事显然缺乏类似的精神思考，不能不感到震惊。至少到1944年底，害怕对方某些人先造出原子弹一直是盟国方面工作的驱动力。相反，盟国科学家震惊地看到德国科学家未能承认他们也曾经为自己国家的核裂变工作竭尽所能，并且与其他地方的科学家一样，甘愿被历史上最卑鄙的政府利用。美国物理学家菲利普·莫里森（Philip Morrison）在1947年也许说出了他许多同事的心里话："和他们的盟国对手并无不同，德国科学家在他们条件允许的程度上尽最大的可能为军方工作。但是，有一个不同却永远不会被原谅：他们为希姆莱和奥斯维辛集中营而工作，为焚书者和捕猎人质者而工作。"[21]

除了一小撮人，大多数人都不知道，农庄馆的德国科学家不仅仅在他们之间避免承认为希特勒当局研究裂变的串谋，在此之外，在广岛被摧毁的第二天，至少有一位德国科学家有勇气为了没有制造出原子弹的道德优势而向德国科学家们祝贺！根据农庄馆的记录文字，魏茨泽克在 8 月 7 日指出："历史将会记录下美国人和英国人造出了原子弹，同时希特勒政权下的德国制造了一个可以工作的机器。换一种说法，铀发动机的和平开发是在希特勒政权下完成的，而美国和英国人则开发了这个恐怖的战争武器。"[22]

回到德国之后，海森伯和他的同事们详细说明了农庄馆的立场，包括技术和一些道德方面的因素。然而时代不同了，当事者回应要求的立场也发生了许多细微的变化。这些当事者现在已经投入到在政治和军事废墟中重建德国科学的任务。

第二十九章　对铀计划的解释：世界

　　在回到德国并定居在英占区格丁根之后不久，海森伯就开始向公众提交他自己这方面的有关德国核研究的故事。1946 年 12 月，英国当局允许他向他的德国同胞发表了一篇非专业的关于德国核研究的简短综述。这样的一篇文章发表在德国刊物《自然科学》上，其中部分内容的英文译文发表在英国刊物《自然》（Nature）上。从 1947 年开始，海森伯参加了德国报纸的一系列访谈。1948 年，《纽约时报》科学版编辑就古德斯米特关于德国的战争研究和阿尔索斯派遣队在美国的报告，采访了海森伯。[1]

　　在海森伯的每一份说明中，1942 年初都被描绘成了一个转折点。在过去的一年即 1941 年中，通过链式反应的初步迹象海森伯的莱比锡团队显然已经证明原子弹在原理上是可能的，而他的柏林团队也已知道反应堆可以为原子弹生产钚。但建造反应堆或者原子弹所要克服的技术障碍还是巨大和昂贵的。到了1942 年，当战争局势变坏时，军械局决定停止了大部分核研究活动，因为它不能确信这些研究可以很快为这场战争造出一种有用的武器。由于这一决定，也由于德国工业产能降低和仍然有待克服的技术困难，"制造原子弹的全部希望都被放弃了"，海森伯对《纽约时报》如是说。[2] 虽然海森伯在 1942 年初通过暗示一座运作的反应堆将同样产生可裂变的钚而撩拨了德国官员们，但他在战后却坚持说他那只是想要确保获得他们的持续支持。他通过强调技术上的困难而打消了很快得到武器的任何指望。他说，这个策略是灵验的——尽管这样的策略不必要，因为他似乎曾经相信短期来说困难确实非常巨大。

在海森伯看来，1942 年 6 月 6 日和施佩尔的会晤是决定性的。会晤以后，施佩尔下令只以中等规模继续开展计划，但是研究者们应该只为了按海森伯的战后说法是"可以达到的目的"而工作："建造一个给机器提供动力的产生能量的铀燃烧器"。当然，生产一个例如为潜艇提供动力的燃烧器，也是对战争事业的不小贡献。但是在 1946 年至 1948 年的说明中，海森伯似乎也暗示了农庄馆的道德论证——科学家作出了有意识的决定，要控制研究活动，不让希特勒得到原子弹，并阻止政权命令他们或别人制造原子弹。正如他在《自然》上写的那样："德国物理学家们从一开始就争取保持对计划的控制，而且他们运用了……影响来将研究引向这篇报道中所描述的方向。"除此以外，即使他们不曾反对过制造原子弹，海森伯也表示他们不应受到道德指责。他在 1946 年写道，既然计划从 1942 年后并无很大进展，他和他的同事们就很顺利地避免了是否为希特勒制造原子弹的"困难的道德决定"。[3]

海森伯和他的同事们在战后那样描述他们的项目，有很好的理由。为了重建德国科学，保证科学家们不会再被他们的政府所轻视和欺侮，也为了反对公众对他们的战时行为的批评，很关键的就是他们再次获得尽可能大的影响力，从英军占领区开始，到正在形成的西德政府中。再次强调核研究及核技术的地位和用途，就是确立他们自己在德国的科学复兴和经济复兴中举足轻重地位的最保险的手段。为了实现他们的目标，必须解除关于他们曾经用核武器来武装希特勒的怀疑。盟国占领军已经把去纳粹化和控制核能当成了他们最重要的任务。不是纳粹党员而在意识形态上又受过施塔克迫害的海森伯，在去纳粹化的问题上寻求并获得了占领当局的信任。

另外，"二战"之后，海森伯和他的支持者们下了很大功夫来和以前的军械局研究人员以及公开承认曾在希特勒统治下为制造（或者已经造出）原子弹而工作的其他任何人划清界线。在 20 世纪 40 年代后期，海森伯的圈子也开始为建立西德核能计划而开始紧张公关活动；这种活动一直持续到盟国科学控制法的废除和 1955 年对作为北大西洋公约组织（NATO，北约）之一部分的西德联邦共和国的主权移交。随着冷战加剧，1950 年以后西德自治即将到来时，海森伯和核科学家们推动建立了一个内阁级的核能政策部。同时，他们动员了公众意见来反对德国政府接受北约用战术性核武器来武装西德军队的计划。

科学家们在两方面都成功了。他们保证了西德军队的无核化；一旦战争爆发需要动用核武器，美国只有在需要抵抗苏联侵略的时候才会提供这些武器。另外，他们为获准开始一个充分规模的核反应堆项目而和华盛顿进行了成功的谈判，这在20世纪60年代后期成了全世界最成功的项目。当时西德成了最大的核技术出口国。海森伯后来在他的回忆录中很满意地写道："战时，尽管拥有原理方面的知识，但在德国并没有进行任何制造原子弹的尝试。这一事实或许对这次［华盛顿］谈判起了有利的作用。"[4]

至少在20世纪40年代后期，公众了解的情况是德国并未在理论阶段之上对制造原子弹做过实质性的尝试。至于为什么没有进行这种尝试，在德美科学家之间产生强烈的意见分歧。呼声最高和分歧最大的争论发生在海森伯和曾任阿尔索斯派遣队科学首脑、时任［美国］西北大学物理学教授的塞缪尔·A. 古德斯米特之间。古德斯米特的一系列文章和1947年发表的标题为《阿尔索斯》的一本专著，在美国科学家中被广泛阅读，其中提出的观点影响很大。他们的激烈争论出现在《纽约时报》以及引人入胜的通信中。[5]

在许多方面，古德斯米特对德国、德国科学、德国科学家，特别是海森伯感到了痛心的失望。此外，他和他的同事们在美国科学所面对的更广泛的问题与当年德国人所面对的十分不同。当冷战越来越深入时，美国科学家们的重大问题是保密、行政以及科学和军事之间关系的问题。古德斯米特很明白地要用他关于失败的德国计划（"失败的"，因为它没能造出一枚原子弹，甚至也没能造出一个反应堆）的论述来作为一种案例研究，以说明哪里可能会出问题；以它为例，说明"无能的控制（这不仅仅限于极权制度的国家）如何在很短时间内毁掉科学进步"。[6] 如果海森伯是论证德国科学家们在希特勒统治下保存他们的科学与道德顾虑的能力和成功，古德斯米特则是论证恰恰相反的东西——每个人都是部分地为了他们当时的听众们在进行论证。而事实上，从那以后，每一部分听众都倾向接受古德斯米特或海森伯所提出的各自的观点。

按照古德斯米特的观点，各种各样的因素造成了科学在纳粹德国的死亡。纳粹的种族教条从实验室和教室中排除了不可缺少的人员，削弱了科学家对现代科学理论的执着。德国科学的组织及其支持制度，灾难性的缺乏一致性和合作。科学家们已经习惯于在现代科学中领导全世界，确信他们的优越性是绝对的，从而变得自满起来：如果他们不能制造原子弹，盟方就也造不成。最后，古德斯米特说，德国科学家们陷入了过度的英雄崇拜，就像"洋洋自得的海森伯帮"所实行的那样，忽视了不那么有英雄气概但却更有实践头脑的技术家们，例如库尔特·迪布纳或自学成材的曼弗里德·冯·阿登。[7]

古德斯米特说，德国科学家们曾经集中研究反应堆，因为他们相信不受控制时它就会爆炸。但即使那时，他们仍然相信盟方落在他们后面很远。按照古德斯米特的意见，德国人完全没有意识到快中子裂变和钚的可能性。假如他们注意到了这些，他们就会像美国科学家们一样迫使他们的政府给予更大的支持。古德斯米特写道，自以为远远走在前面的德国科学家们，实际上对一个铀弹乃至一座反应堆的机制只有模糊的概念，这从他们的实验没有控制棒和应对放射性的保护就可以得到证明。他们在同位素分离和减速剂的测试及生产之类的技术努力方面显然远远落后于盟方。

对古德斯米特的每一个说法，海森伯都激烈反对。在和古德斯米特的长篇通信中，在给《纽约时报》的信件和接受的该报访谈中，而且通过自己的代理人 C.F. 冯·魏茨泽克和当时在美国的 B.L. 范德瓦尔登，海森伯强烈维护德国战争研究的先进状态。[8] 或许是通过他曾住在纽约的叔叔卡尔，海森伯得到了《纽约时报》的科学编辑、德裔美国人瓦尔德马·肯普费特（Waldemar Kaempffert）的支持。在作为对古德斯米特《阿尔索斯》一书的反应而接受肯普费特的一次访谈中，海森伯"用一种令人信服的客观性"的发言，坚持认为德国工业的破坏和没有解决的技术问题迫使德国科学家们放弃了"设计一个原子弹而集中研究用于工业的原子动力发展"。访谈发表 3 天后，古德斯米特致函《纽约时报》对海森伯的说法进行了反驳。"海森伯强调了战争后半期的工业资源的缺乏。《阿尔索斯》一书指出了德国科学家们缺乏远见。"肯普费特气愤地回答说，"说谎者并不能得诺贝尔奖"——这种说法立即导致了古德斯米特的出版商去请教爱因斯坦，诺贝尔奖得主是不是事实上也说谎。[9]

在古德斯米特关于德国战时研究工作那时而愤怒时而过于简单化的论述中，当然存在着一些明显的差错。然而海森伯特别关心的是，他们的研究工作应被视为不仅道德上是干净的，而且也极其有能力，尽管其表现不佳。他曾将在逆境中于德国保持现代物理学的高贵品质看成自己的个人使命。如果他和他的同事们要在西德的科学事务中获得影响力，就不能让自己被视为无能的傻瓜；在当代人眼里，他们关于原子弹的知识越多，不去制造原子弹这件事就越显得高尚。他捍卫了那种明显的英雄崇拜，在他身边形成一个圈子，认为这是一种手段，让"不慎重的人们"无法影响铀研究事业。海森伯 1941 年访问玻尔的目的，现在被说成是要告诉盟方说德国人已经弄明白了原子弹但却不打算制造它。他们之所以研究核能，只是为了获得经费和承诺，并让青年物理学家免于服役。[10]

玻尔对那次访问的看法现在对海森伯的案例来说是至关重要的。卡尔叔叔又帮助了侄子。玻尔曾到美国进行过多次筹款旅行，在其中一次旅行中结识了卡尔。通过叔叔的帮助，海森伯设法和玻尔恢复了联系，并且得到了玻尔和英国方面的允许，于 1947 年去了哥本哈根。由于他的战时动机和行为在国外受到了质疑，海森伯显然愿意和很有影响的玻尔讨论当时的形势，但更重要的是了解玻尔对他们 1941 年的会面的记忆是什么。在一位监督他的英国官员的陪同下，海森伯在古德斯米特的书刚在美国问世时便进行了这次旅行。[11]

在战争期间丹麦发生了那么多事情以后，或许对海森伯 1941 年哥本哈根之行还耿耿于怀，诚恳的玻尔并未给予海森伯他所期望的支持。玻尔断然拒绝讨论那次访问的细节，而海森伯也没有怎么报告在这次会见中谈了些什么问题。海森伯报告说，玻尔曾经把 1941 年的会见仅仅当作是德国在核裂变研究方面进步的一种显示。玻尔将海森伯拒之门外，让他去和古德斯米特联系；海森伯只得在没有玻尔支持的情况下去反驳古德斯米特。一年后，圆滑的 B. L. 范德瓦尔登自告奋勇地当了海森伯的"律师"；他用英文撰写了一份关于德国人的主张的备忘录并把它寄给了玻尔。[12] 现在见不到关于答复的记录。从那以后，玻尔和海森伯的关系尽管彬彬有礼，但却一直不自然。

海森伯确实联系了古德斯米特。虽然现在不清楚《阿尔索斯》这本书的内容海森伯读了多少（如果他读过的话），但在该书出版不久，海森伯就给古德斯米特写了信，企图解释德国人在战争期间不得不面对的那种心理状态。[13] 那是一种可怕的道德困境。一方面，他宣称，德国科学家们很清楚地知道一次德国的胜利将给欧洲带来的"可怕后果"；另一方面，他们也不愿意看到德国被打败——不是因为爱国主义而是因为"国家社会主义已经播下的仇恨"。这最多不过是一种折衷主义的论调。他坚持主张，这种两难处境引导科学家们采取了"一种更被动和更谦逊的态度"。这是指他在较早的文章《积极和消极抵抗》和《实在的秩序》中概述过的主张；也就是说，在可能的地方进行小规模的帮助，假装是在为政权工作，哪怕并非如此，而在另一方面则进行或许以后会被证实为有用的工作。[14]

海森伯的信招致了古德斯米特一封长达5页的密密麻麻怒冲冲的回信，重述了他书中的许多论点。古德斯米特毫不讳言地告诉这位德国物理学家，所谓积极抵抗不过是一种自私自利的说辞，是为了追求一种不可能的目标而虚伪地编造出来的——那目标就是在希特勒统治下保存相对论和量子理论。"您怎么可能希望那会成功呢？您怎么可能会认为这些是重要的问题呢？"[15]他们两个在随后的一年中，你来我往地在公开场合和私人通信中进行了论战。海森伯一贯坚持主张德国的科学成功，尽管有纳粹的政策，也坚持主张德国科学家的道德两难处境；而古德斯米特则毫不让步地指责德国的科学失败和科学家们对纳粹政权的妥协立场。

1948年，在美国占领当局的要求下，海森伯和维尔茨发表了一篇关于德国铀计划的技术说明，该说明属于一系列由美国陆军战地情报局技术部（U. S. Army's Field Information Agency，Technical）负责的关于德国科学和技术的美国陆军报告，即所谓的"FIAT报告"。[16]当然，作者坚决主张德国在反应堆工程方面曾很先进，但其中甚至没有暗示更广泛的问题。撰写这篇报告使得海森伯能够重新检视了能够看到的一些研究报告，而且在海森伯的坚持要求下，古德斯米特也重新检视了存在华盛顿的那些被缴获的报告的副本。

检视的结果，使古德斯米特改正了他最明显的错误，承认了德国事实上已经知道原子弹和反应堆的区别，也知道钚弹的可能性。但是，古德斯米特在《纽约时报》上写道，尽管海森伯声称具有先进的理论知识，他的报告却"清楚地证明了他们的科学家们只有一种很含糊的关于原子弹如何工作的观念，而他们的关于一座铀反应堆的概念也还处于很初步的阶段上"。他们缓慢进步的原因，又是他们的缺乏远见。而他们的缺乏远见，则是"科学家们在一个极权体制下工作时所处的那种使人窒息的气氛"的结果。[17]

当然，这一直是古德斯米特的基本论点。一次又一次地，古德斯米特向海森伯和他的使者们指出了同样的一点：他想要看到的，是海森伯、哈恩以及其他一流科学家们写的一些文章，讨论科学进步在一个政府的极权制度下的挫折（这也可以推广到一个独断专行的美国政府身上）。他坚持主张对方停止吹嘘德国科学的伟大，而承认它所受到纳粹的摧残。这是他们难以满足的要求。事实上，他们的立场在任何情况下都几乎不可能保持：试图把自己和纳粹政权划清界线，而同时却声称他们在该政权下并为之进行了伟大但却无害的工作。

海森伯竟然试图为在纳粹政权下进行正当的科学工作进行辩护，或是相信这种事情是可能的；这在许多美国科学家们看来是太过分了。古德斯米特已经宣称海森伯："和纳粹斗争不是因为纳粹太坏，而是因为纳粹对德国太坏，或是至少对德国科学太坏。"[18]卡尔·弗里德里希·冯·魏茨泽克在1949年亲自领教了这种愤怒，当时他在芝加哥遇见了流亡物理学家詹姆斯·弗兰克和玛丽亚·格佩特-梅耶[1]；由于日益增强的保密制度、核研究的军事控制和制造氢弹的企图，这两位物理学家对伦理问题都很关心。魏茨泽克报告海森伯说，弗兰克对德国科学家尤其批评得厉害。按照弗兰克的看法，甚至捍卫正当物理学、获取支持以及免除兵役都不足以构成海森伯对纳粹政权所作让步的理由。[19]

古德斯米特和海森伯从来没能解决他们的争吵。多年后，年事已高的两个385 人见了最后一面，试图治疗旧日的创伤。1973年春，海森伯最后一次访问美国时，在华盛顿特区的史密森尼学会(Smithsonian Institution)发表了演讲，而早已搬到长岛布鲁克黑文国家实验室(Brookhaven National Laboratory)的古德斯米特赶到华盛顿去见了他。古德斯米特再次承认了《阿尔索斯》一书形容德国计划落后时的技术差错，并为他对这位德国物理学家曾经造成的任何伤害道歉。然而完全的和解是不可能的。海森伯在3年后就逝世了。

在为美国哲学学会写的海森伯的讣文中，古德斯米特在对他们的争论进行了几十年的反思之后给出了他的评价。在古德斯米特看来，海森伯没能意识到，

---

[1] 玛丽亚·格佩特-梅耶(Maria Goeppert-Mayer，1906～1972)，德裔美国物理学家。1963年因提出原子核壳层模型而与约翰内斯·延森、尤金·维格纳共同获得诺贝尔物理奖。她是继居里夫人之后，第二位获此殊荣的女性。——译者

甚至在纳粹掌权前，德国物理学相对于其他国家的物理学就已经处于急剧的衰退中了，尤其是美国正在迅速超过德国。美国大学各系之间的合作研究体系、大规模的工业研究以及实验家和理论家之间的密切合作，比德国传统对现代物理学特别是核物理学的进步更有利得多。由于美国人对欧洲科学的迷恋，使得海森伯自己多次的美国之行成为可能，当纳粹开始把他们一些最好的科学家赶出德国时，美国物理学已经超过了德国物理学。因此，海森伯试图在现代物理学中保持德国领先地位的幻想，完全是不得体的。古德斯米特写道："假如海森伯曾经意识到这一点，他就不会把德国的失败看得那么个人化。"[20]或许也不至于因为确信自己对保存德国物理学负有个人责任而那么情愿和纳粹达成令人痛苦的妥协，而且一直忍受这种痛苦。

美国许多科学家在20世纪40年代后期担心政府控制研究，最后的结果使他们大失所望；冷战时期的保密条件加强了，出现了由政府控制的氢弹计划。不论以往的教训是什么，某些科学家还是会为制造越来越普遍和强大的大规模杀伤性武器而工作。可以在几分钟内就将毁灭性武器送抵地球上的任一地点的洲际导弹的发明确实使"有把握的互相毁灭"的前景变得更有把握了。对道德问题和科学家的社会责任问题的关心在所有地方都在高涨，特别是美国。有些科学家感到满意，因为他们不是为希特勒或者斯大林，而是为捍卫美国的民主而制造了原子弹。

这种自满很快就受到了容克的原子弹史《比一千个太阳还亮》的挑战。该书的德文本于1956年出版，丹麦文和英文译本分别于1957和1958年出版。如前所述，它激发了玻尔以非常之愤怒写下了信件草稿，作为对此书和他与海森伯1941年会见的海森伯版本的回应。[21]那几年，西德出现了关于核武器和反应堆技术的激烈辩论，而容克的书是为德国科学家辩护的。

根据容克的说法，德国科学家们——指海森伯身边那些人——非常不信任政权和其他不道德的物理学家们，以至于对遭到仇恨的政权进行了这样的反抗：他们继续进行铀计划的工作，但是却秘密地出于道德顾虑而控制结果，"把国家社会主义情报单位的注意力从一种如此不人道的武器上引开"。他们很高兴当局接受德国不可能在战时条件下制成原子弹的结论，他们满足于集中精力争取建成一座反应堆，同时等待不可避免的战败。按照海森伯给容克的信——部分内

386

容被翻译成丹麦文和英文——所述，他们确信原子弹的制造需要"巨量的技术资源"。[22]容克指出，当德国人在表示反对时，美国人拼命地推进原子弹工作，并成功地向他们的政府提供了一种具有可怕的破坏力的武器，并立即用到日本头上。作者道德上的暗示非常明显。容克公开感谢魏茨泽克的帮助，并且发表了和魏茨泽克在农庄馆令人惊异的私下声明几乎雷同的文字："看上去出乎意料的是，德国核科学家们在磨刀霍霍的独裁统治下听从良心的召唤，试图阻止原子弹的制造，而他们在民主国家的同事们并未受到胁迫，却全力集中制造这种新武器，只有个别人例外。"[23]

当时在西德深深卷入德国科学家们反对核武器而拥护反应堆的双重斗争的海森伯和魏茨泽克，必须在德国公众面前树立没有被核武器玷污的，比原子弹建造者还要高尚的纯洁道德形象，才能影响联邦德国的事务。收到容克的书后，海森伯回复了一封长达 4 页纸的信，其中并未反对容克几乎照搬魏茨泽克在农庄馆为德国科学家道德贴金的说法。[24]

容克的书在冷战的紧张局势处于高潮的时期在美国被广泛阅读，立即重新激发了关于德国战时研究的争论。德国物理学家和编辑保罗·罗斯鲍德[1]，后来被发现曾经在战时向盟国提供德国铀计划的内部情报，他为容克的书在《发现》杂志写的书评中说："从[关于研究]的所有理论中浮现出来了一个奇怪的图景：好像只有德国物理学家们才在原子弹问题上没有实际和道德的罪过。"[25]

曾在农庄馆被关押过的马克斯·冯·劳厄写信给罗斯鲍德，否认了故事中的道德要素，并且责备容克把德国科学家描绘成受良心驱使的人。当提到 1945 年 8 月 6 日和 7 日的农庄馆的讨论时，他几乎重复了当时写给儿子的相关评价："声明发展成了这样：德国原子物理学家实际上并不愿意制造原子弹，不是因为在预料的战争持续期间造不出来，而是因为他们根本不想要它。这次讨论的领导者是魏茨泽克，我没听见有人提到任何伦理学的观点。海森伯在大部分时间

387

---

[1] 保罗·罗斯鲍德(Paul Rosbaud, 1896~1963)，德国冶金学家，"二战"之前和"二战"期间在德国施普林格出版社担任科学顾问。战后在英国牛津的佩加蒙出版社(Pergamon Press)继续从事科学出版。1986 年，阿诺德·克拉米什(Arnold Kramish)在《格里芬》(*The Griffin*)一书中透露，正是通过罗斯鲍德的间谍工作，消除了对"德国原子弹"的焦虑。——译者

是沉默的[楷体是他原有的[1]]。"26

1964 年，康奈尔大学中学科学的学生们读了容克的书以后，请求他们的导师汉斯·贝特给他们讲了科学家和工程师的社会责任问题。这篇演讲后来发表在"科学的社会责任学会"(Society for the Social Responsibility of Science)的通讯上。在他的演讲中，贝特评述了古德斯米特-海森伯争论的公开记录，并指出了其中缺少对道德问题的关注："不论是古德斯米特还是海森伯，都没有指出良心在德国发展原子弹的失败中起过任何作用。"27 他们的争论是围绕着德国科学的失败而进行的。

没有看到充分记录的贝特，显然忽略了海森伯提出的强烈的伦理甚至可能是道德论点，例如在他给古德斯米特的信中关于德国科学家两难处境的讨论。贝特的演讲招致了海森伯的反对，后者又强调了他的道德顾虑。在给贝特的信中，海森伯承认了德国物理学家们在道德上和他们的美国对手们并无轩轾，但仍然主张他们没有制造原子弹是因为他们不愿意希特勒打赢战争。另一方面，明知德国最终会战败，他们不"愿意德国一败涂地"。很显然，早先已经提出的这种情绪，就是他们在战败前后建造反应堆来支持德国经济的理由。海森伯又一次宣称，他 1941 年与玻尔饱受争议的会见，就证实了他们的道德顾虑。由于1942 年在技术上和行政管理上出现了转折点，他们就得到了解脱，可以集中发展反应堆而不必害怕被命令制造原子弹了。容克对道德的过分重视显然启示了双方，使他们在谈论自己的说法时都强调道德顾虑。

戴维·欧文(David Irving)在 1967 年出版的关于德国铀计划的解释又唤醒了这一争论；他的书英国版名为《病毒屋》(*The Virus House*)，美国版名为《德国的原子弹》(*The German Atomic Bomb*)。28 最近因否认大屠杀，而在奥地利被判定有罪的英国作家欧文，设法从德国参与者处获得大量先前不可得到的原始资料。他基于第一手材料，将德国的努力描绘成一种非参与的(nonparticipant)故事，这显然是倾向德国人的。但他也怀疑道德的考虑曾在研究的任何阶段起过作用。他相信好奇心是德国科学家的工作推动力，而且假如当局允许，这种好奇心也会把他们推向原子弹。

---

[1] 中译本中用楷体来对应原书中用来表示强调的斜体。——译者

这就促使海森伯在德国和美国接受了关于德国铀计划的又一轮访谈和书评。在《原子科学家通报》(*Bulletin of the Atomic Scientists*)和有影响的《法兰克福汇报》(*Frankfurter Allgemeine Zeitung*)上，海森伯都表示了满意，认为"欧文的考察在所有重要问题上都证实了德国的报告"。但他相信欧文关于动机的诠释有缺点。欧文"没有充分意识到，在一个极权国家中，人们可能存在甚至必须存在非常深的互不信任，甚至亲密同事之间也是如此"。由于这种不信任，以及战争局势和工程困难，"德国物理学家们就通过实际措施，没有坚持寻求一条在战争期间不可能采用的路线。"[29]

在海森伯为欧文所写的书评的一段序言中，《通报》的联合创刊人尤金·拉比诺维茨(Eugene Rabinowitz)直接向海森伯的论点——不信任以及由此而来的对他们研究用途的顾虑，曾确定了科学家的行为——提出异议。他承认，或许确实存在对政权的不信任，并确实使得德国科学家们不愿意向希特勒提供武器。但德国可能战败，而战败可能意味着由纳粹政权开始的德国民族之伟大复兴的终结，这种可能性在起初就使得科学家们远远不是那么不愿意合作。拉比诺维茨写道，这种情况在 1942 年发生改变。"当战争拖延下来，而德国战败的可能性越来越不祥地威胁着所有还保留了一点理性的人们时，德国物理学领导者们的顾虑就增强了，而且不发展原子弹而只发展一个战后反应堆的逃避办法就实际上变得令人放心了。"[30]

争论一直持续至今。也许是因为深层的问题和痛苦的历史从未得到解释，每一次出现新的证据或解读，都会爆发公开讨论。在很大程度上，古德斯米特、拉比诺维茨和其他人是对的。很多人感觉到，海森伯和其他人犯了一个大错：他们未能如实地讲出他们在希特勒统治期间，尤其是在战争期间的态度。因为他们只考虑他们的成功，而不对失误进行反思，未能指出科学家和公民在人类第一次面临先进的工业国出现大屠杀式的独裁政权的梦魇时所表现出的人性脆弱和强韧。他们在讨论政府扼杀科学的同时，不讨论政府对人道精神的扼杀。海森伯和他的亲密同事们宣称他们因为道德考虑而有意地拖延了计划，这肯定是不可接受的；但另一方面，如果说假如条件允许在战争期间他就能制成一个原子弹，除此之外没有任何道德或者伦理方面的过失，这对海森伯来说也好不了多少。别忘了，他和他们难道没有为一个向德国战争机器提供动力的反应堆而工作吗？难道他不曾允许自己被一个恶魔式的政权所利用吗？至少在 1944 年年底前，他们在核裂变任何方面的工作难道没有引起恐慌，从而使曼哈顿计划加紧实施完成？这一切是怎么发生的？这些受过高度教育的科学家们，这些拥有最好的道德文化和学术以及科学探索之最高理想的人们，是怎样落到这样地步的？

回答所有这些深刻而重要的问题，也许任何战后的传记作家，都比不上科学家们自己的诚恳反思。指望海森伯及其同事进行触及灵魂的忏悔，而不是针对变化着的战后局势而精心编造出一种托词，也许太不现实，其他国家那些曾经和直到现在仍然为大规模毁灭性武器而工作的科学家们，有几个曾向后人，或者哪怕是他们自己，显露过他们的灵魂呢？

海森伯事例中令人惊异之处在于，尽管曾经被他挫伤，许多海森伯的最严厉的美国批评者却仍然对他抱有同情和超出礼貌的热诚，即使当发表最严厉的责备时也是如此。这就好像他们承认自己对他的困境感同身受，承认科学家们到处都陷于当代科学与全球强权结构共同发展而造成的普遍困境：任何地方的科学家，不论他们多么虔诚地寻求真理和普遍理解，都会因为各种理由被拉进来为他们的政府服务，而且许多人还将通过制造战争和破坏性的武器来为他们的政府服务。

塞缪尔·古德斯米特在为他如此崇拜而又如此责备的那个人写的讣文的最后一段中，表达了其他许多人想必也曾体验到的困惑和惋惜。他写道："海森伯是一位很伟大的物理学家，一位深刻的思想家、一位很有教养的人，同时也是一个很有勇气的人。他是我们这个时代的最伟大的物理学家之一，但是他在一些狂热的同事没根据的攻击下经受了严重的痛苦。按照我的意见，他在某些方面应被看成是纳粹政权的受害者。"[31]

第三十章　晚年岁月

　　1946 年 1 月，海森伯回到了屈膝投降后的德国。炸弹和炮火已经把几乎每一个城镇变成了瓦砾堆。公路、铁路、河道和桥梁都被切断或彻底毁坏。煤气管、水管和电线都被切断。将近 1/4 的德国房屋都被摧毁，而且工农业产品也陷于停顿。食物、衣服和住处的严重短缺带来了饥饿和病疫的恐慌。到处都有孩子在乞讨，而他们的父母则在垃圾堆中搜寻着一切所能找到的东西。

　　当德国的经济和基础设施建设躺在废墟中时，它的人口却戏剧性地增加了。数以百万计的人在战争中死去或被盟军俘虏，但数以百万计的更多的人——以前的被奴役者和从苏联统治下的东欧国家逃出或被赶出的人——却来到了德国。马克斯·冯·劳厄回到德国后在写给他在普林斯顿的儿子的信中说："[德国人]无比沮丧。现在才感受到战争的全部痛苦。"战败的心理剧痛，伴以认识到曾发誓要将德国带向伟大的那个人竟然是一个无法形容的卑鄙罪犯的那种震惊，在一度自豪的德国民族所遭受的肉体毁灭上又加上了道德摧残。[1]

　　死亡也降临到了海森伯的家人和朋友的身上，正如它降临到了许多其他人身上一样。那么多老一代的人去世了，就仿佛命运不愿意让那一代人活到战后一样。曾经蕴藏了威廉皇帝时期和魏玛时期的力量和弱点的"星期三学会"会员中那些参与了密谋的成员，只是在战争的最后几个月中去世的人中最著名的人。在他被拘留在英国时收到的唯一一封家信中，海森伯得知他 74 岁的母亲在 1945

年 7 月间逝世的消息。她在乌尔菲尔德摔断了股骨，若干天后就在附近巴德特尔茨(Bad Tölz)镇的医院中因并发症而去世了。海森伯直到最后都和母亲很亲近，而且在他被俘前的最后几天还把她接到了乌尔菲尔德。在他孤独的囚徒生活中，母亲的死讯是一次令人心痛的打击。"我当时如此孤独，难以接受。"[2]

因为害怕这些物理学家会被这一或另一盟军力量所绑架，英国人不许海森伯去当时在美军占领下的巴伐利亚，直到他回到德国几个月后为止。在奔到乌尔菲尔德以后，他泪流满面地瞻仰了母亲的坟墓。在悲惨的战后条件下，他家办不起一次像样的葬礼。"那很令人伤心，"他在拜墓以后写信给他叔叔卡尔说，"不过就是木头十字架下的一堆土，连姓名都没有。"[3]

391

伊丽莎白与维尔纳·海森伯在格丁根，1947 年

海森伯的母亲去世不到一年，她的妹妹也去世了。他在奥斯纳布吕克的姨妈古斯特、他的叔叔卡尔和姑姑海伦也都去世了，后两人是在同一个月内去世的。在科学界，年迈的汉斯·盖革和格哈德·霍夫曼在投降书签定之后的几天之内逝世了；90 岁高龄的普朗克在所有子女死于战争、疾病或处决后，在格丁

根逝世。罗伯特·德佩尔（Robert Döpel）的妻子和研究所中的一位技师在莱比锡的最后一次空袭中被炸死，那次空袭也摧毁了海森伯早已残破的房子和大部分物理学研究所。[4] 威廉皇帝学会会长阿尔伯特·福格勒和帝国教育部部长鲁斯特自杀了；鲁道夫·门采尔、约翰内斯·施塔克、菲利普·勒纳德和老魏茨泽克都面临刑事审判。前纳粹党的每一个党员都受到去纳粹化的审查；海因里希·希姆莱和赫尔曼·戈林自杀了；阿尔弗雷德·罗森堡和另一些战犯在纽伦堡被处死，施佩尔被判了 20 年徒刑。

随着法本染料化学集团作为战犯企业而解体，曾经在爱克发电影和化学公司工作的海森伯的哥哥，与他的妻子和四个孩子作为黑森林陶瓷工人在战后生活得很艰苦。伊丽莎白的哥哥弗里茨·舒马赫随着英军回到德国，开始协助复兴德国的经济。她的姐姐和年迈的父母在战争期间逃到了南德的乡村住房中，在那里准备欢迎被俘亲友的归来，等待日子好转。[5]

在奥斯纳布吕克的海森伯一家也逃到了乡下躲避空袭。海森伯在 1946 年初回到了那个被毁的城市，发现他童年常去的那栋房子已经变成了废墟。他很伤心地在当年温暖舒适的厨房里的灰烬中捡拾着纪念品，从旧式烧木柴的炉子上收集了一片瓦，当年他曾安心在炉子旁边玩耍过。在他再也无法回到的那个安全而幸福的地方的灰烬中，他看到了一个时代的结束，不论是在他自己的生活中还是在德国人民的生活中都是如此。[6]

他的母亲和父亲都已去世，海森伯在 1946 年初从英国到达吕贝克附近的北德小镇阿尔斯维德（Alswede）时才刚满 44 岁。那个小镇还没有被战争蹂躏。那时他是受英国管制的一名被拘留者。在那儿，他和其他被拘留者住在一家被征用了的糖果店中。在搬到他们的长久住处前，他们每天晚上都必须到糖果店报到。在海森伯来到糖果店的一个月以后，他的意志坚强的夫人，越过混乱不堪的铁路和边境，穿越了两个占领区，行程接近德国的总长度，终于到了她将近九个月没见过面的丈夫身边。[7]

她丈夫在乌尔菲尔德被抓走以后的那些日日月月，对伊丽莎白来说是凄惨的。当海森伯享受着英国的军官配给，在农庄馆的网球场上打着网球、表述着他的战时工作的动机时，他的妻子——已经生了 7 个儿女中的 6 个，丈夫在战事正酣时离开她去了柏林的单身宿舍——却不得不自己度过若干个月。海森伯公开表示为"乌尔菲尔德的人们"担心，但除此以外也无法帮助他们。在 5 月将海森伯抓走的帕什上校，曾经带着日用品返回那栋房子几次，但这些东西到了1945 年夏天就用完了。[8]

在海森伯的母亲于 7 月逝世的几个星期后，和他们一起住在乌尔菲尔德的一位远房堂妹也逝世了。伊丽莎白被单独留在了那栋湖边小别墅中，照顾着堂妹的儿子和自己的 6 个孩子。她不再有她丈夫的柏林薪金，不过在这个乌尔菲耳尔山区也没有什么要花钱的地方。仍然住在慕尼黑的索末菲一家尽量帮助他们，但是在海森伯一家能够在较好条件下重新团聚以前还要过将近 18 个月。他们重聚以后不久拍摄的一张照片，显示了一位憔悴而意志坚定的伊丽莎白。准备迎接战后世界的海森伯精力充沛，笑容温和、双眼发亮，仍然是金色的头发使他看起来显得比 40 多岁的年龄年轻得多。

在他被拘留在农庄馆中时，奥托·哈恩得悉自己已因为发现裂变而获得诺贝尔奖；他的同事莉泽·迈特纳和弗里茨·施特拉斯曼没有包括在内。在 10 名被拘留者中，3 位诺贝尔奖得主——哈恩、海森伯和劳厄——脱颖而出成为德国科学的主要发言人。他们在被俘期间曾两度在伦敦会晤英国科学家们，并一度在英国监护官员的伴同下被送往德国山区讨论德国科学的前途。经过美国的同意，英国人已经决定让这些科学家在包括德国西北部的英国占领区中永久定居。³⁹³以剑桥作为范例，科学家们强调了在一个大学城中重建各研究所的必要性。格丁根是无疑的选择，它有自己的学术传统和许多研究所，而且它几乎毫无损伤地熬过了战争。只是它和苏联占领区比较靠近，这引起了海森伯的担心。[9] 在英国人看来，格丁根应该成为一个科学和技术中心，由它带来德国科学的复兴，首先是在英国占领区中，然后在整个即将成立的西德。英国人不愿意无限期地财政补贴占领区或将其殖民地化，他们比任何别的盟方强国更想让科学复兴和经济及政治的复兴携手并进，并最终引向德国的自治。

一些不是诺贝尔奖得主被拘留者，对英国人的计划部不那么热心。在他们返回德国后的几周内，哈特克和迪布纳回到了他们在汉堡的老研究所，而且哈特克最后移民去了美国。盖拉赫去了波恩，后来回到慕尼黑担任实验物理学教授。1946 年 2 月初，海森伯和哈恩是最初到达格丁根的人。不久就又来了劳厄、魏茨泽克和另外一些从前的被拘留者。[10]

英国人安排海森伯和哈恩在以前普朗特的气体动力学实验研究所的空房子里分别重建他们的威廉皇帝物理学研究所和威廉皇帝化学研究所。这两个机构仍然是国有的威廉皇帝学会的一部分，独立于任何大学。一开始时，计划差点儿就失败了。在黑欣根，仍对美国人从他们的占领区中抢走核设备和核科学家感到愤愤不平的法国人，不肯把他们掌握的两个研究所中的仪器和技术人员交给英国人。只有3个同事，没有实验室器材，和格丁根大学没有任何联系，海森伯当时很烦恼。更麻烦的是，小镇上潮涌而来的难民使他无法找到合适的住所，只好睡在一所肮脏宿舍中的一个草褥子上。[11]暂时，乌尔菲尔德的人还不得不留在乌尔菲尔德。

当海森伯在格丁根狼狈不堪时，年迈的索末菲又提出了老问题：应该让谁接替他在慕尼黑的理论物理学教授职位。他又向幸存下来的慕尼黑大学当局交出了一张候选人的名单，列了3个人：海森伯、魏茨泽克和洪德。[12]海森伯再次很感谢地接受了，但是他再次需要更高领导的批准——这一次是需要盟国的批准，而能否得到他们的批准却不确定。他们起初曾拒绝让盖拉赫回到慕尼黑他的教授职位上。

问题在一年之内解决了：海森伯留在了格丁根，但这是出于他自己的选择。他的研究所终于繁荣起来了，而更重要的是，在1946年夏天，英国军队腾出了他们从前征用了的一栋大厦，位于格丁根郊外海森伯和玻尔在多年以前曾到那里散过步的海因山（Hainberg）上。英国的科学官员将这座大厦安排给海森伯。伊丽莎白又一次显示了几乎是超人的坚定：她自己安排了卡车，穿越3个不同的占领区，从黑欣根和乌尔菲尔德收罗了家具，并把它们和6个孩子一起运到了格丁根（第7个孩子在那儿出生了）。她亲戚的孩子显然被送去和其他亲人生活了。海森伯一家人终于团聚了，他们在1946年夏天搬进了那座海因山大厦。房子很大（而他们的钱又很少），因此他们就将两个房间租给了格丁根的两个学生，一个是被处死的"星期三学会"密谋者波皮茨的儿子，另一个是魏茨泽克家的朋友。[13]

一旦海森伯家在格丁根安定下来而海森伯的研究所又昌盛起来，迁往慕尼黑的事就没有多少吸引力了。他们仍然保有1937年在慕尼黑买的那所房子，但是它既然没有受到战争的破坏，美国官员们就征用了它供自己使用。此外，当时美国当局并不像英国当局那样支持德国的科学。索末菲从前的学生、铀计划的合作者之一弗里茨·博普终于在 1947 年在慕尼黑接替了伟大的索末菲。[14] 十多年以后，在西德核能计划的改组过程中，海森伯终于和他的研究所一起搬到了他所喜爱的慕尼黑，并且在那里度过了他的余生。在搬家的很久以前，他的研究所更名为马克斯·普朗克物理学与天体物理学研究所，属于马克斯·普朗克学会，后者是战后早期由联邦资助的研究所网络，取代了威廉皇帝学会。海森伯终于被任命为慕尼黑大学的兼职教授[1]，但再也没有担任学术教授职位。他一直担任由政府支持的非教学性研究所的所长，直到 1970 年因病退休。

尽管战后拍摄的照片显现出快乐的神情，海森伯的一些同事们都注意到了在他的整个晚年都似乎有一种永久的沮丧神态。[15] 除了年龄的影响以外，他似乎受到了许多因素的打击：他在第三帝国时期的行为在国外得不到理解；他长期为之工作和受苦的德国物理学跟美国物理学相比，现在确实是黯然失色；而且他自己的研究工作也不像以前那样成功或受到承认。他对沮丧的反应仍然和从前一样——工作，更多的工作。

除了对付古德斯米特和其他德国战争研究的批评者，海森伯在战后把他的精力集中到了两个主要问题上：科学和科学政策。在西方各盟国于 1955 年结束正式占领并将主权归还给作为北约之一部分的西德之前，科学政策问题在 20 世纪 40 年代末和 50 年代最为优先，占据了他的注意力，以至很难相信他还有更多时间或情感精力用在其他事情上。他最著名的物理学新理论，所提出来的一种统一场论，直到 20 世纪 50 年代末期才充分出现。

海森伯觉得自己影响科学政策的努力是为德国科学服务，而且又一次觉得自己是最有资格承担这一责任的人。他和第三帝国相处的经验已经加深而不是减轻了他的责任感。他似乎已经下定决心，德国科学应该再次登上世界先进的地位，而德国科学家们，他本人当然包括在内，不能再被政府当局所轻视和侮辱。在国际舞台上，他积极主张在日内瓦建立欧洲核子研究中心（*Centre Européen pour la Recherche Nucléaire*，CERN）这一欧洲加速器机构来和美国的加速器相抗衡，并在该机构的政策理事会中积极服务。[16] 1952 年，他出任亚力山

395

---

[1] 没有教学义务的教授席位。——译者

大·冯·洪堡基金会的主席。该基金会是一个联邦机构，支持外国博士后学者到德国进行研究，以便在此过程中开阔他们自己的眼界并重建他们本国科学和德国科学的联系。一度在丹麦当过博士后研究者的海森伯知道到国外深造的价值，并且认为洪堡基金会主席比自己担任的其他所有职位都重要。这是他逝世前因患病而最后辞去的一个官方职位。[17]

国内政策的问题占用了海森伯更多时间。直到结束军事占领并在原先的法国、英国和美国的占领区中建立西德政府的准备已经开始时，海森伯的努力一直集中在占领问题上。盟国的管制总部在柏林协调军事占领局面，该总部由4个占领区的军事首领来领导。当军事占领在1949年结束以后，民政方面的盟国高级委员会保持控制直到1955年。4个盟国没有充分放弃他们的控制权，直到德国在35年后重新统一。

至少有两种盟国政策直接影响了科学：去纳粹化和盟国管制法第25条，即对科学研究的控制。[18]被宣布为占领的主要目的是去纳粹化工作，打算从德国的公众生活中消除纳粹的影响。它在不同的占领区中的实施程度相差很大，但在任何占领区，所有德国人都必须填写一份关于他们政治历史的调查表。以前的纳粹党员或纳粹所属组织的成员都要在一个军事裁判庭中解释他们的行动。在英国和美国的占领区中，裁判庭很快就变成了当地法庭。对许多人来说，在裁判庭中出庭很可能导致工作的丧失，因为曾经的[纳粹]党员一般不许担任包括一切教学职位在内的公职。反纳粹党的情绪十分高涨，从而许多德国教学人员发现无法继续工作。在一位教师因为党籍的问题而失去工作以后，马克斯·冯·劳厄向他的儿子诉苦说，特别是在美国人的执行下，去纳粹化弄得"说什么理由都不可能了"。最后意识到，西部各区不能出现权力真空，而且如果把每一个[纳粹]党员都排除掉，各区的经济和社会复兴就都不可能，美国占领当局在1947年以后实际上已停止了作为广泛政策的去纳粹化工作。[19]

被命令出席裁判庭的人可以提出由有影响的人士出具证词，证明他们的行为。这种证词有一个很恰当的绰号，叫作"Persilscheine"（漂白券），这得名于一种流行的叫作 Persil（宝莹）的洗衣肥皂，它的广告词是"不仅干净而且纯洁"。海森伯曾多次被人要求写下这类证词，包括他的朋友和同事以及他曾欠过人情的那些人——在他受到党卫军攻击时帮过他忙的人，以及鲁斯特办公室和希姆莱

396

办公室中放他进去见首长的接待者们和其他下级人员。但他拒绝了替那些他不熟悉和不愿意支持的人出具证词。他在施塔克的审判中以指控者的身份写了对施塔克的评价。[20]

虽然不太清楚海森伯的证词到底起了多大作用，但占领当局似乎对海森伯的判断非常重视。英国和美国的占领当局似乎已经决定或确信，海森伯和其他原子科学家们对德国科学的复兴来说是太重要了，必须特别尊重他们。海森伯本人可以宣称，他曾是纳粹的受害者，而且他从来没有参加过纳粹党及其附属组织，他的调查表干净而纯洁。[21]此外，在美国科学界关于海森伯战时活动的争论以前，去纳粹化的过程就已经结束了。英国和美国占领区中的大多数地方官员或许很少注意过这类争论。

对抗控制科学的盟国法是更困难的任务。[22]在依法禁止的项目中，首先就是应用核物理学的研究，包括任何形式的核反应堆和同位素研究，以及回旋加速器的建造和实验高能物理学。所有的研究必须事先经过一位科学官员的审查批准，而且所有结果和出版物都必须交给那位官员检查。被禁的核研究包括海森伯打算重新开始研究的每一个课题。和盟国所强调的生产研究及发展不同，海森伯曾计划将核反应堆技术看成德国物理学科学的复兴的基础，并试图说明这一领域中的进步将导致整个德国经济的复兴。他也相信，不能否认西德或西德科学家在核能领域的声望和巨大影响。海森伯、哈恩、盖拉赫、魏茨泽克和其他人为推进反应堆研究而进行了不懈的斗争，他们向公众和占领当局陈述了自己的意见。[23]

管制法第 25 条在 1949 年放宽了，但是非理论性的应用核研究却直到 1955 年才在德国得到允许——盟国不愿意让德国在任何伪装下玩弄核裂变。然而，一旦成为合法，政府和海森伯的研究所就立即开工，而且在 10 年之内，西德就成了全世界首屈一指的核技术出口国。同时，海森伯和他最亲密的同事们大力反对 1955 年北约用战术核武器武装西德的计划。科学家用他们从前绝未考虑过的方式发动了德国民众，而计划在 1958 年被彻底击败，以至从那以后德国军队一直是非核化的。德国人手中有核武器的前景已经使科学家们受够了麻烦。[24]

海森伯在国内政府政策方面的努力直接诉诸德国文化的百年冲突，这种冲突在战争末期又表面化了：那就是以前是独立的，现在主张联邦制的各州与中

397

央政府或联邦之间为支持科学研究的责任而进行的有时是很激烈的竞争。财政支持对于行政控制绝对重要。海森伯及其支持者们和中央派结盟，总理康拉德·阿登纳(Konrad Adenauer)在 1955 年设立的促进核能发展的内阁级的"联邦原子问题部"，就是他们最突出的成就。但是在对其他科学研究部门施加强大的国家控制方面，海森伯和中央派却不太成功。今天联邦政府和州政府之间在研究拨款方面的微妙平衡，是多年以来细心谈判和协定的努力结果。

一百多年以来，对包括科学在内的教育和文化的管理和支持一直是各州的特权，而从俾斯麦以后特权就变成了法律。多数的研究在大学中进行，而大学则由各州文化部领导。在 20 世纪的最初一二十年中，两个跨州的组织威胁过这种安排。在工业革命的剧痛中，德皇威廉二世通过创办威廉皇帝学会而表示了对促进科学和技术的个人兴趣。这个学会是由帝国政府直接支持的不同学术和科学领域的若干从事纯研究的研究所网络。第二个组织，在魏玛共和国的最初几年，德国科学家们创立了另外的"德国科学应急协会"来支持经济困难的实验室和研究者。协会通过由它任命的科学家和行政人员组成的一些委员会来将公众和私人捐款直接拨给科学，这样就绕过了联邦政府。款项的拨发以对项目申请的同行评议结果为基础，他们将这种手续称为科学的自我管理。

原先的应急协会的大多数行政人员都与庞大有力的普鲁士文化部中负责高等教育的分部有着密切的联系。但在 1933 年希特勒掌权后不久，他就把半自治的各州降格成了无权的管理区。当他将普鲁士文化部升格为帝国教育部时，应急协会的行政人员就变成了由[纳粹]党和党卫军的官员们控制的下级官员。鲁道夫·门策尔的监督应急协会的科学局，就是由普鲁士文化部中的高等教育处演化而成的。

战后，从前的高等教育处中的多数人员都搬到了英国占领区中的下萨克森文化部中。与美国占领区的同事们一致，普鲁士官员很快就创立了一个新的应急协会来促进科学;[25] 他们决心重建德国的大学科学并在未来的民主制度下避免以往的错误。在他们看来，一个主要的错误既不在于他们自己对魏玛民主制度的轻视，也不在于他们的某些领导人所表现的对希特勒的露骨的支持。他们问题的根源就是在魏玛宪法中没能阻止帝国各部的建立;这些国家级的部级机构侵害了各州的特权并最后侵害了各个行政人员的个人影响范围(就好像希特勒不

398

怎么注意宪法对他的权力的任何限制一样）。

这一次，官员们决心不使战后即将出现的联邦政府染指他们的文化和科学地盘，而自我管理就再次成为他们主要的意识形态武器。他们的主张得到了保守的基督教民主联盟（CDU）的有力支持，该联盟正在成为英国占领区中和西德国内的主要政党。他们发现自己也得到了各州文化部长和大学校长的支持，也得到了占领当局的政策的支持。1948 年的一份各军事管制者给正在制定新政府宪法的德国议会的备忘录宣称：“联邦政府的权限必须在宪法明确规定的各条之内，而且在任何情况下不应该包括教育、文化和宗教事务。”[26]

盟国的态度，特别是在传统上就比英国人更倾向于去中央化（联邦主义）而又监管着在所有州中最倾向联邦主义的巴伐利亚州的美国人的态度，受到了各州的欢迎，也受到了下萨克森文化部高等教育处的处长库尔特·齐罗尔德（Kurt Zierold）的欢迎。齐罗尔德是一位法学家和魏玛时期的前应急协会官员。[27]不过在 1946 年，在海森伯和哈恩的建议和影响下，倾向中央化的英国人复活了威廉皇帝学会，由奥托·哈恩任主席。在两年之内，学会在一种跨区域的基础上活动，接受跨区域款项，并且改用了新的名称马克斯·普朗克学会。这一重建启发了齐罗尔德和西部的一些文化部长们，使他们恢复了应急协会来修复和支持各个大学实验室。越来越有势力的西德大学校长会当然不会反对这一计划，而齐罗尔德恰好是校长会的主席。

校长和文化部长们在 1949 年正式承认了应急协会，正值议会正在新宪法或基本法中奠定了西德联邦共和国的基础的时候。按照它的章程，应急协会再次呼吁科学的自管理。它的支持者们甚至相信这种想法已经得到基本法中第 5 条的承认，该条宣称：“艺术和科学、研究和教学均属自由。”[1]应急协会把这一条款解释为不受联邦官员的干涉。不足为奇，新组织把它的总部设在了汉诺威——设在了下萨克森文化部的高等教育处中。

应急协会所划定的职权范围在两个月以后因为很不相同的，由海森伯任主席的德意志研究委员会（Deutscher Forschungsrat，DFR）的建立而受到了挑战。德意志研究委员会很自然地将其总部设在离海森伯的马克斯·普朗克研究所很

399

---

[1]　在此句后面，还有“讲学自由不得免除对宪法之忠诚”。——译者

近的格丁根——一座同样方便地位于下萨克森州的小城。[28]

像应急协会一样，德意志研究委员会也根植于德国的过去，但它却倾向于相反的方向：更多地倾向于联邦政府当局、精英科学家以及研究政策和总体规划，而较少地倾向于直接拨款。像应急协会一样，德意志研究委员会得到了占领当局的大力支持——特别是在同海森伯和哈恩关系密切的英国控制委员会中的研究部中。它也受到了重新出现在西德的更带中央主义色彩的社会民主党(SPD)以及新的联邦总理康拉德·阿登纳的支持。

1948年12月，社会民主党议会党团主席卡洛·施密德(Carlo Schmid)向议会中宣读了他所收到的一封信，写信人海森伯和另外3人，他们是属于由英国研究部(British research Branch)设立的一个顾问委员会的委员。信中建议在"基本法"中，将组建和推广科学作为联邦的任务，而不是各州的任务。[29]这些科学家的论点是合理的："各州并不能承担德国科学研究的责任和费用，这种研究早已超越了各州的边界。"像核反应堆和加速器这样的大规模计划或是像马克斯·普朗克学会这样的大研究所网络，是各州的微薄资源所无法适应的。他们宣称："我们也必须带着恐惧的心情来看待最近几年限制这一重要的科学领域的尝试已经导致的后果。"换句话说，使得德国科学的纳粹化成为可能的是地方性的官僚控制而不是帝国的设立。

科学家们的来信和议会的辩论得到了两种效果：第一，"科学研究之促进"一语被载入了西德基本法的第74条[1]，该条列举了联邦和各州各自同时执掌的权力；第二，德意志研究委员会于1949年3月由马克斯·普朗克学会和西部各科学院正式设立，将领导权交给了他们所中意的物理学家：海森伯。这个委员会原先自己任命的15位委员全都是很著名的精英科学家，和海森伯及其格丁根圈子有很密切的关系，而且多数人都以某种方式和海森伯及其战争期间的核裂变计划有过联系。[30]但在这些委员中没有任何一个人与技术、工业研究或技术学院及大学中的教育有过联系，而这正是德意志研究委员会所准备管理的领域。经验的缺乏，精英主义的形象以及对技术的明显轻视都是战术错误，很自然引起了这些领域中的领袖人物的不满。

———————————

[1] 该条第十三款："学术补助之整顿及科学研究之促进"。——译者

在德意志研究委员会成立大会的讲话中，海森伯走得太远，竟然宣称新委员会是"全部德国科学的唯一代表"，是科学和技术在德国和国外的行业代表。委员会的章程授权它不仅向联邦政府和各州政府提出建议和在国际集会中代表德国科学，而且还有权参与"科学研究的财政支持，特别是为了科学目的的公众经费的募集和分配"。在这些重要职能中忽视了它的竞争者应急协会之后，委员会接着在其附则中廓清了给后者准备的从属地位："在完成这些任务时，委员会将主要依靠德国学术应急协会。"[31]

毋庸赘言，应急协会并不喜欢在德意志研究委员会的表演中担任配角——这简直太像当年帝国研究委员会霸占权力的企图了。齐罗尔德向英国占领当局私下抱怨说，德意志研究委员会是由一些无能的市侩组成的一个多余的组织，他们根本没打算在科学所属的地方（即大学和技术学院）振兴科学。民主（这在那一时期是一个很有分量的名词）被弄成了棋盘上的小卒子。齐罗尔德主张，一个由精英学者自我任命的委员会对民主原则不可能有什么认识；对此海森伯答复他说，地方的文化部长们和大学校长们，在第三帝国时期"急于迎合国家当局"的"臭名昭著"的行为，使他们很难把自己树立成民主的保卫者。[32]尽管科学家们也没有勇敢反抗纳粹政权，而海森伯的组织现在也绝没隐瞒它对联邦当局的服从。

州当局和联邦当局立即出面声援它们各自的组织。德意志研究委员会建立一个月后，西部的文化部长们就发表了一份联合宣言，即《柯尼希施泰因协议》（Königstein Agreement）。协议的第一句话就直指问题要害："西部三区的各州认为科学研究的促进基本上是属于各州的任务"，应当由各自的文化部管辖。[33]尽管有基本法的第74条，这份宣言却一直生效达10多年之久，而且成为数十年来所有与科学与研究有关的"州政府-联邦政府谈判"的基础。

因不想让各州的文化部长们取得胜利，阿登纳总理要求并收到了德意志研究委员会的一份关于它的意向的备忘录。[34]由海森伯写成的这份备忘录，呼吁承认德意志研究委员会是总理唯一的科学咨询机构，并呼吁在总理府设立一个小型的办公室——最好尽可能地靠近总理的办公桌，协调科学家们的建议并参与联邦政府通过各州推行的研究政策。海森伯在给德意志研究委员会中一位同事的信中论述了他的策略。他写道：由于所在的职位，"联邦总理是唯一强有力的"能够"推行我们关于研究的中央化方向的愿望"的人。[35]非常熟悉现实政治的阿登纳很巧妙地在双方之间进行了调和。虽然他拒绝向德意志研究委员会提供联邦款项，甚至拒绝正式承认德意志研究委员会，但海森伯所要求的咨询服务办公室，他却欣然接受，它给了他机会来控制这些精英主义的科学家的同时又能操纵教育部长。他表现出了倾听科学家们愿望的姿态以争取他们的依附，而当面对文化部长们的压力时，他又有借口阻止该组织。

尽管互相竞争，两个政策集团却在他们共同存在的两年中取得了显著的成就，这两年是联邦共和国的一个关键时期。在应急协会通过它在德国工业界筹款的努力而为各大学和地方研究实验室收集了一百多万马克的同时，海森伯和德意志研究委员会也为德国的科学弄到了"马歇尔计划"的钱，尽管"马歇尔计划"本来是把科学排除于支持范围之外的。他还让联邦共和国获准参加了"联合国教育、科学及文化组织"（UNESCO）的国际科学联合委员会，并于1950年申请获准盟军高级委员会进一步放宽新科学控制法。他向阿登纳提出了若干份有关现在和未来西德政府的科学的组织和拨款的详细备忘录。海森伯告诉他派在总理办公厅中的人说："这是……一个根本性的问题，它关系到德国科学研究的国际竞争能力，并从而最后关系到德国经济的国际竞争能力。"可以预料，在每一份备忘录中，首要关心的是德国应该作好准备，一得到盟方的允许就立即发展核能。[36]由于这些工作，在这些年中，没有人感觉海森伯在战时卷入核武器研制，或者在核研究中未能称职。

不过，德意志研究委员会也受到日益增大的压力，要求它和应急协会"合并"。德国工业界、教育界和科学界人士意识到，在款项和控制权方面令人烦恼的竞争正在阻滞而不是帮助德国的科学和技术复兴。文化部长们起初无条件地要求德意志研究委员会并入应急协会，但应急协会的全体会议却拒绝了1949年提出的一份协议，因为该协议还不能满足协会的胃口——他们实际上是想让德意志研究委员会彻底归附于自己。[37]到了1951年，压力变得无法忍受了：工业的捐赠者拒绝向一个组织（即应急协会）捐款，以便另一个组织（德意志研究委员会）可以将钱用于自身的目的。另一方面，阿登纳则不反对两者之间的争议，这样可以分散科学家们和行政人员对他日益增长的总理权力的注意力。

海森伯的同事和战时的核研究管理者瓦尔特·盖拉赫当时是慕尼黑大学校

长，又是应急协会中的主要人物。多亏他从中斡旋，双方逐渐达成了合并的协议。然而，正当合并即将实行时，阿登纳突然宣布了对德意志研究委员会的官方承认——但条件是，它必须保持为一个独立的组织。受到吸引的海森伯用一份关于德国科学的组织的新备忘录来作出了反应，他在备忘录中保证了德意志研究委员会的独立性。[38]只有盖拉赫的又一次调停才算保住了合并，定于1951年8月初开始。阿登纳最后一分钟试图用增加拨款承诺来阻挠合并。海森伯犹豫了一下，在科学家、工业界和学术界所施加的外来压力下，才被迫就范。[39]两个团体最后在8月份合并成了德意志研究协会(DFG)[1]。这一组织相当于今天美国的国家科学基金会加上国家人文科学资助会。按照事先的协议，在合并到应急协会中以后，德意志研究委员会就变成新的德意志研究协会中的地位很高的"理事会"。海森伯当选德意志研究协会的主席和它颇具影响的核研究委员会的主席，达成了理事会将继续追求现已取消的德意志研究委员会的目标的共识。

402

直到迟至1969年，联邦政府只支持像马克斯·普朗克学会那样的州际研究组织，以及对国家的声望和影响最有贡献的那些领域——即核能、空间研究和计算机技术。情况在20世纪60年代后期有了变化。当时认为"人才流失"和大量涌入的美国高技术产品，表现了德国与美国的技术差距；在这种气氛中，更倾向于中央主义的社会民主党人首次在联邦政府中掌权。新政府通过联邦计划和更密切的联邦—州—工业的合作来开始推行基础更广泛的努力，以刺激德国科学和技术的进步。[40]

海森伯自己把整个事件看成他本人的和德国民主的一次失败——而且看成了普遍绝望的又一原因。在1951年结束德意志研究委员会的报告中，他描述了他所看到的失败的原因；这种原因事实上既适用于德意志研究委员会也适用于应急协会。他写道，"我们没有一种旧的民主传统"，"而且每当能把自己对公众生活的责任转交给主管当局时，我们德国人通常是抱着感激之情的"。[41]

海森伯在整个战后时期对科学政策的强烈关注，并没有完全阻止他对科学

---

[1] 受美国科学基金会名称的影响，在其中文官网上，"德意志研究协会"的名称已被"德国科学基金会"代替。它与我国自然科学基金会有一个合作机构：中德科学中心。参见 www. sinogermanscience. org. cn。——译者

的关注；像以前一样，这种关注常常和政治事件同时发展。[42]这种并行的情况从一开始就很明显：海森伯的农庄馆经历成了之后的一系列文章的起点，奠定了他后来研究的基础。农庄馆中获得的思索时间，以及和马克斯·冯·劳厄及卡尔·弗里德里希·冯·魏茨泽克一起被拘留，刺激了海森伯在两个领域中的后继工作：他和劳厄讨论的超导现象，以及和魏茨泽克一起探索的流体力学的湍流问题。他在20世纪40年代后期写的超导性方面的论文，成就不如流体力学。超导现象指在某个非常低的特定临界温度下材料的电阻降到零，到今天在很多方面仍是一个谜。虽然他成功证明了超导性可被视为某一类型的相变，和从蒸汽到水的冷凝相仿，但他没能对这种相变作出说明。[43]

在战时和战后，魏茨泽克发挥了他对天体物理学的兴趣。他考察了作为漩涡星云的一种模型和作为太阳系各行星之形成的一种说明的旋转热气体湍流性质。魏茨泽克的工作显然鼓励了海森伯在农庄馆回归流体力学湍流这个他当年博士论文的主题，以及与魏茨泽克合写一篇关于漩涡星云的论文。在20世纪40年代末期，海森伯发表了若干关于湍流的一种新统计理论的研究和演讲。[44]尽管如此，海森伯回到湍流研究中来的主要动机却或许是一种更基本的考虑：量子场论。

在一篇战前不久发表的论文中，海森伯曾提出将宇宙射线轰击大气层或者金属板产生的爆炸性簇射看成湍流物质场喷发出来的一些小滴。当粒子发生碰撞，空间的线度小于一个普适的最小长度时，就会引起爆炸，结果将是迸发出一些介子和可以穿透很大铅块的中微子。可惜的是，没有能检测到海森伯预言的那种簇射，因此许多物理学家，特别是那些在美国的物理学家，都怀疑海森伯建立在一个基本长度之上的未来理论的纲领。

战后不久，两个事件重新激起了量子研究的兴趣。第一，美国的一些理论家发明了所谓的重正化程序。简而言之，困扰着量子电动力学的那些无限值和发散性可以通过"定义"去掉，这就使理论可以适用于一切能量，而且甚至可以适用于粒子之间非常小的距离。这就又显得似乎并不需要任何新理论了。[45]

第二，1957年，英格兰布里斯托尔的塞西尔·鲍威尔（Cecil Powell）及其合作者们终于破解了宇宙射线介子之谜，并且在此过程中证实了现在称为多进程的海森伯爆炸簇射的存在。海森伯的簇射是根据汤川核力理论中的所谓强力预测的。这一结合质子和中子形成原子核的力,可以看作是质子和中子间通过交换重粒子(π介子或称π子)实现的。鲍威尔发现,通常在宇宙射线实验中观察到的介子,根本不是汤川的π子,而是属于费米的β衰变理论的μ介子或称μ子。β衰变理论涉及另一种自然力,也就是弱力。π子和μ子是在多重过程中被产生出来的,而且似乎是起源于在极小距离上包含数学无穷大的场论;与量子电动力学(QED)不同的是,这些理论中的无穷大,以及它们产生的爆炸式簇射,是无法通过"定义"去掉的。

鲍威尔的发现,以及战时S矩阵方面的那些困难,重新激励了海森伯研究高能基本粒子的量子场物理学。这在他于1958年提出的一种新的统一场论中达到了顶峰。这种统一了4种自然力中的3种(除了引力)的理论,虽然受到诸多困难的困扰,也从来没被多数物理学家们接受,但是对海森伯来说它却意味着物理学中一直期待的一次新革命。在20世纪40年代末和50年代初为自己的科学政策目标而奋斗时,海森伯向格丁根科学院和新创刊的《自然研究杂志》(*Zeitschrift für Naturforschung*)提交的一系列论文中评价了量子场论中的形势并确立了他的未来的革命性进展的纲领。[46]   404

他注意到,在场论中,粒子及其相互作用是用一些场来表示的;这些场满足一个或多个波动方程,而这些波动方程反过来要满足狭义相对论的要求。但每当这些方程被量子化时,场的物理学性质就发散为无限大。这些无限值似乎起源于所谓的定域相互作用,即发生在任意小的距离处的相互作用。要避免这一现象,可以利用短距离(短波长)的截止,或是诉诸S矩阵来排除发生问题的接近区域的事件;或者利用海森伯所喜爱的方法,引入一个作为下限的最小长度。但他在1951年发现,由于狭义相对论的原因,后一建议违反了因果性。与1928年不同的是,现在认为因果律是不能违反的。定域事件的因果性似乎是和相对论方程的量子化不相容的。S矩阵是避开这种两难局势的方法之一,它可以回避定域事件,但是S矩阵却很难被认为是令人满意的。他把碰撞很久以前的事件和碰撞很久以后的事件联系了起来,而并不显示有关实际碰撞的任何情况。海森伯在他的战后第一篇论文中宣称,S矩阵只是为了提供一般的"量子场论的数学构架"。[48]

在海森伯看来,局势又一次和20世纪20年代初期量子力学以前的那几年相似，而这一次他觉得爆炸簇射和湍流为革命性的新场论提供了关键线索。以前的场论把基本粒子和它们之间的力看成不同的场实体。湍流场在小距离处耗散为许多粒子的名副其实的簇射，这使海森伯想到，新的场论根本不应该处理个体的粒子和场，而是应该处理一个整体的物质场。不同的基本粒子将作为这个普遍物质场的一些能量定态而出现。像通道中流动的液体一样，当被限制在一个小于普适最小长度的"瓶子"中时，场就变成涡流式的。

关于物质场的这些性质的数学表征，海森伯选择了马克斯·玻恩和利奥波德·英费尔德（Leopold Infeld）在20世纪30年代所研究的一个简单的相对论量子波动方程。他选中的波函数则具有狄拉克早先提出的那些数学性质。方程中出现的普适长度控制爆炸簇射的发生，而普适长度的大小则决定物质场凝聚形成的基本粒子的质量。

令人惊异的是，新理论起作用了。像以前多次发生的那样，精明的海森伯已经将当时理论的那些主要困难纳入了一种有着革命潜能的新理论；这将是一种真正统一的理论，因为所有的物质和它的相互作用都可以归结为统一场的一组简单方程，而这种统一场就包含了每一种形式的物质和力。这确实是一种革命的想法。

405　海森伯用了8年多的时间来探索他的新理论的问题和可能性。不同表述方程都属于数学上所谓的"非线性"微分方程，其性质最难求解。它们和基本粒子性质的各种模型、定律（守恒和因果）、性质（对称和质量）的关系，都需要加以探索。1957年，海森伯曾经把他的新物质场修改成一个包括8个分量或者说维度的场。但是应该满足的是一种什么样的方程呢？

正如在20世纪20年代初期一样，海森伯在格丁根越来越多地寻求当时已经回到苏黎世的朋友和同事沃尔夫冈·泡利的建议和批评。他们之间频繁通信，比从前更甚（这些通信往来最近发表了）。而在1957年2月间，情况更是如此。那时在科学家们反对德国核武器的运动中海森伯生了病，和伊丽莎白一起退隐到了瑞士马乔列湖畔的阿斯科纳（Ascona on Lake Maggiore）。在海森伯和泡利之间爆发了一次关于相对论统一场方程之技术秘密的数学上的"阿斯科纳战役"。[49]海森伯坚决主张采用一种显然是由狄拉克提出的较早建议，来扩充允许的波函数的数目。泡利同样坚决地反对。经过为期六周的海森伯所说的痛苦战斗，泡利终于投降了。在回家的途中，海森伯在苏黎世停留了一下，接受了医学检查，并彻底搞定泡利，让他终于承认两人意见"无聊的一致"（boring unanimity）。海森伯回到了格丁根，继续从事他的工作，同时和阿登纳就武器和反应堆方面进行公开的争论。

9个月后，海森伯又回到了瑞士。这一次是到日内瓦的欧洲核子研究中心加速器基地去参加政策会议，并到苏黎世对泡利进行激动人心的访问。海森伯回忆说，在访问之后的短短几个星期中，他偶然想到了一个似乎能满足所有必要对称性质的简单场方程。泡利非常兴奋；一旦能够求出它的数学推论，关于作为统一场论之基础的海森伯-泡利方程的一篇合撰论文似乎就可以就绪了。而这又恰恰是他们自从在将近30年以前共同奠定了场论的基础以来，合写的第一篇论文。

论文从来就没有写出来。当出现了数学困难时，泡利动身去美国进行了两个月的早已约定的访问，而海森伯的家庭和他的研究所则准备从格丁根搬到他们在慕尼黑北郊的新地址。数学困难还远远没有解决，两位物理学家决定先只把方程印在一些预印本上，作为预备性的结果，发送给一些特选的物理学家们参阅。发放日期定在1958年2月27日。准备了一份14页的英文打字稿，并且用油印机进行了复印。[50]

在发放油印文稿的前3天，海森伯在一篇格丁根大学物理研究所发表的演讲中宣布了新的公式。听众中的一位热心的记者向全世界放出了关于轰动性的新"世界公式"的风声。一家热心的新闻机构宣称："海森伯教授和他的助手沃尔夫冈·泡利已经发现了宇宙的基本方程！"[51]

两个月后，在马克斯·普朗克的百年诞辰纪念大会上，共有1800多位听众现身同一个演讲厅中，聆听海森伯揭示宇宙的秘密。在他的高度专门化的演讲中，他通过高射投射仪将幻灯片投射到一个关了灯的房间的屏幕上，写出了他的新方程。当那些2英尺（约61厘米）高的符号缓慢地出现在巨大的屏幕上时，闪光灯闪遍了整个大厅。正如从爱因斯坦的一份（不成功的）场论手稿中某个写满公式的一页纸登在1949年《纽约时报》的头版，并配以"新的爱因斯坦理论给出了掌握宇宙的钥匙"的标题一样，海森伯的所谓世界公式也印在了德国各报刊的头版上。在这两个事例中，所声称的宇宙钥匙对公众来说越难理解，物理学家

406

-455-

越是知名，公众对物理学和物理学家的迷恋劲头就越大。

然而，在泡利突然断绝与海森伯的世界公式的关系以后，公众很快就清醒过来了。总是挑剔的泡利已经越来越怀疑；到了海森伯向普朗克纪念会热心的听众提出他的公式的两个星期以前，泡利就在一封给海森伯的语气很强的信中和在他分发给67位一流物理学家的两段英文声明中，拒绝进一步支持这一理论。[52]信和声明并没阻止海森伯向西德和东德各地的热心听众提出他的公式。

7月在日内瓦的欧洲核子研究中心召开的一次基本粒子会议，使海森伯在泡利声明之后第一次和这位批评者面对面地相遇。泡利是欧洲核子研究中心会议上海森伯将要再次提出他的新场方程的那个分会场的主席。泡利用下面的说法开始了那次关于场论中的基本概念的会议："诸位今天即将听到的只是基本概念的代用品。"他在讨论中说，海森伯的工作"在数学上令人反感"，然后就开始把它驳了个体无完肤。[53]

十几年后，海森伯犹有余痛。"沃尔夫冈对我的态度几乎是敌对的，"他写道，"他批评了我的分析的许多细节，有些批评我认为是不可理喻的。"[54]大部分物理学家，特别是在美国的那些物理学家，已经怀疑海森伯其人和他的理论，从而就没有进一步考虑它。尽管如此，从那以后海森伯及其弟子们一直探索、改进和修订这个理论，特别是接替海森伯担任所长的汉斯-彼得·迪尔（Hans-Peter Dürr)的研究。

这次欧洲核子研究中心会议，是海森伯最后一次和泡利见面。泡利是他整个生涯中密切合作的同事，海森伯对物理学的许多贡献都受到泡利的重大影响。泡利在欧洲核子研究中心会议以后回到了苏黎世。4个月后，他因癌症突然去世，享年58岁。

海森伯终于在1958年9月间作为马克斯·普朗克研究所所长而迁到了慕尼黑，时年56岁，距离第一次受邀担任索末菲的大学教职继任人已经22年。这次搬迁标志了他的平生最后一个阶段的开始。在这一阶段中，他到处旅行，继续场论方面的工作，逐渐退出科学政策事务，更多地关注他的研究所和家庭，并越来越将自己的工作置于哲学的视角之下。他的许多老师、同事和竞争者——马克斯·冯·劳厄、埃尔温·薛定谔、尼尔斯·玻尔、奥托·哈恩、莉泽·迈特纳、保罗·舍雷尔、马克斯·玻恩和汉斯·金勒——在这一时期不幸

407

去世；索末菲于1951年逝世，爱因斯坦在4年后逝世。

面对着自己的有限生命，和他或许再也无法重新获得他一度获得过的地位的可能性，海森伯现在越来越试图把他一生的工作放在一种永久性的精神传统上。50岁、55岁和60岁的寿辰，都令他重新担心起自己不断增长的年龄和继续进行一流物理学工作的能力。在他多年的朋友和同事卡尔·弗里德里希·冯·魏茨泽克的影响下，他喜欢上了由古希腊哲学派生出来的精神传统。他从前的一个学生回忆说，不论是讲授什么课程，魏茨泽克和海森伯总是从引用希腊哲学开始。[55]

到了1955年至1956年的冬天，当海森伯在苏格兰圣安德鲁斯大学发表关于物理学和哲学的著名的"吉福德演讲"（Gifford Lectures）时，他已将现代基本粒子物理学和19世纪原子论区分了开来。对他而言，后者是从德谟克利特和卢克莱修的原子理论派生出来的一种讨厌的机械唯物论，而前者则和睿智的亚里士多德保持了密切的关系。作为海森伯统一场论之基础的那种物质场，和亚里士多德主义中的"实体"（实在的一种中间形式）概念有着一些相似性。测量基本粒子的性质，似乎和亚里士多德的"潜在"（potenia）概念最为相近，正像他在不确定性论文中宣称的那样，粒子只是在测量的动作中才出现的。[56]

到了20世纪60年代，在海森伯看来，粒子的性质已经屈从于场方程的对称性质，于是亚里士多德就让位给柏拉图了。他记忆中的少年时期的柏拉图原子现在已经成为基础。他在他最后发表的诸多文章中的一篇中宣称："现代物理学的粒子是一些对称群的表象，而在这种程度上，它们和柏拉图哲学中的对称物体相类似。"[57]在1969年用柏拉图对话的形式写成的回忆录中，他宣称柏拉图主义曾经在他整个的事业中主宰了他的思维。在回忆录的结尾，他谈到了20世纪60年代期间他在古老的乌尔菲尔德乡居中度过的幸福岁月。那时，帕什上校和战争早已成为往事，"我们又一次可以安静地思索柏拉图曾经问过的那些伟大问题了；这些问题或许已经在现代基本粒子物理学中得到了它们的答案"，这种物理学在古代观念论和柏拉图的超验哲学中找到了自己的意义。[58]

疾病越来越频繁地打断柏拉图式的满足。一种肝病引起了越来越厉害的衰弱、晕眩和沮丧。当年那个曾以其科学勇气使听众们目眩神驰，以其体力勇气使朋友们吃惊不已的瘦削青年，到了20世纪60年代末期已经变成了一个显然上了年纪的物理学家，而生活和物理学已经再也不会像从前那样对他特别关照了。当他在 1969 年结束他的回忆录时，他知道自己已经来日无多。在回忆录的最后一句话中，他转向了一生中的支持力之一——古典音乐的美与和谐。当他描述在一个晴朗的午后，自己在美丽的巴伐利亚乡间的一个学院中听他的两个儿子和一个同事演奏贝多芬的 D 大调小夜曲时，他用对音乐的激情来结束了回忆：那首小夜曲怎样地"带来了生命的活力和喜悦……中心秩序中的信念不断地放射出忧虑和愁苦。我在倾听之时，更加坚信了一件事：用全人类的尺度来衡量，人生、音乐和科学将永远继续下去，尽管我们自己不过是短时间的过客，或者按照尼尔斯的说法，我们在人生大剧中既是观众也是演员"。[59]

海森伯眺望乌尔菲尔德美景，20 世纪 60 年代后期

几年以后，海森伯又患了病并住进了医院。医学检查诊断为后期肾癌和胆囊癌，已经没什么办法可想了。化学疗法延长了时日。1975 年，他的病情转重。他又被送进了医院，但因身体太弱、无法治疗而回了家。

维尔纳·卡尔·海森伯于 1976 年 2 月 1 日星期日在慕尼黑的家中安详逝

世了。

30 年过去了，已到了新世纪，与海森伯的时代相比，物理学、整个世界以及这些问题都经历了令人惊讶的进展和深刻的变化。就连名词术语也有了新的涵义。虽然变化如此之多，在近年来甚至不断加速，很多物理学以及相关的社会、政治和文化环境的根本原理、困境和难题仍然带着维尔纳·海森伯和他那一代人的痕迹。

在科学界，由爱因斯坦、普朗克、索末菲和玻尔引发，并由海森伯、泡利、薛定谔、狄拉克和许多其他人实现的量子革命，依然是我们理解原子和亚原子尺度事件的基础。20 世纪 20 年代量子力学的构建，相对论量子场理论的发展，各种核作用的发现以及通过高能碰撞对它们的研究，以及寻求自然界四种作用的统一，所有这些研究领域，都曾由海森伯及其同事们引领理论研究的前沿。他们完成了许多初始的突破，并帮助确立了很多将来的研究计划。一直到今天，人们仍然在努力试图理解最小尺度上的量子力学行为，统一这些作用力，并通过高速基本粒子碰撞研究它们的特性。最近几十年，这一研究取得了长足的进步，导致了除去引力之外的 4 个基本力之中的 3 个被统一到所谓标准模型中。这一进步最近引发了迄今为止能量最高的加速器项目，也就是 2008 年在瑞士日内瓦附近的欧洲核子研究中心开放的大型强子对撞机。

海森伯的不确定性或测不准原理同样深刻，却更加令人费解。作为量子力学的哥本哈根诠释的一部分，从一开始，其局限性和适用性就成为哲学探索和实验研究的目标，以及科学性和非科学性的形而上学思考的起因。不过最近的实验证实了量子纠缠的奇特的相关现象。这又导致了将量子纠缠应用于量子加密、电信和超级强大的量子计算机领域的努力。量子力学的诸多应用（包括从激光和医学成像，到现今数字革命中的晶体管）已经改变了我们生活。如果能够成功实现，它们就会成为量子力学诸多应用中的新成员。

从 1901 年到 1976 年，在他 74 年稍长一点的生命中，海森伯在德国经历了两次世界大战的失败，3 次革命（1918 年、1933 年和 1945 年），以及 4 个非常不同的政权——威廉时代的君主政体、魏玛式的民主共和国、第三帝国以及民主联邦共和国。正像在量子力学中一样，海森伯和他那一代人处于科学家和公民面对社会、政治和道德困境的早期前沿。那个时代以权威统治为标志，有时还曾出现独裁和种族灭绝政权。也像在物理学中一样，他的生平、思想和行为给我们所有人都提供了持久的教训。

作为一位极其出色的物理学家，海森伯在社会意义上的很多方面，都是德国上层社会受过良好教育的科学家的一般代表。他早年经历的剧变——军事失败、经济崩溃、失败的王权以及对未来的焦虑——也许比其他地方更为极端。但是这些事件并不是他的时代和国家所独有的。在我们的时代中，也目睹了冷战、失利的军事冒险、突然而来的经济低迷以及 2001 年 9 月 11 日的毁灭打击，只是这些都没有那么剧烈。

海森伯和其他人对第三帝国兴起的反应，也许暴露了对新政权可以理解的天真，被政治手腕操纵的脆弱性，以及由于自私的理性而迎合政权的倾向。这些从某种程度上是可以原谅的，因为对于这个后来很快成为纳粹国家恐怖和种族屠杀的怪兽，人们是第一次全面经历它的来临和成长。如果说当事件发生时，海森伯和其他人没有机会从历史先例中得到局势发展方向的警示，那么当类似的政治局势不可避免地在现在和将来重现时，我们则没有理由重蹈覆辙，也绝不能对他的失败和偶尔的成功视而不见。

类似地，对于战争与和平年代中，科学研究为政府和其他科学资助者服务时的潜在危险和困境，海森伯的故事也向我们提出了警示。第二次世界大战中德国和盟国主要核武器计划的科学领导人都是理论物理学家，缺乏经验的管理人，和各自国家最优秀的教育和文化造就的人才。这颇具讽刺性，但又绝非偶然。驱使这些人在战时政权下制造核武器或者哪怕是构想并试图实现这个目标的那些力量、理由和目的，也许在当时看上去，或者实际上，都是可以理解的。尽管毒气的恐怖已经为人所知，核武器更加恐怖的破坏力到了 1945 年才表现出来。

现在我们已经了解有组织的科学研究的潜力，以及当前的政府对新武器带来的威力的渴求，这使得今天我们面临的道德、伦理和专业困境有时比海森伯时代更加严重。但是海森伯和其他人过去应对所有这些问题的教训，可以帮助我们在超越他的历史进入当前和未来的不确定性和焦虑时，理解并规划我们自己的应对。

注释

以下列出经常引用的参考文献与来源地的缩写。注释中的档案文献依据索书号（call numbers）排列。

这里所讨论的科学家们的许多已发表的论文，重刊于他们的全集（*collected works*）中。所有海森伯已出版的著作，现在10卷本的《海森伯全集》（*Heisenberg，Collected Work*）（HCW）中可以找到。这些作品集涵盖了先前未发表的材料，其中最著名的就是所有那些秘密的战时核武器报告。在注释中，提及海森伯的著作时也包括了它在HCW的位置。所有海森伯出版作品（包括译本和再刊）的完整目录（与HCW的交叉引用），可见于WH，*Bioblio*（目录）。

所有在这里引用的海森伯与其家庭成员的私人通信，可在其私人文件（HP）中找到。从1945年3月开始的致其父母的所有信件，已发表在WH，*Briefe*（《信件》）中。除非以其他方式标注，在注释中所引用的致其父母的所有信件，可见于这两个材料中的一个或在两者中都可见。1945年5月4日至1946年1月20日期间致其妻的所有信件可见于下列网址：http://werner-heisenberg. physics. unh. edu/e-Farm-Hall. htm。

除非以其他方式标注，与沃尔夫冈·泡利所有往来书信的发表版本可见于内容按时间顺序排列的《泡利科学通信选集》（Pauli，*Wissenschaftlicher Briefwechsel*）（PWB）的相应卷中。

原文为德文和法文的引文大部分由作者翻译。已经发表过的英文译文与原文进行过比较，必要时还进行了编辑。

注释中使用的缩写词

ADJ　Archiv der Deutschen Jugendbewegung, Burg Ludwigstein(路德维希斯泰因堡：德意志青

年运动档案馆)

AHQP x，y　Archive for History of Quantum Physics，AIP，CHP(量子物理学史档案，AIP，CHP)及其他；x 为微缩胶卷数，y 为节(section)

AIP，CHP　American Institute of Physics，Center for History of Physics，College Park，MD(马里兰州 College 公园内：美国物理学会物理史中心)

AP　Annalen der Physik(《物理学纪事》)

AS，*Atombau*　Arnold Sommerfeld，*Atombau und Spektrallinien*，multiple editions(阿诺尔德·索末菲：《原子结构和光谱线》，多卷本)(不伦瑞克[Braunschweig]：菲韦格父子出版社[F. Vieweg und Sohn]，1919 年及以后)

BA Koblenz　Bundesarchiv，Koblenz，Germany(德国科布伦茨：联邦档案馆)

BAW　Bayerische Akademie der Wissenschaften，archive，Munich(慕尼黑：巴伐利亚科学院档案馆)

BCW x，y　Niels Bohr，*Collected Works*，12 vols(《尼尔斯·玻尔全集》，12 卷)Finn Aaserud[当前编辑](阿姆斯特丹：North-Holland，1972~2007)；x 为卷数，y 为页码。

BDC　Berlin Document Center，U. S. Army，Berlin，now BA Koblenz(柏林：美国陆军文献中心，现存科布伦茨联邦档案馆)

Beyerchen，*Scientists*　Alan D. Beyerchen，*Scientists under Hitler：Politics and the Physics Community in the Third Reich*(《希特勒手下的科学家：第三帝国的政治与物理学团体》，纽黑文[New Haven]：耶鲁大学出版社[Yale Univ. Press]，1977 年版)

BGC　Bohr General Correspondence，in NBA(尼尔斯·玻尔档案馆[NBA]中的"玻尔的综合通信集")

BHStA　Bayerisches Hauptstaatsarchiv，Allgemeines Archiv，Munich(慕尼黑：巴伐利亚州总档案馆综合档案室)

BMS　Bohr Manuscripts，in NBA and on microfilm in AHQP(玻尔手稿，见尼尔斯·玻尔档案馆与量子物理学史档案微缩胶卷)

BP　Hans Bethe Papers，Library，Cornell University，Ithaca，NY(纽约州伊萨卡：康奈尔大学图书馆汉斯·贝特文献)

BPC　Bohr Private Correspondence，in NBA(尼尔斯·玻尔档案馆玻尔私人通信集)

BR，*Nuclear Forces*　Laurie M. Brown and Helmut Rechenberg，*The Origin of the Concept of Nuclear Forces*(《核力概念的起源》)(纽约：Taylor and Francis，1996)

BSB　Bayerische Staatsbibliothek，Handschriftenabteilung，Munich(慕尼黑：巴伐利亚州图书馆手稿部)

BSC x, y　Bohr Scientific Correspondence(玻尔科学通信)，见尼尔斯·玻尔档案馆与量子物理学 412
史档案；x 为微缩胶卷，y 为节

DC, *Diss*. David C. Cassidy, "Werner Heisenberg and the Crisis in Quantum Theory, 1920～
1925,"(大卫·C·卡西迪：《维尔纳·海森伯与量子理论中的危机，1920～1925》，博士论文，普渡
大学，1976)

DC, *JRO*　David C. Cassidy, *J. Robert Oppenheimer and the American Century*(大卫·C·卡西
迪：《J·罗伯特·奥本海默与美国世纪》)(纽约，2005；巴尔的摩：约翰·霍普金斯大学出版社，
2009)

DJ-x, y　Third Reich Documents, Group 11: German Atomic Research(第三帝国文献，11 小队：
德国原子弹研究)，材料微缩化由 David Irving(戴维·欧文)汇编(英国韦克菲尔德[Wakefield]：微缩
片学术出版社[Microform Academic Publishers])；x 为微缩胶卷，y 为帧数

EA　Einstein Archive, The Hebrew University, Jerusalem(耶路撒冷：希伯来大学爱因斯坦档案
馆)

EB, *Briefw.*　Albert Einstein, Hedwig Born, and Max Born, *Briefwechsel* 1916～1955(阿尔伯
特·爱因斯坦、黑德维希·玻恩与马克斯·玻恩，《爱因斯坦与玻恩夫妇通信集，1916～1955》)(慕
尼黑：宁芬堡出版社[Nymphenburger Verlagshandlung], 1969 年版)[1]

EH, *Recoll.*　Elisabeth Heisenberg, *Inner Exile*: *Recollections of a Life with Werner Heisen-
berg*(《内在的放逐：与维尔纳·海森伯生活的回忆》)S. Cappellari 与 C. Morris 译。(波士顿：比克霍
伊泽出版社[Birkhäuser], 1984)[2]

ES, *Briefw.*　Albert Einstein and Arnold Sommerfeld, *Briefwechsel*(《阿尔伯特·爱因斯坦与
阿诺尔德·索末菲通信集》)A. Hermann 编。(巴塞尔：Schwabe, 1968).

ETH　Eidgenössische Technische Hochschule, Handschriftenabteilung, Zurich(苏黎世：瑞士联
邦工学院手稿部)

Goudsmit, *Alsos*　Samuel A. Goudsmit, *Alsos*(塞缪尔·A·古德斯米特：《阿尔索斯》)(纽约：
Henry Schuman, 1947；Woodbury 最新再版，纽约：美国物理学会出版社[AIP Press], 1996)

GP　Samuel A. Goudsmit Papers(见美国物理学会物理学史中心[AIP, CHP]塞缪尔·A·古德
斯米特文献)

HA　Heisenberg Archive, Max Planck Institute for Physics and Astrophysics, Munich(慕尼黑：

---

　　[1]　中译本为：《玻恩—爱因斯坦书信集(1916～1955)：动荡时代的友谊、政治和
物理学》，范岱年译，上海：上海科技教育出版社，2010 年版。——译者
　　[2]　中译本为：《一个非政治家的政治生涯：回忆维尔纳·海森伯》，王福山译，上
海：复旦大学出版社，1987 年版。——译者

马克斯·普朗克物理与天文物理研究所海森伯档案馆）

HCW x，y，z　　WH，*Gesammelte Werke /Collected Works*，multiple vols（WH，*Gesammelte Werke*/ W. Blum，H. Rechenberg 等编：《全集》，多卷本）（柏林：施普林格出版社［Springer-Verlag］与慕尼黑：皮珀出版社［Piper-Verlag］，1985～1993），x 为系列，y 为卷数，z 为页码

Hentschel，*Anthology*　　Klaus Hentschel 编，*Physics and National Socialism*：*An Anthology of Primary Sources*（《物理学与国家社会主义：原始来源选集》），A. M. Hentschel 译。（巴塞尔：比克霍伊泽出版社［Birkhäuser］，1996）

Hermann，*Jahrhundert*　　Armin Hermann，*Die Jahrhundertwissenschaft*：*Werner Heisenberg und die Physik seiner Zeit*（世纪科学：维尔纳·海森伯与其时代的物理学）（斯图加特：德意志出版社［Deutsche Verlags-Anstalt］，1977）

HP　　Heisenberg Private Papers（海森伯私人文件），海森伯家族保管

HSPS　　*Historical Studies in the Physical and Biological Sciences*（《物理与生物科学的历史研究》）

IfZ　　Institut für Zeitgeschichte，Munich（慕尼黑：当代史研究所）

Jammer，*Conceptual*　　Max Jammer，*The Conceptual Development of Quantum Mechanics*（《量子力学的概念发展》）（纽约：麦格劳-希尔公司［McGraw-Hill］，1966）

Jammer，*Philosophy*　　Max Jammer，*The Philosophy of Quantum Mechanics*（《量子力学的哲学》）（纽约：约翰威利父子公司［John Wiley and Sons］，1974）

JM　　Christa Jungnickel 与 Russell McCormmach，*Intellectual Mastery of Nature*：*Theoretical Physics from Ohm to Einstein*（《智力征服自然：从欧姆到爱因斯坦的理论物理学》），两卷。（芝加哥：芝加哥大学出版社，1986）

LC　　Library of Congress，Manuscript Division，Washington，DC（华盛顿特区：美国国会图书馆手稿部,），从德国俘获的战时文件微缩胶卷集（microfilm collection of captured German war documents）

LNN　　*Leipziger Neueste Nachrichten*《莱比锡最新新闻报》

MNN　　*Münchner Neueste Nachrichten*（《慕尼黑最新新闻报》）

MPG　　Archiv zur Geschichte der Max Planck-Gesellschaft（柏林-达勒姆：马克斯·普朗克学会历史档案馆）

MR x，y　　Jagdish Mehra 与 Helmut Rechenberg，*The Historical Development of Quantum Theory*，（《量子理论的历史发展》），多卷本。（纽约：施普林格出版社［Springer-Verlag］，1982～2001）；x 为卷数，y 为页码

NARA　　National Archives and Records Administration，Washington，DC and vicinity（华盛顿特

区及附近：国家档案与记录管理局）

NBA　Niels Bohr Archive, Niels Bohr Institute, Copenhagen（哥本哈根：尼尔斯·玻尔研究所尼尔斯·玻尔档案馆）

Nwn　Die Naturwissensachaften（《自然科学》）

Pais, *Inward*　Abraham Pais, *Inward Bound*: *Of Matter and Forces in the Physical World*（《内界：物理世界中物质与力》）（牛津：克拉伦登出版社［Clarendon Press］，1986）[1]

Pais, *Subtle*　Abraham Pais, "*Subtle Is The Lord...*": *The Science and the Life of Albert Einstein*（《"上帝难以捉摸……"：阿尔伯特·爱因斯坦的科学与生活》）（牛津：克拉伦登出版社［Clarendon Press］，1982）[2]

PBl　Physikalische Blätter（《物理学刊物》）

PR　Physical Review（《物理学评论》）

PRS　Physical ReviewProceedings of the Royal Society of London（《伦敦皇家学会物理评论公报》），A 系列

PWB　Wolfgang Pauli, *Wissenschaftlicher Briefwechsel mit Bohr*, *Einstein*, *Heisenberg u. a.* 413（沃尔夫冈·泡利，与玻尔、爱因斯坦和海森伯及其他人科学通信选集），4 卷，Karl von Meyenn（当前编辑）（柏林：施普林格出版社［Springer-Verlag］，1979～2005）

PZ　Physikalische Zeitschrift（《物理学杂志》）

RAC　Rockefeller Archive Center, North Tarrytown, New York（纽约北塔里敦：洛克菲勒档案中心）

SAM　Stadtarchiv Munich（慕尼黑市档案馆）

SAW, MPK　Sächsische Akademie der Wissenschaften, mathematisch-physikalische Klasse（萨克森科学院数学物理部）

SN　Sommerfeld Nachlass, Deutsches Museum, Munich（慕尼黑：德意志博物馆索末菲遗产部）

SPK　Staatsbibliothek Preussischer Kulturbesitz, Berlin（柏林：国家图书馆普鲁士文化财产部）

SStA　Sächsisches Staatsarchiv Dresden（德累斯顿：萨克森州档案馆）

---

[1]　中译本为：《基本粒子物理学史》，关洪、杨建邺、付冬梅合译，武汉：武汉出版社，2002 年版。——译者

[2]　这本书被杨振宁先生誉为"世界上公认最好的爱因斯坦传记"，有两个中译本。其一：《"上帝是微妙的……"：爱因斯坦的科学与生平》，陈崇光等译，科学技术文献出版社，1988 年版；其二：《上帝难以捉摸……：爱因斯坦的科学与生平》，方在庆、李勇等译，广东教育出版社，1998 年版；后一译本稍做修订后，以《爱因斯坦传》（上下册）为名，2004 年在商务印书馆出版，之后多次再版。——译者

StAM　Staatsarchiv Munich(慕尼黑：州档案馆)

UA　Universitätsarchiv（大学档案馆）

UB　Universitätsbibliothek（大学图书馆）

Walker, *Nazi Science*　Mark Walker, *Nazi Science*, *Myth*, *Truth*, *and the German Atomic Bomb*(马克·沃克尔：《纳粹科学、神话、真相与德国原子弹》)(纽约：Plenum Press, 1995)

Walker, *Nuclear Power*　Mark Walker, *German National Socialism and the Quest for Nuclear Power* 1939~1949(马克·沃克尔：《德国国家社会主义与对核动力的追求，1939~1949》)(纽约：剑桥大学出版社，1989)

WH, *Biblio.*　*Werner Heisenberg*：*A Bibliography of His Writings*(《维尔纳·海森伯：著作目录》)，第二版，David C. Cassidy 汇编(纽约：Island Park：Whittier, 2001)，在线见于：http: // www. aip. org /history/heisenberg/bibliography/contents. htm.

WH, *Briefe*　WH, *Liebe Eltern*! *Briefe aus kritischer Zeit* 1918 *bis* 1945(WH, 《亲爱的父母! 1918 年至 1945 年关键时刻的信件往来》)，Anna Maria Hirsch- Heisenberg 编。（慕尼黑：Langen Müller, 2003)

WH, *PB*　WH, *Physics and Beyond*：*Encounters and Conversations*(WH, 《物理学及其他》)(纽约：Harper and Row, 1971)，译自《部 分 与 整 体》(*Der Teil und das Ganze*, 1969)，A. J. Pomerans 译。

WH-Wirtz, *FIAT*　WH and Karl Wirtz, "Grossversuche zur Vorbereitung der Konstruktion eines Uranbrenners"(WH 与 Karl Wirtz："为准备铀反应堆的大规模试验")，见 *FIAT Review of German Science* 1939~1946, *Nuclear Physics and Cosmic Rays*(《FIAT 评论德国科学 1939~1946，核物理与宇宙射线》)，第二部分，Walther Bothe 和 Siegfried Flügge 编。（威斯巴登，1948)，143~165，重刊于 HCW B, 419~441。

ZN　*Zeitschrift für Naturforschung*(《自然研究杂志》)

ZP　*Zeitschrift für Physik*(《物理学杂志》)

ZStA　Potsdam　Zentrales Staatsarchiv Potsdam(波茨坦州中心档案馆)

第一章 早年岁月

1. August Heisenberg, autobiographical sketch，见 *Geistiges und künstlerisches München in Selbst-biographien*，ed. W. Zils (Munich：Max Kellerers Verlag, 1913)，156～160. Jochen Heisenberg 讨论了海森伯的先人，"*Die Vorfahren von Werner Heisenberg*，"见 *Werner Heisenberg* 1901～1976：*Schritte in die neue Physik*，ed. H. Rechenberg and G. Wiemers(Beucha：Sax-Verlag, 2001)，11～15；也见 *Werner Heisenberg* 1901～1976，ed. C. Kleint，H. Rechenberg and G. Wiemers（Leipzig：Sächsische Akademie, 2005)，23～29.

2. August Heisenberg to Erich Petzet，8 Jan 1913 (BSB，E. Petzetiana IVb).

3. Hartmut Kaelble，*Vierteljahrschrift für Soziologie und Wirtschaftsgeschichte*，60（1973），41～71.

4. 这在 Fritz K. Ringer，*The Decline of the German Mandarins：The Academic Community* 1890～1933 (Cambridge, MA：Harvard Univ. Press, 1969) 中已加以论证。

5. August Heisenberg，"Studien zur Textgeschichte des Georgios Akropolites"（博士论文，慕尼黑，1893）.

6. 根据 August Heisenberg 1895 年 10 月 26 日致 Erich Petzet 的信件推测（见注释 3）。

7. August Heisenberg to his father，13 Apr 1897 (HP).

8. Report of Staatsministerium，17 Apr 1893，见 "Acta des Königlichen Staats-Ministerium des Inneren für Kirchen und Schul-Angelegenheiten. Dr. Heisenberg August" (BHStA，MK 17732).

9. Nickolaus Wecklein，"Zeising：Adolf Z.，"*Allgemeine Deutsche Biographie*，vol. 55（1910），404～411；Otto Hagenmaier，*Der Goldene Schnitt. Ein Harmoniegesetz und seine Anwendung*（Munich：Heinz Moos, 1963).

10. 关于韦克莱因生平简介由其学校同事约翰内斯·梅尔伯（Johannes Melber）提供，见 "Geheimer Hofrat Dr. Nik. Wecklein，"*Bayerische Blätter für das Gymnasialschulwesen*，69（1927），88～102。

11. 同上，也见于 Wecklein to E. Halm，27 Sep 1875 and 19 Jan 1877 (BSB，Halmiana IX)。

12. 见注释 1。

13. "Frequenz der humanistischen Gymnasien…am Schlusse des Schuljahres 1901/02，" *Blätter für das Gymnasial-Schulwesen*，38（1902），661～663.

14. Dieter Schäfer，*Der Weg der Industrie in Unterfranken*（Würzburg：Stürtz, 1970).

15. Franz Dölger，"Die Byzantinisten der Akademie. Jakob Philipp Fallmerayer, Karl Krumbacher,

August Heisenberg," 见 *Geist und Gestalt. Biographische Beiträge zur Geschichte der Bayerischen Akademie der Wissenschaften vornehmlich im zweiten Jahrhundert ihres Bestehens* (Munich: Beck, 1959), 139~157, on 153; Ernst Reisinger 回忆作为一名教师的奥古斯特·海森伯, 见 *Meine Jugend in Alt- Schwabing* (Munich: Franzis-Verlag, 1952), pp. 68~71。

16. "Qualifikationsliste. K. Lateinschule Lindau," 3 May 1898 (见注释 8)。

17. 例如, Geneviève Bianquis, "La femme allemande a l'époque moderne (du XVIIe au XXe siècle)," 见 *Histoire mondiale de la femme*, ed. Pierre Grimal, vol. 4 (Paris: Nouvelle Librairie de France, no date), 253~290; 与 *Frauen in der Geschichte*, ed. Annette Kuhn und Gerhard Schneider, (Düsseldorf: Schwann, 1979)。

18. *Jahres-Bericht über das Kgl. Alte Gymnasium zu Würzburg*, for 1901/02 to 1909/10.

19. Bibliography in Franz Dölger, "August Heisenberg. Geboren 13. November 1869, gestorben 22. November 1930," *Jahresbericht über die Fortschritte der klassischen Altertumswissenschaft*, 241 (1933), 25~55, on 43~55.

20. August Heisenberg, Grabeskirche und Apostelkirche: Zwei Basiliken Konstantins, 2 vols. (Leipzig, 1908); 与 "Acta des K. Acad. Senats der Ludwig-Max. -Universität München. Betreffend Dr. August Heisenberg" (UA Munich).

21. Kaspar Hammer, "Qualifikationsliste. Altes Gymnasium, 1902" (in 注释 8)。

22. Interview with Carl Friedrich von Weizsäcker, Starnberg, 30 April 1982.

23. George L. Mosse, *Nationalism and sexuality: Respectability and Abnormal Sexuality in Modern Europe* (New York: Howard Fertig, 1985).

24. 奥古斯特人事档案中的报告(注释 8)。

25. J. L. Heilbron, *The Dilemmas of an Upright Man: Max Planck as Spokesman for German Science* (Berkeley: Univ. of California Press, 1986), 4.

26. See Carl Schorske, *Fin-de-Siècle Vienna: Politics and Culture* (New York: Vintage, 1980); Deborah Coen, *Vienna in the Age of Uncertainty: Science, Liberalism, and Private Life* (Chicago: Univ. of Chicago Press, 2007).

27. WH to his parents, 11 Jan 1928 (HP).

28. "Double Dialogue with Werner Heisenberg," 1974, HCW, C3, 464~486, on 475, Vintila Horia 采访。

29. WH, "Ordnung der Wirklichkeit," ca. 1942, HCW, C1, 218~306; and WH, "Naturwissenschaftliche und religiöse Wahrheit," 1973, HCW, C3, 422~439.

30. 采访 Elisabeth Heisenberg, Göttingen, Feb 1982。

31. Carl Friedrich von Weizsäcker，"Heisenbergs Entwicklung seit 1927，"见 Weizsäcker and B. L. van der Waerden，*Werner Heisenberg*（Munich：Hanser，1977），pp. 25～40，on 40。

32. 这与 Mosse 关于"核心家庭"(nuclear family)的著作一致，见注释 23、33 与 30。

34. 同上。

35. 库恩(T. S. Kuhn)1962 年 11 月 30 日对 WH 的采访(AHQP)。

36. "Zeugnisnoten-Protokoll des K. Maximilians-Gymnasiums in München，1913/14，Klasse Ⅲ A，"由 A. Hermann 引用，*Werner Heisenberg：In Selbstzeugnissen und Bilddokumenten*（Reinbek：Rowohlt，1976），8。

37. 1982 年对前青年运动同志 Gottfried Simmerding 女士于慕尼黑的采访。

38. EH，*Recoll.*，13。

39. K. Maximilians-Gymnasium München，"Zensur，Werner Heisenberg，" class 4A，1914/15 and class 5A，1915/16（Archive，Maximilians-Gymnasium，Munich）。

40. WH to Koji Kigoshi，5 Mar 1971（HA）。

41. 注释 30。

42. WH，"Theory，Criticism and a Philosophy，" 1968，HCW，C2，423～438，on 438.

43. 注释 10。

44. 奥古斯特·海森伯积极参与文法中学政治事务之事由以下表明："Mitteilung über die Gymnasiallehrer-Vereinigung München，" *Blätter für das Gymnasial-Schulwesen*，41（1905），554～556，他在教师会议的讲话见 *Bericht über die XXIV. Generalversammlung des Bay. Gymnasiallehrervereins*，*München*，4 *April bis 6 April* 1907，18～20，on 18，supplement to *Blätter für das Gymnasial-Schulwesen*，43（1907）；以及见 *Bericht über die XXV. Generalversammlung... 15 April bis 17 April* 1909，supplement to *Blätter für das Gymnasial-Schulwesen*，45（1909）. Johannes Guthmann 描述了这一时期的事件，见 *Der Bayerische Lehrer- und Lehrerinnenverein：Seine Geschichte*，vol. 2（Munich：Oldenbourg，1959）。

45. "Rede von Professor Werner Heisenberg，" 1971，HCW，C5，433～435.

46. Theodor Preger，"Karl Krumbacher. geb. 23. September 1856，gest. 12. Dezember 1909，" *Blätter für das Gymnasial-Schulwesen*，46（1910），78～79.

47. Dr. Otto Crusius to Akademischer Senat，21 Dec 1909（见私人文件，注释 20）。

48. 同上。

49. August Heisenberg to Akad. Senat，9 Jan 1910（同上）。

第二章　战火中的世界

1. 这是依据奥古斯特·海森伯的档案卡(SAM)以及 *Adressbuch für München und Umgebung*

(Munich，1911)。

2. 见 Jeffrey Gaab，*Munich*：*Hofbrauhaus and History-Beer*，*Culture*，*and Politics* (New York：Peter Lang，2006)。

3. Oscar Brunn，*Plan von München*，1911 (Graphiksammlung，Stadtmuseum，Munich)。

4. Alois Wagner，*Zu meiner Zeit. Ein Bubenleben in Schwabing* 1904 *bis* 1918 (Munich：Süddeutscher Verlag，1980)。

5. 海森伯家也购得一辆汽车。

6. 海森伯曾放在其私人文件中的小学记录无法找到。根据注释 1 和以下推测他上的是哪所学校："Bericht über die Städtischen Volks- und Mittelschulen Münchens für das Geschäftsjahr 1911. Erstattet von Stadtschulrat Dr. Sg. Kerschenstein" (SAM，Schulamt 2236)。

7. Hans Scharold，100 *Jahre Maximilians-Gymnasium. Ein Beitrag zur Geschichte des Gymnasiums in Bayern* (Munich，1949)，2.

8. "Erste Klasse A，" K. Maximilians-Gymnasium in München，*Jahresbericht für das Schuljahr* 1911/12 (Munich，1912)，39～40.

9. Johannes Melber，ed.，*Die Schulordnung an den höheren Lehranstalten Bayerns nach der königlichen Verordnung vom* 30. *Mai* 1914 (Munich：Lindauersche Universitätsbuchhandlung，1914)。

10. 对文法中学教师的一个经典漫画形象刻画，见海因里希·曼(Heinrich Mann)的《垃圾教授》(*Professor Unrat*)(Frankfurt，1905)。

11. Maximilians-Gymnasium，*Jahresbericht*，1911/12，47.

12. 中间几年期间(1914 年至 1917 年)，沃尔夫先生在前线，随后被指派给更低的年级上课。

13. 每一科目的教科书列于 *Jahresberichte* [年度报告]，也见 Melber (注释 9)。

14. Maximilians-Gymnasium，"Zeugnisnoten-Protokoll," A. Hermann 引用，*Werner Heisenberg*：*In Selbstzeugnissen und Bilddokumenten* (Reinbek：Rowohlt，1976)，8.

15. Maximilians-Gymnasium，*Jahresbericht*，1912/13，46，包含那首诗。

16. "München am 1. Mobilmachungstag," *MNN*，67，no. 393 (3 August 1914)，Morgenblatt，3，dated 2 Aug.

17. 注释 4，43。

18. WH，*Epoca*，2 (1964)，31，重刊于 HCW，C4，21。

19. 例如，Fritz K. Ringer，*The Decline of the German Mandarins*：*The Academic Community* 1890～1933 (Cambridge，MA：Harvard Univ. Press，1969)；Konrad H. Jarnasch，*Students*，*Society*，*and Politics in Imperial Germany*：*The Rise of Academic Illiberalism* (Princeton：Princeton Univ. Press，1983)。

20. August Heisenberg, "Die jüngste Entwicklung der Sprachfrage in Griechenland," Internationale Wochenschrift für Wissenschaft, *Kunst und Technik*, 5 (1911), 685~702; Karl Krumbacher, *Das Problem der neugriechischen Schriftsprache* (Munich, 1902).

21. Klaus Schwabe, Wissenschaft und Kriegsmoral. *Die deutschen Hochschullehrer und die politischen Grundfragen des Ersten Weltkrieges* (Göttingen: Musterschmidt, 1969).

22. 参见，例如，"Aufrufe und Aeusserungen der 'Intellektuellen'," *Die Eiche*, 3, no. 2 (April 1915), 94~196; 以及 Hermann Kellermann, *Der Krieg der Geister. Eine Auslese deutscher und ausländischer Stimmen zum Weltkriege* 1914 (Weimar, 1915)。

23. August Heisenberg, *Der Philhellenismus einst und jetzt* (Munich: Beck, 1913), 1912 年 12 月 8 日在德语—希腊语协会(Deutsch-Griechische Gesellschaft)成立大会上的演讲。

24. August Heisenberg, "Die Zukunft Griechenlands," *Süddeutsche Monatshefte*, 12 (1915), 939~947; "Griechenland und die Mittelmeerfrage," *Panther*, 5 (1917), 349~356; *Neugriechenland* (Leipzig: Teubner, 1919).

25. 首部著作见注释 24，942。

26. "Kriegserlebnisse eines Münchner Universitätsprofessors [Heisenberg]," *MNN*, 68, no. 283 (6 June 1915), 4, 与 no. 291 (10 June 1915), 3.

27. August Heisenberg to Otto Crusius, 2 Feb 1915 (BSB, Crusiana).

28. 同上，1915 年 4 月 24 日。

29. 库恩(T. S. Kuhn)采访 WH，1962 年 11 月 30 日(AHQP)，p. 1. 没有发现受伤甚至风湿恶化的记录。

30. 基于 Maximilians-Gymnasium, *Jahresberichte*。

31. 例如，Karl Theodor Heigel (President, Bay. Akad. Wiss.), "An die akademische Jugend!" *Süddeutsche Monatshefte*, 11 (1914), 776~779。

32. (Ernst Kemmer), "Krieg und Schule," Maximilians-Gymnasium, *Jahresbericht*, 1914/15, 36.

33. Ernst Kemmer, "Schule, militärische Jugenderziehung und vaterländischer Hilfsdienst,"Maximilians-Gymnasium, *Jahresbericht*, 1916/17, 26~29, on 27.

34. "Kriegsgefahr und Lebensmittelmarkt," *MNN*, 67, no. 389 (1 August 1914), Vorabend-Ausgabe, 3.

35. 注释 4，48；以及 Johannes Melber, "Geheimer Hofrat Dr. Nik. Wecklein," *Bayerische Blätter für das Gymnasialschulwesen*, 69 (1927), 88~102。

36. 注释 33，28。

416

37. "Jungmannen auf Land," *MNN*, 71, no. 192（17 April 1918）, Morgen-Ausgabe, 2；"Mittelschüler im landwirtschaftlichen Hilfsdienst," *MNN*, 71, no. 238 (12 May 1918), 3.

38. Maximilians-Gymnasium, "Jahreszeugnis Werner Heisenberg, 1917/18, 7. Klasse"（HP）；基于青年军记录(Jugendwehr records)，海森伯于 1918 年 9 月被任命为小组领袖（Communication from Dr. Heyl, Archivdirektor, BHStA Kriegsarchiv）。

39. 注释 29，3。

40. WH to his father，15 May 1918.

41. WH to his parents，May 1918.

42. WH，*PB*，2。

43. 基于 *MNN* 中的前线报告。

第三章 文法中学时期

1. WH，*ZP*，8 (1922)，273～297，1921 年 12 月 17 日记录，重刊于 HCW, A1, 134～158。

2. Yearly grade reports for WH（Maximilians-Gymnasium, Archive, Munich），their emphasis. 以下更多的引用来自同一资料。

3. "Reifezeugnis" for WH，15 Jul 1920（HP）.

4. Johannes Melber, report on examination of WH（Maximilianeum-Stiftung, Archiv, Munich）.

5. 库恩(T. S. Kuhn)采访 WH, 30 Nov 1962（AHQP）；and WH, centenary lecture at Maximilians-Gymnasium, 1949, 重刊于 HCW, C5, 395～408。

6. 引源同上。

7. 同上。

8. Albert Einstein, *über die spezielle und die allgemeine Relativitätstheorie. Gemeinverständlich*（Braunschweig：Vieweg, 1917）. WH 回忆, "*Begegnungen und Gespräche mit Albert Einstein*," 1974, publ. HCW, C4, 202～216。

9. Johannes Melber, ed., *Die Schulordnung an den höheren Lehranstalten Bayerns nach der Königlichen Verordnung vom 30. Mai 1914*（Munich：Lindauersche Universitätsbuchhandlung, 1914），92.

10. WH，注释 8，202。

11. 采访，注释 5，2。

12. 采访，注释 5，2。

13. 注释 4。

14. 教授最大限度地利用了机会。August Heisenberg, "Dialekte und Umgangssprache im Neugriechischen," Bay. Akad. Wiss., *Jahrbuch* 1918, 1～26, Festrede on 29 May 1918; and "Phonographische Fixierung von Sprach- und Gesangsproben bei griechischen（kriegsgefangenen）Truppen in Görlitz ausgeführt von Prof. August Heisenberg 1917/1919"（BAW, VII 466）。

15. Grade report for 1915～1916, 注释 2。

16. 费马声称他能能证明该理论，但还没有揭开密秘就逝世了。

17. L. Kronecker, "über die Auflösung der Pellschen Gleichung mittels elliptischer Functionen," 1863, and "Zur Theorie der elliptischen Functionen," 1883～1889, 重刊于 *Leopold Kronecker's Werke*, ed. K. Hensel, vol. 4 (Leipzig: Teubner, 1929), 219～225 and 345～495。

18. WH, in *Ensemble* 2（Munich: Oldenbourg, 1971), 228～243；重刊于 HCW, C1, 369～384, 417 on 369；以及采访, 注释 5, 2。

19. WH, notebook (HA)。

20. Paul Bachmann, *Zahlentheorie*, 5 vols. (Leipzig: Teubner, 1892ff)。

21. Acquisition list, Library, Maximilians-Gymnasium, Munich。

22. Johann Kleiber and Adalbert Grüttner, *Kleiber-Nath*: *Physik für die Oberstufe*, 7th edition (1916); 8th ed. (1918)。

23. WH, *PB*, 2。

24. Plato, Timaeus, para. 55～56。

25. WH, *PB*, 8。

26. 注释 5, 第二部著作。

27. WH to Pauli, 24 Nov 1925 (PWB)。

28. 采访 C. F. von Weizsäcker, April 1982。

29. Maximilians-Gymnasium, *Jahresbericht*, 1919/1920。

30. Foundation documents, 见 125 *Jahre Maximilianeum* 1852 *bis* 1977（Munich: UNI-Druck, 1977). 31. 注释 4。

32. "Die Mitglieder des Maximilianeums von 1852 bis 1977," 见注释 30, 55～111。

33. 125 *Jahre Maximiliansgymnasium München. Rückblick-Ausblick. Eine Dokumentation*（Munich: Maximilians-Gymnasium, 1974), 113。

34. 1972 年 Felix Andreas Wittmann 回忆 Dr. Riedl（Maximilianeum-Stiftung, Archive, Munich）。

第四章　慕尼黑之战

1. August Heisenberg to Karl Krumbacher, 26 Jun 1892 (BSB Krumbacheriana I)。

2. The following draws upon, among others, Allan Mitchell, *Revolution in Bavaria*, 1918～1919: *The Eisner Regime and the Soviet Republic* (Princeton: Princeton Univ. Press, 1965); Richard Grunberger, *Red Rising in Bavaria* (New York: St. Martin's Press, 1973); Michael Doeberl, *Entwicklungsgeschichte Bayerns*, vol. 3 (Munich, 1931); and Karl Schwend, *Bayern zwischen Monarchie und Diktatur* (Munich, 1954).

3. Mitchell 坚决主张这点, 注释 2。

4. Mitchell, 注释 2, 218; 以及 Wolfgang Treue, *Die deutschen Parteien: Vom 19. Jahrhundert bis zur Gegenwart* (Frankfurt am Main: Ullstein, 1975)。

5. Dr. Gustav Wyneken, "An die Schüler der höheren Schulen!" *MNN*, 72, no. 100 (3 March 1919), 4.

6. [No first name] Dresler, "An die Schüler," *MNN*, 72, no. 168 (12/13 April 1919), 4～5, 以及其他报纸。

7. 有关对海森伯谈话的评论, 见 *Die neue Seite*, 3. *MPZ*, Stammesmitteilungen, 2 (1962), 2～3。

8. 采访海森伯前青年运动同志及当时的同市居民 Gottfried Simmerding 女士, Munich, March 1982。

9. WH, *PB*, 7.

10. Robert G. L. Waite, *Vanguard of Nazism: The Free Corps Movement in Postwar Germany*, 1918～1923 (Cambridge, MA: Harvard Univ. Press, 1952). 例如, Rudolf Höss, *Kommandant in Ausschwitz: Autobiographische Aufzeichnungen*, ed. M. Broszat (Munich: DTV, 1963)。

11. 对入侵及其计划最详细的解释见于 Kriegsgeschichtliche Forschungsanstalt des Heeres 所编的 *Darstellungen aus den Nachkriegskämpfen deutscher Truppen und Freikorps*, vol. 4: *Die Niederwerfung der Räteherrschaft in Bayern 1919* (Berlin, 1939). 但要关注其成书时间。

12. 同上, 以及 "Die Beteiligung der II. Marine-Brigade," *MNN*, 72, no. 171 (5 May 1919), Abend- Ausgabe, 3。

13. 欧文的排序见于注释 11, 218～219。

14. Grunberger, 注释 2, 144。

15. "Verluste," in 注释 11, 209～212. Ernst Toller 著有一部洞察深刻的自传, *Eine Jugend in Deutschland* (Amsterdam, 1933; reprinted Reinbek: Rowohlt, 1983)。

16. 库恩(T. S. Kuhn)对 WH 的采访, 1962 年 11 月 30 日(AHQP); 以及 WH 为马克西米连文法中学(Maximilians-Gymnasium)1949 年百年校庆的演讲, 重刊于 HCW, C5, 395～408。

17. 这一时期的 *MNN*。

18. "Allgemeine Studentenversammlung an der Universität," *MNN*，72，no. 181（10/11 May 1919）；以及 "Aufruf der Universität zum Eintritt in die Freikorps," *MNN*，72，no. 177（8 May 1919），Abend-Ausgabe，3。

19. 参见 Lucy S. Dawidowicz，*The War against the Jews* 1933～1945（New York：Holt，Rinehart and Winston，1975)等著作。   418

20. WH，address，注释 16，397；WH，采访，注释 16；WH，*PB*，7。

21. EH，*Recoll.*，chap. 1.

22. WH，"Wissenschaft als Mittel zur Verständigung unter den Völkern," 1946，重刊于 HCW，C5，384～394，on 385。

第五章　觅路

1. WH，*PB*，1.

2. Walter Z. Laqueur，*Young Germany：A History of the German Youth Movement*（London：Routledge and Kegan Paul，1962).

3. Willibald Karl，Jugend，Gesellschaft und Politik im Zeitraum des Ersten Weltkriegs（Miscellanea Bavarica Monacensia，vol. 48）（Munich：Stadtarchiv München，1973).

4. Interview with Rev. Wolfgang Rüdel，March 1982；and Rüdel，"Erinnerungen 27. 1. 1962"（poem），*Die Neue Seite*. 3. *MPZ*. Stammesmitteilungen，2（1962），between 20 and 21.

5. 关于包括新觅路者在内的德国觅路者的历史，可由下列著作提供：Günther Bandick，"Ursprung und geistige Entwicklung der deutschen Pfadfinderbewegung bis 1933"（doctoral diss.，Universität Hamburg，1955）；and Karl Seidelmann，*Die Pfadfinder in der deutschen Jugend geschichte，Teil* 1：*Darstellung*（Hannover：Hermann Schroedel，1977)。

6. Seidelmann，注释 5。

7. Interview，注释 4。

8. 施伦克也和海森伯一起在农业服务中服务，正如 Karl Zenker 在 1953 年 8 月 6 日对海森伯的回忆（HA）。

9. 1982 年 3 月采访 Gottfried Simmerding 女士。

10. WH，*PB*，10.

11. 同上。

12. Franz Ludwig Habbel and Ludwig Voggenreiter eds.，*Schloss Prunn. Der deutsche Pfadfindertag von* 1919（Der Weisse Ritter，2，1. Beiheft）（Regensburg：Der Weisse Ritter-Verlag，1919).

13. 此类观点被无数作者描述，其中有 George L. Mosse, *The Crisis of German Ideology*: *Intellectual Origins of the Third Reich* (New York: Schocken Books, 1964/1981); Peter Gay, *Weimar Culture* (New York: Harper and Row, 1968); Paul Forman, "*Weimar culture, causality and quantum theory, 1918~1927*," HSPS, 3 (1971), 1~115。

14. Fritz Ludwig Habbel, "Vorrede zu der Zeitschrift 'Der Aufbau,' 1918," 重刊于 *Die Pfadfinder in der deutschen Jugendgeschichte*, Teil 2, 1: *Quellen und Dokumente aus der Zeit bis* 1945, *ed. Karl Seidelmann* (Hannover: Schriedel, 1980), 51~52, his emphasis.

15. Ernst Kemmer, "Windsbach," *Der Weisse Ritter*, 3 (1921), 189~191, on 189.

16. Fritz Ludwig Habbel, "Unser Pfadfindertum (1919)," 见注释 14, 52~55, on 54。

17. Karl Ettinger, statement, in 注释 12, 39~40。

18. [No first name] Steidle, statement, 同上, 14~18。

19. Fritz Ludwig Habbel, Karl Sonntag, and Ludwig Voggenreiter, "Ein Geleitwort," *Der Weisse Ritter*, 2 (1919), 4~6, on 6. The journal started with volume 2. Its predecessor, *Der Aufbau*, was designated volume 1.

20. George L. Mosse 也宣称这点, *Nationalism and Sexuality*: *Respectability and Abnormal Sexuality in Modern Europe* (New York: Howard Fertig, 1985), 47。

21. 见 Mosse, 注释 13, 173~174。

22. Michael H. Kater, *Studentenschaft und Rechtsradikalismus in Deutschland 1918~1933* (Hamburg: Hoffmann und Campe, 1975).

23. WH to Kurt Pflügel, 21 October 1923 (Pflügel papers, private). 24. 注释 9。

25. WH, PB, 54.

26. EH, Recoll., 25~26.

27. Simmerding, 他们的旅行日记(他的私人文件)。

28. 注释 9。

29. WH, PB, 11.

30. 注释 12, 41。

31. 注释 29。

32. WH to his father, 16 Aug 1919.

33. 基于 Nachlass Seidelmann (ADJ)的材料。

34. Wolfgang Rüdel to WH, 15 Feb 1923 (HP).

35. Mosse, 注释 13, 181, 引用一个在 1926 年报告的原始资料——"新觅路者"承认"只有那些犹太人……比北欧雅利安人(Nordic Aryans)还要北欧。尽管他们私底下也开玩笑。"

419

36. Hans Blüher, *Secessio Judaica*：*Philosophische Grundlegung der historischen Situation des Judentums und der antisemitischen Bewegung* (Berlin：Der Weisse Ritter-Verlag, 1922).

37. 注释 22。

38. Hurt to Völkel, 24 April 1921 (Nachlass Seidelmann, ADJ). 但瓦尔特的哥哥弗兰茨没帮忙。

39. Karl Sonntag, recollections, 见 *Die Neue Seite*. 3. *MPZ Stammesmitteilungen*, 4 (1967), 77~86. 下面提到的出版物为 *Die Neue Seite*。

40. Sonntag to Habbel, 19 Dec 1921；以及 Martin Völkel, "Rundbrief," 29 March 1922 (both Nachlass Seidelmann, ADJ). 同性恋在魏玛宪法中是犯罪行为。

41. Völkel to Habbel, 26 May 1922；Sonntag to Voggenreiter, 9 April 1925；以及 Völkel-Sonntag correspondence (all Nachlass Seidelmann, ADJ)。

42. 有关野营活动的计划，见 Karl Sonntag, "Gaubrief," April 1924；and "Sommerlager, Lager-ordnung," 1925 (Nachlass Seidelmann, ADJ)。

43. 例如，[Martin Völkel], "Der grosse Häuptling spricht," *Die Spur in ein deutsches Jugendland*, 2 (March 1924), 155。

44. 采访，注释 4。

45. 1982 年 2 月采访 Friedrich Hund。

46. Annie Heisenberg to Kurt Pflügel, 4 August (1922), 见 *Die Neue Seite*, 2 (1962), between 20 and 21。

47. Diary of trip (Simmerding papers, private)；以及 WH, *PB*, 52。

48. Interview with Elisabeth Heisenberg, February 1982；the Rüdel brothers to WH, 22 August 1920 (HP). 49. WH to his father, 15 May 1918.

50. WH, interview session 1 (AHQP).

51. 注释 9。

52. Rolf Wägele, "Werner und der jüngere Jungstamm," *Die Neue Seite*, 2 (1962), 27~31；以及 Sonntag, remarks, 同上，8。

53. WH, "Wissenschaft als Mittel zur Verständigung unter den Völkern," 1946, 重刊于 HCW, C5, 384~394, on 385。

54. WH, *Magnum*, 35 (1961), 39, 重刊于 HCW, C4, 19。

55. WH, *PB*, 18~19.

56. 例如，WH to Rene? e Weber, and to Fritjof Capra, 1970s (HA). WH, "Ordnung der Wirkli-chkeit," 1942, publ. HCW, C1, 218~306。

57. Ruth Nanda Anshen, "World Perspectives：What This Series Means," 见 WH, *PB*,

249～260, on 249 and 252.

58. Karl Seidelmann, sunrise lecture to the Jungstamm on Easter Sunday. 1931 (Nachlass Seidelmann, ADJ).

59. 注释 9。

60. WH, fragment of autobiographical sketch, ca. 1934 (Archiv für Geschichte der Naturforschung und Medizin, Deutsche Akademie der Naturforscher, Leopoldina, Halle).

第六章　索末菲的研究所

1. Born to Sommerfeld, 5 March 1920 (SN); and Neils Born and WH, "La mecanique des quanta," 1927 Solvay Congress report, 重刊于 HCW B, 58～96。

2. 大学生 Wilhelm Brüchner1921 年 11 月建立 Storm Division, 下属纳粹党 SA, 他的许多同学加入其中, 包括鲁道夫·赫斯。见 Karl Schwend, *Bayern zwischen Monarchie und Diktatur* (Munich, 1954)。

3. Arno Seifert, "In den Kriegen und Krisen des 20. Jahrhunderts," 见 *Ludwig-Maximilians-Universität. Ingolstadt-Landshut-München* 1472～1972, ed. Laetitia Böhm and Johannes Spörl (Berlin: Duncker und Humblot, 1972), 315～362.

4. "Studentenversammlung in der Universität," *MNN*, 73, no. 23 (17/18 Jan 1920), 2; "Münchner Studentenschaft und Arco-Prozess," *MNN*, 73, no. 24 (19 Jan 1920), 4; "Eine verhinderte Vorlesung," *MNN*, 73, no. 29 (22 Jan 1920, morgen), 3.

420　　5. 基于这一时期的 *Chronik der Ludwig-Maximilians-Universität*。女学生比例稳定维持于约 10%。

6. Aloys Fischer, *Die Wirtschaftliche Lage der Studentenschaft Münchens und die Bedeutung für die Studentenfürsorge* (Munich: Verlag des Vereins Studentenhaus München, 1921).

7. 基于"Beamtenbesoldungsgesetz," Gesetz- und Verordnungsblatt für die Freistaat Bayern, 1920, 275～322; 以及 "Gesetz zur Abänderung des Beamtenbesoldungsgesetzes," 同上, 1923, 1～3。

8. Erich Simon, "Der Haushalt eines höheren Beamten," *Jahrbücher für Nationalökonomie und Statistik*, 119 (1922), 425～432.

9. WH to his mother and to his father, both Jena, 23 Sep 1921.

10. WH to his mother, Berlin, 28 Sep 1921.

11. Richard Willstätter, *Aus meinem Leben. Von Arbeit, Musse und Freunden*, 2nd ed. (Weinheim: Verlag Chemie, 1949/19), 302.

12. Max Born, *Mein Leben. Die Erinnnerungen des Nobelpresiträgers* （Munich：Nymphenburg, 1975），268.

13. WH, "Begegnungen und Gespräche mit Albert Einstein," 1974, *HCW*, C4, 202～216. 大部分信件发表于 ES, *Briefw*。

14. 报告见于 *PZ*, 21 （1920），649～668。

15. 对勒纳德与约翰内斯·施塔克的态度及背景的概述，见 Beyerchen, *Scientists*, chaps. 5 and 6；以及 Walker, *Nazi Science*, chaps. 1 and 2。

16. JM, vol. 2, 286～287.

17. 同上，对 1912 年事件的重述。

18. WH to his mother, Jena, 21 Sep 1921.

19. 文章发表于 *Weltbühne*，重刊于 ES, *Briefw*., 89～90；Einstein to Sommerfeld, 27 Sep and 9 Oct 1921，同上。

20. 例如，E. Amaldi, recollection, 见 Enrico Fermi, *Collected Papers* （*note e memorie*）, vol. 1 （Chicago：University of Chicago Press, 1962），811。

21. Wolfgang Pauli, "An Hermann Weyl zum 6. Nov. 1955," 被引于 PWB, vol. 1, 33, n. 6。

22. WH, *PB*, 27.

23. 关于数学—物理研讨班的一次讨论见于 JM, vol. 1, 78～107。

24. 基于 *Personalstand der Ludwig-Maximilians-Universität München*, Winterhalbjahr 1920/21。

25. WH, *PB*, 16.

26. 库恩(T. S. Kuhn)采访 WH, I（AHQP），5。

27. Ulrich Benz, *Arnold Sommerfeld. Eine wissenschaftliche Biographie* （Stuttgart：Wissen. Verlagsgesellschaft, 1975）.

28. 克莱因的策略见 Karl-Heinz Manegold, *Universität*, *Technische Hochschule und Industrie* （Berlin, 1970）。

29. Kultusminister Matt to Univ. Senat, 3 Aug 1920 (Acta des K. Akad. Senats. Das physicalische Cabinet betr. UA München；Personalakt Wilhelm Wien Littera E, Abt. Ⅱ, Fascikel 698, UA München)；and Wilhelm Wien, "Ein Rückblick," 见 *Aus dem Leben und Wirken eines Physikers* （Leipzig：Barth, 1930），1～50.

30. Arnold Sommerfeld, "Das Institut für theoretische Physik," 见 *Die wissenschaftlichen Anstalten der Ludwig-Maximilians-Universität zu München*, ed. K. A. von Müller （München：Oldenbourg und Wolf, 1926），290～292；以及 "Academie der Wissenschaften. Mathematisch-physikalisches Cabinett-Sammlung, nun seit 1909 Institut für theoretische Physik," Band Ⅱ：1853～1927 (Acta des K.

Staatsministeriums des Innern für Kirchen und Schul-Angelegenheiten. BHStA, Munich. MK 11317).

31. Wilhelm Röntgen, "Bericht der Kommission für die Wiederbesetzung der ordentlichen Professur für theoretische Physik," 20 Jul 1905 (Arnold Sommerfeld, Personalakt, E Ⅱ-N, UA München). 有关伦琴和慕尼黑理论物理学研究所的成立过程的讨论, 见 JM vol. 2, 274~287。

32. Einstein to Sommerfeld, 14 Jan 1922, ES, *Briefw.*, 98.

33. Quoted by JM, vol. 2, 284.

34. Ludwig-Maximilians-Universität, Vorlesungsverzeichnis, for entire period.

35. Born to Sommerfeld, 13 May 1922 (SN); Arnold Sommerfeld, "Vorwort," 见 AS, *Atombau*, first ed。

36. 注释 26。

37. Peter Paul Ewald, "Sommerfeld als Mensch, Lehrer und Freund," 见 *Physics of the One- and Two- Electron Atoms*, ed. Fritz Bopp and H. Kleinpoppen (Amsterdam: North-Holland, 1969), 8~16。

38. WH to his mother, 23 Sep 21.

39. Wolfgang Pauli, "*Relativitätstheorie*," *Encyklopädie der mathematischen Wissenschaften*, vol. 5, part 2 (Leipzig: Teubner, 1921), 539~775.

40. Arnold Sommerfeld, "Zwanzig Jahre spectroscopischer Theorie in München," *Scientia*, Nov-Dec 1942, 123~130.

41. Matriculation "Verzeichnis" for WH, WS 1920/21 and SS 1921 (UA München). 其他部分在第二次世界大战中遗失。

42. Matriculation "Verzeichnis" for Pauli, WS 1918/19 (同上)。

43. 注释 26。

44. Detlev Richardt, report of WH's remarks at Lindau meeting of Nobel Prize winners, 1974, 见 *Phys. Blätter*, 30 (1974), 30~37。

45. August Heisenberg to WH, 2 Nov 1922.

46. Born to Sommerfeld, 5 January 1923 (SN).

47. 注释 26。

48. WH, *PB*, 25~26。

49. 注释 46。

第七章 遭遇量子

1. 例如, Jammer, Conceptual; Paul Forman, "The Environment and Practice of Atomic Physics in Weimar

Germany: A Study in the History of Science," (Ph. D. diss., University of California, Berkeley, 1967); DC, *Diss.*; Daniel Serwer, HSPS, 8 (1977), 189~256; the encyclopedic MR; 以及大量专业研究。一些进一步的细节可见于 DC, *Uncertainty: The Life and Science of Werner Heisenberg* (New York: W. H. Freeman, 1992)。

2. Niels Bohr, address 1913, 见 BCW 2, 283~301; J. L. Heilbron and T. S. Kuhn, "The Genesis of Bohr's Atom," *HSPS*, 1 (1969), 211~290.

3. Arnold Sommerfeld, AP, 51 (1916), 1~94, 125~167.

4. Arnold Sommerfeld, *PZ*, 17 (1916), 491~507; Peter Debye, 同上, 507~512; Sommerfeld to Bohr, 4 Sep 13 (BSC 7, 3).

5. AS, Atombau, first ed., vii; 以及 *Nwn* 8 (1920), 61~64.

6. 同上, 64.

7. Univ. Munich, *Jahresberichte*, 问题所涉年份[的年度报告]。

8. *Inventory of Sources for History of Twentieth Century Physics*, *Office for History of Science and Technology*, University of California, Berkeley.

9. T. S. Kuhn et al., *Sources for History of Quantum Physics: An Inventory and Report* (Philadelphia: American Philosophical Society, 1967).

10. DC, Diss., tables on 8 and 9.

11. 基于 Forman, J. L. Heilbron, S. Weart, "Physics circa 1900: Personnel, Funding, and Productivity of the Academic Establishments," *HSPS*, 5 (1975), 1~185, tables on 12 and 31。

12. Arnold Sommerfeld, AP, 63 (1920), 221~263. Paschen to Sommerfeld (AHQP 33, 1) and Back to Sommerfeld (AHQP 29, 5) 暗示他们定期提供数据，但现存的信件中没有一封包含问题中的数据，它们可能是夹在那时已丢失的附件中。

13. Notebook (HA). 以下基于 DC, *HSPS*, 10 (1979), 187~224; 以及 Paul Forman, *HSPS*, 2 (1970), 153~261。

14. WH, interview session I (AHQP).

15. WH, *PB*, 35.

16. Arnold Sommerfeld, *ZP*, 8 (1922), 257~272, rec. 12 Dec 1921.

17. 海森伯这些个月中致以阿尔弗雷德·朗德信中的暗示 (AHQP 6, 2)。

18. WH to his mother, Jena, 21 Sep 1921, and to his father, Jena, 23 Sep 1921.

19. WH to Pauli, 19 Nov 1921.

20. WH, *ZP*, 8 (1922), 273~297, in *HCW*, A1, 134~158; Sommerfeld, 注释 16。

21. Sommerfeld to Einstein, 11 Jan 1922, in ES, *Briefw.*

22. Bohr to Landé, 15 May 1922 (BSC 4, 3).

23. Niels Bohr, "On the Application of Quantum Theory to Atomic Structure: Part Ⅰ—The Fundamental Postulates," 1922, BCW 3, 455~500.

24. See, among others, Forman, note 1; and Paul Forman, *Isis*, 64 (1973), 151~180.

25. 例如, Sommerfeld to Carlsberg Foundation, 26 Oct 1919, 引用见于 Peter Robertson, *The Early Years: The Niels Bohr Institute* 1921~1930 (Copenhagen: Akademisk Forlag, 1979), 34~35。

26. Bohr to Sommerfeld, 30 Apr 1922, in BCW 3, 691~692.

27. Neils Bohr, "Sieben Vorträge über die Theorie des Atombaus" (Bohr MSS 10), publ. 英文译本见 BCW 4, 341~419. The lectures were delivered 12~22 June 1922。

28. WH to Karl and Helen Heisenberg, 15 Jun 1922 (HP).

29. Bohr, lecture 3, 14 June 1922, in BCW 4, 372~387, reference to Kramers at end of lecture, 370~371. Kramers's paper is *ZP*, 3 (1920), 199~223.

30. 1982 年 4 月对当时参加会议的弗里德里希·洪德的采访。对克拉摩斯研究与海森伯的反对的讨论见 MR 2 以及 Max Dresden, *H. A. Kramers: Between Tradition and Revolution* (New York: Springer-Verlag, 1987), 124~132。

31. WH, *PB*, 37~42; WH, "Quantum Theory and Its Interpretation," 1967, in HCW C2, 345~346.

32. 注释 28。

33. WH to his parents, 15 Jun 1922。

34. Neils Bohr, lecture 5, 20 June 1922, in *BCW* 4, 391.

35. 注释 33。

第八章　建立原子模型

1. "Akten des Rektorats der Universität München. Dr. Arnold Sommerfeld" (UA Munich, Personalakt E Ⅱ-N).

2. Arnold Sommerfeld and WH, *ZP*, 10 (1922), 393~398, rec. 3 Aug 22, in HCW, A1, 159~164; and *ZP*, 11 (1922), 131~154, rec. 26 Aug 1922, in HCW, A1, 165~188.

3. WH, "Nichtlaminare Lösungen der Differential gleichungen für reibende Flüssigkeiten," 1922, in HCW, B, 23~26.

4. Franz Ludwig Habbel, "Die Aussenpolitik der deutschen Pfadfinderbewegung," *Der Weisse Ritter*, 7 (1927), 60~80, on 66. 关于物理学, 见 Paul Forman, *Isis*, 64 (1973), 150~180。

5. Habbel，注释 4，61。

6. WH to his father，11 Nov 1922。

7. Martin Völkel，标有"streng vertraulich"（绝密）的通知信，28 Feb 1922（Nachlass Seidelmann，ADJ）。

8. Karl Sonntag，circular letter，Bavaria District，11 Mar 1922（Nachlass Seidelmann，ADJ）.

9. Habbel，注释 4；Kurt Pflügel，"Finnlandfahrt，" *Die neue Seite*，3. *MPZ Stammesmitteilungen*，2（1962），13～18。

10. ［WH］，"Der Kampf um die überfahrt，" *Die Spur in ein deutsches Jugendland*，3（1924），37～39.

11. Die neue Seite，3. MPZ Stammesmitteilungen，2（1962），18～22，注释 10 的重刊。

12. Kurt Pflügel，"Wie wir 3 Enten schossen und nur eine erbeuteten，" *Die Spur in ein deutsches Jugendland*，4（1925/26），134～135.

13. Elis J. Huetin to WH，Helsingfors，1 Oct 1923（HA）；WH to his mother，13 Nov 1923.

14. WH to Bohr，Zell am Ziller，31 Aug 1925（BSC 11，2）.

15. WH to his parents，Leipzig，17 Sep 1922.

16. Philipp Lenard，Ueber Aether und Uräther. *Mit einem Mahnwort an deutsche Naturforscher*（Leipzig：Hirzel，1922）. 关于该事件的进一步讨论见 Beyerchen，Scientists，91～93.

17. 注释 15.

18. Handbill（SPK，Sammlung Darmstädter，F1e 1908（7）：Einstein）.

19. WH，*PB*，43～45.

20. WH to his parents，19 Sep 1922；以及 WH to Pauli，29 Sep 1922.

21. 海森伯仍提到发言者为"爱因斯坦"，见 WH，*PB*，44，写于 1969。

22. Max Born，*My Life：Recollections of a Nobel Laureate*（New York：Charles Scribner's Sons，1975），212.

23. ［Felix Klein?］，"*Universität Göttingen-Philosophische Fakultät I. Mathematisch physikalisches Seminar*"（UA Göttingen，"Zur Geschichte des Königlichen Math. -phys. Seminar"）. Lewis Pyenson 讨论了格丁根数学和物理学，*The Young Einstein：The Advent of Relativity*（Bristol：Adam Hilger，1985），101～193。

24. 发表于 EB，*Briefw*。

25. Born，注释 22，199～200；以及 "Personalakt Max Born"（UA Göttingen）。

26. "Chronik der Georg August-Universität für die Rechnungsjahre 1921/23，" *Universitätsbund Göttingen*，*Mitteilungen*，6（1923），Heft 1/2；Born，注释 22，210。

27. Born to Walther Gerlach, 11 May 1921 (AHQP 19，1).

28. 3，263 学生中有 1257 人学习科学中的一科。*Amtliches Namenverzeichnis*，*Georg August-Universität zu Göttingen*，*Winterhalbjahr* 1922/23.

29. Born to Sommerfeld, 5 Jan 1923 (SN).

30. WH to Helen and Karl Heisenberg, 12 Jun 1922 (HP).

31. *The University of Goettingen* (Göttingen：Verein für Fremdenverkehr, ca. 1926)，18～19.

32. Born to Einstein, 7 Apr 1923, in EB, *Briefw*.

33. WH to his brother, 6 Dec 1922 (HP).

34. Eberhard Rüdel to WH, 23 Nov 1922 (HP).

35. WH to his mother, 7 Dec 1922.

36. Götz von Selle, Die Georg-August-Universität zu Göttingen 1737～1937 (Göttingen，1937)；August Tecklenburg, *Göttingen*：*Die Geschichte einer deutschen Stadt* (Göttingen，1930)；Albrecht Saathoff, *Geschichte der Stadt Göttingen seit der Gründung der Universität* (Göttingen，1940).

37. WH to his father, 5 and 16 Nov 1922, and to his mother, 20 Nov, 1 and 7 Dec (1922).

38. WH to his mother, 1 Dec 1922.

39. 注释 22，211。

40. WH to his father, 16 Nov 1922；WH to Sommerfeld, 15 Jan (1923) (AHQP 83，H).

41. WH to his brother, 6 Dec 1922 (HP), and to his mother, 7 Dec (1922).

42. Born to Sommerfeld, 5 Jan 1923 (SN).

43. WH to his father, 5 Nov 1922.

44. 注释 22，211。

45. WH to his father, 16 Nov 1922. 以下基于 DC, *Diss*。更多技术细节，读者可以查看该书及 MR 2。

46. Max Born and Wolfgang Pauli, *ZP*, 10 (1922)，137～158.

47. Neils Bohr, *ZP*, 13 (1923)，117～165, rec. 15 Nov 22；H. H. Kramers, *ZP*, 13 (1923)，312～341, on 339, rec. 31 Dec 1922.

48. WH to Sommerfeld, 28 Oct 1922 (AHQP 83，H)；WH to Landé, 15 Sep 1922 (AHQP 6，2).

49. 同上，第一封信。

50. Arthur Sommerfeld, *Journal of Optical Society of America*，7 (1923)，509～515. 然而索末菲在一年后，当该模型被证明为不稳定时，就撤回了此模型。

51. Max Born, *Nwn*, 11 (1922)，677～678, dated 27 Jun 1922.

52. WH to his father, 16 Nov 1922；注释 22，202。

53. Neils Born and WH, *ZP*, 14 (1923), 44～55, rec. 16 Jan 23, in HCW, A1, 189～200. 1925 年该假说被泡利的"不相容原理"取代。

54. WH to Sommerfeld, 4 Jan 1923 (AHQP 83, H).

55. WH to Sommerfeld, 15 Jan 1923 (AHQP 83, H).

56. WH to Bohr, 2 Feb 1923 (BSC 9, 2).

57. 他们的结论见于 Max Born and WH, *ZP*, 16 (1923), 229～243, rec. 11 May 1923，见 HCW, A1，201～215。

58. Born to Bohr, 4 Mar 1923, in BCW 4, 669.

59. WH to Pauli, 19 Feb 1923 and 26 Mar 1923；以及注释 58。

60. Pauli to Sommerfeld, 6 Jun 1923；Bohr to Landé, 3 Mar 1923 (AHQP 4, 1).

61. Neils Born, *Nwn*, 11 (1923), 537～542, on 542.

第九章　研究湍流，质疑因果性

1. Eberhard Rüdel to WH, 12 Jun 1923 (HP).

2. 雷诺的研究的概述见 MR 2, 53。

3. WH, *"über Stabilität und Turbulenz von Flüssigkeitsströmen"* (doctoral thesis, Munich, 1923, UB Munich)；修改版，*AP*, 74 (1924), 577～627，见 HCW, A1, 31～81. 海森伯研究问题及其背景的技术评论，见 Olivier Darrigol, "Turbulence in 19th-century Hydrodynamics," *HSPS*, 32 (2002), 207～262；以及 MR 2, 49～63。

4. WH, *PZ*, 23 (1922), 363～366, in HCW, A1, 27～30. 但在附加的注释 30 中，普朗特提出了反对意见。

5. *Promotions-Ordnung der Philosophischen Fakultät*（II. *Sektion*）*der Ludwig-Maximilians-Universität München*（Munich, 1922).

6. "Protokoll, Promotion des Herrn Werner Heisenberg" (UA Munich, Call no. OCI 49p).   424

7. 同上。有可能考试是分开进行的。

8. *"Protokoll, Promotion des Herrn Wolfgang Pauli"* (UA Munich, OCI 49p).

9. WH, interview session 1 (AHQP).

10. 同上以及注释 6。

11. Max Born, *My Life：Recollections of a Nobel Laureate*（New York：Charles Scribner's Sons, 1975), 213.

12. *Jahrbuch der Ludwig-Maximilians-Universität München*，1919~1925（Munich，1925）.

13. WH to his parents，29 Nov 1923.

14. 注释 9。

15. WH to Kurt Pflügel，24 Nov 1923（Pflügel Papers）.

16. "Bekanntmachung über das Diensteinkommen der Hochschulprofessoren," *Gesetz- und Verordnungs- blatt für den Freistaat Bayern*，1923，313；"Gesetz über die Festsetzung der Teuerungszuschläge der Staatsbeamten," 同上，7。

17. "*Teuerungszahlen der Gemeinden vom Juli* 1923 *bis Januar* 1925," *Statistisches Jahrbuch für das deutsche Reich*，44（1924/25），261.

18. Hans Guradze and Karl Freudenberg，in *Jahrbücher für Nationalökonomie und Statistik*，121（1923），354~355.

19. 注释 17；以及"Lebensmittelpreise im Kleinhandel in einigen deutschen Städten im Durchschnitt 1913/14 und vom Juli 1923 bis Januar 1925," *Statistisches Jahrbuch für das deutsche Reich*，44（1924/25），262。

20. Wilhelm Wien，"Ein Rückblick," 1927，见 *Aus dem Leben und Wirken eines Physikers*（Leipzig：Barth，1930），1~50，on 47.

21. Born to Einstein，7 Apr 1923（EB，*Briefw.*）.

22. 同上；以及 Personalakt Max Born（UA Göttingen）。

23. Brigitte Schröder-Gudehus，*Minerva*，10（1972），537~570；Paul Forman，*Minerva*，12（1974），39~66；以及，例如，Friedrich Schmitt-Ott，"Die Kulturaufgaben und das Reich," *Internationale Monatsschrift für Wissenschaft*，*Kunst und Technik*，11（1919），450~459；Georg Schreiber，*Die Not der deutschen Wissenschaft und der geistigen Arbeiter*（Leipzig：Quelle und Meyer，1923）。

24. Forman，注释 23。

25. Notgemeinschaft，*Bericht I*（1922），38.

26. 见 Forman，注释 23。

27. 应急协会电物理学委员会（Elektrophysikausschuss der Notgemeinschaft）的记录（BA Koblenz，R73），以及 Steffen Richter，*Forschungsförderung in Deutschland* 1920~1936.（Düsseldorf：VDI-Verlag，1972）.

28. WH to his parents，20 Nov 1923.

29. 同上；Richter，注释 27；and Born to Universitätskurator，18 Jul 25，见 Personalakt Dr. Heisenberg（UA Göttingen，4/Vc 317）。

30. 同上，第三个原始材料，以及 Courant to Universitätskurator，30 Oct 1925（同上）。1924 年 9

月 1 日，地租马克被同等价值的帝国马克取代，两者的缩写也一样。

31. Notgemeinschaft，Bericht V，85. 这段话可能为普朗克所写。

32. WH to Kurt Pflügel，21 Oct 1923（Pflügel Papers）.

33. 同上。

34. Kurt Pflügel to WH，24 Oct 1923（HP）.

35. WH to Kurt Pflügel，31 Oct 1923（Pflügel Papers）.

36. 戏剧性的效果在格丁根附近的农民中失效了，当一切都结束了的时候，他们敏捷观察到了"Hei lebet noch!"（他还活着!）。WH to Kurt Pflügel，24 Nov 1923（Pflügel Papers）.

37. 1982 年 3 月 17 日在慕尼黑采访 Gottfried Simmerding 女士。该故事没有得到证实。

38. Kurt Pflügel to WH，12 Nov 1923（HP）；以及 WH to his mother，13 Nov 1923.

39. WH to Kurt Pflügel，24 Nov 1923（Pflügel Papers）.

40. Wolfgang Rüdel to WH，22 Jan 1924（HP）.

41. WH to Kurt Pflügel，24 Nov 1923.

42. Alfred Landé，ZP，15（1923），189～205；Ernst Back，ZP，15（1923），206～243.

43. WH，ZP，26（1924），291～307，rec. 13 Jun 1924，HCW，A1，289～305. 更多技术细节见 Daniel Serwer，HSPS，8（1977），189～256；MR 2，106～124；John Hendry，Centaurus，25（1981），189～221；以及 DC，Diss。

44. WH to Pauli，9 Oct 1923.

45. WH to his mother，7 Nov 1923.

46. WH to his father，29 Nov 1923.

47. Bohr to WH，31 Jan 1924（BSC 11，2）.

48. Pauli to Landé，14 Dec 1923）to Bohr，21 Feb 1924，and to Kramers，19 Dec 1923.

49. Pauli to Bohr，11 Feb 1924.

50. WH to his parents，15 Mar 1924.

51. 同上，and Bohr to Rose，16 Apr 1924（BGC）。

52. WH to his parents，20，23，and 27 Mar 1924.

53. 同上。

54. WH to his parents，27 Mar 1924.

55. 从事博士后研究的物理学家斯莱特获得了谢尔登旅行奖学金，他一直在哥本哈根待到 1924 年 4 月——根据 Peter Robertson 汇编的数据，The Early Years：The Niels Bohr Institute 1921～1930（Copenhagen：Akademisk Forlag，1979），156～159.

56. Niels Bohr，H. A. Kramers，and John C. Slater，Phil. Mag.，47（1924），785～802，dated Jan-

425

uary 1924, reprinted BCW 5, 101~118; Kramers, *Nature*, 133（1924）, 673~676, dated 25 March 1924.

57. WH, *Nwn*, 17 (1929), 490~496, 见 HCW, B, 109~115。

58. Ladenburg, *ZP*, 4 (1921), 451~468.

59. Slater to Kramers, 8 Dec 23 (AHQP 8, 10); John C. Slater, *Nature*, 113 (1924), 307~308.

60. 第一部作品，注释 56，796。斯莱特并不同意整个理论。John C. Slater, *Nature*, 116 (1925), 278；以及 *PR*, 25 (1925), 395~428。

61. WH to his mother, 31 May 1924.

62. Rose to Bohr, 2 Jun and 10 Jun 1924 (RAC, IEB series 1, Box 50, W. Heisenberg file); Bohr to Rose, 5 Jul 24 (RAC, IEB Denmark, Box 2146, Folder 403).

63. WH to his mother, 5 Jun 1924.

64. WH to his parents, 8 Jun 1924.

65. WH to Pauli, 8 Jun 1924.

66. Einstein to Born, 29 Apr 1924 (EB, *Briefw.*).

67. Max Born, "über Quantenmechanik," *ZP*, 26 (1924), 379~395, 译本见 *Sources of Quantum Mechanics*, B. L. van der Waerden, ed. and trans. (New York: Dover, 1967), 181~198, on 189。

68. WH to Landé, 6 Jul 1924 (AHQP 6, 2).

69. Bohr to WH, 5 Jul 1924 (BSC 11, 2).

70. Personalakt Dr. Heisenberg (UA Göttingen, 4/Vc 317). 海森伯在理论物理学领域的任教资格证书(venia legendi)被正式授予于 1924 年 10 月 10 日（Certificate in HA）。

第十章　进入量子矩阵

1. WH, *ZP*, 33 (1925), 879~893; reprinted HCW, A1, 382~396；英文译本见 *Sources of Quantum Mechanics*, B. L. van der Waerden, ed. and trans. (New York: Dover, 1967), 261~276。所有引用的译文都稍加编辑。

2. 对这一发展的历史纵观包括以下经典著作：Jammer, *Conceptual*；还有 A. Pais, *Inward* 的部分；Olivier Darrigol, *From C-numbers to Q-numbers: The Classical Analogy in the History of Quantum Theory* (Berkeley, 1993); Daniel Serwer, *HSPS*, 8 (1977), 189~256; Max Dresden, *H. A. Kramers: Between Tradition and Revolution* (New York: Springer-Verlag, 1987); MR, vols. 2 and 3; and DC, Diss.

3. WH, *Nwn*, 17 (1929), 490~496, in HCW, B, 109~115 on 111.

4. Peter Robertson 描述了研究所的建立，*The Early Years：The Niels Bohr Institute* 1921~1930 (Copenhagen：Akademisk Forlag，1979)。

5. WH to his parents，27 Mar 1924.

6. 注释 4，94 and 106~109。

7. WH 是一名"Privatdozent"（私俸讲师），即一名在等待教师空缺席位时"私下"（即没有政府任命）授课的老师。

8. WH to his parents，19 Sep 1924，and WH to his mother，25 Sep 1924；WH to Sommerfeld，18 Nov 1924（AHQP 83，H）. 海森伯的丹麦语水平有多高，还不确定。虽然他在哥本哈根的上课笔记用的是丹麦语，但他总用德语回复玻尔用丹麦语写的信.

9. Dresden，注释 2，252~276，精彩概括了在哥本哈根中这些杰出的 *primae donnae*（恃才傲物者）之间的关系。

10. WH to Bohr，5 Jul 1924；also 25 Aug 1924，4 Sep 1924（BSC 11，2）.

11. WH to his parents，19 Sep 1924，and to Wallace Lund，27 Jan 1925（HA）.

12. H. A. Kramers，*Nature*，114（1924），310~311.

13. H. A. Kramers and WH，*ZP*，31（1925），681~708，rec. 5 Jan 25；reprinted HCW，A1， 354~381；English in van der Waerden，注释 1，223~251。对于这一理论，其背景及含义的更广泛讨论，见 Dresden，注释 2；John Hendry，*Centaurus*，25（1981），189~221；MR 2；and DC，*Diss.*，chap. 6。

14. WH，"Quantum theory and its interpretation，" 1967，见 HCW，C2，345~361，on 351.

15. 克拉摩斯与 WH，注释 13，以及范德瓦尔登（Van der Waerden），注释 1，234。

16. WH to Landé，15 Jun 1924（AHQP 6，2）.

17. 泡利和海森伯于 1925 年 3 月 8 日见面。在 1926 年 1 月 8 日 WH 致玻尔的信（BSC 11，2）以及 1925 年 2 月 28 日致泡利的信中间接提及了泡利的批评，对 1924 年至 1925 年期间泡利的立场的很好概括，见 Daniel Serwer，*HSPS*，8（1977），189~256，以及 by John Hendry，*The Creation of Quantum Mechanics and the Bohr-Pauli Dialogue*（Hingham，MA：Reidel，1984）。

18. Pauli to Sommerfeld，6 Dec 1924.

19. WH to his parents，15 Mar，20 Mar，and 3 Apr 1925.

20. WH，*ZP*，32（1925），841~860，rec. 10 Apr 1925；reprinted HCW，A1，306~325.

21. Bohr to WH，18 Apr 1925（BSC 11，2）.

22. WH 回忆，见"Erinnerungen an die Zeit der Entwicklung der Quantenmechanik，" 1960，HCW，C2，263~270. 他仍相信氢对量子理论是最不成问题的。WH to Landé，18 Feb 1925（AHQP 6，2）.

23. Indicated in WH to Bohr，16 May 1925（BSC 11，2），and WH to Kronig，8 and 20 May 1925

426

(AHQP 16，6). 24. WH to Bohr, 16 May 1925 (BSC 11，2).

25. Pauli to Kronig, 21 May 25（AHQP 16，10）.

26. WH to Pauli, 24 Jun 1925.

27. WH to Pauli, 9 July 1925.

28. 注释 26。

29. Max Born and Pascual Jordan, *ZP*, 33 (1925), 479~505, rec. 11 June 1925, 493, n. 1.

30. WH to his parents, 15 May 1925.

31. WH to Kronig, 5 Jun 1925 (AHQP 16，6).

32. 同上。

33. 注释 31；WH to Bohr, 8 Jun 1925 (BSC 11，2)。

34. WH to B. L. van der Waerden, private communication, recounted in van der Waerden, 注释 1, 25. 35. Indicated by WH to Pauli, 21 and 24 Jun 1925, 4 Jul 1925。

36. WH to Pauli, 24 Jun 1925.

37. 同上。

38. WH to his father, 30 June 1925.

39. 这一插曲根据 Born, *My Life：Recollections of a Nobel Laureate*（New York：Charles Scribner's Sons, 1978), 216~217；玻恩的评论，见 EB, *Briefw.*, 125；以及一篇由 B. L. 范德瓦尔登准备的未发表的年表（见 Born folder, AHQP）。

第十一章 淹没在矩阵中，被波拯救

1. Pauli to Kramers, 27 July 1925；Pauli to Kronig, 9 Oct 1925.

2. Born to Schrödinger, 16 May 1927 (AHQP 41，7).

3. Max Born and Pascual Jordan, *ZP*, 34 (1925), 858~888, on 858.

4. 对矩阵力学发展的概括以及更广泛的技术细节的讨论，见 Jammer, Conceptual；Olivier Darrigol, *From C-numbers to Q-numbers：The Classical Analogy in the History of Quantum Theory* (Berkeley, 1993)；Helge Kragh, *Quantum Generations：A History of Physics in the Twentieth* Century (Princeton, 1999)；and MR 3，4。

5. 注释 3，858。

6. Dirac interview, session 1, 1 Apr 1962（AHQP）. 有关狄拉克的背景及他在这一时期的工作的技术细节，见注释 4 所引用的著作。

7. Max Born, WH, Pascual Jordan, *ZP*, 35 (1926), 557~615, rec. 16 Nov 1925；reprinted

HCW，A1，397～455. 更多技术细节，亦见注释 4。

8. Born to Bohr, 10 Oct 1925，见 BCW 5，311～312。

9. 弗兰克取代玻恩成了理论物理研究所所长，而洪德和海森伯分担玻恩的教学责任。由于玻恩将其大量课程笔记留给了海森伯，课程便只需要做最少的准备。同上；Dekan Courant to University Kurator，30 Oct 1925 (Personalakt Dr. Heisenberg, UA Göttingen, 4/Vc 317)；以及 *Verzeichnis der Vorlesungen auf der Georg August-Universität zu Göttingen während des Wintersemesters* 1925/26。

10. Wolfgang Pauli，*ZP*，36 (1926)，336～363；Paul Dirac，*PRSL*，A110 (1926)，561～569。

11. D. C. Cassidy，*HSPS*，37 (2007)，247～269。

12. Pauli to Bohr, 12 Mar 1926. 见 Ralph Kronig, "The Turning Point," 于 *Theoretical Physics in the Twentieth Century：A Memorial Volume to Wolfgang Pauli*，eds. M. Fierz and V. F. Weisskopf (New York：Interscience, 1960)，5～39. 对自旋这一发明的讨论，见 Daniel Serwer，*HSPS*，8 (1977)，189～256；E. Rüdinger and K. Stolzenburg, "Introduction," BCW 5，219～240；and MR 3。

13. WH and Pascual Jordan，*ZP*，37 (1926)，263～277，rec. 16 Mar 26；reprinted HCW，A1，516～530。

14. 注释 12。

15. Wolfgang Pauli，*ZP*，31 (1925)，373～385，and 765～783，J. L. Heilbron, "The Origins of the Exclusion Principle," *HSPS*，13 (1983)，261～310。

16. 薛定谔的波动力学论文出现于 *AP*，1926，并重刊于 Erwin Schrödinger，*Gesammelte Abhandlungen*，vol. 3 (Wien, 1984)，英译本：Schrödinger，*Collected Papers on Wave Mechanics*，2nd ed. (New York：Chelsea, 1978)。关于其工作(及生平)历史，包括：W. Moore，*Schrödinger：Life and Thought* (New York：Cambridge Univ. Press, 1989)；Linda Wessels, "Schrödinger's route to wave mechanics," *Studies in History and Philosophy of Science*，10 (1979)，311～340；Helge Kragh, "Erwin Schrödinger and the Wave Equation：The Crucial Phase," *Centaurus*，26 (1982)，154～197；同样见于 MR 5。

17. 随后这一假说被电子衍射实验确证，被诠释为涉及电子波衍射。

18. Sommerfeld to Pauli, 3 Feb 1926 (SN)。

19. Pauli to Jordan, 12 Apr 1926。

20. Max Born，*ZP*，37 (1926)，863～867，rec. 25 Jun 1926，on 864. Max Born and Norbet Wiener，*ZP*，36(1926)，177～187. 玻恩在 1927 年 5 月 16 日致薛定谔的信(AHQP 41，7)中回忆了他的热情。

21. WH to Jordan, 28 Jul 1926 (AHQP 18，2)。

22. WH to Jordan, 8 Apr 1926，同上；Born to Schrödinger, 16 May 1927 (AHQP 18，2)。

23. WH to Pauli, 18 Sep 1925.

24. WH to Pauli, 16 Nov 1925.

25. Schrödinger, 注释 16 (Engl. trans.), 45, his emphasis。

26. 同上, 59, 稍作改变; Schrödinger to Wien, 18 Jun 1926, 摘录自 Wilhelm Wien, *Aus dem Leben und Wirken eines Physikers* (Leipzig, 1930), 72~73。

27. Schrödinger, AP, 79 (1926), 734~756, on 734; Schrödinger, 注释 29 (Engl. trans.), 59ff。

28. WH to Pauli, 8 Jun 1926.

29. WH, *Nwn*, 14 (1926), 989~994; reprinted HCW, B, 52~57.

30. Mara Beller, "The Genesis of Interpretations of Quantum Physics, 1925~1927," (PhD diss., University of Maryland, 1983); Beller, Isis, 74 (1983), 469~491; 以及 Beller, *Quantum Dialogue: the Making of a Revolution* (Chicago: Univ. of Chicago Press, 1999)。也见于 John Hendry, *The Creation of Quantum Mechanics and the Bohr-Pauli Dialogue* (Hingham, MA: Reidel, 1984); A. I. Miller, "Redefining Anschaulichkeit," 见 *Physics as Natural Philosophy: Essays in Honor of Laszlo Tisza on His 75th Birthday*, eds. A. Shimony and H. Feshbach (Cambridge, MA, 1982), 376~411; E. MacKinnon, "The Rise and Fall of Schrödinger's Interpretation," 见 *Studies in the Foundations of Quantum Physics*, ed., P. Suppes (1980); 以及技术细节见 MR 5, 2。

31. Bohr to WH, 18 Nov 1925; Bohr to Born, 25 Nov 1925 (BSC 9, 2)

32. Pauli to WH, 19 Oct 1926.

33. Trowbridge to Bohr, Apr 1926 (BGC).

34. WH to Bohr, 5 Apr 1926; Bohr to WH, telegram Apr 1926 (BSC 11, 2).

35. Courant to Bohr, 24 Apr 1926, quoted in MR 4, 280; discussed in WH to his parents, 29 Apr 1926.

36. WH to "Herr Professor" [Max von Laue], 19 Apr 1926 (SPK, Darmstädter-Sammlung, F1a (5)1926).

37. WH to his parents, 29 Apr 1926. 只有普朗克因休假而不见。库朗立即开始努力为海森伯在格丁根创造一个教席。科学学院院长库朗致大学学监, 1926 年 6 月 8 日 (Personalakt Dr. Heisenberg, UA Göttingen, 4/Vc 317)。

38. WH to his parents, 14 May 1926, and to his mother, 20 Nov 1926.

39. August Heisenberg to Bohr, 17 July 1926 (BSC 11, 2); Bohr to August Heisenberg, 4 Aug 1926 (BSC 11, 2).

40. WH to Born, 26 May 1926 (AHQP 18, 2); WH to his parents, 14 May 1926.

41. 同上。

428

42. WH to his parents，11 May 1926；演讲笔记见 HA and on AHQP 45，5.

43. Pauli to Schrödinger，24 May 1926。

44. Pauli to Schrödinger，22 Nov 1926.

45. WH to Pauli，28 Jul 1926.

46. Register of lectures，"Münchener physikalisches Mittwochscolloquium"（AHQP 20）. 薛定谔于 1926 年 7 月 23 日和 24 日举行的演讲，尽管座谈会名字为星期五和星期六。

47. 回忆见 WH，*PB*，73。

48. Wien to Schrödinger，20 Aug 1926；Schrödinger to Wien，25 Aug 1926，摘录自 Wien，注释 26. 49. WH to Jordan，28 Jul 1926（AHQP 18，2）。

50. 注释 29，993～994。

51. WH to Jordan et al.，29 Oct and 24 Nov 1926（AHQP 18，2）.

52. WH，*ZP*，40（1926），501～506，rec 6 Nov 1926；reprinted HCW，A1，472～477.

53. WH to Pauli，4 Nov 1926.

54. 1926 年 10 月 4 日薛定谔向哥本哈根物理学会(Fysik-Forening)发表一个演讲，题为 *Grundlagen der undulatorischen Mechanik* [*Foundations of Wave Mechanics*]，minute book of Fysisk- Forening，1908～1946（AHQP 35，4）。

55. WH，"Quantum Theory and its Interpretation," 1967, in HCW，C2，345～361，on 356.

56. 尤见，Schrödinger to Joos，17 Nov 1926（AHQP 41，8）；Schrödinger to Kramers，19 Nov 1926（AHQP 41，8）；Schrödinger to Wien，21 Oct 1926；Schrödinger to Bohr，23 Oct 1926（in BCW 6，459～461）；Bohr to Schrödinger，2 Dec 1926（BCW 6，462～463）；以及其他。

57. Born，*ZP*，38（1926），803～827，rec. 21 Jul 1926. 玻恩的诠释随后得到更详细的检验，见 Beller，diss.，注释 30；Jammer，*Conceptual*；以及 MR 5，2。

58. Schrödinger，注释 16（英译本），60。

59. 引自 Jammer，*Conceptual*，288。

60. 显然是指玻尔，见 Schrödinger to Bohr，注释 56。

第十二章　确认不确定性

1. WH，*ZP*，43（1927），172～198，rec. 23 Mar 1927；重刊于 HCW，A1，478～504；英文译本见 *Quantum Theory and Measurement*，eds. John A. Wheeler and Wojciech Zurek（Princeton：Princeton Univ. Press，1983），62～84.

2. WH，*Forschungen und Fortschritte*，3（1927），83；reprinted HCW，C1，21.

3. 关于不确定性原理与哥本哈根诠释的作品多种多样，从极度博学的到在"新纪元"幻想（New Age fantasy）极度通俗的作品。一些通史著作，包括 Jammer, *Conceptual and Philosophy*；以及 Mara Beller, "The Genesis of Interpretations of Quantum Physics, 1925~1927," (PhD thesis, University of Maryland, 1983). Don Howard, "Who Invented the 'Copenhagen Interpretation'? A Study in Mythology," 见 *http：//www. nd. edu/~dhowardl/Copenhagen% 20Myth% 20A. pdf* 认为，完全诠释只出现于 20 世纪 50 年代。也见 James T. Cushing, *Quantum Mechanics：Historical Contingency and the Copenhagen Hegemony* (Chicago：Univ. of Chicago Press, 1994)；Beller, *Quantum Dialogue：The Making of a Revolution* (Chicago：Univ. Chicago Press, 1999)；Ana Rioja, "Los origenes del principio de indeterminacio? n," *Theoria*, 22 （1995），117～143；以及以通俗为导向的读物，Andrew Whitaker, *Einstein, Bohr, and the Quantum Dilemma：From Quantum Theory to Quantum Information* (New York：Cambridge Univ. Press, 2006)。

4. Herman Weyl, *Gruppentheorie und Quantenmechanik* (Leipzig, 1928), 67. 感谢柏林的马克斯·普朗克科学史研究所量子史阅读小组让我注意到这一点。

5. WH 注释 2。海森伯并没有使用意为"uncertainty(不确定性)"的德语词 *Unsicherheit*；他使用的意为"imprecision(不准确性)"的德语词 *Ungenauigkeit*。他也没有称其为一个"principle(原理)"，见 D. C. Cassidy, "Answer to Question ♯62：When Did the Indeterminacy Principle Become the Uncertainty Principle?" *American Journal of Physics*, 66 (1998), 278～279。随后被以数学符号定义和表示的"uncertainty relations(不确定关系式)"，可能由以下给出：在位置(q)的测量中的不确定性(作为一个标准差)，Δq，以及在被测的动量(p)的不确定性，Δq，在同一时刻通过表达式 $\Delta p \Delta q \geqslant h/4\pi$ 相连在一起，h 为普朗克常数. 一个相似的"不确定关系"在被测的能量 ΔE，以及时间 Δt 的不确定性上也成立：$\Delta E \Delta t \geqslant h/4\pi$。海森伯起初只给出这些关系式的大致表达式。

6. 注释 2。

429   7. 非因果性（acausality）与非决定论有一段很长的历史。其中可参见 Ernst Cassirer, *Determinismus und Indeterminismus in der modernen Physik* (Göteborg：Elanders Boktryckeri, 1937)；Stephen G. Brush, "Irreversibility and Indeterminism：Fourier to Heisenberg," *Journal of the History of Ideas*, 37 (1976), 603～630；Paul A. Hanle, "Indeterminacy before Heisenberg：The Case of Franz Exner and Erwin Schrödinger," *HSPS*, 10 (1979), 225～269。

8. WH, 注释 1, 197。

9. WH, *ZP*, 40 (1927), 501～506, rec. 6 Nov 1926；见 HCW, A1, 472～477；WH, *ZP*, 41 (1927), 239～267, rec. 22 Dec 1926；见 HCW, A1, 551～579；以及 WH to Pauli, 5 Feb 1927.

10. 对文献评论的结论，见 A. B. Kozhevnikov and O. I. Novik, *Analysis of Informational Ties Dynamics in Early Quantum Mechanics* (1925~1927) (Moscow：Academy of Sciences, 1987)。

11. WH to Pauli, 16 May 1927.

12. Wiener to Sommerfeld, 28 Nov 1926 (SN).

13. Sommerfeld to Wiener, 3 Dec 1926 (SN).

14. Philosophische Fakultät, *Protokolle*, book Ⅶ, 337 (UA Leipzig).

15. Max Born, *ZP*, 40 (1927), 167~192, rec 16 Oct 1926.

16. Paul Dirac, PRS, A113 (1927), 621~641, rec 2 Dec 1926; Jordan, *ZP*, 40 (1927), 809~838, rec 18 Dec 1926.

17. Pauli to Schrödinger, 12 Dec 1926; Jordan to Schrödinger May 1927, incorrectly dated 1926 (AHQP 41, 8).

18. Pauli to WH, 19 Oct 1926.

19. WH to Pauli, 28 Oct 1926, his emphasis.

20. WH to Pauli, 23 Feb 1927; and WH, 注释 1。

21. WH to Pauli, 23 Nov 1926.

22. WH, 注释 1, 197; repeated in WH, 注释 2. 因为这一段没有整合到其论文中, 所以它可能代表海森伯对盛行于其祖国的文化环境中的非因果要求(acausal demands)的"投降", 与下文观点一致, Paul Forman, "Weimar Culture, Causality and Quantum Physics," *HSPS*, 3 (1971), 1~115。

23. Pascual Jordan, Nwn, 15 4 Feb 1927, 105~110.

24. Mara Beller 坚决主张这点, *Archive for History of Exact Sciences*, 33 (1985), 337~349。海森伯表达了他的感激之情, 在 WH, 注释 1, 173~174。WH, 注释 1, 176 中, 引用了约尔旦的论文。

25. WH, *PB*, 63.

26. 只在海森伯这方的信件被发现: WH to Einstein, 16 and 30 Nov 1925, 18 Feb 1926 (EA)。伊丽莎白·海森伯说盟军 1945 年从他们的乌尔费德的家中拿走了一包信, 其中就包括爱因斯坦的信件。1982 年作者的采访。

27. 20 世纪 80 年代早期, 爱因斯坦在普林斯顿的家中仍有所提及的作者的著作, 其中一些在版本上可溯回到这一时期(作者的观测)。

28. Einstein to Schrödinger, 26 Apr 1926, 见 K. Przibram, *Briefe zur Wellenmechanik* (Vienna: Springer-Verlag, 1963), 26. 没有迹象表明, 爱因斯坦已经知道几周后来到出版家手中的薛定谔的等价证明。

29. WH, *PB*, 63, and WH, interview session 1 (AHQP).

30. WH, 注释 1, 179~184。

31. WH to his parents, 17 Feb 1927. 玻尔当时马上就走了。

32. Bohr to Pauli, 25 Mar 1927.

33. WH to Pauli, 4 Apr 1927；WH, *Die physikalischen Prinzipien der Quantentheorie*，其 1929 年夏芝加哥演讲的德文版(Leipzig, 1930)，15~16；英文译本重刊于 HCW, B, 117~166；German, HCW, B, 167~170。比海森伯所给出的更完整的推导可见于 Jammer, *Philosophy*，64~65。显微镜论点及玻尔的反应已由下文分析，Scott Tanona, "Uncertainty in Bohr's Response to the Heisenberg Microscope," *Studies in History and Philosophy of Science*, Part B, 35 (2004), 483~507。

34. WH to his parents, 16 and 30 May 1927；WH to Pauli, 16 May 1927.

35. WH, *PB*, 79.

36. WH, 注释 1, "Nachtrag zur Korrektur," 197~198。

37. WH to Pauli, 16 May 1927；Niels Bohr, "The Quantum Postulate and the Recent Development of Atomic Theory," 见 *Atti del Congresso Internazionale dei Fisici* 11~20 *Settembre* 1927, *Como-Pavia-Roma*, vol. 2 (Bologna, 1928), 565~588, 1927 年 9 月 16 日所作演讲；重刊于 BCW 6, 113~136。玻尔对显微镜实验的推导见 p. 573。

38. 同上。在这里玻尔的观点比在原始论文中得到更直接的概括。

39. "Discussione sulla comunicazione Bohr," 见 *Atti del Congresso Internazionale dei Fisici* 11~20 *Settembre* 1927, *Como-Pavia-Roma* (Bologna, 1928), 589~598；reprinted BCW 6, 137~146；WH's remark on 593~594。

40. WH to his parents, Copenhagen, 22 June 1927. 事实上，到 1927 年春，德拜才被莱比锡大学聘请，"Prof. Debye Berufg. nach Leipzig" (Archive, Schweizerischer Schulrat, in ETH)。

41. WH to Bohr, 18 Jun 1927 (BPC).

42. Bayerisches Staatsministerium to University Senat, Munich, 20 Jun 1927 (A. Sommerfeld, Personalakten E Ⅱ-N, UA Munich)；以及 Sommerfeld to Philosophische Fakultät Ⅱ, 3 Dec 1925 (Univ. München, Lehraufträge, vol. 2, BHSA, MK 11303)。

43. Sommerfeld to WH, 17 Jun 1927 (SN).

44. WH to Sommerfeld, 21 Jun 1927 (SN)；WH to his parents, 22 Jun 1927.

45. WH to Bohr, 21 Aug 1927 (BPC).

46. 1927 年 3 月 20 日与 Schindler 博士的信，涉及 Schweizerischer Schulrat, ETH 的记录。1927 年 10 月 5 日特罗布里奇(Trowbridge)致玻尔的信(BSC 11, 2)暗示了美国对海森伯的兴趣。

47. WH to Bohr, 5 Dec 1927 (BSC 11, 2).

48. 注释 14, 352。演讲可能为 *Erkenntnistheoretische Probleme der modernen Physik*(《现代物理学的认识论问题》)(HA)，出版于 HCW, C1, 22~28。

430

第十三章　到达顶峰

1. 对这种热情的描述，见 J. L. Heilbron, "The Earliest Missionaries of the Copenhagen Spirit,"

Revue d'histoire des sciences, 38 (1985), 195~230。

2. WH to Bohr, 21 Aug 1927 (BPC).

3. Pauli to Bohr, 17 Oct 1927.

4. Max Born, "Discussione sulla comunicazione Bohr" following Bohr's Como lecture, in Atti del Congresso Internazionale dei Fisici 11~20 Settembre 1927, *Como-Pavia-Roma*, vol. 2 (Bolgona, 1928), 589~598, on 589; reprinted BCW, 6, 137~146.

5. Max Born and WH, "La mé canique des quanta," in *Electrons et photons. Rapports et discussions du* 5. *Conseil de Physique*, ed. Institut International de Physique Solvay (Paris, 1928), 143~181, on 143, reprinted HCW, B, 58~96.

6. 同上, 178。

7. Heilbron 坚决主张这点, 注释 1; James T. Cushing, *Quantum Mechanics: Historical Contingency and the Copenhagen Hegemony* (Chicago: Univ. of Chicago Press, 1994); Mara Beller, *Quantum Dialogue: The Making of a Revolution* (Chicago: Univ. of Chicago Press, 1999)。

8. Pauli to Kramers, 27 Jul 1925.

9. 见 Jagdish Mehra, *The Solvay Conferences on Physics: Aspects of the Development of Physics since* 1911 (Dordrecht: D. Reidel, 1975)。

10. 在关于争论的许多著作中, 有 Jammer, *Philosophy*, 108~158; Pais, *Subtle*, 440~449; Arthur Fine, *The Shaky Game: Einstein, Realism, and the Quantum Theory* (Chicago: Univ. of Chicago, 1986); Don Howard, "Complementarity and Ontology: Niels Bohr and the Problem of Scientific Realism," (Ph. D. diss., Boston University, 1979); Edward MacKinnon, *Scientific Explanation and Atomic Physics* (Chicago: Univ. of Chicago, 1982); Bohr, "Discussion with Einstein on Epistemological Problems in Atomic Physics," in *Albert Einstein: Philosopher-Scientist*, ed. P. A. Schilpp, vol. 1 (Evansville, IL: Library of Living Philosophers, 1949), 199~241。

11. Einstein to Born, 4 Dec 1926 (EB, *Briefw.*), his emphasis.

12. Einstein to Sommerfeld, 9 Nov 1927 (ES, *Briefw.*); Pauli to Weyl, 11 Jul 1929.

13. WH to his parents, Brussels, 29 Oct 1927.

14. Paul Forman 坚决主张这点, "Kausalität, Anschaulichkeit, and Individualität, or How Cultural Values Prescribed the Character and the Lessons Ascribed to Quantum Mechanics," 见 *Society and Knowledge: Contemporary Perspectives in the Sociology of Knowledge*, eds. Nico Stehr and Volker Meja (New Brunswick, NJ: Transaction Books, 1984), 333~347。

15. 见 WH, *Biblio*。

16. 收集在 HCW, C1 中。

17. Forman，注释 14，将这一点归因于德国文化环境。

18. Born, *ZP*, 37 (1926), 863~867.

431

19. 注释 4。

20. Forman，注释 14，and "Weimar Culture, Causality and Quantum Physics," *HSPS*, 3 (1971), 1~115.

21. WH，见 *Forschungen und Fortschritte*, 3 (1927), 83；reprinted HCW, C1, 21.

22. WH, "Erkenntnistheoretische Probleme der modernen Physik," MS (1928?)，出版于 HCW, C1, 22~28, on 28。Patrick A. Heelan 分析了这篇论文与海森伯全面的哲学见解，*Quantum Mechanics and Objectivity：A Study of the Physical Philosophy of Werner Heisenberg* (The Hague：Martinus Nijhoff, 1965)。

23. 相应为 HCW, C1, 45, 29~32, 39, 49。

24. Heisenberg-Schlick correspondence, 1930~1932 (Schlick Papers, Amsterdam). 感谢 Anne Kox 提供这些通信的副本。

25. HCW, C1, 49.

26. 玻尔关于互补性的论文出版于 BCW, 6。

27. 海森伯对这些对话的回忆见 WH, *PB*, 117~124；作者于 1982 年 4 月 30 日对卡尔·弗里德里希·冯·魏茨泽克的采访。

28. Carl Friedrich von Weizsäcker, *ZP*, 70 (1931), 114~130.

29. Fine 的引文，注释 10, 34。

30. Albert Einstein, Boris Podolsky, and Nathan Rosen, *PR*, 47 (1935), 777~780；重刊于 *Quantum Theory and Measurement*, eds. John A. Wheeler and Wojciech Zurek, (Princeton：Princeton Univ. Press, 1983), 138~141。Fine，注释 10，坚持主张 Podolosky 的作者身份。

31. Pauli to WH, 15 Jun 1935.

32. 有许多进一步的历史和哲学讨论，其中包括 Jammer, *Philosophy*, 159~251；MacKinnon，注释 10, 338~348；以及 Fine，注释 10。

33. Condon，引自 Jammer, *Philosophy*, 189~190；Pauli to WH, 15 Jun 1935。

34. WH, "Ist eine deterministische Ergänzung der Quantenmechanik möglich?" (AHQP 45, 11), publ. PWB, 2, 409~418, enclosed in WH to Pauli, 2 Jul 1935；Bohr to WH, 2 Jul 1935 (BSC 20, 2)，附玻尔手稿，PR, 48 (1935), 696~702；reprinted Wheeler and Zurek，注释 30, 145~151。

35. WH to Bohr, 28 Aug 1935；Bohr to WH, 10 and 15 Sep 1935；and WH to Bohr, 29 Sep 1935 (BSC 20, 2).

36. WH，注释 34, 417。海森伯提及了 G. Hermann, *Die naturphilosophische Grundlagen der*

Quantenmechanik (Berlin, 1935). 对在 EPR 论证前的赫尔曼观点的详细说明，以及海森伯随后对他们的使用的讨论，见 Jammer，*Philosophy*，207～211。

37. WH，address delivered to University of Vienna，27 Nov 1935，reprinted HCW，C1，108～119.

38. WH，注释 34，410。

39. Einstein，"*Remarks Concerning the Essays Brought Together in This Co-operative Volume*," in Schilpp, ed.，注释 10，vol. 2，665～688，on 666～667；括号里的附加评论是他原有的。

40. WH，*Physics and Philosophy：The Revolution in Modern Science* (New York：Harper and Row，1958)，144 and 129；reprinted HCW，C2，3～201.

41. Physicist J. H. Van Vleck，quoted by K. R. Sopka，*Quantum Physics in America* 1920～1935 (New York：Arno Press，1980).

42. J. L. Heilbron 坚决主张这一点，"La fisica negli Stati Uniti subito prima della meccanica quantistica," 见 *Fisici e società negli anni '20* (Milan，1980)，135～158。S. S. Schweber 探索了美国理论物理学的兴起，"The Empiricist Temper Regnant：Theoretical Physics in the United States 1920～1950," *HSPS*，17 (1986)，55～98。

43. Schweber，同上。

44. K. T. Compton，*Nature*，139 (1937)，238～239.

45. 对过去和将来要邀请的物理学家的名单、他们所访问的地点、薪金以及所逗留的时间，见 H. M. Randall to W. F. G. Swann，19 Feb 1929 (Swann Papers，Am. Philos. Society，Philadelphia)。

46. 薪金从洪德的 1500 美元至海森伯的 6000 美元不等。经过比对，一年前提供给海森伯在哥伦比亚大学的全职年薪为 10000 美元。这些在当时都是一大笔钱。

47. Arnold Sommerfeld，*Atombau und Spektrallinien，Wellenmechanischer Ergänzungsband* (Braunschweig：Springer-Verlag，1929).

48. WH to Sommerfeld，6 Feb 1929 (AHQP 83，H).

49. WH to Bohr，1 Mar 1929 (BSC，11，2).

50. WH to Bohr，Chicago 16 Jun 1929 (BSC，11，2).

51. WH to Pauli，20 Jul 1929. 海森伯与狄拉克的旅行由以下描述：L. Brown and H. Rechenberg，"*Paul Dirac and Werner Heisenberg-A Partnership in Science*," in *Reminiscences about a Great Physicist：Paul A. M. Dirac*，eds. B. N. Kursunoglu and E. Wigner (Cambridge：Cambridge Univ. Press，1987)，117～162。

52. David C. Cassidy，*American Journal of Physics*，66 (1998)，278～279.

53. WH，*The Physical Principles of the Quantum Theory*，trans. C. Eckart and F. C. Hoyt (Chicago：Univ. of Chicago Press，1930)，x；reprinted HCW，B，117～166.

432

54. Max Born and Pascual Jordan, *Elementare Quantenmechanik* (Berlin: Springer, 1930); Sommerfeld, 注释 47。Wolfgang Pauli, 见 *Handbuch der Physik*, 2nd ed., vol. 24, part 1 (Berlin, 1933), 83~272. Section A1, 83~90, 题为 "Unbestimmtheitsprinzip und Komplementärität" [不确定原理与互补性] 随后教材的部分名单由 Jammer 提供, *Philosophy*, 59。

55. 例如, E. C. Kemble, *The Fundamental Principles of Quantum Mechanics* (New York: McGraw-Hill, 1937), 5, 写于 EPR 后。

56. 感谢 Silvan S. Schweber 告知我这一回忆。

第十四章　新前线

1. WH, *PB*, 93。

2. L. Weickmann, "Nachruf auf Otto Wiener," SAW, MPK, *Berichte*, 79 (1927), 107~123.

3. Wentzel to Sommerfeld, 26 May 1927 (SN).

4. Note from Ulrich, dated 31 May 1932, on letter of Debye to Saxon Culture Ministry, 26 May 1932 (Physikalisches Institut der Universität Leipzig, vol. 2, 1929~1939, SStA, Ministerium für Volksbildung, 10230/27).

5. Floor plans in Otto Wiener, "Das Physikalische und das Theoretisch-Physikalische Institut," *Festschrift zur Feier des 500 jährigen Bestehens der Universität Leipzig*, vol. 4, part 2 (Leipzig: Hirzel, 1909), 24~69.

6. Debye to Ministerialrat von Seydewitz, 19 Sep 27, 以及 Debye to Notgemeinschaft, 20 Jul 1928 (Debye Papers, MPG).

7. WH to his parents, 5 and 9 Nov 1927; WH to his parents, 13 Dec 1927; Akten des Rentamtes (UA Leipzig).

8. WH to his parents, 9 Nov 1927; Sommerfeld to WH, 15 Nov 1927 (SN).

9. WH to parents, 7 May 1928, 以及 Wentzel to Sommerfeld, 12 May 1928 (SN)。这三位学生是鲁道夫·派尔斯、卡尔·埃卡特、W. V. 豪斯敦(一位美国来访者)。

10. WH to his parents, 27 Jun 1928.

11. 数据源于 *Vierteljahrshefte zur Statistik des Deutschen Reiches*, 37 (1928), 38 (1929), 39 (1930); Debye to Staatsministerium, 27 Feb 1931 (见注释 4)。

12. Michael Eckert 博士汇编的列表, 感谢他提供副本。

13. 助手与学生的旅行及其教师间的通信, 特别是 1929 年 8 月 1 日 WH 致泡利的信, 间接表明这一网络是建立了并得到维持的。

14. 1981 年 4 月于格丁根对弗里德里希·洪德的采访；以及洪德"Wissenschaftliches Tagebuch"（Deutsches Museum，Handschrifenabteilung）。

15. C. I. Zahn to S. A. Goudsmit，24 Feb 1933，quoted in PWB 2，148.

16. WH to Mansel Davies，16 Jan 1970，publ. in Davies，"Peter Joseph Wilhelm Debye，" Royal Society of London，*Biographical Memoirs*，16 (1970)，175～232，on 221.

17. 1981 年对洪德的采访。

18. WH to Bohr，23 Jul 1928 (BSC，11，2)。

19. WH to his mother，25 Nov 1928 and 6 Dec 1928；WH to his parents，27 Jun 1928 and 16 Oct 1928.

20. Felix Bloch，"Reminiscences of Heisenberg and the Early Days of Quantum Mechanics，" *Physics Today*，29 (issue 12) (December 1976)，23～27，on 27.

21. Bernhard Schweitzer 引用，*Die Universität Leipzig* 1409～1959 (Tübingen：J. C. B. Mohr，1960)，13～14。

22. 1982 年 4 月 30 日对卡尔·弗里德里希·冯·魏茨泽克的采访。

23. WH to his parents，25 Feb 1930.

24. 1981 年对洪德的采访。

25. Hans Driesch，*Lebenserinnerungen* (Basel：Ernst Reinhardt Verlag，1951)，200.

26. Gerhard Ritter，*Carl Goerdeler und die deutsche Widerstandsbewegung* (Stuttgart：Deutsche Verlags-Anstalt，1954).

27. Draft of nomination，23 May 1930 (Debye Papers，MPG)，以及 SAW，MPK，*Berichte*，82 (1930).

28. WH，SAW，MPK，*Phys. Berichte*，83 (1931)，3～9；del. 9 Jan 1931，reprinted HCW，A2，116～131.

29. 注释 24 与 22。

30. 量子场理论的历史包括：Pais，*Inward*；S. S. Schweber，*QED and the Men Who Made it* (Princeton：Princeton Univ. Press，1994)；MR 4；Helge Kragh，*Dirac：A Scientific Biography* (New York：Cambridge Univ. Press，2005)；and Olivier Darrigol，"Les De? buts de la The? orie quantique des Champs (1925～1948)" (doctoral thesis，Universite? de Paris I [Panthe? on-Sorbonne]，1982)。

31. Pascual Jordan and Wolfgang Pauli，*ZP*，47 (1928)，151～173.

32. Paul Dirac，*PRS*，A117 (1928)，610～624。有关细节，见注释 30 中的著作。

33. Alexander Rueger 探索了场理论中的无穷大的问题以及解决它们的努力，*HSPS*，22 (1992)，309～337。

34. Paul Dirac, *PZ*, 29 (1928), 561~563, delivered (probably in English), 22 June 1928; conference program in Debye to Fermi, 9 Jun 1928 (Debye Papers, MPG); Pauli to Bohr, 16 Jun 1928.

35. WH to Pauli, 3 May 1928.

36. Arnold Sommerfeld, Nwn, 15 (1927), 825~832. 对金属电子论更完全的解释见 L. Hoddeson, G. Baym, and M. Eckert, *Reviews of Modern Physics*, 59 (1987), 287~327。

37. Bloch, "über die Quantenmechanik der Eletronen in Kritallgittern," doctoral diss., completed 2 Jul 1928, 被暗示于"Promotionen," (UB Leipzig), published *ZP*, 52 (1928), 555~600。

38. 派尔斯对其在莱比锡的工作的回忆，见 Rudolf Peierls, *Bird of Passage* (Princeton: Princeton Univ. Press, 1985), 32~40. 见 Cathryn Carson, "The Peculiar Notion of Exchange Forces-I: Origins in Quantum Mechanics, 1926~1928," *Studies in History and Philosophy of Modern Physics*, 27 (1996), 23~45。

39. WH, *ZP*, 49 (1928), 619~636, rec. 20 May 1928, reprinted HCW, A1, 580~597.

40. WH, Metallwirtschaft, 9 (1930), 843~844, reprinted HCW, B, 167~168.

41. Pauli to Bohr, 16 Jan 1929; Pauli to O. Klein, 18 Feb 1929; WH to Jordan, 22 Jan 1929 (Nachlass Jordan, SPK).

42. WH and Wolfgang Pauli, *ZP*, 56 (1929), 1~61, rec. 19 Mar 1929, reprinted HCW, A2, 8~68; 以及 *ZP*, 59 (1930), 168~190, rec. 7 Sep 1929, reprinted HCW, A2, 69~91.

43. J. Robert Oppenheimer, *ZP*, 55 (1929), 725~737, rec. 6 May 1929; and *PR*, 35 (1930), 461~477, rec. 12 Nov 1929.

44. Neils Bohr, *Journal of Chemical Society of London*, 1932, 349~384, reprinted BCW, 6, 371~408.

45. Bohr to Dirac, 29 Aug 30 (BSC 18, 4).

46. WH to Pauli, 20 Jul 1929.

47. WH to Bohr, 26 Feb, 10 Mar, 23 Mar 1930; Bohr to WH, 18 Mar 1930 (BSC 20, 2). 见 B. Garazzo and Helge Kragh, *American Journal of Physics*, 63 (1995), 595~605; Helge Kragh, *Reviews of the History of Science*, 48 (1995), 401~434.

48. WH, *ZP*, 65 (1930), 4~13, reprinted HCW, A2, 106~115, on 106.

49. WH to his parents, 30 May and 12 Jul 1930.

50. WH to his father, 4 Nov 1930.

51. WH to his parents, 7 Nov 1930; WH to his mother, 15 Dec 1930.

52. WH to Bohr, 18 Mar 1937 (BSC, 20, 2).

53. WH, *ZP*, 69 (1931), 287~297, reprinted HCW, A1, 598~608; *PZ*, 32 (1931), 737~

740, reprinted HCW, A1, 627~630; *AP*, 13 (5th series) (1932), 430~452, reprinted HCW, A2, 250~272.

54. WH to Bohr, 27 Jul 1931 (BSC, 20, 2), 含对多种应用的讨论。

55. WH, *Berliner Tageblatt*, 25 Dec 1931, 重刊于 HCW, C1, 48~49。

56. 除了其他, Joan Bromberg 探索了海森伯、玻尔和原子核的中子-介子模型的路线, *HSPS*, 3 (1972), 307~341; 以及 BR, *Nuclear Forces*。

57. Bohr, in *Convegno di fisica nucleare*, *Ottobre* 1931－IX (Rome: Reale Accademia d'Italia, 1932), 119~130.

58. WH to Bohr, 3 and 23 Feb (32); Bohr to WH, 24 Feb 1932 (BSC, 20, 2).

59. Chadwick to Bohr, 24 Feb 1932 (BSC). 海森伯也知晓了同一时间的发现, 即在滑雪屋会面之后。

60. WH, *ZP*, 77 (1932), 1~11, rec. 7 Jun 1932, reprinted HCW, A2, 197~207; *ZP*, 78 (1932), 156~164, HCW, A2, 208~216; *ZP*, 80 (1933), 587~596, HCW, A2, 217~226.

61. WH to Bohr, 20 Jun 1932 (BSC, 20, 2).

62. WH, report to Solvay Congress, Brussels, October 1933, reprinted HCW, B, 179~225; 434 WH, *ZP*, 96 (1935), 473~484, reprinted HCW, A2, 227~238; 以及 *Peter Zeeman*, 1865~1935 (The Hague, 1935), 108~116, reprinted HCW, B, 238~246.

63. 1982 年 4 月 30 日对卡尔·弗里德里希·冯·魏茨泽克的采访。

第十五章　坠入深渊

1. "Ein Ermächtigungsgesetz," *LNN*, no. 32 (1 February 1933), 1, editorial.

2. 例如, Franz L. Neumann, *Behemoth: The Structure and Practice of National Socialism*, 1933~1944 (New York: Harper and Row, 1966); Karl Dietrich Bracher, *The German Dictatorship*, trans. from the German by Jean Sternberg (New York: Holt, Rinehart and Winston, 1970); Hannah Arendt, *The Origins of Totalitarianism*, part 3: *Totalitarianism* (San Diego: Harcourt, Brace, Jovanovich, 1951); Fritz K. Ringer, *The Decline of the German Mandarins: The German Academic Community*, 1890~1933 (Cambridge, MA: Harvard Univ. Press, 1969); Hans Mommsen, *Beamtentum im Dritten Reich* (Schriftenreihe der Vierteljahrshefte für Zeitgeschichte, 12) (Stuttgart: DVA, 1966); Kurt Sontheimer, *Antidemokratisches Denken in der Weimarer Republik: Die politischen Ideen des deutschen Nationalismus zwischen 1918 und 1933* (Munich: Nymphenburger Verlag, 1962/ 1968); Ian Kershaw, *The Nazi Dictatorship: Problems and Perspectives of Interpretation* (London:

Edward Arnold，1985）。

3. "Deutsche Hochschullehrer für Adolf Hitler," *Der Führer*，6 November 1932，signed by 55 academics；"Die deutsche Geisteswelt für die Liste I. Erklärung von 300 deutschen Universitätslehrern," *Völkischer Beobachter*（3 March 1933），1；"Appell der deutschen Wissenschaft an die Welt," *Frankfurter Zeitung*，78（13 November 1933），4，以及 *Braunschweiger Landeszeitung*（13 November 1933）；"Die deutsche Wissenschaft ruft auf：Für Adolf Hitler-Ja！" *Frankfurter Zeitung*，79（19 August 1934），1，with 68 signatures；Friedrich Schmidt-Ott（前应急协会主席），"Für die Erneuerung unseres gesamten Kulturlebens," *LNN*，no. 225（13 August 1934），2.

4. "Ein Hilferuf für die deutsche Wissenschaft," *LNN*，no. 315（10 November 1932），3.

5. 海尔布伦（J. L. Heilbron）讨论了普朗克的立场和妥协，*The Dilemmas of an Upright Man：Max Planck as Spokesman for German Science*（Berkeley：Univ. of California Press，1986）。

6. 这是基于 *LNN* 中报告所述的结果。莱比锡是按区（Gemeinde）投票的，见 Karl Dietrich Bracher，*Stufen der Machtergreifung*（part 1 of *Die nationalsozialistische Machtergreifung*）（Frankfurt am Main.：Ullstein，1983），180。

7. "43 Personen ins Konzentrationslager Dachau gebracht," *LNN*，no. 226（14 August 1933），3. Martin Broszat 讨论了这些逮捕和早期劳动营，"Nationalsozialistische Konzentrationslager 1933～1945," 见 *Anatomie des SS-Staates*，ed. Hans Buchheim et al.，vol. 2（Munich，1967），11～133，es15～22。

8. "Gesetz zur Wiederherstellung des Berufsbeamtentums. Vom 7. April 1933," *Reichsgesetzblatt*，*no*. 34（1933），175～177；"Gesetz gegen die überfüllung deutscher Schulen und Hochschulen. Vom 25. April 1933," 同上，no. 43,（1993）225。

9. Sarah Gordon，Hitler，*Germans and the "Jewish Question"*（Princeton：Princeton Univ. Press，1984）. Detlev J. K. Peukert，*Inside Nazi Germany：Conformity，Opposition and Racism in Everyday Life*，Richard Deveson 英译（New Haven：Yale Univ. Press，1982），58，发现了大众对迫害犹太人的矛盾态度。

10. Gerhard Ritter，*Carl Goerdeler und die deutsche Widerstandsbewegung*（Stuttgart：Deutsche Verlags-Anstalt，1954），64.

11. Statement in New York World-Telegram，11 Mar 1933，重刊于 *Einstein on Peace*，ed. Otto Nathan and Heinz Norden（New York：Schocken Books，1960），211。

12. *Einstein on Peace*，注释11；以及 Einstein to George Ellery Hale，26 Apr 1933（EA，19～386）。

13. "Boykott bei strenger Disziplin," *LNN*，no. 92（2 April 1933），1.

14. Von Laue to Einstein，26 Jun 1933（EA，16～095）；Planck to Einstein，19 Mar 33（EA，19～388）. Heilbron 讨论了爱因斯坦被柏林科学院开除以及普朗克对此事的反应，注释 5。

15. Einstein to von Laue，26 May 1933（EA，16～089）.

16. E. Heymann，Academy secretary，press statement of 1 Apr 1933，见 *Albert Einstein in Berlin*，1913～1933，eds. Christa Kirsten and Hans-Jürgen Treder，vol. 1（Berlin：Akademie-Verlag，1979），248. 见 Walker，*Nazi Science*，chap. 4。

17. 这是 Arnold Berliner 1934 年 1 月 1 日致爱因斯坦的信（EA，7～038）中的评价。

18. "Gesetz zur Wiederherstellung"（注释 8），para. 3 and 4. 更多讨论见 Beyerchen，*Scientists*，以及其他。

19. Kopfermann to Bohr，23 May 1933（BSC，22，2）. 玻尔当时在美国寻求对难民组织的支持。435 Raul Hilberg 讨论了有关非雅利安人的定义的变化，*The Destruction of the European Jews*（Chicago：Univ. of Chicago Press，1967），esp. chap. 4。

20. WH to his mother，6 Oct 1933.

21. Born to Einstein，2 Jun 1933（EB，*Briefw.*）；Born to Heisenberg，11 Jun 1933（HA）；Born to Mrs. Schrödinger，15 May 1933，quoted in PWB 2，207；and Born，*My Life：Recollections of a Nobel Laureate*（New York：Charles Scribner's Sons，1975）.

22. Beyerchen 描述了格丁根物理学的毁灭，*Scientists*；Peter Kröner，*Vor fünfzig Jahren：Die Emigration deutschsprachiger Wissenschaftler* 1933～1939（Münster：Gesellschaft für Wissenschaftsgeschichte，1983），53～55，列出 1938 年前从格丁根移民的总共 50 位学者；其中 32 人是自然科学领域的。

23. WH，reviews of Planck's Postivismus und reale Aussenwelt，1931，reprinted HCW，C4，238；*Wege zur physikalischen Erkenntnis*，1933，reprinted HCW，C4，239；以及 *Die Physik im Kampf um die Weltanschauung*，1935，reprinted HCW，C4，240。

24. 正如 1933 年 4 月 26 日普朗克写给 WH 的信中（HA）所表明的，海森伯请求在 4 月 20 日见面。

25. "Neue Unruhen an der Universität Leipzig，" LNN，no. 335（30 November 1932），3；以及 W. Goetz 的回忆录，*Historiker in meiner Zeit*（Köln，1958）。

26. 例如，当局用《公务员法》第四款迫使一位音乐教授退休，因为他签署了一份和平请愿书，并对那些被解雇的犹太同事表示支持。Hans Driesch，*Lebenserinnerungen*（Leipzig，1951），270～272.

27. Heilbron，注释 5，150。WH also recalled，*PB*，150～151.

28. 瓦伦·韦弗（一位洛克菲勒基金会官员），在拜访莱比锡副校长，地球物理学家路德维希·魏克曼后于 1934 年 12 月 6 日写的日记条目（RAC Record Group 1. 1，Series 717 Germany，Box 14，folders 127～137）。其他专业人士面临着相似的两难之地。Oron J. Hale 讨论了报纸出版商的情况，

The Captive Press in the Third Reich (Princeton: Princeton Univ. Press, 1964), 78。

29. Notation by Staatssekretär Lammers on thank-you note from Planck to Hitler of 9 May 1933 (BA Koblenz, Reichskanzlei, Bd. R43 II/1227a). 感谢 Werner 博士提供了这一档案信息。

30. Planck, "Mein Besuch bei Adolf Hitler," *Physikalische Blätter*, 3 (1947), 143, a one-paragraph statement; Einstein to Ludwik Silberstein, 20 Sep 1934 (carbon copy, EA, 19~404).

31. 海森伯 1969 年的回忆，谈到了与普朗克一次见面。在这次见面期间，他被告知普朗克拜见过希特勒（WH, *PB*, 149~154），1969 年的回忆将海森伯与普朗克的见面定格为 1933 年，但回忆中围绕着这次访问所发生的莱比锡事件实际发生于 1935 年。虽不一定真发生过，但也可能普朗克在 1935 年又再次拜访过希特勒。基于这段时间所得到的文献，这里的解释将这一访问定格于 1933 年。

32. WH to Born, 2 Jun 1933, typed excerpt in a letter from Born to Ehrenfest, 11 Jun 1933 (Ehrenfest Papers, AHQP, EHR 18, 5), excerpted in PWB, 2, 168.

33. WH to Bohr, 30 Jun 1933 (BSC, 20, 2).

34. Kopfermann to Bohr, 23 May 1933 (BSC, 22, 2).

35. Planck to WH, 18 Jun 1933 (HA). 对请愿书与库朗的反应，以及对弗兰克和玻恩的不同反应的讨论，见 Beyerchen, *Scientists* and (save for the petition) Constance Reid, *Courant in Göttingen and New York: The Story of an Improbable Mathematician* (New York: Springer-Verlag, 1976)。

36. 注释 32。

37. Born to Ehrenfest, 11 Jun 1933 (Ehrenfest Papers, AHQP, EHR 18, 5).

38. Born to WH, 11 Jun 1933 (HA).

39. Planck to WH, 18 Jun 1933 (HA).

40. 同上以及 Arnold Eucken to WH, 5 Jul 1933 (HA)。

41. WH, affidavit for Prof. Achelis, 26 Jun 1946 (HA), and WH to his mother, 22 Jun and 31 Jul 1933.

42. Robin E. Rider, *HSPS*, 15 (1984), 107~176; Donald Fleming and Bernard Bailyn, eds., *The Intellectual Migration: Europe and America*, 1930~1960 (Cambridge, MA: Harvard, 1969); Norman Bentwich, *The Rescue and Achievement of Refugee Scholars: The Story of Displaced Scholars and Scientists*, 1933~1952 (The Hague: Martinus Nijhoff, 1953); Leonard Dinnerstein, *America and the Survivors of the Holocaust* (New York: Columbia, 1982).

43. Born to WH, 4 Jul 1933 (HA).

44. Born to Sommerfeld, 1 Sep 1933 (SN).

45. Bohr to WH, 17 Aug 1933 (BSC, 20, 2); Bohr to Pauli, 25 Aug 1933.

436   46. WH to his mother, 8 Sep and 6 Oct 1933.

47. 下面的文献中提到了冯·劳厄的活动。Laue to WH, 10 May 1933（HA）；Sommerfeld to Laue, 19 May 1933（SN）；以及 Ladenburg to Bohr in Pasadena, 24 May 1933（BSC 17, 3）. Finn Aaserud 讨论了玻尔在 1933 年和 1934 年为难民所做的工作，*Redirecting Science*：*Niels Bohr, Philanthropy, and the Rise of Nuclear Physics*（Cambridge：Cambridge Univ. Press, 1990），chap. 5。

48. 在下面的文献中，提到了海森伯作为通报信息渠道的角色。WH to Bohr, 14 Oct 1933（BSC 20, 2），quoted in part by Hermann, *Jahrhundert*, 116.

49. Beyerchen, *Scientists*；Hermann, *Jahrhundert*；Einstein to von Laue, 23 Mar 1934（EA, 16～102）；Planck to von Laue, 22 Mar 1934（Max von Laue papers, 1964～6/136a, b, Sondersammlungen, Deutsches Museum, Munich）.

50. Planck to Ministerialdirektor Gerulis, 30 Aug 1933, forward to Ministerialrat Achelis（Archiv der Akademie der Wissenschaften, Berlin）; and Planck to von Laue, 11 Sep 1933（1964～6/138a, b, Sondersammlungen, Deutsches Museum, Munich）. Beyerchen 描述了围绕着葬礼服务的情形，*Scientists*，以及 Heilbron，注释 5。

51. Franz Senger, ed., *Reichs-Habilitations-Ordnung*：*Amtliche Bestimmungen über den Erwerb des Dr. habil. und der Lehrbefugnis an den deutschen wissenschaftlichen Hochschulen*（Berlin：Wiedemannsche Verlagsbuchhandlung, 1939），first promulgated 13 Dec 1934, revised 1 Oct 1938. Ruth Sime 描述了迈特纳的职业生涯，Lise Mietner：A Life in Physics（Berkeley：Univ. of California Press, 1997）。

52. WH to his mother, 17 Sep 1933. 也见于 Planck to von Laue, 11 Sep 1933，注释 50。外尔妻子是犹太人。Walter Moore 讨论了薛定谔的辞职，*Schrödinger*：*Life and Thought*（Cambridge：Cambridge Univ. Press, 1989）。

53. Planck to von Laue, 11 Sep 1933（Laue papers，注释 49）.

54. WH to his mother, 6 Oct 1933.

55. Planck to WH, 8 and 15 Nov 1933（HA）. 未发现关于该主题的薛定谔—海森伯通信。

56. Casimir to WH, 23 Oct 1933（HA）; and Kramers to WH, 15 Dec 1933（HA）.

57. WH to his mother, 6 Oct 1933.

58. 库朗从格丁根给海森伯写信，告知海森伯他跟着玻恩暂时流亡。Courant to WH, 26 Dec 1933（HA）.

59. WH to Franck, 10 Jan 1934（Franck Papers, Library, University of Chicago）.

60. 普朗克在 1934 年 3 月 22 日写给冯·劳厄的信中，重申了他的伦理观。（1964～6/136a, b, Sondersammlungen, Deutsches Museum, Munich）.

61. Brandi to WH, 12 Dec 1933 and 1 Feb 1934（HP）.

62. 同上，and M. Reich, Dean of the math-naturwiss. Fakultät, to WH, 9 Feb 1934（HA）。

63. Debye to Clemens Schäfer, 14 Feb 1934（carbon copy, Debye Papers, MPG）。

64. Sauter to WH, 13 and 18 Apr 1934（HA）。

65. 同上，5 May 1934（HA）。

66. Pohl to WH, 13 Jun 1934（HA）。

67. 关于格丁根的绍特，见 David C. Cassidy, *Wissenschaft und Gesellschaft*, vol. 1, R. Rürup, ed. (Berlin：Springer-Verlag, 1979)，373～387。

68. 1933年11月8日及15日，普朗克在致海森伯的信中表示了钦佩（HA）。

第十六章　社会原子

1. WH to his mother, 6 Oct 1933.

2. 同上，6 Feb 1938。

3. 同上，1933年6月25日。他原来的强调（中文用楷体表示——译者）。

4. WH to his mother, 12 Jul 1934；WH to Margrethe Bohr, 31 Jan 1935（BSC, 20, 2），also indicated in WH to Bohr, 17 Jun 1934（BSC, 20, 2）；WH to his mother, 17 Mar 1935.

5. 例如 Hans Buchheim 强调了这一点，"Die SS-das Herrschaftsinstrument," in *Anatomie des SS-Staates*, ed. Buchheim et al., vol. 1（Munich：Deutscher Taschenbuch Verlag, 1967），15～212, esp. 15～29。

6. Certification by Leipzig Universitätsrat Sperling to Kaiser Wilhelm-Institut für Physik in Berlin, 13 Apr 1943（HA）。

7. 在 *Reichsgesetzblat*（《帝国法令公报》），no. 98（22 August 1934），783 上，给出了该条法令和每篇誓言的措辞。

8. EH, *Recoll.*, 38.

9. Karl Seidelmann, lecture delivered East Sunday, 1931（Nachlass Seidelmann, ADJ）.

10. Oberstudiendirektor Wimmer（1. Vorsitz der Neupfadfinder）to Registergericht München, 15 July 1934，见 *Registerakten des Amtsgerichtes München in Sachen：Bayerischer Pfadfinderbund e. V. Landesverband zur Förderung der Pfadfinderbewegung*（StAM AG 33157）. 在 Franz Ludwig Habbel, "The Story of the German Youth Movement 1896～1933," MS 1947（IfZ, MS 73）中，重述了"新觅路者"的最后时刻。海森伯小组最后一次官方会议的回忆，见 Rolf Wägele, manuscript of 15 May 1962（HA）。1934年后，一些"男孩"当然会私下见面。

11. 注释8。

437

12. BDC 与 HA 中的记录与通信。

13. WH, "Die aktive und die passive Opposition im Dritten Reich," 12 Nov 1947 (HA). 这与海森伯提交给恩斯特·冯·魏茨泽克的书面证词不同：WH, affidavit, 3 Apr 1948, Weizsäcker defense exhibit no. 303 (NARA, microfilms M897, roll 119)。

14. Heisenberg to S. A. Goudsmit, 5 Jan 1948 (GP; quoted in Hermann, *Jahrhundert*, 119)。

15. 1979 年 11 月 28 日在格丁根对弗里德里希·洪德的采访。

16. Lion Feuchtwanger, *Exil: Roman* (Frankfurt am Main: Fischer Taschenbuch Verlag, 1979), 363. Reinhard Siegmund- Schultze 探索了不问政治的德国教授在政治上遇到的两难困境，"The Problem of Anti-Fascist Resistance of 'Apolitical' German Scholars," 见 *Science*, *Technology and National Socialism*, eds. M. Renneberg and M. Walker, (New York: Cambridge Univ. Press, 1994), 312~323。

17. *LNN*, no. 80 (21 March 1933), 3; 以及"Hochschule im neuen Staat. Die Bewegung der Besucherzahl an der Universität Leipzig," *LNN* 11 (July 1934) (newspaper clipping collection, BA Koblenz, Zsg. 129/643)。见 Hans Peter Bleuel and E. Klinnert, *Deutsche Studenten auf dem Weg ins Dritte Reich: Ideologien, Programme, Aktionen*, 1918~1935 (1967)。

18. 受害者是数学教授 Leon Lichtenstein. Herbert Helbig, *Universität Leipzig* (Frankfurt am Main: Weidlich, 1961), 105; 以及 "Aufruf der Deutschen Studentenschaft gegen den undeutschen Geist," *LNN*, no. 96 (12 April 1933), 3。

19. Ettore Majorana to his mother, Leipzig, no date (early 1933), quoted in English trans. in Leonardo Sciascia, *The Moro Affair and the Mystery of Majorana*, Sacha Rabinovitch 译 (New York: Carcanet Press, 1987), 151~152。

20. L. W. Jones and Warren Weaver, diary entry of 29 May 1933, Leipzig (RAC, Record Group 1. 1, Series 717 Germany, Box 14, folders 127~137)。

21. Staatsminister des Inneren Fritsche to SS-Sturmführer Wolf Friedrich, 31 Jul 1933, and Friedrich to Ministerpräsident von Killinger, 12 Aug 1933 (IfZ, records of the NSDStB [National Socialist German Students' League], microfilm MA-228, frames 5024396 and 5024403)。

22. Helbig, 注释 18。至 1933 年 5 月底，8 名教授与 11 名助手被解雇。Reports of Dean Weickmann to Jones and Weaver, note 20. Peter Kröner, V*or fünfzig Jahren: Die Emigration deutschsprachiger Wissenschaftler* 1933~1939 (Münster: Gesellschaft für Wissenschaftsgeschichte, 1983), 66~67, lists a total loss of 35 academics (without indication of rank)。

23. For Dornfeld: Heisenberg to Universitäts-Rentamt, 14 Oct 1933, Akten des Universitäts-Rentamtes zu Leipzig betreffend: das theoretisch-physikalische Institut (UA Leipzig, RA 1407)。

24. Philosophische Fakultät, Protokolle, book 8, 1928~1947 (UA Leipzig); and "Akten der philosophis- chen Fakultät zu Leipzig betr. Berufungsverfahren" (UA Leipzig, A2/21).

25. Hahn to von Seydewitz, 30 May 1933, in "Physikalisches Institut der Universität Leipzig, Band 2: 1929~1939" (SStA Ministerium für Volksbildung, 10230/27).

26. Debye to Rector Achelis, 26 Jun 1933 (同上); von Seydewitz, press release, 4 Jul 1933 (同上); 德拜 1933 年 6 月 30 日致 Ministerium für Volksbildung(大众教育部)，要求提名 Bewilogua 为 Sack 的替代者(同上); Swiss Consul to Sächsisches Aussenministerium, Dresden, 28 Jul 33 (同上)。

27. Bloch to Bohr, 6 Apr 1933 (BSC, 17, 3); 以及 Bloch 在 1968 年 8 月 15 日对 Charles Weiner 的采访(AIP, CHP)。

28. WH to Bohr, 30 Jun 1933, and Bohr to WH, Pasadena, 19 May 1933 (BSC, 20, 2); Bloch to Bohr, Rome, 10 Feb 1934 (BSC, 17, 3)。

29. Polanyi to WH, 19 Jun 1934 (HA), and WH to Polanyi, 9 Jul 1934 (Archive, Univ. of Chicago). 感谢 William Lanouette 使后者引起我的注意。

30. Kopfermann to Bohr, 23 May 1933 (BSC 22, 2)。

31. Sponer to WH, 25 Oct 1933 (HA)。

32. WH to Ehrenfest, 2 Feb 1932 (Ehrenfest Papers, AHQP, EHR 21, 4); Reinhold Fürth to WH, 5 Oct 1933 (HA); Kramers to WH, 15 Dec 1933 (HA). 鲁道夫·派尔斯在 *Bird of Passage: Recollections of a Physicist* (Princeton: Princeton Univ. Press, 1985), 39 中回忆了贝克的艰难旅程。同时参见 H. M. Nussenzveig 所写的讣告, "Guido Beck," *Physics Today*, 43, no. 12 (1990), 89~90。

33. 注释 24。

34. Kirchner to Hans Bethe, 20 May 1935 (Hans Bethe Papers, Library, Cornell Univ., Ithaca, NY, Box 3, 5~57~H~5). 罗伯特·德佩尔 1938 年取代基希纳。

35. 德拜助手默比乌斯(Möbius)被列为开始于 1937 年的哲学学院会议教师代表(注释 24, 第一篇文献)。海森伯在这一情形下所做的努力, 在 Heisenberg to Debye, 5 Nov 1934, and Debye to WH, carbon copy, 10 Nov 1934 (Debye Papers, MPG)中提及过。

36. Gerhard Geissler, "Die Universität. Ein neues Semester beginnt mit neuen Aufgaben," *Neue Leipziger Zeitung*, no. 302 (29 October 1933) (newspaper clipping collection, BA Koblenz, Zsg. 129/643).

37. "Jahresbericht des Rektors Dr. Arthur Golf," 见 *Akademische Reden: Gehalten am 31. Oktober 1934 in der Aula der Universität Leipzig aus Anlass des 525. Jahrestages ihrer Gründung* (Leipzig: A. Edelmann, 1934), 3~17; 以及 "Dienstplan der Studentenschaft," 18 October 1934 (re-

cords of Reichsstudentenführung, IfZ, microfilm MA～528, frames 5021537～8)。也见，"Feierliche Gründung der Leipziger Dozentenschaft: Erziehung statt Bildung," *LNN*, no. 198 (17 July 1934), 2; 以及"Entwurf der Dozentenschaft der Universität Leipzig," Dec 1933 (records of NSDStB, IfZ, microfilm MA～228, frames 5024324～25)。

38. Heinz Woltereck, "Lutherfeier an der Universität," *LNN*, no. 315 (11 Nov 1933), 3. 依据 Golf 校长(注释37, 14)，1934 年 1 月 1 日，大学从萨克森教育部收到了一个引入"Führerprinzip(领袖原则)"的新章程。

39. WH, *PB*, 141～149.

40. WH to Bohr, 30 Jun 1933 (BSC, 20, 2).

41. Official communication from H. Pleijel (Stockholm Academy) to WH, 9 Nov 1933, facsimile in A. Hermann, *Werner Heisenberg: In Selbstzeugnissen und Bilddokumenten* (Reinbek: Rowohlt, 1976), 53.

42. 这次集会被报告于"Appell der deutschen Wissenschaft an die Welt," *Frankfurter Zeitung*, 78 (13 November 1933), 4; "Die deutsche Wissenschaft spricht ihr 'Ja'! Der N. S. -Lehrerbund und der 12. November," *Völkischer Beobachter*, Berlin, 46 (1 Nov 1933), Beiblatt: Aus der Bewegung, 1; 以及 *Bekenntnis der Professoren an den deutschen Universitäten und Hochschulen zu Adolf Hitler und dem nationalsozialistischen Staat*, überreicht vom NS Lehrerbund Deutschlands/Sachsen (Dresden, 1934)。甚至在国外也能听到对此事的回应："Leipzig: Professors Plead for Better Understanding of Germany," New York Times, 12 Nov 1933, section 3, 2。

43. Hedwig Goerlich to WH, 9 Nov 1946 (HA).

44. EH, Recoll., 36～39.

45. WH to his mother, 11 Nov 1933. 按照 Woltereck，注释 38 的描述，这是在路德派庆祝年会后发生的。

46. Kreisführer of Kreis IV, NSDStB, to Saxon Minister of Education, 19 Nov 1933 (IfZ, records of Deutsche Studentenschaft, microfilm MA～228, frame 5024355).

47. Born to Schrödinger, 6 Nov 1960, quoted in PWB 2, 228.

48. 例如，Arnold Kramish, The Griffin (Boston: Houghton Mifflin, 1986)。

49. WH to Bohr, 27 Nov 1933 (BSC 20, 2); WH to Born, Zurich, 25 Nov 1933, 以英文译本形式被引于 Born, *My Life: Recollections of a Nobel Laureate* (New York: Charles Scribner's Sons, 1975)。

50. Martin Wein, *Die Weizsäckers: Geschichte einer deutschen Familie* (Stuttgart: Deutsche Verlags-Anstalt, 1988).

51. WH to his mother, 8 Oct 1934.

52. Minutes of the faculty meeting on 8 May 1935，注释 24。

53. Minutes of faculty meeting on 8 May 1935，注释 24。

54. Van der Waerden to Armin Hermann, undated (1970s), quoted in Hermann, *Jahrhundert*, 117. 荷兰公民范德瓦尔登被告知远离德国事务(1985 年 4 月 25 日于苏黎世对范德瓦尔登的采访)。在海森伯的人事档案(UA Leipzig, PA 560)中没有提及惩诫的事。

55. WH to his mother, 9 Apr 1935. 海森伯自 1935 年起，直至其于 1942 年离开莱比锡，一直被列为大学评议会成员，见 *Rektorenwechsel an der Universität Leipzig* (Leipzig：A. Edelmann, annual)。

56. Berve to WH, 13 Mar 1946 (HA). 但教育部分别于 1937 年和 1940 年任命 Berve 为副校长和校长。*Rektorenwechsel*，注释 55。

57. 注释 54。

58. WH, *PB*, 149.

59. 同上，149～154。

60. 由于海森伯写该回忆录(同上)是在战争结束后很久，所以普朗克和海森伯当时心中的未来是什么类型并不确定；(此处，原文还有一段：or perhaps Heisenberg read this into his memory of their meeting. [也许海森伯(后来)在他对他们的见面的回忆中看懂了这一点]。作者建议删掉，因为会引起误解。——译者)

61. WH to Born, 2 Jun 1933, typed excerpt in letter from Born to Ehrenfest, 11 Jun 1933 (Ehrenfest Papers, AHQP, EHR 18, 5).

62. WH to his mother, 5 Oct 1935.

第十七章 粒子与政治

1. Patrick Blackett and Giuseppe Occhialini, *PRS*, 139 (1933)，699～727.

2. Carl D. Anderson, *Science*, 76 (1932)，238～239.

3. Paul Dirac, *PRS*, 117 (1928)，610～624，以及 118 (1928)，351～361.

4. Paul Dirac, *PRS*, 126 (1930)，360～365；and PRS, 133 (1931)，60～72. 有关历史，解释包括 Joan Bromberg, *HSPS*, 7 (1976)，161～191；Pais, *Inward*，346～352；以及 Helge Kragh, *Dirac：A Scientific Biography* (New York：Cambridge Univ. Press, 2005)。

5. 注释 1，713ff。

6. 根据"Copenhagen registers and minute books" (AHQP 35, 2)，海森伯从 1933 年 9 月 10 日至 10 月 3 日访问玻尔研究所。于 9 月 14 日至 20 日会议举行。Bohr to WH, 17 Aug 1933 (BSC, 20, 2).

7. Wendell Furry and J. Robert Oppenheimer, *PR*, 45 (1934), 245~262; Hans Bethe and Walter Heitler, *PRS*, 146 (1934), 83~112.

8. WH to Sommerfeld, 9 Oct 1933 (AHQP 83, H).

9. WH to Paul Goerns, 18 Apr 1934 (HA); WH, lecture in *Stahl und Eisen*, 54 (1934), 749~752; 重刊于 HCW, C1, 92~95, delivered 2 Jun 1934。

10. Pauli to WH, 14 Jun 1934.

11. WH to Pauli, 16 Jun 1934.

12. Wolfgang Pauli and Viktor Weisskopf, *Helvetia Physica Acta*, 7 (1934), 709~731, rec. 27 Dec 1934.

13. WH to Pauli, 11 Jul 1934.

14. 施塔克因此拒绝出席海森伯对矿业工程师的演讲。Laue to Dr. W. F. Berg, 21 Aug 1934, transcript by Berg forwarded to Einstein (EA, 16~107); WH to Bohr, 17 Jun 1934 (BSC, 20, 2).

15. Based on Laue to Einstein, 22 Aug 1934 (EA 16~105); Stark to Laue, 21 Aug 1934, transcripts (Nachlass Laue, MPG, Berlin, and Deutsches Museum, Munich); 以及 Beyerchen, *Scientists*, 118 and 243。

16. Stark to Laue, 注释 15。

17. WH, *Nwn*, 22 (1934), 669~675; reprinted HCW, C1, 96~101.

18. WH to his mother, 21 Sep 1934.

19. WH, "Grundfragen der modernen Physik," 1934~1935 年冬季学期课程(HA)。主要部分标题为："Ausführliche historische Einleitung,"("详细历史导论") "Die Relativitätstheorie"("狭义与广义相对论"),以及"Die Quantentheorie"("量子论")。

20. Dr. Dalfarts (?) to WH, 4 Dec 1934 (HA).

21. Dr. Rosskothen to Rosenberg, and Rosenberg to Rosskothen, 均于 1934 年,被引于(没有精确日期或来源)Werner Haberditzl, *NTM* [Naturn. Technik, Med.], Beiheft (1963), 320~326; on 323。

22. Hans Euler and Bernhard Kockel, *Nwn*, 23 (1935), 246~247.

23. WH to Pauli, 25 Apr 1935.

24. Hans Euler, "über die Streuung von Licht an Licht nach der Diracschen Theorie," (diss., Leipzig, in UA Leipzig, Anmeldungsschein, Promotionen MI and MII); WH's evaluation, 1 Nov 1935 (UA Leipzig, Philosophische Fakultät, Promotionsakten); WH and Euler, *ZP*, 98 (1936), 714~732, rec. 22 Dec 1935, reprinted HCW, A2, 162~180. Pais, intro. HCW, A2, 95~105, and in Pais, Inward, 374~388 概述了海森伯这一时期关于正电子的物理学论文。

25. Pauli to Kronig, 20 Nov 1935. 与以下对比:Pauli to Kronig, 21 May 1925. 26. WH and Euler,

注释 24, 732。

27. WH, affidavit on Kockel's political past, 7 Jan 1947 (HA).

28. WH to Debye, 14 Aug 1936 (Debye Papers, MPG).

29. WH, *PB*, 176.

30. WH, affidavit on Berve's political past, 19 Nov 1946 (HA).

31. Hans Euler, "Erklärungen" in his doctorate file (UA Leipzig, Promotionsakten, Philosophische Fakultät).

32. Beyerchen, *Scientists*, 51~57。

33. Bernhard Rust, lecture at University of Berlin, 6 May 1933, 见 *Die nationalsozialistische Revolution* 1933, ed. Friedrichs (Berlin: Junker, 1937), 278~285。

34. H. Mehrtens and S. Richter, eds., *Naturwissenschaft, Technik und NS-Ideologie* (Frankfurt am Main: Suhrkamp, 1980); Karl-Heinz Ludwig, *Technik und Ingenieure im Dritten Reich* (Königstein/Ts.: Athenäeum-Verlag, 1979); 以及 M. Renneberg and M. Walker, "Scientists, engineers and National Socialism," 见 *Science, Technology and National Socialism*, eds. Renneberg and Walker (New York: Cambridge Univ. Press, 1994), 1~29。

35. 见 Beyerchen, *Scientists*, 79~122; Walker, *Nazi Science*, chaps. 2, 3。

36. Statements for Stark's denazification trial: Einstein to Senatsvorsitzender Schliefer, 14 May 1949 (EA 22~366); and WH to Schliefer, 24 May 1949 (HA). Andreas Kleinert, *Sudhoffs Archiv*, 67 (1983), 13~24 讨论了施塔克的审判。勒纳德因其年事已高未被提审。

37. Sommerfeld to Rector, University of Munich, to be forwarded to Bavarian Culture Ministry, 26 Jul 1937 (UA Munich, Sommerfeld, Personalakten, E II-N).

38. Beyerchen, *Scientists*, 123~140; Richter, "Die Deutsche Physik," 见 Mehrtens and Richter, 注释 34, 116~141; Walker, 注释 35, chap. 2 描述了 "Deutsche Physik" ("德意志物理学")。

39. Philipp Lenard, *Deutsche Physik*, 4 vols., vol. 1: *Einleitung und Mechanik* (Munich: J. F. Lehmanns Verlag, 1936), ix.

40. Stark to Lenard, 3 Feb 1933, 以及 Lenard to Hitler, 21 Mar 1933, 均被 Andreas Kleinert 出版, *PBl*, 36 (1980), 35~43; on 35。

41. *Johannes Stark, Nationalsozialismus und Wissenschaft* (Munich: Zentralverlag der NSDAP [Nazi Party], 1934), quoted on 13~14. Beyerchen, *Scientists*, 115~122 对施塔克在这一时期的活动给出了进一步的解释。

42. 以如下形式发表, Johannes Stark, "Organisation der physikalischen Forschung," *Zs. für technische Physik*, 14 (1933), 433~435。

43. 见 Dieter Hofffman, "Between Autonomy and Accomodation: The German Physical Society dur- ing the Third Reich," *Physics in Perspective*, 7 (2005), 293~329; 以及 Dieter Hoffmann and Mark Walker, eds., *Physiker zwischen Autonomie und Anpassung: Die Deutsche Physikalische Gesellschaft im Dritten Reich* (Weinheim: Wiley-VCH, 2007)的进一步研究。

44. 例如, Beyerchen, *Scientists*, 115~122; Ludwig, 注释 34, 210~216; 以及对"Fall Wildhagen"的讨论和对施塔克管理 Deutsche Forschungsgemeinschaft [德意志研究联合会]的攻击, 见 Helmut Heiber, *Walter Frank und sein Reichsinstitut für Geschichte des neuen Deutschlands* (Stuttgart: Deutsche Verlags-Anstalt, 1966), 821~847。

45. Heiber, 注释 44, 796。

第十八章　法定继承人

1. WH to Sommerfeld, 18 Jan 1935 (SN); and WH to his mother, 9 Apr 1935.

2. Correspondence January to June 1935 (UA München, Akten des Rektorats, Personalakte EII-N); minutes of faculty meeting, 15 Feb 1935 (UA München, Sitzungsprotokolle, Phil. Fak. II. Sektion, OC-N1d).

3. Dean to Rector, 24 Mar 1935 (注释 2, first source).

4. Documents in UA München, Nachfolgeakt Sommerfeld, OC-N 10a; and Sommerfeld to Debye, 7 Jul 1935 (Debye Papers, MPG).

5. "Politische Erziehung der Leipziger Studentenschaft," *LNN*, no. 302 (29 October 1933), 2.

6. Studentkowski, Akten-Notiz (SSA, Akten des Ministeriums für Volksbildung, 10230); and Debye to Sommerfeld, Berlin, 20 Sep 1935 (ETH, Hs 627: 13).

7. Submission of 4 Nov 1935, transcription (SN).

8. Martin Kersten, "Richard Becker, 1887~1955," *PBl*, 34 (1978), 379~382.

9. Most notably, Beyerchen, *Scientists*, chap. 8, 以及 Wolfgang Schlicker, *Jahrbuch für Geschichte*, 27(1983), 109~142. 亦见, Hermann, *Jahrhundert*, 126~147。

10. Quoted by Hans Buchheim, "Die SS - das Herrschaftsinstrument," in *Anatomie des SS-Staates*, ed. Buchheim et al., vol. 1 (Munich: Deutscher Taschenbuch Verlag, 1967), 98~99.

11. "Philipp Lenard als deutscher Naturforscher, Rede zur Einweihung des Philipp-Lenards-Instituts in Heidelberg am 13. Dezember 1938," Nationasozialistische Monatshefte, 7 (February 1936), 106~112. 这一演讲由勒纳德与施塔克签署。

12. Oron J. Hale, *The Captive Press in the Third Reich* (Princeton: Princeton Univ. Press, 1964), 31~32.

441

13. Lenard and Stark，注释 11，以及 Willi Menzel，"Deutsche Physik und jüdische Physik，" *VB*，49，no. 29（29 January 1936），7。

14. WH to his mother，15 Feb 1936，报告了与科尔布的见面。

15. WH to Sommerfeld，14 Feb 1936（SN）。

16. "German Science Goose-steps，" editorial，*New York Times*，12 March 1936，20；WH，"Zum Artikel：Deutsche und jüdische Physik. Entgegnung von Prof. Dr. Heisenberg，" *VB*，49，no. 59（28 Feb 1936），6，reprinted HCW，C5，10～11；英文译本见 Hentschel，*Anthology*，121～123。

17. WH to his mother，28 Feb 1936。

18. *New York Times*，注释 16。

19. Alfred Rosenberg，editorial comment preceding the Heisenberg-Stark exchange，注释 16 以及 "Stellungnahme von Prof. Dr. J. Stark，" VB，49，no. 59（28 Feb 1936），6。该评论也发表于 HCW，C5，editorial introduction，4。

20. Studentkowski，"Aktenvermerk，" in "Besetzung des Ord. Lehrstuhls für Experimentalphysik，Nachf. Debye，" Band 2，Heft 2 1935～1937（SStA，Akten des Ministeriums für Volksbildung，10230），提及与门策尔在 1936 年 3 月 2 日的会面。

21. 同上。

22. Beyerchen，*Scientists*，154。

23. Rudorf to WH，30 Mar 1936，and to Prorector Golf，same date（UA Leipzig，Heisenberg，Personalakte，Call no. PA 560）。

24. 没有注明日期的正式信函，在收件人空栏上有索末菲的名字，带着 "M. Wien，H. Geiger，W. Heisenberg"（SN）的打印签名；another copy（Friedrich Hund Papers，Göttingen）；在 HCW，C5，12～13 中有没有签名的重印本，英译本见 Hentschel，*Anthology*，137～139。

25. 例如，Lenard to Dr. Wacker，10 Jun 1936，transcription（Nachlass Lenard，private hands）。

26. 盖革接替了赫兹在柏林技术学院的职位，进一步讨论见 D. C. Cassidy，*Wissenschaft und Gesellschaft*，ed. R. Rürup，vol. 1（Berlin：Springer-Verlag，1979），373～387。

27. 与 Helmut Fischer 博士的私人通信。

28. 备忘录可能是 "Die Physik an den deutschen Hochschulen，" 没有日期或作者（SN）。

29. Zschintzsch，file copy of letter of 2 Oct 1936，"Dem Herrn Reichsminister weitergeleitet，" in "Korrespondenz des Staatssekretärs Zschintzsch，" vol. 3（BA Koblenz，R21/203）. original in "Research：Wi Heisenberg"（BDC）。

30. Sommerfeld to WH，9 Nov 1936（HA）；WH to Pauli，26 Nov 1936。

31. 对该预期的讨论有 D. C. Cassidy，*HSPS*，12（1981），1～39，以及 Peter Galison，*Centaurus*，

26 (1982)，262～316。

32. Carl Friedrich von Weizsäcker，*ZP*，88 (1934)，612～625；E. J. Williams，*PR*，45 (1934)，729～730；L. D. Landau，*Physikalische Zeitschrift der Sowjetunion*，5 (1934)，761～764.

33. J. R. Oppenheimer，*PR*，47 (1935)，44～52；L. W. Nordheim，*PR*，49 (1936)，189～191. DC，*JRO*，chap. 10 探讨了奥本海默小组的工作。

34. WH to Pauli，26 May 1936.

35. Enrico Fermi，*ZP*，88 (1934)，161～177.

36. BR，*Nuclear Forces* 讨论了海森伯关于费米力的核物理。

37. Heisenberg，*ZP*，101 (1936)，533～540，received 8 June 1936；reprinted HCW，A2，275～282.

38. Heitler，*Angewandte Chemie*，49 (1936)，690.

39. Anderson to Heitler，21 May 1936 (Hans Bethe Papers，Library，Cornell Univ.，Ithaca，NY，Box 3).

40. Carl D. Anderson and S. Neddermeyer，*PR*，50 (1936)，263～271，rec. 7 Jun 1936.

41. J. Robert Oppenheimer，*PR*，50 (1936)，389，abstract of paper delivered to American Physical Society，June 1936；Homi J. Bhabha and Walter Heitler，letter to editor，Nature，138 (July 1936)，401。在 Carlson and Oppenheimer，*PR*，51 (1937)，220～231，以及 Bhabha and Heitler，*PRS*，159 (1937)，432～458 中，他们展示了他们的完成理论。

42. WH，*Forschungen und Fortschritte*，12 (1936)，341～342，publ. 20 Sep 1936；reprinted HCW，C1，122～123.

43. G. Herzog and W. Scherrer，*Naturwiss.*，24 (1936)，718～720；H. Geiger，*Preussische Akademie der Wissenschaften*，*Vorträge und Schriften*，3 (1940)，1～33，esp. 16.

44. Pauli to WH，9 Jun 1936.

45. "Harvard Visit Off for Reich Physicist. Dr. Heisenberg，Scheduled to Give a Paper at Exercises，is Serving 8 weeks in Army，" *New York Times*，Sunday，30 August 1936，Section 2，8；WH to Goudsmit，9 Apr 1936 (HA).

46. WH to his mother，28 Aug and 4 Sep 1936. See also WH to Born，3 Nov 1936 (BN).

47. Paul to WH，26 Oct 1936.

48. WH to Born，3 Nov 1936 (Nachlass Born，SPK).

442

第十九章　孤独岁月

1. WH，*PB*，165.

2. WH，*Briefe*.

3. WH to his mother，19 Mar 1936 and 30 Mar 1936.

4. *Die Weizsäcker-Papiere* 1933～1950，Leonidas E. Hill，ed.（Frankfurt am Main：Verlag Ullstein，1974），131，631（n. 13），503（n. 79）；Adelheid to WH，27 Aug 1937（HP）.

5. WH to his mother，9 Apr 1936.

6. 同上，12 Nov 1936 and 12 Feb 1937。

7. WH，*PB*，166.

8. EH，Recoll.，47.

9. 基于 WH 在 1937 年 2 月 6 日和 12 日写给他母亲的信，而定下的日期。

10. Klaus Schwabe，*Vierteljahrshefte für Zeitgeschichte*，14（1966），105～188.

11. Cf. Erich Kuby，*Mein Krieg：Aufzeichnungen aus* 2129 *Tagen*（Munich：Nymphenburger Verlagsbuchhandlung，1975）.

12. Barbara Wood，*E. F. Schumacher：His Life and Thought*（New York：Harper and Row，1984），2，6.

13. Interview with EH，Göttingen，8～9 February 1982.

14. 注释 8；WH to his mother，12 Feb 1937。

15. 同上，6 Dec 1935。

16. "Hilfsaktion des WHW zum 30. Januar," *LNN*，no. 23（23 January 1937），1.

17. WH，*PB*，166；WH to Elisabeth Schumacher，23 Mar 1937（HP）.

18. 注释 13。

19. Euler to WH，13 Mar 1937（AHQP 45，1），and Pauli to WH，10 Mar 1937.

20. WH to his mother，23 and 27 Mar 1937.

21. WH to his mother，27 Mar 1937；Wilmanns（Dean of math. -naturwiss. Abteilung der Phil. Fak.，Leipzig），notes of conversation with Hund，8 Apr 1937（UB Leipzig，Personalakte Heisenberg，PA 560）.

22. WH to Bohr，18 Mar 1937（BSC 20，2）.

23. 同上，and WH to Pauli，26 Apr 1937。

24. Invitation and menu（HP）.

25. Pauli to WH，22 Feb 38.

26. 注释 13。在 Anna Maria Hirsch-Heisenberg "Erinnerungen an meinen Vater," in WH，*Briefe*，349～393，on 349 中，回忆了此事。

27. Pauli to WH，19 Jan 1937；WH to Pauli，21 Jan 1937；C. D. Anderson and S. H. Neddermey-

er，PR，50（1936），263～271；Homi J. Bhabha and Walter Heitler，*PRS*，159（1937），432～458，rec. 11 Dec. 1936；J. F. Carlson and J. Robert Oppenheimer，*PR*，51（1937），220～231，rec. 8 Dec. 1936. F 进一步讨论见 BR，*Nuclear Forces*；David C. Cassidy，*HSPS*，12（1981），1～39；以及 Peter Galison，*Centaurus*，26（1982），262～316. 对奥本海默小组的宇宙射线工作的进一步讨论，见 DC，*JRO*，chap. 10。

28. Anderson and Neddermeyer，注释 27，第一篇文章，268。

29. Carlson and Oppenheimer，注释 27，第二篇文章，221。

30. Lothar W. Nordheim，Gertrude Nordheim，J. Robert Oppenheimer，Robert Serber，*PR*，51（1937），1037～1045，on 1038.

31. WH to Pauli，16 Jan 1937.

32. WH to Pauli，12 Jun 1937.

33. WH to Bhabha，21 Jan 1937.

34. WH to Pauli，26 Apr 1937.

35. Pauli to WH，2 May 1937.

36. WH to Pauli，12 Jun 1937.

37. WH to Bohr，5 Jul 1937（BSC，20，2）. S. Neddermeyer and C. D. Anderson，*PR*，51（1937），884～886.

38. WH to Kramers，22 May 1937（AHQP 10，3）.

39. WH to his mother，1 Apr，17 Jun，and 10 Jul 1937；and EH，*Recoll.*，47.

40. To his mother，9 Jun 1937.

41. Quoted by EH，*Recoll.*，47.

第二十章　一场浮士德式交易

1. "'Weisse Juden' in der Wissenschaft,"（"科学中的'白色犹太人'"）*Das Schwarze Korps*（15 July 1937），6，译本见 Hentschel，*Anthology*，152～156. 对这一事件的多视角讨论可见如下著作：Beyerchen，*Scientists*，156～167；Hermann，*Jahrhundert*，143～147；Walker，*Nuclear Power*，61～66；EH，*Recoll.*，47～70；以及 Wolfgang Schlicker，*Jahrbuch für Geschichte*，27（1983），109～142. 海森伯自己选择不讨论它。

2. Ludwig Wesch file，见 "Hauptamt Wissenschaft,"（IFZ，microfilm MA～116/117）.

3. Hans Buchheim，"Die SS-das Herrschaftsinstrument," 见 *Anatomie des SS-Staates*，ed. Hans Buchheim et al.，vol. 1（Munich：Deutscher Taschenbuch Verlag，1967），15～212.

4. Allied interrogation of d'Alquen, 16 Feb 1948 (NARA, microfilm M~1019, roll 2).

5. Beuthe to Wesch, 1 Nov 1937 (Ludwig Wesch papers, UA Heidelberg).

6. Kurt R. Grossmann, *Ossietzky*: *Ein deutscher Patriot* (Munich: Kindler-Verlag, 1963).

7. Sommerfeld to Kölbl, 26 Jul 1937 (UA Munich, PA Sommerfeld, E II-N); Kölbl to Bavarian State Minister for Instruction and Culture, 22 Oct 1937 (同上).

8. Hund to Reichsminister Rust, 20 Jul 1937, via Koebe; and Hund to Koebe, 16 Jul 1937 (both in UA Leipzig, PA Heisenberg, PA 560,); Debye to Hund, 22 Jul 1937; Hund to Debye, 21 Jul 1937 (both in Debye Papers, MPG).

9. WH to Sommerfeld, 14 Apr 1938 (AHQP 31, 5, original in SN).

10. WH to Berve, 17 Jul 1937; Berve to Koebe, 19 Jul 1937 (UA Leipzig, Heisenberg file, PA 560).

11. Studentkowski, memo "Wegberufung von Prof. Heisenberg," 3 June 1937 (同上).

12. WH to Wacker, 28 Jul 1937 (HA); Wacker to Bavarian Ministry for Instruction and Culture; and Wacker to Sommerfeld, both 16 Nov 1937 (both in PA Sommerfeld, E II-N, UA Munich).

13. WH to Himmler, 21 Jul 1937, excerpted without location in Hermann, *Jahrhundert*, 144; cited by Beyerchen, *Scientists*, 254, n. 64, as being in HA; 未找到它。

14. Cited by Beyerchen, *Scientists*, 160, 来自他于 1971 年 7 月 13 日对 WH 的采访。亦见 EH, Recoll., 54。

15. Heinrich Himmler, Terminbücher 1938~1939 (NARA, Microfilm 37A; original in BA Koblenz, NS19/1437); 以及希姆莱的私人文件 (microfilm MA-320, IFZ Munich; originals in BA Koblenz)。

16. WH to Himmler, 7 Nov 1937, cited by Beyerchen, *Scientists*, 254, n. 66, 这封信未在 HA 中发现。下面的释义依据 Beyerchen, *Scientists*, 161。

17. WH to his mother, 27 Sep 1938.

18. WH to Sommerfeld, 31 Aug 1938 (HA); George B. Pegram to WH, 3 Jan and 31 Mar 1938 (HA).

19. Elisabeth Heisenberg to Annie Heisenberg, 1 Nov 1937 (HP).

20. 例如，Hugo Dingler, *Zs. f. ges. Naturwissenschaft*, 3 (1937), 321~335; Dingler, "*Pascual Jordan, 'Die Physik des 20. Jahrhunderts'* [2nd. ed.]," 同上, 4 (1938/39), 389~393; Ludwig Bieberbach, *Deutsche Mathematik*, 1 (1936), 109。

21. Beyerchen, *Scientists*, 164.

22. Indicated by Friedrich von Faber, Dean of Phil. Fak. II, to Rekorat, Universität München, 29 Dec 38 (Lehrstuhl für theoretische Physik, Nachfolge Sommerfeld, OC-N 10a, UA Munich).

23. 注释 5。

24. WH to his mother，14 and 21 Nov 1937.

25. 1983 年 4 月于格丁根采访 E·海森伯。

26. *Catalogus Professorum*：*Der Lehrkörper der TH Hannover*（Hannover，1956）；and Juilfs to the author，6 Aug 1983.

27. Juilfs to the author，6 Aug 1983.

28. 同上。

29. 关于海森伯的报告，附于党卫军帝国领袖办公室于 1939 年 5 月 26 日致帝国教育部的信（ZStA Potsdam，REM 2943，370～1，transcription by Mark Walker）中。感谢马克·沃克尔（Mark Walker）提供这一译本。

30. WH，引述自一位无名的"低级别党卫军首领"致海森伯的信，见 WH to Sommerfeld，14 Apr 1938（SN and AHQP 31，5）。

31. WH to his mother，12 Jun 1938.

32. C. Wieselsberger，"Ludwig Prandtl，"*Zs. f. technische. Physik*，17（1935），25～27.

33. 来自普朗特 1938 年 7 月 12 日致希姆莱的信件（initialed transcript copy，Nachlass Prandtl，UA Göttingen）开头。

34. Himmler to WH，21 Jul 1938（facsimile in Goudsmit，Alsos，119；transcript in SN）. 海森伯确实在 1940 年春再次教授他的课程 "Spezielle Relativitätstheorie"（"狭义相对论"），利用了其在 1931～1932 学年的课程笔记（HA），但他将课程名称改成了爱因斯坦原始论文的标题："运动物体的电动力学"。

35. Himmler to Heydrich，21 Jul 1938（facsimile of certified copy in Goudsmit，Alsos，116；transcript in "Research：Ahnenerbe，Heisenberg，Werner，" BDC）.

36. WH to Himmler，Fischen（Allgäu），23 Jul 1938（GP）.

37. 海森伯在 WH to Sommerfeld，23 Jul 1938（SN）中告之了索末菲；索末菲敦促帝国教育部采取行动，Sommerfeld to REM，17 Oct 1938（AHQP 33，6）。

38. 海森伯从 1938 年 8 月 2 日至 10 月 15 日服役。据他于 1940 年 2 月 9 日签署的 "militaire Fragebogen"（军备问卷），（UA Leipzig，PA Heisenberg，PA 560）。

39. WH to his mother，barracks near Sonthofen，18 Sep 1938.

444

第二十一章 不能离开德国的人

1. Sommerfeld to WH，28 Feb 1939，carbon copy（SN）.

2. Dean von Faber to rectorate, 29 Dec 1938 (UA Munich, Lehrstuhl für theoretische Physik, Nachfolge Sommerfeld, OC-N 10a).

3. WH to Sommerfeld, 5 Nov 1938 (SN); notice in *PZ*, 39 (1938), 136; WH to his mother, 4 Nov 1938.

4. Hess to REM, 12 Jan 1939, 提到了一次较早的抱怨(ZStA Potsdam, REM 2943)。

5. Himmler to REM, 26 May 1939 (同上); WH to Sommerfeld, 15 Feb and 13 May 1939 (SN); Sitzungsprotokolle, Philosophische Fakultät, Ⅱ. Sektion (UA Munich, OC-N 1d).

6. Recommendation of Müller by Dean von Faber, 注释 2。

7. WH to Sommerfeld, 13 May 1939 (SN).

8. WH to Sommerfeld, 27 Oct 40 (SN), and complaint by Müller to Dean, 11 Sep 40 (SN).

9. 注释 7。

10. Dames to Geiger, Pohl and Gerlach, 1 Feb 1938; and Führer to series of physicists, 29 Jul 41 (both BA Koblenz, R21/500).

11. WH, *Gutachten- und Prüfungsprotokolle für Promotionen und Habilitationen* (1929~1942), 2nd edition, H. Rechenberg and G. Wiemers, eds. (Berlin: ERS-Verlag, 2002).

12. Lucy S. Dawidowicz, The War against the Jews 1933~1945 (Toronto: Bantam Books, 1975/ 1986), 99.

13. David H. Buffum, U. S. Counsel in Leipzig, diplomatic report of 21 Nov 1938, published in *Nazi Conspiracy and Aggression*, vol. 7, ed. Office of U. S. Chief of Counsel for Prosecution of Axis Criminality (Washington: Government Printing Office, 1946), trial Doc. L~202, 1037~1041.

14. 同上。

15. WH to his mother, 12 Nov 1938.

16. Elisabeth Heisenberg, interview with the author, Göttingen, 1983.

17. WH to his mother, 6 Apr 1939.

18. WH to his mother, 23 Jun 1939.

19. WH to his mother, 21 Nov 1937.

20. WH, "Die gegenwärtigen Aufgaben der theoretischen Physik," 摘录发表于 *Frankfurter Zeitung*, (26 August 1937), 以及 *Scientia*, 32, 1938, reprinted HCW, C1, 133~141; WH, paper presented to Bologna conference, 18~21 Oct 1937, reprinted HCW, B, 256~259; 还有一些列于 WH, *Biblio*。

21. WH, *AP*, 32 (1938), 20~33, rec. 13 Jan 1938, reprinted HCW, A2, 301~314.

22. WH, paper presented at University of Geneva, 11 ~ 16 Oct 1937, reprinted HCW, B,

249~255.

23. Abraham Esau to REM, 13 Jul 1939, indicating earlier observations; and Hess to REM, 22 Jun 1939(ZStA Potsdam, REM 2943).

24. WH to Bohr, 4 May and 14 Jun 1938; Bohr to WH, 13 Jun 1938 (BSC 20, 2).

25. Yukawa, Physico-Mathematical Society of Japan, *Proceedings*, 17 (1935), 48~57. 对这一发展的历史解释，见 V. Mukherji, *Archive for History of Exact Sciences*, 13 (1974), 27~102; Peter Galison, *Centaurus*, 26 (1983), 262~316; BR, *Nuclear Forces*; 以及 D. C. Cassidy, *HSPS*, 12 (1981), 1~39。

26. Yukawa, 注释 25, 57。

27. J. Robert Oppenheimer and R. Serber, *PR*, 51 (1937), 1113; 以及 Serber, *PR*, 53 (1938), 211。 445

28. Kemmer, *PRS*, 166 (1938), 127~153.

29. Herbert Fröhlich, Walter Heitler, and Nicholas Kemmer, *PRS*, 166 (1938), 154~177, on 155; Kemmer, Cambridge Philosophical Society, *Proceedings*, 34 (1938), 354~364; Homi J. Bhabha, *PRS*, 166 (1938), 501~528.

30. Kemmer, 注释 28, 148, rec. 9 Feb 1938。

31. WH to his wife, Manchester [Mar 1938].

32. WH, *ZP*, 110 (1938), 251~266, rec. 24 Jun 1938, reprinted HCW, A2, 315~330.

33. WH to Bohr, 4 May 1938 (BSC 20, 2); Hans Euler, *ZP*, 110 (1938), 692~716.

34. Hans Euler and WH, *Ergebnisse der exakten Naturwiss.*, 17 (1938), 1~69; reprinted HCW B, 262~330; WH, AP, 33 (1938), 594~599, dated 6 Oct 1938, reprinted HCW, A2, 331~336.

35. WH to Pauli, 15 Jul 1938; Pauli to Peierls, 18 July, to Rubinowicz, 22 July, to WH, 15 Aug 1938.

36. Lectures delivered in Hamburg, 1 Dec 1938, reprinted HCW, B, 331~332; in Munich, 4 Dec 1938, abstract reprinted HCW, B, 333; and in Leipzig, 7~8 Jan 1938, abstract reprinted HCW, B, 334.

37. Hans Bethe and Lothar Nordheim, *PR*, 57 (1940), 998~1006; J. G. Wilson, *PRS*, 172 (1939), 517~529, and *PRS*, 1974 (1940), 73~85; Blackett to WH, 10 Sep 1938 (AHQP 45, 1).

38. C. G. and D. D. Montgomery, *Reviews of Modern Physics*, 11 (1939), 255~265, on 257.

39. 在 Galison, 注释 25 中，对这些观点以及反对 QED 的"失败了的革命"进行了讨论。

40. Walker, *Nazi Science*, chap. 6.

41. WH, interview session 10, 28 Feb 1963 (AHQP); J. Robert Oppenheimer, discussion

remark, *Reviews of Modern Physics*, 11 (1939), 264~266. 对该争吵的进一步讨论，见 DC, *JRO*, chap. 10。

42. WH to Sommerfeld, Fischen, 31 Aug 1938 (SN).

43. A. H. Compton to his son Arthur, 16 Jul 1937, and Compton to WH, 16 Jul 1937 (UA Chicago, Arthur H. Compton Papers, series 2). 在 K. T. Compton to WH, 31 Jul 29, carbon copy (UA Princeton, K. T. Compton papers)中，提到了早期聘任。

44. WH, *PB*, 170~171.

45. Nevill Mott and Rudolf Peierls, "Werner Heisenberg, 5 December 1901~1 February 1976," *Biographical Memoirs of Fellows of the Royal Society*, 23 (1977), 213~251, on 232.

46. WH to his mother, 23 Jan 1939.

47. WH, *PB*, 169~172.

48. Goudsmit, "Werner Heisenberg (1901~1976)," *Yearbook of the American Philosophical Society*, 1976, 74~80, on 76.

49. Max Dresden 与作者 1989 年在纽约州石溪(Stony Brook)的讨论。

50. WH, *PB*, 172; and WH to his wife, 28 Jul 1939 (HP).

第二十二章　战争及其利用

1. Ernst von Weizsäcker, *Memoirs*, John Williams 译 (London: Victor Gollancz, 1951), 212.

2. WH to his mother, 4 Dec 1939.

3. Erich Bagge, Kurt Diebner, and Kenneth Jay, *Von der Uranspaltung bis Calder Hall* (Hamburg: Rowohlt, 1957), 22.

4. WH to Sommerfeld, 4 Sep 1939 (AHQP 31, 5).

5. Bagge's diary, entry for 25 Sep 1939 (DJ-29, 106~143), and WH, "Militaire Fragebogen," dated 9 Feb 40 (UA Leipzig, Personalakten PA 560).

6. 引自 *Einstein on Peace*, eds. Otto Nathan and Heinz Norden (New York: Schocken Books, 1960), 289。有关盟军裂变计划的历史，参见下面的著作，包括 Richard Rhodes, *The Making of the Atomic Bomb* (New York: Simon and Schuster, 1986); Spencer Weart, *Scientists in Power* (Cambridge, MA: Harvard Univ. Press, 1979); Margaret Gowing, *Britain and Atomic Energy* 1939~1945 (New York: St. Martin's Press, 1964); 以及 Henry De Wolf Smyth, *Atomic Energy for Military Purposes* (Princeton: Princeton Univ. Press, 1946)。

7. 关于德国裂变计划的最好的综述性的著作是 Walker, *Nuclear Power*。也见 Rhodes 著作的一些部分，注释 6；Jeremy Bernstein, *"Prologue,"* in *Hitler's Uranium Club: The Secret Recordings at Farm Hall* (Woodbury, NY: AIP Press, 1996), 1~53；以及 Mark Walker, "German Work on Nuclear Weapons," *Historia Scientiarum*, 14 (2005), 164~181。

8. Siegfried Flügge, *Nwn*, 27 (1939), 402~410.

9. WH, *PB*, 170.

10. WH, 1939 年 12 月 6 日致军械局的研究报告, publ. HCW, A2, 378~396。

11. Neils Bohr and John Wheeler, *PR*, 56 (1939), 426~450.

12. WH, 注释 10, 394。

13. 同上, 396。

14. WH, 致军械局第二篇报告, 日期标为 1940 年 2 月 29 日, publ. HCW, A2, 397~418。

15. 见 D. C. Cassidy, *Wissenschaft und Gesellschaft*, ed. R. Rürup, vol. 1 (Berlin: Springer-Verlag, 1979), 373~387。

16. WH, 注释 14, 397；K. H. Höcker, report of 20 Apr 1940 (DJ - 29, 427~433)；P. O. Müller, report of 29 Apr 1940 (DJ - 29, 434~436)；H. Bothe, report of 8 March 1941 (DJ - 31, 117~127)；and Bothe and Jensen, report of 1941, *ZP*, 122 (1944), 749~497。

17. Carl Friedrich von Weizsäcker, report of 17 July 1940 (DJ - 29, 451~455).

18. Edwin McMillan and Philip Abelson, *PR*, 57 (1940), 1185~1186.

19. Nevill Mott and Rudolf Peierls, "Werner Heisenberg 5 December 1901~1 February 1976," *Biographical Memoirs of Fellows of the Royal Society*, 23 (1977), 213~251, on 232. 亦见 Paul Lawrence Rose, *Heisenberg and the Nazi Atomic Bomb Project* (Berkeley: Univ. of California Press, 1998).

20. 1910 年 7 月 1 日马丁·海森伯致作者；Thomas Powers, *Heisenberg's War: The Secret History of the German Atomic Bomb* (New York: Da Capo Press, 2000)。

21. Rainer Karlsch, *Hitlers Bombe* (Munich: Deutsche Verlags-Anstalt, 2005). 亦见 Karlsch and Mark Walker, "New Light on Hitler's Bomb," *Physics World*, June 2005, 15~18, on 18；以及 Walker, "Eine Waffenschmiede? Kernwaffen- und Reaktorforschung am Kaiser-Wilhelm-Institut für Physik," *Gemeinschaftsforschung, Bevollmächtigte und der Wissenstransfer*, ed. H. Maier (Berlin: Wallstein, 2007), 352~394。

22. Debye to W. E. Tisdale, Rockefeller Foundation, 7 Oct 1939 (Debye Papers, MPG).

23. Warren Weaver, diary, entry for 6 Feb 1940, Berlin (RAC).

24. WH, *PB*, 172；and interview of WH by J. J. Ermenc, Urfeld, 29 Aug 1967, 75~page transcript (Papers of Gen. Leslie Groves, NARA Gift Collection).

446

25. 在 Walker, *Nuclear Power* 中，讨论了在所有这些领域中的德国人的工作。

26. WH to Sommerfeld, 29 Oct 1940（SN）；WH to R. Ortvay, 8 Dec 1941（HA）. 在 Walker, *Nuclear Power*, 52～53 中，列出了至 1942 年前的 9 个主要小组。"Energiegewinnung aus Uran,"一份致 HWA 的报告，日期标为 1942 年 2 月（Bagge Papers）, 135, 列出了在 12 个不同地点的参与其中的总共 22 个研究所的名单。

27. WH to Harteck, 29 Apr 1940（DJ-29）. 奥尔后来要求德固萨将氢化物转为金属粉末和金属平板。

28. Harteck to WH, 15 Jan 1940（DJ-29）；WH to Harteck, 18 Jan 1940（DJ-29）. Robert and Klara Döpel and WH, report of 7 Aug 1940, HCW, A2, 419～426.

29. 见 Per F. Dahl, *Heavy Water and the Wartime Race for Nuclear Energy*（Bristol: Institute of Physics Publishing, 1999）。

30. WH to Bagge in Paris, 6 June 1941（HA）；Bagge's diary, note6, entries for 1941. 关于约里奥和战争期间法国的裂变研究，见 Spencer Weart, *Scientists in Power*（Cambridge, MA: Harvard Univ. Press, 1979）。

31. WH to his mother, letters in early 1940.

32. WH to his mother, 11 Nov 1940.

33. 由莱比锡物理研究所提供的课程列表每年见 *PZ*；海森伯的博士候选人见 WH, *Gutachten-und Prüfungsprotokolle für Promotionen und Habilitationen*（1929～1942）, 2nd edition, eds. H. Rechenberg and G. Wiemers（Berlin: ERS-Verlag, 2002）。

34. "Aktennotiz: Betrifft Prof. Dr. Hans Volkelt, Universität Leipzig, 15. 6. 42," 见 Hauptamt Wissenschaft, Amt Wissenschaftsbeobachtung u. -wertung（Erxleben）（IfZ, MA 129/9）. 对此，前莱比锡教授汉斯-格奥尔格·伽达默尔也有回忆，见 Hans-Georg Gadamer, *Philosophical Apprentice-ships*, Robert R. Sullivan 译（Cambridge, MA: MIT Press, 1985）, 93～102。

35. "Goerdeler und die Deportation der Leipziger Juden," *Vierteljahrshefte für Zeitgeschichte*, 13（1965）, 338～339.

36. 海森伯只审阅了戈拉的学位论文；他的主考人是洪德（UA Leipzig, Promotionen, MII）。戈拉的故事基于 WH to Edwin Gora, 3 Jan 1941（Gora Papers, Providence, RI）；Gora to Christian Kleint, 20 Feb 1985（同上）；1985 年 3 月于波士顿对戈拉教授的采访；以及 Edwin K. Gora, "One Heisenberg Did Save," *Science News*, 109（1976）, 179。

37. 海森伯对奥伊勒与格伦布卢姆的回忆，见 WH, *PB*, 176～179；and 38. 这封信以及奥伊勒致海森伯的其他信件，见 HA。

447　　38. E. Zeigner, friend of the Euler family, to WH, 1 Oct 1941（HA）；Mrs. Martha Euler to WH,

11 Apr 42；Oberleutnant Heppner to Martha Euler，1 Dec 1941（all HA）；Marita Euler to WH，9 Nov 46（HP）；WH to Marita Euler，26 Nov 46（HP）.

39. WH，*B. O. Grönbloms wissenschaftliche Arbeiten*，1943，reprinted HCW，C4，45～61.

第二十三章　哥本哈根之行

1. 对莱比锡和柏林实验的技术特征的概述，见 WH-Wirtz，*FIAT*。关于莱比锡研究，亦见 Christian Kleint，*Kernenergie*，29（1986），245～251；以及 Walker，*Nuclear Power*。

2. 关于这个建筑的详细描述，见 WH，report dated March 1941，publ. HCW，A2，432～462，on 435。

3. 关于与 WH 合著的，1942 年整个 1 月从 B～1 至 B～4 实验的报告，发表于 HCW，A2。

4. R. andK. Döpel and WH，report of July 1942，HCW，A2，536～543.

5. R. and K. Döpel and WH，report of 28 Oct 1941，HCW，A2，481～498.

6. R. and K. Döpel and WH，report of 26～28 Feb 1942，HCW，A2，526～528；此外，W. Bothe，report of 7 Jan 1942（DJ－30，023～024）。

7. Robert Döpel，report of 9 Jul 1942（DJ－29，539～548；and DJ－30，298～303）.

8. Robert and Klara Döpel and WH，note 4，543；and WH-Wirtz，*FIAT*，149.

9. D. Irwing interview with WH，23 Oct 1965（DJ－31，526～567）.

10. Fritz G. Houtermans，封面与后记的报告日期为 1944 年 10 月，但在 35 页包括日期为 1941 年 8 月的报告，quote 35（DJ－30，704～719）。

11. Quoted by H. Rechenberg，"Einleitung," in WH，*Ordnung der Wirklichkeit*，ed. H. Rechenberg（Munich：Piper，1989），17；original in HA.

12. 据海森伯向帝国教育部提交的关于他 1941 年 9 月 23 日访问哥本哈根的报告（ZStA Potsdam，REM 2943，Bl. 547）推测。

13. Michael Frayn，*Copenhagen*（New York：Anchor Books，1998）.

14. WH，关于 1941 年访问哥本哈根的书面陈述，手稿及打印稿，n. d.［1948］，2 pp.（HA）。官方审判语词是魏茨泽克的 239 号辩护文件（NARA，microfilms M897，roll 119）。他或许与卡尔·弗里德里希的审问（NARA，microfilms M1019，roll 78）以及后来的证词（NARA，microfilms M897，roll 10，24 Jun 1948，vol. 25，10007～10040）一起上交。［原子］弹这个词的使用是时代错误的。当时还不确定这个易爆品能作为一个炸弹运送。如果太笨重了难以空运的话，它就必须用船来运。

15. 以前对这次会面的解释，包括 Walker，*Nuclear Power*，223～228 和 Walker，*Nazi Science*，144～151，以及 Paul Lawrence Rose，*Heisenberg and the Nazi Atomic Bomb Project*（Berkeley：

Univ. of California Press，1998），154ff。

16. Rose，同上，155。关于新的文献，见 Rainer Karlsch and Mark Walker，"New Light on Hitler's Bomb," *Physics World*，June 2005，15~18。

17. WH to B. L. van der Waerden，typed transcription by van der Waerden，28 Apr 1948（DJ－29，1190~1191）。

18. WH，*PB*，170；以及采访，注释 9。

19. WH，affidavit，note 14；EH，*Recoll.*，79.

20. "Energiegewinnung aus Uran," a report to the HWA，dated February 1942（Bagge Papers）. 感谢 Mark Walker 提供该报告的副本。

21. WH，affidavit，note 14.

22. 关于丹麦的被占和玻尔研究所，见：William Dan Andersen，"The German Armed Forces in Denmark 1940~1943: A Study in Occupation Policy,"（Ph. D. thesis，University of Kansas，1972）；Erich Thomsen，*Deutsche Besatzungspolitik in Dänemark* 1940~1945（Düsseldorf：Bertelsmann Verlag，1971）；Niels Bohr，affidavit，20 Dec 1947，Weizsäcker defense exhibit no. 301（NARA，microfilms M897，roll 119）；Werner Best（occupation head after 6 Nov 1942），affidavit，27 Aug 1947，Weizsäcker defense exhibit no. 302（同上）；WH，affidavit，3 April 1948，Weizsäcker defense exhibit no. 303（同上）。

23. 美国国务院允许基金会继续其资助，虽然是纳粹占领区。

24. Dr. Brauwiler，report in May 1940 to Reichsministerium für Volksaufklärung und Propaganda（BA Koblenz，R58/1091，Bl. 32~40）。

25. Andersen，note 22，194。

26. Plenipotentiary of German Reich in Denmark to Berlin Foreign Office，27 Mar 1941（ZStA Potsdam，REM 2943）；C. F. von Weizsäcker to WH，26 Mar 1941（HA）。

27. C. F. von Weizsäcker to Lamberts（DAAD），22 Jul 1941；Foreign Office to REM，2 Aug 1941（ZStA Potsdam，REM 2943）；C. F. von Weizsäcker to Niels Bohr，15 Aug 1941（BSC 26，2）。

28. REM documents in August and September 1941（ZStA Potsdam，REM 2943）。

29. 感谢吕丁格(Erik Rüdinger)提供玻尔夫人的评论。

30. Weizsäcker，注释 26。哥本哈根对那次访问的看法，在 Arnold Kramish，*The Griffin*（Boston：Houghton Mifflin，1986），120 中重现。

31. Quoted by Margaret Gowing，*Britain and Atomic Energy* 1939~1945（New York：St. Martin's Press，1964），246。

32. "Notes on Meeting of Sub-Committee September 10，1943（R. C. T.）"（NARA，RG 77，file

448

334，British Interchange Sub-Committee）.

33. 见 Matthias Dörries, ed., *Michael Frayn's "Copenhagen" in Debate*（Univ. of C. Berkeley：Office for History of Science and Technology，2005），也包括玻尔回信草稿副本，丹麦文和英文译本，101～179，目前在 *http：//www. nba. nbi. dk/release. html* 也可获得。

34. Robert Jungk, *Heller als Tausend Sonnen*（Bern：Alfred Scherz Verlag，1956）；Danish：Stærkere end tusind sole：atomforskernes skæbne（Copenhagen，1957）；English：Brighter than a Thousand Suns：A Personal History of the Atomic Scientists, James Cleugh, transl.（New York：Harcourt Brace Jovanovich，1958），88 and 89.

35. 同上，English，103～104；WH to Jungk，18 Feb 1957（HA）。

36. Bohr to WH，doc. 1，见 Dörries，注释 33，109 and 111；Gerald Holton，"What is Copenhagen Trying to Tell Us?" 同上，49～58。也见 D. C. Cassidy，"New Light on Copenhagen and the German Nuclear Project," *Physics in Perspective*，4（2002），447～455。

37. Bohr to WH，docs. 11a and 7，见 Dörries，注释 33，163，137，139。

38. Schumann to directors and researchers，5 Dec 1941，被引于 Bagge et al., *Von der Uranspaltung bis Calder Hall*（Hamburg：Rowohlt，1957），28.

39. Report，注释 20，133.

40. List of lectures，26～28 Feb 1942（DJ－29，998～1005）.

41. List of lectures，26 Feb 1942（DJ－29，705）.

42. WH，"Die theoretischen Grundlagen für die Energiegewinnung aus der Uranspaltung," 26 Feb 1942，publ. HCW，A2，517～521，quote on 518～519；translation："A Lecture on Bomb Physics," William Sweet，*Physics Today*（August 1995），27～30.

43. Walker，*Nuclear Power*，58.

44. 关于这场运动，有以下描述：Beyerchen，*Scientists*，190～191；Karl-Heinz Ludwig，*Technik und Ingenieure im Dritten Reich*（Königstein/Ts.：Athenäeum-Verlag，1979），241～242；and Walker，注释 41，119～122。亦见 D. Hoffmann and M. Walker, eds., *Physiker zwischen Autonomie und anpassung：Die Deutsche Physikalische Gesellschaft im Dritten Reich*（Weinheim：Wiley-VCH，2007）.

45. Finkelnburg to WH，6 May 1942（HA）；WH to Finkelnburg，22 May 1942（HA）.

46. "Niederschrift über die Sitzung des Senats der KWG," 24 Apr 1942（MPG）.

第二十四章　给实在定秩序

1. WH，untitled typescript（HA）；published as "Ordnung der Wirklichkeit," in HCW，C1，

218~306; and as *Ordnung der Wirklichkeit* (Munich: Piper, 1989).

2. WH, "Die Goethe'sche und die Newton'sche Farbenlehre im Lichte der modernen Physik," Budapest, 28 Apr 1941, reprinted HCW, C1, 146~160; "Die Einheit des naturwissenschaftlichen Weltbildes," Zurich, 27 Nov 1942, published HCW, C1, 201~215; "Die Einheit des naturwissenschaftlichen Weltbildes," Leipzig, 26 Nov 1941, reprinted HCW, C1, 161~192; "100 Jahre Energiegesetz," radio lecture, Aug 1942, reprinted HCW, C1, 202~206. 对海森伯世界观的最近讨论有 Gregor Schiemann, *Werner Heisenberg* (Munich: C. H. Beck, 2008), chap. 4。

3. WH, 注释 1, 218。所有文献都为 HCW 版本。

4. 同上, 226。

5. 同上, 232。"层次"在这一页上垂直列出, 但是以相反的次序。

6. WH, 注释 2, 第一篇文章, 160。

7. WH, 注释 1, 304~306。

8. 同上, 298 and 305。

9. 同上, 304。

10. 关于这些变化的细节见 Walker, Nuclear *Power*; Speer 的回忆, *Inside the Third Reich: Memoirs*, R. and C. Winston 译 (New York: Macmillan, 1970), 276; Reich Research Council documents (LC, Microfilm 107, File 12847)。

11. 见 Kristie Macrakis, *Surviving the Swastika: Scientific Research in Nazi Germany* (New York: Oxford Univ. Press, 1993), chaps. 7 and 8。

12. Göring, order of 8 Dec 1942 (DJ - 29, 1031).

13. WH to Telschow, 11 Jun 1942 (HA); WH to KWG, 2 Jul 1942 (HA), on return of the institute to the KWG.

14. WH to dean of Philosophical Faculty, Leipzig, 9 Sep 1942 (UA Leipzig, Personalakten Heisenberg, PA 560); Head of Saxon Ministry for Education to Rector, University of Leipzig, 22 Sep 1942 (HA), approval; WH to H. Falkenhagen, 19 Jun 1942 (HA).

15. 在帝国教育部与当时的[纳粹]党首部(Party Chancellery)的通信中, 表明了对海森伯召唤的反对(BDC, REM files 5512~5518)。

16. Telschow, Aktennotiz, 8 Feb 1943 (HA and DJ - 29, 1049~1050), on meeting between Vögler, Mentzel, and Telschow. Esau to Mentzel, 5 Apr 1943 (DJ - 29, 1060~1061), on financing.

17. EH, *Recoll.*, 91.

18. Published in part as "Eingabe an Rust," *PB*, 3 (1947), 43~47. in Dieter Hoffmann, "Die Ramsauer-ära und die Selbstmobilisierung der Deutschen Physikalischen Gesellschaft," *Physiker zwis-*

449

chen Autonomie und Anpassung, eds. D. Hoffmann and M. Walker (Weinheim：Wiley-VCH，2007），173～215.

19. Erxleben to Bechtold，Partei-Kanzlei，9 Sep 1942 (IfZ，Hauptamt Wissenschaft，Heisenberg file，MA 116/5).

20. WH to Pascual Jordan，31 Jul 1942 (HP). 会议日期据以下给出：Dr. Borger to Partei-Kanzlei，9 Sep 1942 (IfZ，MA 116/5)。

21. Dr. Borger to Partei-Kanzlei，9 Sep 1942 (IfZ，MA 116/5)；Erxleben to Bechtold，9 Sep 1942 (IfZ，MA 116/5).

22. 对塞费尔德会议及妥协的实现的讨论，见 Beyerchen，*Scientists*，chapt. 9. 从 WH to Hotel Tiroler Weinstube，Seefeld，29 Oct 1942 (HA)；Bruno Thüring to WH，17 Nov 1942 (HA) 中可知，海森伯出席了会议。

23. REM to WH，26 Feb 1943 (HA)；Telschow，Aktennotiz，8 Feb 1943 (DJ - 29，1049～1050 and HA)；Dean Schwender to Rector，University of Leipzig，10 Mar 1943 (UA Leipzig，Personalakten Heisenberg，PA 560).

24. Hitler，decree of 9 Jun 1942，RFR documents，注释 10。

25. Quoted in Speer，note 10，677，n. 24.

26. 同上，301。

27. 同上，120。海森伯的"菠萝"评论因差 10 倍而落空，如果他指的铀 235，但如果他指的被一个铀填塞物(uranium tamper)包围的钚(这看似不可能)，它就接近于正确尺寸。Mark Walker，*Historia scientiarum*，14 (2005)，164～181，指出更早的莱布报告(Leeb report)提到了 10 至 100 千克的铀 235 的临界质量，但没有表明谁做的这一计算。

28. 被引于 Speer，注释 10，677，n. 26。

29. 基于 R. Döpel，accident report of 9 Jul 1942 (DJ - 29，539～547)。

第二十五章　柏林的教授

1. WH，research report of 31 Jul 1942，publ. HCW，A2，545～552；Bothe to WH，18 Aug 1942 (HA)，鼓励使用金属平板。

2. WH to Bothe，23 Oct 1942 (HA)；Esau to Mentzel，5 Apr 1943 (DJ - 29，1060～1061).

3. Fritz Bopp，Fischer，WH，Carl Friedrich von Weizsäcker，and Karl Wirtz，report on experiments B - 3 to B - 5 of 30 Oct 1942，publ. HCW，A2，553～561. 最后针对 B6 和 B7 的金属平板晚至 1944 年 1 月 15 日才被交付。

4. WH, ed., *Kosmische Strahlung*: *Vorträge gehalten im Max Planck-Institut*, *Berlin-Dahlem* (Berlin: Springer, 1943), reprinted HCW, B, 363~406.

5. Klaus Scholder, *Die Mittwochs-Gesellschaft*: *Protokolle aus dem geistigen Deutschland* 1932 *bis* 1944 (n. p., n. d. [1982]), 305. 因在斯图加特附近的比特费尔德的爱克发获得一个职位，海森伯哥哥已经离开了柏林。

6. Gerhard Ritter, *Carl Goedeler und die deutsche Widerstandsbewegung* (Stuttgart: Deutsche Verlags-Anstalt, 1954)中描述了 Goedeler 的角色。Peter Hoffmann, *The History of the German Resistance* 1933~1945, Richard Barry 译(Cambridge, MA: MIT Press, 1977)中探讨了这一阴谋。

7. Quoted by Scholder, 注释 5, 326。

8. EH, *Recoll.*, 98~99.

9. Scholder, 注释 5, 351~353。

10. 海森伯只简短回忆了这些痛苦事件，见 WH, *PB*, 189~190。

450　　11. WH, affidavit for Dr. Julius Hiby, 23 Nov 1947 (HA); Dr. Graun, Dozentenführer der Freien Forschungsinstitute, to WH, 20 Aug 1942 (HA); Helmut Joachim Fischer, "Feuerwehr für die Forschung," MS recollections, 1970 (IfZ). 感谢 Dr. Fischer 提供副本。

12. WH to Sommerfeld, 8 Oct 1942 (SN); Sommerfeld to WH, 14 Oct 1942 (HA); Sommerfeld to W. Becker, Akademische Verlagsgesellschaft, 15 Oct 1942 (SN); Mentzel to von Laue, 22 May 1943 (HA)。

13. 基于 WH, *PB*, 188~189; WH to Karl and Helen Heisenberg, 1 Nov 1945 (HP); WH, affidavit for E. Sethe, 30 Jul 1946 (HA)。

14. WH to NSDAP Ortsgruppe München, 11 Oct and 1 Nov 1943 (HA); WH to R. Döpel, 18 Dec 1943 (HA).

15. WH to Dr. Boseck, Sachbearbeiter in Turowsky's office, 26 Jun 1942 (HA); WH to Himmler, 4 Feb 1943 (HA).

16. Thüring to WH, 17 Nov 1942 (HA); also Thüring to WH, 20 Oct 1942 (HA), and WH to Thüring, 26 Oct 1942 (HA).

17. WH, Zeitschrift für die gesamte Naturwissenschaft, 9 (1943), 201~212, rec. 20 May 1943, reprinted HCW, C5, 14~25; R. Brandt, member of Himmler's personal staff, to WH, 15 Feb 1943 (HA).

18. WH to Vahlen, 10 Sep 1942 (HA).

19. WH to Dr. Gustav Borger, 11 Jun 1943 (HA). 当时哥白尼奖由汉斯·弗朗克的 Institut für deutsche Ostarbeit [德国东欧研究所]颁发。

20. Staff member of *Völkischer Beobachter* to WH, 27 Mar 1943（HA）；"Max Planck," *Das Reich*, 1943, 11 Apr 1943, 1；"Werner Heisenberg," *Das Reich*, 1944, 14 May 1944, 1.

21. Hans-Georg Gadamer, *Philosophical Apprenticeships*, Robert R. Sullivan 译（Cambridge, MA: MIT Press, 1985），99.

22. Foreign Office to REM, 27 Nov 1941（ZStA Potsdam, REM 2943, Bl. 557）.

23. Fritz von Twardowski, affidavit, 17 Apr 1948, Weizsäcker defense exhibit no. 208, Doc. 352 （NARS, Weizsäcker case, M897, Roll 119）；also German Embassy, Prague, to Foreign Office, 6 Jan 1943（ZStA Potsdam, REM 2943）on Budapest lectures by Heisenberg, Planck, and von Weizsäcker.

24. Hendrik Casimir, *Haphazard Reality: Half a Century of Science*（New York: Harper and Row, 1983），209；WH, "Ordnung der Wirklichkeit," 1941~42, publ. HCW, C1, 218~306, on 305.

25. 在 Walker, *Nazi Science*, chaps. 6 and 7 中讨论了这些研究所发表的讲座的宣传价值。

26. Dr. Coblitz, director of Institut für deutsche Ostarbeit, Cracow, to WH, 25 May and 29 Sep 1943（HA）；WH to Coblitz, 1943（HA）；WH to Harteck, 8 Dec 1943（HA）.

27. 基于 HA 中的记录。Walker, *Nuclear Power*, 105~118 也讨论了这些旅行。

28. Telegrams from Best's office to Wehrmacht Headquarters, Sep to Oct 1943（DJ - 31, 1000~1002）. 见 William Dan Andersen, "The German Armed Forces in Denmark 1940~1943: A Study in Occupation Policy,"（Ph. D. thesis, University of Kansas, 1972）；以及 Erich Thomsen, *Deutsche Besatzungspolitik in Dänemark* 1940~1945（Düsseldorf: Bertelsmann Verlag, 1971）.

29. J. G. Crowther, *Science in Liberated Europe*（London: Pilot Press, 1949），105~109.

30. 基于"Rapport over Begivenhederne under Besættelsen af Universitets Institut for teoretisk Fysik fra d. 6. December 1943 til d. 3. Februar 1944"（"就 1943 年 12 月 6 日至 1944 年 2 月 3 日大学理论物理研究所被占事件的报告"）（BGC）。感谢 Frederick Nebeker 翻译这份报告。Stephan Schwarz 提供了一种历史解释，"On the Occupation and Release of Niels Bohr's Institute（6 Dec. 1943~3 Feb 1944）" MS, Copenhagen。感谢作者提供了一份手稿副本。

31. WH to his mother, 23 Jan 1944.

32. "Rapport," 注释 30；Hans von Euler to WH, 8 Jan 1944（HA）。

33. "Rapport," 注释 30。玻尔在离开哥本哈根前烧毁了任何妥协让步的通信；来自与吕迪格 （Erik Rüdinger）的通信。

34. 这一解释基于注释 30 中的文献。

35. REM to WH, via Biberbach, 1 Mar 1944（HA）.

36. Quoted by Crowther, 注释 29, 108。

37. Arthur Seyss-Inquart, "Report of the Situation and Developments in Occupied Territories of

the Netherlands, 29 May~19 July 1940," translation of Doc. 997~PS, *Nazi Conspiracy and Aggression*, *vol.* 3, ed. Office of U. S. Chief of Counsel for Prosecution of Axis Criminality (Washington, DC: GPO, 1946), 641~656, on 653.

38. Werner Warmbrunn, *The Dutch under German Occupation* 1940~1945 (Stanford: Stanford Univ. Press, 1963), 146~147.

39. Casimir, 注释 24, 202; Warmbrunn, 注释 38, 149.

451　　40. Van Dellen, General Secretary, Dutch Education Ministry, to WH, 28 May 1943 (HA); REM to WH, 15 Jun 1943 (HA); WH to van Dellen, 21 Jun 1943 (HA). Kramers to WH, 29 Jul 1943, rec. 19 Aug 1943; WH to Kramers, 20 Aug 1943 (HA).

41. Scherrer to Kramers, 24 Jul 1943 (AHQP 13, 3).

42. Dr. Plutzar, Hauptabteilung Wissenschaft, Volksbildung und Kulturpflege, to WH, 15 Sep 1943 (HA).

43. 基于 WH, "Bericht über eine Reise nach Holland vom 18~26. 10. 43," 10 Nov 1943 (HA); 以及赛思·英夸特(Seyss-Inquart)1946 年 6 月 11 日在其纽伦堡审判上的证言，见 *Der Prozess gegen die Haupt- kriegsverbrecher vor dem internationalen Militärgerichtshof Nürnberg* 14. *November* 1945~1. *Oktober* 1946, vol. 16 (Nürnberg, 1948), 14。

44. WH, "Bericht," 注释 43; WH to Kramers, 23 May 1944 (AHQP 12, 5); Rosenfeld to WH, 10 Dec 1943 and 14 Apr 1944 (HA)。

45. Rosenfeld, 同上; Kramers to WH, 1 Dec 1943 (HA)。

46. G. Kuiper to a Major Fischer, 30 Jun 1945 (University of Arizona Library, Kuiper Papers, Box 28). 感谢 Ronald Doel 告知我这封信。

47. Walker, Nuclear Power, 113.

48. WH to Gregory Breit, 9 Jan 1951, carbon (HA).

第二十六章　回到矩阵

1. WH to Geiger, 23 Oct 1942 (HA).

2. WH, *ZP*, 120 (1943), 513~538, rec. 8 Sep 1942; 以及 *ZP*, 120 (1943), 673~702, rec. 30 Oct 1942, reprinted HCW, A2, 611~636, 637~666. WH, *ZP*, 123 (1944), 93~112, rec. 12 May 1944, reprinted HCW, A2, 667~686. 第四篇论文当时没有发表，现在见于 HCW, A2, 687~698。

3. WH, *ZP*, 110 (1938), 251~266, reprinted HCW, A2, 315~330; WH and Pauli, report for 8th Solvay Congress of 1939 (canceled), parts 2 and 3 by WH, published in HCW, B, 346~358.

4. WH to Sommerfeld, 19 Jun 1942 (SN); WH to Wick, 19 Jun 1942 (HA).

5. WH，注释 2，第一篇文章。对海森伯 S 矩阵理论的讨论，有 Pais, *Inward*；James T. Cushing, *Theory Construction and Selection in Modern Physics* (Cambridge：Cambridge Univ. Press，1990)；Inge Grythe, Centaurus, 26（1982/3），198～203；Reinhard Oehme, introduction, *HCW*, A2, 605～610；以及 Helmut Rechenberg, "The Early S-matrix Theory and its Propagation (1942～1952)," *Pions and Quarks：Particle Physics in the* 1950s，eds. L. M. Brown et al. (Cambridge：Cambridge Univ. Press，1989)，551～578。

6. Pauli to Dirac, 21 Dec 1943.

7. 例如，Max Dresden, *H. A. Kramers：Between Tradition and Revolution* (New York：Springer- Verlag，1987)，453～458。

8. WH to Kramers, 31 Oct 1943 (AHQP 12, 5).

9. Kramers to WH, 1 Dec 1943 (HA).

10. Kramers to WH, 12 Apr 1944 (AHQP 12, 5 and HA).

11. WH-Møller correspondence (HA)；Kramers, Nederlands Tijdschrift voor Natuurkunde, 11 (1944)，134～140, dated 14 Apr 1944, reprinted Kramers, Collected Scientific Papers (Amsterdam：North-Holland, 1956)，838～844.

12. WH, ZN, 1 (1946)，608～622, reprinted HCW, A2, 699～713；and paper in Cambridge, Engl.，Dec. 1947, reprinted HCW, B, 444～449.

13. Pais, *Inward*，497～505；Grythe and Rechenberg，注释 5。

14. Carl Ramsauer, "Programm der Deutschen Physikalischen Gesellschaft für den Ausbau der Physik in Grossdeutschland," DPG, *Verhandlungen*，25 (1944)，1～6. 见 Dieter Hoffmann, "Die Ramsauer-ära und die Selbstmobilisierung der Deutschen Physikalischen Gesellschaft," *Physiker zwischen Autonomie und Anpassung*, eds. D. Hoffmann and M. Walker, (Weinheim：Wiley-VCH, 2007)，173～215.

15. Carl Ramsauer, address to German Acadany for Aeronautical Research, 3 Apr 1943 (DJ - 31, 157～170)；Ramsauer to WH, 21 Jul 1943 (HA).

16. Ernst Telschow, Aktennotiz (memo, 8 Feb 1943 (DJ - 29, .1049～1050)；Esau to Mentzel, 5 Apr 1943 (DJ - 29, 1060～1061).

17. Esau to Mentzel, 28 Oct 1943 (DJ - 29, 1082)；Mentzel to Görnnert, Göring's office, 6 Nov 1943 (DJ - 29, 1084)；Speer to Görnnert, 17 Nov 1943 (DJ - 29, 1088)；Göring to Gerlach, 2 Dec 1943 (DJ - 29, 1091).

18. WH, address published in *Probleme der Kernphysik* (Deutsche Akademie der Luftfahrtfors-

chung, Schriften 1943/44) (Berlin, 1943), 29~36; reprinted HCW, A2, 570~575.

19. Indicated by Bäumker, Sec'y of Deutsche Akademie der Luftfahrtforschung, to WH, 17 Feb 1943 (HA).

20. WH, 注释 18, 30。

452

21. Graue, Leiter des Geschäftsführenden Beirates des RFR, notes on a meeting with Mentzel and other policy officials on 7 Sep 1943, dated 13 Sep 1943 (LC, Film 107, file 12853); OKW, Wehrersatzamt, Rundschreiben, 18 Dec 1943 (BA Koblenz, R26 Ⅲ/108).

22. Max von Laue, *PB*, 3 (1947), 424~425; EH, Recoll., 90.

23. Report of Goudsmit's remarks on Heisenberg by Dietrich E. Thomsen, Science News, 109 (1976), 157; Dresden, 注释 7, 458。

24. WH to Himmler's personal staff, 9 Mar 1943 (HA).

25. Kramers to WH, 12 Apr 1944 (HA); WH to Kramers, 4 May 1944 (AHQP 12, 5).

26. WH to Coster, 16 Feb 1943 (GP and HA). 科斯特致 WH 的信件未找到。

27. Goudsmit, *Alsos*, 48.

28. Goudsmit, "Werner Heisenberg (1901~1976), *Yearbook of the American Philosophical Society*, 1976, 74~80, on 78.

29. Mentzel to Görnnert in Göring's office, 8 Jul 1943 (DJ - 29, 1077).

第二十七章　最后一搏

1. WH, research report of 31 Jul 1942, publ. HCW, A2, 545~552. Bothe to WH, 30 Jul 1943 (HA).

2. Abraham Esau, report as of 31 Mar 1944, dated 21 Jul 1944 (DJ - 29, 1102~1108).

3. WH, address published in *Probleme der Kernphysik* (Berlin, 1943), reprinted HCW, A2, 570~575, on 570.

4. Albert Vögler to WH, 18 Jan 1944 (HA); Beuthe to Mentzel, 22 Dec 1943 (DJ - 29, 1095~1096).

5. 在 WH-Wirtz, *FIAT*, 157 中，有对(战后)的描述。

6. 同上，156；以及 WH et al., report on B~7 of 3 Jan 1945, publ. HCW, A2, 595~601。

7. Laue to WH, 20 Aug 1943 (HA).

8. WH to Adolf Hornung, institute technician, 20 Jul 1943 (HA); Erich Bagge, diary, entries for Aug to Sep 1943 (DJ - 29, 106~133); and list of 55 members of the institute, with titles and loca-

tions, as of 24 Jan 1944 (HA).

9. WH to the Mayor of Kochel, 3 Apr 1944 (HA); WH to Kurt Staun, Leipzig official, 24 Apr 1944 (HA).

10. EH, Recoll., 93~94; WH to his mother, 5 Sep 1943, and to Uncle Karl, 1 Nov 1945 (HA).

11. WH to his mother, 19 May 1944.

12. 同上，2 Dec 1944。

13. 描述保罗·罗斯鲍德的活动的有，Arnold Kramish, *The Griffin* (Boston: Houghton Mifflin, 1986); Victor Weisskopf to J. Robert Oppenheimer, 1942, published by S. S. Schweber, *Les Houches*, eds. B. S. DeWitt and R. Stora (Amsterdam: North-Holland, 1984), 37~220, on 126~128。

14. 对贝格活动的这一解释基于陆军部未发表的 1945 年 12 月 5 日、1946 年 9 月 25 日和 1946 年 9 月 30 日的报告，以及 Louis Kaufmann et al., *Moe Berg: Athlete, Scholar, Spy* (Boston: Little, Brown, 1974)。

15. 见阿尔索斯派遣队报告与通信（NARA, microfilms M1109, 5 rolls）; NARA, RG 77 (Chief of Engineers), 371. 2 (Goudsmit Mission); 还有 Goudsmit, *Alsos*; Boris T. Pash, *The Alsos Mission* (New York: Award House, 1969); 以及 Leo James Mahoney, "A History of the War Department Scientific Intelligence Mission (Alsos), 1943~1945," (Ph. D. thesis, Kent State University, 1981)。

16. Jozef Garlinski, *The Swiss Corridor: Espionage Networks in Switzerland during World War Ⅱ* (London: Dent, 1981), 17.

17. Kaufman et al., 注释 14, 195。然而这个故事不在注释 14 所引用的陆军部的报告中。

18. Goudsmit, *Alsos*, 114.

19. 回忆见 Gerlach to WH, 16 Apr 1946 (HA)。

20. Gerlach, report on research from 1 Feb to 31 May 1944, n. d. (DJ - 29, 1118~1122).

21. 未能找到 B~8 实验的正式报告。随后的解释基于 WH-Wirtz *FIAT*, 158~165 的技术数据。

22. Rainer Karlsch, *Hitlers Bombe* (Munich: Deutsche Verlags-Anstalt, 2005).

23. "Sitzungsbericht vom 21. August 1944 des Reichsmin. f. Rüstung u. Kriegsproduktion" (BA Koblenz, R26 Ⅲ/92); Bormann, Rundschreiben, 3 Sep 1944, and Osenberg, Rundschreiben, 7 Sep 1944 (both BA Koblenz, R26 Ⅲ/108).

24. WH to Helmut Volz, 24 Apr 1944 (HA).

25. WH-Wirtz, *FIAT*, 164.

26. Col. Lansdale, report to Gen. Groves, 5 May 1945 (NARA, M1109, roll 2).

27. "Organizational disposition," 15 Apr 1945 (NARA, M1109, roll 4). 巴黎作为阿尔索斯总部，亚琛作为北方的前方基地(Advance Base)。

28. Groves to Army Chief of Staff, 23 Apr 1945 (NARA, M1109, roll 2).

29. 注释 26。

30. 海森伯对战争最后时刻的描述，见 WH to Fritz Schumacher, 6 May 1945（GP）；WH to Wolfgang Schadewaldt, 19 Jan 1946（HA）；WH to Karl and Helen Heisenberg, from Farm Hall, 1 Nov 1945（HA）；以及其最近公布的 "Diary for the period April 15th to May 15th 1945"（"1945 年 4 月 15 日至 1945 年 5 月 15 日日记"），当前可在 *http：//werner-heisenberg. physics. unh. edu/diary. htm* 获得。

31. Col. Boris T. Pash to Chief, Military Intelligence Service, War Dept., "Subject：Alpine Operation," 18 May 1945 (NARA, M1109, roll 4); and Pash, 注释 15, 219～241。"慕尼黑行动"（"Munich operation"）在以下报告中被描述：Major R. C. Ham to Colonel Boris T. Pash, 12 May 1945 (NARA, M1109, roll 4)。

第二十八章　对铀计划的解释：农庄馆

1. Goudsmit, *Alsos*, 113.

2. 同上，112。

3. Max von Laue to his son, Theodor, 29 May 1945 (Nachlass von Laue, Deutsches Museum, 1976～20).

4. Max von Laue to his son, 26 May 1945 (Nachlass von Laue).

5. R. V. Jones, *The Wizard War：British Scientific Intelligence* 1939～1945 (New York：Coward, MCann, and Geoghegan, 1978), 481.

6. Leslie R. Groves, *Now It Can Be Told：The Story of the Manhattan Project* (New York：Plenum, 1962/1983).

7. 未经校对的手稿出版物：Operation Epsilon：*The Farm Hall Transcripts*, *introduction by Charles Frank* (Bristol：Institute of Physics Publishing, 1993)；编辑版：*Hitler's Uranium Club：The Secret Recordings at Farm Hall* (Woodbury, NY：American Institute of Physics, 1996), Jeremy Bernstein, ed. and commentary；*German translation：Operation Epsilon：Die Farm-Hall-Protokolle oder die Angst der Alliierten vor der deutschen Atombombe*, ed. Dieter Hoffmann (Berlin：Rowolht, 1993)。

8. Operation Epsilon，注释 7，第一本书，33。所有引文均来自这一版本。

9. Max von Laue to his son, 7 Aug 1945 (Nachlass von Laue).

10. Bernstein，注释 7。

11. 注释 9。

12. Operation Epsilon，注释 7，76～77。关于农庄馆字斟句酌的声明的研究，见 Walker，*Nazi Science*，chap. 9。

13. WH，notebook (HA)；"Appendix 2. 8 August 1945，" *Operation Epsilon*，note 7，102～103；"Memorandum vom 7. August 1945，" publ. HCW，C5，26～27，excerpted in English in Groves，note 6，336～337，没有补充评论。

14. Erich Bagge，diary entry for 10 Aug 1945，见 Erich Bagge，Kurt Diebner and Kenneth Jay，*Von der Uranspaltung bis Calder Hall* (Hamburg：Rowohlt，1957)，58。

15. Rittner's report，*Operation Epsilon*，注释 7，93～94。

16. Max von Laue to his son，7 Aug and 22 Sep 1945 (Nachlass von Laue)。

17. 注释 7，*Operation Epsilon*，Weizsäcker，78 and 76～77；里特纳对海森伯的转述，83。

18. 注释 9。

19. Groves，注释 6，334。

20. Henry DeWolf Smyth，*Atomic Energy for Military Purposes：The Official Report on the Development of the Atomic Bomb under the Auspices of the United States Government*，1940～1945 (Princeton：Princeton Univ. Press，1946)，223.

21. Philip Morrison，"Alsos：The Story of German Scientists，" *Bulletin of the Atomic Scientists*，3 (1947)，354，365.

22. 注释 7，*Operation Epsilon*，92。

第二十九章　对铀计划的解释：世界

1. WH，*Nwn*，33 (15 Dec 1946)，325～329，reprinted HCW，C5，28～32；*Schwäbische Donau-Zeitung*，2 Aug 1948，3，reprinted HCW，C5，33～34；*New York Times*，30 January 1949，section 4，8，reprinted HCW，C5，41～42；*Die Welt*，5，no. 28 (2 Feb 1950)，2，reprinted HCW，C5，43. News report：Waldemar Kaempffert，*New York Times*，26 October 1947，E9；Kaempffert，interview with WH，*New York Times*，28 December 1948，10，reprinted HCW，C5，37～40；

2. Kaempffert，注释 1，第二篇文章，引用 WH。

3. WH，注释 1，第一篇文章。同一表述方式，见 WH to his Schumacher in-laws，11 Feb 1946 (HP)。

4. WH，*PB*，218.

454

5. Goudsmit，*Alsos*；以及 Goudsmit，*Bulletin of the Atomic Scientists*，3 (1947)，64 and 67；

New York Times, 9 November 1947, E8, letter of 29 Oct 1947; *New York Times*, 9 January 1949, section 4, 8, letter of 4 Jan 1949。海森伯的反应被引于注释 1。

6. Goudsmit, 注释 5, 最后一篇文章。

7. Goudsmit, *Alsos*, 121.

8. *Times exchanges*, notes 1 and 5; WH-van der Waerden correspondence (HA); WH-Weizsäcker corre-spondence (HP).

9. Kaempffert, 注释 1, 第一篇文章; Goudsmit, 注释 5, 第三篇文章; Henry Schuman to Einstein, 11 Nov 1947 (EA 12~176)。爱因斯坦的回复是, 他们可能在环境压力下撒谎, 见 Einstein to Schuman, 17 Nov 1947 (EA 12~177)。

10. Max von Laue, *PB*, 3 (1947), 424~425, 以及海森伯的重述。

11. Karl Heisenberg to Bohr, 8 Jun 1946 (BSC 28, 4); Karl Heisenberg to WH, 16 May 1946 (HP); WH to Goudsmit, 23 Sep 1947 (GP and BSC 28, 4).

12. WH to B. L. van der Waerden, 28 Apr 1948 (HA); B. L. van der Waerden, "Aide-Me? moire," 12 Dec 1948 (BSC, 33, 1).

13. WH to Goudsmit, 23 Sep 1947 (GP and BSC 28, 4).

14. WH, "Die aktive und die passive Opposition im Dritten Reich," 12 Nov 1947 (HA); WH, "Ordnung der Wirklichkeit," 1941/42, publ. HCW, C1, 218~306.

15. Goudsmit to WH, 1 Dec 1947 (GP and BSC 28, 4).

16. WH to Wirtz, FIAT.

17. Goudsmit, 注释 5, 最后一篇文章; Kaempffert, 注释 1, 第二篇文章; Goudsmit to WH, 20 Sep 1948 (GP)。

18. Goudsmit, *Alsos*, 115.

19. Carl Friedrich von Weizsäcker to WH, Chicago, 14 Oct 1949 (HP).

20. Goudsmit, "Werner Heisenberg (1901~1976)," *Yearbook of the American Philosophical Society*, 1976, 74~80, on 79. 随后的历史研究支持了他的观点。

21. Robert Jungk, *Heller als Tausend Sonnen* (Bern: Alfred Scherz Verlag, 1956); Danish: *Stærkere end tusind sole: atomforskernes skæbne* (Copenhagen, 1957); English: *Brighter than a Thousand Suns: A Personal History of the Atomic Scientists*, James Cleugh, trans. (New York: Harcourt Brace Jovanovich, 1958). 玻尔的草稿信发表于 Michael Frayn 的 *"Copenhagen" in Debate*, ed. Matthias Dörries (U. C. Berkeley: Office for History of Science and Technology, 2005), 101~179, 目前可在 *http: //www. nba. nbi. dk/release. html* 上获得。

22. Jungk, 注释 21, English, 88 and 103。

23. 同上, English, 105, German, 112。

24. 同上, 102～104。

25. Quoted by Arnold Kramish, *The Griffin* (Boston: Houghton Mifflin, 1986), 247.

26. Laue to Rosbaud, 4 Apr 59 (Nachlass von Laue, Deutsches Museum, 1976～20).

27. Quoted by WH to Hans Bethe, 27 Apr 64 (HA).

28. D. Irving, *The German Atomic Bomb: The History of Nuclear Research in Nazi Germany* (New York: Da Capo Press, 1967).

29. WH, *Bulletin of the Atomic Scientists*, 24 (1968), no. 6, 34～35, 德语版发表于 *Frankfurter Allgemeine Zeitung*; reprinted HCW, C5, 50～52, on 52; WH, interview, *Der Spiegel*, 21, no. 27, 3 Jul 1967, reprinted HCW, C5, 45～48.

30. Eugene Rabinowitz, *Bulletin of the Atomic Scientists*, 24 (1968), no. 6, 32～35.

31. Goudsmit, 注释 20, 80。

第三十章　晚年岁月

1. Max von Laue to Theodor von Laue, 19 May 1946 (Nachlass von Laue, Deutsches Museum, 1976～ 20). Klaus Hentschel 很好检视了德国物理学家战后的精神状态, The Mental Aftermath: The Mentality of German Physicists 1945～1949 (Oxford: Oxford Univ. Press, 2007)。

2. WH to the Schumachers, 11 Feb 1946 (HP).

3. WH to Karl Heisenberg, 8 May 1946 (HP).

4. 同上, 以及 Johann Dieckmann to WH, 10 Nov 1946 (HA); Hund to WH, 1 May 1946 (HA); 以及 Friedrich Hund, "Wissenschaftliches Tagebuch," entry for 6 Apr 1945 (Hund papers, Göttingen)。

5. 注释 3, 以及 WH to Annaliese Clar, 18 Apr 1947 (HA); WH to his wife, 25 Jan 1946 (HP); WH to Fritz Schumacher, 6 May 1945 (GP)。

6. Johann Dieckmann to WH, Osnabrück, 10 Nov 1946 (HA); Firma Hartmann to WH, Osnabrück, 26 Jun 1947; WH to Hartmann, 2 Jul 1947 (HA). 455

7. 1982 年于格丁根采访伊丽莎白·海森伯; WH to the Schumachers, Alswede, 11 Feb 1946 (HP); WH to his wife, 3 Jan 1946 (HP), currently publ. 可见于 *http://werner-heisenberg. physics. unh. edu/e-Farm-Hall. htm*。

8. WH to his wife, [6] Aug 1945, 同上; WH to Karl and Helen Heisenberg, 1 Nov 1945 (HP); WH to Sommerfeld, 5 Feb 1946 (SN)。

9. WH to Blackett, 5 Oct 1945 (HA); WH to the Schumachers, 11 Feb 1946 (HP); WH to his wife, 20 Jan 1946 (HP), 以及 *http*：//*werner-heisenberg. physics. unh. edu*/*e-Farm-Hall. htm*。

10. Bagge, diary entry for 3 Feb 1946, 见 Erich Bagge, Kurt Diebner, and Kenneth Jay, *Von der Uranspaltung bis Calder Hall* (Hamburg, Rowoldt, 1957); WH to Sommerfeld, 5 Feb 1946 (SN)。

11. WH to Sommerfeld, 5 Feb and 29 Jun 1946 (SN); WH to Gerlach, 16 Jul 1946 (HA).

12. Sommerfeld to WH, 17 Feb 1946 (HA).

13. WH to B. Schweitzer, 17 Apr 1947, and to E. Sethe, 30 Jul 1946 (HA); M. Pahl to WH, Hechingen, 3 Mar 1946; WH to Otto Hahn, Urfeld, 16 Aug 1946 (HA).

14. Sommerfeld to WH, 24 Sep 1947 (HA).

15. 1983 年于格丁根采访弗里德里希·洪德。

16. Armin Hermann, "Deutsche Wissenschaftspolitik und die Gründung von CERN," *Wissen-schafts-geschichte heute*, Christian Hünemörder, ed. (Stuttgart: Steiner Verlag, 1987), 29～45.

17. WH, writings for Humboldt Foundation, reprinted HCW, C5, group 6; WH, 1946 年被广为传播的对格丁根学生的讲话, reprinted HCW, C5, 384～394。

18. Law 25, dated 29 Apr 1946, in Felix Brandl, ed., *Das Recht der Besatzungsmacht* (Munich: Oldenbourg, 1947), 674～687.

19. Laue, 注释 1. 对去纳粹化政策的讨论, 见 Tom Brower, *The Pledge Betrayed*: *America*, *Britain and the Denazification of Post-War Germany* (New York: Doubleday, 1981); Lutz Niethammer, *Entnazifizierung in Bayern* (Frankfurt, 1972); 以及 Jeffrey Gaab, *Justice Delayed*: *the Restoration of Justice in Bavaria under American Occupation*, 1945～1949 (New York: Lang, 1999)。

20. HA 中的文件; Walker 也有讨论, *Nuclear Power*, 195～201。

21. British Research Branch, certificate for WH, 27 Feb 1947 (HA).

22. D. Cassidy, "Controlling German Science, Ⅰ," *HSPS*, 24 (1994), 197～235.

23. 海森伯对德国这些年的原子能政策的诸多论文、演讲和采访重新刊登于 HCW, C5。有关海森伯作为文化形象与政策倡导者的战后活动, 有以下探讨: Cathryn Carson, "Particle Physics and Cultural Politics: Werner Heisenberg and the Shaping of a Role for the Physicist in Postwar West Germany," (Ph. D. thesis, Harvard Univ., 1995); 以及 Carson, "New Models for Science in Politics: Heisenberg in West *Germany*," HSPS, 30 (1999), 115～172。

24. 关于海森伯、战后德国核技术的历史, 以及科学家对核武器的反对等主题已被许多作者描述。他们包括: Carson, 注释 23, chap. 4; Mark Cioc, *Pax Atomica*: *The Nuclear Defense Debate in West Germany during the Adenauer Era* (New York: Columbia Univ. Press, 1988); Michael Eckert, *HSPS*, 19 (1988), 81～113, 以及 *HSPS*, 21 (1990), 29～58。

25. 关于海森伯与这一时期德国科学政策的争论，有以下探讨：Thomas Stamm，*Zwischen Staat und Selbstverwaltung*：*Die deutsche Forschung im Wiederaufbau* 1945～1965（Köln，1981）；Maria Osietzki，*Wissenschaftsorganisation und Restauration*：*Der Aufbau au? eruniversitär- er Forschungseinrichtungen und die Gründung des westdeutschen Staates* 1945～1952（Köln：Böhlau Verlag，1984）；Cathryn Carson，"New Models for Science in Politics：Heisenberg in West Germany," *HSPS*，30（1999），115～171；以及 D. C. Cassidy，"Controlling German Science，II," *HSPS*，26（1996），197～239。

26. "Military Governors' Aide-Me? moire for the Parliamentary Council," 22 November 1948，重刊于 John Ford Golay，*The Founding of the Federal Republic of Germany*（Chicago：Univ. of Chicago Press，1958），263～264，on 263。

27. Kurt Zierold，*Forschungsförderung in drei Epochen*：*Deutsche Forschungs-gemeinschaft-Geschichte，Arbeitsweise，Kommentar*（Wiesbaden：Franz Steiner Verlag，1968）回忆他的活动。

28. 对德意志研究委员会（DFR）的建立和历史的讨论，见 Cathryn Carson and Michael Gubser，"Science Advising and Science Policy in Post-war West Germany：The Example of the Deutscher Forschungsrat," *Minerva*，40（2002），147～179；以及注释 25 中的著作。

29. WH，Regener，Rein，and Zenneck to Carlo Schmid，15 Dec 1948，信件与争论的速记报告，重刊于 *Parlamentarischer Rat*：*Verhandlungen des Hauptausschusses*（Bonn，1949），report of 30th session on 6 Jan 1949，部分重刊于，HCW，C5，71。

30. 成员名单和其他信息，见 *Abschlussbericht des Deutschen Forschungsrats（DFR）über seine Tätigkeit*，ed. H. Eickemeyer（Munich：R. Oldenbourg，1953）。

456

31. WH，manuscript and discussion of lecture，dated 9 Mar 1949（HA），publ. HCW，C5，72～86. Art. 2，sect. 4 of the by-laws of the DFR，重刊于 *Abschlussbericht*，注释 30，82 and 85。

32. WH to Dr. Gerhard Hess，president of the University of Heidelberg，8 May 51（HA）；and Col. Bertie Blount，head of the Research Branch of the British Control Commission，to WH，3 May 1949（HA）. WH to Karl Geiler，president of the Notgemeinschaft，draft of 11 Jan 1951（HA）.

33. "Staatsabkommen der Länder der Amerikanischen，des Britischen und des Französischen Besatzungs- gebietes über die Finanzierung wissenschaftlicher Forschungseinrichtungen," Königstein，1 Apr 1949，重刊于 50 *Jahre Kaiser Wilhelm-Gesellschaft und Max Planck-Gesellschaft* 1911～1961（Bonn：Max Planck-Gesellschaft，1961），227～231。

34. WH，"Denkschrift des DFR...," Göttingen，1 Sep 1949，reprinted HCW，C5，87～91.

35. WH to J. Zenneck，17 Dec 1949（HA）.

36. WH to Oberregierungsrat Dr. Rust in Bundeskanzleramt，8 Jun 1950（HA）. WH 的备忘录，包

括"Erforschung und wirtschaftliche Nutzbarmachung der Atomenergie im Frieden,"附于 1951 年 6 月 19 日的备忘中（HA）。

37. Dr. E. Lehnartz, Vorsitzender des Hauptausschusses der Notgemeinschaft, to WH, official and unofficial letters of 17 Oct 1949（HA）。

38. Adenauer to WH，11 May 1951（HA）。

39. Adenauer to WH，2 Jul and 17 Jul 1951（HA）。

40. 例如，范围广泛的"Program for New Technologies(新技术项目)"。

41. WH, "Vorwort," 见 *Abschlussbericht*，注释 30，reprinted HCW, C5，115～116。

42. Carson，注释 25，检视了海森伯在这一时期作为物理学家与政策倡导者的双重角色。

43. 海森伯关于超导性的论文重刊于 HCW, A3。那一时期的一位合作者 H. Koppe 讨论了它们，"über Heisenbergs Arbeiten zur Supraleitung,"同上。

44. 海森伯关于湍流的文章重刊于 HCW, A1, group 1。

45. 许多作者讨论过重正化和战后粒子物理学的历史，他们中有 Pais, *Inward*；Silvan S. Schweber, *QED and the Men who Made it* (Princeton：Princeton Univ. Press, 1994)；以及 Val Fitch and Jonathan Rosner, "Elementary Particle Physics in the Second Half of the Twentieth Century," *Twentieth Century Physics*, vol. 2, eds. L. M. Brown et al. (New York：AIP Press, 1995)，635～794。

46. 海森伯战后关于粒子物理学的文章重刊于 HCW, A3。他对其在整个 1957 年的工作的概括，见 HCW, B，552～561. Carson 探讨了他的工作，注释 23, chap. 5。

47. WH, ZN, 6a (1951)，281～284, reprinted HCW, A3，166～169。

48. WH, ZN, 1 (1946)，608～622, reprinted HCW, A2，699～713。

49. Heisenberg-Pauli correspondence, PWB, vol. 4, part A；recalled in WH, *PB*, 223～226。

50. WH and Wolfgang Pauli, "On the Isospingroup in the Theory of the Elementary Particles," mimeograph typescript, 1958, first publ. HCW, A3，337～351。

51. Quoted by Weisskopf to Pauli, 7 March 1958. Hermann 重述了该事件，*Jahrhundert*，以及 WH 回忆了它，*PB*, chap. 19。

52. Pauli, statement, 8 Apr 1958，见 PWB, vol. 4B, 1137。

53. 海森伯的论文"Remarks on the Non-linear Spinor Theory with Indefinite Metric in Hilbert Space"以及随之的讨论重刊于 HCW, B，563～570。

54. WH, *PB*，235。

55. 与 Manfred Schröder 先前的一位学生的通信。

56. WH, *Physics and Philosophy*：*The Revolution in Modern Science*（New York：Harper and Row, 1958），The Gifford Lectures；德文版重刊于 HCW, C2，1～201。海森伯的哲学与希腊来源的

关系，有以下探讨：Patrick A. Heelan, *Quantum Mechanics and Objectivity: A Study of the Physical Philosophy of Werner Heisenberg* (The Hague: Martinus Nijhoff, 1965); Heelan, *Zeitschrift für allgemeine Wissenschaftstheorie*, 6 (1975), 113~138，带有海森伯的回复；以及 Gregor Schiemann, *Werner Heisenberg* (Munich: C. H. Beck, 2008), chap. 3。

57. WH, *Nwn*, 63 (1976), 1~7, reprinted HCW, C3, 507~513；英译版"The Nature of Elementary particles," *Physics Today*, 29, no. 3 (1976), 32~39, reprinted HCW, B, 917~927, on 924.

58. WH, *PB*, 244.

59. 同上，247。

致谢

由于《维尔纳·海森伯传 超越不确定性》始于《不确定性》[1]，所以我要向所有那些使《不确定性》成为可能的人重申我的感激。我要特别感谢已故的伊丽莎白·海森伯(海森伯夫人)，以及慕尼黑的马克斯·普朗克物理与天体物理研究所(维尔纳·海森伯研究所)档案馆前主任，赫尔穆特·赖兴贝格博士(Dr. Helmut Reichenberg)[2]。自《不确定性》问世这些年以来，我极大地受益于许多朋友和同事的评论、与他们的交谈和交换论文及看法。我要向他们表达我诚挚的谢意，尤其是，凯瑟琳·卡森(Cathryn Carson)、米夏埃尔·埃克特(Michael Eckert)、保罗·福曼(Paul Forman)、迈克尔·弗莱恩(Michael Frayn)、伊丽莎白·加布(Elizabeth Garber)、迪特尔·霍夫曼(Dieter Hoffmann)、杰拉尔德·霍尔顿(Gerald Holton)、唐·霍华德(Don Howard)、托马斯·鲍尔斯(Thomas Powers)、赫尔穆特·赖兴贝格、西尔万·S. 施韦贝尔(Silvan S. Schweber)、休曼·赛思(Suman Seth)、卡尔·冯·迈恩(Karl von Meyenn)、马克·沃尔克

[1] 即老版的《海森伯传》。英文原名为 *Uncertainty：The Life and Science of Werner Heisenberg*，直译中文为：《不确定性：维尔纳·海森伯的生活与科学》。中译本为戈革译：《海森伯传》(上下册)，商务印书馆，2002 年版。——译者

[2] 非常不幸的是，赖兴贝格博士(1937～2016)因患老年痴呆症，于 2016 年 11 月 10 日在慕尼黑去世，享年 79 岁。

（Mark Walker），以及格拉尔德·维默斯（Gerald Wiemers）。我非常感激于尔根·雷恩（Jürgen Renn）和由柏林的马克斯·普朗克科学史研究所协调的量子物理史和基金会的国际项目成员，饶有风趣的讨论、评论和会议。我也要感激这些年来学生的和《不确定性》的其他读者的深刻评论和提出的问题。

感谢赖兴贝格博士和维尔纳·海森伯档案馆惠允我在本书中使用诸多图片。也感激美国物理学会埃米利奥·塞格雷视觉档案馆（Emilio Segrè Visual Archives of the American Institute of Physics）惠允我使用他们的照片。我在他们提供的图片下标注"承蒙美国物理学会尼尔斯·玻尔图书馆塞格雷视觉档案馆惠允"。没有标注说明的照片则承蒙海森伯档案馆惠允。

我要特别向贝尔弗文学出版社（Bellevue Literary Press）的埃丽卡·戈德曼（Erika Goldman）表达我的感激，她持续鼓励和支持着这本书。最后但同样重要的是，我永远感激我的妻子，珍妮特（Janet），感激她充满爱心的支持，感激她的诸多好建议。

索引

(索引中的页码为本书边码，即原版书页码)

306，310，335

Zierold，Kurt 齐罗尔德，库尔特，398，400

Zionism 犹太复国主义，68

Zumkeller，F. 楚姆克勒，F.，311，332

Zurich Polytechnic（Switzerland） 苏黎世联邦工学院（瑞士），361

译后记

长久以来，德国理论物理学家维尔纳·海森伯(Werner Heisenberg, 1901～1976)一直是史家研究的焦点之一。为何海森伯具有持久不衰的魅力？作为量子力学的奠基人之一，他的学术贡献毋庸置疑；但他在纳粹德国时期的所作所为，尤其是 1941 年秋天对被德国占领的哥本哈根的访问，却成为争议的焦点。他在希特勒掌权之初曾一度被定义为"白色犹太人"，他接替自己导师索末菲教席之事一再受挫，他也一度想过以辞职来解脱这一切，但最终还是选择尽量不去公开反抗，利用体制来为自己和自己的行业服务。无论他和当时德国的处境是好是坏，他始终不离开德国，这更加深了关心他的人对他的误解。"二战"后，他一方面反对在德国部署核武器，另一方面又积极参与德国核能技术的民用化进程。在旁人看来，他的身上似乎总是充满了悖论。自英国剧作家迈克尔·弗赖恩(1933～)的话剧《哥本哈根》1998 年[1]问世后，本来就非议不断的海森伯更成为风暴中心。众口铄金，海森伯对科学的贡献似乎已无关紧要，只留下他是纳粹帮凶、道德品质低下的德国科学家形象了。或许正是看到这一危险，

---

[1] 这部话剧 1998 年在伦敦首演，2000 年 4 月 11 日在百老汇皇家剧院开演，共演出了 326 场。2002 年英国广播公司(BBC)将它拍成电影，并在美国公共电视网(PBS)上播出，产生了广泛的社会影响。

本书作者在 1991 出版了广受好评的《不确定性：维尔纳·海森伯的生活与科学》[1]后，又结合最新资料，在 2009 年出版了这部海森伯新传，试图还原历史真相，公正地刻画海森伯的形象。

要想理解海森伯，必须弄清德国社会文化的变迁，他的家庭背景，他所受的教育，相关时期德国在世界上的地位，德国知识分子与政治的关系，以及他作为一位文化承传者(Kulturträger)的心态变化。

海森伯出生在一个典型的德国知识分子家庭，他的父亲是古希腊语教授，母亲来自慕尼黑一个有名望的家庭。外公是慕尼黑名校马克西米利安文法中学的校长。从外公和父亲身上，海森伯看到了作为德国上层文化界和学术界人士的显赫声望，特别是他父亲通过学术成就获得的个人和家庭地位的提升，对他的成长影响极大。在他的观念中，德国文化掌握在少数精英手中。他想成为这样的精英，为德国文化做贡献。尽管"一战"以德国的战败而告终，但不少人认为，战败的只是德国的军事而不是德国文化，德国文化依然发挥着自己的作用。海森伯那一代的知识分子在学生时代大都熟知德国大文豪歌德(Johann Wolfgang von Goethe, 1749~1832)的名篇《浮士德》(Faust)。浮士德为了超越封闭的一己世界投入到广阔的现实生活，不惜将灵魂出卖给魔鬼，完成了充满苦难的精神探索，明白了"人的幸福只存在于为他人尽力"的道理。

跟浮士德很相似，海森伯集消极与积极的特征于一身。海森伯从青年到中年经历了人类历史上最为混乱的两个时期。军事、政治和经济的动乱使一切都变得动荡不安，一切都不可信任。他一直在孤独地寻求着思想和生活中的一种秩序。然而德国在"一战"中的败北，亲人和朋友的失去以及旧秩序的崩溃和随之而来的政治和经济混乱，使得像海森伯这样的中产阶级的孩子在心灵上受到了极大的创伤。痛苦的经历使他对保持德国文化和学术的独立性更为关注。他逐渐发现，他所面对的世界是一个破碎的世界，通过自己的努力，也最多只能改变自己周遭的一个很小的世界。对于整个社会的发展格局，无论他如何努力，都改变不了。个人在历史洪流面前，显得尤其渺小。在这种情况下，对于像海

---

[1]　英文标题为：*Uncertainty：The Life and Science of Werner Heisenberg*。中译本为《海森伯传》(上下册)，戈革译，北京：商务印书馆，2002 年版。

森伯这样的学者来说，一头钻进客观世界的领域，通过自己的努力，达成对世界的一种新认识，也是对世界的实实在在的改变。

这也是承继了德国学者自威廉时代起不成文的做法：不问政治（*unpolitisch*）。"不问政治"是一种过于天真的想法，并不是完全与政治无关，而是不直接参与政治活动。比如，在希特勒上台之初，两位支持纳粹政权的诺贝尔奖得主施塔克和勒纳德响应德国高校教师联盟的倡议，让每位高校教师向希特勒效忠的事件，就遭到海森伯的抵制。他拒绝加入这类游行队伍。在他看来，这是与学术研究完全无关的行为，真正的学者不应该参与此事。尽管反对他的人以此来构陷他，他还是坚持自己的立场，而这是需要相当大的勇气的。又如，由于受到纳粹意识形态的影响，爱因斯坦等犹太科学家的理论受到批判，被认为是"犹太物理学"，不得在课堂上讲授。海森伯不理会这一点，照样在课堂上讲授爱因斯坦的理论，只是为了不给自己惹麻烦，没有提到爱因斯坦的名字。尽管这已经是一种不得已的妥协，但也并非是胆怯的表现。

"不问政治"的另一个隐含的前提，是对祖国的无条件的热爱。像他的前辈普朗克等人一样，海森伯的一生都保持着一位骄傲的爱国者形象。政权可以更迭，但对祖国的热爱却无可替代。无论国外的条件多么优越，他根本没有想到要离开自己的国家。他觉得他对后辈科学家肩负的责任是巨大的，正如他青年时期担任"觅路人"组织的领袖一样，他必须保住德国科学和青年科学家，以便在希特勒倒台后，德国科学仍然能保持辉煌。

对祖国的盲目热爱，遮住了德国学者理性的双眼。这一点集中表现在"一战"爆发后，93位当时最知名的德国学者、艺术家联合签署的"致文明世界书"（简称"93人宣言"）。这篇臭名昭著的宣言彻底摧毁了德国学者在世人心目中的形象，但他们自己却习而不察。这种把德国文化与"军事主义"联系起来的做法，是与康德在《什么是启蒙》一文中所倡导的理性精神背道而驰的，是对歌德等人倡导的"世界主义"的背叛，也与世界文明潮流格格不入，但是绝大多数德国学者却因为爱国情怀对此视而不见。只有极少数的学者，比如爱因斯坦，能跳出狭隘的民族利益的樊篱，反对这种非理性的，打着爱国主义旗号下的狂热愚蠢行为。

自从俾斯麦通过三场王朝战争，于1871年建立了一个普鲁士主导的德国，尤其是在威廉二世抛弃俾斯麦的谨慎的大陆政策，执行所谓的"世界政策"以后，德国的经济实力迅速增加，被煽动起来的狂热民众对于德国当时在世界上所处地位普遍不满，认为只有通过战争才能重组世界格局。军事主义的思想甚嚣尘上，被认为是忠君爱国的表现。德国学界缺乏自省性，不但没有发挥批判监督的责任，而且整体上附合了这种思想，将"不问政治"等同于赞成"爱国主义"和"军事主义"，为此付出了沉重的代价。海森伯等人在纳粹极权统治下的反应，正是这种"不问政治"传统的延续。

自希特勒1933年正式掌权以来，德国就进行了两次大规模地将犹太人从担任的公职中清除出去的行动。许多有名的犹太科学家惨遭放逐。随着一系列反犹主义法规的实施，更多的犹太科学家被迫离开德国。

"二战"爆发后，纳粹的意识形态越来越"实用"。只有那些对战争机器运转有利的研究，才能获得支持。作为新一代理论物理学的领袖，海森伯为自己和自己的行业感到担忧。德国理论物理学需要一个契机，在残暴极权的纳粹统治下获得支持。核裂变研究正是这样一个很好的契机。

关于可控和不可控核能的研究始于1938年奥托·哈恩（1879～1968）和弗里茨·施特拉斯曼（1902～1980）的核裂变发现。不久，当时流亡在瑞典的奥地利犹太女物理学家莉泽·迈特纳（1878～1968）又根据玻尔的重核液滴模型证明了裂变的发生过程，即吸收一个中子之后，一个重液滴将会变得不稳定而一分为二，并释放出能量和粒子。在这段时间内，海森伯以极快的速度提交了两篇关于核研究的理论报告。其中一篇为《从铀裂变中获得能量的技术可能性》。这篇报告从理论上和技术上对核裂变的能量应用进行了分析，并指出了由此产生一种惊人爆炸的可能性。这表明，原子弹的制造在理论上是可行的。但如何制造它，还有一系列的技术问题需要解决，而这又依赖于巨大的财力支持。对于日益捉襟见肘的德国战时经济来说，这是很难做到的。海森伯首先通过这一诱人的前景让军需部对他的研究进行支持，同时又指出这中间的巨大困难，从而降低对他的研究结果的期望。

作为强烈的爱国者，一方面，海森伯不愿意看到自己的祖国战败，而另一方面，他又不愿意让纳粹政权继续统治德国。对于他来说，最佳的解决办法是德国能避免战败，军队最终能摆脱希特勒的控制。毋庸置疑，他内心是讨厌纳粹政权的。但在无法推翻它之前，最好还是利用它。那种过于激烈的反对行为并不能取得预期的后果。当时海森伯还抱有一种幻想，期望不久会有更好的政权取而代之。用他后来的话来说："官方的宣传口号是，让物理学为战争服务；我们的口号是，让战争为物理学服务。"

由于计算错误以及所需材料的短缺，海森伯所主持的铀计划并没有真正进行下去。在"二战"结束前，连一个自持的链式反应堆都没有建成，更别提制造原子弹了。从事后解禁的档案来看，海森伯非但没有制造原子弹的意图，甚至连清晰的技术路线图都没有。这从当时战事正酣，美国曼哈顿计划正如火如荼进行之际，他却因材料短缺停止铀计划达数月之久，继而转向宇宙射线研究就可见端倪。

"二战"结束后，海森伯和其他德国物理学家被美国军队送往英国囚禁。在被软禁几个月后，于1946年重返德国。他在德国科学的战后重建方面立下汗马功劳。借由自己的声誉和影响力，海森伯在担任洪堡基金会主席期间，为增进国际间的科学合作不遗余力，直至1976年2月1日逝世。

无论从学术成就，还是个人际遇上讲，海森伯的一生都是丰富多彩的。一位要强的早熟科学天才，生活在动荡不安的年代，承继了一种独有的"不问政治"的传统，为了保存德国的正直的物理学，像歌德笔下的浮世德一样，不惜与狂热的民族主义者和残暴的极权统治者周旋，动用一切可以动用的力量，包括做出必要的妥协，来达成自己的目的。这里面有多少委曲求全，有多少逢场作戏，只有海森伯自己知道。大体上讲，海森伯是一位正直的人，也敢于承担责任，但可能过于为自己和自己的行业考虑，说过一些不合时宜的话，也干过一些非常不得体的事。为了自己的地位和德国物理学的未来，他不得不顺应纳粹当局的要求，做出了一些妥协，这也成为他后来被广为诟病的重要原因。"二战"结束后，他的内心备受煎熬。一方面，为了解释德国之所以未能造出原子弹，维护自己在"二战"期间的学术形象和政治形象，提出了"拖延说"和"道德考虑"，从而引发了一系列的争论；另一方面，由于不能与自己的导师兼同事玻尔修复曾经亲密无间的关系，他感到无限的遗憾。

多年来，学界一直盼望有一本能真正理解海森伯内心世界的著作问世。本书通过对海森伯的科学生涯与人生际遇的全面回顾，为我们公正客观地认识海森伯并走进当时那个风云诡谲的时代打开了一扇宽敞的大门。与以往或褒或贬的两分法不同，作者试图真正走进海森伯的内心世界。他更多的是通过客观描述，而不是时叙时议的手法，向读者显现一个不同的海森伯。正如美国纽约联合学院的历史学家马克·沃克尔所说，这是"一本卓越的学术著作。……卡西迪细致入微，同时又充满激情地讲述了这段历史"。或如《洛杉矶时报》的评论所称，这是"一本科学写作(science writing)的杰作！……卡西迪尽量解释海森伯的所作所为，而很少为他辩白。这种透明性让这本传记读起来令人愉悦"。

本书作者，美国著名科学史专家卡西迪(David C. Cassidy，1945～)，是国际学术界最知名的海森伯研究专家。他的本科和硕士均就读于拉特格斯大学物理系，博士期间来到普渡大学继续研究物理学。物理学的训练，为他日后在物理学史方面的出色研究奠定了基础。他的博士论文《维尔纳·海森伯与量子理论中的危机》(*Werner Heisenberg and the Crisis in Quantum Theory*)，兼跨物理学和历史学两大领域。他最终以普渡大学与威斯康星大学麦迪逊分校(University of Wisconsin, Madison)科学史项目联合培养的方式获得博士学位。之后他来到加州大学伯克利分校跟随物理学史和天文学史研究专家海尔布隆(John Heilbron，1934～)从事博士后研究；之后受到洪堡基金会支持，来到德国斯图加特大学跟随量子理论史专家赫尔曼教授(Armin Hermann，1933～)从事博士后研究。他在纽约长岛亨普斯特德(Hempstead)的霍夫斯特拉大学(Hofstra University)担任教授前，还在德国雷根斯堡大学担任科学史教席，在波士顿的《爱因斯坦全集》编辑委员会担任第一卷和第二卷副主编。

1993年，卡西迪因《不确定性》一书同时获得美国科学史学会的"辉瑞奖"和美国物理学会"科学写作奖"。2014年，他"因其对量子力学的基础研究，特别是通过关注海森伯与奥本海默的科学研究、人格和困境来对德国和美国物理学进行细致入微的研究"，获得美国物理学会亚伯拉罕·派斯物理学史奖。他还荣获母校普渡大学荣誉理学博士。此外，卡西迪的《J. 罗伯特·奥本海默与美国世纪》(*J. Robert Oppenheimer and the American Century*，2009)关注了奥本海默在美国制造原子弹的过程中所扮演的角色。他的代表作还有研究爱因斯坦对当代文化和科学的影响的《爱因斯坦与我们的世界》(*Einstein and Our World*，2009)以及关于自19世纪末以来的美国物理学发展的《"美国世纪"的物理学简史》(*A Short History of Physics in the American Century*，2011)。他还与霍尔顿

(Gerald Holton，1922～)等人编写了为文科学生使用的物理学教材：《理解物理学》(*Understanding Physics*，2002)。近年来，他热衷于用话剧形式表现科学史中的重大事件。他的《农庄馆》(*Farm Hall*)，讲述了海森伯与哈恩等 10 位德国物理学家被囚于英国农庄馆时所发生的故事，2013 年在美国物理学会的会议上首演，2014 年在纽约上演；2016 年分别在纽约与巴尔的摩上演的《不，不，诺贝尔》(*No，No，Nobel*)则讲述了本应获得诺贝尔奖的科学家的故事。目前他正在筹备写两部新剧，关于著名华裔核物理学家吴健雄的《吴健雄的非凡故事》(*The Remarkable Story of Wu Chien-shiung*)和讲述爱因斯坦与第一任妻子的故事：《阿尔伯特与米列娃》(*Albert and Mileva*)。

本书的大部分内容脱胎于《不确定性》，相较于《不确定性》的学术性和专业性，本书更加通俗易懂。为更大范围的读者而著的本书所包含的量子物理学的发展细节相对较少，却也加入了一些《不确定性》所未涉及的新材料，为广大读者了解海森伯提供了一个新视角。我们最初的打算是，为了节省翻译时间，在改正一些明显的错译之处后，尽量参考戈革先生 2002 年的译本。在这种打补丁思想指导下，出现了第一个译本。这个译本主要由我和黄佳负责，何钧翻译了第七章、第十一章至第三十章中的相关内容，约 3 万字。必须承认，这种做法欲速则不达。直到查看校样时，我们才发现问题的严重性。首先，两本书的内容尽管有大量重叠，但原作者为了面向更广泛的读者，不仅吸收了学界的最新发现，还进行了大量的改写和删节。这已经不再是同一本书了，所以作者采用《超越不确定性》这个一语双关的标题。其次，即使内容一致之处，也有许多小的变化。哪怕只是替换了某个词，或者将句式做了一些调节，都必须重译。

在征得编辑的同意下，为了对读者负责，对我们自己负责，第一译稿被推翻，重新按照原书进行翻译。何钧通读了全书除注释之外的内容，之后我在他的校稿的基础上重新校对，必要时重新翻译。在这个过程中，我们互相交换意见，对于不妥之处，坦率地提出意见。在翻译和校对过程中，凡遇不明之处，都在第一时间与原书作者联系。有许多译文是在作者的建议下加以改动的。比如，第九章的标题，原为"研究河流，质疑因果性"，是作者建议我们用"研究湍流，质疑因果性"的，因为海森伯的博士论文就是关于湍流研究的，他晚年时又曾重新研究过这一课题。在前后长达 3 年的时间内，我与原作者之间的电邮往来达百封之多。值得一提的是，由于作者所引用的原始文献绝大部分是德文，老的德译本(David C. Cassidy，*Werner Heisenberg：Leben und Werk*，übersetzt von Andreas und Gisela Kleinert，Heidelberg，Berlin Oxford：Spektrum Akademische Verlag GmbH，1995)就具有很大的参考价值。因为德译者基本上将英文引文还原为德文原文。原书中的一些机构名称，为了照顾美国人的习惯，做了相应的调整。比如，原书中的 Education Ministry(教育部)，德文版里对应的是 Kultusministerium(文化部)。我们按照德国人的习惯，译为"文化部"而不是"教育部"。依此类推，凡涉及德国机构的称谓，均按约定俗成的方式处理，而不是按英文字面翻译。由于有了老德译本做参考，原书中一些费解之处，也就容易理解了。

整个校译过程，对我来说是一种历练。我不只学到了很多以前不了解的知识，更深感对于一位著名科学家的评价之不易。正因为著名，所以人们对他的评价标准就与众不同。如果说普朗克是老一代的德国科学家和德国科学的代言人，那么海森伯就是普朗克之后新一代的德国科学家和德国科学的代表。人们对他的失望，实际上更多地折射出人们对德国科学家的普遍失望。他的缺点在聚光灯下，显得异常突出，人们只能用更高的道德标准来要求他，对他的过分苛求，也反映了我们内心深处在科学英雄缺位时对他[们]的渴望：一名伟大的科学家必须同时也是一位高尚的人。

只有设身处地为传主考虑，才能真正理解传主的诸多看似矛盾的言行。但是在这个过程中，最容易发生的就是"移情"。对传主的过分偏爱，反过来会影响我们的判断。在这个过程中，如何才能保持像马克斯·韦伯所说的"价值无涉"(或"价值中立")，是每个史学家都必须认真面对、仔细思考的问题。这本传记之所以可贵，就在于作者摒弃了泛道德的评价方式，冷静客观，对传主带有理解的同情，把一位科学史上如此重要的人物的内心世界栩栩如生地呈现在我们面前。诚如哈佛大学的杰拉尔德·霍尔顿教授所说的，这是"一本有关那些在科学和世界史中扮演核心角色成员的必读书。"

由于涉及面太广，译文或许还有疏漏之处，敬请读者诸君不吝指正。

方在庆

2016 年 11 月 20 日初稿于苏州

2017 年 10 月 8 日修改于北京